西 華 大 學
四川省人民政府文史研究館 蜀學研究中心編

蜀學

第二十二輯

巴蜀書社

《蜀學》第二十二輯發刊辭

　　傳承學術，賡續文脉，爲"兩個結合"提供思想宝藏。

王元勇

目　録

·揚子研究·

從揚雄《反離騷》説到郭沫若對屈原之死的評價 …………………… 楊勝寬（ 1 ）

書畫裏的揚雄 …………………………………………………… 唐　林（ 17 ）

揚雄賦論“麗以則”的實質與創作

　　——基於其文學作品中的聖王稱頌 ………………… 雷　琪　苏　德（ 43 ）

揚雄《甘泉賦》與“天下一家”理想的建構 …………………… 王志强（ 56 ）

從辭人到學人繼而聖人：揚雄著述與人生理想的兩次轉變 ………… 牟　歆（ 66 ）

揚雄與嚴君平的師承關係 ………………………………………… 劉文傳（ 82 ）

蹤跡前賢繼學風

　　——郫縣孫鋕孫澍兄弟對揚雄的認識和仿效 ………………… 趙仁春（ 93 ）

揚雄《逐貧賦》的思想藝术价值 ………………………………… 劉詠濤（101）

21 世紀以來揚雄語言學研究綜述 ……………………………… 賴　滌（108）

·蘇軾研究·

1949 年以來蘇氏蜀學研究綜述 ………………………………… 王書華（118）

性與情、無心與有心

　　——《蘇氏易傳》中的哲學思想與卦爻關係考辨 ………… 馬明宗（136）

蘇軾的“鴻鳥”易象與意象 …………………………………… 趙　婷（146）

蘇符年譜簡編 …………………………………………………… 袁志敏（156）

·蜀學名人·

論杜甫蜀中詩的家國情懷 ……………………………… 秦浩翔（167）

北宋名宦楊令問生平及家世考 …………………………… 劉　濤（178）

巴蜀文化地理與張大千的文藝鄉愁表達 …………… 蔣林欣　郭曉藝（200）

1949－2019年王光祈研究的回顧與前瞻

　　——以論文爲中心 …………………………… 朱曉舟　成　飛（208）

·蜀學文獻·

《川派中醫名家珍本彙刊》序 ……………………………… 李勇先（221）

魏了翁文集序跋提要輯録 ………………………… 尹　波　郭　齊（234）

《青川秦木牘》研究主要觀點與論争 ……………… 李　釗　羅雅倩（255）

宋代理學大師朱熹可以寫"温江離省近" …………………… 李永康（264）

李昶元年譜 ……………………………………… 郭文元　韓樹明（275）

·蜀海拾貝·

吳宓先生詩稿鈔本題記 ……………………………………… 謝桃坊（292）

彭舉雲生先生學述 …………………………………………… 熊飛宇（302）

匠心蘊片楮，珠玉吐彩箋

　　——讀《徐無聞批註〈唐人萬首絶句選〉》 ……………… 潘殊閑（319）

吳洪武：吳之英與近代蜀學復興 …………………………… 鍾永新（330）

錦城名士，三代書香 ………………………………………… 李兆祥（344）

·蜀文化史論·

華胥神話鉤沉漢民族原始信仰文化鏈 ……………………… 侯開良（358）

《文心雕龍》巴蜀文學著名作家綜論………………… 王萬洪　張蘭心（370）

稿　約………………………………………………………………（395）

著作權使用聲明………………………………………………………（397）

揚子研究

從揚雄《反離騷》説到郭沫若對屈原之死的評價

楊勝寬

内容提要：郭沫若與揚雄同爲蜀文化所孕育，并最終成爲傑出代表。他們相距近兩千年，因爲以各自的方式對屈原之死的評價而産生了聯繫。雖然兩人都對屈原有同情惋惜之心，但具體到對其死的看法，意見却迥然不同。揚雄批評屈原不應選擇投江而死這種過激方式，應該保全自身，等待時機；郭沫若則始終贊揚屈原"行己有耻"的人格，及其絶望之後以身殉國的勇氣，其死是愛國主義精神的悲劇性體現。

關鍵詞：揚雄；《反離騷》；郭沫若；《屈原研究》；自沉汨羅

對於屈原自沉汨羅而死，歷來評價不一，有全面肯定者，有横加訾議者，更多的則是悲其志而惜其死，以爲不必選擇如此極端的方式結束生命。這種評價傾向，歷代的聲音從未絶響。而對於屈原不投江自沉，又當以何種方式來與昏庸的君王、讒邪的小人抗争，延續寶貴生命又可有何作爲，評論者的看法則頗爲不同。同爲蜀文化孕育出來的揚雄和郭沫若，他們之間相隔近兩千年，各自生存的時代背景全然不同，對於屈原之死表達同情之意則是相同的，而關於屈原不死應該做什麽，各自看法的分歧就很明顯了。這表明，生活在不同時代背景下的人，對於歷史人物的認識與評價，總是不能超越所處時代社會現實複雜背景的影響。研究這一現象，不僅可以知其然及所以然，還有助於辯證地看待圍繞屈原之死，導致兩千年來争議不斷的是是非非。

一、揚雄《反離騷》之創作動因及其對屈原之死的批評

關於揚雄作《反離騷》的動因，在班固《漢書·揚雄傳》中，有兩處説法與之有關。一處云："先是時，蜀有司馬相如，作賦甚弘麗温雅，雄心壯之，每作賦，常擬之以爲式。又怪屈原文過相如，至不容，作《離騷》，自投江而死，悲其文，讀之未嘗不流涕也。以爲君子得時則大行，不得時則龍蛇，遇不遇命也，何必湛身哉！乃作書，往往摭《離騷》文而反之，自岷山投諸江流以吊屈原，名曰《反離騷》；又旁《離騷》作重一篇，名曰《廣騷》；又旁《惜誦》以下至《懷沙》一卷，名曰《畔牢愁》。"① 照此看來，揚雄寫作此文，既有模仿司馬相如作賦的用意，也與悲悼憑吊屈原之死的感情表達有關。另一處是班固在《揚雄傳》的"贊"語裏有如下一段文字："（雄）實好古而樂道，其意欲求文章成名於後世。以爲經莫大於《易》，故作《太玄》；傳莫大於《論語》，作《法言》；史篇莫善於《倉頡》，作《訓纂》；箴莫善於《虞箴》，作《州箴》；賦莫深於《離騷》，反而廣之；辭莫麗於相如，作四賦，皆斟酌其本，相與放依而馳騁云。"② 揚雄模仿其認爲最有代表性和權威性的一些經典對象，目的乃在於"欲求文章成名於後世"，而"立言"是古人所標榜的"三不朽"之一。在班固看來，揚雄之作《反離騷》，乃是其立言以求不朽的組成部分之一。

關於《反離騷》，在後世的不少文獻中，均被視爲包含正文和前面的"序文"兩部分，似乎二者是一個有機整體，"序文"是對正文寫作背景及作者立意的必要説明，沒有它好像整篇文章就不完整。所以後世一些學者，直接把"序文"作爲《反離騷》的固有内容來使用，如北魏酈道元《水經注·江水注》云："岷山在蜀郡氏道縣，大江所出……揚雄《反離騷》云：'自岷山投諸江流，以吊屈原，名曰《反騷》也。'"③ 唐徐堅《初學記·地部中》云："漢揚雄《吊屈原文》：'過湘沅而主不容，自投江而死。作書往往摭《離騷》文而反之，自岷山投諸江流，以吊屈原。'"④ 雖《初學記》引作《吊屈原文》，顯然指的就是《反離騷》但如果仔細分析，揚雄的《反離騷》原本只有正文，前面的"序文"乃是爲之作傳的班固以第一人稱的方式對此文寫作意圖所做的介紹，觀"雄……又怪屈原"的叙述方式，可以看得非常清楚。故明代萬曆年間西蜀遂州人鄭樸編輯《揚子雲集》（收入《文淵閣四庫全書》），

---

① （漢）班固：《漢書》卷八十七上，中華書局，1983 年版，第 3515 頁。
② （漢）班固：《漢書》卷八十七下，中華書局，1983 年版，第 3538 頁。
③ （北魏）酈道元：《水經注》卷三十三，紀昀總纂《四庫全書·史部·地理類·河渠之屬》，臺灣商務印書館，1986 年版，第 573 册，第 495 頁。
④ （唐）徐堅：《初學記》卷六，電子圖書《中華典藏》，https://www.zhonghuadiancang.com/leishuwenji/chuxueji/.

所收《反騷》一文，去掉了"序文"，而只存正文①。筆者以爲，這種處理方式是正確的。可惜自清代嚴可均以後②，没有繼承鄭樸的做法，輯録揚雄之文，又將該文的"序文"與正文合爲一體。今人張震澤、林貞愛、鄭文諸家校注、箋注《揚雄集》，無一例外采取了同樣的處理方法，而没有加以糾正，是令人感到遺憾的。事實上，《反離騷》的正文應該與前面的"序文"區别對待，只有正文中所表達的對於屈原之死的看法，才是揚雄本人真實意思的表達。

班固説揚雄寫作《反離騷》，基本方法與其他諸作是相同的，這就是"仿"。當然，歷來關於揚雄模仿著書，存在各種看法，其中不乏爲之辯解者。其實，只要看看揚雄仿經、仿賦等作品，其借用模仿對象的體例、風格和表現形式，是十分明顯的。在模仿過程中，自然有他自己的發揮、變化，并非簡單照搬，依樣畫瓢。其作《反離騷》也是一樣，該文的行文方式和語言風格，都是典型"騷"化的，是《離騷》的忠實繼承者，連同今天已經無法見識的《重騷》《畔牢愁》，無疑都是古代"騷體"文學的重要組成部分。班固同時注意到，揚雄對於《離騷》的效仿，還有"廣"和"馳騁"的一面，這恰好體現了揚雄在模仿基礎上力求有所突破的創作意識。而在這方面，其對屈原在《離騷》裏所表達的"依彭咸之遺則""從彭咸之所居"等以死明志的態度，明確提出了不同意見，批評其投江自沉的極端做法并不可取，這一點尤引人關注，甚至成爲兩千年來世人對揚雄批評爭議不休的一大焦點。

然而，對屈原投江自沉持保留看法或者批評觀點，并不始於揚雄。在他之前一百多年的賈誼，在所作的《吊屈原賦》中，就明確提出了這樣的觀點：

> 訊曰：已矣，國其莫我知，獨堙鬱兮其誰語？鳳漂漂其高遰兮，夫固自縮而遠去。襲九淵之神龍兮，沕深潛以自珍。彌融爚以隱處兮，夫豈從蟻與蛭螾？所貴聖人之神德兮，遠濁世而自藏。使騏驥可得係羈兮，豈云异乎犬羊！般紛紛其離此尤兮，亦夫子之辜也。瞝九州而相君兮，何必懷此都也？鳳皇翔於千仞之上兮，覽德輝而下之；見細德之險徵兮，搖增翮逝而去之。彼尋常之污瀆兮，豈能容吞舟之魚！横江湖之鱣鱏兮，固將制於蟻螻。③

《史記集解》引李奇曰："訊，告也。"表"訊曰"以下的長段話語，都是作者賈誼告訴屈原之辭。前半部分，主要勸告屈原要像鳳那樣高逝遠去，像龍那樣深潛自珍。聖人的處世之道也是如此，遭遇濁世，便卷而藏之。屈原正好處身於騏驥被繫羈，與犬羊無异的"污瀆"世道，既是其身世的巨大不幸，也是其未能遠逝之咎。故《史記索隱》引李奇注"般紛

① （漢）鄭樸：《揚子雲集》卷五，紀昀總纂《四庫全書·集部·别集類》，臺灣商務印書館，1986年版，第1063册，第126頁。

② 嚴可均：《全上古三代秦漢三國六朝文·全漢文》卷五十二，中華書局，1987年版，第409頁。

③ （漢）司馬遷：《史記·屈原賈生列傳》，中華書局，1982年版，第2494—2495頁。

紛其離此兮，亦夫子之辜也”句云：“亦夫子不如麟鳳翔逝之故，罹此咎也。”① 後半告訴屈原應當選擇的明智出路：縱觀九州之内，選擇明君而投之，不必非得對楚都眷戀不捨。鳳凰翱翔於千仞之上，見到有德之君才會下來擇良木而棲息；如果覺察到危險徵候，就馬上振翮而去。小小污瀆之中，容不得吞舟之魚；能够翔游於江湖的鱣鮪，一旦失水，必將受制於蟻螻。

賈誼雖然没有正面指責屈原投江自沉爲非，但其反復勸導應該學鳳凰、神龍，以及往古之聖人，世無道則藏身自全；更不必只是心懷楚都，而應該視天下諸侯各國有德之君而事之，見有覆國滅身的危險徵兆，就應該及時遠禍避害。這樣的事君、處身之道，顯然是與屈原大不相同的。雖用勸導語出之，而其中不認同屈原自沉而死之意是很清楚的。

賈誼之後的史學家司馬遷，一方面極力贊美屈原的《離騷》：“屈平之作《離騷》，蓋自怨生也。《國風》好色而不淫，《小雅》怨誹而不亂，若《離騷》者，可謂兼之矣。上稱帝嚳，下道齊桓，中述湯武，以刺世事。……推此志也，雖與日月争光可也。”② 高度肯定《離騷》發揚《國風》《小雅》的怨刺傳統，可與日月争光。而其對屈原投江而死，同樣表達了保留態度：“余讀《離騷》《天問》《招魂》《哀郢》，悲其志。適長沙，觀屈原之所沉淵，未嘗不垂涕，想見其爲人。及見賈生弔之，又怪屈原以彼其材，游諸侯，何國不容，而自令若是！”③ 看來他受到賈誼《弔屈原文》的影響，同樣認爲屈原不應該選擇投江自沉，而應該在諸侯列國中擇賢明之君以盡其才用。

在《反離騷》中，揚雄對屈原有一個别致的稱呼，叫“纍”。什麽是“纍”？顔師古注引李奇曰：“諸不以罪死曰纍，荀息、仇牧是也。屈原赴湘死，故曰湘纍也。”④ 荀息爲春秋時晉國大夫，晉獻公臨死時命之爲相國，將立君之事托付給他。荀息先立獻公之子奚齊爲國君，但被里克殺害；又立奚齊异母弟悼子（《左傳》作“卓子”）爲國君，隨即母子皆被害，荀息自感有愧於獻公之囑托，自殺身亡。司馬遷引述“君子”之言稱贊荀息之死云：“《詩》所謂：‘白圭之玷，猶可磨也；斯言之玷，不可爲也。’其荀息之謂乎，不負其言。”⑤ 荀息信守承諾，以死相報，受到“君子”的贊許。屈原與荀息相比，最大的相同點在於都是自殺而死，且不是因爲有罪之故。無疑揚雄對於屈原之死是深表同情的，故特意臨江憑弔之。

從《反離騷》的立意及行文看，其“摭《離騷》之文而反之”的特點非常顯著，最值得注意的是“反之”二字，究竟作者所反的是什麽？他反其意而用之究竟要表達什麽意旨？從唐人顔師古注揚雄之文，采取逐句摘取《離騷》原句以資比較，并解釋其文意的詮釋方法，可以看得很清楚。揚雄在此文中，自“圖纍承彼洪族”以下，都是反《離騷》之原意，全文聚焦在表達其對屈原投江自沉的質問與非議這一中心主題上。如此立意，與賈誼并没有什麽

---

① （漢）司馬遷：《史記·屈原賈生列傳》，中華書局，1982 年版，第 2496 頁。
② （漢）司馬遷：《史記·屈原賈生列傳》，中華書局，1982 年版，第 2482 頁。
③ （漢）司馬遷：《史記·屈原賈生列傳》，中華書局，1982 年版，第 2503 頁。
④ （漢）班固撰，顔師古注：《漢書·揚雄傳》，中華書局，1983 年版，第 3516 頁。
⑤ （漢）司馬遷：《史記·晉世家》，中華書局，1982 年版，第 1648—1649 頁。

不同。如果非要説有不同處，那就是揚雄從更多側面來展開他的質問，并且始終用《離騷》原文作爲質問的根據，顯得更有針對性，質疑的力道更强。

《反離騷》云：

> 鳳皇翔於蓬陼兮，豈駕鵝之能捷！騁驊騮以曲囏兮，驢騾連蹇而齊足。枳棘之榛榛兮，蝯狖擬而不敢下。靈修既信椒、蘭之唼佞兮，吾纍忽焉而不蚤睹！①

以鳳凰與駕鵝、驊騮與驢騾兩兩對比爲喻，説明屈原所處的楚國，已是不容忠賢而小人當道之世，荊棘叢生，國運危殆，楚王又崇信子椒、子蘭等讒邪之徒，你屈大夫出身高貴、屢世仕楚，怎麽就不早有所作爲呢？張振澤謂此段"責屈原品高而無遠見"②，與揚雄的本意相近。

《反離騷》云：

> 横江、湘以南洰兮，云走乎彼蒼吾。馳江潭之泛溢兮，將折衷虖重華。舒中情之煩或兮，恐重華之不纍與！陵陽侯之素波兮，豈吾纍之獨見許？③

張晏注"舒中情"二句云："舜聖，卒避父害以全身，資於事父以事君，恐不與屈原爲黨與。"應劭注"陵陽侯"二句云："陽侯，古之諸侯也，有罪自投江，其神爲大波。陵：乘也。言屈原襲陽侯之罪，而欲折衷求舜，未必獨見然許之也。"④《離騷》云："濟沅、湘以南征兮，就重華而陳詞。"屈原要去向舜訴説自己的冤屈，但舜父雖惡，他却能避害以全身，并且用同樣的方法事君，跟屈原"信而見疑，忠而被謗"就怨君不一樣，故舜不會認同他。陽侯有罪投江，屬於咎由自取，而屈原無罪投江自沉，舍君而去，也是舜所不然許的。顯然，揚雄意在批評屈原在遭遇讒毁時，不能像古代聖賢那樣選擇隱藏全身之路，而采取極端的方式結束生命，這并非明哲之舉。

《反離騷》云：

> 初纍棄彼慮妃兮，更思瑶臺之逸女。抨雄鳩以作媒兮，何百離而不壹耦！乘雲蜺之旖柅兮，望昆侖以樛流。覽四荒而顧懷兮，奚必云女彼高丘？⑤

蘇林注"乘雲蜺"四句云："《離騷》云：'登閬風而緤馬，忽反顧以流涕，哀高丘之無女。'女以喻士，高丘謂楚也。"顏師古云："樛流猶周流也。女，仕也，何必要仕於楚

---

① （漢）班固：《漢書·揚雄傳》，中華書局，1983年版，第3517頁。
② 張振澤：《揚雄集校注·反離騷》，上海古籍出版社，1993年版，第164頁。
③ （漢）班固：《漢書·揚雄傳》，中華書局，1983年版，第3519頁。
④ （漢）班固：《漢書·揚雄傳》，中華書局，1983年版，第3519頁。
⑤ （漢）班固：《漢書·揚雄傳》，中華書局，1983年版，第3521頁。

也。"① 揚雄爲屈原開出了類似於賈誼、司馬遷的別尋出路的"藥方"：不必非得仕楚，可以選擇有道之國尋求用武之地。

《反離騷》云：

> 夫聖哲之不遭兮，固時命之所有；雖增欷以於邑兮，吾恐靈修之不纍改！昔仲尼之去魯兮，斐斐遲遲而周邁；終回復於舊都兮，何必湘淵與濤瀨！溷漁父之餔歠兮，絜沐浴之振衣。棄由、聃之所珍兮，蹠彭咸之所遺！②

顏師古注"雖增欷"二句："《離騷》云：'曾歔欷余鬱邑兮，哀朕時之不當。'增，重也。雄言自古聖哲，皆有不遇，屈原雖自嘆於邑，而楚王終不改寤也。"又注"棄由、聃"二句："由，許由也；聃，老聃也。二人守道，不爲世俗所污，然保己全身，無殘辱之醜。彭咸，殷之介士也，不得其志，投江而死。此又非屈原不慕由、聃高蹤，而遵彭咸遺迹。"③

揚雄批評屈原只會抱怨自己沒有遭遇明時聖君，就去投江自沉了；以爲用死相諫，可以使君王醒悟，但楚王并沒有絲毫改變，這種死價值何在？古代的儒家聖人孔子，當魯君不用他時，也曾依依不捨地離開魯國，但一有機會，他又回到祖國去，沒有像屈原那樣輕易地尋死。至於許由、老聃兩位高士，他們以道自守，不隨流俗，善於保全自己，沒有自殘的過激行爲；屈原爲什麼不學他們的處世之道，而要選擇彭咸不得志便投江自盡的極端做法呢？揚雄用孔子、許由、老聃、彭咸做對比，既緊扣《離騷》"雖不周於今之人兮，願依彭咸之遺則"和"已矣哉，國無人莫我知兮，又何懷乎故都？既莫足與爲美政兮，吾將從彭咸之所居"的文意，又在賈誼的基礎上進一步發揮，批評屈原死非其道之意表露無遺。

從以上的梳理分析可以看出，在揚雄之前，對屈原既悲其志又非其死的看法已經存在，揚雄只不過是在前人觀點的基礎上，加以重申和發揮罷了。可是，後世論者并沒有對賈誼、司馬遷的見解提出異議，却把爭論的焦點集中在了揚雄身上，這恐怕多少有點令他始料未及。造成如此局面的一個重要原因，大概是他用了一個很扯讀者眼球的題目《反離騷》，刺痛了人們對楚國這位被小人讒毀而投江自沉愛國者的接受神經，無論從理性上還是情感上，似乎都難以認同。這或許是當初揚雄崇拜《離騷》而模擬之所完全沒有想到的效果。

二、郭沫若對屈原之死的評價態度及其現實邏輯

歷史發展到公元後的 20 世紀，在揚雄當年創作《反離騷》的西蜀大地上，一個才華出

---

① （漢）班固：《漢書·揚雄傳》，中華書局，1983 年版，第 3521 頁。
② （漢）班固：《漢書·揚雄傳》，中華書局，1983 年版，第 3521 頁。
③ （漢）班固：《漢書·揚雄傳》，中華書局，1983 年版，第 3522 頁。

衆的青年經過五四運動的洗禮，正在積極思考中華民族的前途以及傳統文化的命運，這個人就是後來成爲"球形"文化巨匠的郭沫若。

郭沫若對於屈原的研究，集中於二十世紀三四十年代。爲了抗戰需要，他還在研究基礎上創作了大型話劇《屈原》，1942 年在重慶公演獲得巨大成功。其對屈原賦的今譯，則集中在中華人民共和國成立後的五十年代，同時對屈原作品的創作年代先後及其真僞等問題進行了專門考證。其在屈原研究及對屈原愛國主義精神的宣傳方面，做了大量卓有成效的工作。如果追溯其早期對屈原的關注與宣傳，則應該是 1920 年創作的獨幕詩劇《湘纍》。而此劇之名，正取自揚雄的《反離騷》。

在劇中，郭沫若設置了湘靈娥皇、女英招其夫虞舜之魂的場景，屈原與其姐女須乘坐漁父的小舟蕩漾在洞庭湖上。在女須眼中，弟弟已經瘋了，病得不輕，她很擔心他做出投水自沉的過激舉動來，所以一直小心地看護着他。屈原對姐姐的想法大不以爲然，認爲是這個世道瘋了，所以人們才把他當成瘋子。

> 女須：你總是愛説你那樣瘋癲識倒的話，你不知道你姐姐底心中是怎麽地痛苦！
>
> 屈原：姐姐，你却怪不得我，你只怪得我們所處的這個混濁的世界。我并不曾瘋，他們偏説我是瘋子。他們見了鳳凰要説是鷄，見了麒麟要説是驢馬，我也把他們莫可奈何。他們既不是瘋子，我又不是聖人，我也只好瘋了，瘋了……①

屈原隨即吟唱了所作《遠游》中"惟天地之無窮兮，哀人生之長勤。往者余弗及兮，來者吾不聞"，喟嘆自己生於無道之世。

接下來郭沫若借女須與屈原的對話來影射楚懷王昏庸無能，落得被秦國欺騙而客死他鄉的悲慘結局：

> 女須：（見屈原欲跳水，急挽勒之）你究竟何苦呢？你這麽任性，這麽激烈，對於你的病體真是不好呀！夏禹王底父親正像你這樣性情激烈的人，所以他終竟……
>
> 屈原：不錯，不錯，他終竟被別人家拐騙了。他把國家弄壞了，自以爲去諂媚下子鄰國便可以保全他的位置，他終竟被敵國拐騙了去了。這正是他"愚而好自用"底結果。於我有什麽相干？他們爲什麽又把我放逐了呢？他們説我害了楚國，害了他的父親。皇天在上，后土在下，這樣的冤獄，要你們才知道呀！②

姐姐勸屈原不要任性、激烈，做出自殘輕生的舉動，希望他體味自然之道，珍惜生命："你看湘水、沅水，遇着更大的勢力揚子江，他們也不得不隱忍相讓，才匯成汪洋的洞庭。火山也不是時常可以噴火……你權且讓他們一時，你自由的意志，不和他們在那膻穢的政界

---

① 郭沫若：《女神·湘纍》，《郭沫若全集·文學編》第 1 卷，人民文學出版社，1982 年版，第 18 頁。
② 郭沫若：《女神·湘纍》，《郭沫若全集·文學編》第 1 卷，人民文學出版社，1982 年版，第 20—21 頁。

裏馳騁，難道便莫有向別的方面發展的希望了嗎?"① 這番話，正與揚雄在《反離騷》中勸導屈原的意思相似。劇中的女須，其實就是揚雄的化身。她對屈原既愛護又擔心，不希望其采用極端任性的方式結束自己的生命，應該學會張弛進退之道，離開像楚國那樣的膻穢世界，可以到別的地方去尋找發展機會。

屈原斷然拒絕了姐姐的苦心勸解，表明其不能苟且偷生的堅定態度：

> 你是要叫我去做個送往迎來的娼婦嗎？娼婦——唔，她，她，鄭袖，是她害了我！但是，我，我知道她的心中却是在戀慕我，她并且很愛誦我的詩歌。唔，那倒怕是個好辦法。我如做首詩去贊美她，我想她必定會叫楚王把我召回去。不錯，我想回去呀！但是，啊！那個是我所能忍耐的嗎？……你爲什麽要叫我"呢啙栗斯，喔咿儒兒，如脂如韋，突梯滑稽"以偷生全軀呢？連你也不瞭解我，啊，我真不幸！我想不到才有這樣一位姐子!②

郭沫若《屈原賦今譯·卜居》把"呢啙栗斯"等句譯爲"奴顏婢膝，專事奉承；對一位驕傲女子，諾諾連聲"之意③，這個女子，就是指劇中的王后鄭袖。屈原不願意討好巴結她以求偷生全軀。屈原對不理解不支持他的姐姐的抱怨，可以視爲郭沫若筆下對揚雄批評屈原投江自沉的一種藝術性回應。

關於此劇的創作背景，郭沫若在《創造十年》裏做過這樣的回顧："我雖然不曾自比過歌德，但我委實自比過屈原。就在那一年所做的《湘纍》，實際上就是'夫子自道'。那裏面的屈原所說的話，完全是自己的實感。"④ 當時留學日本的郭沫若，借屈原流放沅湘的遭遇來表達其思想情懷，"抒發了詩人對黑暗現實的强烈憤懣和海外赤子對祖國的眷戀之情"⑤。所以屈原在劇中所說的話，成爲其對舊中國黑暗社會現實的控訴，說是作者切身的"實感"，當然是可信的。郭沫若創作《湘纍》，與其創作《女神》諸詩的用意完全一致。正如他在《女神·序詩》中所言："《女神》喲！你去，去尋那與我的振動數相同的人/你去，去尋那與我的燃燒點相等的人。"⑥ 他從古代人物中尋到的正是偉大的愛國詩人屈原，他們在熱愛祖國、憎怒腐朽政治的思想情懷上，彼此的振動與燃燒點是相同的。

此劇雖然借用了揚雄《反離騷》的典故，但其主題已經與之大爲不同，劇中更多的是把揚雄對屈原的批評，作爲針砭否定的對象，以此拉開了與《反離騷》的距離。

寫過《請看今日之蔣介石》，聲明與蔣介石獨裁專制政權決裂而不得不逃亡日本的郭沫若，在异國他鄉又萌發了對屈原及其作品的興趣。1934 年，他開始了《離騷》的今譯及對

---

① 郭沫若：《女神·湘纍》，《郭沫若全集·文學編》第 1 卷，人民文學出版社，1982 年版，第 21 頁。
② 郭沫若：《女神·湘纍》，《郭沫若全集·文學編》第 1 卷，人民文學出版社，1982 年版，第 22 頁。
③ 郭沫若：《屈原賦今譯·卜居》，《郭沫若全集·文學編》第 5 卷，人民文學出版社，1984 年版，第 375 頁。
④ 郭沫若：《創造十年》，《郭沫若全集·文學編》第 12 卷，人民文學出版社，1992 年版，第 79 頁。
⑤ 王錦厚主編：《郭沫若大詞典·湘纍》，河南教育出版社，1991 年版，第 74 頁。
⑥ 郭沫若：《女神》，《郭沫若全集·文學編》第 1 卷，人民文學出版社，1982 年版，第 3 頁。

屈原的研究。關於研究的動因，他在《屈原時代》一文中有如下交代：

> 一九三四年的正月尾上，我應開明書店的徵求寫了一篇關於屈原的研究，起初本來是作爲《中學生叢書》之一而寫的，但寫得太艱深了一點，後來得到數據方面的同意，把《離騷今言譯》加上去便讓它獨立了。《中學生叢書》是限於寫三萬字的，因此我那篇《屈原》是受了限制的東西，留在我心裏的意思還有好些沒有寫出。①

到 1935 年初，他的翻譯和研究都完成了，只不過屈原研究看起來有點像是命題作文的味道。約三萬字的《屈原》包括"屈原的存在""屈原的作品""屈原的藝術與思想"三大部分，涉及史書對屈原生平的記錄、屈原作品的先後次第和屈原的主要思想和取得的藝術成就，涵蓋了古代作家研究的各個方面。對於閱讀對象爲中學生來説，自然是顯得"艱深"了一點。但從另一方面説明，他的研究是純學術的，通過學理性的論證，讓讀者對屈原其人及其在古代文學史上的貢獻與地位，有一個全面而客觀的瞭解。因此，其 1942 年對舊作進行修訂時，將全文分爲"屈原身世及其作品""屈原的時代""屈原的思想"三部分，標題有所變化，但包含的内容基本沒有大的出入，説明作者此時依然保持了三十年代對屈原及其創作的基本評價。

在三四十年代的屈原研究中，郭沫若對於屈原爲什麼選擇自沉、應該怎樣看待他的死、屈原之死暴露了何種思想局限等問題，都做了深入分析闡述，體現了其對這些問題的深刻認識與評價標準。

首先，郭沫若認爲，屈原自沉是因爲不能接受郢都被破、楚國將亡的殘酷現實，并非僅僅是楚王疏遠、小人讒毀的個人榮辱計較，也不是長期被放逐悲憂難解所做的無奈選擇。他在分析屈原《哀郢》的創作年代及背景時指出：

> 屈原被放逐了，是忍耐了多年而沒有自殺的人。《哀郢》説"忽若不信兮，至今九年而不復"，這九年還不僅只是九個年頭，九在古時視爲極數，他的被放自襄王七年至二十一年是應該有十五個年頭的。他忍耐了這樣久而沒有自殺，可見得單單的被放逐與不得志，不能成爲他的自殺的原因。他的所以年老了而終於自殺的，是有那項國破家亡的慘劇存在的！②

對於"至今九年而不復"，究竟是照實計算被放逐了九年，還是表示極數指被放逐了十五年，歷來説法不一，這裏姑且不論。在郭沫若看來，屈原被襄王長期放逐，一直繫念故國，希望楚王醒悟，讓他回去，對此始終沒有絕望，故雖失意悲苦，但未曾想到要自殺了却殘生。惟其得知秦將白起破郢都，對家國的最後希望徹底破滅了，難以接受如此不幸的事

---

① 郭沫若：《屈原時代》，《郭沫若古典文學論文集》，上海古籍出版社，1985 年版，第 289 頁。
② 郭沫若：《屈原時代》，《郭沫若古典文學論文集》，上海古籍出版社，1985 年版，第 153—154 頁。

實，才自沉於汨羅。郭沫若對此既有分析又有評判：

> 他被逐的地點是在漢北，期［其］間有十四年。直到頃襄王二十一年，秦將白起侵伐楚國，把楚國的郢都破了，取了洞庭、五湖、江南，逼得楚國君臣倉皇奔走，東北保於陳城。屈原自己也從漢北逃到江南，做了《哀郢》《涉江》《懷沙》《惜往日》諸篇，便終於在汨羅自沉了。他能够自沉是他的"行己有耻"，是他的人格過人，不像後世有好些文人一遇着威逼便腆顏事仇而歌功頌德。①

郭沫若對於屈原自沉而死，不僅没有絲毫責備之意，而且話中有話地批評一些後世文人，没有屈原"行己有耻"的人格節操，在改朝換代之際一遇威逼就腆顏事仇，并且對其歌功頌德。這裏雖然没有指名道姓地點出這些文人是誰，但會讓讀者情不自禁地想到揚雄，因爲他不僅在《反離騷》中對屈原自沉之舉進行過批評，而且在王莽篡漢以後，又做了"新朝"的大夫，還寫《劇秦美新》來贊揚王莽的"新政"②。郭沫若在二十年代創作詩劇《湘纍》時，還用女須這一角色作爲揚雄化身的表達方式，傳達其不贊同屈原沉江的態度；而到此時，則不點名地對揚雄批評屈原之死，及其自身出仕新朝的行爲進行抨擊，將其提升到人格節操的道德高度來加以比較評判，雖然這樣的觀點自南宋朱熹開始就存在，但彼此各種的出發點和價值標準，有着很大差别。

其次，關於屈原不像戰國時代的士人那樣周游列國、擇主而事，從未想過離開生養於斯的故國，郭沫若給出了自己的解讀，間接地回應了賈誼、司馬遷、揚雄等人爲屈原開具的出路"藥方"。在郭沫若看來，屈原之爲屈原，其與其他戰國士人最大的區别，就在於其源於儒家大一統"美政"觀念所形成的根深蒂固的愛國情懷。郭沫若用不少歷史人物爲例來進行比較分析：

> 屈原又根本是一位愛國者，他的作品這樣告白着，他的行爲也這樣告白着。先秦時代的學者自孔子以來大都懷抱着大一統主義。他們都想把中國的局面統一起來，只要能够達到目的，都有一個不擇國而仕的傾向。早輩的孔子、墨翟不用説，和屈原同輩的，如本是鄒人的孟子而求仕於齊、梁；本是趙人的荀子而游學於齊、仕於楚；本是楚人的環淵、陳良、許行，環淵爲齊稷下先生，陳良北學於中國，許行自楚之滕，願做滕文公的編氓；本是趙國的公子韓非，入秦而勸秦滅六國。這些都足以證明當時的學者們是志在天下而不在一國。但屈原却是不同。他在懷王時遭了疏遠，雖然放浪着而他不肯出國。他在襄王時受了放逐，雖然顛沛着而他也不肯出國。他始終眷戀着楚國，希望自己

---

① 郭沫若：《屈原時代》，《郭沫若古典文學論文集》，上海古籍出版社，1985 年版，第 191 頁。
② 關於揚雄是否作《劇秦美新》，以及其寫作的動機和在文中的立意爲何，筆者另有《"西道孔子"揚雄該不該作〈劇秦美新〉》（《蜀學》第二十一輯）一文專門辨析。

能够復位，希望自己所懷抱的"美政"（見《離騷》）能够實行。①

郭沫若還根據屈原曾出使齊國，而齊國稷下學宮又是天下學者聚集之地等具體歷史背景，認爲如果屈原願意，他到齊國會大受歡迎，并且依照其主張"合縱"的政治立場，一定會得到重用。但是，因爲楚國在七雄紛爭中擁有獨居南方的優勢，七國相爭到最後變成秦、楚爭雄，實質上歸結爲由誰來完成中國大一統的歷史使命問題。在這個意義上，屈原的愛國不只是體現爲愛楚國，更在於對於天下大一統的理想追求。只可惜，因爲懷、襄二君的昏庸無能，没有抓住難得的歷史機遇，却被厲行法治的秦國抓住了。郭沫若由此指出：

　　屈原是明白人，天下的大勢他看得很清楚，他始終是抗秦派。然而他的政策終不見實行，而卒在於自己的存世之中看見了楚都的破滅。這樣豈是他所能甘心的嗎？他的不甘心也就是楚人的不甘心。由這不甘心生出的他的悲憤的文辭也就是楚人的呼吸。楚人特別愛他的辭，特別哀他的死，更由他的辭與死而增漲了民族的義憤。……楚人是把在政治上統一中國的功名和產生了一位屈原的功名兑换了。②

他把屈原的死與實現天下統一聯繫起來，從這個高度來看待屈原之死及其所產生的時代意義和深遠民族文化影響，是過去的研究者從來没有認識到的。

再次，對於屈原不死可以做什麽和怎麽做的重大問題，郭沫若一方面將前人提出的問題做了具體化回答，另一方面又顯得有些苛求古人。郭沫若説：

　　但他既然有自殺的勇氣，爲什麽不把當時的民衆領導起來，向秦人作一殊死戰呢？以楚人對於秦人的敵愾，以他的得楚人的信仰，他假如是有實際家的手腕，我相信楚人一定會服從他的領導，拼死地和秦人抗争。……屈原雖然愛憐民衆，但他却没有本領來領導民衆。他被放逐在漢北的十四五年，詳細的生活我們不知道，他似乎始終是成爲了憂鬱的囚人。他念念不忘的是君，是當時的執政者，是自己的懷才不遇。十幾年的一肚皮牢騷終只好讓一死來爆發。他只認識到在上的力量，而不認識到在下的力量。這兒與其説是時代限制了他，毋寧是資質限制了他。③

以前的人都認爲屈原不應該走極端，以沉江自殺來結束生命，至於活着可以或者應該做什麽，却没有具體涉及。郭沫若却回答了這個問題，并且回答得很具體，認爲屈原在被流放漢北的十多年裏，就應該組織民衆起來與秦人抗争，以他受楚人尊敬的程度，他完全有資格做他們的領導者。而屈原没有這樣做，他的心裏主要充滿憂鬱，只看到在上的君王和執政者，却没有看到下層民衆憤恨秦人的情緒，及其組織起來的戰鬥力量。郭沫若認爲，屈原的

① 郭沫若：《屈原時代》，《郭沫若古典文學論文集》，上海古籍出版社，1985年版，第177頁。
② 郭沫若：《屈原時代》，《郭沫若古典文學論文集》，上海古籍出版社，1985年版，第180頁。
③ 郭沫若：《屈原時代》，《郭沫若古典文學論文集》，上海古籍出版社，1985年版，第191—192頁。

這種局限，不只是時代因素，更有其資質因素。這裏的"資質"指什麼，郭沫若沒有明確闡明，但從其上下文表述看，應該是指屈原缺乏實幹家的組織與行動能力。屈原用文學方式表達其思想情感，無疑是最傑出的，但落實到實際行動，要組織領導楚人來一場改變國家政治現狀及秦楚相爭格局的實踐鬥爭，他就無能爲力了。

郭沫若要求屈原像後來的項梁、陳勝、吳廣等人那樣，號召民衆揭竿而起，反抗暴秦，甚至奪取政權，做改朝換代的皇帝，這未免有些苛求屈原了。他畢竟是楚之著姓，世代仕楚，并且一度很受楚王信任，"入則與王圖議國事以出號令，出則接遇賓客應對諸侯"①，這樣的身份地位，及其與楚王室休戚與共的利害關係，指望其一旦被放逐就組織民衆抗秦甚至造反，是不太現實的，未免有些強人所難。屈原如果真像項梁們那樣，也許可以在抵抗秦人侵伐、延滯楚國滅亡方面做些成績，但歷史發展的大勢，并不會以個人意志爲轉移，中國大一統的使命由秦人來完成，并非偶然因素促成。況且，中華文明史上，可能就不會產生偉大的愛國詩人屈原，也不會有千古絕唱《離騷》等藝術傑作產生出來。

郭沫若對屈原之死的一貫贊揚，以及對其如若不死可以有些什麼作爲的設想，顯然都與他所處的二十世紀中國的現實背景密切相關。二十年代初以反帝反封建爲宗旨的五四運動，如火如荼地蕩滌着舊觀念和舊文化，一代進步青年期望以血與火來改變舊制度，建立新社會，以身殉國是他們極爲推崇，也是願意身體力行的愛國方式。郭沫若《湘纍》雖然取材於揚雄《反離騷》，但其不認同揚雄對屈原投江殉國的批評，就是必然的了。到三四十年代，同樣身在異邦的郭沫若，因對屈原其人其詩的高度推崇而開展深入研究，重點將屈原行爲及其作品中洋溢着的深厚愛國主義情懷加以發掘和贊美，是與這一時期對內反蔣介石專制獨裁、對外反日本帝國主義侵略的現實主題緊密聯繫在一起的，特別是全面抗戰的形勢需要，鼓勵全國人民團結鬥爭，贏得抵抗異族侵略最後勝利，就自然成爲郭沫若研究屈原、弘揚其愛國主義精神的主要動機。

郭沫若 1942 年初創作歷史劇《屈原》，最初的設想是要表現屈原坎坷的一生，最後以屈原"投江"收場②，但隨着寫作思路的不斷調整，所形成的劇本却是以屈原的一天活動爲脉絡結構全劇，劇中改成讓嬋娟誤飲毒酒，代替屈原而死。在劇中的第五幕第二場中，郭沫若通過嬋娟和衛士甲的表白，道出了不讓屈原死去的理由：

　　嬋娟：我能够代替先生，保全了你的生命，我是多麼地幸運呵！……先生，我經常想照着你的指示，把我的生命獻給祖國。可我沒有想到，我今天是果然做到了，我把我這微弱的生命，代替了你這樣可寶貴的存在……

　　衛士甲：先生，我們楚國需要你，我們中國也需要你，這兒太危險了，你是不能久

---

① （漢）司馬遷：《史記·屈原賈生列傳》，中華書局，1982 年版，第 2481 頁。

② 郭沫若：《我怎樣寫五幕史劇〈屈原〉》，《郭沫若全集·文學編》第 6 卷，人民文學出版社，1982 年版，第 398 頁。

待的。我是漢北人，假使先生高興，我要把先生引到漢北去，我們漢北人民都敬仰先生，受了先生的感召，我們知道愛真理，愛正義，抵禦强暴，保衛楚國。①

嬋娟接受屈原的教育，成爲一名愛國者，她代替屈原而死，讓熱愛楚國的屈原繼續活下去，他的存在，象徵着愛國主義精神在繼續傳播。衛士甲的一番話，則更加清晰地道出屈原活着回到漢北，憑藉漢北人民對他的敬仰，一場圍繞着維護正義、抵禦强暴的群衆鬥争，將在漢北大地展開。這顯然是郭沫若通過該劇，寄希望於國統區人民，認清國民黨政權消極抗日、積極反共的真面目，團結起來，共同抵禦日本帝國主義粗暴侵略行徑。故郭沫若在1950 年的一篇文章裏説："我寫這個劇本是在一九四二年一月，國民黨反動派的統治最黑暗的時候，而且是在反動統治的中心——最黑暗的重慶，不僅中國社會又臨到階段不同的蜕變時期，而且在我的眼前看見了大大小小的時代悲劇。……全中國進步的人們都感受着憤怒，因而我便把這時代的憤怒復活到屈原時代裏去了。換句話説，我是借了屈原的時代來象徵我們當時的時代。"②

三、時隔兩千年的對話：關於屈原之死的評價得失

揚雄與郭沫若，相隔近兩千年，却因對屈原之死的不同評價，這兩位被蜀文化孕育出來的著名文學家彼此産生了對話關係。前文已經説過，揚雄對屈原之死，帶着同情惋惜的心情批評其不應選擇投江自沉，主張在國無道則退身以避之，等待再遇的機會。這種觀點并非揚雄首創，而是祖述賈誼，司馬遷也曾表示贊同賈誼的觀點。而後世的評論者，并不追究賈誼批評屈原的是非，而是集中矛頭對準揚雄進行撻伐。其中最典型，也最具影響者，則是南宋的理學集大成者朱熹。他非常喜歡《楚辭》，著有《楚辭集注》《楚辭辨證》《楚辭後語》等箋注、考證、評議《楚辭》及後世的仿效之作。其在《楚辭後語》一書中，選入了揚雄的《反離騷》，朱熹特意爲之加了題解：

《反離騷》者，漢給事黃門郎、新莽諸吏中散大夫揚雄之所作也。雄……仕漢三世不徙官。然王莽爲安漢公時，雄作《法言》，已稱其美，比於伊尹、周公；及莽篡漢，竊帝號，雄遂臣之。以耆老久次，轉爲大夫。又放相如《封禪文》，獻《劇秦美新》以媚莽意，得校書天禄閣上。會劉尋等以作符命爲莽所誅，辭連及雄。使者來，欲收之，雄恐懼，從閣上自投下，幾死。先是雄作《解嘲》，有"爱清爱静，游神之廷；惟寂惟

① 郭沫若：《屈原》，《郭沫若全集・文學編》第 6 卷，人民文學出版社，1982 年版，第 392—394 頁。
② 郭沫若：《序俄文譯本史劇〈屈原〉》，張澄寰編《郭沫若論創作》，上海文藝出版社，1983 年版，第 404 頁。

寞，守德之宅”之語。至是京師爲之語曰：“爰清静，作符命；唯寂寞，自投閣。”雄因病免。既復召爲大夫，竟死莽朝。其出處大致本末如此，豈其所謂龍蛇者耶？然則雄固爲屈原之罪人，而此文乃《離騷》之讒賊矣，他尚何説哉！①

其中關於揚雄身世履歷的叙述，大致依據《漢書·揚雄傳》。朱熹之意，乃從非議揚雄在王莽新朝做過中散大夫，以及最後對揚雄爲人及《反離騷》的評價中體現出來，以爲揚雄是屈原的“罪人”、《離騷》的“讒賊”。其批評揚雄言辭之尖鋭，對後世影響頗爲深遠，自此以後，研究者多采取肯定其文學創作成就，而不取其腆仕新朝之爲人的評價態度。然而，仔細考察朱熹之言，有兩點是與事實不盡相符的。其一，揚雄之作《反離騷》，乃在未至京師之前，那時揚雄尚未獲得一官半職，只是生長於蜀中的一介書生，其《反離騷》無論立意如何，都不應與揚雄後來仕途進退扯上關係，更不宜與其有無立身氣節混爲一談。其二，揚雄《反離騷》，立意宗旨是同情屈原的不幸遭遇，該文寫作的初衷，乃是爲了憑吊屈原；即使“往往摭《離騷》之文而反之”，也不應該從根本上否定其因喜愛而仿作《離騷》，以及對屈原爲人的敬佩之情。揚雄對屈原自沉汨羅的批評，乃是根於對其無罪而死的悼惜。朱熹把揚雄斥責爲屈原之罪人，《離騷》之讒賊，未免貶之太過。朱熹對《反離騷》的惡評，乃是基於揚雄曾仕王莽僞朝的所謂人生“失節”污點，故其《楚辭後語目録序》稱：“至於揚雄，則未有議其罪者，而余獨以爲是其失節，亦蔡琰之儔耳。然琰猶知愧而自訟，若雄則反訕前哲以自文，宜又不得與琰比矣。”② 而這一點被朱熹特别看重，與其作爲理學家所秉持的皇權正統觀，以及視立身節操爲做人根本的道德價值觀有密切關係。

其實，揚雄基於“君子得時則大行，不得時則龍蛇，遇不遇命也”的理由來批評屈原之沉身汨羅，是完全符合儒家的出處觀念的。《論語·衛靈公》：“子曰：‘君子哉蘧伯玉，邦有道則仕，邦無道則可卷而懷之。’”朱熹注：“伯玉出處，合於聖人之道，故曰君子。懷，藏也。”③ 又《泰伯》：“子曰：‘天下有道則現，無道則隱。’”朱熹注：“無道，則隱其身而不見也。”④ 孔子明確表示，君子之出仕與藏身，應該視天下有道無道作進退選擇，朱熹的注解，符合孔子之言的本意，并且稱之爲“聖人之道”。而朱熹却對揚雄的《反離騷》嚴詞斥責，并指其是屈原的罪人和《離騷》的讒賊，假如有合理的解釋，顯然就是因爲揚雄在改朝換代時没有守住不仕僞朝的底綫，其把對揚雄的這種不滿，從爲《反離騷》作題解發泄出來。

在朱熹之後八百年的郭沫若，其對屈原之死持與揚雄完全不同的看法，并不是受了朱熹

---

① （宋）朱熹：《楚辭後語》卷二，紀昀總纂《四庫全書·集部·楚辭類》，臺灣商務印書館，1986 年版，第 1062 册，第 419 頁。

② （宋）朱熹：《晦庵集》卷七十六，紀昀總纂《四庫全書·集部·别集類》，臺灣商務印書館，1986 年版，第 1145 册，第 589 頁。

③ （宋）朱熹：《四書章句集注·論語集注》卷八，中華書局，1983 年版，第 163 頁。

④ （宋）朱熹：《四書章句集注·論語集注》卷四，中華書局，1983 年版，第 106 頁。

及此後許多人貶斥揚雄的影響，他對屈原自沉汨羅的認識與判斷，主要基於肯定屈原對昏庸統治者的堅決抗爭，及其愛國主義精神的悲劇性呈現。郭沫若在 1942 年 5 月，曾寫有《"深幸有一，不望有二"》一文，其中引録其作於 1935 年紀念"滬難"三周年的舊文，裏面談到其自 1926 年參加北伐路過汨羅江作詩發表對屈原之死不理解的看法，到後來深入研究之後認識改變的過程：

> 屈原自沉處的彌羅，我在一九二六年北伐的時候是路過過的。那時候作過一首詩來吊他，大約因爲舊詩容易記的緣故，是還留在我的記憶裏的。
>
> > 屈子行吟處，今余跨馬過。
> > 晨曦耀江渚，朝氣滌胸科。
> > 攬轡憂天下，投鞭問汨羅。
> > 楚猶有三户，懷石理則那？
>
> 我當時還不曾知道屈原何以一定要死的理由。我覺得僅僅是被放逐，僅僅是政治上的失意，一位有爲的男子應該還有很多可做的事情，何至於一納頭便去憔悴死！但我現在經過了一番研究，知道他的死是在楚頃襄王二十一年。那時秦將白起把楚國的郢都都破了，取了洞庭、五渚、江南，楚國的君臣逃到了陳城去，幾乎演出了國破家亡的慘狀。屈原是看到了這樣的情形，才迫不得已而自殺了的，所以屈原的自殺是殉國，并不是殉情。[①]

郭沫若説他 1926 年都不知道屈原何以要投江自沉，并不完全屬實，前述其 1920 年創作的《湘纍》一劇，就已經明確地表達了認同和贊美屈原投江而死的決心。其在北伐途中的詩，詰問屈原有何理由選擇懷石沉江，是作者當時正意氣風發地從事着北伐的革命事業，正如郭沫若自己所説："做起詩來，却不免把自己誇張成爲了英雄。"[②] 在這種激情下，其詩不取屈原自殺之舉，乃當時情理中之事。

在他深入研究屈原以後，其對屈原之死的意義從認識上得到升華，把他的死視爲"殉國"——爲國而死，并非只是爲了一己進退得失之私情。這種認識一旦形成，就始終没有改變，他後來所作的多篇紀念屈原的文章，都對屈原冠以"愛國詩人""人民詩人"等頭銜，表達對其死的歷史意義和現實意義的高度肯定。

郭沫若與揚雄圍繞屈原投江自沉而死的兩千年跨時空對話，雖然都帶着對這位充滿人生悲劇色彩，但創作出了千古絶唱的偉大作品的歷史人物深切同情，但各自所表達的傾向性觀點却迥然不同。揚雄依照儒家生逢亂世，應該選擇隱逸藏身以保全生命的信條來批評屈原，不能説完全没有道理，但在屈原當時的處境與心態下，因爲對君王失望，對郢都被破楚國將

① 郭沫若：《"深幸有一，不望有二"》，《郭沫若古典文學論文集》，上海古籍出版社，1985 年版，第 336—337 頁。
② 郭沫若：《北伐途次》，《郭沫若全集·文學編》第 12 卷，人民文學出版社，1992 年版，第 14 頁。

亡的絕望，不忍偷生以忍受巨慟，確實是不得已的選擇。後人沒有經歷其遭遇與感受，輕易非議其死法，不僅缺乏同情基礎上的理解，而且沒有看到其死的愛國主義悲劇價值及其所產生的深遠文化意義。

郭沫若對屈原之死從一開始就給予充分肯定，并且始終把其死與其跟邪惡勢力做鬥爭，和對楚國的深厚熱愛之情聯繫起來，雖然這種不幸選擇是其人生的巨大悲劇，但其在對君國絕望之後，寧願勇敢壯烈犧牲也不願偷生於世，這種人格精神永遠都是值得世人崇敬的，其愛國情懷對後世所產生的巨大影響，不僅增添了其悲壯赴死的教育意義，也使其所創作的文學傑作煥發出更加耀眼的精神光芒。然而，郭沫若批評屈原在放逐期間沒有組織民衆起來抗秦，甚至沒有看到人民的力量，把這歸咎於其資質性的缺陷，未免有些脱離歷史實際，用現代人的觀念來要求古人，顯得有些過於苛求生活於距離自己兩千多年的一位先賢。

（作者單位：乐山師範學院）

書畫裏的揚雄

唐　林

内容提要：本文擬從書法、繪畫兩個領域入手進行研究。在書法方面，通過對"揚雄""揚子雲""西蜀子雲亭""揚雄辭賦"等揚雄最有代表性的四個關鍵字的考證，展示它們在王羲之、蘇東坡、黄庭堅、米芾等歷代著名書法家筆下呈現的各類書體與風格；在繪畫方面，則從古代紙本畫像、古代版畫畫像、現當代畫像三個方面，討論揚雄在宫廷畫家、民間畫家和現當代畫家筆下的各種描繪。通過研究和介紹，使揚雄的形象更加立體飽滿，展現了揚雄的影響力早已超越文學進入中國書畫史，并産生廣泛影響。從方法論的角度看，書畫裏的名人研究或將成爲各地歷史文化名人研究中不可或缺的重要内容。

關鍵詞：歷代；書法；繪畫；揚雄

揚雄（前 53—18），字子雲，漢代蜀郡郫縣（四川省成都市郫都區）人，儒家著名思想家，被後人尊稱爲"西道孔子""漢代孔子"，有《方言》《法言》《太玄》《蜀王本紀》等傳世。今四川有其紀念地成都郫都區揚雄墓、綿陽子雲亭、樂山犍爲子雲山等。2017 年與李冰、武則天、李白等十位被四川省公布爲第一批四川歷史文化名人。

那麼，作爲一位中國文化名人，揚雄在作爲國之瑰寶的中國書法裏呈現出什麼模樣呢？有關他的姓名、居住地、賦文等，有哪些著名的中國書法家書寫過？他的畫像在中國繪畫史上又是如何呈現？有哪些畫家繪過他的畫像？本文將從中國書法、中國畫兩個方面進行梳理和介紹。

一、書　法

揚雄本人就擅長書法。王愔《古今文字志目》把他列爲秦漢五十九位書家之一①。鄭杓《衍極》稱揚雄"善古文，識奇字"。《漢書·楊雄傳》："劉棻嘗從雄學作奇字。"顏師古注曰："（奇字）古文之異者。"② 劉棻是位博學之士，學作奇字，非學識讀。奇字是古文中特異而難認的字，與古文、篆書、佐書、繆篆、鳥蟲書等爲新莽時所行六體書。王莽復古改制，列奇字於六體之一，古文、奇字是當時人要學習的熱門字體，而精通的人極少。揚雄是研習古文字的，以篆書作《訓纂篇》，劉棻從而學作奇字，因此揚雄是一位古文字書法家③。秦漢時，文字學家往往就是書法家④，《中國書法史》將其列爲"士大夫書家"⑤，《簡明中國書法史》稱他爲漢代著名書法家⑥。不僅如此，他還是著名的書法理論家，他提出的"書，心畫也"指出了書法與書寫者性格與思想情感的關係，對後世論書、創作與鑒賞都產生了巨大影響⑦。如今人陳滯冬所言："降及有漢，揚雄以識字稱名天下，論書一語，千古誦傳。"⑧

本節不研究揚雄書法、書論，而重點研究在中國書法裏有關"揚雄""揚子雲"、揚雄居住地"西蜀子雲亭"、揚雄作品"辭賦"四個部分，有哪些名家寫過，它們呈現什麼面貌，有什麼影響，等等。

（一）揚雄

由於揚雄在漢代就具有非常大的名聲，從理論上講他的姓名應該屢屢爲人所書寫，譬如給皇帝奏章、皇帝的賜文、大臣同事間來往的信札、揚雄與弟子們的通信……雖然當年可能視若珍寶，但因爲年代過於久遠，現早已灰飛烟滅。今天人們能夠看到的最古老的"揚雄"兩字的書法墨迹是東晉王羲之所寫，在王羲之之後，書寫者不計其數，其中最有代表性的有蘇軾、米芾、張即之、劉墉等名人。

---

① 李正庚：《先秦至唐書法教育制度研究》，首都師範大學博士學位論文，2009 年。
② 《漢書·楊雄傳》。
③ 華人德：《中國書法史》（兩漢卷），江蘇教育出版社，2009 年版，第 180 頁。
④ 劉濤：《中國書法史》（魏晋南北朝卷），江蘇教育出版社，2009 年版，第 8 頁。
⑤ 參見華人德《中國書法史》（兩漢卷），江蘇教育出版社，2009 年版。
⑥ 王永莉、李巍：《簡明中國書法史》，世界圖書出版西安有限公司，2012 年版，第 47 頁。
⑦ 王永莉、李巍：《簡明中國書法史》，世界圖書出版西安有限公司，2012 年版，第 48 頁。
⑧ 陳滯冬：《存在的藉口：藝術家及其時代》，廣西師範大學出版社，2018 年版，第 338 頁。

圖1　王羲之"揚雄"　　　圖2　蘇東坡"揚雄"

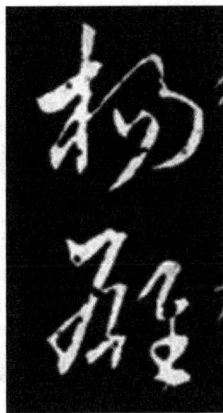

1. 王羲之

王羲之書寫的"揚雄"（圖1）兩字出現在其著名作品《十七帖》之《蜀都帖》（《游目帖》）裏的"揚雄《蜀都》，左太冲《三都》殊爲不備"[1] 一句中，這是他與其老友、時任益州刺史周撫大將軍的信札之一。王羲之（321—379 或 303—361），字逸少，琅琊臨沂（今山東省臨沂市）人，東晋大臣、書法家，有"書聖"之稱，歷任秘書郎、江州刺史、會稽太守，纍遷右軍將軍，人稱"王右軍"。撰寫的《蘭亭序》爲"天下第一行書"，兼善隸、草、楷、行書法各體，精研體勢，心摹手追，廣采衆長，自成一家，影響深遠。在書法史上，與鍾繇并稱"鍾王"，與其子王獻之合稱"二王"。他是中國最知名的書法家之一，是中國古代一個著名的文化符號。王羲之《蜀都帖》原有唐或唐之前摹本，現有"珂羅版"複製品。

王羲之出生時，揚雄已去世 300 年左右。作爲在世界享有盛名的"書聖"，王羲之對揚雄有關文字的書寫，對於揚雄的傳播具有重大意義。自從王羲之書寫揚雄有關文字之後，後世許多書法大家，如米芾、康里巎巎、趙孟頫等都臨摹過，這使得揚雄成爲一個重要書法符號。從某種意義上講，王羲之可以説是揚雄有關文字的最著名的推廣大使、宣傳大使[2]。這些將在後面介紹。

2. 蘇軾

蘇軾書"揚雄"（圖2）兩字出現於其行書五言詩《揚雄老無子》中，詩中有"揚雄老無子，馮衍終不遇。"蘇軾（1037－1101），字子瞻，號東坡居士，眉州眉山（今屬四川省眉山市）人，北宋傑出散文家、書畫家、詞人、詩人，唐宋八大家之一。書法方面，與黃庭堅、米芾、蔡襄并稱宋四家，他還是著名繪畫流派"湖州竹派"的創始人之一。在中國文化史上，蘇軾是一位罕見的天才。據啓功、王靖憲主編《中國歷代法帖叙録》一書，《揚雄老無子》帖載於宋《姑孰帖》卷三，引自首都圖書館藏的宋刻明拓《姑孰帖》。現存世《姑孰

---

① 唐林：《王羲之書寫"成都"第一人》，《成都日報》2021 年 2 月 8 日第 14 版。
② 唐林：《王羲之與四川》，《文史雜志》2022 年第 1 期。

帖》均爲殘帖，僅存卷三的蘇軾，卷八、卷九的陸游及不明卷次蘇舜欽詩文，彌足珍貴。

圖 3　米芾“揚雄”　　　　圖 4　張即之“揚雄”　　　　圖 5　劉墉“揚雄”

3. 米芾

米芾書“揚雄”（圖 3）兩字是在其臨王羲之《十七帖》之《蜀都帖》中。

米芾（1051—1107），字元章，書法家、畫家、書畫理論家，宋代四大書法家之一，又是著名書畫收藏家兼鑒定家，主要作品有《張季明帖》《李太師帖》《紫金研帖》等。《蜀素帖》被譽爲“天下第八行書”。米芾臨《蜀都帖》録於《米芾臨〈十七帖〉陸游跋本》，該本世間罕見，堪稱珍本（閻慰鵬主編《中華名帖珍品之二·王羲之〈十七帖〉》）。在《陸游跋本》中，米芾對《十七帖》是全文臨摹。

4. 張即之

張即之書“揚雄”（圖 4）出現在他所寫的杜甫《贈獻納司起居田舍人澄》七律詩中的最後兩句“揚雄更有《河東賦》，唯待吹噓送上天”。張即之（1186—1263），宋代書法家，祖籍四川簡陽。此書寫於宋理宗淳祐十年（1250），作者時年 65 歲，其行楷妙絶南宋。張即之《贈獻納司起居田舍人澄》書法原件爲紙本，楷書，藏於遼寧省博物館。此卷行文輕、重、徐、疾相映成輝，點畫顧盼生情，奇趣橫生，堪稱張即之榜書的代表佳作。

5. 劉墉

劉墉書“揚雄”（圖 5）在其行楷書詩文卷《君平小傳》中，文内有：“揚雄少時從游學，已而仕京師顯名，數爲朝廷在位賢者稱君平德。”劉墉（1720—1805），政治家、書法家，清朝時期四大書法之一。書法原件爲紙本，故宫博物院藏。此卷書法筆厚貌豐，骨力内藏，墨色濃重渾厚，綫條粗細相宜，風格豐潤中又具節奏感。

另外，現當代書法大家如郭沫若等人也在如對聯、書軸等中書寫過“揚雄”兩字。

圖 6 王羲之 "揚子雲" 圖 7 米芾 "揚子雲"

（二）揚子雲

揚雄字子雲，即 "揚子雲"，在中國書法裏與 "揚雄" 一樣知名。揚雄就是揚子雲，揚子雲就是揚雄。

1. 王羲之

王羲之書寫的 "揚子雲"（圖 6）三字出現在其著名作品《十七帖》之《嚴君平帖》裏，也是他與老友、時任益州刺史周撫大將軍的信，信件原文如下："嚴君平、司馬相如、揚子雲，皆有後否?"① 這是王羲之向周撫打聽揚子雲（揚雄）等人是不是都有後人。《十七帖》早已失佚，現僅存刻本。

2. 米芾

米芾書 "揚子雲"（圖 7）三字是在其臨王羲之《十七帖》之《嚴君平帖》，見於《米芾臨〈十七帖〉陸游跋本》。

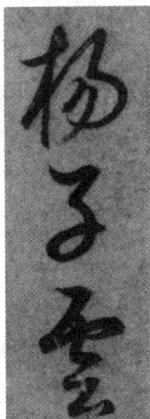

圖 8 康里巙巙 "揚子雲" 圖 9 趙孟頫 "揚子雲"

_____

① 唐林：《王羲之筆下的四川歷史名人》，《成都日報》2021 年 7 月 19 日第 10 版。

3. 康里巎巎

康里巎巎書寫"揚子雲"（圖 8）三字則是在其臨王羲之《十七帖》册頁六帖（一般稱三帖，實爲六帖，楚默）中的《嚴君平帖》之中。康里巎巎（1295—1345），蒙古族，元代著名書法家，歷任秘書監丞、禮部尚書、知經筵事等職，與趙孟頫、鮮于樞、鄧文原齊名，世稱"北巎南趙"。他的成就主要在行草，代表作有《謫龍説卷》《李白古風詩卷》《述筆法卷》等。康里巎巎《臨十七帖》，紙墨相發，書法精妙，現藏故宫博物院，是該院珍藏的康里巎巎著名書迹之一。

4. 趙孟頫

趙孟頫臨摹王羲之《十七帖》，并非全文臨摹，而只是選了其中一部分臨寫，《嚴君平帖》"揚子雲"（圖 9）就在其中。趙孟頫（1254—1322），字子昂，曾官任翰林學士承旨、榮禄大夫，元代著名書法家、畫家、詩人。創元代新畫風、"趙體"書，"楷書四大家"之一，代表書作有《蘭亭十三跋》《洛神賦》《閑居賦》等。後人評價其臨《十七帖》是"以法追韵，唯美是求"。趙孟頫臨王羲之《十七帖》，藍箋本，縱 25.8 厘米，横 20.8 厘米，現藏故宫博物院。

臨寫王羲之《嚴君平帖》，最著名和最有代表性的書法家就是宋代的米芾和元代的康里巎巎、趙孟頫三人。

（三）西蜀子雲亭

"西蜀子雲亭"五字，可能是有關揚雄生平事迹最著名的一句話，這主要是因爲它出現於唐代著名詩人劉禹錫的《陋室銘》中，而《陋室銘》中最知名的幾句可謂家喻户曉："山不在高，有仙則名。水不在深，有龍則靈。""談笑有鴻儒，往來無白丁。"《陋室銘》全文共 86 字，其中一段就涉及揚雄："南陽諸葛廬，西蜀子雲亭。孔子云：'何陋之有？'"結合上下文，這段話的大意如下：南陽有諸葛亮居住的諸葛廬，西蜀有揚雄居住的子雲亭。它們很簡陋，但因爲居住的人才德而名揚天下，所以受到人們的景仰。正因如此，《陋室銘》成爲歷代許多書法家書寫的對象。據不完全統計，至少有 10 位中國頂尖的書法家寫過這"西蜀子雲亭"五個字，如元代的趙孟頫，明代的文徵明、解縉、董其昌、周天球，清代的趙之謙，現代的于右任、馬一浮等。

由於篇幅原因，現僅以趙孟頫、泰不華、解縉、文徵明四人書寫的"西蜀子雲亭"爲例，予以介紹。

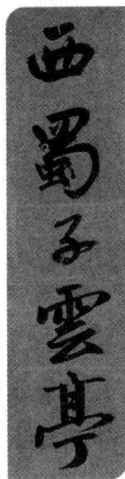

圖 10　趙孟頫 "西蜀子雲亭"　　圖 11　泰不華 "西蜀子雲亭"

1. 趙孟頫

趙孟頫行書《陋室銘》卷的 "西蜀子雲亭"（圖 10）。此卷是趙氏 30 歲左右時的代表作品，其結字扁平，氣勢端秀，尚未形成自己的風格，有些筆畫還顯得幼稚。此卷爲紙本掛軸，後來經裝衣裱，改爲縱 49 厘米、橫 131 厘米的手卷，現藏廣東省博物館。

2. 泰不華

泰不華篆書《陋室銘》卷的 "西蜀子雲亭"（圖 11）。泰不華（1304—1352），字兼善，回族，元末詩人、書法家、政治家，進士，曾任浙東道宣慰使。此卷書於元至正六年（1346），作者時年 43 歲，爲迄今所見泰不華唯一的篆書真迹。此卷篆法嚴謹，下筆多用方折，筆畫形如韭葉，行筆圓活遒勁，富於變化，在篆書藝術發展中占有重要地位，現藏故宮博物院。

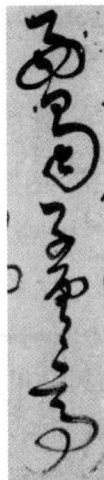

圖 12　解縉 "西蜀子雲亭"　　圖 13　文徵明 "西蜀子雲亭"

3. 解縉

解縉草書的"西蜀子雲亭"（圖 12）出於《草書詩帖》册，書唐代杜甫、李白、杜牧、王維、劉禹錫、賈至、岑參諸家詩文十八首，《陋室銘》是其中一首。解縉（1369—1415），曾任内閣首輔、右春坊大學士等，書法小楷精絶，行、草皆佳，尤其擅長狂草，與徐渭、楊慎一起被稱爲明朝三大才子。解縉草書開晚明狂草先河，此帖下筆圓滑純熟，精彩的筆墨貫穿於全帖始終，現藏故宫博物院。

4. 文徵明

文徵明行書《陋室銘》軸的"西蜀子雲亭"（圖 13）。文徵明（1470—1559），原名壁（或作璧），曾任翰林院待詔，明代著名畫家、書法家、文學家、鑒藏家，詩文書畫無一不精，人稱"四絶"。其與沈周共創"吴門畫派"，在畫史上與沈周、唐寅、仇英合稱"明四家"，在文學上，與祝允明、唐寅、徐禎卿并稱"吴中四才子"。此軸爲文徵明 84 歲所書，筆法沉著精緻，風格松勁，1957 年故宫博物院購藏至今。

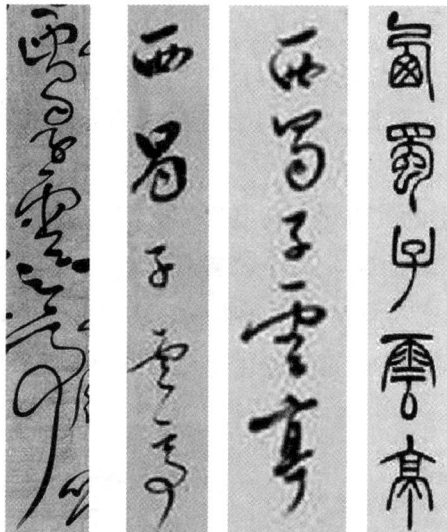

圖 14　祝枝山、董其昌、溥心佘、馬一浮"西蜀子雲亭"

由於劉禹錫《陋室銘》的緣故，書寫"西蜀子雲亭"五字的書法家的書法還有明代祝枝山的草書、董其昌草書，近代溥心佘行書，現代馬一浮篆書等等（圖 14）。

（四）辭賦

揚雄成就主要體現在辭賦、散文、儒學三個方面，其中辭賦最爲知名，《河東賦》《甘泉賦》《羽獵賦》《長楊賦》是其中的代表作，另外還有模仿司馬相如的《子虚賦》《上林賦》等等。由於揚雄的辭賦名氣太大，各個朝代著名人物書寫的很多，如唐代《書譜》作者孫過庭有草書揚雄《蜀都賦》刻本，宋代宋高宗趙構書《甘泉賦》，明代文徵明 1553 年楷書揚雄的《甘泉賦》……不過這些文獻記載許多只是傳説，并無實物支撑，甚至一些是僞本。但是，一些名家確實書寫過揚雄的辭賦却是不争的事實，在此介紹數例如下。

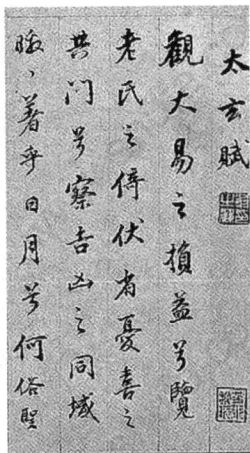

圖 15　董其昌行書揚雄的《太玄賦》（局部）

1. 董其昌

董其昌行書册頁《太玄賦》（圖 15）。《太玄賦》爲揚雄創作的詩賦，出自《古文苑》，"觀大易之損益兮，覽老氏之倚伏"至"蕩然肆志，不拘攣兮"，這是一首咏志抒懷之哲理賦，表現出超脱避世的道家思想，隱含儒者氣質。董其昌（1555—1636），字玄宰，松江華亭（今上海市）人，進士出身，歷任翰林院編修、南京禮部尚書、太子詹事等。擅於山水畫，倡"南北宗"論，爲"華亭畫派"傑出代表；書法上，出入晋唐，自成一格，以其生秀淡雅的風格，獨闢蹊徑，自立一宗，亦領一時風騷，以致"片楮單牘，人争寶之"。董其昌行書揚雄《太玄賦》，册頁 5 開，紙本，縱 24.5 厘米，横 13.5 厘米，萬曆壬子年（1612）作，卷藏處不詳①。

圖 16　張裕釗楷書揚雄的《趙充國頌》（局部）

---

① 齊淵編著：《董其昌書畫編年圖目（下）》，人民美術出版社，2007 年版。

2. 張裕釗

張裕釗楷書《趙充國頌》（圖 16）。《趙充國頌》是揚雄爲西漢名將、"麒麟閣十一功臣"之一趙充國寫的一篇頌文。趙充國留兵屯田之策不僅在漢代具有戰略意義，而且對後世亦有深遠影響。張裕釗（1823—1894），晚清官員、散文家、書法家，曾入曾國藩幕府，爲"曾門四弟子"之一。其書法獨闢蹊徑，融北碑南帖於一爐，創造了影響晚清書壇百年之久的"張體"，被康有爲譽爲"千年以來無與比"的清代書法家。張裕釗楷書《趙充國頌》不知藏於何處，僅存拓片。另外，其故鄉隴西郡上邽縣（今甘肅省天水市清水縣）趙充國陵園有據稱是趙孟頫書寫《趙充國頌》拓片而拓制《漢後將軍趙充國頌》碑刻。

圖 17　黃庭堅草書 "長楊賦" 三字

3. 黃庭堅

除了書寫揚雄賦辭內容，還有書寫揚雄賦文名稱的，其中，最著名的應該是黃庭堅草書的"長楊賦"三字。"長楊"是漢代行宮名，故址在今陝西省周至縣東南。揚雄所撰《長楊賦》仿效司馬相如的《難蜀父老》，先以序文略叙長楊之獵，而在賦辭之中就完全脫離長楊之獵而議論漢成帝的背離祖宗和不顧養民之道。黃庭堅（1045—1105），世稱"黃山谷"，"蘇門四學士"，書法方面，與蘇軾、米芾、蔡襄等齊名，合稱"宋四家"。黃庭堅草書的"長楊賦"三字出現在《李白憶舊游詩卷》之《憶舊游寄譙郡元參軍》一詩中，原句爲"此時行樂難再遇，西游因獻長楊賦"，大意是：如此時光的世間行樂難以再遇，我又西游向朝廷獻上《長楊賦》。黃庭堅這幅手卷爲紙本，縱 37 厘米，橫 392.5 厘米，約書於 1104 年（北宋崇寧三年），屬其晚年時的作品，現藏於日本京都藤井有鄰館。它是黃庭堅草書中的力作，全卷運筆圓潤，奔放不羈，恣肆縱橫，如馬脫繮，無所拘束，整篇如龍蛇起舞，一氣呵成。

以上所述，僅爲古代名人書寫揚雄有關關鍵字的部分書法作品。至於當代，有關書法作品更多，限於篇幅，本文難以詳述，僅以外省和四川情況各舉一例。

圖 18　（當代）龍開勝《魏碑卷·漢揚雄〈解難〉》（局部）

2010 年中國書店出版《魏碑卷·漢揚雄〈解難〉》（圖 18）一書。此書是《龍開勝書法字帖五種》中的一卷，其餘四卷分別是：《楷書卷·晋張華鷦鷯賦》《行書卷·清汪中黄鶴樓銘并序》《草書卷·宋蘇轍黄州快哉亭記》《隸書卷·宋曾鞏學舍記》①。其中所載古人的賦、銘、記等，在中國文學史上均爲名作，包括揚雄的《解難》。那麼《解難》是一篇什麼樣的文章呢？《漢書·揚雄傳》曰：“觀之者難知，學之者難成。客有難《玄》大深，衆人之不好也，雄解之，號曰《解難》。”這是説揚雄寫的《太玄》一文，内容艱深，觀者難解其意，遂多有譏諷者，揚雄因此作《解難》一文以解之。《魏碑卷·漢揚雄〈解難〉》，紙本，縱 32 厘米，橫 518 厘米，計 99 行，493 字。書寫者龍開勝係北京市書法家協會副主席、中國書法“蘭亭獎”獲得者。這表明揚雄文學的影響力即使在高度現代化的今天也非限於一地一域。

2018 年 12 月，揚雄故鄉成都市郫都區舉辦“全國名家書畫邀請展——紀念‘西道孔子·揚雄’逝世 2000 年”，展出了外地和本地部分書法家如郭强、何開鑫、林嶠、鍾顯金、謝季筠等名家作品，其中就有一些書寫揚雄辭賦的書法作品，如北京大學王岳川書寫揚雄《法言》句：“言，心聲也；書，心畫也。聲畫形，君子小人見矣。”中國書法家協會副主席毛國典書寫揚雄《太玄》句：“人之所好而不足者，善也；人之所醜而有餘者，惡也。君子日强其所不足，而拂其所有餘。”這説明揚雄之精神在當代并未被遺忘，而是在其故鄉正在發揚光大。

二、繪　畫

揚雄的畫像出現於何時，可考者三則：一是據米芾《畫史》載，其曾收藏一幅唐代佚名的《揚子雲像（圖）》，此圖係麻紙揚雄像，揚雄腰下畫一兕觥（可能是一種酒器），細轉條索。當然此畫只見於米芾所載的文字。二是宋代袁説友《成都文類》卷四十八引張俞《蜀三賢畫像贊》：“益州中興寺有墨池院，院有前漢揚子雲、嚴君平、李仲元三賢畫像，因各贊之。”張俞大致爲北宋中期人，活動年代在 1035 年左右②。三是北宋元豐七年（1084）神宗

---

①　龍開勝：《龍開勝書法字帖五種·漢揚雄〈解難〉》前言，中國書店，2010 年版。
②　王青：《揚雄傳》，天地出版社，2020 年版，第 302 頁。

趙頊根據禮部侍郎林希的奏請，詔塑鄒國公孟軻像配享孔子，位次於顏回，畫蘭陵伯荀況像於左丘明下，畫成都伯揚雄像於劉向下……此時配享從祀於孔廟的賢儒是 107 人[①]。這就是揚雄被宋神宗敕封爲"成都伯"從祀文廟一事。當然，上述畫像早已不存，如今流傳下來最早的揚雄畫像只有明代的了。

本文以三個部分進行介紹揚雄的畫像，分別是古代紙本畫像、古代版畫畫像和現當代畫像。

（一）古代紙本畫像

本文的古代指清代（含清代）之前。紙本畫像是指以紙爲底的畫像。

迄今爲止，揚雄的古代紙本畫像（包括宮廷畫家、民間畫家所繪的畫像）僅發現四件，均爲寫實畫像（與寫意畫像相反的畫像）。其中三幅畫像，由於出自歷代宮廷并有記載，因此可以肯定它們是出自宮廷畫家之手。

圖 19　《成都伯揚雄》　臺北故宮博物院藏

1. 明代《至聖先賢像册》的《成都伯揚雄像》

《成都伯揚雄》（圖 19），見於故宮南薰殿舊藏的明代《至聖先賢像册》。《至聖先賢像册》，紙本，60 頁，120 對幅，描繪孔子及其弟子和歷代先賢先儒，圖繪起自戰國時期孔子，終至元朝許衡，共 120 位歷代名儒的設色畫冠服半身像，各像題簽。每幅縱 33.3 厘米，橫 24.3 厘米。此像册原爲清宮安奉歷代帝後賢臣圖像的南薰殿舊藏，現藏於中國臺北故宮博物院。

在《至聖先賢像册》中，揚雄排在第 98 位，圖像右上角有"成（城）都伯揚雄"行書

---

① 宮衍興、王政玉編著：《孔廟諸神考·孔廟塑像資料編》，山東友誼出版社，1994 年版，第 76 頁。

題簽。排在揚雄前兩位是劉向①（第 96 位）、孔安國②（第 97 位），後兩位是鄭衆③（第 99 位）、鄭玄④（第 100 位），這四位均爲兩漢的傑出人物，或宗室大臣，或文學家，或經學家，或儒家學者。

《至聖先賢像》是爲配享從祀孔廟（文廟）的先儒們而繪製的。從祀，亦即“配享”，指古代宗廟祭祀中，常設的次於主要祭祀對象且與其密切關聯的祭祀對象。在中國歷史上，爲孔子及弟子繪畫像始於東漢永平十五年（72），明帝劉莊東巡路過孔子故鄉曲阜，祭祀孔子及七十二弟子，這是孔門七十二弟子從祀於孔廟之始。東漢光和二年（179）始立洪都門學，學内畫孔子及七十二弟子像。不過以先儒配享孔子的歷史時間要晚得多，是從唐貞觀六年（632）才開始的，當時唐太宗詔國學罷周公祀，以孔子爲先聖，顔子爲先師配享孔子，并詔天下州縣立廟享祀。不過，隨着時間的變換，各個朝代的從祀人數略有變化。據考證，從祀孔子人數最多是在民國八年（1919），共 172 人⑤。

關於此册繪製的年代，有專家考爲宋人所繪（沙鷗《歷代文獻李白畫像考》），這應該有誤。不過，因爲此册最後一位許衡是元代人，他是元仁宗於皇慶二年（1313）夏六月，以故中書左丞被元仁宗詔以從祀於孔廟的，因此該册畫像就不可能繪於宋代。那麽，它繪於什麽年代呢？揚雄是於北宋元豐七年（1084）列入從祀的，號爲“成（城）都伯揚雄”，當時配享從祀於孔廟的賢儒是 107 人。明洪武二十九年（1396），揚雄因爲曾擔任王莽朝大夫一事被告發，朝廷將其移除出去，并且從此以後再也没有進入從祀孔廟之列。故該像册應當繪於許衡列入從祀的元代 1313 年至揚雄被移除出從祀之列的明代 1396 年之間的某個時間，才符合事實。由於明代揚雄被移除從祀之列，因此，在清代顧沅編撰的《聖廟祀典圖考》中就没有揚雄的圖像了。

此《揚雄像》收録入《故宫舊藏珍寶欣賞》一書⑥，是故宫舊藏名人畫像的精品中的精品。

除了揚雄，四川地區從古去今僅有綿竹張栻和蒲江魏了翁兩人進入從祀之列。

張栻（1133—1180），南宋漢州綿竹（今四川省綿竹市）人，兩朝丞相張浚（1097—1164）之子，曾任吏部侍郎、知州、秘閣修撰、荆湖北路轉運副使等職。他創建了湖南長沙城南書院，主教岳麓書院，從學者達數千人，奠定了湖湘學派規模，成爲一代學宗；還是南宋著名的理學大師，爲湖湘學派的一代宗師，與朱熹、吕祖謙合稱“東南三賢”。張栻是在

---

① 劉向（前 77—前 6），西漢著名經學家、目録學家、文學家。西漢宗室，漢高祖劉邦之弟楚元王劉交的四世孫。專心於經學，遂成爲大師，著有《尚書洪範五行傳》《世説新語》等。

② 孔安國（前 156—前 74），孔丘後裔，孔滕字子襄之孫，孔忠字子貞之子。西漢經學家，著有《古文尚書》《古文孝經傳》等。

③ 鄭衆（？—83），名儒鄭興之子，東漢經學家，著有《春秋左氏傳條例》九卷等。

④ 鄭玄（127—200），東漢末年儒學家、經學家。他遍注儒家經典，以畢生精力整理古代文化遺産，使經學進入了一個“小統一時代”。著有《天文七政論》《中侯》等書，共百萬餘言，世稱“鄭學”，爲漢代經學的集大成者。

⑤ 宫衍興、王政玉編著：《孔廟諸神考·孔廟塑像資料編》“孔廟配享從祀位次沿革”，山東友誼出版社，1994 年版。

⑥ 申仁主編：《故宫舊藏珍寶欣賞》，上海科學技術出版社，2000 年版，第 372 頁。

景定二年（1261）春二月，被追封爲華陽伯，從祀於孔廟。

魏了翁（1178—1237），邛州蒲江（今四川省蒲江縣）人，南宋一代名臣，是繼朱熹之後的著名理學家，也是成都地區繼漢代揚雄之後又一位大思想家，在中國學術史和成都文化史上占有重要地位。魏了翁於清代雍正二年（1724）才增入從祀孔廟之列。

在古代，對於一位中國聖賢，配享從祀孔廟是一件光宗耀祖的大事。

圖 20　《漢執戟郎楊雄》　中國國家博物館藏

2. 明代《歷代聖賢名人像册》的《漢執戟郎楊雄像》

《漢執戟郎楊雄》（圖 20）見於南薰殿舊藏明代《歷代聖賢名人像册》。《歷代聖賢名人像册》，紙本，22 頁，45 對幅，描繪從周公（中國商末周初儒學奠基人）至金代學士趙秉文（1159—1232）歷代聖賢名人共 44 人，設色畫冠服半身像，各像題簽。每幅縱 42.6 厘米，橫 34.6 厘米。原藏中國歷史博物館，2003 年該館與中國革命博物館合并，現藏中國國家博物館。

在《歷代聖賢名人像册》中，揚雄排在第 9 位，圖像右上角有“漢執戟郎楊雄”的行書題簽。排在揚雄前兩位是東方朔①（第 7 位）、嚴君平②（第 8 位），後兩位是鄧禹③（第 10 位）、華佗④（第 11 位）。

在該像册中，除了揚雄，有關四川的人物還有嚴君平⑤（第 8 位）、諸葛亮⑥（第 13

---

① 東方朔（約前 161—前 93?），西漢時期著名文學家。東方朔一生著述甚豐，有《答客難》《非有先生論》等名篇。

② 嚴君平（前 87 年—約 6、7），西漢蜀郡（成都）人，著名的思想家，著有《老子指歸》《道德指歸論》等。他是大隱士，是揚雄啓蒙老師，亦是哲學家和蜀學奠基人。

③ 鄧禹（2—58），東漢開國名將，協助劉秀建立東漢，雲臺二十八將之首。

④ 華佗（約 145—208），東漢末年著名的醫學家。華佗被後人稱爲“外科聖手”“外科鼻祖”。

⑤ 嚴君平（前 87—約 6 或 7），名遵，蜀郡郫縣人（另説臨邛人），西漢隱士，終身不仕，以卜筮和講授《易經》及老子之學爲生，著有《老子指歸》等。班固《漢書》記他“蜀人愛敬，至今稱焉”。

⑥ 諸葛亮（181—234），三國時期蜀漢丞相。傑出的政治家、戰略家、發明家、軍事家，散文代表作有《出師表》《誡子書》等。諸葛亮一生“鞠躬盡瘁，死而後已”，是中國傳統文化中忠臣與智者的代表人物。

位)、陳摶①（第 21 位）、陳堯叟②（第 23 位）、蘇洵③（第 31 位）、蘇轍④（第 36 位）、張栻（第 39 位）。不知什麼原因，此像册繪宋代聖賢名人獨詳，而唐代却没有一人入列，并且有宋一代没有風頭最盛的蘇軾，却有他的父親蘇洵和他的弟弟蘇轍⑤。

圖 21 　《揚雄像》　臺北故宮博物院藏

3. 明代《歷代聖賢像册》的《揚雄像》

《揚雄像》（圖 21）見於南薰殿舊藏《歷代聖賢像册》（應亦稱《歷代聖賢半身像册》），紙本，31 對幅，每幅縱一尺三寸五分，横一尺二分，設色畫冠服半身像，各像題識。描繪了從原始象形文字的創造者倉頡至元代許衡共 62 位聖賢，藏於臺北故宮博物院。

在《歷代聖賢像册》中，揚雄排在第 16 位，排在揚雄前兩位是董仲舒⑥（第 14 位）、司馬遷⑦（第 15 位），後兩位是嚴子陵⑧（第 17 位）、諸葛亮（第 18 位）。

在《歷代聖賢像册》中與四川相關的人物有李白（第 36 位，前一位是郭子儀，後一位是杜甫）、杜甫（第 37 位，前一位是李白，後一位韓愈）、蘇軾（第 47 位，前一位是司馬

———————————————————————

① 陳摶（872—989），賜號"白雲先生""希夷先生"。唐末宋初人，普州崇龕（今重慶市潼南縣光輝鄉境内）人，一説四川資陽市安岳、樂至一帶人，一説亳州真源（今河南省鹿邑縣東）人。北宋著名的道教思想家。後人稱其爲"陳摶老祖""希夷祖師""睡仙"等。

② 陳堯叟（961—1017），閬州西水（今四川省閬中市）人，宋太宗端拱二年（989）狀元，纍官至宰相。閬中陳氏三兄弟陳堯佐、陳堯叟、陳堯咨皆爲狀元。

③ 蘇洵（1009—1066），蘇東坡之父，眉州眉山（今四川省眉山市）人，北宋文學家，唐宋八大家之一。

④ 蘇轍（1039—1112），蘇東坡之弟，眉州眉山（今四川省眉山市）人，北宋文學家、詩人，唐宋八大家之一，與父蘇洵、兄蘇軾并稱"三蘇"。

⑤ 胡敬：《中國藝術文獻叢刊・胡氏書畫考三種》"南薰殿畫像考"，浙江人民美術出版社，2015 年版，第 98 頁。

⑥ 董仲舒（前 179—前 104），西漢思想家、政治家、教育家。提出的"罷黜百家，獨尊儒術"主張被漢武帝所采納，使儒學成爲中國社會正統思想，影響長達兩千多年。

⑦ 司馬遷（前 145 或前 135—?），西漢史學家、文學家、思想家。撰寫中國第一部紀傳體通史《史記》（原名《太史公書》），被公認爲中國史書的典範、"二十四史"之首。

⑧ 嚴子陵一般指嚴光。嚴光（前 39—41），東漢著名隱士。少與東漢光武帝劉秀同學，亦爲好友。劉秀即位後，多次延聘嚴光，但他隱姓埋名，退居富春山，後卒於家。范仲淹撰《嚴先生祠堂記》有"雲山蒼蒼，江水泱泱。先生之風，山高水長"贊語，使嚴光以高風亮節聞名天下。

光，後一位是黃庭堅）、張栻（第 57 位，前一位是朱熹，後一位是吕祖謙）。

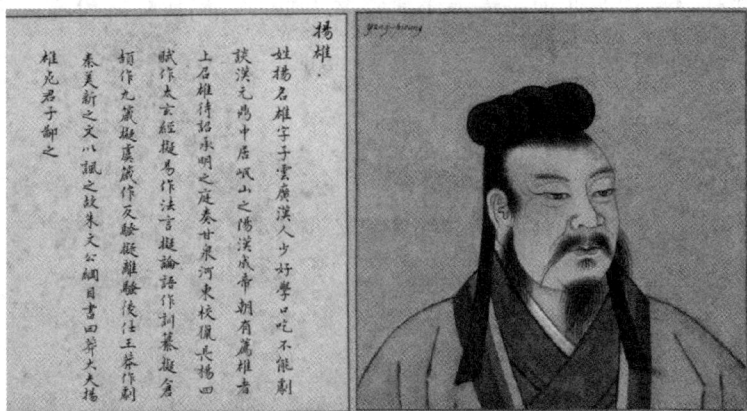

圖 22　《揚雄像》　法國國家圖書館藏

4. 清代《歷代帝王聖賢名臣大儒遺像》的《揚雄像》

《揚雄像》（圖 22）見於清代彩繪本《歷代帝王聖賢名臣大儒遺像》（Portraits de Chinois celebres）册頁，手繪本，共包含百餘位古代人物遺像，并附人物説明介紹。這套書面世的只有第一册和第三册，人物畫僅有 70 幅，從伏羲、炎帝、黃帝起歷元世祖忽必烈、許衡、明太祖朱元璋止，前爲像傳，後爲畫像，現藏於法國國家圖書館。有專家認爲，該《遺像》册頁繪製於清康熙二十四年（1685），册頁的圖像大多與清宫廷南薰殿圖像中的册頁有某種關聯。

在《歷代帝王聖賢名臣大儒遺像》中，揚雄排在第 36 位，排在揚雄前兩位是蘇武①（第 34 位）、班昭②（第 35 位），後兩位是漢光武帝③（第 37 位）、宋太祖④（第 38 位）。

在此册頁中，還有兩位四川人，一是蘇軾，二是張栻。蘇軾排在第 52 位，其前兩位是程頤、司馬光，後兩位是張載、周敦頤。張栻排在第 61 位，前兩位是朱熹、蔡沈，後兩位是南宋孝宗、吕祖謙。

由於《歷代帝王聖賢名臣大儒遺像》册頁藏於法國國家圖書館，中國國内目前對册頁中的畫像研究不多，僅有一些文字介紹，如畫幅尺寸等。不過，這個册頁的畫像倒是爲國内的許多書籍引用，比如沙爽《做人做官蘇東坡》引用《蘇軾像》，喬繼堂主編《正説歷朝八十帝》引用《宋欽宗趙桓像》，石崗《中國歷史名人故事集·上古卷》引用《周公像》，等等。這表明法國國家圖書館的這個册頁是學者們研究中國歷代帝王聖賢名臣畫像的重要史料來源。

---

①　蘇武（前 140—前 60），西漢時期傑出的外交家、民族英雄。蘇武在漢武帝時奉命以中郎將持節出使匈奴，被扣留匈奴十九年，持節不屈。"蘇武牧羊"後世成爲堅貞不屈的象徵。

②　班昭（約 49—約 120），東漢女史學家、文學家，史學家班彪之女，班固、班超之妹。班昭博學高才，其兄班固著《漢書》，未竟而卒，班昭奉旨續寫《漢書》。

③　漢光武帝劉秀（前 5—57），東漢開國皇帝，傑出的政治家、軍事家。漢高祖劉邦九世孫，漢景帝之子長沙定王劉發後裔。

④　宋太祖趙匡胤（927—976），五代至北宋初年軍事家、政治家、戰略家，宋朝開國皇帝。

　　從題首可知，該册頁人物説明的書法由清代常峀書寫，但没有説明畫像是由清代的哪一位畫家所繪。據《台州歷代書畫篆刻家傳略》：常峀（僧）（？—1689），字蒼林，號懦翁，又稱松阿樵者，黄岩人。生於京師，爲法華老人之孫，十五歲剃髮於太平佛寺。少習經史，常爲人手書尺牘，詞足意達，頗受贊譽。其詩高簡冲淡，著有《寒濤閣集》。

　　至於爲什麽説這些畫像是"遺像"，可能僅是一種表述而已，因爲此册頁畫像實際上與南薰殿舊藏的各位帝王聖賢名臣畫像并無什麽差别。

　　由於以上所述四種畫像（像册、册頁）均涉及清代宫廷的南薰殿圖像，故有必要對南薰殿圖像作一些介紹。

　　明代朱元璋等人驅逐蒙古統治者後，原屬元代宫廷收藏的一批宋、元帝后像就成了明代宫廷的藏品，當時合藏於明代宫中的一個名叫"古今通籍庫"的藏書處。有明一代，宫廷召集了一批畫家，在繪製本朝帝后像的同時，又製作了一大批前朝名臣、聖賢、帝后畫像掛軸與册頁，置於文華、武英兩殿。入清之後，所有這些畫像理所當然都成爲戰利品，成爲清代宫廷的收藏品。清乾隆年間，乾隆皇帝在檢閲内務府庫時發現這批畫像，幾十年來無人問津，"塵封蛀蝕，不無侵損"。於是命令將這批畫像重新統一裝裱，并命人詳定次序，竣工後進呈御覽。之後，他又令人將所有這些畫像改藏於修葺一新的南薰殿中。南薰殿始建於明代，是位於武英殿西南的一所獨立院落，是明朝遇册封大典時重要的禮儀之地。這批畫像改貯南薰殿後，南薰殿便成爲專門保存歷代帝王后妃、聖賢名臣肖像的宫殿。爲此，乾隆還作《南薰殿奉藏圖像記》，刊刻於石，立在殿前，所以這批畫像又被研究者稱爲南薰殿圖像。1949年，大部分南薰殿圖像被運至臺灣，收藏在臺北故宫博物院，其餘部分則分散藏在故宫博物院和國家博物館。

　　根據南薰殿收藏的肖像，清代學者胡敬據此寫出《南薰殿圖像考》一書，收録總計大小凡五百八十三像，俱詳考其絹紙尺度及所畫之冠服，至爲廣博。胡敬（1769—1845），字以莊，嘉慶十年（1805）進士，授翰林院編修，歷充武英殿、文穎館纂修官，纍遷翰林院侍講學士，曾與纂《全唐文》《石渠寶笈三編》等①。今天，人們要研究中國歷代宫廷所藏人物肖像，胡敬的《南薰殿圖像考》是必須參考的重要文獻。

　　據考證，在南薰殿畫像中除了伏羲、唐堯、夏禹、商湯和周武王等五幅畫像，有明確的作者是宋代大畫家馬麟②之外，其他五百餘楨畫像均未標明作者③。但可以想見他們無疑是當時的宫廷畫家所繪，并且由於繪畫對象是尊貴的帝王名臣，這些畫家們一定是宫廷畫院的頂尖高手。可以説，被稱爲"清殿藏本"的南薰殿舊藏是代表當時"政府標準"的歷代明君賢臣像。一般畫家是不可能有資格作宫廷畫帝王名臣肖像畫的，更别説民間畫家了。

　　① 方建新、徐永明、童正倫編：《浙江文獻要目》，浙江古籍出版社，2016年版，第261頁。
　　② 馬麟（生卒年不詳），南宋畫家。馬世榮之孫，馬遠之子。寧宗嘉泰間（1201—1204）宫廷畫家，頗得寧宗趙擴、恭聖皇后楊氏稱賞。
　　③ 邵曉峰：《中國宋代傢俱》，東南大學出版社，2010年版，第130頁。

　　歷朝歷代，帝王名臣像從來都是宮廷畫家肖像創作的主要題材，這些圖像或憑想象，或摹前人，程式化因素較濃，缺乏個性，但突出高大魁偉的體態和威嚴英武的氣宇，正如乾隆皇帝在他親寫的《南薰殿奉藏圖像記》中所説"以示帝統相承，道脉斯在"，這些畫像令人蕭然起敬，確實起到了瞻仰、緬懷、奉祀的功能。揚雄畫像即是如此。在上述四幅揚雄的畫像裏，揚雄都是一派儒生之氣，面容和藹又嚴肅，雙眸閃亮，儀表堂堂，風姿挺拔。這應該就是後世畫家臆想中的揚雄的樣貌。古代的人物畫像，畫家們主張的是以形寫神、形神兼備，在人物形象的刻畫上，好像并不十分注重表現人物的外貌特徵，而是深入揭示人物的精神氣質。這也是爲什麼南薰殿所藏聖賢名臣肖像雖多爲後人臆想或追摹而成，但依然神韵盎然，不失爲精品的關鍵所在。如果能够讓後人在看到他們樣貌的同時，追念其睿智之心也油然而生，畫像的目的也就達到了。

　　（二）古代版畫畫像

　　版畫，是中國美術的一個重要門類。古代版畫主要是木刻，也有少數銅版刻和套色漏印。

圖 23　明代《歷代古人像贊》之《揚雄像》

　　1. 明代《歷代古人像贊》的《揚雄像》

　　《歷代古人像贊》[①]，明代人物畫像版畫，縱 25.5 厘米，橫 21.5 厘米，爲明弘治十一年（1498）刊本。明代朱天然根據舊本《歷代古人圖像》撰贊，卷首刊有署爲"弘治戊午仲春二月大明宗室七十翁天然書"的序："書以載古人心術，圖以載古人形象也明矣。"繪自伏羲迄宋人黃庭堅（山谷）爲止 88 人之半身畫像，畫像右上角有題名，左上角有小贊四句，文字均爲行楷。人物造型準確，神態各異，生動諧和，刻綫堅勁而圓潤，筆無虛落。筆力和刀法都是剛勁而不流於粗豪，工致而不流於板滯；富有生動的描寫力，使每個圖像都顯得神采奕奕。世人公認此爲畫像類書中之典範作品，是現今所見刊刻時間最早的版畫人物肖像畫

① 《歷代古人像贊》後來由鍾年仁編入《老资料：明刻歷代帝賢像（傳統版）》，天津人民美術出版社，2003 年版。

集。現藏國家圖書館（原北京圖書館）。

在《歷代古人像贊》中，《揚雄像》（圖 23）右上角書"揚雄"兩字，左上角書"背棄漢恩，臣事新室。書莽大夫，紫陽直筆"，從内容看屬於謾罵之言。揚雄事王莽，成爲其一生的污點。在 88 幅畫像中，《揚雄像》位列第 57 幅，前兩位是董仲舒（第 55 位）、司馬遷（第 56 位），後兩位是嚴光（第 58 位）、諸葛亮（第 59 位）。《像贊》涉及四川的相關人物有蜀昭烈帝（《像贊》上）、諸葛亮、李白、杜甫、蘇軾（《像贊》下）。

從繪畫技巧上看，相較於明萬曆時胡文焕所刻《歷代聖賢像贊》和王圻在《三才圖繪》所收的歷代名人圖像，《歷代古人像贊》技藝略高一籌。

圖 24　明代《古先君臣圖鑒》之《揚子雲像》

2. 明代《古先君臣圖鑒》的《揚子雲像》

《古先君臣圖鑒·附小傳古贊》爲明代刻本，有君像從太皇庖羲世至閩王 41 幅（目錄作 43 人），與四川有關者僅蜀昭帝（劉備），有臣像 101 幅（目錄作 100 人），從倉頡至鑼容城（静修），每幅均配有小傳及古贊。十行二一字，四周單邊，白口，無魚尾，框縱 24.1 厘米、橫 160 厘米。

在《古先君臣圖鑒》中，揚子雲（雄）像（圖 24）位於臣像第 17 幅，前兩位是司馬遷（第 15 位）、董仲舒（第 16 位），後兩位是嚴光（第 18 位）、徐孺子①（第 19 位）。

此《古先君臣圖鑒》爲明萬曆十二年（1584）益藩陰刻繡像本。益端王名祐檳，爲明憲宗朱見深第六子，張德妃生，於成化二十三年（1487）受封，至弘治八年（1495）就國建昌府故荆王邸，世襲爵位。據徐學林編《徽州刻書史長編》，《圖鑒》收藏及圖鑒題目變化情況：國家圖書館藏萬曆十二年（1584）益藩刻明潘戀述編《君臣圖鑒》不分卷，復旦大學圖

---

① 徐孺子即徐稚（97—168），東漢著名隱士。陳蕃爲豫章太守，不接待賓客，特爲他設一榻，去則懸之。後以"懸榻"比喻禮待賢士。王勃《滕王閣序》所云"人傑地靈，徐孺下陳蕃之榻"即用此典故。

書館藏翻刻益藩此書改題《重刻古先君臣圖鑒》①。

明代《古先君臣圖鑒》的編述（一些書籍稱"編繪"，用"繪"恐不妥）潘巒，字碧井，江西婺源人。經緯象數、書畫，皆窺其奧，尤精音律。荆益諸王聘爲紀善，考古樂章制器，頗臻其妙。有《禮樂志》《八家行草》等書。②

《古先君臣圖鑒》的圖像今爲衆多書籍引用，均注明爲明刊本，如《王羲之書法範本》引用鍾繇之像，《做人做官蘇東坡》引用蘇軾之像，等等。

此書與四川相關者有還有諸葛武侯、李白、杜甫、蘇軾、張栻。

圖 25　明代《歷代君臣圖像》之《揚子雲像》

3．明代《歷代君臣圖像》的《揚子雲像》

《歷代君臣圖像》（高宗哲集和刻本，1651 年），其中君像（上册）有從伏羲到闖王共 40 人，有臣像（下册）從倉頡到許衡共 68 人。在此圖像中，《揚子雲像》（圖 25）排在第 13 位，揚子雲前面兩位的分别是東方朔、司馬遷，後面兩位是嚴子陵、諸葛亮。

《歷代君臣圖像》爲明成化二十三年（1487）進士承事郎紹興府推官莆田周進隆根據浙江紹興郡舊書《聖賢圖》而來。周進隆（1453—1520），字紹立，福田莆田人。明成化二十年進士，歷任紹興府推官、監察御史、太平知府、廣西按察使、右布政使、左布政使等職。那麽，《聖賢圖》是一本什麽樣的書呢？《聖賢圖》收録北宋真宗（997—1022）時名將高太尉的孫子高宗哲收集的圖片，正統三年（1438）所出版，在紹興郡齊舊藏③。原書"經歷歲深，摹本剥落，不堪明白。命來司理郡獄暇間而觀之，慨然有感，乃以重用鐫石"④。今中

① 徐學林編：《徽州刻書史長編·第 2 卷》，安徽教育出版社，2014 年版，第 522 頁。
② 盧輔聖、曹錦炎主編：《黄賓虹文集·書畫編（上）》，上海書畫出版社，1999 年版，第 318 頁。
③ 包銘新主編：《中國染織服飾史文獻導讀》，東華大學出版社，2006 年版，第 268 頁。
④ 樊英峰主編：《乾陵文化研究 8》，三秦出版社，2014 年版，第 89 頁。

國歷史博物館藏有明代高宗哲集繪的明繪本《聖賢像》（有殘）[1]。

《歷代君臣圖像》中的圖像爲衆多書籍引用。

此書與四川有關的君臣人物還有蜀先主（劉備）、武則天、諸葛亮、李白、杜甫、蘇東坡、張南軒（張栻）。

圖 26　（清拓本）《歷代君臣圖鑒》之《揚子雲像》

4. 清代《歷代君臣圖鑒》的《揚子雲像》

《歷代君臣圖鑒》（清拓本）共三冊。第一冊爲君類，從炎帝神農氏至閩王共 42 人，第二、三冊爲臣類，從后稷至吳臨川公（吳澄）共 94 人。一頁爲畫像，一頁爲像按（像解）。像前按後。畫像爲墨紙，每幅縱 23.9 厘米，橫 20.2 厘米，哈佛燕京圖書館（Harvard-Yenching Library）藏。據黃虞稷（1629—1691）所著《千頃堂書目·傳記類》（成於清初），《歷代君臣圖鑒》不知何人所繪，益王府刊[2]。益王府刊即明代益王府刊印。

在《歷代君臣圖鑒》中，《揚子雲像》（圖 26）排在臣類的第 17 位，其前兩位是司馬遷、董仲舒，後兩位是嚴子陵、徐孺子。

《歷代君臣圖鑒》涉及四川的還有諸葛亮、李白、杜甫、蘇軾、張栻等人圖像。

---

①　中國歷史博物館圖書資料信息中心編：《中國歷史博物館藏普通古籍目錄》，北京圖書館出版社，2002 年版，第 69 頁。

②　《中華大典》工作委員會編纂：《中華大典·文獻目錄典·古籍目錄分典·史 2》，廣西師範大學出版社，2016 年版，第 775 頁。

圖 27　　（清代）《三才圖會》之《揚雄像》

5. 其他畫像

除了以上四種畫像之外，刊出揚雄畫像的還有：

《三才圖會》，又名《三才圖説》，106 卷，明王圻、王思義輯，明萬曆三十五年（1607）槐蔭草堂刻本，這是一部百科全書似的書籍，涉及天文、地理、人物、時令、宫室、器用、身體、文史、人事、儀器、珍寶、衣服、鳥獸、草木，彙集諸家書中有關天地諸物圖像，《揚雄像》（圖 27）刊於"人物四卷"。

《新刻歷代聖賢像贊》（明萬曆二十一年（1593）胡氏文會堂刻《格志從書》本，明代胡文焕校），列 194 人，從盤古、伏羲、神農至元代的許謙（號白雲山人）、虞邵庵（集）爲止，均爲右圖左文。圖像右上角題名，均爲半身像。揚子雲（雄）列第 56 位，他前兩位是霍光、漢宣帝，後兩位是漢光帝、嚴子陵①。此刻本涉及的四川人物還有諸葛亮、武則天、杜甫、李白、蘇軾、張栻、虞集。

由於此類版畫刻本較多，本文不一一列舉了。

需要提到的是，各類刻本的揚雄像或揚子雲像與《歷代君臣圖像》和《歷代古人像贊》如出一轍，只是在五官上稍作變動，但基本臉型没變。

6. 出處不明的畫像

所謂出處不明的畫像是指畫像標明爲揚雄像或揚雄畫像，但却没有標注其來源。這種出處不明的情況分爲兩種，一種是書籍刊發，二是互聯網登載。本處僅介紹書籍刊發的情況。

---

① 郭馨編：《中國歷代人物像傳續編 1》，齊魯書社，2014 年版，第 10 頁。

圖 28　《揚雄像》（刊於《中國文學史（插圖本）》）

　　《揚雄像》（圖 28）刊於鄭振鐸編著的《中國文學史（插圖本）》①。鄭振鐸（1898—1958），字西諦，中國現代傑出的愛國主義者和社會活動家、作家、詩人、學者、文學評論家、文學史家、翻譯家、藝術史家，也是著名的收藏家、訓詁家，曾任文化部副部長。他撰寫的《中國文學史（插圖本）》可以說是經典之一，當年影響了許多中國文學青年。筆者曾在 20 世紀 80 年代購買有一套四本（1957 年版，1982 年 3 月北京第 5 次印刷），收藏至今。

　　《揚雄集校注》一書刊用的也是此圖②。

圖 29　《揚雄像》（刊於《中國哲學簡史（插圖珍藏本）》）

　　《揚雄像》（圖 29）刊於馮友蘭著《中國哲學簡史（插圖珍藏本）》③。馮友蘭（1895—1990），字芝生，中國當代著名哲學家、教育家。著有《中國哲學史》《中國哲學簡史》等，成爲 20 世紀中國學術的重要經典，影響深遠，稱譽爲“現代新儒家”。

①　鄭振鐸編著：《中國文學史（插圖本）·上》，北京工業大學出版社，2009 年版，第 84 頁。
②　（漢）揚雄著，張震澤校注：《揚雄集校注》，上海古籍出版社，1993 年版，第 1 頁。
③　馮友蘭著，趙復三譯：《中國哲學簡史（插圖珍藏本）》，新世界出版社，2004 年版，第 176 頁。

適當人物肖像可以起到豐富文字内容的作用，否則如《中國文學史（插圖本）》《中國哲學簡史（插圖珍藏本）》這樣名家名作是不可能刊用這樣兩幅《揚雄像》的。遺憾的是，兩書在刊用《揚雄像》時均未注明出處。筆者曾試圖在文獻中找到兩圖的出處，均無功而返，只能有待後來者的研究了。

（三）現當代畫像

現當代，描繪揚雄的繪畫作品不多，無論是肖像畫還是寫意畫，特別在四川之外的地區，幾乎是一片空白。這與揚雄在文學領域遍地開花、碩果纍纍的狀況形成了鮮明的對照。

就目前的情況看，揚雄畫像的繪畫者大多是蜀人，揚雄畫像的出版地也是多半在蜀地，兹舉兩例如下。

圖 30　　（現代）張大千《揚雄讀書圖》（局部）　　四川博物院藏

1. 《揚雄讀書圖》

《揚雄讀書圖》軸，張大千繪，紙本水墨，縱 151.6 厘米，橫 72 厘米。圖繪西漢文學家揚雄正伏案讀書，其身後山石前立一侍童，案旁一梧桐粗壯挺拔。作品施墨薄淡，鉤綫輕柔，只在人物眼仁、髮須等處略用濃墨，畫面清雅秀潤。左上題七絶一首："楊雄投閣動微塵，庚信江南白髮新。何必文章驚海内，稍憐林壑念閑身。"款署："壬午秋日寫并題，張大千爰。"下鈐白文"張爰之印"、朱文"大千"印。壬午，即 1942 年。1942 年，張大千時年44 歲，正在敦煌臨摹壁畫。作品現收藏於四川博物院。

張大千在《揚雄讀書圖》一畫中所題的七絶一詩，還出現在他所繪《林壑閑游圖》（1948 年作）[①]、《澗上草堂圖》（1978 年作）[②]，足見他非常喜愛揚雄，對他的一生非常同情。"楊雄投閣"指的是王莽篡位後揚雄跳樓自殺未遂引起轟動一事。

---

① 佟玉斌、佟舟：《書畫名家逸聞趣事》，人民武警出版社，2010 年版，第 46 頁。
② 李永翹：《張大千全傳（下）》，花城出版社，1998 年版，第 554 頁。

張大千（1899—1983），四川内江人，中國繪畫大師。徐悲鴻贊他是"五百年來第一人"①。吳作人稱他"於山水、人物、花鳥，無所不工，其筆路之廣，見者莫不折服"。代表作品有《長江萬里圖》《廬山圖》《黄山文筆圖》《松下抱琴圖》《墨荷圖》等。

由於張大千擁有的至高聲譽，此圖可能是迄今爲止描繪揚雄的最著名的國畫作品。

（當代）陳榮《漢代文學家揚雄》 四川省政協藏

2.《漢代文學家揚雄》

《漢代文學家揚雄》，陳榮繪，紙本水墨，縱 69 厘米，横 46 厘米。此圖以中國畫小寫意水墨畫法，繪出手持一管毛筆目視前方，仿佛在書寫中沉思的揚雄半身肖像，整個造型既尊重了歷史情況，如衣冠符合漢代特徵等，體現了畫家認真負責的學術精神，又融入了畫家本人對揚雄的認識和理解。作品綫條飄逸，筆法流暢，造型生動，畫面清新俊雅。左上題"漢代文學家揚雄"，款署"庚子秋月陳榮"，下鈐白文"陳榮之印"。庚子，即 2020 年。作品現收藏於四川省政協。

作者陳榮（1964—），四川省美術家協會理事、成都市美術家協會副主席，是一位以素描著稱、以連環畫成名的當代四川畫家。此圖是在四川省政協在評出的 100 位四川歷史文化名人基礎上，舉行的四川歷史文化名人百人畫傳活動并采用"名人畫名人"的方式，邀請省内外當代知名畫家進行創作并出版的 100 幅繪畫作品之一②。此圖可稱爲近年來少有的描繪四川歷史文化名人揚雄的佳作。

① 徐悲鴻：《張大千五百年來第一人》，《張大千畫集》，中華書局，1936 年版。
② 四川省政協文化文史和學習委員會編：《四川歷史文化名人百人畫傳》，四川辭書出版社，2020 年版。

結　語

從以上研究可知，在中國書法史、中國繪畫史中，揚雄具有廣泛的影響和極高的地位。

書法方面，書寫"揚雄""揚子雲""西蜀子雲亭"以及揚雄辭賦的書法家，可謂星光燦爛，如書寫《十七帖》之《嚴君平帖》《蜀都帖》中"揚雄""揚子雲"的書聖王羲之，以及臨寫王羲之書法的米芾、康里巎巎、趙孟頫等，書寫"揚雄老無子"的蘇軾，書寫《君平小傳》"揚雄少時從游"的劉墉，書寫"揚雄更有河東賦"的張即之，書寫"西蜀子雲亭"的文徵明、泰不華、解縉、祝枝山、溥心畬，書寫《太玄賦》的董其昌，書寫《趙充國頌》的張裕釗，以及書寫"長楊賦"三字的黃庭堅，等等。可以說這些揚雄關鍵詞的書寫者集中了古往今來中國最著名的一批書法家和文化大家。

繪畫方面，揚雄在古代宮廷畫家紙質作品中尤其突出。在清代宮廷南薰殿舊藏的《至聖先賢像冊》《歷代聖賢名人像冊》《歷代聖賢像冊》（《歷代聖賢半身像冊》）這三個肖像冊頁中，均有揚雄畫像的一席之地。這三個肖像畫冊均繪自明代，其時，宮廷召集了一批畫家，在繪製本朝帝后像的同時，製作了一大批前朝名臣聖賢帝后畫像掛軸與冊頁，共計 580 餘幅。在這 580 餘幅畫像中，揚雄的畫像占了 3 幅。在重要的古代版畫畫像冊中，如《歷代古人像贊》《古先君臣圖鑒》《歷代君臣圖像》等，基本上都有揚雄的畫像。從以上兩方面來看，可以說揚雄在古代君臣圖像繪製中已達頂峰。較弱的部分是現當代畫像，畫像不多，作品的影響也不大。

通過以上介紹，我們可知在過去幾百年裏，揚雄早已超越中國文學進入中國書法和中國繪畫。

筆者之所以進行揚雄畫像的這個個案研究，其主要目的就是試圖在現有的歷史文化名人學術研究框架外尋找一個新的視角，使歷史文化名人研究多一條路徑。雖然目前這種以書畫說史、證史、論史的研究仍是一個較新的領域，一些史料也不充分，但人們通過本文的介紹會發現，對於歷史文化名人的研究來講，相較晦澀難懂的研究，書畫裏的名人更加生動有趣，更加開放多元，更加通俗易懂。因此，筆者認爲它應該成爲今後各地歷史文化名人研究中的一個重要內容。如果拙文能夠達到這個目的之一二，足矣。

由於鄙人學識有限，掌握文獻有限，故本文肯定多有錯訛之處，敬請方家批評指正，不勝感激，拙文且當拋磚引玉吧。

（作者單位：四川省社會科學院）

揚雄賦論"麗以則"的實質與創作

——基於其文學作品中的聖王稱頌①

雷 琪 苏 德

内容提要：在漢代大賦作家群體之中，揚雄的賦作最具諷諫性。揚雄在其文學作品之中，頻繁稱頌"三皇""五帝""三王"（或單獨稱述其中之一），這與其賦學觀念有着密切的聯繫。在沉博絶麗的諷頌作品中陳述上古聖王及其治世法則，進而實現諷頌意圖，是揚雄"麗以則"賦論批評的本質要求；揚雄在歌頌諷喻大賦的序文中補入聖王法則的書寫是"悔其少作"的表現，這客觀上也使得賦文的諷諫色彩更爲顯著。縱覽揚雄《州箴》《官箴》《劇秦美新》《元后誄》等文學作品，尤能看到揚雄"麗以聖王之則"而達成諷頌的賦學實踐。

關鍵詞：揚雄；麗以則；創作；聖王

原道、宗經、徵聖是揚雄文學作品的顯著特徵，但揚雄在諷喻帝王的賦作或類賦之作中，却鮮以孔孟直諷帝王，因爲聖人與聖王，二者的政治地位還是有着本質上的區別。相比之下，揚雄在其中後期的文學作品之中，對上古聖王②的稱頌與其治世法則的闡述却極爲頻繁，這是討論其"麗以則"的賦學觀念時不可忽視的内容。

---

① 本文爲 2021 年度四川省社會科學重點研究基地"揚雄研究中心"一般項目"日本近代以來的揚雄及其語言學研究"（YX202103）階段性研究成果。

② 按：揚雄認爲伏羲作聖人之法，因而既頌三皇又頌五帝，下及三王。本文中所言的聖王包含了儒家經典中所言的先王。

一、揚雄所稱述的聖王

古帝王譜系衆説紛紜，司馬遷在作《五帝本紀》時，已嘆其不可究詰，典籍所載并不統一。而揚雄上稱"三皇"下言"三代"，因此在展開討論之前，有必要對揚雄所稱述的三皇五帝進行梳理。

黄開國先生較早關注到了揚雄對於三皇五帝的連稱問題，他認爲："揚雄的《甘泉賦》《羽獵賦》《河東賦》都明確言及三皇，而且《羽獵賦》言及三皇的伏羲、神農：'或稱羲農，豈或帝王之彌文哉！'"但又認爲："揚雄的三皇究竟具體指誰并不清楚。"① 實際上可以考見"伏羲""神農"應屬揚雄所説的三皇之屬。揚雄《法言·君子》云："或問：'人言仙者，有諸乎？''籲！吾聞宓羲、神農殁，黄帝、堯、舜殂落而死，文王，畢；孔子，魯城之北。獨子愛其死乎？非人之所及也。'"② 由此可以得出以下兩點結論：第一，揚雄認爲宓羲、神農、黄帝、堯、舜本是人帝并非仙人，并不能凌駕於生死之上；第二，揚雄將宓羲與神農列爲一組，黄帝、堯、舜分成了一組，文王和孔子分别單列，有着十分嚴格的區别，這樣分類必然和人物性質有關。揚雄云："上岡顯於羲皇，中莫盛於唐虞。"③ 明謂伏羲爲皇，而李善注亦云："伏羲爲三皇，故曰羲皇。"④ 那麽結合此處，揚雄又將伏羲、神農列爲一組，説明神農也應爲三皇之屬。

就目前揚雄的傳世文獻的記載而言，未見揚雄明確提及三皇的另一"皇"。班固曾提道："三皇者何謂也？……或曰伏羲、神農、祝融也。"⑤《河東賦》的確提到了三皇中的祝融，即"麗鈎芒與驂蓐收兮，服玄冥及祝融"句，然而結合此處語境，鈎芒、蓐收、玄冥、祝融，皆爲驂服的對象，揚雄緊接着又寫道："軼五帝之遐迹兮，躡三皇之高蹤。"⑥ 可以明證，上述諸神與三皇并非一類，揚雄也絶無以上述諸神爲帝王代稱之意。

至於揚雄對於"五帝"的論説，詳見《法言·重黎》，文曰："昔在有熊、高陽、高辛、唐、虞、三代，咸有顯懿，故天胙之，爲神明主，且著在天庭，是生民之願也。"⑦ 是説以上述古帝王爲神明之主，不過是人們出於崇拜心理的主觀願望。有熊、高陽、高辛、唐、虞、三代（夏、商、周），皆爲部落或朝代代指，因此梳理這些代稱可以明確其所指的五帝。

---

① 黄開國：《三皇五帝連稱出現的時間辯證》，《河北師範大學學報》（哲學社會科學版）2018 年第 6 期，第 9 頁。
② （漢）揚雄撰，汪榮寶注疏，陳仲夫點校：《法言義疏·君子》，中華書局，1987 年版，第 517 頁。
③ （漢）揚雄著，張震澤校注：《揚雄集校注》，上海古籍出版社，1993 年版，第 210 頁。
④ （梁）蕭統編，（唐）李善注：《文選》，中華書局，1977 年版，第 679 頁。
⑤ （漢）班固撰，吳人整理，朱維錚審閲：《白虎通義》，上海書店，2012 年版，第 282 頁。
⑥ （漢）揚雄著，張震澤校注：《揚雄集校注》，上海古籍出版社，1993 年版，第 81 頁。
⑦ （漢）揚雄撰，汪榮寶注疏，陳仲夫點校：《法言義疏·君子》，中華書局，1987 年版，第 517 頁。

《史記·五帝本紀》云："黄帝者，少典之子。"① 皇甫謐《帝王世紀》稱："黄帝有熊氏。"②
《集解》徐廣云："號有熊。"③ 亦同其説，可見黄帝即號有熊。《元后誄》又云："惟我有新
室文母聖明皇太后，姓出黄帝，西陵昌意，實生高陽。純德虞帝，孝聞四方。"④ 與司馬遷
《史記·夏本紀》所載"顓頊之父曰昌意，昌意之父曰黄帝"⑤ 十分吻合，可見高陽即爲顓
頊之代稱。又《史記·五帝本紀》："顓頊崩，玄囂之孫高辛立，是爲帝嚳。"⑥ 此云高辛即
帝嚳之代稱。至於"唐堯虞舜"之説及"三代"之指，向來幾無争議，不贅。

綜上所述，揚雄所稱述的三皇有伏羲、神農；五帝則爲黄帝、高陽、高辛、堯、舜，總
體與司馬遷《史記》所本的五帝譜帝系吻合。揚雄的古帝王"非仙論"，嚴格區分了神、人
之别。揚雄反對讖緯神學，針對漢代陰陽學説的興盛，他批評道："神怪茫茫，若存若亡，
聖人曼云。"⑦ 這也符合先秦諸子尤其是儒家"神話歷史化"的總體闡釋趨向。神怪渺茫而
不可考，存亡與否，不得而知，因此他又稱"聖人不師仙"⑧。揚雄對於上古聖王的認識，
拉近了上古聖王與時王之間的現實距離，決定了他在具體作品中的稱頌。

二、四大賦的賦序關係與"麗以則"的實質

考察揚雄傳世之賦作，尤其是在《甘泉賦》《河東賦》《羽獵賦》《長楊賦》及序文之中，
多能發現揚雄對上古聖王的頻繁稱述，這種現象與其"辭人之賦麗以淫，詩人之賦麗以
則"⑨ 的賦學批評有着密切聯繫。由此可以歸納出揚雄"麗以則"的賦論實質。

（一）《自序》對四大賦諷諫意圖的揭示

據《漢書·郊祀志》載，成帝時皇太后詔："孝武皇帝大聖通明，始建上下之祀，營泰
時於甘泉，定后土於汾陰，而神祇安之，饗國長久，子孫蕃滋。"⑩ 是爲《甘泉賦》的寫作
背景：成帝明爲仿照漢武帝郊祀，而實爲求子嗣。《甘泉賦》開篇即言漢帝"同符三皇，録
功五帝"⑪，頌揚漢德，賦尾又言："子子孫孫，長亡極兮"⑫，從賦文本身而言，《甘泉賦》

① （漢）司馬遷撰，瀧川資言考證，楊海峥整理：《史記匯注考證》，上海古籍出版社，2015年版，第3頁。
② （晋）皇甫謐撰，陸吉點校：《帝王世紀》，齊魯書社，2010年版，第5頁。
③ （漢）司馬遷撰，瀧川資言考證，楊海峥整理：《史記匯注考證》，上海古籍出版社，2015年版，第3頁。
④ （漢）揚雄著，張震澤校注：《揚雄集校注》，上海古籍出版社，1993年版，第297頁。
⑤ （漢）司馬遷撰，瀧川資言考證，楊海峥整理：《史記匯注考證》，上海古籍出版社，2015年版，第65頁。
⑥ （漢）司馬遷撰，瀧川資言考證，楊海峥整理：《史記匯注考證》，上海古籍出版社，2015年版，第17頁。
⑦ （漢）揚雄撰，汪榮寶注疏，陳仲夫點校：《法言義疏·重黎》，中華書局，1987年版，第327頁。
⑧ （漢）揚雄撰，汪榮寶注疏，陳仲夫點校：《法言義疏·吾子》，中華書局，1987年版，第517頁。
⑨ （漢）揚雄撰，汪榮寶注疏，陳仲夫點校：《法言義疏·君子》，中華書局，1987年版，第49—51頁。
⑩ （漢）班固撰，（唐）顏師古注：《漢書·郊祀志》，中華書局，1962年版，第1259頁。
⑪ （漢）揚雄著，張震澤校注：《揚雄集校注》，上海古籍出版社，1993年版，第44頁。
⑫ （漢）揚雄著，張震澤校注：《揚雄集校注》，上海古籍出版社，1993年版，第69頁。

無疑是迎合成帝求嗣心理的一篇頌德之作。賦中極言甘泉宮建築之瑰瑋壯麗，揚雄將其比作紫宮，宛若仙境；鋪寫成帝郊祀儀仗聲勢浩大，眾神爲之役使。

今之《甘泉賦序》云：

> 孝成帝時，客有薦雄文似相如者，上方郊祀甘泉泰畤、汾陰后土，以求繼嗣，召雄待詔承明之庭。正月從上甘泉還，奏《甘泉賦》以風。①

序文介紹了揚雄被薦入京以及《甘泉賦》的寫作緣起，至於《甘泉賦》的創作意圖，卻不如《揚雄傳》説得清楚：

> 甘泉本因秦離宮，既奢泰……非木摩而不雕，牆塗而不畫，周宣所考，殷庚所遷，夏卑宮室，唐虞棌椽三等之制也。②

顏師古注云："《小雅·斯干》之詩序曰：'宣王考室也。'考謂成也。殷庚，殷王名也。遷謂遷都亳也。唐虞謂堯舜也。棌，柞木也。三等，土堦三等，言不過也。"③柞木、土階皆爲宮室建築的組成部分，這裏概指宮室本身。揚雄此句是言甘泉宮過於豪華，不符合堯、舜、殷庚、夏、周王，各朝之宮室制度。在《揚雄傳》之中此段議論位於《甘泉賦》之後，雖不存今之《甘泉賦序》，但班固所作的《揚雄傳》卻本自揚雄《自序》，班固之論應有《自序》之據，可視爲揚雄自道。

《河東賦·序》云：

> （成帝）覽鹽池，登曆觀，陟西岳以望八荒，迹殷周之虛，眇然以思唐虞之風。雄以爲臨川羨魚不如歸而結罔，還，上《河東賦》以勸……④

賦中成帝"勤大禹於龍門""喜虞氏之所耕""瞰帝唐之嵩高"⑤，其對堯、舜、禹之盛世的贊嘆與心馳神往，或虛或實，不得而知，但揚雄"軼五帝之遐迹兮，躡三皇之高蹤"⑥的諷諫意見則是十分明確的。

《羽獵賦·序》云：

> 孝成帝時羽獵，雄從。以爲昔在二帝三王，宮館臺榭沼池苑囿林麓藪澤財足以奉郊廟，御賓客，充庖廚而已，不奪百姓膏腴穀土桑柘之地。女有餘布，男有餘粟，國家殷富，上下交足……昔者禹任益虞而上下和，草木茂；成湯好田而天下用足；文王囿百

① （漢）揚雄著，張震澤校注：《揚雄集校注》，上海古籍出版社，1993年版，第42頁。
② （漢）班固撰，（唐）顏師古注：《漢書》，中華書局，1962年版，第3534頁。
③ （漢）班固撰，（唐）顏師古注：《漢書》，中華書局，1962年版，第3535頁。
④ （漢）揚雄著，張震澤校注：《揚雄集校注》，上海古籍出版社，1993年版，第71頁。
⑤ （漢）揚雄著，張震澤校注：《揚雄集校注》，上海古籍出版社，1993年版，第78頁。
⑥ （漢）揚雄著，張震澤校注：《揚雄集校注》，上海古籍出版社，1993年版，第81頁。

里，民以爲尚小……非堯、舜、成湯、文王三驅之意也。①

　　序文中揚雄對漢成帝耽於羽獵，有損民生提出批評，認爲二帝三王時代，聖王不與民争利，宫室器用、囿林蘪藪足奉祭祀、日用而已，因此人民得以安居樂業、上下交足。進而提出希望成帝"歷五帝之寥廓，涉三皇之登閎""加勞三皇，勖勤五帝"②。揚雄又借助賦文中設置的人物對漢德進行稱頌："群公常伯陽朱、墨翟之徒喟然并稱曰：'崇哉乎德，雖有唐、虞、大夏、成周之隆，何以侈兹！'"③ 可以説極具民生意識的序文與賦文二者之間存在着一定的矛盾，誠如有學者指出："如果没有賦序的交代，單就四大賦本身，其諷諫意味少，而事實上往往與諷諫旨歸相背。"④ 而没有序文，那麽《羽獵賦》全文就"頌德"主題而言，是完全自洽的。

　　《長楊賦》在四賦中是最後一篇，諷喻色彩也最爲强烈，但是其諷諫意味，也是要通過序文與賦文二者之間的對立纔能讀出來。賦中揚雄借助翰墨主人之口稱頌成帝：

　　　　復三王之田，反五帝之虞；使農不輟耰，工不下機，婚姻以時，男女莫違；出凱弟，行簡易，矜劬勞，休力役；見百年，存孤弱，帥與之，同苦樂。⑤

　　此段賦文是對成帝的規勸，客觀上也是對儒家經典中聖王之道的具體演繹與頌揚。翰墨主人所云與《長楊賦》序文所言："南驅漢中，張羅網罝罘，捕熊羆豪猪……是時，農民不得收斂。⑥" 二者之間存在着較大的張力，賦文中的大段歌頌被序文推翻。當然，在經學大盛的西漢，聖賢崇拜是儒生的普遍心理。周予同先生曾指出："孔子的道統説，及三代的盛世説，始終左右着中國的知識分子，從而使他們以爲世愈古而治癒盛。"⑦ 而作爲"西道孔子"一心復古的揚雄，無疑是這方面的典型代表。不獨揚雄，其他西漢辭賦家也有對於往古聖王的追述，如賈誼《旱雲賦》"獨不聞唐虞之積烈，與三代之風氣"⑧，董仲舒《士不遇賦》"生不丁三代之盛隆"⑨，司馬相如《上林賦》"德隆于三王，而功羡于五帝"⑩ 等，但總體皆是點染而爲，一筆帶過，不及揚雄賦作之集中具體。

　　後世學者對四大賦的賦序的互文關係評論道："《羽獵》序以議論，賦用序事；《長楊》序用叙事，賦用議論。""客卿之談，正論也；主人之言，微辭也。正論多忤，微詞易入，所

① （漢）揚雄著，張震澤校注：《揚雄集校注》，上海古籍出版社，1993年版，第83—84頁。
② （漢）揚雄著，張震澤校注：《揚雄集校注》，上海古籍出版社，1993年版，第89、111頁。
③ （漢）揚雄著，張震澤校注：《揚雄集校注》，上海古籍出版社，1993年版，第110頁。
④ 王德華：《揚雄賦論準則及其大賦創作模式》，《浙江師範大學學報》（社會科學版）2011年第4期，第69頁。
⑤ （漢）揚雄著，張震澤校注：《揚雄集校注》，上海古籍出版社，1993年版，第129頁。
⑥ （漢）揚雄著，張震澤校注：《揚雄集校注》，上海古籍出版社，1993年版，第114頁。
⑦ 朱維錚：《周予同經學史論著選集》，上海人民出版社，1983年版，第523頁。
⑧ 趙逵夫主編：《歷代賦評注·漢代卷》，巴蜀書社，2010年版，第45頁。
⑨ 趙逵夫主編：《歷代賦評注·漢代卷》，巴蜀書社，2010年版，第97頁。
⑩ 趙逵夫主編：《歷代賦評注·漢代卷》，巴蜀書社，2010年版，第165頁。

以爲風，借客卿口中以入正論，此正妙於風諫處。"① 諷諫旨意在賦序關係之中得到揭示，細覽前文所引序文，其諷諫意圖則顯而易見。

《漢書·揚雄傳》本自揚雄《自序》，其所載四賦之序應爲揚雄後作，他以序文的方式强調三皇、五帝、三王等聖王之治世法則，客觀上對"壯夫不爲""勸百諷一"的"辭人之賦"進行了修正。"揚雄（《自序》）雖然貌似闡釋了自己早年作賦的緣由，但這種闡釋乃是他晚年'悔其少作'的結果。"② 這種修正，體現在揚雄《自序》開門見山的諷諫對"曲終雅奏""卒章顯志"的諷諫方式的突破。當然從邏輯上講揚雄既已悔賦，認爲大賦"無則"可言，那麼《自序》所增加的聖王法則的闡釋與稱頌當是"則"的集中突顯，而《河東賦》《羽獵賦》《長楊賦》的序文對於聖王之道的宣揚更爲具體細緻，也以此揭示出了四大賦的諷諫意圖，這應是其"麗以則"的賦學觀念的直接表現。除了從"麗則"的簡單概念上對揚雄的賦論進行分析以外，《自序》中所突顯出來的聖王之道的書寫，可以視爲揚雄自道的"則"的具體闡釋。

若進一步追問，揚雄爲何以上古聖王諷喻時王，這除了揚雄的儒家本位思想的根本原因，則需回到漢人認爲"賦者，詩之流也"③ 的闡釋語境"是以一國之事，繫於一人之本，是爲風"④，因此"下以風刺上"，最爲現成有效的方式莫過於直接取材聖王事迹，因爲聖王"爲世人樹起了政治領袖所應具有的政治倫理的人格榜樣"⑤。要之，聖王之道，至剛至大，是後世君主的學習榜樣與治國標準。可以説他們是人們對於往古盛世的文化記憶之中的典型符號⑥。此例古已有之，如秦始皇琅琊台刻石稱頌秦德亦云"功蓋五帝，澤被牛馬"⑦，是爲力證。揚雄以"三皇""五帝""三王"之道對當世"一人"進行諷頌，這無疑是由諷諫對象決定的，也符合漢人在經學背景下諷喻話語的言説模式。四大賦皆是圍繞成帝郊祀、田獵而展開的帝王文學，"就其題材來説，皆是皇帝的行止"⑧。就大一統時期的漢帝王而言，與其政治地位相當的古聖王，是進行諷喻、頌美的直接素材，如《諫勿許單于朝》中，揚雄稱北狄世代爲亂，因此"五帝所不能臣，三王所不能制"⑨，單于是否入漢朝賀，終決於成帝，揚雄以與漢成帝政治地位相當的五帝三王進行比擬勸諫，也是十分恰當的。

（二）"麗以則"的實質

在揚雄看來，無論是"辭人之賦"還是"詩人之賦"，其文本皆"麗"，"麗"是大賦的

---

① 于光華輯：《重訂文選集評》，國家圖書館出版社，2012 年版，第 357、358 頁。
② 馬黎麗：《賦序的生成與文體特徵的確立》，《文學遺產》2018 年第 1 期，第 31 頁。
③ （梁）蕭統編：《文選》，中華書局，1977 年版，第 21 頁。
④ 張少康主編：《中國文學理論批評史資料選注》，2013 年版，第 33 頁。
⑤ 俞榮根：《法先王：儒家王道政治合法性倫理》，《孔子研究》2013 年第 1 期，第 10 頁。
⑥ 按："文化記憶包括一個社會在一定的時間内必不可少且反復使用的文本、圖畫、儀式等内容，其核心是所有成員分享的有關政治身份的傳統相關的人群借助它確定和確立自我形象，基於它，該集體的成員們意識到他們共同的屬性和與衆不同之處。"參金壽福《揚·阿斯曼的文化記憶理論》，《外國語文》2017 年第 2 期，第 37 頁。
⑦ （漢）司馬遷撰，瀧川資言考證，楊海崢整理：《史記匯注考證》，上海古籍出版社，2015 年版，第 344 頁。
⑧ 方銘：《揚雄賦論》，《中國文學研究》1997 年第 1 期，第 30 頁。
⑨ （漢）揚雄著，張震澤校注：《揚雄集校注》，上海古籍出版社，1993 年版，第 276 頁。

既定屬性，大賦是漢之一代文章，而欲以文章揚名於後世的揚雄，并不排斥文學作品的"麗"。那麼詩人與辭人之賦的區別就在於"淫"與"則"，"淫"是指詞語過分的誇飾，"則"是法則、法度①。而"淫"與"則"的衝突，可以從揚雄的《法言》中看到："或問：'女有色，書亦有色乎？'曰：'有。女惡華丹之亂窈窕也，書惡淫辭之淈法度也。'"②"淫辭淈法度"，即是說過分靡麗的詞語使得文章膏腴害骨，有損法度的言說，這也可以證明"則"即法度。李零先生指出，漢賦屬於宮廷文學的大範疇③。誠然，諸如揚雄所批評的辭賦家：景差、唐勒、宋玉、枚乘、賈誼、司馬相如④等，也皆爲帝王的文學侍臣，司馬遷對前三人的評價是"終莫敢直諫"⑤；而賈誼的《旱雲賦》極寫久罕無雨，轉入暗合今文經學天人感應"托咎於在位"⑥的諷諫；司馬遷在《司馬相如列傳》中也曾說道："相如雖多虛辭濫說，然其要歸引之節儉，此與詩之風諫何异？"⑦可知其賦之所以"勸百諷一"，是相對於整篇文本，曲終雅奏導致"諷"的内容不明顯。因此，就揚雄的賦學批評之中"淫"與"則"的命題，對應到漢大賦沉博豔麗文本風格之中，應該是量與質的關係，主要區別應是：諷頌是否符合聖王法則，是否起到諷諫的作用。汪榮寶注解揚雄喻賦爲"霧縠之組麗"。引李軌之注："辭賦雖巧，惑亂聖典。"⑧正是看到了詞賦的豔麗與聖典法則之間的對立。杜篤在《論都賦》序文也曾說道："竊見司馬相如、揚子雲作辭賦以諷主上。"⑨諷諫無疑是揚雄賦論的核心思想，因此"麗以則"在此類賦中的實質爲"麗以聖王之則"而實現諷諫，通過麗則而實現諷諫，無疑又是實現這一核心思想的根本途徑。如此，既能宣明王道，又能進行諷諫，使得"麗""則"平衡，不至於流入泛濫無歸、勸百諷一。

揚雄仿《論語》作《法言》，而"法言"一詞本自《論語·子罕篇》："法語之言，能無從乎？""法語之言"即合乎禮法之言。《孝經·卿大夫章》"非先王之法言不敢道"⑩是爲例證。當然儒家經典本就重視先王法言，由此可見將"則"理解成是儒家經義，確實不錯，但儒家經義内涵十分寬泛，影響到了漢儒立身行事的方方面面，對應到所謂諷頌帝王的大賦，法則具體指的是什麼呢？《解難》云："是以宓羲作《易》也，綿絡天地，經以八卦，文王附六爻。"⑪與之對應的說法又見於《法言·問道》："是以法始乎伏犧而成乎堯"⑫，揚雄以爲聖人之法，始於伏羲，盛於堯，宓羲所作的《易》，文王作的"六爻"則屬於揚雄所言之

————————————

① 按：包希魯《說文解字補義》稱："則，貝貨物也。刀，利也。貨利人情，所趨而争必有法則以制之。"

② （漢）揚雄撰，汪榮寶注疏，陳仲夫點校：《法言義疏·吾子》，中華書局，1987 年版，第 57 頁。

③ 李零：《簡帛古書與學術源流》，生活·讀書·新知三聯書店，2008 年版，第 356 頁。

④ （漢）揚雄撰，汪榮寶注疏，陳仲夫點校：《法言義疏·吾子》，中華書局，1987 年版，第 49—51 頁。

⑤ （漢）司馬遷撰，瀧川資言考證，楊海峥整理：《史記匯注考證》，上海古籍出版社，2015 年版，第 3239 頁。

⑥ 趙逵夫主編：《歷代賦評注》，巴蜀書社，2010 年，第 45 頁。

⑦ （漢）司馬遷撰，瀧川資言考證，楊海峥整理：《史記匯注考證》，上海古籍出版社，2015 年版，第 4004 頁。

⑧ （漢）揚雄撰，汪榮寶注疏，陳仲夫點校：《法言義疏·吾子》，中華書局，1987 年版，第 45 頁。

⑨ （清）嚴可均：《全上古三代秦漢三國六朝文》，中華書局，1958 年版，第 626 頁。

⑩ 韓敬譯：《法言譯注》前言，中華書局，2012 年版，第 3 頁。

⑪ （漢）揚雄著，張震澤校注：《揚雄集校注》，上海古籍出版社，1993 年版，第 201 頁。

⑫ （漢）揚雄撰，汪榮寶注疏，陳仲夫點校：《法言義疏·問道》，中華書局，1987 年版，第 118 頁。

"法"的範疇。且揚雄曾自比於孟子，亦謂"不合乎先王之法者，君子不法也"①，這對其所言之"法"進行了規定，此處雖提到的是"先王之法"，但相對於孟子的"法先王"，揚雄既贊三皇又頌三代，而"儒家的先王都是道德完美的'聖王'"②，因此揚雄所言"先王之法"應是聖王之法則③，這應是揚雄針對諷頌帝王之作而言的"則"。此處所言的聖王之法則，内涵廣大，儒家經典皆爲其釋文，正所謂："道沿聖以垂文，聖因文而明道。"④ 而揚雄對"則"的具體闡釋，在《自序》之中體現得尤爲顯著，"以爲昔在二帝三王……不奪百姓膏腴穀土桑柘之地"⑤"復三王之田，反五帝之虞；使農不輟耰，工不下機，婚姻以時，男女莫違；出凱弟，行簡易，矜劬勞，休力役；見百年，存孤弱，帥與之，同苦樂"⑥ 云云，就從抽象之法落實到了具體的治世之道。

此外，揚雄在停止諷頌大賦的創作之後，雖對於上古聖王多有稱述，但其對於"則"的闡釋，終不及《自序》之具體，此亦能證明揚雄"麗以則"的賦學批評，的確是以對於聖王法則的書寫在四大賦得到實現的。

三、由諷轉頌："麗以則"的創作實踐

揚雄在《法言》中提出了著名的"悔賦説"："或問：'吾子少而好賦。'曰：'然。童子雕蟲篆刻。'俄而，曰：'壯夫不爲也。'"⑦ 還能從《揚雄傳》中看到："雄以爲賦者，將以風也……非法度所存，賢人君子詩賦之正也，於是輟不復爲。"⑧ 除了認爲大賦勸百諷一以外，揚雄"輟不復爲"的根本原因是因爲他認爲這類諷喻大賦"非法度所存"，即不能存聖王之法度，這裏的"正"即對應前文所言之"則"。誠然，綏和二年（前 7）揚雄獲得成帝特許與賞賜，觀書於石室⑨，"如是後一歲，作繡補、靈節、龍骨之銘詩三章"⑩。其後，揚雄也確無諷頌大賦獻於漢帝。但是揚雄并没有真正做到"輟不復爲"，"不復爲者，僅歌頌諷

① （漢）揚雄撰，汪榮寶注疏，陳仲夫點校：《法言義疏·吾子》，中華書局，1987 年版，第 63 頁。
② 俞榮根：《法先王：儒家王道政治合法性倫理》，《孔子研究》2013 年第 1 期，第 5 頁。
③ 蔡方鹿先生稱："揚雄提出了由伏羲始創聖人之法，經堯、舜、禹、湯、文、武、周公至孔子、孟子，至揚雄這樣一個儒家聖人之道傳授的統緒。"那麼伏羲爲代表的三皇，堯舜爲代表的五帝，以及"湯、文、武"，皆可稱之爲儒家經典中的聖王。見蔡方鹿《揚雄的道統思想及其在道統史上的地位》，《四川師範大學學報》（社會科學版）2017 年第 7 期，第 87 頁。
④ （晋）劉勰著，范文瀾注：《文心雕龍·原道》，人民文學出版社，2018 年版，第 3 頁。
⑤ （漢）揚雄著，張震澤校注：《揚雄集校注》，上海古籍出版社，1993 年版，第 83 頁。
⑥ （漢）揚雄著，張震澤校注：《揚雄集校注》，上海古籍出版社，1993 年版，第 129 頁。
⑦ （漢）揚雄撰，汪榮寶注疏，陳仲夫點校：《法言義疏·吾子》，中華書局，1987 年版，第 45 頁。
⑧ （漢）班固撰，（唐）顏師古注：《漢書·揚雄傳》，中華書局，1962 年版，第 3575 頁。
⑨ 王青：《揚雄評傳》，南京大學出版社，2000 年版，353 頁。
⑩ （清）嚴可均：《全上古三代秦漢三國六朝文》，中華書局，1958 年版，第 821 頁。

喻之賦耳，若《解嘲》《解難》及本篇（《太玄賦》），實皆賦體，并未輟筆"①。萬光治先生也指出"漢代的賦作并不都是以賦名篇的，諸如頌、贊、箴、銘……與賦同體异同"②，這就能解釋揚雄爲何在停止諷頌大賦的寫作之後，另有諸多賦或類賦之作問世。

揚雄在諷喻大賦以外的賦作則進一步延續了聖王之道的頌揚，《太玄賦》云"聖作典以濟時兮，驅蒸民而入甲"③，《解嘲》稱"三王傳禮，五帝垂典"④，《解難》言"是以宓羲氏之作《易》也，綿絡天地，經以八卦，文王附六爻"⑤，皆爲例證。不過《官箴》《州箴》的諷諫色彩與則要明顯得多，《劇秦美新》《元后誄》文旨主題則由諷諫轉向頌美，更充分地體現其"麗則平衡"的賦學實踐。

（一）頌聖作箴，以聖爲鑒

《揚雄傳》載："（揚雄）以爲箴莫善於《虞箴》，作《州箴》。"⑥劉勰稱："箴者，所以攻疾防患，喻金石也。"劉勰將"箴"比作治病救人的金石之"箴"，其功用在於防患於未然。又稱其文體的語言風格爲"文資確切"⑦。《揚雄集校注》所載揚雄仿《虞箴》的作品，共35篇，約24篇提到二帝三王，僅堯舜就出現了16次，他大事稱頌聖王之道諷諫君主。

對於揚雄所作的《州箴》《官箴》，劉勰同樣也有很高的評價，稱其："信所追清風于前古，攀辛甲于後代者也。"⑧劉勰所提到的"辛甲"是指周之太史，他曾令百官獻箴，今存所獻《虞人之箴》一篇，其文曰：

> 芒芒禹迹，畫爲九州，經啓九道。民有寢廟，獸有茂草，各有攸處，德用不擾。在帝夷羿，冒于原獸，忘其國恤，而思其麀牡。武不可重，用不恢于夏家。獸臣司原，敢告僕夫。《虞箴》如是，可不懲乎？⑨

虞人將大禹的勤政愛民與后羿淫獵失國二者進行對比，再以虞人的身份插入議論，對帝王提出規勸。稱述古帝王之得失，這是由箴文的勸誡對象決定的，也是《虞人之箴》不可或缺的內容，舍之，則文意不全。劉勰稱此《箴》"體義備焉"⑩，從內容與文體形式上肯定《虞人之箴》爲"箴"體的典範，而揚雄繼承了這種創作模式，所作的《官箴》與《州箴》，大量用到了上古聖王的事迹來對漢帝進行諷諫。以《太僕箴》爲例：

> 蕭蕭太僕，車馬是供。鏘鏘和鑾，駕彼時龍。昔在二帝，巡狩四宅。王用三驅，前

---

① （漢）揚雄著，張震澤校注：《揚雄集校注》，上海古籍出版社，1993年版，第139頁。
② 萬光治：《漢賦通論》，華齡出版社，2004年版，第101頁。
③ （漢）揚雄著，張震澤校注：《揚雄集校注》，上海古籍出版社，1993年版，第140頁。
④ （漢）揚雄著，張震澤校注：《揚雄集校注》，上海古籍出版社，1993年版，第193頁。
⑤ （漢）揚雄著，張震澤校注：《揚雄集校注》，上海古籍出版社，1993年版，第201頁。
⑥ （漢）班固撰，（唐）顏師古注：《漢書·揚雄傳》，中華書局，1962年版，第3583頁。
⑦ （漢）劉勰著，范文瀾注：《文心雕龍·箴銘》，人民文學出版社，2018年版，第195頁。
⑧ （晉）劉勰著，范文瀾注：《文心雕龍·箴銘》，人民文學出版社，2018年版，第195頁。
⑨ （清）洪亮吉撰，李解民點校：《春秋左傳詁·襄公四年》，中華書局，1987年版，第501頁。
⑩ （晉）劉勰著，范文瀾注：《文心雕龍·箴銘》，人民文學出版社，2018年版，第194、195頁。

> 禽是射。紂作不令，武王征殷。檀車孔夏，四騵孔昕。僕夫執轡，載騂載駰。我輿云安，我馬云閑。雖馳雖驅，匪逸匪慫。昔有淫羿，馳騁忘歸。景公千駟，而淫于齊。《詩》好牡馬，牧于坰野。輦車就牧，而詩人興魯。廄焚問人，仲尼厚醜。孟子蓋惡夫廄多肥馬，而野有餓殍。僕臣司駕，敢告執皂。[①]

太僕是掌管車馬的官員。班固《漢書・百官公卿表》云："太僕，秦官，掌輿馬，有兩丞。"[②] 此篇雖名爲《太僕箴》而實則全用賦法，通篇寫馬。箴文從太僕的職能視角出發，先寫堯舜騎馬巡狩；次寫武王駕檀車伐紂，太僕爲之御馬；再寫后羿馳騁田獵而亡國、齊景公之好馬無德、《詩經》之頌魯僖公重農養馬、孔子愛人輕馬、孟子以馬議政；最後揚雄借太僕爲箴文作者的身份，對帝王進行諷諫。其中揚雄總結堯、舜、文王、武王與后羿、齊景公兩類君主的成敗，是對於《虞人之箴》稱述大禹與有窮后羿之國政得失的承襲。《太僕箴》對《虞人之箴》結構上有明顯的模仿，這也能印證劉勰對揚雄諸箴的高度評價。

文中"昔在二帝，巡狩四宅"[③] 用《尚書・舜典》舜巡狩四方之典，"王用三驅，前禽是射"[④] 句典出《易・比》，《長楊賦・序》亦云堯、舜、成湯、文王三驅，是言古聖王三面圍獵，"網開一面"。揚雄稱頌聖王德政，對帝王提出規勸，這樣的例子在其所作的《州箴》《官箴》之中還有很多，"上稽二帝，下閲三王，什一而征，爲民作常"[⑤] "蕩蕩唐虞，經通垓極"[⑥] "巍巍帝堯，欽親九族"[⑦] 陶陶五帝，設爲六樂"[⑧] 等，皆取材於儒家經典中聖王事迹的描述。李兆洛《駢體文鈔》雖評："子雲諸箴，質多於文，源出詩書者也。"[⑨] 誠然，揚雄諸箴，以四言爲主，除了受到《虞人之箴》之影響，如文中"僕夫執轡，載騂載駰。我輿云安，我馬云閑。雖馳雖驅，匪逸匪慫"寫僕夫的主觀感受，則是模仿《詩經》句法，跳出《虞人之箴》叙事框架的抒情之筆。萬光治先生談到漢代的箴銘時稱"它們一當受到漢代重詞章華彩的風氣影響"[⑩]，除了辭章、典故的豐贍，揚雄所作諸箴在内容長度上多數超過《虞人之箴》，客觀上使得短小的箴文有了更大的容量與書寫空間，利於展開鋪排叙述。這對於《箴》的文體與語言風格的定型，有着重要意義。如《後漢書・胡廣傳》中提到的崔駰、

---

① （漢）揚雄著，張震澤校注：《揚雄集校注》，上海古籍出版社，1993 年版，第 370 頁。

② （漢）班固撰，（唐）顔師古注：《漢書・百官公卿表》，中華書局，1962 年版，第 729 頁。

③ 按：《舜典》載："歲二月，東巡守至於岱宗柴，五月南巡守至於南岳如岱禮，八月西巡守至於西岳如初，十有一月朔巡守至於北岳如西禮。"參阮元校刻《十三經注疏・尚書正義・舜典》，中華書局，2009 年版，第 268 頁。

④ （魏）王弼撰，樓宇烈校釋：《周易注・比》，中華書局，2011 年版，第 54 頁。

⑤ （漢）揚雄著，張震澤校注：《揚雄集校注》，上海古籍出版社，1993 年版，第 321 頁。

⑥ （漢）揚雄著，張震澤校注：《揚雄集校注》，上海古籍出版社，1993 年版，第 360 頁。

⑦ （漢）揚雄著，張震澤校注：《揚雄集校注》，上海古籍出版社，1993 年版，第 362 頁。

⑧ （漢）揚雄著，張震澤校注：《揚雄集校注》，上海古籍出版社，1993 年版，第 391 頁。

⑨ （清）李兆洛：《駢體文鈔》，上海書店出版社，1988 年版，第 72 頁。

⑩ 萬光治：《漢賦通論》，華齡出版社，2004 年版，第 115 頁。

崔瑗、劉騊駼、胡廣等直受其澤溉①。

通過揚雄《官箴》《州箴》之中對聖王的德政的稱頌可以看出，他以宣揚聖王德政對時王進行諷諫，與其大賦"麗以聖王之則"的創作要求一脉相承。

(二) 依托正統，美頌新莽

揚雄的《劇秦美新》作於晚年，《文選》雖將《劇秦美新》納入"符命"之類，但"如果就文體論，仍當屬賦體"②。揚雄對於新莽王朝的態度，是其生平研究中的一大公案，但隨着研究的深入，《劇秦美新》并非阿諛之作，幾成定論③。結合揚雄一心復古的政治思想與王莽在篡漢前後新政期間的部分政治舉措，也不難理解揚雄對於新莽政權的頌美。

《漢書·王莽傳》載："始建國元年（9）……封拜卿大夫侍中尚書官，凡數百人。"④《劇秦美新》云"諸吏中散大夫臣雄稽首再拜"⑤，可知揚雄應在王莽這次籠絡人心的奉拜之中被擢爲中散大夫，因而"此篇大約是答謝升遷而作"⑥。《劇秦美新序》云："參天貳地，兼并神明。配五帝，冠三王。開闢以來，未之聞也。"⑦ 正文又云："紹少典之苗，著黃虞之裔。帝典闕者已補，王綱弛者已張。炳炳麟麟，豈不懿哉。"⑧ 稱王莽爲"少典之苗，黃虞之裔"，又言"昔帝繢皇，王繢帝"，以此比喻新莽繼承漢祚順應聖王禪讓故實，美譽新莽"胤殷周之失業，紹唐虞之絕風"⑨，表達他對於王莽政權的支持。劉勰稱《劇秦美新》"影寫長卿"⑩，言《劇秦美新》模仿司馬相如的《封禪書》，《封禪書》的確也有對於聖王盛世的稱頌："君莫盛于唐堯，臣莫賢于后稷。后稷創業于唐堯，公劉發迹于西戎。"⑪ 此段回顧古史，固然有對於往古盛世的追懷，但還是回到了王道陵遲的喟嘆，也并非其"賦家之心"⑫ 的典型之作。就《劇秦美新》的語言風格而言，劉勰稱其"骨掣靡密，辭貫圓通"⑬，肯定其語言風格圓通、靡密，與大賦的靡麗相近而有別。平心而論，《劇秦美新》一文頗有以史爲鑒的意圖。揚雄歷數上古帝王之德行與秦"劃滅古文，刮語燒書，馳禮崩樂，塗民耳

① 參范曄《後漢書·胡廣傳》："初，楊雄依《虞箴》作《十二州二十五官箴》，其九箴亡闕，後涿郡崔駰及子瑗又臨邑侯劉騊駼增補十六篇，廣復繼作四篇，文甚典美。乃悉撰次首目，爲之解釋，名曰《百官箴》，凡四十八篇。"（中華書局 1965 年版，第 1511 頁）

② 許結：《〈劇秦美新〉非〈諛文〉辨》，《學術月刊》1985 年第 6 期，第 78 頁。

③ 按：許結《〈劇秦美新〉非諛文辨》、方銘《〈劇秦美新〉及揚雄與王莽的關係》、劉保貞《揚雄與〈劇秦美新〉》、高明《揚雄〈劇秦美新〉考論》、周桂鈿《重評揚雄〈劇秦美新〉》、王森《從〈法言〉的思想出發再論〈劇秦美新〉非"諂文"》等文章皆主《劇秦美新》并非諂媚之文，今從其說。

④ （漢）班固撰，（唐）顏師古注：《漢書·百官公卿表》，中華書局，1962 年版，第 4099—4111 頁。

⑤ （漢）揚雄著，張震澤校注：《揚雄集校注》，上海古籍出版社，1993 年版，第 205 頁。

⑥ 王青：《揚雄評傳》，南京大學出版社，2000 年版，347 頁。

⑦ （漢）揚雄著，張震澤校注：《揚雄集校注》，上海古籍出版社，1993 年版，第 206 頁。

⑧ （漢）揚雄著，張震澤校注：《揚雄集校注》，上海古籍出版社，1993 年版，第 222 頁。

⑨ （漢）揚雄著，張震澤校注：《揚雄集校注》，上海古籍出版社，1993 年版，第 221 頁。

⑩ （晉）劉勰著，范文瀾點校：《文心雕龍·封禪》，人民文學出版社，2018 年版，第 394 頁。

⑪ （漢）司馬遷撰，瀧川資言考證，楊海崢整理：《史記匯注考證》，上海古籍出版社，2015 年版，第 3992 頁。

⑫ （晉）葛洪撰，周天游校注：《西京雜記·相如答作賦》，三秦出版社，2006 年版，第 93 頁。

⑬ （晉）劉勰著，范文瀾注：《文心雕龍·封禪》，人民文學出版社，2018 年版，第 394 頁。

目"① 之暴政，徵之於經史，不可謂不實；至於其美頌王莽"經井田，免人役""製成六經"② 云云，亦皆能在《王莽傳》之中找到史實依據。揚雄又勸王莽作《帝典》，稱：

> 宜命賢哲，作《帝典》一篇，舊三爲一襲，以示來人。摘之罔極，令萬世常戴巍巍，履栗栗，臭馨香，含甘實。鏡純粹之至精，聆清和之正聲，則百工伊凝，庶績咸喜。荷天衢，提地厘，斯天下之上則已，庶可試哉。③

此段是諫王莽命令聖賢繼承堯舜之舊典而作《帝典》，而成天下之萬世"上則"的《帝典》依然離不開"舊三爲一襲"即因襲《堯典》《舜典》，據此可見聖王法則在揚雄心目中的崇高地位，也能看出揚雄所言之"則"與聖王"典則"的關係。至於"戴巍巍，履栗栗，臭馨香，含甘實。鏡純粹之至精，聆清和之正聲"云云，與其大賦之閎麗之言，如出一轍。總體而言，《劇秦美新》以上古聖王爲參照，刺秦頌新觀點明確，辭義暢達靡密，句式駢散相見，是其文質相副、麗則平衡的典雅之作。

元后是爲王莽之姑，崩於建國五年（13），王莽詔令揚雄作誄。《文心雕龍·誄碑》稱："若夫殷臣咏湯，追褒玄鳥之祚；周史歌文，上闡後援之烈。誄述祖宗，蓋詩人之則也。"④頌咏聖王，誄述祖宗的"詩人之則"，可以在《元后誄》中找到確證："惟我有新室，文母聖明，皇太后姓出黃帝，西陵昌意，實生高陽，純德虞帝。"⑤ 此是借助黃帝、高陽、虞帝崇高而神聖的經學與政治地位對元后與王莽進行稱頌。又云："皇天眷命，黃虞之孫，歷世運移。屬在聖新，代于漢劉。"⑥ 此亦言王莽代漢是受命於天，進而突顯新莽王朝的合法性與正統性。不過，《元后誄》客觀上追述黃帝、高陽、虞舜，這也極爲符合劉勰對於"詩人之則"的命題。

漢大賦對此二文的影響，是十分明顯的，《劇秦美新》本是駢散相間的賦體，而《元后誄》誄述祖德，暗合大賦的鋪陳手法，延續了漢大賦的辭藻華美卻頗有節制。但就其與大賦之旨歸而言，二文則皆主頌美，并且從其作品文本之中可以看到除《自序》以外，揚雄并未對"三皇""五帝""三王"做過多的細緻頌揚與事迹臚列，其稱頌具有符號化、扁平化的傾向，但應該説這些能指符號（聖王）的背後所指，皆爲以其治世法則爲旨歸。這對於儒家獨大的漢代，可謂是漢儒不必贅述的集體記憶。而揚雄以上古聖王的絕對正統地位爲新莽王朝建構政權的合法性，與四大賦之諷諫成帝以聖王行事爲標準類似——皆離不開聖王的參照。就揚雄文學作品而言，與其説徵聖，毋寧説是"徵之于聖王"。四大賦及序與《州箴》《官箴》《元后誄》《劇秦美新》等作品一致，構成了揚雄進行諷頌君主、存聖王法度實踐"麗以

① （漢）揚雄著，張震澤校注：《揚雄集校注》，上海古籍出版社，1993 年版，第 211 頁。
② （漢）揚雄著，張震澤校注：《揚雄集校注》，上海古籍出版社，1993 年版，第 221 頁。
③ （漢）揚雄著，張震澤校注：《揚雄集校注》，上海古籍出版社，1993 年版，第 229 頁。
④ （晋）劉勰著，范文瀾注：《文心雕龍·誄碑》，人民文學出版社，2018 年版，第 212 頁。
⑤ （漢）揚雄著，張震澤校注：《揚雄集校注》，上海古籍出版社，1993 年版，第 297 頁。
⑥ （漢）揚雄著，張震澤校注：《揚雄集校注》，上海古籍出版社，1993 年版，第 304 頁。

則"的賦學批評的文學場域。

四、小 結

合覽揚雄衆多的文學作品，其對聖王的稱頌貫穿其中後期的文學創作，揚雄所言的聖王，是儒家理想治世的標志與象徵，而其以人帝言三皇，無疑對於後世唯物史觀的構建有着積極意義。四大賦之後補序文（《自序》），強化了其聖王法則的宣揚，揭示了大賦的補卷動機。《州箴》《官箴》以一種簡練確切的語言風格，臚列了大量聖王事迹，直陳諷諫主旨；《劇秦美新》《元后誄》則更多的偏向大賦之閎麗與頌美，總體上或諷或頌，始終離不開上古聖王的參照，這是他對於"麗以聖王之則"的書寫實踐和明證。"麗以則"的賦學批評，包括兩個方面：一是聖王法則構成了揚雄賦論中"則"的底蘊與本色；二是而充分書寫聖王法則進而實現諷頌時王，是其賦論"麗以則"的實質。與此同時，揚雄堅持儒家經義之中的聖王書寫，也構成了其文學作品"必傳後世"的經典化與個人"西道孔子"聖賢化的内在因素。

（作者單位：西北師範大學文學院，四川師範大學文學院）

揚雄《甘泉賦》與 "天下一家" 理想的建構①

王志强

内容提要：揚雄《甘泉賦》反映了漢代氣化宇宙論思潮下祭祀的變化，即儀式的重心由祭祀地點的選擇轉移到了對主祭者德行的要求。在《甘泉賦》的文本書寫中，祭天儀式與支配天下合爲一體，體現了揚雄對實現 "天下一家" 政治理想的探索與思考。作爲國家祭祀儀式的祭天之禮，天子可以通過祭祀與天地交通往來，借助天地的神力到達天地所能達到的地方，從而實現對整個天下的支配。

關鍵詞：揚雄；《甘泉賦》；天下一家；祭祀

揚雄的《甘泉賦》入選昭明太子所主編的《文選》，不但確立了《甘泉賦》在郊祀類賦作中的典範地位，也彰顯了郊祀在我國文化史上的地位。然目前學界涉及揚雄《甘泉賦》的研究多爲考證創作時間或者研討創作主題，而罕有將《甘泉賦》與揚雄的天下觀結合起來研究。如果將《甘泉賦》的祭祀背景與 "天下" 此一地域空間結合起來思考，就會發現其中蘊含着文學、空間以及權力的複雜關係。事實上，《甘泉賦》體現了揚雄對於如何實現 "天下一家" 政治理想的思考與探索，在揚雄的文本書寫中，天子可以通過祭天儀式與天的神力發生關係，借助此神力與神力所掌握的 "天下" 空間展開互動溝通，由此實現對整個天下的支配與控制。

---

① 基金項目：2022 年广元市哲學社會科學重點研究基地广元历史與文獻研究中心一般課題 "历代劍閣縣志整理與研究"（GYLS2022YB06）。

一、祭天之禮：天子與天下交往的媒介

揚雄《甘泉賦》爲甘泉祭祀而作，西漢同樣爲甘泉祭祀而作賦的還有王褒《甘泉賦》、劉歆《甘泉宮賦》，其中現存最爲完整的則是揚雄的《甘泉賦》。對於此類特殊背景下的文類創作，我們應關注其背後的創作機制，探討環境共識下所强制運作的規則法度。

甘泉祭祀又稱爲甘泉泰時祭祀，其祭祀的是以太一爲核心的諸神體系。在漢代知識階層的意識中，甘泉泰時的太一祭祀爲祭天之禮，如杜鄴進言漢成帝時説"今甘泉、河東天地郊祀，咸失方位，違陰陽之宜"①，杜鄴便認爲甘泉祭祀是郊祀"天"，同時期的翼奉也是持甘泉祭天的觀點，"奉以爲祭天地於雲陽汾陰……皆煩費，違古制"②，劉歆認爲武帝建立的甘泉、河東祭祀爲"立天地之祠，建封禪，殊官號"③。簡而言之，甘泉太一祭祀是最高國家祭祀中的祭天之禮，"太一祭祀在西漢武帝朝至西漢末年，基本上可以看作是與'天'性質相近的至上神"④。

祭天之禮作爲國家的最高祭祀儀式，徵示着漢帝國權力秩序的結構。儀式具有象徵性，具體表現在現實世界與理想世界通過儀式而聯結在一起成爲展演普遍秩序的精神意識，祭祀的目的在於確立社會的普遍秩序結構，并爲此秩序的合理性做出闡釋。儀式展演着政治秩序的運作機制，充斥着支配與權力的象徵，張光直在其《美術、神話與祭祀》一書中，便認爲中國古代政治權力的形成，最爲重要的便是借助藝術、文字以及祭祀等手段對天地人神溝通的獨占⑤。

在先民的認識中，萬物有靈，天地諸神各自具有其神力。神靈依照其品級的高低來伸展神力，天神的神力貫穿於天地之間，山神的神力貫穿於郡縣之間，鬼神的神力則貫穿於家族之間，對於他們的祭祀則表示着與其神力發生關係，即可由此支配其神力所能達到的地域空間。也就是説，主祭者可以通過祭祀，實現神人的溝通與互動，他們借助諸神的神力實現對場域的支配。故傳統中國對於祭祀權限規定得非常嚴格，《禮記・曲禮》説："天子祭天地，祭四方，祭山川，祭五祀，歲遍。諸侯方祀，祭山川，祭五祀，歲遍。大夫祭五祀，歲遍。士祭其先。"⑥ 不同的身份祭祀着不同級別的神靈，不容許有絲毫僭越，孔子對"季氏旅於泰山"的憤怒，即鮮明體現了這點。祭祀成爲了確立與維護政治秩序結構的一種手段，這已

---

① 《漢書》卷二五《郊祀志下》，中華書局，1962 年版，第 1262 頁。
② 《漢書》卷七五《翼奉傳》，中華書局，1962 年版，第 3175 頁。
③ 《漢書》卷七三《韋玄成傳》，中華書局，1962 年版，第 3126 頁。
④ 田天：《西漢太一祭祀研究》，《史學月刊》2014 年第 4 期。
⑤ 張光直：《美術、神話與祭祀》，郭净譯，生活・讀書・新知三聯書店，2013 年版。
⑥ 《禮記正義・曲禮下》，阮元校刻《十三經注疏》影印本，中華書局，1980 年版，第 1268 頁。

爲漢代知識階層所接受，司馬遷的《六國年表》中便有："太史公讀《秦記》，至犬戎敗幽王，周東徙洛邑，秦襄公始封爲諸侯，作西畤用事上帝，僭端見矣。《禮》曰：'天子祭天地，諸侯祭其域内名山大川。'今秦雜戎翟之俗，先暴戾，後仁義，位在藩臣而臚於郊祀，君子懼焉。"① 秦襄公作爲一個分封諸侯，只能通過祭祀秦地山川的權力，而籌建只有天子才有資格祭祀上帝的西畤，這是對政治秩序的僭越，故司馬遷認爲其做法"君子懼焉"。

甘泉祭祀是祭天之禮，其祭祀對象是"天"，意味着主祭者借助的神力爲"天"的神力，其支配的場域爲"天"所管轄的地方，也就是整個天下。郊天是國家祭祀中最爲尊貴最爲嚴格的，因爲祭天儀式表演的是主祭者對天下的支配，晉安帝時尚書左丞王納之便説："郊天極尊，惟一而已，故非天子不祀。"② 甘泉祭祀作爲祭天之禮，其目的不僅僅在於求一己之福，更重要的是確立天子支配天下的合法性。劉曉達便認爲："在漢武帝時代新近被確立的太一、后土、天地神靈祭祀而言，它們所呈現出來的……實際上蘊含着帝王借此顯示對其實際統治'天下'空間進行有效控制的希冀。"③ 可以説，甘泉祭祀儀式表現的便是天子取得支配天下的權力的過程，此儀式所凝聚的權力結構過渡到文本中時，便成爲《甘泉賦》文類的核心主題。

二、《甘泉賦》：祭天之禮與支配天下的交彙

在揚雄的思想世界中，天子支配的場域當是整個天下，所以當公卿質疑單于來朝虛廢府帑，準備遣返其使者時，揚雄著《上書諫勿許單于朝》，以爲"故北狄不服，中國未得高枕安寢也"④，揚雄以爲中國與北狄都從屬於天子的支配場域，拒絶單于的臣服不但對中國有害，而且褻瀆了天子以四海爲家的政治理念。揚雄所期許的政治理想是"四夷臣服，萬國來朝"，這在他的文章中有着鮮明的表現，如其《長楊賦》盛稱漢武帝的功德時説："夫天兵四臨，幽都先加，回戈邪指，南越相夷，靡節西征，羌僰東馳。是以遐方疏俗殊鄰絶黨之域，自上仁所不化，茂德所不綏，莫不蹻足抗手，請獻厥珍，使海内澹然，永亡邊城之災，金革之患。"⑤ 武帝之功德在於真正實現了對整個天下的支配，《羽獵賦》亦是展現了一幅四海臣服的景觀，"仁聲惠于北狄，武義動于南鄰。是以旃裘之王，胡貉之長，移珍來享，抗手稱

① 《史記》卷一五《六國年表》，中華書局，1959 年版，第 685 頁。
② 《晉書》卷一九《禮上》，中華書局，1974 年版，第 585 頁。
③ 劉曉達：《秦始皇至漢武帝時代對"天下"觀念的視覺藝術形塑》，中央美術學院博士學位論文，2013 年版，第 191 頁。
④ 《漢書》卷九四《匈奴傳下》，中華書局，1962 年版，第 3814 頁。
⑤ 《漢書》卷八七下《楊雄傳》，中華書局，1962 年版，第 3561 頁。

臣。"①《趙充國頌》曰："遂克西戎，還師於京，鬼方賓服，罔有不庭。"②"罔有不庭"反映了揚雄對於天子支配天下的期許。對於如何實現此"天下一家""中外一體"的政治理想，揚雄在其《甘泉賦》中給出了答案。

揚雄《甘泉賦》的叙述結構按照時間順序來布局，以承接性連詞"於是"作爲時間更換轉移的標志，有一目瞭然之感。首先叙述其出發車騎之宏闊（於是乘輿乃登夫鳳皇兮而翳華芝……），接着爲其遠望甘泉山之盛景（是時未輮夫甘泉也……），再爲近觀甘泉宮之壯麗（於是大廈雲譎波詭……），再爲天子禮神之準備（於是事變物化……），再爲爲太一祭祀之舉行（於是欽柴宗祈……），最後爲祭祀隊伍之返行（於是事畢功弘……）。全文整體結構有序整齊，而在叙寫正式祭祀的部分，也即《甘泉賦》的結尾部分，則富有意味地展現了漢天子支配整個天下的想象：

> 於是欽柴宗祈。燎熏皇天，招繇泰壹。舉洪頤，樹靈旗。樵蒸焜上，配藜四施，東燭滄海，西燿流沙，北爌幽都，南煬丹厓。玄瓚觵犧，柜鬯泔淡，肸蠁豐融，懿懿芬芬。炎感黄龍兮，熛訛碩麟，選巫咸兮叫帝閽，開天庭兮延群神。儐暗藹兮降清壇，瑞穰穰兮委如山。③

主祭者——天子"欽柴宗祈"，通過祭祀時準備的特殊柴木燃燒後産生的燎烟，因燎烟筆直上升，狀似升往天界，宋祁《園丘賦》言"合蕭藮於欽紫，曳高烟乎璿穹。塞天淵以隖祉，奮光明於無窮"④，天子以燎烟爲媒介與上天發生關係，産生交互往來之感，"燎薰皇天，皋繇泰壹"。對於欽柴祭天的效果，揚雄以爲是"東燭滄海，西燿流沙，北爌幽都，南煬丹厓"。顔師古注爲"言柴燎之光遠及四表也"⑤，四表即是對於四極之地的極遠不可知之處的想象，清代韓菼《有事於南郊賦》的叙寫與此相似，"既乃芳薪上徹，炳臀蕭光，東燭滄海，西照扶桑，南曜丹崖，北熠大荒"⑥，滄海、扶桑、丹崖、大荒指的亦爲不可知的極致。在闡述此莊嚴威重的祭天儀式的效果時，揚雄展現的是天子通過祭祀借取了天的神力，上天的光輝照耀了整個天下，天子的權力也就支配了整個天下，而九州與四夷則都匍匐在此儀式的權威之下。

揚雄在《甘泉賦》中，特別注意那些能够展演天子支配天下的視覺景象。如在遠望甘泉之盛況的叙寫："是時未輮夫甘泉也，乃望通天之繹繹。下陰潛以慘廩兮，上洪紛而相錯。直嶢嶢以造天兮，厥高慶而不可乎彌度。"此是對通天臺的描寫。通天臺建於漢武帝時期，

---

① 《漢書》卷八七下《楊雄傳》，中華書局，1962 年版，第 3552 頁。
② 《漢書》卷六九《趙充國傳》，中華書局，1962 年版，第 2995 頁。
③ 《漢書》卷八七上《楊雄傳》，中華書局，1962 年版，第 3532 頁。
④ 四川大學古籍整理研究所編，曾棗莊、劉琳主編：《全宋文》（第 23 册），上海辭書出版社、安徽教育出版社，2006 年版，第 87 頁。
⑤ 《漢書》卷八七《揚雄傳》，中華書局，1962 年版，第 3533 頁。
⑥ 《皇清文穎》卷四二，《摛藻堂四庫全書薈要》第 464 册。

顏師古注"通天臺者，言此臺高，上通於天也。"① 《關中記》則云："左有通天臺，高三十餘丈，祭天時於此候天神下也。"② 通天臺的功能是溝通天地，其"直嶢嶢以造天"的想象成爲經典形象，不斷被後世所相引，如班彪《北征賦》："歷雲門而反顧，望通天之崇崇。"張衡《西京賦》："通天訬以竦峙，徑百常而莖擢。"然而，作爲視覺藝術的象徵符號，其表現的是天子承接上天的旨意而實現對天下的支配，支配天下的意識思想在這裏得到了直接的表達。又如對近觀甘泉之壯麗時的叙寫："金人仡仡其承鍾虡兮，嵌岩岩其龍鱗。"金人指的是匈奴的祭天金人，爲元狩二年（前 121）霍去病擊敗匈奴休屠王的戰利品，"收休屠祭天金人"③。金人象徵着對天的祭祀，既展演了大漢征討四方之不服，又徵示了天子對祭天權力的獨占。而對於返回時事畢功弘的叙寫："於是事畢功弘，回車而歸，度三巒兮偈棠棃。天閫決兮地垠開，八荒協兮萬國諧。"顏師古注："言德澤普洽無極限也。"李善注："言天地之門開通以出德澤，故八荒萬國無不和諧也。"這裏明白無誤地體現了祭天成功後天子的心理活動，四海臣服、萬國來朝的盛景浮現於其眼前，而這種暢想出現的原因與祭天的政治含義是相關聯的。可以說，郊祀祭天是政權展示自己受天命而治理天下的最爲重要的禮儀形式，許結認爲漢代郊祀賦的一個非常關鍵的地方就在於其對"天子禮"的頌贊與描述，并指出漢賦"祀典"的藝術特徵之一是"漢賦描述的祀典表現出'君臨四海'的'尊天意識'。……於是賦家對有關典禮的描繪，往往推擴於當時的亞、歐文化交流，以衍展儒家懷仁服遠的禮德教化觀。"④ 此"天子禮"的實質内容即展演天子受天命而治天下，因此，揚雄在《甘泉賦》作中全方位體現了天下臣服的符號意義。

事實上，早在司馬相如便已開始在賦的結尾處展開天子支配天下的想象，以《天子游獵賦》的結尾爲例：

> 於是歷吉日以齋戒，襲朝服，乘法駕，建華旗，鳴玉鸞，游于六藝之囿，馳騖乎仁義之塗，覽觀《春歌》之林，射《貍首》，兼《騶虞》，弋玄鶴，舞干戚，載雲䍐，揜群雅，悲《伐檀》，樂《樂胥》，修容乎《禮》園，翱翔乎《書》圃，述《易》道，放怪獸，登明堂，坐清廟，恣群臣，奏得失，四海之内，靡不受獲。於斯之時，天下大說，鄉風而聽，隨流而化，岋然興道而遷義，刑錯而不用，德隆於三皇，功羡於五帝。⑤

對於此處的書寫意義，康達維曾做過以下論斷："在賦的結尾，司馬相如描寫天子不再流連他的花園，而是到'六合''遠游'，'六合'提供天子適當的倫理和禮儀的指導，并藉

---

① 《漢書》卷七《武帝紀》，中華書局，1962 年版，第 193 頁。
② 劉慶柱、李毓芳：《三秦記·關中記輯注》，三秦出版社，2006 年版，第 198 頁。
③ 《漢書》卷五五《霍去病傳》，中華書局，1962 年版，第 2479 頁。
④ 許結：《漢賦祀典與帝國宗教》，《南京大學學報》（哲學·人文科學·社會科學）2004 年第 4 期。
⑤ 《漢書》卷五七上《司馬相如傳》，中華書局，1962 年版，第 2573 頁。

此統治人民，這理想的公園爲漢統一王朝提供了專制統治的合法性。"① 康氏以爲此處展現的是天子以禮制支配天下的人民，且以禮制建構了政權統治的合法性。劉曉達對上林苑進行復原性分析後認爲："漢武帝時代的'上林苑'已然成爲一個具有强烈政治文化意義的、由縮微性視覺形式表現出來的'天下'世界，而不僅僅作爲一個單純的娛樂休憩場所而存在。"② 《天子游獵賦》"天子以四海爲境，八藪爲囿"，在結尾更是體現展現一派"四海之內，靡不受獲"的氣象，南宋程大昌在《雍錄》的"上林賦"條説道："故相如始而置辭也，包四海而入之苑內。……極天下之大，并夷狄地而言之，則交廣、朔漠氣候乃始有此。"③然司馬相如的天下支配更多的是强調以禮治國的效果，"於斯之時，天下大説，鄉風而聽，隨流而化"，不出儒者政治理想的窠臼。揚雄《甘泉賦》則在此基礎上踵事增華、推陳出新，通過對祭祀產生的神力的運作，從而實現其對支配天下的理解。

自《甘泉賦》後，祭天之禮與四海臣服的同時書寫成爲一典範形式，不斷出現在後世的賦作之中。如班固《東都賦》的結尾："於是薦三犧，效五牲，禮神祇，懷百靈，覲明堂，臨辟雍，揚緝熙，宣皇風，登靈臺，考休徵。俯仰乎乾坤，參象乎聖躬，目中夏而布德，瞰四裔而抗棱。西盪河源，東澹海漘，北動幽崖，南趡朱垠。殊方別區，界絕而不鄰，自孝武所不能征，孝宣所不能臣，莫不陸讋水慄，奔走而來賓。遂綏哀牢，開永昌，春王三朝，會同漢京。是日也，天子受四海之圖籍，膺萬國之貢珍，內撫諸夏，外接百蠻。"④ 班固將郊祀的舉行與"天子受四海之圖籍，膺萬國之貢珍，內撫諸夏，外接百蠻"所代表的天子支配天下緊密聯繫在一起，亦是天子取得天的神力從而擁有支配天下的合法性的表現。又如鄧耽的《郊祀賦》："群公卿尹，侯伯武臣，文林華省，奉贄厥珍。夷髦盧巴，來貢來賓。玉璧既卒，於斯萬年。"⑤ 祭天之禮的舉行與支配天下的信念二者是共同書寫的。郊天之禮展演出天子對天下的支配秩序，并支撐着這一超穩定的政治權力秩序的運行。概言之，通過祭天，天子獲得了對整個天下的支配，也就實現了"天下一家"的政治理想。

三、南北郊祀改革：溝通天地的關鍵在於德行

《文心雕龍·誇飾》認爲"及揚雄《甘泉》，酌其餘波，語瓌奇則假珍於玉樹，言峻極則

① 康達維：《序：朝向國際化的古典文學研究》，鄭毓瑜《性別與家國——漢晉辭賦的楚騷論述》，三聯書店，2006年版，（序）第8頁。

② 劉曉達：《秦始皇至漢武帝時代對"天下"觀念的視覺藝術形塑》，中央美術學院博士學位論文，2013年版，第166頁。

③ （宋）程大昌：《雍錄》，中華書局，2002年版，第189—194頁。

④ （南朝宋）范曄撰，（唐）李賢等注：《後漢書》卷四〇《班固傳》，中華書局，1965年版，第1364頁。

⑤ （唐）徐堅：《初學記》，中華書局，1962年版，第321頁。

顛墜於鬼神。……此欲誇其威而飾其事，義睽剌也。"① 其"睽剌"的究竟是什麼？班固在《揚雄傳》中寫道：

> 甘泉本因秦離宮，既奢泰，而武帝復增通天、高光、迎風。宮外近則洪崖、旁皇、儲胥、弩陆，遠則石關、封巒、枝鵲、露寒、棠梨、師得，游觀屈奇瑰瑋，非木摩而不雕，牆塗而不畫，周宣所考，殷庚所遷，夏卑宮室，唐、虞採椽三等之制也。且爲其已久矣，非成帝所造，欲諫則非時，欲默則不能已，故遂推而隆之，乃上比於帝室紫宮，若曰此非人力之所爲，黨鬼神可也。又是時趙昭儀方大幸，每上甘泉，常法從，在屬車間豹尾中。故雄聊盛言車騎之衆，參麗之駕，非所以感動天地，逆釐三神。又言"屏玉女，却虙妃"，以微戒齊肅之事。賦成奏之，天子异焉。②

班固的觀點影響非常大，幾成定論。班固認爲揚雄的諷諫主旨有三層，一是甘泉宮的奢華非人力所爲，《論衡·譴告篇》便在此基礎上説："孝成皇帝好廣宮室，揚子雲上《甘泉頌》，妙稱神怪，若曰非人力所能爲，鬼神力乃可成。"③ 而何焯《義門讀書記》評價《甘泉賦》："愚按賦家之心，當以子雲此言求之，無非六義之風，非苟爲誇飾也，其或本頌功德，而反肆侈靡，淫而非則，是司馬揚班之罪人矣。"④ 二是車騎盛大不是獲取福佑之道，王德華教授總結道："説明出行的盛大場面，并不能感動大地，得到神靈福佑。"⑤ 三是諷諫帝王不可貪戀女色，發揚此論的學者占絶大多數，如蘇軾"臣謹按漢成帝郊祀甘泉、泰時、汾陰、后土，而趙昭儀常從在屬車間。時揚雄待詔承明，奏賦以諷，其略曰：'想西王母欣然而上壽兮，屏玉女而却虙妃。'言婦女不當與齋祠之間也。"⑥ 後世學者理解班固之意時都是就其某一層發論，而未曾綜合起來加以考慮。所謂三層諷諫主旨其實都是圍繞着一個核心，即甘泉泰時的廢立與否，甘泉泰時的廢立是儒者禮制改革與現實需求衝突與反復的直接反映。揚雄《甘泉賦》的諷諫主旨，當從元成時期禮制改革的角度來探索。

《甘泉賦》的創作年代基本可以確定作於永始四年⑦，永始四年是甘泉泰時第一次被廢除後又重新恢復的第一次祭祀，依據揚雄年譜，揚雄於永始二年（時年 39 歲）從蜀都來到長安，於永始四年作爲隨從人員前往甘泉宮，并創作出了《甘泉賦》⑧。揚雄在長安期間正好經歷了甘泉泰時的恢復以及隨同漢成帝前往恢復甘泉泰時後的第一次祭祀，這是其《甘泉賦》創作的社會環境與歷史背景。《甘泉賦》作於甘泉泰時廢立之際這一微妙的歷史時刻，

---

① （梁）劉勰撰，楊明照校注拾遺：《增訂文心雕龍校注》，中華書局，2012 年版，第 461 頁。
② 《漢書》卷八七《揚雄傳》，第 3534－3535 頁。
③ 黃暉：《論衡校釋》（附劉盼遂集解），中華書局，1990 年版，第 641－642 頁。
④ （清）何焯著，崔高維點校：《義門讀書記》，中華書局，1987 年版，第 332 頁。
⑤ 王德華：《主文譎諫，以頌爲諷——揚雄〈甘泉賦〉〈羽獵賦〉〈長楊賦〉解讀》，《古典文學知識》2010 年第 1 期。
⑥ （宋）蘇軾著，朱懷春點校：《蘇軾全集》（第二卷），上海古籍出版社，2000 年版，第 1321 頁。
⑦ 參見龍文玲《揚雄〈甘泉賦〉作年考辨》，《首都師範大學學報》（社會科學版）2016 年第 5 期。
⑧ 楊福泉：《揚雄年譜考訂》，《紹興文理學院學報》2006 年第 1 期。

這是我們瞭解其諷諫主旨的關鍵所在。

甘泉泰時的廢立關乎郊祀祭天的舉行，是"儒教改革"的重頭戲。早在漢元帝時翼奉便已上奏："祭天地於雲陽汾陰，及諸寢廟不以親疏迭毀，皆煩費，違古制。"① 煩費與違古制是甘泉泰時被建議廢除的原因所在，此次建議未得到漢元帝的重視。漢成帝甫一即位，丞相匡衡與御史大夫張譚便上書建議將甘泉泰時、河東后土的祭祀遷徙至長安：

> 祭天於南郊，就陽之義也；瘞地於北郊，即陰之象也。天之於天子也，因其所都而各饗焉。往者，孝武皇帝居甘泉宮，即於雲陽立泰時，祭於宮南。今行常幸長安，郊見皇天反北之泰陰，祠后土反東之少陽，事與古制殊。又至雲陽，行谿谷中，阸陝且百里，汾陰則渡大川，有風波舟楫之危，皆非聖主所宜數乘。郡縣治道共張，吏民困苦，百官煩費。勞所保之民，行危險之地，難以奉神靈而祈福祐，殆未合於承天子民之意。昔者周文武郊於豐鄗，成王郊於雒邑。由此觀之，天隨王者所居而饗之，可見也。甘泉泰時、河東后土之祠宜可徙置長安，合於古帝王。②

匡衡建議廢除甘泉泰時的原因與翼奉相似，只是講得更爲具體詳細。天子祭天是爲了展演"承天子民"的制度，而甘泉祭祀的功能結構却與此相反，作爲天的兒子却要"行危險之地"，作爲萬民的父親却要"勞所保之民"，如此行法"難以奉神靈而祈福祐"。匡衡的關注點在祭天的國家性質方面，扼要地闡釋了郊祀對於皇權支配天下的重要性。天子最爲重要的事莫過於繼承天命，獲取支配天下的合法性，而對此最爲重要的做法即爲郊祀。作爲如此重要的典禮，郊祀必須具有理論上的依據與傳統上的根基，依據周文王、武王以及成王等模範帝王祭祀的歷史經驗，郊祀地點都是在其所居之地，"天隨王者所居而饗之"，而現在天子住在長安，却要跑去甘泉宮祭祀皇天，"今行常幸長安，郊見皇天反北之泰陰"，此即所謂的"事與古制殊"。在匡衡等人的禮制觀念中，是天地諸神向王者妥協，而不是王者遷就天地諸神。對於天子何以不需要遷就神靈，甘懷真依據漢代宇宙觀中的氣化論做出了精闢的分析："在氣化宇宙觀所形成的天地人分化中，宇宙之本源爲一氣，而人者之中的聖人則可以與天地交通。且儒家要求天子須承擔此聖人之職責，借由參與天地的運作，進而能主導天地、天人間的秩序。天子參與天地運作的方法即行郊祀之禮，而郊祀禮則是天子一方面依外在之氣（如曆法上的節氣）的秩序以行祭祀，另一方面是以內在之氣作爲被祭者與祭者間的媒介。故天子無須遷就神迹與特定的祭祀所。"③ 天子與天地發生關係是憑藉天地間無所不在的"氣"，而此"氣"只有聖人才能够與之交通，這就意味着天子與天地交通的關鍵在於天子要成爲聖人的代表，而不在於祭祀地點的選擇。早於元帝時，韋玄成便已指出："臣聞祭，非

---

① 《漢書》卷七五《翼奉傳》，中華書局，1962 年版，第 3175 頁。

② 《漢書》卷二五《郊祀志下》，中華書局，1962 年版，第 1254 頁。

③ 甘懷真：《西漢郊祀禮的成立》，《皇權、禮儀與經典詮釋：中國古代政治史研究》，臺灣大學出版中心，第 51 頁。

自外至者也，繇中出，生於心也。故唯聖人爲能饗帝。"① 在儒教改革運動興起以前，知識階層相信要實現人與神的交通互動，必須依靠一些神迹或者神物，否則無法實現人神交通。儒教改革運動者對此持否定意見，而認爲人神交通的核心在於内在的心靈是否完備。故此派以爲只要天子德行兼備，他便能够輕而易舉地獲得天地的神力，從而實現對天下的支配。

對於郊祀禮改革與天下建構之間的關係，甘懷真有着非常深入的研究，他認爲："隨着所謂'儒教運動'的興起，一種新的'天下'建構運動也形成。"此"天下"理論的核心在於君民關係的建構，天子藉由祭祀實現天下此一場域的穩定與和諧：

> 郊祀禮是植基於氣化宇宙論，相信一元、整體的"天"，皇帝只要與這個"天"交通即可，即可安定"天下"的秩序。……只要天子所在的中心能確立，并在此舉行祭天（地）禮制，天子的正當性即可成立，天子即可宣告其支配"天下"……因此，"天下"的邊界爲何并不重要。②

無論在事實中天子是否控制了九州四夷，都不再重要，關鍵是要在天子所居之地舉行祭天之禮，這樣天子便可宣稱其支配了"天下"，也即實現了"天下一家"的政治理想。在歷史脉絡中，帝國的實際控制空間往往有着極限，天子對於天下的支配只有通過祭祀來實現。祭祀能够實現支配的理論是在氣化宇宙論中，萬物皆由"氣"化生而成，因此可藉由"氣"實現天地人的交感。而祭天則是天子代表萬民與天地發生關係，以維護天地的運轉秩序，因此生活在天下此一場域中的萬民爲了天地的和諧安寧，則必須效忠於天子。如此，天子便獲得了整個天下萬民的支配權。

郊祀禮的禮制改革，是依據儒學理念來改正漢代祭祀制度的"儒教運動"，其核心是"復古"。漢成帝通過了匡衡等人的建議，於建始元年（前32）"十二月，作長安南北郊，罷甘泉、汾陰祠"③。然而，永始三年（前14）甘泉泰時便又重新恢復，"冬十月庚辰，皇太后詔有司復甘泉泰時、汾陰后土、雍五時、陳倉陳寶祠。"④ 揚雄在創作《甘泉賦》時，必定對當初甘泉祭祀被廢除的原因有所瞭解。《甘泉賦》在叙述甘泉宮時，極力誇飾其高聳可通天的象徵，"陵高衍之嵯峨兮，超紆譎之清澄。登椽欒而羾天門兮，馳閶闔而入凌兢。是時未輳夫甘泉也，乃望通天之繹繹。……直嶢嶢以造天兮，厥高慶而不可虖疆度。"高可通天，與上天的距離更近是甘泉泰時祭祀的典型特徵。而後的轉折點是"於是事變物化，目駭耳回，蓋天子穆然珍臺閒館琁題玉英蜵蜎蠖濩之中"。揚雄用"事變物化，目駭耳回"來總結甘泉宮炫目誇飾造成的視覺與聽覺上的衝擊，緊接着轉變核心。這種轉變，即是揚雄賦論中所説的"歸之於正"。"雄以爲賦者，將以風也，必推類而言，極麗靡之辭，閎侈巨衍，競

---

① 《漢書》卷七三《韋玄成傳》，中華書局，1962年版，第3117頁。
② 甘懷真：《秦漢的"天下"政體——以郊祀禮改革爲中心》，《新史學》2005年第4期。
③ 《漢書》卷十《成帝紀》，中華書局，1962年版，第304頁。
④ 《漢書》卷十《成帝紀》，中華書局，1962年版，第323頁。

於使人不能加也，既乃歸之於正，然覽者已過矣。"① 前面所述的内容爲"麗靡之辭"，而此後的内容則是"歸之於正"。匡衡認爲甘泉祭祀"勞所保之民，行危險之地"，而揚雄《甘泉賦》的"麗靡之辭"即是暗喻此點。而在"歸之於正"中，揚雄言道："惟夫所以澄心清魂，儲精垂思，感動天地，逆釐三神者。乃搜述索耦皋、伊之徒，冠倫魁能，函甘棠之惠，挾束征之意，相與齊虖陽靈之宫。"匡衡則以爲："神祇功德至大，雖修精微而備庶物，猶不足以報功，唯至誠爲可，故上質不飾，以章天德。"② 二者所謂的"正"是保持一致的，其體現的爲王者是以精誠之心感動天地，而不是靠神迹等内容。

再來看賦中結尾的"亂"詞：

> 亂曰：崇崇圜丘，隆隱天兮，登降峛崺，單埢垣兮。增宫嵾差，駢嵯峨兮，嶺嶒嶙峋，洞亡厓兮。上天之縡，杳旭卉兮，聖皇穆穆，信厥對兮。俠祇郊禋，神所依兮，俳佪招摇，靈遲迟兮。煇光眩耀，降厥福兮，子子孫孫，長亡極兮。③

"亂"詞亦是分爲兩部分，首先展示的是甘泉宫高峻通天的視覺特徵，代表着天人溝通的秩序與象徵。而當正式書寫祭祀内容時，則是"聖皇穆穆"，强調的是主祭者——天子要修養成爲聖人，才能與天地相交通往來，"俠祇郊禋，神所依兮"，如此才能達到祭祀的既定效果。

《甘泉賦》對甘泉泰畤與南北郊祀的諷喻，體現了揚雄對如何實現支配天下秩序的思考與選擇。甘泉祭天與南郊祭天的最終目的都是爲了從上天處獲得支配天下的權力，然二者的實現途徑迥然有别。甘泉祭天所代表的是天子借助與天距離相近的特殊地點的選擇，從而更能够成功地與天地互動，從而獲取支配天下的權力；而南郊祭天所代表的是天子自修德行而成爲聖人，以此便能够把握天地間迴旋流轉的"氣"，借助此"氣"便能够與天地交通，從而取得支配天下的權力。

由此，《甘泉賦》事實上展演的是揚雄對於天地祭祀的態度，從麗靡之辭到歸之於正，即從甘泉祭祀到南北郊祀。《甘泉賦》表述的是揚雄對甘泉祭祀頗有微詞，而諷諫漢成帝將祭天之地重新遷移到長安附近。其理論依據是王者作爲天地的核心，與天地交接憑據的不是外在的距離，而是内在的德行。在此基礎上，支配天下成爲一件可以自覺把握的事，天子可以靠内省與自覺來擴充與完善其道德内涵，從而成爲楷模的聖人，如此便能自然而然地與天地交通往來。

（作者單位：南昌師範學院文學院）

---

① 《漢書》卷八七《揚雄傳》，中華書局，1962 年版，第 3575 頁。
② 《漢書》卷二五《郊祀志下》，中華書局，1962 年版，第 1256 頁。
③ 《漢書》卷八七《揚雄傳》，中華書局，1962 年版，第 3533—3534 頁。

從辭人到學人繼而聖人：揚雄著述
與人生理想的兩次轉變

牟 歆

内容提要：揚雄的人生理想經歷了兩次較大的轉變。最初他渴望通過發揮辭賦的諷諫功能而參與到對時政的批評中，繼而發展爲努力將天道人文和時政相聯繫以表現王政治亂，最後再轉變爲追慕儒家聖人并寄希望於以文章立言傳之後世。這一轉變軌迹在揚雄的辭賦和《太玄》《方言》《法言》等著述中清晰可見，也與漢成帝元延元年（前12）揚雄自蜀入京後學術、交游和眼界的拓寬以及哀帝即位後政治格局的劇變息息相關。

關鍵詞：揚雄；辭賦；天道人文；立言；轉變

　　關於揚雄一生的行事、學術以及思想，前人多有論及。或如桓譚推崇他"才智開通，能入聖道，卓絶於衆，漢興以來，未有此也"①。又或如當時一些儒者批評他"非聖人而作經，猶春秋吴楚之君僭號稱王，蓋誅絶之罪也"②，朱熹更是譏諷他"惟有偷生惜死一路，則見之明而行之熟耳"③。無論褒貶，均是對揚雄生平的某種特殊性做出的評價，但却又似乎都忽略了其人生所經歷的轉折變化。當代學者們倒是留意到了這一點。湯炳正《漢代語言文字學家揚雄④年譜》就説："是雄之來京，實爲其生平學術思想大轉變之契機。"⑤ 徐復觀《揚雄論究》也認爲："他四十二歲應召到京師，四十三歲獻賦爲郎，地位雖很低，但他對朝廷的各種情形，有耳聞目見的機會。所以他的學問的基礎及人格的形成，都可説是在成帝時代

① （漢）桓譚：《新論》，上海人民出版社，1977年版，第61頁。
② （漢）班固：《漢書》卷八十七《揚雄傳》，中華書局，1962年版，第3585頁。
③ （宋）朱熹撰，黄靈庚點校：《楚辭集注》，上海古籍出版社，2015年版，第215頁。
④ 案：關於揚雄的姓氏，歷代學者頗存異議，本文所引皆按文獻原文實録。
⑤ 湯炳正：《語言之起源》，貫雅文化事業有限公司，1990年版，第292頁。

奠定的，這是與他最親切的時代背景。"① 他們都注意到了揚雄於漢成帝元延元年（前12）由蜀入京②，進入了其思想的一大轉變期，卻又都以學術思想爲關注的重點。然而，揚雄的人生理想是全方位的，除學術上的追求而外，也包括政治上的憧憬，且不只經歷了一次轉變。因此，對於揚雄思想變化的節點和實質都還有尚未完全廓清之處。筆者不揣譾陋，擬就揚雄生平著述與人生理想兩次轉折之間的關係做一番清理，以求教於方家。

一、以文學辭賦預時政：自蜀郡成都至京師長安

要談到揚雄人生所經歷的轉變，首先就必須明確他最初的理想和心態。揚雄是蜀郡成都人，《漢書·地理志》云："景、武間，文翁爲蜀守，教民讀書法令，未能篤信道德，反以好文刺譏，貴慕權勢。及司馬相如游宦京師諸侯，以文辭顯於世，鄉黨慕循其迹。後有王褒、嚴遵、揚雄之徒，文章冠天下。"③ 這好像是説揚雄等人追慕司馬相如舊事，亦以文章辭賦爲進身之階，但如果認爲揚雄僅僅是以此謀求禄位則又不盡然。

揚雄《自序》曰：

> 雄少而好學，不爲章句，訓詁通而已，博覽無所不見。爲人簡易佚蕩，口吃不能劇談，默而好深湛之思，清静亡爲，少耆欲，不汲汲於富貴，不戚戚於貧賤，不修廉隅以徼名當世。家産不過十金，乏無儋石之儲，晏如也。自有大度：非聖哲之書不好也；非其意，雖富貴不事也。顧嘗好辭賦。④

可見揚雄早年就不慕榮利，也并不汲汲於仕進。這與班固在《揚雄傳贊》中所説後來"雄三世不徙官"，直到王莽篡位之後方才"以耆老久次轉爲大夫，恬於勢利乃如是"⑤ 相合。而其所學也不僅限於辭賦，所謂"博覽無所不見"，即是揚雄能號爲通儒的重要基礎。在《答劉歆書》中，揚雄曾言："嘗聞先代輶之使，奏籍之書，皆藏於周秦之室，及其破也，遺棄無見之者。獨蜀人有嚴君平、臨邛林閭翁孺者，深好訓詁，猶見輶軒之使所奏言。翁孺與雄外家牽連之親。又君平過誤，有以私遇，少而與雄也，君平財有千言耳。翁孺梗概之法略有。"⑥ 則揚雄居蜀中時於小學亦有所涉獵。又據《漢書·王貢兩龔鮑傳序》言嚴君平

① 徐復觀：《兩漢思想史》，九州出版社，2014年版，第二册第415頁。
② 案：關於揚雄入京的確切時間，世有異説，今從湯炳正先生《漢代語言文字學家楊雄年譜》之説。
③ （漢）班固：《漢書》卷二十八《地理志》，中華書局，1962年版，第1645頁。
④ （漢）班固：《漢書》卷八十七《揚雄傳》，中華書局，1962年版，第3514頁。
⑤ （漢）班固：《漢書》卷八十七《揚雄傳》，中華書局，1962年版，第3583頁。
⑥ 華學誠匯證，王智群、謝榮娥、王彩琴協編：《揚雄方言校釋匯證》，中華書局，2006年版，第1035頁。

"博覽亡不通，依老子、嚴周之指著書十餘萬言。楊雄少時從游學"①，則其從嚴君平受業，當還涉及《老》《莊》。

然而，不汲汲於仕進不代表他沒有政治上的追求。此時的揚雄最心嚮往的還是司馬相如的辭賦。他在《自序》中説道："先是時，蜀有司馬相如，作賦甚弘麗温雅，雄心壯之，每作賦，常擬之以爲式。"② 司馬相如賦氣勢弘大、辭藻華麗，而更爲難得的是能將温雅融入弘麗之中，這當然很大程度上要歸功於司馬相如對辭賦諷諫精神的把握與運用。辭賦有無諷諫與其是否雅正息息相關。漢宣帝就曾説："辭賦大者與古詩同義，小者辯麗可喜。辟如女工有綺縠，音樂有鄭衛，今世俗猶皆以此虞説耳目，辭賦比之，尚有仁義風喻，鳥獸草木多聞之觀，賢於倡優博弈遠矣。"③ 雖然宣帝仍將辭賦與倡優博弈相提并論，但無疑肯定了辭賦是有裨於世用的。而揚雄所"心壯之"的正是這種弘麗與温雅的完美契合，或者説這時他的理想就是對文學服務於政治的追求，希望通過文學創作參與到政治活動中來。

於是在蜀中時，他就模仿司馬相如創作了一系列的辭賦作品，并確實因此得到了漢成帝的召見而入京。據揚雄《自序》載："孝成帝時，客有薦揚雄文似相如者，上方郊祠甘泉泰畤、汾陰后土，以求繼嗣，詔雄待詔承明之庭。"④《答劉歆書》又云："而雄始能草文，先作《縣邸銘》《王佴頌》《街闊銘》及《成都城四隅銘》。蜀人有楊莊者爲郎，誦之於成帝，成帝好之，以爲似相如，雄遂以此得外見。"⑤ 此時的揚雄已經做好了以創作辭賦爲方式積極參與到漢朝政治和宮廷文化建設中的準備，三年之中連續奏上《甘泉》《河東》《羽獵》《長楊》四賦。可以説，揚雄獻大賦正是"受積極入世思想支配的投身社會之舉"⑥。在這些賦作中，揚雄盡力尋求著弘麗與温雅的交融，試圖將雕琢姱飾與勸勉諷諫有機結合。尤其是從他寫作《甘泉賦》的原因中頗見揚雄其時的心態。

據揚雄《自序》云：

　　甘泉本因秦離宮，既奢泰，而武帝復增通天、高光、迎風。宮外近則洪厓、旁皇、儲胥、弩陛，遠則石關、封巒、枝鵲、露寒、棠棃、師得，游觀屈奇瑰瑋，非木摩而不彫，牆塗而不畫，周宣所考，殷庚所遷，夏卑宮室，唐虞棌椽三等之制也。且爲其已久矣，非成帝所造，欲諫則非時，欲默則不能已，故遂推而隆之，乃上比於帝室紫官，若曰此非人力之所〔爲〕，黨鬼神可也。又是時趙昭儀方大幸，每上甘泉，常法從，在屬車間豹尾中。故雄聊盛言車騎之衆，參麗之駕，非所以感動天地，逆釐三神。又言"屏玉女，却虙妃"，以微戒齊肅之事。⑦

---

① （漢）班固：《漢書》卷七十二《王貢兩龔鮑傳序》，中華書局，1962 年版，第 3056 頁。
② （漢）班固：《漢書》卷八十七《揚雄傳》，中華書局，1962 年版，第 3515 頁。
③ （漢）班固：《漢書》卷六十四《王褒傳》，中華書局，1962 年版，第 2829 頁。
④ （漢）班固：《漢書》卷八十七《揚雄傳》，中華書局，1962 年版，第 3522 頁。
⑤ 華學誠匯證，王智群、謝榮娥、王彩琴協編：《揚雄方言校釋匯證》，中華書局，2006 年版，第 1035－1036 頁。
⑥ 許結：《論揚雄與東漢文學思潮》，《中國社會科學》1988 年第 1 期。
⑦ （漢）班固：《漢書》卷八十七《揚雄傳》，中華書局，1962 年版，第 3534－3535 頁。

揚雄扈從成帝郊祀甘泉泰時，親眼目睹了甘泉宮的富麗堂皇和成帝出行時的宏大場面，這為他提供了真正能够追模司馬相如創作大賦所需要的素材，也讓弘麗而溫雅的文學追求有了實現的契機。不過甘泉宮雖壯麗奢泰，不似人力所能為，却是因秦離宮而起，又經武帝擴建，并非成帝所造，所以揚雄自己也覺得"欲諫則非時"。但他"欲默則不能已"，一方面固然是因為甘泉宮的奢泰確實超乎尋常，另一方面恐怕也不願輕易放過這個可以實現自己文學理想的機會。於是他別開一路，將成帝好美色寵幸趙飛燕融入郊祀甘泉以求繼嗣的目的而加以諷諫。因此《甘泉賦》在對成帝的車馬儀仗和祭祀活動進行了一系列描寫鋪排之後，突然嵌入了"想西王母欣然而上壽兮，屏玉女而却虙妃。玉女無所眺其清盧兮，虙妃曾不得施其娥眉。方擎道德之精剛兮，侔神明與之為資"① 數句。這就是提醒漢成帝雖為求後嗣，但不要溺於美色，只有"聖皇穆穆，信厥對兮"，才能"徠祇郊禋，神所依兮"，也才能最終達到"子子孫孫，長亡極兮"② 的目的。

當然，這樣的諷諫實在太委婉了，就是將題材最為相似的《羽獵》《長楊》二賦與司馬相如的《天子游獵賦》相比，也能明顯看出揚雄賦中關於諷諫的內容似乎均不及相如賦明白，更不用説如《哀二世賦》那樣直言切諫的文章了。這應當與二人的性情有關。《文心雕龍·體性》説："長卿傲誕，故理侈而辭溢；子雲沈寂，故志隱而味深。"③ "默而好深湛之思"④ 的揚雄自然與"學擊劍"甚至"身自著犢鼻褌，與保庸雜作，滌器於市中"⑤ 的司馬相如有很大的不同。因而在表達方式上也就有所差別。徐復觀説"相如的創作，是以天才的想象為主；而子雲的創作，則是以學力的思索為主"⑥ 是很有道理的。司馬相如的外放與揚雄的內斂，造就了他們作品的壯闊和幽深，也決定了他們在諷諫精神的表達上所體現出的明晰與委婉。

揚雄在入京"待詔承明之庭"後的頻繁獻賦確實給他帶來了政治地位上的變遷。《漢書·揚雄傳贊》云："初，雄年四十餘，自蜀來至游京師，大司馬車騎將軍王音⑦奇其文雅，召以為門下史，薦雄待詔。歲餘，奏《羽獵賦》，除為郎，給事黃門，與王莽、劉歆并。"⑧ 揚雄自蜀來至京師在成帝元延元年（前 12），歲餘而獻《羽獵賦》除為黃門侍郎，則當在元延二年（前 11）。黃門侍郎位雖不高，但作為中朝郎官，得以時時隨侍皇帝，獻賦作頌，可謂天子近臣，也是在漢代武、宣之世的職官制度變革中興起的勢力。雖然成帝時，中朝官的

① （漢）班固：《漢書》卷八十七《揚雄傳》，中華書局，1962 年版，第 3531 頁。
② （漢）班固：《漢書》卷八十七《揚雄傳》，中華書局，1962 年版，第 3534 頁。
③ （南朝梁）劉勰著，范文瀾注：《文心雕龍注》，人民文學出版社，1958 年版，第 506 頁。
④ （漢）班固：《漢書》卷八十七《揚雄傳》，中華書局，1962 年版，第 3514 頁。
⑤ （漢）司馬遷：《史記》卷一百一十七《司馬相如列傳》，中華書局，1959 年版，第 3000 頁。
⑥ 徐復觀：《兩漢思想史》，九州出版社，2014 年版，第二册第 432－433 頁。
⑦ 案：據陸侃如、湯炳正等先生考證，"王音"當為"王商"之誤。參陸侃如《揚雄與王音、王根、王商的關係》，《陸侃如古典文學論文集》，上海古籍出版社，1987 年版，第 523－526 頁；湯炳正《漢代語言文字學家揚雄年譜》，《語言之起源》，貫雅文化事業有限公司，1990 年版，第 286－292 頁。
⑧ （漢）班固：《漢書》卷八十七《揚雄傳》，中華書局，1962 年版，第 3583 頁。

影響力已經減弱，但其職能却并未改變，這也爲揚雄創作弘麗而温雅的賦頌提供了便利。

據《漢書·趙充國傳》載："初，充國以功德與霍光等列，畫未央宫。成帝時，西羌嘗有警，上思將帥之臣，追美充國，乃召黄門郎楊雄即充國圖畫而頌之。"① 又《漢書·游俠傳·陳遵傳》曰："先是黄門郎揚雄作《酒箴》以諷諫成帝。"② 經考證，《趙充國頌》和《酒箴》均作於成帝元延二年（前11）③。揚雄《答劉歆書》又云："雄爲郎之歲，自奏少不得學，而心好沈博絶麗之文，願不受三歲之奉，且休脱直事之繇，得肆心廣意，以自克就。有詔可不奪奉，令尚書賜筆墨錢六萬，得觀書於石室。如是後一歲作《繡補》《靈節》《龍骨》之銘詩三章，成帝好之，遂得盡意。"④ "如是後一歲"乃承上文"雄爲郎之歲"而言，則揚雄於元延三年（前10）還曾創作過《繡補》《靈節》《龍骨》之銘詩三章。

這些文章連同《甘泉》《河東》等四賦一起構成了揚雄自蜀中至京師後文學創作的主體。無論是主動進獻還是受詔而作，表現出的都是"或以抒下情而通諷諭，或以宣上德而盡忠孝"⑤ 的漢大賦傳統，都是揚雄弘麗温雅的文學追求，跟隨的還是司馬相如的足迹。或者説，這就是揚雄此時希望以文學干預政治的人生理想的實踐。

當然，對揚雄來説，從成都到長安，改變的不僅僅是地理環境，更重要的還有學術、交游和眼界上的拓寬。這些都在悄然影響揚雄，使得他的人生理想進入了第一個關鍵的轉折期。

二、以天道人文言王治：從"雕蟲篆刻"到《太玄》《方言》

從《答劉歆書》中談到的揚雄自請往石室觀書來看，他在初到京師時雖然在努力地實踐着自己以文學干預時政的理想，但同時也感受到了自身知識儲備上的緊迫感。岡村繁就説："他在故鄉時就'少而好學，博覽無所遺'，然而所得到的畢竟還只是鄉村中的學問。"⑥ 雖然將揚雄在蜀中從嚴君平等人所學稱作"鄉村中的學問"稍顯過激，但到京之後的所見所聞和交游論學都對他的認知產生了極大的影響確是事實。

《漢書·成帝紀》云："（河平三年）光禄大夫劉向校中秘書。謁者陳農使，使求遺書於天下。"⑦ 《漢書·楚元王傳》附《劉歆傳》云："歆字子駿，少以通《詩》《書》能屬文召，

---

① （漢）班固：《漢書》卷六十九《趙充國傳》，中華書局，1962年版，第2994頁。

② （漢）班固：《漢書》卷九十二《陳遵傳》，中華書局，1962年版，第3712頁。

③ 參湯炳正《語言之起源》，貫雅文化事業有限公司，1990年版，第330—331頁。

④ 華學誠匯證，王智群、謝榮娥、王彩琴協證：《揚雄方言校釋匯證》，中華書局，2006年版，第1036頁。

⑤ （南朝梁）蕭統編，（唐）李善注：《文選》，中華書局，1977年版，第21頁。

⑥ ［日］岡村繁著，陸曉光譯：《周漢文學史考》，上海古籍出版社，2002年版，第191頁。

⑦ （漢）班固：《漢書》卷十《成帝紀》，中華書局，1962年版，第310頁。

見成帝，待詔宦者署，爲黃門郎。河平中，受詔與父向領校秘書，講六藝傳記，諸子、詩賦、數術、方技，無所不究。"① 劉向、劉歆父子於成帝河平三年（前 26）受詔校書，至揚雄元延元年（前 12）來京已歷十四載。向、歆父子博學通觀，作爲當時的學界領袖與揚雄亦多有交往。揚雄《答劉歆書》曾言其所作文"皆都水君嘗見"②，因劉向曾爲護左都水使，故稱向爲都水君。而從《漢書·揚雄傳》所載揚雄、劉歆同爲黃門侍郎，劉歆數度評價揚雄著作以及劉歆之子劉棻從揚雄學古文奇字等事迹來看，雄、歆二人更是過從甚密。與向、歆父子的交游，尤其是到石室觀書得以與當時在那裏校書的一流學者們相互談論講議之後，揚雄内心應當是受到過激烈震蕩的。又揚雄於蜀中時就曾習小學，然其形義訓詁之學實則亦是來京之後在張竦、杜業等人影響下得以大成，與桓譚論天文而改其舊時所習蓋天說而從渾天說亦在此時，湯炳正先生均考之甚詳③。因此他在《答劉歆書》中説他曾對成帝奏稱自己"少不得學"，除了一些可能存在的謙遜之意外，恐怕也有從成都到長安學術氛圍的變化給他造成的刺激。

在這種情況下，再加之爲諷諫所奏的辭賦收效甚微，揚雄以文學辭賦干預時政的理想發生了轉變，於是我們看到了所謂揚雄悔賦的言論。揚雄《自序》曰：

> 雄以爲賦者，將以風也，必推類而言，極麗靡之辭，閎侈鉅衍，競於使人不能加也，既乃歸之於正，然覽者已過矣。往時武帝好神仙，相如上《大人賦》，欲以風，帝反縹縹有陵雲之志。繇是言之，賦勸而不止，明矣。又頗似俳優淳于髡、優孟之徒，非法度所存，賢人君子詩賦之正也，於是輟不復爲。④

《法言·吾子》也説：

> 或問吾子少而好賦。曰："然。童子雕蟲篆刻。"俄而曰："壯夫不爲也。"⑤

關於揚雄中年悔賦，學界多認爲揚雄就是以辭賦小道，勸而不止，非大丈夫所爲，於是輟而不作。但清人黃承吉《夢陔堂文説》第二篇却説："雄《法言》以賦爲壯夫不爲，其壯夫乃指年齒之壯盛而言，非若後人誤會如所謂大丈夫者也。"⑥ 這給了我們以另外的思考。

很顯然，《法言·吾子》中的"壯夫"是與"童子"相對的。童子是指人的少年時期。又據《説文·士部》："壯，大也。"段玉裁《注》云："《方言》曰：'凡人之大謂之奘，或謂之壯。'"⑦ 因此《法言》中的壯夫似乎也當是指成人時期而言。《漢書·藝文志》曰：

---

① （漢）班固：《漢書》卷三十六《楚元王傳》附《劉歆傳》，中華書局，1962 年版，第 1967 頁。
② 華學誠匯證，王智群、謝榮娥、王彩琴協編：《揚雄方言校釋匯證》，中華書局，2006 年版，第 1036 頁。
③ 參湯炳正《語言之起源》，貫雅文化事業有限公司，1990 年版，第 295－300、335－338 頁。
④ （漢）班固：《漢書》卷八十七《揚雄傳》，中華書局，1962 年版，第 3575 頁。
⑤ （漢）揚雄：《揚子法言》，《諸子集成》，中華書局，1954 年版，第 4 頁。
⑥ （清）黃承吉：《夢陔堂文説》，《清代詩文集彙編》，上海古籍出版社，2010 年版，第 503 册第 25 頁。
⑦ （漢）許慎撰，（清）段玉裁注：《説文解字注》，上海古籍出版社，1988 年版，第 20 頁。

古者八歲入小學，故《周官》保氏掌養國子，教之六書，謂象形、象事、象意、象聲、轉注、假借，造字之本也。漢興，蕭何草律，亦著其法……六體者，古文、奇字、篆書、隸書、繆篆、蟲書，皆所以通知古今文字，摹印章，書幡信也。①

小學教授六書之制本之周禮，而漢代又有具體的律令規定，以漢代六體觀之，"雕蟲篆刻"即有代指小學的内涵。然而小學乃是少年時期所習之事，《大戴禮記·保傳》云："古者年八歲而出就外舍，學小藝焉，履小節焉；束髮而就大學，學大藝焉，履大節焉。"② 則成人之後小學有成，即當入大學，學習的就是《禮記·大學》中所謂的"大學之道"。

所以揚雄之所以會輟而不復作賦，不僅僅是由於他覺得辭賦淫辭麗句勸而不止，還包括他對自己以往人生理想的反思和升華。我們可以明顯地看到揚雄在談論辭賦缺點的同時，常常還會隨之出現"賢人君子詩賦之正"③ "詩人之賦麗以則"④ 等肯定之辭。這就説明揚雄真正追悔的并不是創作辭賦，而是自己過去希望通過創作辭賦來干預政治的理想。正如許結先生説到的那樣："從史書記載文人的事迹來看，賦家都是早年作賦，到中年就像揚雄那樣'壯夫不爲'，因爲是小學的東西，到了壯夫的時候要通經學、史學，要成一家之言了。"⑤ 故而漢成帝元延年間（前12—前9）是揚雄人生理想發生第一次轉折的關鍵時期。經過在長安幾年的生活和交游，他的眼界和心胸都有所拓展，已經不再滿足於司馬相如似的辭人軌迹，而有了更高的人生追求。

揚雄這一人生理想的轉變首先表現在起草《太玄》之上。關於揚雄草《玄》的時間，或以爲"《太玄》作於成帝元延四年到綏和二年中間"⑥，或從《自序》"定《太玄》作於哀帝年間"⑦。湯炳正先生結合揚雄《自序》通篇《解嘲》前後分言事迹與著述的結構，以及蕭該《漢書音義》引劉向《別録》有《太玄》"經目"，而劉向又卒於成帝綏和元年（前8）的史實，認爲揚雄草《玄》至晚當始於元延四年（前9）⑧。此論甚爲精道可參，則揚雄起草《太玄》當亦是在其人生理想發生重大轉折之時。

《太玄》當然不是一部單純的哲學著作，更不僅僅是模仿《易》而作的卜筮之書，其中應當還有深刻的政治内涵。自董仲舒發展《吕氏春秋·十二紀》紀首的思想，以陰陽五行言天道，并將其融入《公羊傳》進行闡釋，建立起天人合一的思想體系以來，西漢的哲學思想就一直受其影響。這是一種典型的政治哲學，梁啓超就曾説："我國自春秋戰國以還，學術

---

① （漢）班固：《漢書》卷三十《藝文志》，中華書局，1962 年版，第 1720—1721 頁。

② （清）王聘珍：《大戴禮記解詁》，中華書局，1983 年版，第 60 頁。

③ （漢）班固：《漢書》卷八十七《揚雄傳》，中華書局，1962 年版，第 3575 頁。

④ （漢）揚雄：《揚子法言》，《諸子集成》，中華書局，1954 年版，第 4 頁。

⑤ 許結講述，潘務正記録：《賦學講演録》，北京大學出版社，2009 年版，第 194 頁。

⑥ 束景南：《〈太玄〉創作年代考》，《歷史研究》1981 年第 5 期。

⑦ 王青：《揚雄評傳》，南京大學出版社，2000 年版，第 348 頁。

⑧ 參湯炳正《語言之起源》，貫雅文化事業有限公司，1990 年版，第 339—341 頁。

勃興，而所謂'百家言'者，蓋罔不歸宿於政治。"① 漢代的儒家也是如此，其最終的目的都在於服務政治。

董仲舒在《春秋繁露·王道通三》中言道："古之造文者，三畫而連其中，謂之王。三畫者，天地與人也，而連其中者，通其道也。取天地與人之中以爲貫而參通之，非王者孰能當是?"② 既然王者之道就是溝通天地人之道，那麼將天象和律曆等天道的具體内容貫通之於人事自然也就是王者之治的表現了，而能够幫助王者認識并實現天道與人事相連通的就是經。《漢書·翼奉傳》載翼奉曾奏封事曰："臣聞之於師曰，天地設位，懸日月，布星辰，分陰陽，定四時，列五行，以視聖人，名之曰道。聖人見道，然後知王治之象，故畫州土，建君臣，立律曆，陳成敗，以視賢者，名之曰經。賢者見經，然後知人道之務，則《詩》《書》《易》《春秋》《禮》《樂》是也。"③ 聖人見"天地之道"受到啓發後而知"王治之道"，并將其記載下來，這就是漢代所看到的經典，漢人通過閱讀這些經典進而知曉"人道"，這似乎亦頗能説明漢代學者通過闡釋經典從而將天道與人事相聯繫的思想。

揚雄處在這樣的學術環境之中，自然也會受到一定的影響，而以天道言王治，就成了他爲自己所設定的新理想。班固在《漢書·揚雄傳贊》中説揚雄"以爲經莫大於《易》，故作《太玄》"④ 是有一定道理的。因爲聖人仰觀俯察創造了一系列的象徵符號，使得《易》本身就與天道人事直接相連。揚雄草《玄》大概就是想像《易》一樣借助象徵性的符號將他所認識的渾天説、《太初曆》以及音律、《洪範》等融合起來，以表現天道與當前時政王治的統一。

由前人的研究可知，揚雄《太玄》所準的《易》并非《易傳》，而實爲京房的卦氣説，即"以'曆'爲天道的準繩，再將卦去附和"⑤。只不過京房以《四分曆》爲依據，而揚雄所據的則是《太初曆》。揚雄《自序》云：

> 而大潭思渾天，參摹而四分之，極於八十一。旁則三摹九据，極之七百二十九贊，亦自然之道也。故觀《易》者，見其卦而名之；觀《玄》者，數其畫而定之。《玄》首四重者，非卦也，數也。其用自天元推一畫一夜陰陽數度律曆之紀，九九大運，與天終始。故《玄》三方、九州、二十七部、八十一家、二百四十三表、七百二十九贊，分爲三卷，曰一二三，與《泰初曆》相應，亦有顓頊之曆焉。⑥

從這段話中可以看到《太玄》中的首、贊等的用數均合於《太初曆》，當然《太玄》與天文曆法之間的關係本身不是本文關注和研究的問題，但揚雄爲求《太玄》與天道律曆的相

---

① 梁啓超：《先秦政治思想史》，上海古籍出版社，2013 年版，第 3 頁。
② （清）蘇興撰，鍾哲點校：《春秋繁露義證》，中華書局，2015 年版，第 320－321 頁。
③ （漢）班固：《漢書》卷七十五《翼奉傳》，中華書局，1962 年版，第 3172 頁。
④ （漢）班固：《漢書》卷八十七《揚雄傳》，中華書局，1962 年版，第 3583 頁。
⑤ 徐復觀：《兩漢思想史》，九州出版社，2014 年版，第二册第 446 頁。
⑥ （漢）班固：《漢書》卷八十七《揚雄傳》，中華書局，1962 年版，第 3575 頁。

應而煞費苦心却頗可一觀。

而所謂"《玄》首四重"的安排，又體現出與人事的關聯。揚雄在《太玄·玄首序》中說"方州部家，三位疏成"，司馬光《集注》曰："光謂：揚子名首之四重以方州部家者，取天下之象言之，故'一玄都覆三方，方同九州，枝載庶部，分正群家'。玄者天子之象也，方者方伯之象也，州者州牧之象也，部者一國之象也，家者一家之象也。上以統下，寡以制衆，而綱紀定矣。"① 以玄、方、州、部、家分別象徵天子、方伯、州牧、郡國以及家族，這就將政治地位、社會階層以及整個帝國的統治秩序都融入了《太玄》之中，以表現出天道與王道人事的聯通。

在《太玄》中，以天象萬物言王道人事的内容也比比皆是。如《中首》次五"日正於天，利用其辰作主。《測》曰：日正於天，貴當位也"，司馬光《集注》云："光謂：三儀之道莫勝於中正，故陽家之五，贊之中也，陰家四六，體之中也。而又當晝得正，一首之中最吉者也。故曰'日正於天'，以言陽之盛也。君子有其道，必有其時，有其時，必有其位，然後能爲民之父母。時既得矣，位既正矣，而不能以道濟天下，豈爲民父母之意哉？故曰'利用其辰作主'。"② 雖然表面是説天象"日正於天"，但實際是講得時得位者當兼濟天下的治世之道。又如《進首》次四"日飛懸陰，萬物融融。《測》曰：日飛懸陰，君道隆也"，司馬光《集注》云："四爲福始而當晝，君德進盛，明無不燭，如日飛登天，離陰絶遠，萬物融融然，莫不昭明也。"③ 亦是以"日飛懸陰"使萬物融融得其所樂，喻君道昌隆澤被天下。此類皆是揚雄試圖通過《太玄》溝通天道與人事的例證。徐復觀甚至認爲《太玄》還反映出揚雄對時政問題的批評，并舉《閑首》爲例，指出所謂"陽氣閑於陰，礦然物咸見閑""蛇伏於泥，無雄有雌""蛇伏於泥，君不君也"等都是影射成帝以來皇權被奪於外戚，尤其是王元后幕後主政，王氏專權之事④。如果其説法能够成立，那麼揚雄利用《太玄》來表達自己政治見解的用心就更爲明顯了。

當然，借天道言人事并非揚雄首開先河，但以人文述王治却可算作他的一大創舉，最典型的莫過於《方言》的撰作。從《答劉歆書》的内容來看，可知揚雄撰寫《方言》的工作在成帝元延三年（前10）時就已經開始了，前後共歷時二十多年。過去學界往往專注於《方言》在語言學上的成就與貢獻，但我們也不應忽略其背後可能藴含的政治意義。濮之珍、華學誠等學者雖然已經提到了《方言》有爲當時的統治者服務的意圖⑤，但遺憾的是并未將其與揚雄本人的思想結合起來，因而未能真正發掘出揚雄賦予《方言》的政治理想。

其實在劉歆與揚雄的書信往還中，《方言》一書最初的撰作目的就可見一斑。劉歆《與

---

① （漢）揚雄撰，（宋）司馬光集注，劉韶軍點校：《太玄集注》，中華書局，1998年版，第2頁。
② （漢）揚雄撰，（宋）司馬光集注，劉韶軍點校：《太玄集注》，中華書局，1998年版，第6頁。
③ （漢）揚雄撰，（宋）司馬光集注，劉韶軍點校：《太玄集注》，中華書局，1998年版，第44頁。
④ 參徐復觀《兩漢思想史》，九州出版社，2014年版，第二册第500—503頁。
⑤ 參濮之珍《方言與爾雅的關係》，《學術月刊》1957年第12期；華學誠匯證，王智群、謝榮娥、王彩琴協編：《揚雄方言校釋匯證》，中華書局，2006年版，《前言》第1頁。

揚雄書》曾提到"三代周秦軒車使者、逌人使者以歲八月巡路，求代語、僮謠、歌戲"，又説"今聖朝留心典誥，發精於殊語，欲以驗考四方之事，不勞戎馬高車之使，坐知傜俗"，并將揚雄撰《方言》與"蕭何造律，張倉推曆"同列①。可見在劉歆看來，《方言》一書的撰作是追尋三代以來的舊制，是可以有補於王政的，因此向揚雄求書。劉歆所説"逌人"即《左傳》所載之"遒人"。據《左傳·襄公十四年》"故《夏書》曰：'遒人以木鐸徇於路'"，杜預注曰："逸《書》。遒人，行人之官也。木鐸，木舌金鈴，徇於路求歌謠之言。"②《説文·丌部》："𢽬，古之遒人以木鐸記詩言。"段玉裁《注》云："逌、𢽬、遒三字同音。"③則知古有逌人之官，或稱軺軒使者，其職責即循行天下，采集四方歌謠，以備王者觀覽風俗，知政之所行。

《漢書》中亦多載有西漢王朝派出官員循行天下之事。如《宣帝紀》："（元康四年）遣大中大夫彊等十二人循行天下，存問鰥寡，覽觀風俗，察吏治得失，舉茂才異倫之士。"④ 又如《元帝紀》："（初元元年）夏四月，詔曰：'……臨遣光禄大夫褒等十二人循行天下，存問耆老鰥寡孤獨困乏失職之民，延登賢俊，招顯側陋，因覽風俗之化。'"⑤ 此皆其例。但漢朝官員循行覽俗的主要關注點在民生疾苦和吏治得失，於方言的采集其實并未涉及。又《華陽國志·先賢士女總贊》云："林閭，字公孺，臨邛人也。善古學。古者天子有軺車之使，自漢興以來，劉向之徒但聞其官，不詳其職，惟閭與嚴君平知之，曰：'此使考八方之風雅，通九州之異同，主海内之音韵，使人主居高堂知天下風俗也。'揚雄聞而師之，因此作《方言》。"⑥ 據此則知方言本爲四海人文的表現，也是天子覽觀風俗的重要内容。也許揚雄正是看到了這一點在當時的缺失，於是"天下上計孝廉及内郡衛卒會者，雄常把三寸弱翰，齎油素四尺，以問其異語，歸即以鉛摘次之於槧，二十七歲於今矣"⑦，不惜付出莫大心血對當時各地的方言進行搜集整理，而這一設想又似乎於揚雄尚在蜀中時就已萌生。

作爲揚雄以人文演繹王政的著作，《方言》除了對上古遺風的繼承之外，當然還有現實的意義。首先，由於《方言》的材料來源是"天下上計孝廉及内郡衛卒會者"，因此包括的地域範圍相當之廣。從《方言》實際記載的地名來看，東起東齊、海、岱，西至秦、隴、涼州，北有燕、趙，南抵沅、湘、九嶷，東北覆蓋朝鮮、洌水之間，西北囊括秦、晉北鄙，東南已有吳、越、東甌，西南包含梁、益、蜀。這與西漢極盛時的疆域大致相合。如此豐富的方言材料均來自全國各地進京的士人與士兵，這是上古三代以至秦始皇時期都不可與之相比的，充分展現了漢帝國開疆拓土和天下一統的輝煌。其次，就如周祖謨提到過的那樣，通過

---

① 華學誠匯證，王智群、謝榮娥、王彩琴協編：《揚雄方言校釋匯證》，中華書局，2006 年版，第 1033 頁。
② （唐）孔穎達：《春秋左傳正義》，（清）阮元校刻《十三經注疏》，中華書局，1980 年版，第 1958 頁。
③ （漢）許慎撰，（清）段玉裁注：《説文解字注》，上海古籍出版社，1988 年版，第 199 頁。
④ （漢）班固：《漢書》卷八《宣帝紀》，中華書局，1962 年版，第 258 頁。
⑤ （漢）班固：《漢書》卷九《元帝紀》，中華書局，1962 年版，第 279 頁。
⑥ （晉）常璩著，劉琳校注：《華陽國志新校注》，四川大學出版社，2015 年版，第 401－402 頁。
⑦ 華學誠匯證，王智群、謝榮娥、王彩琴協編：《揚雄方言校釋匯證》，中華書局，2006 年版，第 1037 頁。

《方言》還能看到“一部分漢代社會文化的情形。例如由卷三‘臧、甬、侮、獲，奴婢賤稱也’一條，知道蓄養奴隸在漢代是很普遍的事情；由卷四所記衣履一類的語彙，可以知道漢人衣着的形制；由卷五所記蠶薄用具在不同方言中的名稱，可以知道在南方北方農民都從事於養蠶”①。這些在後人看來是研究漢代社會生活的資料，而在時人看來也正是社會風俗和政策制度的真實回饋。上述周氏所舉諸例中，第三例頗可與史書所載漢代之重農政策相參證。《漢書·文帝紀》載：“（前元）十三年春二月甲寅，詔曰：‘朕親率天下農耕以供粢盛，皇后親桑以奉祭服，其具禮儀。’”②則自漢文帝時起，漢朝就有皇后親桑以鼓勵百姓養蠶繅絲之禮。其後漢廷均沿襲這一政策，元、成之時也頗可見朝廷勸勉蠶桑之詔令。如元帝建昭五年（前34）三月有詔：“方春農桑興，百姓勠力自盡之時也，故是月勞農勸民，無使後時。”③成帝陽朔四年（前21）正月亦有詔曰：“間者，民彌惰怠，鄉本者少，趨末者衆，將何以矯之？方東作時，其令二千石勉勸農桑，出入阡陌，致勞來之。”④足可見西漢時期對蠶桑業的重視。而從《方言》所載宋、魏、陳、楚、江淮之間以及自關而西和南楚對蠶桑有著苗、麴、薄、蓬薄等不同稱呼來看⑤，當時蠶桑的養殖確實得到了極大的推廣。

既有制度典籍上的淵源，又有對現實社會的真實回饋，這就是揚雄試圖用人文來表現王治的原因。應劭比較早地認識到了這一點，因此他在《風俗通義·序》中就説自己作《風俗通義》廣采各地包括言語歌謠在內的民風民俗就是爲了辨風正俗，這是爲政之要。又將其書與揚雄撰《方言》相比，并評價道：“予實頑闇，無能述演，豈敢比隆於斯人哉！顧惟述作之功，故聊光啓之耳。”⑥認爲揚雄以《方言》述演王政，使人君不出朝堂而知天下興衰治亂，其功德足以光耀後世。應該説《方言》一書確實產生了巨大的語言學價值，但同時我們也不能忽略當時揚雄主觀上的政治目的。他在《答劉歆書》中其實説得很明確：“其不勞戎馬高車，令人君坐帷幕之中知絕遐異俗之語，典流於昆嗣，言列於漢籍，誠雄心所絕極，至精之所想遘也。”⑦可見其政治上的構想和内涵本身就非常濃厚。

“語言的研究反映了語言學家的思維和思想的進展歷程”⑧，其實不僅是語言學，每個學者的思想都會或多或少地反映在他們的著作之中。實際上，《太玄》與《方言》的撰作就共同構成了揚雄以天道和人文演繹王道政治的思想體系，這是揚雄人生理想發生第一次重大轉折之後的結果。這當然與揚雄自身固有的知識分子特性息息相關，甚至可以説他的這一轉變是完成了一次從辭人的理想到學人的追求的跳躍。同時值得注意的是，他對政治的關注和熱情還并未就此改變，而哀帝時期又是揚雄人生理想再次轉折的節點。

① 周祖謨：《〈方言校箋〉序》，《周祖謨語言學論文集》，商務印書館，2001年版，第376頁。
② （漢）班固：《漢書》卷四《文帝紀》，中華書局，1962年版，第125頁。
③ （漢）班固：《漢書》卷九《元帝紀》，中華書局，1962年版，第296頁。
④ （漢）班固：《漢書》卷十《成帝紀》，中華書局，1962年版，第314頁。
⑤ 參華學誠匯證，王智群、謝榮娥、王彩琴協編：《揚雄方言校釋匯證》，中華書局，2006年版，第387-388頁。
⑥ （漢）應劭撰，王利器校注：《風俗通義校注》，中華書局，2010年版，第11頁。
⑦ 華學誠匯證，王智群、謝榮娥、王彩琴協編：《揚雄方言校釋匯證》，中華書局，2006年版，第1040頁。
⑧ 劉君惠、李恕豪、楊鋼、華學誠：《揚雄方言研究》，巴蜀書社，1992年版，《序論》第3頁。

三、以文章立言顯後世：由熱心時政而效法聖人

揚雄《自序》有云："哀帝時丁、傅、董賢用事，諸附離之者或起家至二千石。時雄方草《太玄》，有以自守，泊如也。"① 遂有人誤以爲揚雄自草《太玄》起就已經表現出與政治疏離之意。但通過前文的討論，我們知道《太玄》的起草蓋始於成帝元延四年（前9），且帶有相當强的政治動機，而揚雄所説自己草《玄》而自守則是在哀帝即位、丁氏、傅氏及董賢用事之時。那麼在此期間，揚雄的心態必然又經歷了一個變化的過程。其主要原因之一就來自成帝駕崩、哀帝即位後的漢朝宮廷鬥爭，而《解嘲》的創作即爲揚雄的人生理想再次發生轉變之標志。

揚雄是受到漢成帝的賞識而受召入京的，而向成帝推薦揚雄的就有屬於成帝所倚仗的王氏一族的王商，揚雄又曾與王莽同列爲郎。可見當時的揚雄與王氏一族關係密切。因此，岡村繁認爲："我們在考察揚雄的賦頌文學以及支配其文學創作的思想和心情時，不能像以往那樣含糊地把他視爲只是一個'漢末的宮廷文人'，比較妥當的是應該將他作爲一個當初就屬於王氏一族之朋黨的宮廷文人來把握。"② 説揚雄本來就是王氏一黨，雖然還缺乏直接的依據，但畢竟可以爲我們思考當時揚雄的處境提供一些方向。

哀帝於綏和二年（前7）即位後，爲了抑制王氏家族的權勢，逐漸采取了一系列的措施。據《漢書・哀帝紀》載："綏和二年三月，成帝崩。四月丙午，太子即皇帝位，謁高廟。……五月丙戌，立皇后傅氏。詔曰：'《春秋》母以子貴，尊定陶太后曰恭皇太后，丁姬曰恭皇后，各置左右詹事，食邑如長信宫、中宫。'追尊傅父爲崇祖侯、丁父爲褒德侯。封舅丁明爲陽安侯，舅子滿爲平周侯。追謐滿父忠爲平周懷侯，皇后父晏爲孔鄉侯。"③ 又據《漢書・外戚傳》載："鄭氏、傅氏侯者凡六人，大司馬二人，九卿、二千石六人，侍中諸曹十餘人。……丁氏侯者凡二人，大司馬一人，將軍、九卿、二千石六人，侍中諸曹亦十餘人。丁、傅以一二年間暴興尤盛。"④ 丁、傅二姓短時間内的驟然興起當然是哀帝即位後欲與王氏爭權而有意扶持的結果，與此同時還伴隨着哀帝對王氏一族的直接打擊。據《漢書・百官公卿表》載："（綏和二年）十一月丁卯，大司馬莽賜金，安車駟馬，免。"⑤ 隨後又於建平二年（前5）遣王莽以新都侯就國⑥。又《漢書・哀帝紀》云："（綏和二年）秋，曲陽

---

① （漢）班固：《漢書》卷八十七《揚雄傳》，中華書局，1962年版，第3565—3566頁。
② ［日］岡村繁著，陸曉光譯：《周漢文學史考》，上海古籍出版社，2002年版，第203頁。
③ （漢）班固：《漢書》卷十一《哀帝紀》，中華書局，1962年版，第334、335頁。
④ （漢）班固：《漢書》卷九十七《外戚傳》，中華書局，1962年版，第4002頁。
⑤ （漢）班固：《漢書》卷十九《百官公卿表》，中華書局，1962年版，第843頁。
⑥ 參（漢）班固《漢書》卷九十九《王莽傳》，中華書局，1962年版，第4042頁。

侯王根、成都侯王況皆有罪。根就國，況免爲庶人，歸故郡。"① 而《漢書·元后傳》云："根及況父商所薦舉爲官者，皆罷。"② 哀帝將王莽、王根、王況等人以不同的方式調離長安，幷借機罷免了相當一批與王氏家族相關聯的官員，這看上去就像將王氏家族的勢力連根拔除了一般。在此期間，就連身爲宗室的劉歆也因欲立古文經學於學官移書太常博士，"由是忤執政大臣，爲衆儒所訕，懼誅，求出補吏，爲河内太守"③ 而離開了京師。

揚雄親眼目睹甚至親身經歷了這一系列劇變。在他看來，一向穩定的政治環境轉瞬間就面臨崩塌，王氏一族顯赫的勢力一夕之間就被驟然興起的丁、傅二姓所取代，甚至連王元后都處於"敕令親屬引領以避丁、傅"④ 的尷尬境遇之下。面對如此劇烈而殘酷的宫廷鬥爭，揚雄早年就頗受影響的道家思想逐漸抬頭，避禍全身的心態開始引導他重新審視起自己的人生理想，他必須要再次定義自己的人生意義。《解嘲》正是揚雄心態發生第二次轉變的標志性作品，在此之後，揚雄對他向來投注了極大熱情的時政即采取了疏離的態度，轉而將自己的人生目標投向了以文章立言而顯名後世之上。

揚雄《解嘲》蓋作於哀帝元壽元年（前2），因其自述寫作緣起有"哀帝時，丁、傅、董賢用事"之語，湯炳正先生考證曰："按：《漢書·百官公卿表》元壽元年：正月辛丑，丁明爲大司馬驃騎將軍；傅晏爲大司馬衛將軍；十二月庚子，董賢爲大司馬衛將軍。是丁明、傅晏、董賢等人用事，皆在是年，則《解嘲》當作於是時。"⑤ 因此《解嘲》一文中頗有影射時局之語。如"當塗者入青雲，失路者委溝渠，且握權則爲卿相，夕失勢則爲匹夫"⑥，顯然是針對王氏集團權柄失落，而丁、傅以貴戚暴興，董賢以佞幸得勢而言。又如"章句之徒相與坐而守之"⑦，"言奇者見疑，行殊者得辟，是以欲談者宛舌而固聲，欲行者擬足而投迹。鄉使上世之士處虖今，策非甲科，行非孝廉，舉非方正，獨可抗疏，時道是非，高得待詔，下觸聞罷，又安得青紫"⑧，則又似針對劉歆與太常博士論古文經學當立於學官，遭諸儒詰難而忤逆執政大臣，由是懼誅出爲外官之事而言。在這樣一種詭譎激變的政局下，揚雄對全身遠害的思考就顯得尤爲突出了。所謂"客徒欲朱丹吾轂，不知一跌將赤吾族也"⑨，最好的方式就是選擇對時政的主動遠離。

又據史書記載可知，揚雄於元壽元年（前2）寫作《解嘲》以前尚有兩次主動參與時政之事。一爲哀帝建平二年（前5）四月諫勿相朱博。《漢書·五行志》云："哀帝建平二年四月乙亥朔，御史大夫朱博爲丞相……臨延登受策，有大聲如鐘鳴，殿中郎吏陛者皆聞焉。上

① （漢）班固：《漢書》卷十一《哀帝紀》，中華書局，1962年版，第337頁。
② （漢）班固：《漢書》卷九十八《元后傳》，中華書局，1962年版，第4028頁。
③ （漢）班固：《漢書》卷三十六《楚元王傳》附《劉歆傳》，中華書局，1962年版，第1972頁。
④ （漢）班固：《漢書》卷九十八《元后傳》，中華書局，1962年版，第4029頁。
⑤ 湯炳正：《語言之起源》，貫雅文化事業有限公司，1990年版，第350頁。
⑥ （漢）班固：《漢書》卷八十七《揚雄傳》，中華書局，1962年版，第3568頁。
⑦ （漢）班固：《漢書》卷八十七《揚雄傳》，中華書局，1962年版，第3568頁。
⑧ （漢）班固：《漢書》卷八十七《揚雄傳》，中華書局，1962年版，第3570頁。
⑨ （漢）班固：《漢書》卷八十七《揚雄傳》，中華書局，1962年版，第3567頁。

以問黃門侍郎揚雄、李尋……揚雄亦以爲鼓妖，聽失之象也。朱博爲人彊毅多權謀，宜將不宜相，恐有凶惡亟疾之怒。"① 二爲建平四年（前 3）上書諫勿許單于朝。《漢書·匈奴傳》云："建平四年，單于上書願朝五年。時哀帝被疾，或言匈奴從上游來厭人，自黃龍、竟寧時，單于朝中國輒有大故。上由是難之，以問公卿，亦以爲虛費府帑，可且勿許。單于使辭去，未發，黃門侍郎揚雄上書諫曰：……書奏，天子寤焉，召還匈奴使者，更報單于書而許之。"② 可見揚雄於元壽元年（前 2）以前雖已感受到漢廷權力更迭帶來的衝擊，但於時政尚未完全游離，亦時有主動建言之舉。然自此以後，除還偶有受詔作文之記載而外，已無主動參政之迹象。直到王莽時受到劉棻牽連而投閣，王莽還認爲此事有異，於是追問："雄素不與事，何故在此？"③ 所謂"素不與事"恐怕不是僅僅說他未曾參與劉棻等人僞造符命之事，也是揚雄素來清净自守的表現。這些亦均可作爲將《解嘲》定爲揚雄全身遠禍心態之標志的參證。

因此，揚雄主動疏離時政而采取清净自守的態度以求避禍保身，實際是在哀帝朝以後才逐漸産生并確立的。雖然如此，但并不是説揚雄此時就没有了其他的追求。相反，他的人生理想正在由學人的政治情懷向追尋聖人的方向發展，最能體現這一轉變的正是《法言》。

據湯炳正先生考證，《法言》當成書於王莽始建國元年（9）④，這年揚雄已經六十二歲。揚雄《自序》曾談到他寫作《法言》的緣起：

> 雄見諸子各以其知舛馳，大氐詆訾聖人，即爲怪迂，析辯詭辭，以撓世事，雖小辯，終破大道而或衆，使溺於所聞而不自知其非也。及太史公記六國，歷楚漢，訖麟止，不與聖人同，是非頗謬於經。故人時有問雄者，常用法應之，譔以爲十三卷，象《論語》，號曰《法言》。⑤

揚雄在這裏批評諸子學説破碎大道，於是他要站在儒家的立場上來破除這些怪迂詭辭，申明孔子的思想。又説司馬遷《史記》中對歷史人物和歷史事件的是非評論往往謬於經典，這其實是他用心的關鍵所在。徐復觀就指出："這是説史公所作《史記》，對歷史人物的是非，不合於孔子所作《春秋》的褒貶。"⑥ 他正是要嘗試通過他對歷史人物的品評來匡正這些"頗謬於經"的評價，因此《法言》中出現了大量的人物評論。如《吾子》云："或問屈原智乎？曰：'如玉入瑩，爰變丹青，如其智，如其智。'"⑦ 這是説智者應當達天知命，審時度勢，如寶玉晶瑩剔透，而屈原遭放逐而自沉江，雖有忠貞之行，然亦只是丹青之流，與

---

① （漢）班固：《漢書》卷二十七《五行志》，中華書局，1962 年版，第 1429 頁。
② （漢）班固：《漢書》卷九十四《匈奴傳》，中華書局，1962 年版，第 3812、3817 頁。
③ （漢）班固：《漢書》卷八十七《揚雄傳》，中華書局，1962 年版，第 3584 頁。
④ 參湯炳正《語言之起源》，貫雅文化事業有限公司，1990 年版，第 361 頁。
⑤ （漢）班固：《漢書》卷八十七《揚雄傳》，中華書局，1962 年版，第 3580 頁。
⑥ 徐復觀：《兩漢思想史》，九州出版社，2014 年版，第二册第 463 頁。
⑦ （漢）揚雄：《揚子法言》，《諸子集成》，中華書局，1954 年版，第 5 頁。

寶玉畢竟有所差別。再聯繫《反離騷》中對屈原的態度，即可知揚雄雖仰慕屈原的辭賦和爲人，但却并不贊同他自沉的行爲。這與之後班固對屈原的評價近似，但顯然與《史記·屈原賈生列傳》不同，足可見其對司馬遷觀點的反駁。

孔子晚年曾感嘆道："弗乎弗乎，君子病没世而名不稱焉。吾道不行，吾何以自見於後世哉？"① 因而作《春秋》，以褒貶爲萬世立言。此時已屆暮年的揚雄經歷了之前對自己政治理想的自我否定和被迫疏離，也許會對此感同身受。既然自己的人生目標在現實中很難實現，那何妨遵循聖人之行，立言以傳之後世，在後世的承襲中體現自我的價值。

《法言·學行》云："學之爲王者事，其已久矣。堯、舜、禹、湯、文、武汲汲，仲尼皇皇，其已久矣。"② 這是説學者爲學就是爲了行王者之事，要把内聖轉化爲外王，這是從堯、舜、禹、湯、文、武直至孔子以來的傳統。揚雄也是秉承這一思想的。但由於現實的諸多原因不能充分付諸實踐時，則需要采取一定的方式保住其道而不中輟，以便傳承下去，待後世而成其功。即如《寡觀》中所説的"詘人而從道"③ 或是《五百》中所謂的"詘身，將以信道也"④。這裏的"信"當讀如"申"，不惜蟄伏其身而傳揚其道，這當然是揚雄在當時情境中的自我寫照，甚至《法言》中對王莽的褒揚也不過是爲了全身保命而不得不説。其實這恰好説明揚雄不是聖人，他只是在學習聖人而已。但這時他以孔門聖道的傳承者自居却已經非常明顯，甚至還"竊自比於孟子"⑤。而他之所以自比於孟子，"其直接目的是爲了繼承孟子辟异端，弘揚孔學的事業"⑥。

《法言·五百》又云：

> 或問孔子，知其道之不用也，則載而惡乎之？曰："之後世君子。"曰："賈如是，不亦鈍乎？"曰："衆人愈利而後鈍，聖人愈鈍而後利。關百聖而不慙，蔽天地而不耻，能言之類，莫能加也。貴無敵，富無倫。利孰大焉？"⑦

這就更加直接地表明了揚雄效法孔子立言以傳名後世的渴望與理想。其實他在《答劉歆書》中説希望《方言》一書能够"典流於昆嗣，言列於漢籍"⑧，就是從最初撰作《方言》時所包含的以人文言王治的政治期望中延伸出的渴望以著述流傳後世的個人目的。

因而班固説他"實好古而樂道，其意欲求文章成名於後世"⑨，可謂深知揚雄此時的用心。如果説第一次思想轉折將揚雄由一個辭人變成了一個學人，那麼第二次人生理想的轉變

---

① （漢）司馬遷：《史記》卷四十七《孔子世家》，中華書局，1959 年版，第 1943 頁。
② （漢）揚雄：《揚子法言》，《諸子集成》，中華書局，1954 年版，第 2 頁。
③ （漢）揚雄：《揚子法言》，《諸子集成》，中華書局，1954 年版，第 19 頁。
④ （漢）揚雄：《揚子法言》，《諸子集成》，中華書局，1954 年版，第 22 頁。
⑤ （漢）揚雄：《揚子法言》，《諸子集成》，中華書局，1954 年版，第 6 頁。
⑥ 蔡方鹿：《揚雄的道統思想及其在道統史上的地位》，《四川師範大學學報》（社會科學版）2017 年第 4 期。
⑦ （漢）揚雄：《揚子法言》，《諸子集成》，中華書局，1954 年版，第 22 頁。
⑧ 華學誠匯證，王智群、謝榮娥、王彩琴協編：《揚雄方言校釋匯證》，中華書局，2006 年版，第 1040 頁。
⑨ （漢）班固：《漢書》卷八十七《揚雄傳》，中華書局，1962 年版，第 3583 頁。

則使得揚雄在學人的基礎上開始逐步向聖人的理想靠近。

綜上所述，揚雄的人生理想曾經歷了兩次較大的轉變，由最初渴望以文學辭賦的諷諫功能參與到對時政批評中來的辭人理想，發展爲試圖將天道人文與政治相聯繫而敷演王政治亂的學人願景，再提升到追尋孔子足迹寄希望於文章立言傳之後世的聖人心態。這是揚雄由蜀入京後學術、交游、眼界等方面的拓寬以及成、哀之際風雲詭譎的政治鬥爭給他造成心靈刺激的結果。揚雄是一名學者，但他的人生却并非只有學術，他的理想及轉變過程在其著述中清晰可見，也與其人生經歷和當時政治格局的變化息息相關。

（作者單位：四川師範大學文學院）

揚雄與嚴君平的師承關係

劉文傳

內容提要：揚雄曾跟隨嚴君平學習八年，後來揚雄成爲漢代京城的文化巨擘，被後世學者譽爲"漢代的孔子"而廣爲人知。嚴君平則是蜀中學養深厚且著述豐富的思想大家，由於他未曾出仕及種種歷史迷霧的掩蓋，其亦人亦仙的面目尚待廓清。尤其是他們二人的師生關係和歷史故事鮮爲人知，有必要從若干歷史遺迹及其"老莊之道""孔孟之道"等多角度去進行探討。

關鍵詞：揚雄；嚴君平；師承關係

一、二賢簡介

揚雄（前53—18），字子雲，西漢官吏、學者，蜀郡成都（今四川省成都市郫都區）人，是嚴君平的弟子。揚雄，一作"楊雄"，本姓楊，因爲好奇，特自標新，易姓爲揚。揚雄少時好學，博覽多識，酷好辭賦，口吃，不善言談，而好深思。家貧，不慕富貴，早年隨嚴君平讀書。40歲後始游京師，大司馬王音召爲門下史，推薦爲待詔。後經蜀人楊莊引薦，被喜愛辭賦的漢成帝召入宮廷，侍從祭祀游獵，任給事黃門郎。其官職一直很低微，歷成帝、哀帝、平帝"三世不徙官"。王莽稱帝後，揚雄校書於天禄閣。後受他人牽纍，在即將被捕時墜閣自殺未遂。後召爲大夫。到宋代形成的《三字經》中，把揚雄列爲"五子"之一："五子者，有荀（況）揚（雄），文中子，及老莊。"

揚雄早年極其崇拜漢賦大家司馬相如，曾模仿司馬相如的《子虛賦》《上林賦》，作《甘泉賦》《羽獵賦》《長楊賦》，是漢代最優秀的辭賦家之一。他和司馬相如將漢賦推向了歷史的巔峰，故後世將他和司馬相如并稱爲"揚馬"。揚雄晚年對賦有了新的認識，在《法言·吾子》中認爲，作賦乃是"童子雕蟲篆刻"，"壯夫不爲"；并認爲自己早年的賦和司馬相如的賦一樣，都是似諷而實勸（提倡、勉勵）。這種認識對後世關於賦的文學批評有一定的影響。

揚雄在散文寫作方面也是一位大師。如他模擬《易經》作《太玄》、模擬《論語》作《法言》等。在《法言》中，他主張文學應當宗經、徵聖，以儒家著作爲典範，這對後來劉勰的《文心雕龍》頗有影響。

揚雄還著有語言學著作《方言》，這是研究西漢語言的重要資料。《隋書·經籍志》載有《揚雄集》五卷，後已散佚。明代張溥輯有《揚侍郎集》，被收入《漢魏六朝百三家集》。

嚴君平（約前86—前10），名遵，字君平，成都人，是西漢大儒，經學家。博學德高，隱於市井，專精《大易》，依老子、嚴周（莊周）之指，著書《老子指歸》，洋洋十餘萬言。他終身不仕，漢末在成都青羊宮以賣卜爲生，得百錢足以自養，則閉肆下簾而授《老子》，晚年隱於湔氏縣（今都江堰市）境內徐堰河畔之橫山，在都江堰地區一帶教授易老之學，追隨者不少。他的學説在整個川西地區都有很大影響，特別是在都江堰和青城山地區影響很大，東漢末期，中國道教也就產生在這個地區之中。所以，應該説中國道教的產生，與嚴君平的思想和作爲有很大的關係。他所建築的讀書臺與文翁石室齊名，同爲中國最早的民辦學校，揚雄少年時即從其游學，學到許多知識。所著《老子指歸》影響深遠，被奉爲道教經典，還對中國禪學的產生起到了重要作用，其學説影響了西漢及以後的學術和思想界，卒後葬於橫山。被列入蜀中八仙之一。

嚴君平最具影響的著作首推《老子指歸》，又稱爲《道德真經指歸》和《道德指歸論》。這部書是例舉一段老子的言論，再由嚴君平根據自己的理解自由發揮講述。從結構上看，這應該是他的學生根據他的講課言論所整理出來的著述。嚴君平在《老子指歸》中着重講述了人的認識主體問題，詳細説明了世界與人的生命主體是相互作用的一組關係。他這方面的學術思想，可以説比法國的笛卡爾在《方法論》中提出的"我思故我在"要早1600年，這也是爲什麼受嚴君平影響很大的蜀地，相對崇尚人的自由和開放精神的原因之一，也是道家和道教的主要思想之一。

關於嚴君平，有學者認爲，目前我們對他的認識和研究還遠遠不夠。有學者認爲，嚴君平就是史籍中查無實據的莊子的化身。認爲歷史上關於莊子事迹的記載，與西漢時期嚴君平的記載幾乎是重複的。如果説莊子其人和莊子的學説是不是真的，還一直沒有確切考證的話，那麼，嚴君平是確有其人的。嚴君平本名莊遵，後來漢書忌漢明帝劉莊的名諱，才將其改名爲嚴遵。嚴遵著有《老子指歸》十萬言，他也一樣曾經被人邀請出去做官，但是被他拒絕了。他終身不仕，以卜筮和講授易老爲生。嚴君平生前身後也都一直被人稱之爲"莊子"。揚雄從小就跟隨嚴君平學習《易經》《老子》等。揚雄成名之後，由於揚雄的推崇，嚴君平學説開始在中國各地流傳開來，甚至影響到後來道教的產生。像道教中的"太上老君"神位，與川人崇敬嚴君平有很大關係。有專家認爲，史籍中所説的莊子，多半是嚴君平和莊周這兩個人的融合形象，甚至有可能就是人們根據嚴君平的事迹編造而成的，而莊子之學，則應該是莊周、嚴君平、揚雄這三個人學術思想的融會表達。

二、嚴君平相關遺迹

第一，今天成都的支磯石街，因街上留有"支磯石"而得名。支磯石就與嚴君平有關。在東漢初年，嚴君平是現實生活中的人，還不是神，可是過了四百多年後，到公元 3 世紀的晋代，嚴君平在民間口頭傳説中已成爲神，把嚴君平與支磯石蒙上了神話傳説的色彩。如明代人曹學佺在《蜀中廣記·嚴遵傳》中説：漢張騫出使大夏（現阿富汗北部），歷盡艱辛走到河的盡頭。回來時船上載了塊大石頭，送給嚴君平看。嚴君平觀察很久後説："去年八月，客星侵犯牛郎星、織女星，難道會是這塊石頭嗎？它是天上織女的支磯石啊！"張騫驚奇地説："我順着河源走到盡頭，見到一個女子在織錦，一個男的在役牛。我問他們這裏的地名叫啥，女的説這裏不是人間，你怎麼會來呢？你把這塊石頭帶回去，問西蜀嚴君平，他會告訴你到了什麼地方。所以我帶了這塊石頭回來請教你！"

第二，嚴仙觀。今四川綿竹市嚴仙觀，又名君平莊，也是遺迹之一。嚴仙觀位於距綿竹市區 10 千米的武都鎮，是嚴君平的居住地。該道觀最初由嚴君平之父——嚴子希創建，距今已有 2000 多年的歷史。觀門"嚴仙觀"斗大三字和左闕草書"君平莊"、右闕草書"武都山"，"静""定"二字分開寫就的楷書以及山門楹聯"儒而升仙天下名山跋此地；漢之隱士蜀中易學首先生"，都是書聖王羲之留下的墨寶。古嚴仙觀占地 40 餘畝，周圍叢林環抱，觀前有泉、塔依偎，觀後有群山保護，幽静典雅，莊嚴肅穆，世爲道家勝地。宋元時期，香火鼎盛。現存觀宇係清康熙四十三年（1704）重建，乾隆二十三年（1758）又擴建增修，氣勢磅礴，殿宇輝煌。山門正中上方有"嚴仙觀"三字，左邊牆上書"君平莊"，右牆上寫"武都山"，至今墨迹猶存。民國六年（1917）住持向明初，曾"開七"傳道，并組織"道教會"。觀内原保存有木刻《道藏經》一部、木刻《皇經》一部、《君平指》一部以及揚雄的著作《太玄經》。

第三，卜臺示印。卜臺，即西漢嚴君平卜卦臺，是漢州八景之一。遺址在今廣漢市飛鴻橋西北、廣木公路左側 10 米處（即澳門路出口處）。據《漢州志》記載，漢州雁橋東，有真君卜臺，高一丈有餘，若印形。相傳州治多火災，真君鑿井於市，上應七星，構指南方，以壓勝之，故稱仙井。真君之德蔭被廣漢尤厚，自昔至今，越千百年，卜臺、仙井，湮没已久。後州人往往逢災，太守王公，乃如其説，汰故湮井，於是灾悼不作，民皆安堵。便築臺修祠，繪真君像於其上。君平卜筮，極數知來，洞照吉凶，使人知其趨避而已，旨爲教化。

與人子言依於孝，與人弟言依於順，與人臣言依於忠，各因勢導之以善。日得百錢自足，則閉肆下簾而讀《老子》。嚴君平的諷教和道旗品格，足以激濁揚清，爲後世敬仰。故後人善其住處，取名君平街（又名臺灣路），在賣卜處建卜臺。明萬曆年間，知州王大才，建君平祠。李白、岑參、陸游、李調元等文化名人，均有詩作懷念他。李白詩曰："君平既棄世，世亦棄君平。觀變窮大易，探元化衆生。寂寞綴道論，空簾閉幽情。騶虞不虛來，鸑鷟有時鳴。安知天漢上，白日懸高名。海客去已久，誰人測沈冥。"李調元詩云："君平有遺迹，乃在雒城隈。不見支機石，空留卜卦臺。斷碣卧蘆荻，小廟没蒿萊。自料升沉定，先生不用猜。"

直到 20 世紀 40 年代，四川第十三區行政督察專員鐘體道，在卜亭下立石碑，上刻"嚴君平賣卜處"，并建有方形卜亭，亭高兩米七。當時，有不少人前去焚香化紙，依紅掛彩。20 世紀 50 年代初，縣文物部門曾拍下卜臺照片。卜臺兩米見方，高約米許。可惜，60 年代被開闢爲了蔬菜地。

三、揚雄與嚴君平

當年在嚴君平讀書臺聆聽講學的學生中，有一個人後來聞名天下，那就是揚雄。作爲西漢時期最傑出的哲學家、辭賦家和語言學家，揚雄天生口吃，却訥於言而敏於行。在師從嚴君平的日子裏，他從這位大師身上汲取了他盡可能汲取到的知識營養。這個木訥的孩子，在嚴君平處畢業之後，便一步步地經涪縣、梓潼等地沿金牛古蜀道走出了四川盆地，直到成爲中國文化史上光照千秋的人物。

揚雄一生敬重嚴君平，他曾在《法言》中贊美嚴君平："蜀莊沈冥，蜀之才之珍也，不作苟見，不治苟得，久幽而不改其操，雖隨和何以加諸？舉兹以旃，不亦珍乎？吾珍莊也，居難爲也。"蜀莊，即蜀人莊遵。沈冥，即潛隱自晦。不作苟見，即不屑進見權貴。

後來，在班固寫《漢書》時還記載了一則故事，説朝中李强與揚雄很要好，揚雄曾屢次向李强稱道嚴君平的美德。後來李强出任益州牧（四川行政長官），以爲可以收用嚴君平。臨行時，揚雄告誡他説："你若備足禮數與我的老師相見呢，他還可以見你，但千萬不要使他委屈自己爲你做事。"李强當時不以爲然。及至成都，致禮相見，面對嚴君平的飄然清高，李强確實始終不敢提出讓君平出來輔助自己的事。

揚雄無疑是嚴君平最優秀的學生，都江堰之水的灌溉，橫山土地的濡養，嚴君平的諄諄教誨，最終成就了一代大儒。晋人王羲之在談揚雄的《蜀都賦》帖時云："奇！楊（揚）雄蜀都，左太冲三都。殊爲不備悉，彼故爲多奇。益令其游目意足也。可得果，當告卿求迎。少人足耳。至時示意。遲此。"後人對王羲之的《十七帖》評價甚高。宋黄伯思説："此帖逸少書中龍也。”朱熹説：“玩其筆意，從容衍裕，而氣象超然，不與法縛，不求法脱。所謂一一從自己胸襟中流出者。”也有人認爲此帖“筆法古質渾然，有篆籀遺意”。孫過庭曾説：“子敬（王獻之）已下，莫不鼓努爲力，標置成體”，即自王羲之以下，都是在寫字時故意用力，故意要表現自己的藝術風格，這樣反而失去了書寫時的自然之美。這種對比式的評論，對書法欣賞很有啓示。

與嚴君平墓地和隱居遺址結伴的，有一座叫平樂寺的古廟。古廟始建於隋朝，相傳成都平原上的平樂寺曾經有三處，即上平樂、中平樂和下平樂。上平樂即横山平樂寺，下平樂則是新都寶光寺，而中平樂舊迹已經無可考。很長時間裏，横山平樂寺一直是川西壩子上的一座大寺廟，川西地區各寺廟的僧侶出外雲游，都得來到這裏領取度牒。可惜明末四川遭逢千古未有的戰亂，横山平樂寺被毀，爾後又幾經興廢，如今這只是一座小有規模的寺廟，但筆挺高大的楠木林立於寺内，昔年的遺迹隱約可見。

嚴君平的學生揚雄墓，位於成都市郫都區友愛鎮子雲村南 1 千米處，又名子雲墳。墓爲漢代磚室墓，呈圓形，封土堆高出地面約 6 米，周長 81 米。該墓葬早期曾被破壞，後經歷代多次維修。墓南側有小河一條，據載咸豐末年河水衝坍墓基，鄉人周子升伐石培護，并將河道改向，揚雄墓始得完整。墓地原存古柏，墓周圍原有石欄、石凳、石碑等。石欄上鐫聯：“文高西漢唯玄草；學繼東山是法言。”“文化大革命”時古柏、石欄、石凳、石碑、石柱均被毀，現已不存。揚雄墓現爲圓形，高數米，直徑 10 米，封土若小丘。墓地開曠，東西有農舍竹林環抱。1985 年被列爲成都市重點文物保護單位，現已列爲四川省重點文物保護單位。

四、成都君平街與文翁石室

“君平曾賣卜，卜肆蕪已久。至今杖頭錢，時時地上有。不知支機石，還在人間否。”唐代詩人岑參到成都旅居時，曾在“君平卜肆”處留連忘返，并題下此詩，以表對嚴君平的敬仰之情。嚴君平是西漢晚期的道學家，他所著《老子指歸》爲道家之宗，其道論與哲學思想爲揚雄、王弼、成玄英等人所繼承，成爲魏晉玄學提出的“貴無”“自然爲本”的本體論與重玄學的萌芽。除了在道家學術上的成就外，嚴君平潔身隱逸的品格，在民間辦學上的貢獻，更是不容忽視。

西漢末年的成都街頭，這位給人看卦卜算的長袍先生，雖然態度好，算得準，每天來找他算命的人絡繹不絶，上至高官巨賈下至黎民百姓都來者不拒。但是這位先生很傲嬌，不管人多人少，人家給的錢是多是少，一旦挣滿了一百文錢，就帘子一拉收攤子了。但凡有人問：“先生生意這麼好，爲何不多算幾卦？”老先生總是回答：“這一百文錢已經够我今天的生活開支了，我要那麼多錢幹嘛？"這位有點古怪的算命先生，正是一代大儒揚雄的老師——隱居於市井之中的道家學者嚴君平。他關門之後又幹啥去了？這位先生是關門去做學問，老子的《道經》和《德經》晦澀難懂，嚴君平認真研讀後對這兩本著作加以注解，闡述其深刻的道理以惠及後人。

在東晉人常璩的《華陽國志》裏，關於嚴君平有這樣的記載："常卜筮於市，假蓍龜以教。與人子卜，教以孝；與人弟卜，教以悌……"他以卜算爲旗號，并不完全是給人看命相算運勢，更多的是通過這樣的形式來宣揚"孝悌"等思想，教化衆人。

在嚴君平當年賣卜之時，蜀郡太守文翁所創建的"石室精舍"已是一個向國家輸送精英人才的搖籃。文翁招收成都青年才俊入學，成爲官學弟子，而這些學生大多入仕當朝，成爲政府裏的官員。這樣的官學因爲每年招收的學生有限，粥少僧多，這稀缺的教育資源大多被大戶人家、達官貴人所瓜分，一般老百姓的子弟入學讀書的機會則很少，嚴君平就立志在教育方面有所作爲。有研究者稱，嚴君平 50 歲後便歸隱於郫縣平樂山，專心著書授徒。因此可以說嚴君平是中國歷史上繼孔子之後，又一位傑出的民間辦學者和平民教育家。

在平樂山，嚴君平辦起了"橫山讀書臺"，教學內容除了五經之外，更着重於老子的《道經》和《德經》。在西漢末年，辦學逐漸分成了兩個流派。一個是以文翁石室爲代表的官學，另一支就是以嚴君平爲代表的民間私學。不同於官辦學堂裏推崇孔儒，嚴君平的教學更多的是基於老子學說和蜀地文化傳統。同是辦民間私學，嚴君平却不同於孔子，他的教學更加"務實"，目的不爲做官，而是提倡學習與勞動生產實踐相結合。嚴君平的弟子揚雄受其影響，提出了"耕讀"思想，也成爲後來中國民間私塾學校偏重於教學生技能的重要宗旨。

揚雄曾跟隨嚴君平學習八年，後來揚雄成爲漢代京城的文化巨擘，還被後來的學者譽爲"漢代的孔子"。可當年揚雄在與人把酒言歡互訴衷腸之時，都會深切懷念在"橫山讀書臺"嚴君平先生門下的那段單純又快樂的求學時光。

嚴君平授課，最擅長理論聯繫實際。即講課的套路通常是先列舉一段老子的言論，再根據自己的理解講述。老子曾說"上善若水"，水的品性就是澤被萬物但又不爭名利。傳說嚴君平在講這段經文的時候，還帶着揚雄等人到橫山山澗，指着山下波濤洶涌的郫江水高談闊論，使揚雄頓時醍醐灌頂。八年後，揚雄學成出山，終有一番成就。

五、嚴君平打造"老莊之道"

現今人們一說老子和莊子，往往以爲這兩個人好像是師徒，他們在戰國時代，就已經類似於現代人胡適、魯迅一般，是當時的歷史名人了。其實，不要說秦漢時代，就是魏晉南北朝時期流行"老莊易"三玄之學的時代，人們所說的莊子，都還明確指的是蜀地大思想家嚴君平。在兩漢及三國兩晉南北朝時代，在大多數人的口中都是稱呼戰國的宋人莊周爲"莊生"的！比如東晋坦之的《廢莊論》，就是把莊周稱之爲莊生的！

那麼，今人所說的"老莊之道"是怎麼來的呢？有人說是司馬遷的《史記·老子韓非列傳》中記錄了莊子的事迹所致，這種說法是值得討論的。司馬遷既然編撰的是《老子韓非列傳》，後人爲什麼不稱呼"老韓之道"，却偏偏要把夾雜在《老子韓非列傳》中的莊子提出來與老子學說形成"老莊之道"呢？歷史事實是，在西漢後期，也就是大約在漢宣帝、漢元帝、漢成帝以後，蜀地就產生了一位非常傑出的專門講述老子和易學的思想文化大家，他就是莊遵！正是這個莊遵，打造了今人所說的"老莊之道"！

莊遵（前 67—10），號君平，被稱之爲莊君平。是他在蜀地開辦了鄉村民辦學校，以傳播老子的思想爲主。莊遵生前就被人尊稱爲"莊子"，他著述專門宣揚老子思想的《老子指歸》（又稱《道德指歸論》），在該著作中，他經常以"莊子曰……"的形式去闡述老子的思想，因此，幾十年下來，人們就把老子和他莊遵的學問，統稱爲"老莊之道"了。東漢中期，班固根據揚雄和班彪的《續太史公書》著述成了《漢書》，因爲避諱東漢明帝劉莊的"莊"字，故而《漢書》中在記錄莊遵的事迹時，就稱呼莊遵爲嚴遵了。因爲在古代，"莊嚴"二字是可以互相轉借的。久而久之，後人就稱呼莊遵爲嚴遵或嚴君平了。

《莊子》這部書，現今人們都知道只有 7 篇"内篇"可能是真品，其他 25 篇，則都是後人所編造。那麼歷史上究竟是誰編造了這些外篇呢？揭發這段歷史公案的，就是南宋初期的四川學者張行成（生卒年月不詳，字文饒，被學者稱爲觀物先生，臨邛人，歷官直徽猷閣、兵部郎中、知潼川府。主要弟子有吕凝之。其學以邵雍之說爲歸宿，祖於象數二圖。代表作有《述衍》十八卷、《翼玄》十二卷、《元包數義》三卷，《潛虛衍義》十六卷等）。張行成一生都在研究揚雄的《太玄》和邵雍的《皇極經世書》，加之張行成本身的年齡也與邵雍差距不大，可能最多也就是相差 50 歲左右，所以，張行成對邵雍一門的情況，是非常熟悉的。南宋初期，也就是邵雍去世不久，張行成在寫作《皇極觀物外篇衍義》的時候，他開篇就明確說出以下一段驚人之語："先生詩云：若無揚子天人學，安有莊生内外篇？以此知外篇亦是先生之門人編集之爾。"

張行成借助邵雍的詩文詞句說：南宋以降流行於中國的《莊子》一書，是邵雍的門人根據揚雄的玄學思想所編造的！這段歷史學案，如今都還少有人知！

張行成是北宋末期和南宋初期非常嚴謹的易學家，他生前不僅僅揭露過《莊子》一書是由邵雍門人所編造，還在解讀蜀地易學家衛元嵩的《元包經》（又稱《玄包》）時，揭發過邵雍的《伏羲六十四卦方圓圖》，是唐末宋初的蜀地易學家陳摶（字希夷）所撰！他說："揚子雲《太玄》其法本於易緯卦氣圖，衛先生《元包》其法合於火珠林，皆革其誣俗而歸諸雅正者也。伏羲始作八卦，而重之爲六十四是名先天，陳希夷所傳先天圖是也，其數有二：圓圖者，天也，自一陰一陽，各六變爲三十二陰、三十二陽者；運行數也。方圖者，地也，八卦縱橫上下，一卦爲主，各變七卦者，生物數也。"（《元包經傳·元包數總義》原序）

張行成可能是很看不慣北方一些學者的托古造僞和隨意剽竊他人學術成果的習慣，因此，張行成不時會在他的著作之中揭發一些事情。他的這些揭發，有的後來生效了，比如，他説《伏羲六十四卦方圓圖》并非邵雍所造，而是來自陳摶之説，就基本上被後世易學家接受了。因此，後輩朱熹在著述《周易本義》時，開篇就明確提示了邵雍的《六十四卦方圓圖》是來自陳摶。但是，張行成認爲《莊子》爲邵雍門人所僞造的情況，則在近千年以來都還没有得到人們的認可！

嚴君平大約卒於王莽建立新朝的初年。新莽動亂以降，嚴君平傳播老子之道的地方上興起了以民權自治的政治文化社區，這就是東漢時期的"二十四治所"。東漢中期的張道陵來到這二十四治所地，在嚴君平傳播老子思想的基礎上，建立了原始道教"正一道"，即後來的中國道教。這樣，"老莊之道"也就越發傳播廣泛了。

到了五胡亂華時代，中原儒學式微，佛教大肆傳播，當時中國本土的傳統文化岌岌可危！五胡亂華以降的南北朝三百多年之中，是老莊易的三玄之學頂起了振興中國傳統文化的大任！"老莊之道"，就時興於南北朝這段歷史時期之中。只不過，到了邵雍及其門人僞造了《莊子》以降，知道嚴君平這個真莊子的人就越來越少了，反而假莊子的"莊周"，則被後人所認可并名著於世了。

六、揚雄打造"孔孟之道"

孔子在漢武帝時代都還只被董仲舒及個別學者所熟悉，在西漢王朝的中前期，當時的儒者可能依靠《五經》去讀書做官。但是，當時却没有人崇拜孔夫子。一直到了公元前100年至公元前97年的漢武帝天漢年間，在朝廷任諫大夫的孔安國，整理編撰出了所謂的《古文尚書》，與此同時，後人説他還在天漢年間首次整理編輯出了孔子的言論文集《論語》。但是，根據史書明確記載，即使是到了西漢晚期的漢成帝時代，當時流行在一些儒生之中的孔子文集，還不叫《論語》，而是叫《齊論》或《魯論語》，一直到了漢成帝執政的晚期，大約是在公元前10年左右，漢成帝的老師和當朝丞相張禹才編纂出了《論語》版本，這才取代了那些各式各樣的僞造孔子言論的文集。如此，中國歷史上才首次有了"孔子著作《論語》"。因此，後人將孔子説成爲是西漢中前期就已被朝野普遍崇尚的聖人，這是毫無根據的。

孔子地位的崛起并成爲國家文化的聖人，有兩個原因：一是出於漢元帝的老師孔霸，他生拉硬扯説自己是孔子的十三代孫，他要求漢元帝册封孔子爲侯爵之中最次等的"褒成君"，而按照當時的規矩，"君"的爵位可以坐吃朝廷俸祿八百户，大約相當於可以坐吃現在的一個鄉鎮的財税。第二個原因是孔霸的小兒子孔光，後來與王莽勾結起來利用孔子去"緊密團結”天下的儒生，從而將孔子的“褒成君”上升爲侯爵之首的“褒成公”的地位。

到了漢成帝晚期及漢哀帝、漢平帝時代，是自稱孔子十四代孫的當朝丞相、大司徒、太傅的孔光，將王莽一步步地推崇上了權傾一時的大司馬、安漢公、宰衡的高位。因此，説孔光是王莽篡漢的第一幫凶，這是恰如其分的。

西漢王朝時代，連皇帝都是五代以外不認親，即使是史學家司馬遷、班固在溯源自己的家譜時，司馬遷也只溯源到了公元前 316 年參與滅古蜀國的司馬錯，也就不再溯源了：司馬錯—司馬蘄（司馬錯孫）—司馬昌（司馬蘄孫）—司馬毋懌—司馬喜—司馬談—司馬遷這十代人。相比之下，班固則只將自己的祖先溯源至漢初的班壹身上，即班壹（秦始皇時代至漢高後時代的婁煩放牧大户）—班孺—班長—班回—班況（被選拔過地方孝廉，出任過上河農都尉）—班稚（擔任過漢成帝時期的黄門郎，漢哀帝時代出任過西河屬國都尉和廣平相）—班彪—班固。由此可見，西漢時代的孔霸、孔光父子編造自己是什麼孔子的十三、十四代孫的故事，實在是那麼不靠譜的。

孔光生前與王莽沆瀣一氣搞篡漢，并非没有條件，後來不僅僅被孔光自詡爲祖先的孔子在公元元年的漢平帝時代被册封爲“褒成宣尼公”，孔光家族也因此坐吃了朝廷的固定貴族俸禄，同時孔光家族一門，大多都成爲新莽時代的高官。孔光的女婿甄邯是王莽執政時期的四輔重臣之一，孔光的侄子孔永成爲新莽政權的大司馬。史載：“莽篡位後，以光兄子永爲大司馬，封侯。昆弟子至卿大夫四五人。始光父霸以初元元年爲關内侯食邑。霸上書求奉孔子祭祀，元帝下詔曰：‘其令師褒成君關内侯霸，以所食邑八百户祀孔子焉。’故霸還長子福名數於魯，奉夫子祀。霸薨，子福嗣。福薨，子房嗣。房薨，子萯嗣。元始元年，封周公、孔子後爲列侯，食邑各二千户。莽更封爲褒成侯，後避王莽，更名均。”（《漢書·孔光傳》）

西漢晚期和新莽時期，一大批類似於孔光的政客、野心家和類似於妖孽哀章的儒生高舉孔子的旗幟，爲自己和所屬的利益小集團謀取私利，孔子成了這些政治賭徒、野心家手中的賭資、賭具。西漢末期的四百石黄門侍郎揚雄，就是此時打造出“孔孟之道”的。他的目的，是借助弘揚“孔孟之道”去阻擊那些利用孔子的“虎皮羊質”的假孔儒者。這正如揚雄在當時所説：“或曰：‘有人焉，曰云姓孔而字仲尼，入其門，升其堂，伏其几，襲其裳，則可謂仲尼乎？’曰：‘其文是也，其質非也。’‘敢問質’曰：‘羊質而虎皮，見草而説，見豺而戰，忘其皮之虎矣。’聖人虎别，其文炳也。君子豹别，其文蔚也。辯人狸别，其文萃也。狸變則豹，豹變則虎。好書而不要諸仲尼，書肆也。好説而不要諸仲尼，説鈴也。君子言也無擇，聽也無淫，擇則亂，淫則辟。述正道而稍邪哆者有矣，未有述邪哆而稍正也。孔子之道，其較且易也。或曰：‘童而習之，白紛如也，何其較且易？’曰：‘謂其不姦姦，不詐詐也。如姦姦而詐詐，雖有耳目，焉得而正諸？’”（《法言·吾子》）

當時，揚雄是假借孟子去弘揚孔儒文化的，揚雄自比是西漢的孟子，他説：“古者楊墨塞路，孟子辭而辟之，廓如也。後之塞路者有矣，竊自比於孟子。”或曰：“人各是其所是而非其所非，將誰使正之？”或曰：“萬物紛錯則懸諸天，衆言淆亂則折諸聖。”或曰：“惡睹乎

聖而折諸？"或曰："在則人，亡則書，其統一也。"（《法言·吾子》）

　　説起孟子，可能許多人以爲他在西漢時代是名人，其實，縱觀西漢史料可知，孟子在西漢時代幾乎是個默默無聞的戰國人，這主要是因爲孟子生前雖然説是儒家八派傳人之一，但是孟子本人生前是個兵勢陰陽家，説白了，孟子生前吃飯的職業是個給軍隊看風水測吉凶的術士。

　　既然孟子生前是個兵勢陰陽家，但今人所看到的這部《孟子》又的確是那樣的偉岸，而且在乾旱之地的齊魯，孟子生前還在《孟子》一書中大量以水鄉情勢去言説天地人事，這就不能不讓人犯疑：孟子是兵勢陰陽家，説一點山情水勢也并非不可；但是，今人只要拿着《孟子》一書和揚雄的《法言》一對照閲讀，就會發現《孟子》一書明顯出自於揚雄的托古編撰。

七、西漢晚期的學風

　　西漢晚期，托古造僞書已成風氣。朝廷大學者劉向、劉歆、張禹等人在托古造僞方面産生了不少作品。此時的民間托古造僞之人就更多了。人們只要看看王充《論衡·正説》就知道西漢晚期的這種造僞之風有多麽的猖獗。揚雄在這樣的歷史背景下，他也托古編輯了《孟子》，試圖假借孟子去傳播孔儒的正道學説，古爲今用當在情理之中，是没有什麽值得指責的。特別是兩千年來的歷史證明，《孟子》這部明顯是出自揚雄托古造新而打造的經典，的確是經受住了歷史的檢驗，至今《孟子》這本書也還有許多閃光之處。

　　總之，在揚雄之前，孟子還是默默無聞的戰國兵勢陰陽家，孟子還説不上是什麽大思想家，經過西漢晚期揚雄的打造之後，特別是《孟子》一書問世以後，孟子的地位就開始逐步上升了。到了南宋朱熹時代，延續北宋時的"蜀洛黨争"習俗，他極力貶低揚雄而抬高孟子，這樣内含《孟子》的《四書》就被朱熹編輯出來并流行开來了。到了清代，官方推崇宋人的程朱理學，《孟子》也借助朱熹編輯的《四書》而成爲科舉必考的教科書了。如此，孟子也就徹底取代了打造孟子的揚雄的歷史地位，而使孟子成爲"亞聖"，而揚雄則默默無聞了。

　　在中國歷史上，不管是後人總結的什麽墨楊、申韓、孔孟、老莊、程朱、陸王等，他們在歷史上都没有師生關係，甚至没有任何學問的傳承關係。但是，中國歷史幾千年，嚴君平與揚雄，則是名副其實的師生關係，他們的學問也是一脉相承的。同時揚雄接續了嚴君平生前研究古文的成果，在漢平帝時代率領百餘名小學字家，編輯出中國歷史上第一部大型漢字字典《蒼頡訓纂篇》。該字典一共有 5340 個規範漢字，加上班固整理編輯的 780 個漢字，東漢中前期的中國就有了規範漢字 6120 個。《蒼頡訓纂篇》後來被許慎全部編入《説文解字》

中，這本 8190 個不重複漢字大典對中華文化的深廣影響不言而喻。并且評慎也在《説文解字》的第十三章之中，比較詳細地介紹了揚雄在西漢末期編撰中國歷史上第一部大型漢字字典的經過及其編纂《蒼頡訓纂篇》的事實。

在中國歷史上，嚴君平和揚雄，如同中國思想文化史上的"都江堰工程"。西漢晚期，嚴、揚二子集合了先秦諸子百家，再開闢出了中國思想文化歷史上的内外二江，即入世爲朝廷所用的"孔孟之道"，和出世爲百姓日常所用的"老莊之道"。這就是説，通過兩千年來的中國思想文化簡史的梳理可知，現今的中國人，應該站在"中國思想文化的都江堰"上，去再造中國思想文化的"天府之國"。在全面復興中華優秀傳統文化的今天，蜀學傳統應該全面梳理并發揚光大。

（作者單位：綿陽市歐陽修文化研究會）

蹤迹前賢繼學風

——郫縣孫鎮孫澍兄弟對揚雄的認識和仿效

趙仁春

内容提要：孫鎮、孫澍兄弟是清代郫縣最著名的文人，對揚雄著述文章或景仰或仿效，對揚雄的事迹或辯護或折衷，特別是孫澍《揚子太玄集注補注》，有功於揚雄。瞭解孫氏兄弟的揚雄研究，對我們進一步認識揚雄無疑有不少的幫助。

關鍵詞：揚雄；孫鎮；孫澍；《太玄序》；《揚雄論》

一、郫縣孫鎮孫澍兄弟

蜀學興於漢代，從司馬相如開始，到揚雄集大成。從同治《郫縣志》看，兩千年來，郫縣人著述流傳下來最多的，漢有揚雄，清有孫鎮孫澍兄弟。揚雄著《太玄經》《法言》《方言》《蜀王本紀》等，彪炳千秋，爲後人楷模。清代孫鎮著《孫瘦石文集》《瘦石詩鈔》《蜀破鏡》《望叢後志》《郫書》《岷陽方言》，孫澍著《望叢前志》《孫春皋文集》《孫春皋詩集》《孫春皋外集》，編纂《贅論商邱史學》《揚子太玄集注補注》《國朝古文選》等，可謂後先輝映。孫氏兄弟的著述水準雖然不能與揚雄比肩，然作爲郫人，不能不受揚雄的薰染。今僅就同治《郫縣志》和道光間刻本孫氏兄弟古棠書屋叢書《孫瘦石詩鈔》《孫瘦石文集》《孫春皋文集》《孫春皋詩集》討論孫氏與揚雄。

孫鎮（1787－1849），又名澈，字子俊，又字野史，號草橋，又號瘦石，晚年號子畏，自稱岷陽大布衣和獨學生。孫鎮自幼體弱多病，"抱羸疾"，孫鎮《孫子皋傳》也説："予（孫鎮自稱）幼患肺疾，枕母氏膝臥。子皋手唾壺終日侍不息。"同治《郫縣志》卷三十八

《儒林》："（孫鍹）少穎敏好學，家素饒，多購書藏之。初亦應試，既棄去，入國學，以布衣遨游縉紳士夫間。名譽日益起，邑長多重其名。於詩大肆力。好表彰前人，鄉先生如張俞、許儒龍、岳威信公鍾琪、虞道園集，皆刻其詩文。既乃學治古文，能自成立。刊刻詩文甚多，自著有詩文集、《蜀破鏡》《郫書》、鰲令前後《志》，凡名之所在，汲汲爲之，惟恐其不得傳。"墊江李惺《孫鍹墓表》（見同治《郫縣志》卷三十七）説："君長不滿六尺，瘦若不勝衣，然氣清神峻，繩趨矩步，口無猥雜之談。嘗慨近世士大夫不復知有古人，其登高第作達官者，能爲世用而不能用世。至若里巷窮居之輩，名爲讀書，計其胸中所貯約略時文百餘藝，蓋有求通一經而不可得者，以區區之舉人進士泊其志而歧其向。僿者委瑣齷齪，儇者蕩檢踰閑。士習敝而一世之人心風俗亦因之而日下，心竊痛之。然末流不可挽，俗士又無可語，益不得不厚於自待，高自位置。進而與古爲徒，而其文亦遂寧倔勿靡，寧澀勿腐，寧奥勿徑。"

孫澍（1789－1834）字子皋，別字雨田，是孫鍹的弟弟，少兄兩歲，比孫鍹早卒十餘年。孫澍三十歲時中舉，爲清嘉慶二十四年（1819）年己卯科舉人，這一點比孫鍹好些。道光十二年（1832）壬辰，任重慶府綦江縣教諭。孫鍹《孫子皋傳》（見《孫瘦石文集》卷三）云："岷陽鵝溪學者孫君澍，字子皋，別字雨田，鍹弟也。世系見先曾祖璞夫墓表中。弟生彌月，即膚疝疾，十年出就外傅。一日自鄉塾歸，中道疾作，遇峨山僧以蒼鵝喙喂其患處，掬柳下泉飲之而愈。弟長跪謝，請後期。僧始噫，已而笑，且屈指計曰，去此與孺子三十六年而晤。歸爲父母言，以爲誕也，置之。子皋少予二歲，予幼患肺疾，枕母氏膝卧。子皋手唾壺終日侍不怠。貌絶岐嶷，姿性穎異，能得大父母歡心。尤能前事承奉先處士意旨，故髫齡即以孝謹聞。弱冠廓然有大志，熟史漢三國志五代史諸書。每向予譚古人經濟幹略，不屑爲詩古文詞。廿八歲舉於鄉，計偕上都，三薦不售。道光丙戌，銓吏部，以教職用。十二年春之官重慶屬邑綦江教諭，嗣以太孺人依閭望切，遂請歸養。計在黌序，僅十閱月耳。"

二、揚雄對孫氏兄弟的影響

粗略對比揚雄著述和孫鍹的著述，其中有一些相關性很有趣。揚雄善賦，孫鍹善詩；揚雄著有《蜀王本紀》，孫鍹著有《郫書》和《蜀破鏡》；揚雄著有《輶軒使者絶代語釋別國方言》，孫鍹著《岷陽方言》。加之孫澍著《揚子太玄集注補注》，有《揚雄論》，若説孫氏兄弟沒有追蹤躡迹先賢的意思，没人相信。

因未能見到古棠書屋本《郫書》《岷陽方言》和《揚子太玄集注補注》，暫且就所見詩文集論之。

孫氏兄弟雖然在鄉間互相學習，互相影響，但其治學的路數却有不同。孫鍹因常年肺病，不能從事功名事業，故而喜歡作詩古文辭，模山範水以入詩，偏向文學。孫鏶《孫瘦石文集》十五卷，《孫瘦石詩鈔》達三十三卷，可謂洋洋大觀。孫澍則小有不同，在文學方面，不過是《文集》兩卷，《詩集》兩卷，外集《試律詩》兩卷。雖然孫澍去世較早故作品數量有限，仍可見其學問重點所在。試律詩是專爲科舉考試準備的，能有如此多的試律詩，説明其於科舉用功之勤。

孫鏶仿揚雄《方言》而作《岷陽方言》，《孫瘦石詩鈔》卷二十六《岷陽方言題詞五首》這樣説：

> 握鉛提椠坐荒園，世外梅花自一村。
> 零落雕蟲心尚健，滿頭風雪集方言。
>
> 蒼生憂樂全無補，盛日泥塗計已成。
> 鵝上園亭開口笑，青山天末正昇平。
>
> 一家鄙俚無稽説，巷議街譚席互分。
> 從此笑林增故事，人前蠻語學參軍。
>
> 苦學揚雲弟子知，胸中有字也能奇。
> 一編野語荒唐甚，留與徐凝作惡詩。
>
> 萬事浮雲一酒杯，空山老贖濟時才。
> 歲寒松柏方無恙，伴我茅檐著句來。

《岷陽方言》應該是收集清代郫縣地區土話俗語而成，故云"一家鄙俚無稽説，巷議街譚席互分"。"滿頭風雪集方言"，可見孫氏雖然重視詩文，也重視鄉邦俗語，花費大量時間記録收集方成書。"零落雕蟲心尚健"和"苦學揚雲弟子知"兩句，明顯是當時胸中有一"揚子雲"在。因爲揚雄不輕視方言的搜輯，才有孫鏶繼前賢而作《岷陽方言》。

孫鏶的詩歌篇什宏富，内容當然繞不開揚雄這位前輩。《孫瘦石詩鈔》有以揚雄爲主題的詩歌四首，全録如下：

《孫瘦石詩鈔》卷八《岷陽新樂府》之《讀奇字》：

> 子雲先生漢耆儒，詞賦馳騁馬相如。
> 太玄一經解難通，注之後有司馬公。
> 有宅一區田一廛，富人大羣千萬錢，
> 不得揚侯言一言。

獨憐生平好奇字，日創高文比周易。

又遣法言擬論語，論語字殊不奇古。

忠孝節義本同科，識字多師師孔軻。

閉門著書千萬紙，帝虎神蛇究誰是，

若請覆瓿從隗始。

孫錤對揚雄的成就有崇拜，也有微諷。前半首説揚雄的賦和司馬相如并駕齊驅，著作《太玄經》有司馬光作集注。有兩"司馬"作陪襯足見其高明。"富人大蚩千萬錢，不得揚侯言一言"説明著述揚雄不受錢影響，此掌故見於《論衡》佚文篇第六十一："揚子雲作《法言》，蜀富人齎錢千萬，願載於書。子雲不聽。夫富無仁義之行，圈中之鹿，欄中之牛也，安得妄載。"

《孫瘦石詩鈔》卷十五《子雲閣》：

路轉溪回送鳥聲，高亭載酒此登臨。

桃花紅遍野樵醉，檜葉碧藏山鬼吟。

亂世多才原禍本，名賢晚節繫人心。

知玄尚白誰堪語，草長荒池閲古今。

這首詩的關鍵是"亂世多才原禍本，名賢晚節繫人心"一聯。孫氏哀嘆揚雄多才却處於衰微亂世，非但不能憑才能博得富貴，還帶來不少麻煩，而且因"莽大夫"和"投閣"引來後世非議。"知玄尚白"一語出自《老子》第二十八章："知其白，守其黑，爲天下式。"大約是借此慨嘆揚雄不能如老子那樣善於自隱於亂世，故惹來生前身後的是非。

《孫瘦石詩鈔》卷二十七《揚子雲墓再次邑侯韵》：

西京詞賦客，元冢日荒蕪。

异代懷揚子，高文此大夫。

亭猶標古道，玄自注通儒。

載酒青山下，遺經證墓圖。

這首爲吊古之作，由荒冢而想到其詞賦，其高文，其"莽大夫"，聯想到揚雄另外的遺迹"子雲亭"，因司馬光集注《太玄經》讓此書流傳頗廣。

《孫瘦石詩鈔》卷二十八《岷陽四君咏》之《揚子雲雄》：

玄黄判天地，五經相與立。

羲文與論語，尤植坤乾極。

雄也不自量，高文事纂輯。

其迹固可訾，其愚不可及。

元冢白楊烏，年年夜來集。

青天明月高，光芒耀圖籍。

　　孫鑛認爲《周易》和《論語》都是前代聖人傳下來的經典，揚雄有點不自量力，自己著《太玄經》仿效《周易》，作《法言》仿效《論語》。"其迹固可訾，其愚不可及"後半句則是對揚雄的欽佩。"其愚不可及"一語見《論語・公冶長第五》："子曰：寧武子邦有道則知，邦無道則愚；其知可及也，其愚不可及也。"何晏《集解》引孔安國曰："佯愚似實，故曰不可及也。"這裏"愚不可及"指大智若愚非常人所能及。

　　孫鑛另有《讀太玄》一文，大概是爲孫澍《太玄補注》而作的序，有云"《玄》數三摹九據，列爲方、州、部、家。疏陳九九八十一首，絣而繫之牽伯二十九贊。舊史著其略，有宋元豐司馬溫公暢其緒。明天地陰陽之氣，肇自太初。《顓頊曆》《漢律》源所自出，《太玄曆》因之。襄陵許瀚續注發其義，舍弟澍序《玄》闡其旨。東漢、魏、晋、唐、宋，宋二陸王范諸家俱謂數起冬至一陽來複也。"這段叙述揚雄《太玄經》的學術架構和在曆法上的意義。《太玄經》因體系龐大，加上奇文怪字甚多，是著名的難讀。孫鑛又説："故雖崇論閎議，奇字卑句，層見錯出，使人迷悶而意趣顯然。班固謂觀之者難知，學之者難成，愚竊以爲弗深考焉。至冲、捃、圖、告、攤、數、錯、瑩，陶冶大爐，旁薄群生，疚心痛慮，研幾極深，則自《太玄》本色。劉歆固譏其覆瓿。"

　　孫澍的學問主要走搜輯評注一路，《揚子太玄集注補注》就是這種思維下的產物。孫氏在司馬光《太玄集注》的基礎上加以補充，而成"補注"。孫澍《太玄序》（見孫澍《孫春皋文集》卷一，道光古棠書屋本）自述其研究《太玄經》的經歷説："揚子雲盛稱其《太玄》。有宋司馬溫公爲之集注。予少聞其書而未之見也。比壯，假餘學《易》，讀諸家注疏，條分而縷晰之，可謂備矣。然求所以著是象，繫是辭者，則貿昧無解焉。竊計揚子以《法言》儗《論語》，《太玄》儗《周易》，必深達於天人之故，愈欲觀《太玄》。最後始得其書，閲之曼漶渺冥，苦無端緒。繼又讀許瀚傳《太玄曆》，乃得有以窺揚子之用心。"

　　孫澍認爲《太玄經》是偉大的著述，也特佩服司馬光的解説。孫澍《序》説："後數百年，宋元豐司馬君實酷好學之，作《説玄》，謂本於太極兩儀三才四時而歸於道德仁義。雖子雲之淵衷尚未盡悉，然亦足以識其大矣。"孫澍同時也不滿意蘇軾對揚雄的批評"以艱深文固陋"。孫澍辯解説："眉山蘇子瞻乃謂雄以艱深文固陋，究其所言，初與小兒説無異。有宋士夫，好立門户，標榜異同，互相攻伐。微獨雒蜀之黨，騰於群從。即熙寧初政，子瞻幾微，亦未能平於君實。此蓋如夫子有爲而言，不足以引爲典要。或者以爲譏介甫經説而發，意或然也。否則子瞻豈不識文義，一言不智，自蹈於非。"

　　孫澍指出，這本《揚子太玄集注補注》也有其兄孫鑛的功勞。他説："家兄瘦石曩嘗考訂玄首文，并次玄攤、瑩、捃、圖、告、數、錯、冲八章，凡篇爲作小注，散於首、測、贊詞之間，而後玄之文義大備。澍從瘦石講授，不揣愚昧，即今所得前明唐子畏影鈔宋本增補文公集注脫誤二百餘五十條，以明訓詁。讀古人書，得於詞有不通其意者矣。未有不得於詞而能通其意者也。又溫公亦岷產也。澍因并較潛虛，附《太玄》末簡，以明是書所自。"

三、孫氏兄弟對揚雄的歷史評價

揚雄因詞賦文章和著述《法言》《太玄》《方言》《蜀王本紀》名顯於後世，褒揚者擬之於聖人，貶之者稱其"莽大夫"，孫鏎孫澍兄弟作爲郫縣人，他們的認識與這二者有較大差异，可以簡略一說。

前面提到，孫鏎對揚雄擬聖人之經典作《太玄》和《法言》不無腹誹，如："獨憐生平好奇字，日創高文比《周易》。又遣法言擬《論語》，《論語》字殊不奇古。"又如："雄也不自量，高文事纂輯。其迹固可訾，其愚不可及。"孫氏對揚雄作"新"朝王莽大夫的事情有寄以"同情之理解"，如前面提到的"亂世多才原禍本，名賢晚節繫人心"。這種言論還集中體現在孫鏎《讀太玄》孫鏎《瘦石文鈔》卷一：

> 革命，大事也。禪代，大名也。湯武躬聖哲之姿，順天應人，而猶有慚德於南巢獨夫與西山義士。又況新莽躬姬尹，心桀紂，假符命，文經術，誅夷忠良，賊虐冲主，此書契以降之罪人。揚子《太玄》，所爲發憤而作也。觀其《法言》自序，竊比孟子。戰國諸侯放恣，處士橫議，臣弒君，子弒父，仁義充塞，禽獸食人。軻也好辯，自謂不得已。今考《太玄》自序，亦自謂不得已也。夫不得已者，孟子救時明道之苦心，即堯舜禹湯文武作君作師，孔子元公周文宓犧演易制禮刪述之大指也。揚子《太玄》，迹其儗議，誠不免僭然其心，則私淑諸人之所嘆惜矜憫也。愚故撮其要旨，表而出之。

孫鏎認爲揚雄作《太玄經》是"發憤而作"，是"不得已"。

孫鏎還說："日中，中央土，黃中之宮也。愚按莽篡漢，自謂黃帝後色尚黃，以黃帝二十五子，分賜厥姓十有二氏。虞帝之先受姓曰姚，又堯姒姓。《高帝本紀》赤帝子，應邵注曰，漢赤帝子，堯後。莽自明代漢，如虞舜故事也。堯之咨舜曰執中，首曰陽氣潛萌於黃宮，信無不在乎中。志諷也。曰頤水包貞，示臣則也。曰，庫虛無因，大受性命。否以下賊上，以柔履剛。明莽不能大受也。次六，月闕啓搏。月，臣道，戒莽盈也。次五，日正於天。日，君德，思復辟也。曰，黃不黃，履秋裳。自絕於天也。曰，顛靈，氣形反，時日害喪也。繼中曰周，周准複，則又明恩漢官，頌中興也。他篇或譏時政，或援古談，或推寒暑翕張，或刺鬼神情狀，高躋青穹，下及黃壤，塊壘龐雜，入想非非。凡此之倫，弗能畢述。比而求，幽而索，怒罵痛哭，嬉笑而讀宋玉招魂耶，屈平天問耶，抑即雄制反離騷，畔牢愁耶？揣隅而參之，《玄》則解思過半矣。"

這一段，孫鎮大量引《太玄經》的文字，證明揚雄在其書中暗藏着忠於漢室，批評王莽的内容。這有待於質諸深於《太玄經》研究的諸公。

> 夫歆爲莽國師，始作金縢，繼爲大誥，塗民耳目。揚子心緬漢火，譎語帝秦，陸溺新朝，綢繆王室，所爲獨馳騁於有無之際而庶乎若人覯之不悟也。若夫《玄》文則尤章明喬著，特前幅縱橫變幻，波瀾掩遏，人自不覺察爾。其亂曰，天辟於上，地辟於下，人辟於中，窮神掘變，鬼神效靈。陰陽挻化，視天而天，觀地而地，視神而神，視時而時，而惡人乎逆王莽作辟，鬼神效靈乎。陰陽挻化乎，視天而天乎，視地而地乎，視神而神乎，視時而時乎。抑天地鬼神泣謂之逆乎，其不謂之逆乎。昔者孟子曰，堯薦舜於天而天受之，暴之於民而民而民受之。使之主祭而百神享之。莽始也，二陽履祚，終也凶。德作威，一時天殄民畔，神怒祅愬，得將受之享之與故不受之不享之耶。嗟嗟，禍患方興，顯懟公訕貽戚杯劉。揚子明哲，曷蹈爾爾。所謂不得已者，執也，由斯以譚，則鄙人言《太玄》發憤之所爲而作也。信而有徵，顧有感者，莽之革命禪代，不惟無疵於堯舜，夫何傷於湯武。獨揚子以大賢自命，睹天崩地折，海水群飛，既不得與劉歆舊學攀鱗附翼，夾义興王，又不得與采薇餓夫黄農矢唱，齊稱千古。暨朱子《綱目》書曰莽大夫揚雄卒，不單惡聲蒙後世世，吾是以爲《玄》悲也。儒者讀書尚友古人，志存忠孝，窮先失義，達焉能立。亂臣賊子，何代無之。其惑人之術，與緇人之具多矣。士不幸生其時，慎無托空言，無補哉。況又隱語廋詞，自晦其説如《太玄》者，亦可云不幸矣。

這段拿劉歆做比較，指出揚雄和劉歆是兩路人"既不得與劉歆舊學攀鱗附翼，夾义興王，又不得與采薇餓夫黄農矢唱，齊稱千古"，正如孫氏詩句"亂世多才原禍本"。"朱子《綱目》書曰莽大夫揚雄卒，不單惡聲蒙後世世，吾是以爲《玄》悲也。"朱子一句褒貶，讓揚雄世世代代蒙受惡名，孫鎮大爲鳴不平。朱熹是聖人，不能反駁。其實若以揚雄作王莽大夫的事迹就受污名來推導，孔子孟子也不能免俗。孔子孟子周游列國以求一官，近不能扶助父母之邦以立身，遠不能效力周天子以匡天下，若細較起來，比揚雄還甚者。揚雄在王莽手下做一個中層官吏算不上什麽。孫鎮處在那個時代，是不敢想這個問題的，也不敢將此寫出來。不然會大不敬於聖賢，無法立足於當世。

孫澍《太玄序》爲揚雄辯護的方法和孫鎮相似，一是用《太玄經》的經義來解釋揚雄的不附王莽而不得已，二是拿積極向王莽靠近的劉歆做比較："昔者，聖人之系易也，以爲興於中古，當殷之末世。周之盛德，文王與紂之事。故曰，作易者其有憂患乎。揚子遭漢公篡國，儗周官，行夏時。賊臣劉歆，又傅會經傳，聾瞽知愚賢不肖之耳目，其害浮秦坑焚。揚子知名當時，欲顯論列其事，則無補於劉宗；欲退耕岷陽，則將重得罪於新室。故穢迹委蛇，清净寂寞；高閣著書，遠托義文。近稟漢家正朔，以寓故君亡國。風雨飄揺，室家之感。推此志也，與咸彭争烈矣。其方州部家，三位疏成九九八十一首。否泰倚伏，君子小人消長之機，無首無之。其刺師辟，究王訛，亦無首無之。其旨峻，其詞危。峻者使大，危者使玄。豈好爲艱難哉，以避禍耳。"

"揚子知名當時，欲顯論列其事，則無補於劉宗；欲退耕岷陽，則將重得罪於新室。故穢迹委蛇，清净寂寞；高閣著書，遠托羲文。"孫澍此一語最爲通達之論，可能也最接近揚雄當時的處境。人在艱難亂世面前，是會爲生活低頭的，所謂"千古艱難惟一死"，聖人也免不了。

孫澍還作《揚雄論》，見古棠書屋叢書本《孫春皋文集》卷二：

> 揚子雲文章士也，其受病處在自命過高已耳，蓋君子而不仁者也。周季莊老興，其言龐雜，逮秦漢諸子百家愈舛馳。哀平之季又數百年無名世。雄奮然興起，力學求道，企冀聖域，度越諸子遠矣。唐元和間，韓愈知道者也，苟揚幾與子輿氏并稱。宋司馬光亦頌習其書，爲之集注。王臨川且謂雄聖人。聖則雄不能若昌黎、温公二子者，豈徒以言舉人，暗於君臣之大義哉。春秋列國時，桓公殺公子糾，召忽死之，管仲請囚。崔杼弒齊君，晏子弗與其難。當成、哀、平間，雄名著甚，王莽、董賢俱爲三公，權傾人主，所薦莫不拔擢。人亦孰不欲富貴，而子雲歷職三世，位乃不過黄門侍郎。莽篡，身又非據將相之地，處平、勃之位也，可以死可以無死，比迹於管晏略同。故穢身莽朝，隱忍以自成其《太玄》。桓譚稱其文義至深，是非不詭於聖人，識者以爲篤論。後紫陽《綱目》於雄卒深譏之。春秋責備賢者，《美新劇秦》誠不能爲雄諱，然洪景爐以爲媚人，而曰優於桀紂，賢於蹻蹠。頌耶，刺耶。嗚呼，此所以爲子雲與。昔者武之王也，箕子抱器陳疇而又受其封焉，縱朝鮮非周土，其如殷先哲王何。倘非經東魯論定，晦翁生其時，秉董狐之筆，律以西山義士，書曰周大夫蒙，士尚能開其喙哉。君子亦仁而已矣，何必同。然謂雄爲仁者則固不可。子曰，君子無終食之間違仁，造次必於是，顛沛必於是。雄當年投閣，其果熟於造次顛沛與？亦固有未至，雜夫人欲之私與？吾故曰，揚子雲文章士也，蓋君子而不仁者也。

孫澍拿歷史上管仲和晏子的事迹與揚雄做比較，爲揚雄開解："春秋列國時，桓公殺公子糾，召忽死之，管仲請囚。崔杼弒齊君，晏子弗與其難。""（揚雄）身又非據將相之地，處平、勃之位也，可以死可以無死，比迹於管晏略同。"還以箕子爲例，暗指揚雄被朱熹一言斷爲"壞人"，只是運氣不好。

孫澍認爲揚雄的問題在"自命過高"，是君子中的"不仁"者。揚雄驚才絶豔，傲視當世，自命過高或者有之，何以説他"不仁"？孫澍這種觀點，也只有質諸高明。

（作者單位：成都市宏明電子實業總公司）

揚雄《逐貧賦》的思想藝术价值

劉咏濤

内容提要：賦中"遁世"的揚子與"乞兒"相鄰，"惆悵失志"，於是"呼貧與語"。揚子列舉"貧"的一系列"罪惡"和給自己帶來的痛苦，憤怒譴責"貧"并向其下逐客令。"貧"回答主人：祖先功德卓著，而到"季世"，社會變得豪華奢侈，竟"鄙我先人"。"貧"實爲主人帶來好處大德。聆聽了"貧"的回答後，揚子突然想通，表示將與"貧"長期相處。《逐貧賦》的思想藝術價值至少有五個方面：揭露抨擊當時的社會不均和貧富分化現象；表達了不慕權勢、甘貧樂道、堅守節操的思想，追求文人人格獨立，對後代文人人格精神影響較大；創作藝術創新，有獨特的美學價值；對賦體藝術做出了創新性貢獻；對後代賦體創作影響深遠。

關鍵詞：《逐貧賦》；思想内容；藝術價值；影響

《逐貧賦》相較於揚雄"四賦"等賦作而言不太受人重視，研究的文章論著也相對較少。然而這篇賦無論是從其思想意義、藝術特色、創作影響還是其在賦史上應有的地位來説，都有較高的價值和不可替代的作用。

作品中"離俗獨處"的"遁世"揚子"左鄰崇山，右接曠野"，與一群"終貧且窶"的"乞兒"相鄰，"惆悵失志"，於是"呼貧與語"，與擬人化的"貧"有了一場對話。文章筆調詼諧幽默，看似輕鬆無謂，字裏行間却浸透着作者的辛酸無奈和痛苦。

"主人""揚子"與"貧"進行了一次有趣的交談。"揚子"家境貧寒。作品開始就對"貧"這種窘迫狀況做了藝術概括，然後將"貧"擬人化。揚子對貧困的長期纏繞感到异常厭惡，列舉"貧"的一系列"罪惡"："揚子""身服百役，手足胼胝。或耘或籽，霑體露肌"，做盡了各種重活纍活，結果却是"朋友道絶，進官凌遲"。進而"揚子"對"貧"發出譴責之詞"職汝爲之"，就是你（指"貧"）造成的。這裏明顯包含了揚雄自己的身世之嘆。

揚雄不僅生活貧困，仕途也不得意，還因此造成朋友交往也變得"道絶"。作品通過對"貧"的罪惡的列舉，不僅寫出了"揚子"的貧困，同時也反映了西漢末年賢士"失志"的惆悵和人民生活的困苦。接着，"揚子"對"貧"做出了"闕咎安在，職汝爲之"的訓斥和抨擊。然後，"揚子"千方百計想擺脱"貧"，結果"貧"却始終相隨，不離左右。

於是主人"揚子"對"貧"下了逐客令："今汝去矣，勿復久留"。"貧"并没有離開主人，而是"心有所懷，願得盡辭"，向主人暢所欲言，大發感慨。"貧"首先追溯祖先的功德：雖然所住"匪雕匪飾"，却能"克佐帝堯，誓爲典則"，然而"爰及季世，縱其昏惑，饕餮之群，貪富苟得"。"季世"的這些人如此這般不説，還反過來"鄙我先人，乃傲乃驕"。"季世"的這群人住的地方變成了"瑶臺瓊樹，華屋崇高"，他們吃的是"流酒爲池，積肉爲崤"。文章對鄙賤其先人的"季世"表達强烈不滿。"季世"，有世紀末、衰微之世、末世的意思。從這個用詞也可以側面看出來作者的思想態度。表面看，這是"貧"對主人"揚子"進行教育，實際上是借"貧"之口，對大肆營造宫苑宴樂聲色的當朝統治者進行尖鋭批判，同時也客觀反映出當時社會的貧富懸殊對立。

接着，"貧"又爲揚子言説他給主人帶來的好處："堪寒能暑，少而習焉；寒暑不忒，等壽神仙。桀跖不顧，貪類不干。""人皆怵惕，子獨無虞。"主人"揚子"在聆聽了"貧"爲自己帶來的"大德"，以及整個"貧"的這段義正辭嚴的回答後，豁然開朗；他突然想通了，表示要與"貧"長期相處。最後，作品還將效仿伯夷叔齊的決心巧妙點出，表明全篇題旨。

本篇作品，從思想内容的角度上看，深刻揭示了身處亂世的賢士安貧與求富、避禍與欲求的矛盾心理，爲研究漢代士人的心態提供了具體材料。從藝術角度看，此賦將説理、抒情、描寫融合爲一，既嚴肅，又詼諧，構思新穎別致，語言平易近人，對四言詩體賦和寓言賦的發展頗有影響①。

《逐貧賦》的思想與藝術價值，筆者認爲至少有五個方面。

一、揭露貧富分化，抨擊社會不均

作者運用擬人手法，寫主人"揚子"大受"貧"之苦，"貧"給揚子帶來了數不清的煩惱，令揚子憎恨不已，揚子對"貧"發出强烈譴責，遂決心逐"貧"，結果經過"貧"侃侃而談的"願得盡辭"之後，"揚子"最終反而被"貧"説服。文章深刻地批判了現實的不平等，揭示了底層社會人民生活的貧困和窘迫。另外，賦中還借"貧"之口對那些耽於安樂的貪婪之徒進行了抨擊。賦的最後，則反映了作者安於貧賤，不汲汲於富貴的超然思想。

賦中的"揚子"這樣質問"貧"："人皆文繡，余褐不完；人皆稻粱，我獨藜飧。貧無寶玩，何以接歡？宗室之燕，爲樂不期。徒行負賃，出處易衣。身服百役，手足胼胝。或耘或耔，沾體露肌。朋友道絶，進宫凌遲。厥咎安在？職汝爲之。"説明自己和"人"的差別，其實也就反映了當時普通士人生活的情狀和社會的貧富分化懸殊。士人尚且如此，百姓農民

---

① 參見馬積高、黄鈞主編《中國古代文學史》（上册），人民文學出版社，2009 年版，第 196 頁。

更何以堪！

作品也反映了賢士安於貧賤以全身遠禍的思想。“貧”是這樣回答“揚子”的斥責，并表示“貧”給揚子帶來的好處：“寒暑不忒，等壽神仙。桀跖不顧，貪類不干。人皆重蔽，予獨露居。人皆怵惕，予獨無虞！”說明“貧”的好處，這就深刻揭示了身處亂世的賢士安貧與求富及避禍與欲求的矛盾心理，同時，也爲揚子選擇安貧樂道的人生道路提供了有力的理論支持。

賦中還寫到了統治者的腐朽糜爛生活：“爰及季世，縱其昏惑。饕餮之群，貪富苟得。鄙我先人，乃傲乃驕。瑤臺瓊榭，室屋崇高。流酒爲池，積肉爲崤。”統治者生活腐化，和普通大眾貧窮百姓的生活比起來，簡直是天壤之別。這可以算是漢代版的“朱門酒肉臭，路有凍死骨”吧。

西漢自元帝以後，進入衰亡時期。此後揚雄生活的成帝、哀帝時期，土地兼并日趨激烈，豪民富商也大量占田。失去土地的農民，或成爲流民，或淪爲奴婢。整個西漢末年，統治者生活奢侈、政治腐敗；“百姓饑饉，流離道路，疾疫死者以萬數，人至相食”（《漢書·薛瑄傳》）。西漢末年的政治社會，有史學家這樣書寫：“皇帝耽於聲色犬馬……滿朝文武或趨炎附勢，或‘持禄保位’，吏治嚴重腐敗，選舉不實……在官府和地主的雙重壓迫下，農民的處境急劇惡化……土地兼并，農民破産流亡或淪爲奴隸。”[1] 西漢如此的政治生態和社會危機，在西漢各家賦作之中，揚雄的《逐貧賦》可以説是對此揭露最深刻，抨擊最有力的。就此而言，《逐貧賦》改變了漢代大賦“勸百諷一”的基本傳統，而極盡抨擊揭露之能事，就其思想社會價值而言，應該給予較高評價。

二、甘貧樂道、堅守節操，追求人格獨立

《逐貧賦》表達了作者的進步可貴思想，即不慕權勢、甘貧樂道、堅守節操，追求文人的人格獨立。這對後代文人士大夫的人格精神影響頗大。

和某些使讀賦者“縹縹凌雲”的賦作不同，揚雄的《逐貧賦》是寫實的，賦中所言“揚子”的生活狀況及言語思想都是與作家的實際情況相符的。《漢書·揚雄傳》這樣寫道：“雄少而好學，不爲章句，訓詁通而已，博覽無所不見。爲人簡易佚蕩，口吃不能劇談，默而好深湛之思，清静亡爲，少耆欲，不汲汲於富貴，不戚戚於貧賤，不修廉隅以徼名當世。家産不過十金，乏無儋石之儲，晏如也。自有大度：非聖哲之書不好也；非其意，雖富貴不事也。”[2]

安於貧困，不慕榮華，是一種很莊重的思想。自孔子稱贊顏回“一簞食一瓢飲”之後，這種思想一直被士大夫奉爲道德高尚的典範[3]。

揚雄《逐貧賦》與此一脉相承，略有神似。作品對貧——物質貧乏顯示了一種新的態

①　趙毅、趙軼峰主編：《中國古代史》（上册），高等教育出版社，2012 年版，第 245 頁。
②　（漢）班固：《漢書》，上海古籍出版社，2003 年版，第 2512 頁。
③　吳功正主編：《古文鑒賞辭典》，江蘇文藝出版社，1987 年版，第 365—368 頁。

度。在作者酸溜溜的語氣中，我們不難發現我們中國人“一分爲二”思維方式對生活的理解和對生活本身所產生的影響。在這種思維方式裏，關鍵不在於我們怎樣生活或生活得怎樣，而在於我們如何理解與闡釋生活、理解與闡釋得怎麽樣。這種典型的唯心主義生活觀、幸福觀後來構成了我們中華文化傳統的重要部分。顯然，這樣的生活觀的負面影響也是不容小覷的，它可能導致我們隨遇而安，安於現狀，不能或不願改善生活，而只是樂於改變對自己對生活的判斷和理解。也就是説，這樣的生活觀或者説對待生活的態度，頗有一些阿Q式的精神勝利法。

我們再來看看揚雄，他的虛弱無力無可奈何在這裏表現得很是充分，他没有能力過上更好的生活，便“發揮所長”設法將不好的生活闡釋和書寫爲好的生活。自欺欺人没有關係，心理平衡是最重要的。他試圖找出貧寒生活的優點，找出富貴生活的不足。這種努力的結果，使得他後來在道德層面上得到了完成，那就是：富貴的，總是不道德的，至少是其道德可疑的；貧寒的，則往往是因爲道德高尚所致。此時此刻，富貴變成了道德“負號”，貧寒則成爲道德“正號”。在這種情況下，精神上的充實就彌補了物質上的匱乏，甚至成了人們生活中的畫餅。揚雄的這篇《逐貧賦》，可能就暗示着我們民族文化心理的這一深刻轉捩①。

《逐貧賦》是如此寫揚雄自己，事實上，揚雄本身就是作品所言的一位值得尊敬受人崇拜的人。桓譚將其稱譽爲“西道孔子”，并非虛言誇張。范子燁説：“除了孔、孟、老、莊，揚雄在中古時代也是非常重要的，他是中古士人崇拜的文化巨人之一——被視爲誕生在漢代的新聖，具有極高的文化地位。”“對揚雄而言，‘追求真理’是他一生最本真的‘內在需要’。這與其純潔的心靈和靜穆的性格是相一致的。這是中古士人崇拜揚雄的第二個原因。”②紀國泰將揚雄的高尚人格概括爲：身在朝堂却淡泊名利，珍愛生命又“捨身取義”，不憂自己貧賤却憂百姓疾苦③。這樣來論述和評價揚雄，筆者是贊同的。

三、創作藝術創新，美學價值獨特

《逐貧賦》有兩個突出的藝術特點，一是擬人手法，二是以戲謔爲美。

先説擬人手法。《逐貧賦》將“貧”這一形容詞或一種物質生活窘迫的情狀想象爲一個人，一個孤兒，就是説將“貧”這個物擬人化，賦予其人的感知和思想。通過擬人的手法來表現賦中的主人“揚子”也就是揚雄自己的貧困和無依無靠的生活狀況，以及安貧樂道的思想。這種手法的靈活運用，比起其他漢賦作品的赤裸裸乾巴巴的表現不知要高明多少倍，這樣書寫就增强了作品的藝術魅力。而在這種生動形象充滿藝術美的作品裏，我們讀來如飲醇酒，回味無窮④。將其他漢賦作品那種呆板僵化的書寫拿來一比，不言自喻。

再説戲謔爲美。由賦中所寫此可知，揚子想擺脱貧兒，他到處躲避“貧”，可就是躲不

---

① 參見冷世球《試論貧富道德觀念的變化》，《湘潭師範學院學報》1996 年第 2 期。
② 范子燁：《中古時代的揚雄崇拜》，《揚子學刊》第二輯，巴蜀書社，2019 年版，第 197、200 頁。
③ 參看紀國泰《西道孔子——揚雄》，巴蜀書社，2017 年版，第 90—105 頁。
④ 萬志全：《揚雄美學思想研究》，中國社會科學出版社，2008 年版，第 157 頁。

掉，這實際上是揚雄自己辛酸生活的藝術寫照。寫與"貧"爲伴讓他生活窘迫、痛苦不堪，而寫這樣的糟糕情狀，作者的筆調却是輕鬆的、充滿玩笑的，這種自嘲自解的戲謔很有一種黑色幽默之美感。另外，《逐貧賦》對貧兒答語的描寫也充滿了黑色幽默之美："堪寒能暑，少而習焉。寒暑不忒，等壽神仙。桀蹠不顧，貪類不幹。人皆重蔽，予獨露居；人皆怵惕，予獨無虞。"揚雄在這裏用開玩笑的語調來寫貧兒的辯解，這實在是一種黑色幽默，由此可以見出揚雄抒情賦的大膽和幽默，顯露出一種獨特的美學色彩①。

有學者認爲賦將生活狀況的貧人格化，其構思與莊子的某些寓言相似，頗似妙趣橫生的寓言，可稱爲最早的寓言賦。這种寫法在漢代説理賦中是个創新②。

四、貢獻賦體藝術

一般認爲，揚雄的賦作多爲模擬之作，如"四大賦"是對司馬相如賦的模擬。但是我們知道，司馬相如賦，還有其他西漢賦家的賦作，尤其是散體大賦，多虚構誇飾，充滿浪漫不實語句，而揚雄賦作內容却基本上有事實作爲根據，包括他的大賦和《逐貧賦》這樣的抒情賦。同時，《逐貧賦》作爲抒情賦與其他賦家之作，甚至與揚雄自己的其他賦作相比，也有不同之處。

《逐貧賦》全用四言寫成，是學習《詩經》而成的"詩體賦"，這種賦與仿楚辭而成的騷體賦及韻散結合的"散體賦"都可謂大异其趣，有學者將其稱爲"四言俳諧賦"。萬志全把揚雄的賦分爲"大賦"與"抒情賦"兩類，將《蜀都賦》及揚雄"四賦"歸入大賦，而將《逐貧賦》與《反離騷》《解嘲》《解難》《太玄賦》《酒賦》歸爲"抒情賦"，并進一步指出"這類賦的美學特色是情感真摯、幽默諷刺"③。也有人認爲，四言賦一般以四言爲主，尤重規諫的社會功能，它應該導源於詩④。這樣的説法是有道理的。

曹明綱認爲："安於貧困，不慕榮華，是一種很莊重的思想。孔子稱贊顏回'一簞食一瓢飲'後，這種思想一直被士大夫奉爲道德高尚的典範。揚雄之前文學家多有表現，宋玉《九辯》即是。但多是直接抒寫直白表達，像揚雄這樣用近於寓言的形式和幽默的筆調來表現，則是首創。《藝概·賦概》：'賦之妙用，莫過於設字句，看古作家無中生有處可見。'揚雄設與'貧'問答，與一般賦作設爲主客問答比，更顯新巧曲折……從內容看，反映了作者在'安貧'上的矛盾鬥爭，從藝術看，是用欲擒故縱、先抑後揚的手法，故能寓莊於諧、出新見奇。"⑤ 不少學者認爲，揚雄《逐貧賦》以叙事對話及擬人化手法抒寫自己心志，是受賈誼《鵩鳥賦》影響；而純用四言句式、語言通俗明暢，帶有幽默風格和詼諧味道，則可能是受到《詩經》、屈原《橘頌》、王褒《僮約》等一類作品啓發。

① 北京師範大學文學院中國古代文學研究所編：《中國古代文學史》（上卷），北京師範大學出版社，2008 年版，第172 頁。
② 萬光治：《漢賦通論》，中國社會科學出版社、華齡出版社，2004 年版，第 67 頁。
③ 萬志全：《揚雄美學思想研究》，中國社會科學出版社，2008 年版，第 153 頁。
④ 參見陳文新主編《中國古代文學》（上），北京大學出版社，2010 年版，第 115 頁。
⑤ 吳功正主編：《古文鑒賞辭典》，江蘇文藝出版社，1987 年版，第 365−368 頁。

從上面這些分析比較來看，《逐貧賦》此體實爲揚雄的創造。

揚雄在《答桓譚書》中説："長卿賦，不似從人間來，其神化所至邪？大低能讀千賦，則能爲之。"不僅這樣説，揚雄自己就是這樣做的，"博覽無所不見"（《漢書·揚雄傳》）。這樣的結果，一是增長學識，二是給他的賦創作帶來直接的借鑒學習模仿的作用。揚雄著作，不少是模仿之作。《漢書》本傳就説："實好古而樂道，其意欲求文章成名於後世，以爲經莫大於《易》，故作《太玄》；傳莫大於《論語》，作《法言》；史篇莫善於《倉頡》，作《訓纂》；箴莫善於《虞箴》，作《州箴》；賦莫深於《離騷》，反而廣之；辭莫麗於相如，作四賦；皆斟酌其本，相與放依而馳騁云。"① 其中，四大賦模仿司馬相如賦的痕迹就很明顯，是典型的模仿之作。不是説模仿就不好，問題是，如果只是模仿而不創新，沒有自己的特色，是不能稱之爲大家的。由上可知揚雄并非只知模仿。

揚雄賦就思想内容而言有其獨特之處，作品題材範圍更大，諷刺的力度更大，還體現出一定的民本思想。揚雄學識淵博，博覽群書包括别的作家的賦作，他由模仿入手，"模仿—獨創—神化……到了後來，就分不清哪些是自己的、哪些是别人的了，因爲'神化'階段已經把'外來的'和'自我的'渾融成自己的藝術生命之整體了。"② 揚雄對辭賦有自己明晰的看法和觀點，"雄以爲賦者，將以諷也"，又説"詩人之賦麗以則，辭人之賦麗以淫"（《法言·吾子》）。早年的揚雄喜愛司馬相如的賦，而在晚年，在經歷了王莽代漢以後，揚雄對社會、對政治人生的認識又有了變化，認爲相如賦"文麗用寡"（《法言·君子》）。到了晚年，揚雄認識到，不僅是司馬相如的賦，包括揚雄自己的大賦，也有"勸而不止""勸百諷一"的毛病，而且不可克服，甚至可能主觀上的"諫"却變成客觀上的"勉"，"非法度所存，賢人君子詩賦之正也，於是輟不復爲"（《漢書·揚雄傳下》）。因而，揚雄後期的賦大概就主要是《逐貧賦》《解嘲》這樣的憤世嫉俗的抒情之作了。

萬志全認爲，揚雄的抒情賦所具有的美學特色與大賦的美學特色大不一樣，揚雄在抒情賦裏找到賦體寫作的新生之路，那就是追求"情感真摯、幽默諷刺"的美學風格，我們從中可以看到其真實的生命形態和情感樣式，看到一個有血有肉、真誠活潑的揚雄："我們從中讀出來冷酷的社會、幽默的智慧，這種美似乎可以比方爲一種'辣味的美'。（注：揚雄是地道的四川人）"③

萬光治則認爲："漢代四言賦中，尚有俳諧一體，如揚雄之《逐貧賦》。其文將窮擬人化，設爲問答之辭，已略含戲劇因素。……爲此，作者竭力要擺脱貧的糾纏，却不料出現人以貧爲友，貧以人爲至交的難堪局面：……顯然，作者并不是要真正地逐貧，而是借這戲劇性的對白和場面，把自己安於貧賤，不苟富貴的人格理想活化給人看。"④ 他認爲《逐貧賦》

---

① （漢）班固：《漢書》，上海古籍出版社，2003年版，第2562頁。
② 萬志全：《揚雄美學思想研究》，中國社會科學出版社，2008年版，第121頁。
③ 萬志全：《揚雄美學思想研究》，中國社會科學出版社，2008年版，第158頁。
④ 萬光治：《漢賦通論》，中國社會科學出版社、華齡出版社，2004年版，第67、68頁。

"已略含戲劇因素"，"有戲劇性的對白和場面"①。這樣的看法是頗有見地的。

可見，揚雄對賦這種文體，無論其內容功用，還是其體制形式，并非簡單一味模仿，而是都有自己創新性的貢獻，形成了一位大家所應具有的特色風格，而這些創新和特色對奠定揚雄在中國文學史上的地位功不可沒。

五、影響後代創作深遠

錢鍾書説："按子雲諸賦，吾必以斯（引者按：指《逐貧賦》）爲巨擘焉；創題造境，意不猶人，《解嘲》雖佳，謀篇尚步東方朔後塵，無此詼詭。後世祖構稠疊，強顏自慰，借端罵世，韓愈《送窮》，柳宗元《乞巧》，孫樵《逐居鬼》出乎其類。""'舍汝遠竄……從我何求？'筆致流利而意態安詳，其寫貧之於人，如影隨形，似疽附骨，罔遠勿屆，無孔不入。②指出揚雄此賦，相較於唐代其他作品，很有其獨特的創新之處，其構思與寫法對後代影響頗大，後代紛紛仿效學習。不止錢鍾書所舉那幾位作家，明代黃省曾《禮貧賦》、楊於庭《驅慧賦》，都是受到《逐貧賦》的影響和啓發而寫出來的。晋代束皙有《貧家賦》，唐王棨有《貧賦》，宋俞德鄰有《斥窮賦》，其精神也都是和《逐貧賦》一脉相承的。

近人胡僕安評論道："采絕浮藻，聲無繁弦，事雖游戲，辭可法則。"對揚雄這類賦作的特點做了分析，雖然指出其"事雖游戲"顯然沒有認識到此賦的精神實質，但對其"法則"性的開創工作做了肯定。黃庭堅説："《送窮文》蓋出於楊子雲《逐貧賦》，制度始終極相似。而《逐貧賦》文類俳，至退之亦諧戲，而語稍莊，文采過《逐貧》矣。"（黃庭堅《山谷題跋·跋韓退之送窮文》卷四）黃庭堅雖然指出兩文的師承關係和各自特點，却在"文采"上將《逐貧賦》有所貶低。有人進一步將《逐貧賦》與《送窮文》進行比較，得出"（《送窮文》）不只文采超過揚雄《逐貧賦》，無論是思想内容還是表現藝術，也都達到了新的高度"的結論。筆者不敢苟同這樣説法，其實筆者連這種"比法"也不能苟同。要知道，揚雄寫作《逐貧賦》要早於韓愈寫作《送窮文》大約 800 年，揚雄沒有東漢的文、賦可資借鑒，沒有魏晋南北朝以至隋及初盛唐的文、賦可供學習，而韓愈都有！反過來，我們又可不可以説，如果沒有揚雄《逐貧賦》的問世，韓愈的《送窮文》恐怕我們連見也見不到吧！

（作者單位：成都大學文學與新聞傳播學院）

---

①　萬光治：《漢賦通論》，中國社會科學出版社、華齡出版社，2004 年版，第 67、68 頁。
②　錢鍾書：《管錐篇》，中華書局，1999 年版，第 963 頁。

21 世紀以來揚雄語言學研究綜述

賴　滌

内容提要：揚雄《方言》的相關研究一直是語言學界的重點，其研究内容多集中於漢代的地區方言和具體詞彙考釋上。而近年來，隨着新學科和新技術的發展，許多學者除了延續對《方言》的相關研究外，大多把目光聚焦於揚雄的語言學思想和語言學研究方法的歸納以及揚雄在語言學界的影響研究上，呈現出由現象到本質且不斷深化和細化的發展趨勢。《方言》作爲重要的語言史料，仍有待發掘的空間。

關鍵詞：21世紀；揚雄；語言學；研究綜述

揚雄是在文學、經學、哲學方面具有顯著成就的偉大學者，學界近 20 年以來對揚雄語言學研究成果也取得了可喜的成就，多就其語言學著作《方言》展開研究。《方言》是一部"懸之日月而不刊之書"，其中豐富的語言學思想和語言學研究方法對後世語言學發展產生了深遠影響。

一、有關《方言》的相關研究

有關《方言》的相關研究多從其學術價值、史料價值以及語料價值的角度進行剖析和考察。通過對《方言》中的詞彙進行語音、詞義以及詞形方面的研究，在歷時和共時的語境下，進一步分析其語法結構的特點使得後世對漢代各地區的方言發展狀況有較爲全面地認識和瞭解。

(一) 史料價值

《方言》著錄豐富，對漢代整個社會風俗、時代風貌、政治體系以及經濟發展情況多有反映，現代學者對其進行嚴密考證和辨析，主要有以下成果：

鄭漫《揚雄〈方言〉詞彙與漢代日常生活》① 認爲《方言》記載了衆多漢代各地方言詞彙，囊括了有關漢代飲食文化、服飾裝扮、病理之學、親屬關係等諸多方面的内容，并且這些都是整個漢王朝賴以正常運轉的基石。這些寶貴的史料，爲我們研究漢代社會提供了更廣闊的基礎和更新的視角。同樣其論文《揚雄〈方言〉詞彙與漢代社會體系管窺》② 整理發現《方言》一書中囊括了有關漢代政治和經濟體系、社會階級關係、生産力水準以及戰事物質配備等諸多方面的内容，從以上幾個方面着手，立足《方言》詞彙，盡可能窺見漢代社會體系的輪廓。王智群《揚雄〈方言〉詞彙與漢代農牧業》③ 認爲揚雄《方言》中的詞彙反映了漢代文化的多個方面。其中，"畚""刈鉤""斂""杷"等農具，反映了漢代的農業發展水準；鷄、猪、馬的不同方言名稱及畜養方式和畜養工具，反映了漢代的畜牧業文化。這幾篇文章都是從《方言》的記載整體關照漢代的經濟、政治以及社會情況，還有很多研究都集中在具體的地區方言考釋和詞彙辨析上，這些研究成果仿佛一面穿越時空的鏡子把漢代不同地區的社會風貌展露無餘。

(1) 漢代地區方言研究

學界對於古漢楚地的語言狀況研究成果較多。謝榮娥《論揚雄〈方言〉楚地詞 "趙" 與南方民族桃木崇拜》④《論揚雄〈方言〉楚地詞 "摩"》⑤《論揚雄〈方言〉楚地詞 "革" 源自古越語》⑥《論揚雄〈方言〉楚地詞 "釀菜"》⑦ 4 篇文章分别考察了揚雄《方言》中的楚地詞彙 "趙""摩""革""楚""南楚" 及 "釀菜" 等字，通過追溯這些字在各文獻中的記載，結合宗教學、歷史學、民族史的相關方法，對其詞性、詞義、詞語的發展軌跡進行考辨和分析。趙振鐸《古蜀語詞彙論綱》⑧ 認識到古蜀語對中上古時期漢語研究的重要性，認爲其具有文獻學和語言學的雙重價值。

而對漢代其他地區的方言狀況研究也多有收穫。陳立中《從揚雄〈方言〉看漢代南嶺地區的方言狀況》⑨ 考察了揚雄《方言》中記録的 15 個南嶺地區的方言詞彙，依據這些方言詞彙，結合歷史材料，透視漢代南嶺地區的方言狀況，并由此探討它們對研究當代漢語方言

① 鄭漫：《揚雄〈方言〉詞彙與漢代日常生活》，《西昌學院學報》(社會科學版) 2015 年第 1 期。
② 鄭漫、賴慧玲：《揚雄〈方言〉詞彙與漢代社會體系管窺》，《重慶三峽學院學報》2014 年第 6 期。
③ 王智群：《揚雄〈方言〉詞彙與漢代農牧業》，《台州學院學報》2011 年第 2 期。
④ 謝榮娥：《論揚雄〈方言〉楚地詞 "趙" 與南方民族桃木崇拜》，《廣西民族大學學報》(哲學社會科學版) 2019 年第 2 期。
⑤ 謝榮娥：《論揚雄〈方言〉楚地詞 "摩"》，《民族語文》2016 年第 6 期。
⑥ 謝榮娥：《論揚雄〈方言〉楚地詞 "革" 源自古越語》，《中南民族大學學報》(人文社會科學版) 2015 年第 3 期。
⑦ 謝榮娥：《論揚雄〈方言〉楚地詞 "釀菜"》，《中南民族大學學報》(人文社會科學版) 2016 年第 3 期。
⑧ 趙振鐸：《古蜀語詞彙論綱》，《雲南師範大學學報》(哲學社會科學版) 2009 年第 1 期。
⑨ 陳立中：《從揚雄〈方言〉看漢代南嶺地區的方言狀況》，《韶關學院學報》(社會科學版) 2002 年第 4 期。

尤其是南嶺地區土話的借鑒意義。同樣其《論漢代南楚方言與吳越方言的關聯性》① 一文以漢代南楚與吳越方言擁有的共同底層、《方言》中記載地名并舉現象出發，揭示南楚與吳越在漢代的語言關聯性。還有對漢代地區方言進行剖析和考證的文章也較多。宋玉坤、湯倩《試論揚雄〈方言〉中的燕代方言》② 通過對《方言》中記載的燕代方言中特有的一般詞語、服飾用語、飲食及生活用具用語、交通工具及生產工具用語等的梳理，并分析詞義、詞源和文化意義，爲我們研究和瞭解當時燕代的方言、文化以及社會面貌提供有價值的資料。

王之瑄《揚雄〈方言〉中沿用至今的内蒙古晋語》③ 從《方言》一書中各方言所注明的使用地域出發，根據内蒙古晋語所屬區域，對相對應區域所列方言進行分析，并與現代方言詞匯進行對比，嘗試探尋書中沿用至今的内蒙古晋語。裴新華《揚雄〈方言〉在今侯馬方言中的痕迹》④ 對當時的漢語方言口語進行了較爲全面的描寫，古侯馬方言也在其中，以《方言》詞條爲綱要，簡要對侯馬方言詞彙進行古今對比，并進一步分析其原因。王彩琴《揚雄〈方言〉裏的河洛方言》⑤ 認識到揚雄《方言》用不同的地名標記了漢代不同方言詞語的地理分布現象，從《方言》區域與河洛地區、《方言》中的河洛方言、《方言》與當今的河洛方言等方面探討《方言》的語言學價值。

蕪崧《揚雄〈方言〉中的荊楚方言詞匯釋》⑥ 該文爲揚雄《方言》中涉及的荊楚方言詞語"簽、築娌、獨、杜狗、顛、鷄頭、籠、篯、曲、箕、楔、蟝蟝、訾、盍"14 個名詞，"揞、抱、扰、佻、刿、括、侹、蒙、蟒、慫思、搏、毻、嬉、扭"14 個動詞以及"癡、冲、夥、閦、憝、騷、饡"等 11 個形容詞作注，注釋包含江陵話讀音、意義（含本義和引申義或比喻義）、用法（舉例）以及所構成的詞語、俗諺的意義和相關書證。此文相比之前的文章不僅進行簡單地詞語羅列，更是經過實際語境對其含義注釋。黃革《見於〈方言〉中的柳州方言詞》⑦ 一文中以名詞"褸""杯落""題""飛鼠""崽""杜狗""蛤解"，形容詞"泡""瘌""傯""嫋""纏"，以及"瘆""箮""絢""拌""搪""欔"等動詞在《方言》中的釋例，追溯柳州方言詞的遺留痕迹。蔡曉《由揚雄〈方言〉看泌陽話中古語的遺留》⑧ 總結了"怒、劉、好、大人、魏、泡、抱、逞、譁、班、間、帔、直衿、案、籬、緶、杷、薄、紉、逮、爛、逗、豚、鳭鳩、轅、扭怩、蚰蜒"等 27 個今天仍在使用的泌陽詞語，對這些詞在語言和表意上的變化進行仔細辨析和考證，梳理其歷史發展的軌迹。陳樹《從揚雄〈方言〉看揚州話中的古語遺留》⑨ 結合《方言》中"慧""奘""笙""摯""泡""鐫""賴"

① 陳立中：《論漢代南楚方言與吳越方言的關聯性》，《中南大學學報》（社會科學版）2004 年第 2 期。
② 宋玉坤、湯倩：《試論揚雄〈方言〉中的燕代方言》，《參花》2013 年第 6 期。
③ 王之瑄：《揚雄〈方言〉中沿用至今的内蒙古晋語》，《作家天地》2021 年第 20 期。
④ 裴新華：《揚雄〈方言〉在今侯馬方言中的痕迹》，《戲劇之家》2018 年第 6 期。
⑤ 王彩琴：《揚雄〈方言〉裏的河洛方言》，《河南社會科學》2014 年第 12 期。
⑥ 蕪崧：《揚雄〈方言〉中的荊楚方言詞匯釋》，《荊楚理工學院學報》2009 年第 10 期。
⑦ 黃革：《見於〈方言〉中的柳州方言詞》，《廣西右江民族師專學報》2003 年第 5 期。
⑧ 蔡曉：《由揚雄〈方言〉看泌陽話中古語的遺留》，《天中學刊》2003 年第 3 期。
⑨ 陳樹：《從揚雄〈方言〉看揚州話中的古語遺留》，《寧夏大學學報》（人文社會科學版）2013 年第 1 期。

"軫"等 20 個詞彙的歷史纍積層次，追溯考釋這些古語詞，從揚州方言歷史沿革、探討方言板塊邊緣區特點進行抽絲剥繭的探討。楊春宇、王媛《揚雄〈方言〉所見的幽燕方言》① 吸取了林語堂、周祖謨、羅常培、司登義等前人的劃分和研究成果，對幽燕方言地域範圍的界定、與現代方言區的關係、釋義類型、結構特點、語義分類都進行了較爲系統的研究和分析。此文從追溯東北官話方言史的視角出發，通過對漢代揚雄《方言》中所列的燕代方言、北燕—朝鮮方言等進行描寫，將其與現代方言的詞彙進行對比，嘗試探尋歷史上幽燕方言的表象；闡釋以廣義上位的幽燕方言爲東北官話溯源，而不以狹義下位的北燕—朝鮮方言溯源的原因。李長雲《揚雄〈方言〉詞語河南方言今證》② 對今天保留在河南方言中的古代漢語詞彙進行研究，文章以漢代揚雄的《方言》爲藍本，對其保留在河南方言中的數例古語詞按詞性進行歸類，并逐例加以探析。此文不僅可以爲漢語語源學、漢語語義學、漢語史及文獻學的研究提供重要的資料佐證，還可使我國的方言文化遺產得到更好的保護和傳承。吳永焕《從〈方言〉所記地名看山東方言的分區》③ 考察揚雄《方言》記録方言詞語時所用地名單獨列舉與并舉的情況，把秦漢時期山東方言大致可分爲齊魯、東齊海岱兩區四片。認爲兩區四片格局的形成同齊魯各地不同的歷史人文背景有密切的聯繫。并且把兩區四片的内部格局與今山東方言進行比較，得出古今基本吻合的結論。

（2）漢代詞彙考釋

施偉寶《揚雄〈方言〉中的"嘽咺"考釋》④ 分析了"嘽咺"一詞自《方言》始，僅被《廣雅》收録的情況，結合《廣韻》《集韻》中對"嘽""咺"二字的記載，通過考察中國民族史和古代人口遷移史相關材料，得出"嘽咺"一詞含義的衍變是楚地方言和百越民族語言長期接觸與發展造成的結論。錢曾怡《揚雄"蠅，東齊謂之羊"古今考》⑤ 同樣通過對揚雄《方言》"蠅，東齊謂之羊"的記録，結合古代文獻的相關記載和今天山東地區的一些方言，考察西漢時期"蠅""羊"同音的語言事實。李康澄《"崽""子"同源論》⑥ 從字形來源、語音演變以及語音語法功能三個角度認爲揚雄仿"子"的籀文而創造的新字"崽"是從"子"分化而來，是"子"的地域變體，并認爲"崽""子"二字是横跨南北的基本語素。連淑敏《揚雄〈方言〉中"杯"這一詞條中詞的詞源淺探》⑦ 主要是通過因聲求義等訓詁手段，揭示了《方言》中"杯"這一詞條中的詞源意義。柳玉宏《説"通語"——揚雄〈方言〉術語商榷》⑧ 通過對《方言》裏提到"通語"字眼的 29 個例子進行分析，指出揚雄《方言》裏的"通語"并不是現代意義上的共同語意思，而是指一種"通行的説法"，即它可

① 楊春宇、王媛：《揚雄〈方言〉所見的幽燕方言》，《遼寧師範大學學報》（社會科學版）2015 年第 6 期。
② 李長雲：《揚雄〈方言〉詞語河南方言今證》，《新鄉學院學報》2020 年第 11 期。
③ 吳永焕：《從〈方言〉所記地名看山東方言的分區》，《文史哲》2000 年第 6 期。
④ 施偉寶：《揚雄〈方言〉中的"嘽咺"考釋》，《現代語文》2020 年第 1 期。
⑤ 錢曾怡：《揚雄"蠅，東齊謂之羊"古今考》，《中國語文》2019 年第 4 期。
⑥ 李康澄：《"崽""子"同源論》，《語文研究》2019 年第 1 期。
⑦ 連淑敏：《揚雄〈方言〉中"杯"這一詞條中詞的詞源淺探》，《和田師範專科學校學報》2009 年第 3 期。
⑧ 柳玉宏：《説"通語"——揚雄〈方言〉術語商榷》，《蘭州學刊》2007 年第 5 期。

以是共同語的詞語，也可以是某地的方言語詞。該文對漢代"通語"的使用範圍做了考察，可以是某個地區或幾個地區之間最通行的説法而已。華學誠《揚雄〈方言〉"奇字"考——兼析〈方言〉"奇字"的表詞特點》① 前人有《方言》多"奇字"説。《方言》中的所謂"奇字"一爲不見之奇，二爲不用之奇。經考，《方言》中不見於傳世的先秦兩漢文獻的"奇字"共有 297 個；見於出土文獻的古字和傳世文獻的異體古字或俗字共 41 個；依《方言》通例推定屬西漢通行字的 9 個；根據《方言》詞語記載要求，從文字音義方面考明 114 個字的構成時代早於揚雄時代；真正的不見之奇的"奇字"，包括揚雄所製字，共有 132 個。《方言》"奇字"所表記的基本上是實詞，而以名詞居多；《方言》"奇字"一部分是表記的同義詞，一部分是表記的同一詞在不同方言地域的音變詞形。張麗霞《揚雄〈方言〉詞彙的歷史嬗變及其現代意義》② 記載了西漢時代不同方域的詞彙，探討《方言》詞彙從古到今的歷史嬗變軌迹，把握它們從西漢到現代嬗變的時間性和地域性差异。該文有助於我們廓清其對漢語方言詞彙歷史變化研究的現代意義，同時在内容上來説是較爲系統地分析了《方言》中的地區詞彙。

朱敏、肖福平《揚雄〈方言〉之稱謂詞探析》③ 從該書的稱謂詞入手，依次對其親屬稱謂、社交稱謂展開分析，揭示漢代人重視道德禮制的濃厚宗法觀念。王彩琴《揚雄〈方言〉中的文化詞語探析》④ 總結了《方言》中的文化詞語，深入辨析有關語料，結合傳世文獻、民俗文化對《方言》中的相關語詞進行剖析，主要從物質文化詞、制度文化詞和心理文化詞等幾個方面，對於研究和瞭解漢代的文化情況以及社會面貌，具有較爲重要的作用。同樣的還有《揚雄〈方言〉中的記音字與方言詞》⑤ 一文，統計了 519 個記音字包括實詞 507 個、虛詞 5 個、單純詞 505 個、合成詞 7 個。文章從《方言》記音字與所記詞語的關係以及《方言》記音字所表詞的詞彙特點等方面進行了分析，并指出其價值和意義。還有王氏在《揚雄〈方言〉聯綿詞初探》⑥ 一文中對聯綿詞的主要來源以及揚雄《方言》中的聯綿詞具體應用情況、語音結構表現形式和特點進行分析和總結。認爲聯綿詞在記音上呈現出無音轉關係和有音轉關係兩個特點。有音轉關係的聯綿詞在《方言》中表現爲三種情況：一是通語與方言之間；二是屬於同一個方言地域；三是分屬於不同的方言地域。聯綿詞在語音結構上表現爲疊韵聯綿詞居多和語音結構不太穩固的情況。且聯綿詞所表記的基本上是名詞、動詞和形容詞，其中名詞最多，并且標記自然萬物的名詞多於社會生活方面的名詞。陳紅《〈方言〉中的"知"與"曉"》⑦ 對揚雄《方言》一書中"知"和"曉"的含義進行辨析，二者除了皆

---

① 華學誠：《揚雄〈方言〉"奇字"考——兼析〈方言〉"奇字"的表詞特點》，《欽州師範高等專科學校學報》2000 年第 4 期。
② 張麗霞：《揚雄〈方言〉詞彙的歷史嬗變及其現代意義》，《管子學刊》2007 年第 4 期。
③ 朱敏、肖福平：《揚雄〈方言〉之稱謂詞探析》，《科教文彙》（上旬刊）2019 年第 2 期。
④ 王彩琴：《揚雄〈方言〉中的文化詞語探析》，《鹽城工學院學報》（社會科學版）2017 年第 1 期。
⑤ 王彩琴：《揚雄〈方言〉中的記音字與方言詞》，《河南社會科學》2010 年第 6 期。
⑥ 王彩琴：《揚雄〈方言〉聯綿詞初探》，《平頂山學院學報》2008 年第 6 期。
⑦ 陳紅：《〈方言〉中"知"與"曉"》，《文教資料》2017 年第 12 期。

可表示 "知道" 之外，還討論 "知" "曉" 和後來凝固成詞的 "知曉" 在古籍文獻中表示
"知道" 含義的用法及其在現代漢語方言中的地理分布情況。

(二) 學術價值

劉玉紅《論〈方言〉的學術價值》① 也主要從方言學、詞彙學兩個方面再討論《方言》
的學術價值。認爲是揚雄第一次把研究視角轉向了口語，使其進入了語言的研究領域。揚雄
開創了個人調查方言的方法，也開了後代方言調查的先河。他第一次給出了全國方言的大致
分區，并提出了轉語、通語等概念，使其成爲典型的意會性術語。這些都是揚雄所做的巨大
貢獻。

孫玉文《揚雄〈方言〉與方言特徵詞的判定問題——以〈方言〉部分方言詞的重複注釋
爲例證》② 以 "虔" "攓" "憮" "憐" "逞" "苦" "懷" "姑" 等 12 個字在《方言》中的實際
運用案例，對存在於《方言》中的方言詞重複注釋的情況進行有力地證明：認爲《方言》中
説表達某一個概念地用某詞，并不是説只有某地用某詞，其他的地域不用該詞。某詞見於某
地，并没有暗含不見於其他地域的意思；《方言》中的很多方言詞不能作爲某一個地域獨有
而爲其他地域所無的用詞。將《方言》這一特點揭示出來非常重要，因爲它牽涉到如何利用
《方言》研究秦漢時期的方言區劃、方言之間的語音對應關係以及漢語詞彙史等重要問題。

謝榮娥《論揚雄〈方言〉的 "楚" 與 "南楚"》③ 一文對學界存在的有關漢代南楚方言
是否爲獨立方言區的問題提出自己的見解。作者認爲南楚方言應歸屬楚方言，作爲楚方言一
個較大的次方言處理。該文依據揚雄《方言》對 "楚" 與 "南楚" 地區豐富的方言詞記録，
在前賢研究基礎之上，從語言材料爲主，同時參考地理名詞并舉與方言區劃之歷史沿革情
況，對學界爭論的漢代時期 "楚" 與 "南楚" 相關概念的界定進行了基礎性的辨析。楊建忠
《略論揚雄〈方言〉中 "南楚方言" 與 "楚方言" 的關係》④ 同樣對漢代楚地的文化淵源及
《方言》中記載的實例進行考證，認同把南楚方言作爲楚方言的一個次方言處理。徐玲英
《論戴震對揚雄〈方言〉的貢獻》⑤ 從《方言》著作權的確定、對《方言》的訂訛辨誤、闡
幽著微、對清代《方言》研究之風的開啓這三方面總結了戴震對《方言》的貢獻。該文歸納
了戴震的《方言》研究對《方言》所做的貢獻，開啓了清代《方言》研究之風。

還有多篇對《方言》中的訛誤進行考證和辨認的文章。董志翹《揚雄〈方言〉辯證一
則》⑥ 對《方言》卷七所記："洵，貌，治也（謂治作也。洵，恪垢反）。吴越飾貌爲洵，或
謂之巧（語楚聲轉耳）" 之條目訓爲 "洵，貌治也。吴越飾貌爲洵，或謂之巧（語楚聲轉

① 劉玉紅：《論〈方言〉的學術價值》，寧夏大學碩士學位論文，2005 年。
② 孫玉文：《揚雄〈方言〉與方言特徵詞的判定問題——以〈方言〉部分方言詞的重複注釋爲例證》，《湖北大學學報》（哲學社會科學版）2011 年第 5 期。
③ 謝榮娥：《論揚雄〈方言〉的 "楚" 與 "南楚"》，《求索》2009 年第 8 期。
④ 楊建忠：《略論揚雄〈方言〉中 "南楚方言" 與 "楚方言" 的關係》，《古籍研究》2006 年第 2 期。
⑤ 徐玲英：《論戴震對揚雄〈方言〉的貢獻》，《淮北師範大學學報》（哲學社會科學版）2012 年第 4 期。
⑥ 董志翹：《揚雄〈方言〉辯證一則》，《中國語文》2017 年第 3 期。

耳）"。游帥《揚雄〈方言〉疏證一則》① 對《方言》卷十中有關 "憐哀" 義的一則記述材料進行了疏證，分別解釋了 "嘖" "無寫" "思" 表 "憐" 之用，同時認爲 "人兮" 係 "寧兮" 之方言音轉，乃人相見問候的一種表達。并將轉語詞的考察模式概括爲以 "音" 爲綫索，以 "義" 爲準繩而求其本 "形"。劉洪濤《〈方言〉 "散，殺也" 疏證》② 以卷三記載古齊方言 "散，殺也"，但是前人研究中只找到兩個文獻用例且不甚妥當，不免使人生疑。文章指出，《史記・淮陰侯列傳》韓信之語 "何所不散"、東周齊國兵器銘文 "散戈" 等中的 "散" 都是殺伐義，齊國兵器銘文所記當然是齊方言，韓信是淮陰人（今江蘇淮安），地近東齊，應該也會説東齊方言，證明訓殺伐之 "散" 確實是古齊方言。根據出土先秦文獻的用字習慣，文章又研究 "散" 之語源，指出訓殺伐之 "散" 應語源於當剪滅講的 "剗"。"散" 表殺義，不是一般的殺，而是全部的徹底的擊殺。

（三）語料價值

吴吉煌《〈方言〉 "標音材料" 及其與 "轉語" 的關係》③ 注意到了《方言》中彙存的能够反映古漢語方言之間或方言與通語之間語音 "標音材料"。認爲學者們可以利用 "標音材料" 探討兩漢方言聲紐、韵部的分合或構擬早期漢語的 "原始形式"。對傳統訓詁工作提供重要參考。同時對其與 "轉語" 間的語音關係進行了剖析，主要有以下三種：可能是同一個詞語在不同時代的語音變轉，也可能是由於意義引申而産生的義衍同源詞之間的語音變轉，或是不同來源的同義詞之間的偶然音近。

二、有關揚雄語言觀念和方法的研究

思想邏輯是進行文學創作活動的靈魂，研究揚雄的語言思想可以揭示其著作的生成機制和文化動因。錢榮貴《揚雄〈方言〉的編纂宗旨與編纂方法論》④ 認爲揚雄《方言》包括了 "令人君坐帷幕之中，知絶遐异俗之語" 的編纂宗旨和 "即异求同，同中辨异" 的編纂方法論。在這種思想的支配下，《方言》不僅以通語來訓釋被訓釋詞，還盡可能地揭示出被訓釋的一組詞之間的地域差异、時間差异和語轉差异。并認爲前者是揚雄繼承舊有的采風習俗而確立的，這一思想使其將 "先代絶語" 和 "异國方言" 同時納入《方言》采集和訓釋範圍。後者則是揚雄對《爾雅》 "以義類聚" 思想的繼承和發展。申小龍《漢代〈方言〉的經學超越與範式更新》⑤ 從語言本體論變革、方法論變革及語言界域的變革三方面推動了漢代小學

① 游帥：《揚雄〈方言〉疏證一則》，《語言歷史論叢》2020 年第 2 期。
② 劉洪濤：《〈方言〉 "散，殺也" 疏證》，《語言科學》2017 年第 1 期。
③ 吴吉煌：《〈方言〉 "標音材料" 及其與 "轉語" 的關係》，《語文研究》2016 年第 3 期。
④ 錢榮貴：《揚雄〈方言〉的編纂宗旨與編纂方法論》，《辭書研究》2015 年第 3 期。
⑤ 申小龍：《漢代〈方言〉的經學超越與範式更新》，《學術月刊》1998 年第 12 期。

研究的範式革命，對當時儒學經學化過程中出現的種種弊端起到糾偏與導向的作用。認爲漢代揚雄的《方言》是中國第一部在全國性個人方言調查基礎上完成的方言學著作。張文燁《歷史比較語言學角度解析揚雄〈方言〉》① 繼承了 20 世紀傅鑒明從歷史比較語言學的角度對揚雄《方言》的解析，通過古代與現代的縱向比較以及漢代地域之間方言的橫向比較兩大方面入手，對漢代的官話、方言以及共同語替換詞進行分析和比較，梳理了中國古代詞彙與古代方言之間的關係和歷史演變。這種方法，使得兩漢王朝的方言能够被解釋和保存，爲後世的語言研究提供了極其寶貴的資源，是一種具有學術價值和史料價值的分析法。韓建立《〈方言〉與揚雄的語言思想》② 從《方言》本身的研究入手，探討了揚雄的語言思想。認爲《方言》體現了揚雄實事求是的語言思想，反映了作者語言的地域觀和語言演變的歷史觀。

朱敏、肖福平《從〈方言〉看揚雄的語言觀》③ 通過對揚雄《方言》一書仔細研判，得出揚雄在其中所運用到的歷時比較、方域聯繫、民族意識、實證考察等語言學觀念，重釋了《方言》的思想特徵，較爲全面、成熟地揭示了揚雄複雜的語言觀及其意義。周玉萍《揚雄〈法言〉語言學思想研究》④ 一文基於語言學角度去分析揚雄的語言思想及其理論，主要對其中的言語、語言應用與修辭、語言功能、社會方言及其他語言思想幾個方面進行研究。這篇文章注意到了《法言》中所體現出的語言思想，打破陳規，從前人較少涉及的語言角度去關注揚雄《法言》中的語言思想。

揚雄《方言》中所體現出的語言學方法對後世的語言學發展產生了很大的影響，學界對此也多有研究和考證。孔璽銘、張喜貴《揚雄〈方言〉語言學研究方法探析》⑤ 主要以《方言》中存在的與現代西方語言研究方法不謀而合的基礎，從歷時和共時、田野調查法、分類編次法三個方面進行分析和總結。王彩琴《揚雄〈方言〉借音字考》⑥ 通過考察《方言》中的 306 個借音字，對揚雄使用音同音近的借音字區分了各地方音差別的方法進行研究，以期對研究漢代方音的學者提供一些思路和證據。這篇文章對揚雄《方言》中借音分言的方法和實例進行了歸納和論述，總結了揚雄語言學研究的相關思路和角度。同時其論文《試論揚雄〈方言〉的"用字之奇"》⑦ 對揚雄《方言》中根據方音借用借音字、聯綿字和譯音字記錄方言詞語的方法進行了判研。

①　張文燁：《歷史比較語言學角度解析揚雄〈方言〉》，《農家參謀》2018 年第 21 期。
②　韓建立：《〈方言〉與揚雄的語言思想》，《長春大學學報》2003 年第 2 期。
③　朱敏、肖福平：《從〈方言〉看揚雄的語言觀》，《成都理工大學學報》（社會科學版）2019 年第 1 期。
④　周玉萍：《揚雄〈法言〉語言學思想研究》，《六盤水師範學院學報》2017 年第 2 期。
⑤　孔璽銘、張喜貴：《揚雄〈方言〉語言學研究方法探析》，《現代語文》2019 年第 5 期。
⑥　王彩琴：《揚雄〈方言〉借音字考》，《河南大學學報》（社會科學版）2006 年第 1 期。
⑦　王彩琴：《試論揚雄〈方言〉的"用字之奇"》，《洛陽理工學院學報》（社會科學版）2009 年第 1 期。

三、有關揚雄《方言》地位和影響的研究

有關揚雄語言思想的傳播研究：鄧文彬《中國古代方言學的建立與揚雄〈方言〉的地位和影響》① 一文論述了中國古代方言研究的興起與方言學的建立、《方言》的作者與成書背景、《方言》的内容與體例、《方言》的貢獻和影響等問題，指出揚雄的《方言》對中國古代方言學的建立起了巨大的推動作用，它的問世標志着中國古代方言學的正式建立，因而它在中國古代語言學史上占有非常重要的地位。李峰、靳愛紅《〈方言〉：開創中國方言之學的經典之作》② 同樣從《方言》一書的全稱、卷數、分類、體例以及對後世的影響等方面對其進行全方位的研判和剖析。王智群《論〈方言〉歷史語言觀的影響》③ 對《方言》中"關於'古今語'的提出是漢語史上歷史語言觀的發端"的觀點進行論證，結合後世學者在其影響下所做的一系列工作，比如甄別方言共時性，標注"今"字，展開歷時比較研究，形成歷史比較研究方法進行追本溯源的考證，客觀認識《方言》歷史語言觀對漢語史研究做出的重要貢獻。

除此之外還有比較《爾雅》《説文解字》與《方言》异同之處的一些論文。楊博顯《淺析〈方言〉對於〈爾雅〉的傳承和發展》④ 從雅詁内容、雅詁形式、相同母題的對比，説明《爾雅》對《方言》的影響。童琴《〈説文解字〉引方言研究述評》⑤ 對《説文解字》中引《方言》一百多處語言材料進行分析，認爲《説文》對其所引甚衆，可作補充《方言》之用。李清桓《郭璞〈方言注〉條例再述補》⑥ 以《方言注》中注字條例、注中注條例以及明訛誤例説明《方言注》對《方言》的繼承和後世校勘學的貢獻。王東《〈説文解字注〉對〈方言〉的徵引及探究》⑦ 一文認爲，段玉裁對於揚雄《方言》之研究成果主要集中在其《説文解字注》中，然而學界對這些成果重視不够。段玉裁爲疏證《説文》徵引《方言》的例子達 500 餘條，其中包含着對《方言》諸多方面的研究成就，概言之，包括援引《方言》以訂正《説文》，援引《方言》以説解《説文》，諟正《方言》之訛衍，糾正《方言》和郭璞注説解之誤，揭示古、今本《方言》之差异，考尋《方言》之本字，考察《方言》詞語及詞義（訓釋《方言》詞語之意義、探討《方言》詞義之演變、揭示《方言》詞義之來源），探究《方言》字際關係等。

---

① 鄧文彬：《中國古代方言學的建立與揚雄〈方言〉的地位和影響》，《西南民族學院學報》（哲學社會科學版）2001 年第 4 期。
② 李峰、靳愛紅：《〈方言〉：開創中國方言之學的經典之作》，《洛陽師範學院學報》2000 年第 4 期。
③ 王智群：《論〈方言〉歷史語言觀的影響》，《勵耘語言學刊》2016 年第 1 期。
④ 楊博顯：《淺析〈方言〉對於〈爾雅〉的傳承和發展》，《北方文學》（下半月）2012 年第 6 期。
⑤ 童琴：《〈説文解字〉引方言研究述評》，《江漢大學學報》（人文科學版）2011 年第 6 期。
⑥ 李清桓：《郭璞〈方言注〉條例再述補》，《湖北社會科學》2011 年第 10 期。
⑦ 王東：《〈説文解字注〉對〈方言〉的徵引及探究》，《語文研究》2019 年第 3 期。

四、結　語

　　總的説來，21 世紀以來關於揚雄語言學研究取得了豐碩的成果，主要集中在其著作《方言》的相關研究，呈現出"現象—觀念—本質"的研究趨勢。同時在很多問題上經過學者們扎實的考據都收穫了答案，并呈現出不斷深化和細化的趨勢。不僅單篇論文的數量和品質得到了保證，論述系統全面的經典著作也是不勝枚舉。但是有些問題還需進一步商榷探討，比如秦晋方言是否爲揚雄時代通語的基礎方言、《方言》中記録的漢代詞彙的歷時研究還不够全面等問題都有待解決。隨着時代與科學的進步，新興學科的興起，新的材料的問世，我們堅信新理論和新方法有助於我們解决那些懸而未决的疑問和難題，從而不斷推進和完善研究的深入發展。

（作者單位：西華大學文學與新聞傳播學院）

蘇軾研究

1949 年以來蘇氏蜀學研究綜述[①]

王書華

内容提要：1949 年以来，蘇氏蜀學的研究可以分爲三個階段：第一個階段，20 世紀 50 年代到 20 世紀 70 年代，爲蘇學研究的奠基期；第二個階段，20 世紀 80 年代到 20 世紀末，爲蘇學研究的形成期；第三個階段，21 世紀初到 21 世紀 20 年代，爲蘇學研究的發展期。本文分階段進行了蘇氏蜀學研究的綜述。

關鍵詞：1949 年以来；蘇學研究；蘇氏蜀學；綜述

在中國儒學發展史上，宋代儒學是色彩斑斕的一個階段；而在宋代儒學的版圖上，蜀學又是大放异彩的一塊園地；而在宋代蜀學的園地裹，蘇氏蜀學則是光彩奪目的一朵奇葩。著名歷史學家漆俠先生指出："宋學在中國古代學術史上雖然占有重要地位，受到許多學者如陳寅恪等的重視，但在學術的研究上還没放在它應當放在的位置上。從過去的研究來看，大體上存在兩個偏向。一個偏向是，用理學代替宋學。……第二個偏向是，大多數的研究者貶低了荆公學派。"[②] 在漆俠先生看來，"宋學可以包蘊理學，而理學則僅僅是宋學的一個支派"[③]。實際上，不僅理學是宋學的一個支派，新學、蜀學也是作爲宋學發展過程中的一個支派而存在的。過去的研究者，不同程度地犯了"兩個低估"的錯誤：一是低估了荆公學派在中國儒學史上的地位及其對宋元乃至明代儒學的影響；二是低估了蘇氏蜀學的學術價值及其在唐宋儒學復興運動中的貢獻與地位。正如薛瑞生所言："在中國封建社會由前期向後期

---

① 該文係國家社會科學基金項目《蘇氏蜀學及其興替研究》（批准號 20BZS045）的階段性成果。
② 漆俠：《宋學的發展和演變》，河北人民出版社，2002 年版，第 5 頁。
③ 漆俠：《宋學的發展和演變》，河北人民出版社，2002 年版，第 5 頁。

轉變的過程中，不管是從思想史上去考察，還是從文學史與美學史上去考察，苏東坡都是一個頗令人注目的關鍵人物。由于种种复雜的原因，他在文學史與美學史上的地位越來越爲人所重視，而在思想史上的地位却越來越被人所忽略了。這是一個奇特的學術現象。"①

肇始於唐代中期的儒學復興運動發展到北宋時期，先後出現了兩次學術轉型：一次是以范仲淹爲核心，以慶曆新政爲轉關，出現了訓詁之學向義理之學的轉型；一次是以王安石爲核心，以熙寧變法爲轉關，出現了義理之學向性理之學的轉型。在這兩次政治變革和學術轉型的二重奏中，蘇氏父子兄弟無論在古文創新運動中、還是在儒學復興運動中，都堪稱一面旗幟。從政治上看，蘇氏兄弟是以王安石變法的反對派而自居的；從文學上看，三蘇父子堪稱宋代古文運動的巨擘；從學術上看，蘇氏蜀學是作爲王安石新學的對立面而出現的。劉子健先生指出："到了北宋中期，蜀學就异軍突起，一方面和洛、朔舊學抗衡，一方面和江西新興的思想競争。"② 北宋中期，由於荆公新學上升到封建國家意識形態領域的主導地位，其他諸家學派的發展受到了阻礙，出現新學一家獨大的局面。元豐、元祐年間，蘇氏蜀學作爲北宋新儒學的一支，與王安石新學相對立；到了北宋後期乃至南宋初期，蘇氏蜀學又與二程洛學相角力，上演了一場"你方唱罷我登場，城頭變幻大王旗"的歷史活劇。

由於南宋高宗皇帝將導致北宋滅亡的罪行扣在王安石及其變法頭上，導致荆公新學遭到南宋朝野的清算。在朝野批判新學的過程中，蘇氏蜀學借機興發了起來。正如陸游所説："建炎以來，尚蘇氏文章，學者翕然從之，而蜀士尤盛。"③ 經過南宋初期數十年的發展，蘇氏蜀學得到朝廷的重視。宋孝宗年間，坊間流傳着"蘇文熟，吃羊肉。蘇文生，吃菜羹"④的諺語，反映出三蘇尤其是蘇軾文章在當時炙手可熱的程度。南宋中期以後，由於争奪意識形態領域的主導地位的需要，蘇氏蜀學遭到以朱熹爲核心的道學家的排斥與攻訐，其後蜀學逐漸衰微，傳承寥寥，但由於三蘇在文學藝術上的巨大成就實在無法遮掩，他們對後人的影響遂集中於詩、詞、文、賦以及書法、繪畫等方面，在學術思想史上的光芒逐漸暗淡了下來。直到清代，黃宗羲等在編撰《宋元學案》時，蘇氏蜀學才再次引起人們的關注。雖然黃氏將其視爲"雜學"，叨陪該書末座，不乏貶抑之意，但畢竟還是承認了蘇氏蜀學在北宋儒家學派中的地位。遺憾的是，荆公新學與蘇氏蜀學這兩個原本形成於北宋中期，且對兩宋的學術思想文化乃至政治、經濟、社會產生了深刻影響的重要學派，均以"略"字草草帶過，這不僅與《宋元學案》以學派形成時間爲順序的編纂原則不符，也與這兩個學派的影響與地位遠遠不能相稱，這一點尤其需要當代學者重新予以客觀公正的評價。

"蜀學"這一概念可以從宏觀、中觀、微觀三個視域來界定。從宏觀視域看，蜀學是指古代四川地區的學術思想和文化教育，主要是指古代巴蜀地區的儒學、歷史、文學，亦稱

① 薛瑞生：《苏軾鳳翔詩文賞析》序，陝西人民出版社，1990年版。
② 劉子健：《宋代蜀文輯存》重印小引，傅增湘纂輯《宋代蜀文輯存》，香港龍門書店，1971年影印。
③ 陸游：《老學庵筆記》，中華書局，1979年版，第100頁。
④ 陸游：《老學庵筆記》，中華書局，1979年版，第100頁。

"古代蜀學"；從中觀視域看，蜀學是宋代四川地區的學術和學承於蜀地的學術的總稱，是宋代學術的重要組成部分，其特色是文學、史學成就突出，亦稱"宋代蜀學"；從微觀視域看，蜀學是指由宋代蘇洵所開創，由其子蘇軾、蘇轍集大成，以後學張耒、秦觀、黄庭堅、晁補之等文人學士爲羽翼的學術流派，亦稱"蘇氏蜀學"，簡稱"蘇學"。

蘇氏蜀學的創始人是蘇洵。蘇洵大器晚成，二十七歲始發奮讀書，遂通六經、百家之書，對《易》《詩》《書》《禮》諸經均有闡釋。"蘇洵治學較晚……因而在經學上的工夫是稍遜於其他學者的。但他的長處是善於抓住某一事物或某一問題的某一點或某一側面，而後縱橫馳騁、上下古今。"① 由蘇洵發其端的蘇氏蜀學，在其二子蘇軾、蘇轍的推動下得到了長足的發展。蘇軾著有《東坡易傳》《東坡書傳》《論語説》三部經學著作。蘇軾對自己的經學著作非常重視，認爲完全可以超越自己的文學作品。蘇轍著有《詩集傳》《春秋集傳》《孟子解》《老子解》等學術著作，尤以《老子解》最具才情，他借闡釋《老子》，融合儒、道、釋三家而成一家之言。

1949 年以來，蘇氏蜀學的研究可以分爲三個階段：第一個階段，20 世紀 50 年代到 20 世紀 70 年代，爲蘇學研究的奠基期；第二個階段，20 世紀 80 年代到 20 世紀末，爲蘇學研究的形成期；第三個階段，21 世紀初到 21 世紀 20 年代，爲蘇學研究的發展期。

一

20 世紀 50 年代到 70 年代，是蘇氏蜀學研究的第一個階段，即蘇學研究的奠基期。這一時期，蘇氏蜀學的研究尚未受到人們足夠的重視。正如王國炎所指出："解放後，蘇軾哲學仍然没有受到應有的重視。迄今爲止，没有一本從思想史、哲學史的角度研究蜀學或蘇軾的專著。研究蘇軾哲學的論文也寥若晨星。五六十年代，只有侯外廬先生主編的《中國思想通史》對蜀學作了初步的、簡略的介紹。七十年代，林彪、'四人幫'搞所謂的儒法鬥爭史，搞陰謀史學，把蘇軾打成儒家、保守派、兩面派，予以全盤否定。八十年代，蘇軾傳記、文藝作品、文藝理論和政治思想研究有了長足的進展，但蘇軾哲學研究仍然停滯不前。"② 這種狀況迄今都没有得到明顯改善，通行的中國哲學史教材均没有給予三蘇一席之地。任繼愈主編《中國哲學史》③，孫叔平著《中國哲學史稿》④，勞斯光著《中國哲學史》⑤，肖萐父、

———————————

① 漆俠：《宋學的發展和演變》，河北人民出版社，2002 年版，第 26 頁。
② 王國炎：《東坡新論》，江西人民出版社，1988 年版，第 4 頁。
③ 任繼愈主編：《中國哲學史》，人民出版社，1964 年版。
④ 孫叔平：《中國哲學史稿》，上海人民出版社，1981 年版。
⑤ 勞斯光：《中國哲學史》，臺北三民書局股份有限公司，1983 年版。

李錦全主編《中國哲學史》①，馮達文、郭齊勇主編《新編中國哲學史》②，馬克思主義理論研究和建設工程重點教材《中國哲學史》③，北京大學哲學系主編《中國哲學史》（第2版）④ 等通行教材均未提及三蘇的名字。幾部重要的中國哲學史研究著作，如馮友蘭著《中國哲學史新編》⑤，張岱年著《中國哲學大綱》⑥，郭齊勇主編《中國哲學通史》⑦ 亦未給予三蘇以應有的關注。可見，放在中國哲學史的視域來看，哲學界尚未給予三蘇尤其是蘇軾以哲學家的地位。

與哲學界對三蘇的忽略不同，思想史界較早對三蘇給予了關注。中國大陸最早關注蘇氏蜀學研究的是侯外廬先生。20世紀50年代，侯外廬主編的《中國思想通史》⑧ 即對蘇氏蜀學予以介紹。該書第四卷上冊第十二章第二節以"蜀學學風和蘇氏唯心主義思想"爲題介紹了蘇氏蜀學的主要特點。侯外廬在其主編的《中國思想史綱》第三篇第三章第二節"北宋唯心主義道學的形成"中，以"蜀學的唯心主義理論"爲題，扼要介紹了三蘇的蜀學思想。作者指出："如果說洛學是隱蔽的三教合一，蜀學則更公開地倡言以佛教、道教的思想爲内容。"⑨ 20世紀60年代，中國臺灣出現了兩部三蘇著述的整理本：一部是1966年由臺北藝文印書館出版的蘇轍著述《論語拾遺》；另一部是1969年由臺北大學文選社出版的蘇民撰《三蘇著述考》。這一時期，中國大陸由於受"文化大革命"的影響，包括蘇氏蜀學在内的學術研究基本上處於停滯狀態，即便偶有文章發表，也屬於政治批判性質，學術創見乏善可陳。

二

歷史的車輪駛入20世紀80年代，蘇氏蜀學的研究也進入了第二個階段，即蘇學研究的發展期。20世紀70年代末期，中國大陸實施了改革開放的基本國策。改革開放的基本國策，猶如一股春風吹醒了凝凍多年的中國大陸的學術思想界。隨着改革開放的深入開展，大陸思想文化界也開始活躍起來，到20世紀80年代出現了"文化熱"。在"文化熱"的影響與催生下，1980年9月，中國蘇軾研究學會於四川眉山成立。從此，中國大陸的蘇軾研究

① 肖萐父、李錦全主編：《中國哲學史》，人民出版社，1984年版。
② 馮達文、郭齊勇主編：《新編中國哲學史》，人民出版社，2004年版。
③ 中國哲學史編寫組：《中國哲學史》，人民出版社，2012年版。
④ 北京大學哲學系中國哲學教研室主編：《中國哲學史》，北京大學出版社，2020年版。
⑤ 馮友蘭：《中國哲學史新編》，人民出版社，1988年版。
⑥ 張岱年：《中國哲學大綱》，中國社會科學出版社，1992年版。
⑦ 郭齊勇主編：《中國哲學通史》，江蘇人民出版社，2021年版。
⑧ 侯外廬主編：《中國思想通史》，人民出版社，1956年版。
⑨ 侯外廬主編：《中國思想史綱》上冊，中國青年出版社，1963年版，第295頁。

有了自己的組織機構。以此爲契機，三蘇研究取得了迅猛的發展，表現爲研究隊伍不斷壯大、研究成果不斷涌現，但此一時期的三蘇研究主要集中於三蘇的生平考證、作品輯佚與文學作品及其文藝理論方面。這一時期，一批文獻整理成果相繼問世，爲蘇氏蜀學的研究打下了良好的文本基礎。由孔凡禮點校的《蘇軾詩集》，1982 年由中華書局出版；同樣由孔凡禮點校的《蘇軾文集》，1986 年由中華書局出版。劉尚榮著《蘇軾著作版本論叢》，1988 年由巴蜀書社出版。

20 世紀 80 年代初期，哲學界尚未關注三蘇。由辛冠潔、丁健生、蒙登進主編的《中國古代著名哲學家評傳》，1981 年由齊魯書社出版，該書對於三蘇未曾提及。同樣由辛冠潔、丁健生、蒙登進主編的《中國古代著名哲學家評傳》（續編），該書 1982 年由齊魯書社出版，該書亦未將三蘇納入其視野。20 世紀 80 年代中期，史學界與哲學界幾乎同時發現蘇氏蜀學的學術存在，開始給予蘇氏蜀學以更多的關注。1984 年，鄧廣銘先生在杭州中國宋史學會年會上做了題爲《略談宋學——附說當前國內宋史研究情況》①的主旨演講。鄧先生指出：“因爲要‘致廣大’，所以要經世致用，都有其治國平天下的抱負；因爲要‘盡精微’，所以都要對儒家學說的義理進行深入的探索。這二者，可以概括爲宋學家們所都具有的特點。倘若這樣的概括基本無誤，則北宋的范仲淹、歐陽修、李覯、司馬光以及三蘇等人，也全都可以歸入宋學家這一流派之內的，儘管他們的相互之間，以及他們與上文所舉諸代表人物之間的思想見解有大不相同之處。”②鄧先生 1984 年就提出將三蘇視爲宋學家來研究，這在史學界是有先見之明的。由嚴北溟先生主編的《哲學大辭典·中國哲學史卷》，1985 年由上海辭書出版社出版。該書爲蘇軾、蘇轍列了條目，未見蘇洵條目。該書“基本上反映了中國哲學史研究的最新成果。但是，該書對蘇軾哲學的評價基本上仍是沿襲《中國思想通史》的觀點，而且還出現了不應有的常識性錯誤——把蘇轍的文集《欒城集》歸到蘇軾名下”③。之所以出現這種常識性錯誤，恐怕與哲學史界對蘇軾、蘇轍的疏忽與陌生有關，但其畢竟肯定了蘇軾、蘇轍在中國哲學史上的地位。該卷此後收入馮契先生主編的《哲學大辭典》，1992 年由上海辭書出版社出版。此次再版修改了單行本中的常識性錯誤，稱“其思想特點是儒、佛、道三家合一”④。

思想史界，較早將蘇洵、蘇軾納入思想史範疇進行考察的是賈順先、戴大祿主編的《四川思想家》，該書 1988 年由巴蜀書社出版。該書介紹了 20 位巴蜀思想家，包括蘇洵、蘇軾父子，但沒有將蘇轍列入其中。舒大剛所撰《蘇洵》，載入該書。舒大剛以“蘇洵的哲學思想”爲題，介紹了蘇洵的“唯物論的反映論”“事物矛盾的觀念”及其“進步的歷史觀”。作者指出：“‘蜀學’的開山始祖蘇洵，既是文學巨匠，又是議論縱橫的思想家。在他的思想

① 鄧廣銘、徐規主編：《宋史研究論文集》（1984 年年會編刊），浙江人民出版社，1987 年版。
② 鄧廣銘：《鄧廣銘治史叢稿》，北京大學出版社，1997 年版，第 174 頁。
③ 王國炎：《東坡新論》，江西人民出版社，1988 年版，第 5 頁。
④ 馮契：《哲學大辭典》，上海辭書出版社，1992 年版，第 744 頁。

中，不乏閃光的珍珠。他在認識論方面和矛盾觀方面，都有許多合符唯物主義辯證法的體會。在社會歷史觀方面，當理學家大談性命義理，扼殺人性之時，他獨舉一幟，大談'人情'，這是很可貴的。"① 張維所撰《蘇軾》，亦收入該書。張維以"蘇軾的宇宙觀""蘇軾的發展觀"以及"蘇軾的認識論"爲題，介紹了蘇軾的宇宙觀、矛盾觀、認識論思想。作者指出："蘇軾的哲學思想是很複雜的，他將儒、佛、道的思想揉（糅）合在自己的哲學中，形成一個複雜的思想體系。正因爲這樣，所以他的哲學在中國哲學史上占有重要地位。在宋代以前，儒、佛、道雖然同時并存，但是它們相互之間并沒有結成統一體，有時還相互排斥。宋代以來，儒、佛、道已經有合流的趨勢，蘇軾的思想就代表了這種趨勢。儒、佛、道的合流是由程朱理學最終完成的，但蘇軾在這個過程中所起的作用則是不容忽視的。"② 這表明四川思想史界早在 20 世紀 80 年代就將蘇洵、蘇軾納入重要思想家的行列了。

哲學史界，較早將蘇氏蜀學納入中國哲學史考察範疇的是武漢大學蕭萐父先生。《中國哲學史史料源流舉要》是由蕭萐父教授 20 世紀 80 年代以來的講課提綱整理而成。其中第十講《宋元明哲學史料》專列《蜀學》一目，雖然只有寥寥數行，但畢竟將蘇氏蜀學納入中國哲學史的教學與研究範疇，這與此前中國哲學史界對蘇氏蜀學的漠視是截然不同的。作者指出："蘇氏兄弟在宋初儒學復興的思潮中，主張融會儒、釋、道三家，其著作中涉及了一些重要哲學理論問題，需要研究。"③ 與此相先後，石訓等著《北宋哲學史》④，1987 年由河南人民出版社出版。該書是當時國內外首部北宋斷代哲學史，它將研究視點投放在蘇軾身上，將其作爲哲學家加以審視。作者認爲："他既是北宋繼歐陽修之後的文壇巨擘，又是蜀學的領袖人物。他領導的蜀學一方面和洛學爭奪正宗的地位，另一方面又對王安石的新學從理論上展開鬥爭，在北宋中後期的思想史上也占有一定的地位。"該書第五編第十六章以"蘇軾的哲學思想"爲題，簡要介紹了蘇軾"道生萬物"的客觀唯心主義宇宙觀、"動而不息"的樸素辯證法思想、"不說不觀"的神秘唯心主義的不可知論。可見，哲學史界開始承認蘇軾在北宋哲學史上的地位，但并沒有將其放在中國哲學史的重要地位。

宋史學界，較早提倡研究蜀學的是四川大學歷史系教授胡昭曦先生。"他從 20 世紀 80 年代開始關注和研究蜀學，發表了數十篇（部）相關研究論著，是蜀學研究重新得到學界重視的主要宣導者。"⑤ 1989 年，胡昭曦先生在重慶市政協、重慶市地方史研究會舉辦的"重慶城市研究學術報告會"上所做的學術報告中稱："宋代'蜀學'應不只指蘇氏父子一支，在當時四川地區還同時發展着的其他學術支派，也應是'蜀學'的一個組成部分。"⑥ 1994 年，胡昭曦先生與張茂澤先生合作發表《宋代蜀學芻論》一文，就蜀學的概念、宋代蜀學的

①　舒大剛：《蘇洵》，賈順先、戴大禄主編《四川思想家》，巴蜀書社，1988 年版，第 236 頁。
②　張維：《蘇軾》，賈順先、戴大禄主編《四川思想家》，巴蜀書社，1988 年版，第 270 頁。
③　蕭萐父：《中國哲學史史料源流舉要》，文津出版社，2017 年版，第 291 頁。
④　石訓等著：《北宋哲學史》，河南人民出版社，1987 年版。
⑤　粟品孝：《胡昭曦先生對蜀學研究的宣導與踐行》，《蜀學》第十九輯，巴蜀書社，2021 年版。
⑥　胡昭曦：《胡昭曦宋史論集》，西南師範大學出版社，1998 年版，第 66 頁。

源流、特色、歷史地位與影響等問題進行了初步探討。“這篇文章後來發展成《宋代蜀學研究》一書，成爲現代學術界第一部以‘蜀學’命名的專著。”① 由胡昭曦、劉復生、粟品孝撰寫的《宋代蜀學研究》，1997 年由巴蜀書社出版。在該書後記中，胡昭曦先生指出：“八十年代初期，我們就開始探討有關宋代蜀學的一些問題，着手發掘和廣泛搜集資料，撰寫和發表了相關的學術論文。”② 在胡先生的觀念裏，“蜀學”泛指宋代巴蜀地區的學術思想，并非是三蘇學術思想的專稱。

胡昭曦先生以“蜀學”泛指宋代巴蜀地區的學術思想的觀點，得到了蜀中學者的廣泛認可。此前四川省社會科學院蔡方鹿研究員和四川大學舒大剛教授曾經以“蜀學”命名三蘇的學術思想。1987 年，蔡方鹿在《社會科學研究》第 3 期發表論文《二蘇論“道”及蜀學學風》，曾以“蜀學”代指三蘇的學術思想③。幾乎同時，舒大剛也以“蜀學”專指三蘇的學術思想④。蔡氏此後的著述如《魏了翁評傳》⑤ 专著，以及《魏了翁與宋代蜀學》⑥《魏了翁集宋代蜀學之大成》⑦ 等文章，舒氏此後的著述如收入《蜀學論衡——舒大剛學術論集》⑧ 的《蜀學的流變及其基本特徵》《蜀學三事》等文章，均以“蜀學”指稱宋代巴蜀地區的學術文化。

由於 20 世紀 80 年代中後期，中國大陸一直沉浸在“西學熱”中，思想文化領域出現了一些無序現象。作爲對“西學熱”的反撥，90 年代初期，中國大陸出現了“國學熱”。在“國學熱”的影響與催生下，中國大陸出現兩種關於宋代歷史與文化的研究集刊，即由漆俠先生主編的《宋史研究論叢》（1990）和四川大學古籍整理研究所主編的《宋代文化研究》（1991）。這兩種集刊的創辦，對大陸的宋代歷史文化研究起到了有力的推動作用。在這次“國學熱”中，三蘇尤其是蘇軾成爲學術界和讀書界關注的熱點人物。陳宏天、高秀芳點校《蘇轍集》，1990 年由中華書局出版。曾棗莊、金成禮箋注《嘉祐集箋注》，1993 年由上海古籍出版社出版。四川大學中文系唐宋文學研究室編《蘇軾資料彙編》，1994 年由中華書局出版。這些基本文獻和資料彙編的出版，爲三蘇生平、作品及文學思想的研究提供了良好的文本支撐。

直到 20 世紀末，大陸雖然出現了專門研究蘇軾哲學思想的著作，但還沒有出現以三蘇蜀學作爲整體研究對象的學術專著，儘管偶有著述涉及蘇氏蜀學，但關於蘇氏蜀學全面而系統的研究成果尚未出現。謹就所見，略述如下：

王國炎著《東坡新論》，1988 年由江西人民出版社出版。陳正夫先生爲該書作序說：

---

① 粟品孝：《胡昭曦先生對蜀學研究的宣導與踐行》，《蜀學》第十九輯，巴蜀書社，2021 年版。
② 胡昭曦、劉復生、粟品孝：《宋代蜀學研究》，巴蜀書社，1997 年版，第 394 頁。
③ 蔡方鹿：《二蘇論“道”及蜀學學風》，《社會科學研究》1987 年第 3 期。
④ 舒大剛：《蘇洵》，賈順先、戴大禄主編《四川思想家》，巴蜀書社，1988 年版，第 236 頁。
⑤ 蔡方鹿：《魏了翁評傳》，巴蜀書社，1993 年版。
⑥ 蔡方鹿：《魏了翁與宋代蜀學》，《社會科學研究》1992 年第 6 期。
⑦ 蔡方鹿：《魏了翁集宋代蜀學之大成》，《文史雜志》1993 年第 3 期。
⑧ 舒大剛：《蜀學論衡——舒大剛學術論集》，孔學堂書局，2000 年版。

"蘇軾是北宋重要的文學家，這是衆人所共知的，但是，他作爲北宋重要的哲學家，却很少爲人們所知。其實，蘇軾在哲學上也作（做）了廣泛的涉獵，并提出許多閃爍着樸素唯物主義和樸素辯證法思想光芒的見解，是北宋時期蜀學的創始人之一和主要代表。由於種種原因，蘇軾的哲學思想自宋以後一直不爲人們所重視，長期被埋没。王國炎同志著《東坡新論》一書，在豐富史料的基礎上，分析了蘇軾思想長期以來得不到世人應有重視的原因，闡述了蘇軾家世、生平、著述以及他的哲學思想産生的社會根源和思想淵源，對蘇軾的自然觀、歷史觀、認識論、辯證法思想進行了全面的系統的論述，闡明蘇軾思想的特點和歷史地位，是當前我國學術界僅見的一部全面系統地論述蘇軾哲學思想的專著。"① 該書作者指出："儘管蘇軾在哲學上的貢獻不及程、朱、陸、王等大家，但是，蘇軾在哲學研究中'不務雷同，務出已意'的突出個性，特别是他對許多哲學問題的深刻見解和新的貢獻，值得我們深入研究、借鑒。"② 此書是建國以來最早專門研究蘇軾哲學思想的學術專著。

由歷史學者編纂的第一部大型中國歷史工具書《中國歷史大辭典》，1989 年由上海辭書出版社出版。該書"思想史卷"共收先秦子學、兩漢經學、魏晋玄學、隋唐佛學、宋明理學、近代新學以及道教、伊斯蘭教等方面的詞目 2480 條，對重要的思想家及其著作、學術派别和名詞術語均有闡釋。該書列有"蜀學""蘇軾""蘇轍"等詞條，未見"蘇洵"詞條。

石訓等著《中國宋代哲學》，1992 年由河南人民出版社出版。該書將"蘇軾的哲學思想"單列一章，放在"理學篇"，内容涉及蘇軾的生平和著作，"道之大全"的客觀唯心主義自然觀，"動而不息"的辯證法思想，"不説不觀"的神秘唯心主義的不可知論，基本上沿襲了《北宋哲學史》的結構和觀點。該書是在《北宋哲學史》的基礎上延伸而成的，是國内外第一部全面、系統地論述宋代哲學發生、發展和演變的專著。作者指出："（蘇軾）既是北宋繼歐陽修之後的文壇巨擘，又是蜀學的領袖人物。他領導的蜀學一方面和洛學争奪正宗的地位，另一方面又對王安石的新學從理論上展開鬥争，在北宋中後期的思想史上也占有一定的地位。"③

王世德著《儒道佛美學的融合——蘇軾文藝美學思想研究》，1993 年由重慶出版社出版。該書第二章以"儒道佛思想的融合"爲題，介紹了蘇軾對儒道佛美學思想的借鑒與汲取。作者指出："儒道佛三家思想的融合與發展，是蘇軾美學思想的重要特徵。"④

唐玲玲、周偉民著《蘇軾思想研究》，1996 年由臺北文史哲出版社出版。該書介紹了蘇軾生活的時代及其生平事迹，概述了蘇軾的哲學思想、社會思想、倫理思想、文藝思想、經濟思想、教育思想、美學思想及其創作成就。作者指出："蘇軾不僅是一個文學家，而且是一個思想家；我們應該把蘇軾當作一位哲學家來考察。……如果僅僅贊許蘇軾的文章，看來

——————————————

① 陳正夫：《東坡新論·序》，王國炎《東坡新論》，江西人民出版社，1988 年版。
② 王國炎：《東坡新論》，江西人民出版社，1988 年版，第 2 頁。
③ 石訓等：《中國宋代哲學》，河南人民出版社，1992 年版，第 953 頁。
④ 王世德：《儒道佛美學的融合——蘇軾文藝美學思想研究》，重慶出版社，1993 年版，第 24 頁。

似是尊蘇，而究其實是‘卑蘇’，因爲蘇軾對當時哲學界熱烈討論的道德性命等重大哲學問題，有過很高的見解和作（做）出了重要的貢獻。”①

胡昭曦、劉復生、粟品孝著《宋代蜀學研究》，1997 年由巴蜀書社出版。該書就宋代蜀學的主要學派，宋代蜀學的興衰、特色、地位與影響等問題進行了系統的探討。該書開門見山指出：“中國古代有許多學術，派別的、地區的、主流的、非主流的，等等。對於這些學術的研究，有的比較充分，有的則甚爲不够，‘蜀學’就是這些研究中甚爲不够的古代學術之一。”②

朱剛著《唐宋四大家的道論與文學》，1997 年由東方出版社出版。該書第五章以“蘇學：自由與審美的道”爲題，探討了蘇軾之道的三個層面及其審美内涵，認爲蘇氏之道包含性命、器識、議論文章三個層面，亦即包含其哲學思想、政治思想與文學思想；對蘇學的歷史地位給予了較高的評價，作者指出：“我們對於蘇學，應有這麼一個評價：從哲學史的角度看，它擁有過一段歷史時期；從哲學本身看，它是繼承着歐陽修，與‘新學’對立，與二程理學同屬‘元祐之學’，足以與程朱分庭抗禮，并先於之而流行的一家之學，在韓愈之後興起的唐宋諸家‘道學’之林中，占有很重要的一席。蘇學應該被寫入哲學史。”③

余敦康著《内聖外王的貫通——北宋易學的現代闡釋》，1997 年由學林出版社出版。該書第四章以“蘇軾的《東坡易傳》”爲題，闡述了蘇軾易學的特色，揭示了蘇軾關於自然之理與人事之功、卦爻結構與義理内涵的關係的觀點，以及蘇軾的文化價值理想。

粟品孝著《朱熹與宋代蜀學》，1998 年由高等教育出版社出版。該書“主要從朱熹與非理學的蘇氏蜀學、與近於理學的范祖禹學術和以譙定、張栻、魏了翁爲代表的四川理學的聯繫諸方面，探討了朱熹與宋代蜀學的密切關係”④。作者指出：“最值得注意的是，朱熹對蘇氏蜀學采取了辯證的態度。在當時儒、釋、道三教之爭和學派之爭甚爲激烈的情況下，朱熹站在理學正統立場，對非理學的蘇學進行了長期、全面和深入的批評，甚至貶以‘雜學’，斥爲‘邪學’，影響極爲深遠；但往往爲後來學人所忽視的是，朱熹對蘇學之於理學所具有的互補性和共通性有着較高的理性認識，并在‘集大成’的學術構建中認真鑒別，着力吸取，其中在《論語》學、《詩》學、《書》學以及讀書法等方面尤爲突出。”⑤

黄開國、鄧星盈著《巴山蜀水聖哲魂——巴蜀哲學史稿》，2001 年由四川人民出版社出版。該書第三章第三節以“絶代文豪哲學觀”爲題，集中介紹了蘇軾道爲萬物本源的本體論思想。

另有幾部較有影響的儒學史、經學史和老學史著作，亦將蘇氏蜀學寫入其中。

趙吉惠、郭厚安、趙馥潔、潘策主編《中國儒學史》，1991 年由中州古籍出版社出版。

① 唐玲玲、周偉民：《蘇軾思想研究》，臺北文史哲出版社，1996 年版，第 196-197 頁。
② 胡昭曦、劉復生、粟品孝：《宋代蜀學研究》，巴蜀書社，1997 年版，第 1 頁。
③ 朱剛：《唐宋四大家的道論與文學》，東方出版社，1997 年版，第 111 頁。
④ 粟品孝：《朱熹與宋代蜀學》，高等教育出版社，1998 年版，第 198 頁。
⑤ 粟品孝：《朱熹與宋代蜀學》，高等教育出版社，1998 年版，第 199 頁。

該書第四編第二章第六節以“理學創建期的對立學派——荆公新學與三蘇蜀學”爲題，簡要介紹了三蘇蜀學，稱：“三蘇在文學史上的影響遠甚於儒學。……而在儒學史上，三蘇則與王安石一道，被視作‘雜學’。”[①]

熊鐵基、馬良懷、劉韶軍著《中國老學史》，1997年由福建人民出版社出版。該書第六章第四節以“蘇轍的老子思想”爲題，闡述了蘇轍有關道的性質的觀點。作者指出：“蘇轍《老子解》中對於老子思想的研究，在思想傾向上不專主一家，明顯地帶有融會佛儒思想於道家的特點。《老子解》是采取爲《老子》做注的形式闡發有關的思想，而以求道爲根本宗旨。”[②]

韓鐘文著《中國儒學史·宋元卷》，1998年由廣東教育出版社出版。該書第六章第二節以“眼光開放、縱橫超曠的蘇氏蜀學”爲題，介紹了蘇軾的生平、蘇氏蜀學的崛起及其學術精神以及蘇氏蜀學的主導精神。

湯一介、李中華主編《中國儒學史》，2011年由北京大學出版社出版。該書第九章以“蘇軾的儒學思想”爲題，介紹了蘇軾儒學關於性與道、禮樂的觀點及其與釋道之間的關係。作者認爲：“蘇氏父子的‘蜀學’在北宋儒學史上有着極爲重要的地位，與二程‘洛學’、王安石‘新學’并立。雖在思想的系統性和深刻性上，蘇軾與張載、二程等人相比尚有距離，但仍能卓然獨立，自成一家。”[③]

高明峰著《北宋經學史論》，2018年由人民出版社出版。該書第四章用一節篇幅扼要介紹了蘇氏蜀學，將蜀學的特點概括爲懷疑經傳與義理解經，以權變解經、兼融釋老，以人情解經等三個方面。

這一時期，涉及蘇氏蜀學的著作在歐美國家也有出現[④]。主要有：

1982年美國學者包弼德（Peter A. Boodberg）撰寫了博士論文《中國十一世紀的文與道之争》（*Culture and the Way in Eleventh Century China*），論文認爲應該對蘇軾在中國思想史上的地位予以準確定位，他從蘇軾前期散文中歸納出蘇軾的哲學觀點，并在《〈蘇氏易傳〉研究》中進一步探索了蘇軾的《易》學及哲學思想。這大概是20世紀海外學者最早關注蘇氏蜀學的著作，令人感慨的是，幾乎與國内同步。

美國學者包弼德著《斯文：唐宋士大夫哲學思想的轉型》（*This Culture of Ours：Intellectual Transitions in Tang and Sung China*），1992年由斯坦福大學出版社出版英文版，2001年由江蘇人民出版社出版中文版時改名爲《斯文：唐宋思想的轉型》，2017年該書中文版得以再版。該書力求確立蘇軾對中國思想史的貢獻，尤其是他對中國文化、政治、道德與倫理的影響。

---

① 趙吉惠、郭厚安、趙馥潔等：《中國儒學史》，中州古籍出版社，1991年版，第564頁。
② 熊鐵基、馬良懷、劉韶軍：《中國老學史》，福建人民出版社，1997年版，第349頁。
③ 湯一介、李中華主編：《中國儒學史》，北京大學出版社，2011年版，第231頁。
④ 詳參方燚著《美國漢學界的蘇軾研究》，中國社會科學出版社，2018年版。

美國斯坦福大學艾朗諾（Ronald Egan）教授堪稱英語世界蘇軾研究成就最爲突出的學者，他於 1994 年在哈佛大學出版社出版了學術專著《蘇軾人生中的言、象、行》（*Word, Image and Deed in The Life of Su Shi*）。該書系統全面地論述了蘇軾的文學藝術、政治哲學、貶謫心態等，并以蘇軾生平爲序，對蘇軾的詩、詞、書、畫及其學術著作《易傳》《尚書解》進行了研究，探討了蘇軾的政治思想、政治實踐以及佛道思想對其創作的影響。

三

21 世紀初直到 21 世紀 20 年代，蘇氏蜀學的研究進入第三個階段，即蘇學研究的發展期。這一時期，出現了一批三蘇著述整理的集大成之作，同時出現了一批較有分量的蘇氏蜀學研究成果。邱少華點校《蘇洵集》，2000 年由中國書店出版。曾棗莊、舒大剛主編《三蘇全書》，2001 年由語文出版社出版。張志烈、馬德富、周裕鍇主編《蘇軾全集校注》，2010 年由河北人民出版社出版。黃任軻、朱懷春校點《蘇軾詩集合注》，2011 年由上海古籍出版社出版。鄒同慶、王宗堂校注《蘇軾詞編年校注》，2016 年由中華書局出版。舒大剛擔任總編纂，由卿三祥、李景焉編著《蘇軾著述考》，2016 年由四川大學出版社出版。舒大剛、李文澤主編《三蘇經解集校》，2017 年由四川大學出版社出版。楊觀、陳默、劉芳池編《蘇轍資料彙編》，2018 年由中華書局出版。金生楊編《蘇洵著述合刊》，2018 年由廣陵書社出版。金生楊編《三蘇後裔著述合刊》，2018 年由廣陵書社出版。金生楊編《三蘇經解版本匯萃》，2019 年由北京燕山出版社出版。曾棗莊主編《三蘇文化大辭典》，2020 年由巴蜀書社出版。樂山師範學院圖書館編《三蘇文化研究資料索引》，2020 年由國家圖書館出版社出版。這些文獻資料和工具書的刊行，爲蘇氏蜀學的研究提供了很好的文獻基礎和檢索便利。更爲可喜的是，一些以研究宋學、蜀學或蘇學爲主的期刊（集刊）如雨後春笋般相繼出現。《新宋學》，2001 年創刊；《中國蘇軾研究》，2004 年創刊；《蘇軾研究》，2005 年創刊；《蜀學》，2006 年創刊；《宋學研究集刊》，2008 年創刊；《蜀學研究》，2021 年創刊。這些期刊（集刊）的創辦，爲蘇學研究者提供了更多的發表平臺，標志着蜀學尤其是蘇學的研究進入了一個新時期。

這一時期，出現了一批研究蘇氏蜀學的學術專著。主要有：

臺灣學者陳正雄著《蘇轍學術思想述評》，2000 年由臺北文史哲出版社出版。該書在介紹蘇轍生平的基礎上，探討了蘇轍的政治思想、軍事思想、財政思想、文藝思想及其思想淵源，探討了儒、釋、道三家對蘇轍學術思想及其文學創作的影響。此書大約是 21 世紀以來最早專門探討蘇轍學術思想的學術專著。

李廣揚、李勃洋著《瀟灑人生——蘇軾與佛禪》，2001 年由河南人民出版社出版。該書簡要介紹了蘇軾研習佛經的情況，描述了蘇軾與佛教僧徒的交往，闡述了蘇軾關於儒、佛、道互補的觀點，以及佛教尤其是禪宗對蘇軾思想學術、詩文創作及其書畫藝術的影響。

金生楊著《〈蘇氏易傳〉研究》，2002 年由巴蜀書社出版。該書考索了《蘇氏易傳》的撰著與流傳情況，介紹了其經學成就、思想特色，全面梳理了蘇氏易學思想的形成與發展歷程。

李冬梅著《蘇轍〈詩集傳〉新探》，2006 年由四川大學出版社出版。該書概述了蘇轍《詩集傳》的撰著過程、版本流傳及其經學成就，闡述了蘇轍《詩集傳》的思想內涵，該書"嘗試與同時代的、前後期的思想家或西洋哲學作（做）比較，以帶出子由思想的優點與不足之處"①。

臺灣學者吳叔樺著《蘇轍學術思想研究》，2007 年由臺灣萬卷樓圖書股份有限公司出版。該書內容涉及蘇轍的哲學、經學、史學、經世、文藝等思想，對蘇轍的經學著述做了簡明扼要的介紹。作者認爲，蘇轍的學術思想有體有用，以其哲學思想爲體，以其經世思想爲用，具有濃厚的實用色彩和經世目的。

谷建著《蘇轍學術研究》，2009 年由光明日報出版社出版。該書在對蘇轍著述文本分析與梳理的基礎上，探討了蘇轍經學著作的基本觀點、成熟過程及其學術地位。

達亮著《蘇東坡與佛教》，2009 年由四川大學出版社出版。該書以蘇軾的禮佛生活爲研究對象，從他所受家庭的熏陶、習佛的因緣契入，描述了蘇軾的奉佛事迹及其與禪師交游的情況，闡釋了蘇軾援禪入儒、禪儒融合的學術思想與創作風格。

楊軍撰《蘇軾講周易——白話〈東坡易傳〉》，2010 年由長春出版社出版。該書用現代漢語翻譯解讀了《東坡易傳》，具有通俗易懂的特點，適合初學者入門使用。作者指出："《東坡易傳》，又稱《毗陵易傳》《蘇氏易解》，是理學支派蜀學的核心著作。"②

葉平著《三蘇蜀學思想研究》，2011 年由河南大學出版社出版。該書從三蘇的情本論出發，對三蘇的性命之學、修養之學進行了系統的探討。此書爲國內第一部全面研究三蘇蜀學的學術專著，具有篳路藍縷的開創之功。

李蒙洲編譯《吃透道德經》，2012 年由新世界出版社出版。該書在校譯《道德經》的同時，又將王弼和蘇轍對《道德經》的注解置於其後，加以意譯。

徐建芳著《蘇軾與〈周易〉》，2013 年由中國社會科學出版社出版。該書探討了《周易》在蘇軾治學中的地位，《周易》對蘇軾處世態度以及文學修養、文藝創作和審美鑒賞方面的影響，試圖挖掘蘇軾樂觀曠達的人生態度及其文藝成就的哲學基礎。

劉燕飛著《蘇軾哲學思想研究》，2014 年由人民出版社出版。該書將蘇軾的哲學思想分爲天道哲學、心性哲學、人生哲學、藝術哲學、政治哲學五個方面，探討了蘇軾哲學思想不

---

① 吳叔樺：《蘇轍學術思想研究·自序》，臺灣萬卷樓圖書股份有限公司，2007 年版，第 2 頁。
② 楊軍：《蘇軾講周易——白話〈東坡易傳〉》，長春出版社，2010 年版，第 1 頁。

同側面的内涵，歸納了蘇軾哲學思想的基本特點及其對現代社會的啓示，是 21 世紀國内第一部全面系統地探討蘇軾哲學思想的專著。

李廣揚著《融通三教師法自然——蘇軾自然觀》，2014 年由海天出版社出版。該書簡要論述了蘇軾的天道觀、人性論及科技觀。作者指出："蘇軾的自然觀、科技觀領先其所處時代，他對當時的科技進步和生産發展曾做出了巨大貢獻。"①

達亮著《蘇轍與佛教》，2014 年由臺北文津出版社出版。該書以蘇轍的佛教思想爲研究對象，從他所受家庭的熏陶、習佛的因緣契入，描述了他寄寓佛禪、禪林交游，以及在學街領域融攝經典的基本情況，旨在揭示蘇轍與佛教有關的"凛然自一家，豈與衆人争"的思想因緣與創作風格。

這一時期，也出現了一些并非專門研究蘇氏蜀學，但内容涉及蘇氏蜀學的學術著作。主要有：

盧國龍著《宋儒微言》，2001 年由華夏出版社出版。該書辟專章介紹了王安石新學和蘇氏蜀學，以"由是而之焉"與"理勢相推"來分别概括新學與蜀學的運思理路，從歷史與邏輯相統一的高度，揭示了宋代儒學所展現出的多元性與開放性。

漆俠先生著《宋學的發展和演變》，2002 年由河北人民出版社出版。該書探討了蘇蜀學派及其對《易》《老子》哲學思想的闡發，勾勒了蘇軾蜀學與程頤洛學在思想領域中的對立情況，對於蘇氏蜀學的特色給予了獨到的概括："不論蘇氏父子在宋學上的成就如何，就其學術思想而言，則是立足於儒而攝取其他諸家學説的。從政治上看，在變法反變法鬥争的過程中，蘇軾是多變的，這種變是倒退和前進兼而有之。就其思想狀態看，儒、釋、老莊思想是色色俱全的，往往隨着他的政治經歷以及倒退和前進多變之中表現在他的作品中，從而在瑰麗恢奇之中夾雜着無名的衰颯。"②

蔡方鹿著《宋代四川理學研究》，2003 年由綫裝書局出版。該書第四章以"理學與三蘇蜀學"爲題，介紹了蘇氏蜀學的學風及其治學特徵，探討了蘇氏蜀學與理學的异同。作者認爲，儒、釋、道三教合一是蘇氏蜀學學派的治學特色，而在認同儒家倫理的基礎上，較爲重視自然之人情，則是蘇氏蜀學的學術宗旨。

冷成金著《蘇軾的哲學觀與文藝觀》，2003 年由學苑出版社出版。該書上篇以"蘇軾的哲學觀"爲題，集中介紹了蘇軾的哲學思想。作者認爲，蘇軾所構建的是一種情本論的哲學體系。"蘇軾的這種情本體的哲學是對儒、釋、道三家哲學的整合與超越。……蘇軾的思想决不是有人所説的什麽'大雜燴'，而是中國哲學發展到宋代的一種有機的整合，這種整合上升到了形而上的高度，并與性、理、道相融爲用，形成了自己的完整而又獨具特色的理論體系。"③

---

① 李廣揚：《融通三教師法自然——蘇軾自然觀·前言》，海天出版社，2014 年版，第 2 頁。
② 漆俠：《宋學的發展和演變》，河北人民出版社，2002 年版，第 27 頁。
③ 冷成金：《蘇軾的哲學觀與文藝觀》，學苑出版社，2003 年版，第 707-708 頁。

胡昭曦先生著《宋代蜀學論集》，2004 年由四川人民出版社出版。該書收入作者 1985
年到 2002 年間發表的有關論文 13 篇。這些論文主要從歷史學的角度，對宋代蜀學進行學案
式清理和學術史研究，探索了宋代蜀學的研究範圍，勾勒出宋代蜀學從形成、繁盛、轉型、
再盛，直至轉移、衰落的發展軌迹，論析了各發展階段的基本情況、社會背景、特點及其主
要原因，内容涉及蘇氏蜀學與洛學、閩學、湖湘學的關係。

李仁群、程梅花、夏當英著《道家與中國哲學》（宋代卷），2004 年由人民出版社出版。
該書第八章以"蘇氏蜀學與道家"爲題，概述了蘇氏蜀學的基本内涵、蘇軾與道家、蘇轍與
儒釋道的關係。作者指出："三蘇作爲思想家，和中國古代大多數思想家一樣，最爲關注的
是社會治亂興亡之道，即治道，因而政論和史論在他們的思想體系中居於中心地位，而專門
論述世界觀即天道的文章則極少。但他們的人生觀和社會歷史觀都建立在一定的世界觀之
上，以天道爲根據，所以他們都既是政論家又是哲學家。"①

壽勤澤著《中國文人畫思想史探源——以北宋蜀學爲中心》，2009 年由榮寶齋出版社出
版。該書第一章第二節以"蜀學的興起與元祐文士集團的形成"爲題，介紹了蜀學學派的興
起與發展，蜀學的異端性質及其思想特點。

楊勝寬著《蘇軾與蘇門文人集團研究》，2010 年由四川人民出版社出版。該書由"蘇軾
論""蘇軾與蘇門人士論"以及兩篇"附錄"構成。"蘇軾論"收入作者近年所作有關蘇軾的
論文 11 篇，内容涉及蘇軾的哲學思想、文化觀念、經學著述、藝術個性、人生經歷與政治
變革的關係等，反映了作者對蘇軾作爲中國古代文化巨人的思考與關注。

吕變庭、張婷著《宋學講習概論》，2016 年由科學出版社出版。該書第五講第三部分以
"二蘇與蜀學學派"爲題，簡要勾勒了蘇洵、蘇軾對於宋代儒學的貢獻。該書稱："相對於洛
學與關學，蜀學不純，很雜，且異端色彩較明顯。"②

朱剛著《蘇軾蘇轍研究》，2019 年由復旦大學出版社出版。該書收錄《北宋學術的終
結——論蘇轍晚年思想》一文，文章認爲蘇轍之學具有"無所不通"的特點："一是貫通儒
家諸經，二是進一步貫通儒、釋、道三家，三是全面貫通文、史、哲各領域。"③ 作者指出，
"從歷史上看，蘇轍是北宋最後一個具有這種特點的著名人物……所以，蘇轍之學乃是北宋
學術的終結。"④

古嶼鑫著《蘇洵文化理想研究》，2020 年由社會科學文獻出版社出版。該書從經與史的
相互闡釋、理與勢的相互關係出發，探索了蘇洵思想包括其經學思想的形成與宋初社會思潮
的互動關係，從而把握了蘇洵文化理想的時代性與普遍性特質，着重探討了蘇洵的政治觀、
歷史觀、倫理觀與文學觀，是 21 世紀以來國内第一部系統探討蘇洵學術思想的專著。

① 李仁群、程梅花、夏當英：《道家與中國哲學》，人民出版社，2004 年版，第 342 頁。
② 吕變庭、張婷：《宋學講習概論》，科學出版社，2016 年版，第 158 頁。
③ 朱剛：《蘇軾蘇轍研究》，復旦大學出版社，2019 年版，第 293 頁。
④ 朱剛：《蘇軾蘇轍研究》，復旦大學出版社，2019 年版，第 293 頁。

彭華著《印川集·蜀學散論》，2020 年由中國社會科學出版社出版。該書收入作者關於蘇氏蜀學的論文兩篇，爲《蘇軾與禪師的交往及其影響——兼論蘇氏蜀學與三教會通》《博求"三通"——蘇氏蜀學的形神與風骨》。文章簡要介紹了蘇軾與禪師如慧辯、辯才、梵臻、懷璉、契嵩、清順、守詮、仲殊、守欽、了元、道潛、常總、承皓等的交往，以及禪師對蘇軾文學創作與學術思想的影響，認爲蘇氏蜀學具有"打通古今""融通百家""會通三教"的特點。

除此之外，一些學術史著作也涉及蘇氏蜀學的内容。主要有：

由李學勤主編，由朱漢民等著《中國學術史·宋元卷》，2001 年由江西教育出版社出版。該書第五章以"蘇氏父子及其蜀學"爲題，扼要介紹了蘇氏蜀學的學派特徵，蘇氏蜀學對佛、道的吸取以及蘇氏蜀學與洛學的歧異。作者指出："蘇氏父子獨標新幟，公開援佛老入儒，建立起與理學、荆公新學相互對峙的學術思想體系，并形成了包括張耒、秦觀、黄庭堅、晁補之等文人學士在内的蜀學學派，在北宋中期學術界異軍突起，産生了巨大影響。"①

曾棗莊等著《蘇軾研究史》，2001 年由江蘇教育出版社出版。該書第八章以"'撫視三書，即覺此生不虚過'——歷代對蘇軾《易傳》《書傳》《論語説》的研究"爲題，介紹了蘇軾三經傳説的寫作過程、版本流傳情况，及其學術貢獻、内容特色。該章由四川大學古籍研究所教授舒大剛執筆。作者指出："儘管歷代學人對三蘇父子的學術著作的重視程度遠不及他們的文學作品，但是總結蘇軾研究史自然不能置他的學術著作研究史於不顧。因爲蘇軾雖以詩、詞、文等文學成就名世，但他自己却更看重他的三部學術著作。"②

劉固盛著《宋元老學研究》，2001 年由巴蜀書社出版。該書第四章第二節對蘇轍借老子而談性命之學的思想進行了分析。作者指出："蘇轍以性命之説解《老》，最終目的是試圖把'復性'作爲一座橋樑，將儒、道、釋三家連接起來，從而證明'天下固無二道'的學術宗旨。"③

尹志華著《北宋〈老子〉注研究》，2004 年由巴蜀書社出版，内容也涉及蘇軾、蘇轍的老學思想。

郝桂敏著《宋代〈詩經〉文獻研究》，2006 年由中國社會科學出版社出版。該書第三章第一節以"蘇轍的《詩集傳》"爲題，集中介紹了蘇轍關於《詩經·小序》的觀點，認爲蘇轍繼承了歐陽修對漢學的批判精神，"歐陽修對《小序》的非議還以不廢序爲前提……而蘇轍的《詩集傳》則略去《小序》後句而不觀，在廢序言詩的道路上，比歐陽修又前進了一步"④。

周淑萍著《兩宋孟學研究》，2007 年由人民出版社出版。該書介紹了蘇軾關於孟子性善

① 李學勤主編，朱漢民等著：《中國學術史·宋元卷》，江西教育出版社，2001 年版，第 132 頁。
② 曾棗莊等：《蘇軾研究史》，江蘇教育出版社，2001 年版，第 500 頁。
③ 劉固盛：《宋元老學研究》，巴蜀書社，2001 年版，第 150 頁。
④ 郝桂敏：《宋代〈詩經〉文獻研究》，中國社會科學出版社，2006 年版，第 77 頁。

論來源的考證。作者指出："蘇軾認爲孟子錯誤地把人的心理情感視爲倫理道德之善，降低了善的標準……善惡是人類進入文明社會以後對自身行爲的道德判斷，而非人性本有。據此，蘇軾認爲孟子以善指性，實際上是指情爲性，但情雖出於性，但絕不等同於性。"①

王其俊主編《中國孟學史》，2012 年由山東教育出版社出版。該書第十七章第五節以"蘇轍著《孟子解》"爲題，簡要介紹了蘇轍的孟學觀點。作者指出："蘇轍認爲孟子所言性善，只是性之所發（即故）的一部分，并非性本身，其失與荀子性惡論相同，只不過前者所言是習得其性者，而後者是習失其性者。……對於孟子的義利觀，蘇轍也不完全贊同，如他認爲仁義與利可共存，二者并不矛盾，行仁義不當論得失等等。"②

四

1949 年以來，蘇氏蜀學的研究取得了不俗的成績。然而，蘇氏蜀學的研究尚存在不盡如人意之處。概括起來，至少有以下幾個方面的問題和不足：

首先，就人物而論，重蘇軾，輕蘇洵、蘇轍。正如舒大剛所説："自北宋以來，效仿、評論和研究'三蘇'的文章史不絕編，形成氣勢不凡的'蘇學'（或'蜀學'）現象。但是，縱觀古今，這些研究多集中在蘇軾身上，而對'老蘇''小蘇'注意不够。"③ 近年來，蘇轍思想研究雖然出現了三部著作，一是大陸學者谷建的《蘇轍學術研究》，一是臺灣學者陳正雄的《蘇轍學術思想述評》，一是臺灣學者吳叔樺的《蘇轍學術思想研究》；但相較蘇軾而言，依然重視不够、成果不多。楊勝寬説："近現代以還，蘇轍研究不斷被忽視，直到現在，這種局面仍未明顯改觀。全國或國際性的蘇軾學術會已經籌備到第二十一屆，而蘇轍的全國性學術研討會，在曾棗莊先生的極力宣導和推動下，才於 2012 年在眉山召開了首屆，從内部編印的會議論文集看，不僅參會的著名學者偏少，即以收錄論文的内容看，也明顯反映出深度與廣度的嚴重不足。與蘇轍研究整體被忽視的總體狀況相關聯，其政治、哲學、歷史、軍事、文藝等方面的思想研究，有的淺嘗輒止，多人云亦云之見，有的則迄今仍屬空白，無人涉足。"④ 中國蘇軾研究學會自成立以來，每兩年召開一次學術會議，如果加上重要時間節點，如蘇軾誕辰紀念、蘇軾逝世紀念等，全國或國際性的蘇軾學術會議迄今至少已經舉辦二十四屆；而全國首屆蘇洵學術研討會 2009 年 5 月才召開，全國首屆蘇轍學術研討會直到

① 周淑萍：《兩宋孟學研究》，人民出版社，2007 年版，第 157—159 頁。
② 王其俊主編：《中國孟學史》，山東教育出版社，2012 年版，第 378—379 頁。
③ 舒大剛：《〈蘇氏易傳〉研究》序，金生楊《〈蘇氏易傳〉研究》，巴蜀書社，2002 年版，第 7 頁。
④ 楊勝寬：《重"學"與重"道"：關於蘇轍道德文章的考察》，《蜀學》第十六輯，西南交通大學出版社，2019 年版。

2012 年 11 月才舉辦。縱觀目前的研究成果，學界關於蘇洵的研究主要集中在古代文論方面①，關於蘇洵的經學思想及其對蘇軾、蘇轍影響的研究明顯存在不足。正如古嶼鑫指出："學界對北宋時期儒學的思考偏重於關注程朱理學之道德心性論，缺乏從宋儒身處的社會歷史實際狀況出發，來探尋宋儒的道德理想之踐履精神，這爲後學研究蘇洵其人及其對二蘇的影響留下了較大的可以深入探尋的領域。"②

其次，就學科而言，重文學，輕儒學、哲學。有關三蘇的文學研究堪稱火熱，儒學、哲學研究則相對冷清，表現爲文學研究隊伍龐大，且成果豐碩，而儒學、哲學研究往往不被重視，"對蘇軾的研究，又集中在文學成就上，對其學術思想則多付闕如"③。即便是僅有的研究也常常呈蜻蜓點水狀，還存在着一些模糊認識，有待進一步梳理和澄清。"建國以來，學術界對蘇軾哲學的研究從無到有，而且水準逐步提高，對問題的認識也日趨清晰、明朗，這是十分可喜的。但是，在對蘇軾哲學性質的認識上，至今還比較模糊，比較混亂"④。

再次，在僅有的蘇氏蜀學研究中，重文獻整理與個案研究，輕學派的縱向傳承與橫向關聯的考察。從縱向看，將蘇氏蜀學放在中國儒學發展史上去考量的研究明顯不足；從橫向看，將蘇氏蜀學放在唐宋儒學復興運動的大背景中，乃至北宋中後期、南宋初期社會大變革中去考量，并梳理其與同時代諸家學派的學術異同的研究更是鳳毛麟角。"如蘇軾、程頤都反對王安石變法，但在思想上也明顯地存在分歧。……蘇學、洛學與荆公學派也顯然有分歧。但是，對於他們之間的分歧，學術界幾乎還未涉及，還需要開展這方面的研究。"⑤ 漆俠先生雖然是針對 21 世紀初學術界的情況而言，但這種局面迄今未見明顯改善。由於缺乏縱向的聯繫與橫向的比較，對蘇氏蜀學在中國儒學史上的地位及其對中國儒學的貢獻乃至對後世儒學的影響，均缺乏客觀公正的評價。

最後，在對蘇氏蜀學及其後學的研究中，對於黃庭堅、秦觀、張耒、晁補之的經學著述鮮有論及，而有關三蘇對其後學在學術思想方面的影響更是關注不够。目前，僅見的幾部有關蘇氏後學著述偶有涉及其儒學思想的，如馬東瑶著《蘇門六君子研究》，列專章探討了儒學轉型中的蘇門六君子，主要涉及他們的道論及其君子小人之辨⑥；舒大剛著《三蘇後代研究》主要輯録三蘇後代行實，考辨三蘇後代文獻⑦。

蘇氏蜀學研究之所以出現這種狀況，首先與三蘇的文學成就巨大，掩蓋了他們在哲學與經學領域裏的貢獻有關。正如漆俠先生指出："在經學上，蘇氏父子亦有其獨到的造詣，對《易》《老子》哲學都有所闡發，并在元祐年間與程頤所代表的洛學相抗争，把它作爲一個學

① 毛德勝：《蘇洵古文論要》，華中師範大學出版社，2017 年版。
② 古嶼鑫：《蘇洵文化理想研究》，社會科學文獻出版社，2020 年版，第 20 頁。
③ 舒大剛：《〈蘇氏易傳〉研究》序，金生楊《〈蘇氏易傳〉研究》，巴蜀書社，2002 年版，第 7 頁。
④ 王國炎：《東坡新論》，江西人民出版社，1988 年版，第 67 頁。
⑤ 漆俠：《宋學的發展和演變》，河北人民出版社，2002 年版，第 17 頁。
⑥ 馬東瑶：《蘇門六君子研究》，北京大學出版社，2005 年版。
⑦ 舒大剛：《三蘇後代研究》，巴蜀書社，1995 年版。

派加以研究是完全必要和值得的。"① 耐人尋味的是，先後有不同學者如張維、唐玲玲、周偉民、朱剛等學者建議將三蘇尤其是蘇軾列入哲學家行列，王國炎、劉燕飛先後有關於蘇軾哲學思想研究的專著出版，但是，迄今的哲學史教材和哲學史研究著作大多未將三蘇納入其中。其次與傳統學術對蘇氏蜀學的輕視甚至有意忽視有關。南宋中期以來，由於理學意識形態起着主導作用，將包括荊公新學與蘇氏蜀學在內的儒家學派，排斥在正統儒家之外，甚至斥之爲"异端"，導致學術界對蘇氏蜀學缺乏應有的重視。其實，作爲研究對象，三蘇在文學史上的地位固然毋庸置疑，長期以來受到文學理論界的重視也在情理之中；但反映他們儒學思想的蘇氏蜀學，却長期沒有引起足夠的重視，這與三蘇在中國儒學史乃至哲學史上的貢獻與地位極不相稱。再次與蘇氏蜀學內容博大蕪雜不無關係。蘇氏蜀學具有"無所不通"的特點，縱向上貫通歷代儒家經典，橫向上貫通儒、釋、道，甚至墨、法、縱橫諸家，當代學者研究蘇氏蜀學也有極大的難度，因爲三蘇著述不僅貫通文、史、哲領域，而且涉及政治、經濟、教育、科擧、文學藝術、書法、繪畫、美學等諸多領域，其博大蕪雜的學術體系，也常常令當代學者望而生畏。胡昭曦先生指出："對於宋代四川學術研究，歷來偏重文學、史學，於哲學思想方面甚爲薄弱。近十多年來，已有學者對此重視，發表了一些論文和爲數不多的個案研究性專著；有的思想史著述中，也開始把'蜀學'列爲研究內容之一。……但是總的來說，對於宋代蜀學的研究還是方興未艾，需要在開掘上更下功夫。"② 可以說，蘇氏蜀學的研究迄今仍是一座富礦，還存在着有待開墾的處女地，尚需同道諸君努力。

需要指出的是，由於眼界與資料所限，難免挂一漏萬，缺漏與評述不當之處，敬請方家補正。

(作者單位：華僑大學新聞與傳播學院、中國蘇軾研究學會)

---

① 漆俠：《宋學的發展和演變》，河北人民出版社，2002 年版，第 422 頁。
② 胡昭曦、劉復生、粟品孝：《宋代蜀學研究》，巴蜀書社，1997 年版，第 395 頁。

性與情、無心與有心

——《蘇氏易傳》中的哲學思想與卦爻關係考辨

馬明宗

内容提要：《蘇氏易傳》是北宋時期蘇洵、蘇軾與蘇轍三蘇父子共同完成的易學著作。其中蘊含着三蘇父子寶貴的哲學思想，影響深遠。《蘇氏易傳》中蘊含的哲學闡釋不僅是受到三教融合的影響而吸收了佛老思想的結果，本質上更多的是來源於《易》學本身的學術原理。其中"卦合爻別"的解卦方式、性情説，以及對"無心""忘之""全德"等哲學問題的思考，其實都是在闡釋《周易》中卦與爻二者整體性與部分性、普遍性與特殊性的辯證關係中產生的。《蘇氏易傳》充分認識到了卦爻的辯證關係乃是《周易》的主要體例與原理之一，這是符合《周易》本義的真知灼見，也充分體現了三蘇蜀學匯合百川，而又能反乎純粹的學術特色。

關鍵詞：《蘇氏易傳》；卦合爻別；性情；無心；卦爻關係

一、關於《蘇氏易傳》

《蘇氏易傳》，又稱《東坡易傳》《毗陵易傳》，是宋代眉山三蘇父子蘇洵、蘇軾、蘇轍共同創作的易學著作，融合了三蘇父子的易學思想。此書由蘇洵草創，蘇軾修訂補充成書，其中也融入了蘇轍的諸多易學思想。此書凝結蘇氏兩代三人之力，故稱爲"蘇氏易傳"較爲妥當。蘇洵晚年習《易》甚爲用力，其詩言"十年讀《易》費膏火，盡日吟詩愁肺肝"①。對

---

① （宋）蘇洵撰，曾棗莊、金成禮箋注：《嘉祐集箋注》，上海古籍出版社，1993 年版，第 494 頁。

蘇洵的易學成就，其子蘇轍在《東坡先生墓志銘》中給予很高的評價，他説道："先君晚歲讀《易》，玩其爻象，得其剛柔、遠近、喜怒、逆順之情，以觀其詞，皆迎刃而解，作《易傳》未完，疾革，命公（蘇軾）述其志。公泣受命，卒以成書，然後千載之微言焕然可知也。"① 蘇洵撰寫《易傳》未成書而卒，蘇軾受其父之命，成《蘇氏易傳》之書。蘇轍在《蘇氏易傳》的成書中也有很多參與，蘇轍之孫蘇籀在《欒城遺言》中提道："二公（蘇軾、蘇轍）少年皆讀《易》，爲之解説。各仕它邦，而東坡獨得文王、伏羲超然之旨，公（蘇轍）乃送所解予坡。今《蒙》卦猶是公（蘇轍）解。"② 可見《蘇氏易傳》的創作，蘇洵爲發軔，蘇轍爲贊襄，蘇軾成其事。

《蘇氏易傳》體現了三蘇父子的哲學思想，是宋代重要的易學著作之一，對後世影響深遠。關於此書，宋元人即多有著録，明人陳所藴對此書評價甚高，稱其"縱橫蕩恣，奧妙汪洋""卒其意所欲達""創爲千古以前未經剖判之論，垂爲千古以後不可磨滅之見"③。明人毛晉稱《蘇氏易傳》"匯百川支流，滴滴歸源""自漢以來，未見此奇特"④。關於《蘇氏易傳》的研究，金生楊先生有《〈蘇氏易傳〉研究》一書，對該書的成書流傳、經學思想、思想特色、文藝思想等重要内容進行了全面的梳理。《蘇氏易傳》切於人事，明於治理，長於訓詁，重視義理，在融合儒釋道三教的基礎上提出了獨特的性命之學，影響深遠。

誠然，《蘇氏易傳》中的哲學思想需要放在三教融合的大背景下來考察，其中諸多思想也能從佛道兩家的思想體系中找到淵源。但是作爲一部解説《周易》的《易》傳，《蘇氏易傳》中的核心思想和學術基礎總是需要圍繞着《周易》展開的。譬如，《蘇氏易傳》中的"卦合爻別"説、性命之學、無心與有心的學説，蕴含的重要的哲學思想都是圍繞着《周易》的核心思想和體例來探討的。因此，關於《蘇氏易傳》的諸多問題需要從《易》學原理的角度來思考。

二、卦合爻别説

"卦合爻别"的解卦方式是《蘇氏易傳》解卦的獨到之處。宋代目録學家晁公武在《郡齋讀書志》中評論道：

其（蘇軾）學出於父洵，且謂卦不可爻别而觀之，其論卦必先求其所齊之端，則六

① （宋）蘇轍：《東坡先生墓志銘》，見《東坡全集》附蘇轍撰《東坡先生墓志銘》，影印文淵閣《四庫全書》集部第1107册，臺灣商務印書館，1986年版，第26—27頁。
② （宋）蘇籀：《欒城遺言》，影印文淵閣《四庫全書》子部第864册，臺灣商務印書館，1986年版，第173頁。
③ （明）陳所藴：《〈蘇氏易解〉序》，見（宋）蘇軾《蘇氏易傳》，陳氏冰玉堂萬曆刻本。
④ （明）毛晉：《〈蘇氏易傳〉跋》，見（宋）蘇軾《蘇軾易傳》，《津逮秘書》本。

爻之義，未有不貫者，未嘗鑿而通之也。①

關於“卦合爻别”的解卦方式，在《蘇氏易傳》中也有明確的論述：

> 夫卦豈可以爻别而觀之？彼小大有所齊矣。得其所齊，則六爻之義，未有不貫者。吾論六十四卦，皆先求其所齊之端。得其端，則其餘脉分理解無不順者，蓋未嘗鑿而通也。②

所謂的“卦合爻别”，就是論六十四卦，先要辨認一卦的“所齊之端”，得其所齊之端，則“餘脉分理”就會迎刃而解。也就是説要先辨清一卦之所言，然後一爻之所處就會不言而自明，也就是《繫辭》所言的“齊小大者存乎卦，列貴賤者存乎位”，先明大小，大小之後又分貴賤。

在《蘇氏易傳》的實際解卦闡述中也對這種“卦合爻别”的思想有具體地應用。早有學者指出，在《履》《大過》《咸》《恒》《革》《艮》《小過》《歸妹》等卦的解釋中，這種思想都有體現③。尤其在《咸》卦的解説中，最能反映出來：

> “咸其拇”者，以是爲咸也。咸者以神交。夫神者將遺其心，而况於身乎？身忘而後神存。心不遺則身不忘，身不忘則神忘。故神與身，非兩存也。必有一忘，足不忘履，則履之爲纍也甚於桎梏；要不忘帶，則帶之爲虐也甚於縲紲。人之所以終日躡履束帶而不知厭者，以其忘之也。道之可名言者，皆非其至。而咸之可以分别者，皆其粗也。是故在卦者咸之全也，而在爻者咸之粗也。爻配一體，自拇而上至於口，當其處者有其德。德有優劣而吉凶生焉。合而用之，則拇履、腓行、心慮、口言，六職并舉，而我不知，此其爲卦也。離而觀之，則拇能履而不能捉，口能言而不能聽，此其爲爻也。方其爲卦也，見其咸而不見其所以咸。猶其爲人也，見其人而不見其體也。六體各見，非全人也。見其所以咸，非全德也。是故六爻未有不相應者，而皆病焉，不凶則吝，其善者免於悔而已。④

爲何蘇氏父子要在《咸》卦的解説中提出這種思想，因爲“咸”即是“皆”“全”的意思，而“咸”之可以分别者，皆其粗也。蘇軾正是借此卦卦名的字義，來解説這種“咸”與“粗”，也就是整體性與部分性的關係。

關於《蘇氏易傳》的這段長論，在整體性與部分性背後，還藴含着普遍性與特殊性的關

---

① （宋）晁公武撰，孫猛校證：《郡齋讀書志校證》，上海古籍出版社，1990 年版，第 39 頁。
② （宋）蘇軾：《蘇氏易傳》卷七，曾棗莊、舒大剛主編《三蘇全書》經部第一册，語文出版社，2001 年版，第 348 頁。
③ 金生楊：《〈蘇氏易傳〉研究》，巴蜀書社，2002 年版，第 101 頁。
④ （宋）蘇軾：《蘇氏易傳》卷四，曾棗莊、舒大剛主編《三蘇全書》經部第一册，語文出版社，2001 年版，第 242 頁。

係。爻配一體，是身也，六爻并舉，而我不知，是卦也，是神也。身與神和卦與爻的分別，其關鍵在於是否摒棄功用，在於"知"還是"不知"。這是一種普遍性和特殊性的關係，也就是《蘇氏易傳》所講的"所齊之端"與"其餘脉分"的關係，"所齊之端"的卦本質上來源於"其餘脉分"的爻，得到"所齊之端"後，則"其餘脉分"則理解順暢，因此在《蘇氏易傳》實際解卦的論述中，卦義皆是從各個爻中來，分析各爻之所"齊"，以得其"端"，其"端"既得，則"脉分"之爻，其義自然明曉。

三、性與情

性命之學是《蘇氏易傳》哲學中重要的内容，主要是論述"命""性""情"三個哲學概念的關係。《蘇氏易傳》對"命"的探討不多，主要是在談論"性"與"情"的關係[①]。性與情的關係是《蘇氏易傳》性命之學中重要的組成部分。而性與情闡述的基礎和來源也是卦爻關係。《蘇氏易傳》認爲卦爻的關係即是性與情的關係，從而提出"卦以言其性，爻以言其情，情以爲利，性以爲貞"[②]的説法。在《乾·象》的注釋中明確地論述：

> 《易》曰："大哉乾乎，剛健中正，純粹精也。"夫剛健中正、純粹而精者，此《乾》之大全也，卦也。及其散而有爲，分裂四出而各有得焉，則爻也。故曰："六爻發揮，旁通情也。"以爻爲情，則卦之爲性也明矣。"乾道變化，各正性命，保合大和，乃利貞"。以各正性命爲貞，則情之爲利也亦明矣。又曰"利貞者性情也"，言其變而之乎情，返而直其性也。[③]

卦體是一卦的全體，是"純粹精也"，正如人之性；爻是卦的分散，是"旁通情也"，正如人之情。性的特質是"貞"，貞者，"正也"；情的特質是"利"，是"變化"。"情""返而循之"可至於"性"。"性""變化各之"可以至於"情"[④]。由此言之，《蘇氏易傳》性與情的哲學闡述也是説卦與爻的普遍性與特殊性的關係。

---

① 其實，《蘇氏易傳》所講的"命""性""情"分別對應的是"太極""兩儀""四象"。兩儀也就是陰與陽代表的是恒常；命則是恒常的上溯，是太極，是道；情是性之變化，是四象，象徵萬物。
② （宋）蘇軾：《蘇氏易傳》卷一，曾棗莊、舒大剛主編《三蘇全書》經部第一册，語文出版社，2001年版，第141頁。
③ （宋）蘇軾：《蘇氏易傳》卷一，曾棗莊、舒大剛主編《三蘇全書》經部第一册，語文出版社，2001年版，第141頁。
④ （宋）蘇軾：《蘇氏易傳》卷一，曾棗莊、舒大剛主編《三蘇全書》經部第一册，語文出版社，2001年版，第141頁。

四、無心與有心

除了"性"與"情"外，《蘇氏易傳》還對"無心"的哲學命題進行了論述。在注解《繫辭》"乾以易知，坤以簡能"時提到：

> 無爲大始，有爲成物。夫大始豈復有作哉，故乾特知之而已，作者坤也。乾無心於知之，故"易"；坤無心於作之，故"簡"。易，故無所不知；簡，故無所不能。
>
> "易""簡"者，一之謂也。凡有心者，雖欲一不可得也。不一則無信矣。夫無信者，豈不難知難從哉？乾坤唯無心，故一；一，故有信；信，故物知之也易而從之也不難。①

《蘇氏易傳》認爲乾坤因爲無心所以才能易簡，因此才無所不知、無所不能。易簡的涵義是"一"，是"有信"，"無心"才能"一"，方能"易簡"。

《蘇氏易傳》所説乾坤無心而一，有兩種不同的理解方式，也是兩個層面的理解。一種是較爲直接的理解，乾坤是指乾坤二卦，易簡的"一"是説三個卦畫都相同。但是筆者認爲，歸根結底無心而一和易簡還是在強調乾坤的純粹不雜，因此引出了第二層理解：乾坤并不僅指八卦中的乾坤二卦，其所強調的核心是陰陽，乾爲陽而坤爲陰，所謂的"一"也并不僅僅是表面上的三個卦畫相同，而是指陰陽具有恒常的特性，即"一陰一陽之謂道"，也就是説陰陽之於四象和萬物，其特性是恒常的，是"一"的，是"無心"的，"一"和"無心"強調的是普遍的規律。雖然蘇氏父子没有明確地和盤托出，但以上的道理是《蘇氏易傳》中的隱言。因此《蘇氏易傳》又言：

> 夫無心而一，一而信，則物莫不得盡其天理以生以死。故生者不德，死者不怨，無怨無德，則聖人者豈不備位於其中哉？吾一有心於其間，則物僥幸夭枉，不盡其理者矣。僥幸者德之，夭枉者怨之，德怨交至，則吾任重矣，雖欲備位可得乎？②

無心則能"盡其天理"，而一旦"有心"，則不能"盡其理"，就會有僥幸、夭枉。"無心"屬於"理"，"有心"屬於"變"，二者也是説恒常的"卦"與變動的"爻"之間的關係。蘇氏父子句句都在暗示，只不過没有明説罷了。

---

① （宋）蘇軾：《蘇氏易傳》卷七，曾棗莊、舒大剛主編《三蘇全書》經部第一冊，語文出版社，2001年版，第345—346頁。

② （宋）蘇軾：《蘇氏易傳》卷七，曾棗莊、舒大剛主編《三蘇全書》經部第一冊，語文出版社，2001年版，第346頁。

"無心"的哲學範疇其實與《蘇氏易傳》在解說《咸》卦之時的"遺其心""忘之""不可名""不可言""全德"的概念是相同的，都是在闡釋形而上的普遍性。

因此，《蘇氏易傳》中的"卦合爻別説""性與情""無心與有心"等論述，其内在道理都是一致的。正如"水果"之名與具體的水果，"水果"并不是單説桃子、梨子、杏子，而是脱離出這種具體的形態，也就是"忘之""無思""性"，也就是"遺其心""以神交"，而得到的普遍共性。而桃子、梨子、杏子，則是説具體的水果，是水果中的某一具體的種類，是"離而觀之"，是"情"，是特殊性。

五、《蘇氏易傳》的思想與《易》中的卦爻關係

通過上文的分析，已經清楚地看見：致力於闡明《周易》中的卦爻關係，是《蘇氏易傳》的一大主旨，也是《蘇氏易傳》哲學闡發的基石。蘇氏父子對於"繫辭"一詞的解釋也能充分體現其對卦爻辯證關係的重視。《蘇氏易傳》在"聖人設卦觀象，繫辭焉而明吉凶"一句的解釋中提到：

> 由此觀之，"繫辭"則"彖""象"是也。以上下《繫》爲繫辭，失之矣。雖然，世俗之所安也，而無害于《易》，故因而不改也。[1]

後世學者多認爲"繫辭"之義是指《繫辭》上下兩篇，其實不然，《蘇氏易傳》認爲"繫辭"的本義是指的"彖"和"象"，《蘇氏易傳》所言"彖""象"并非是指《彖》傳與《象》傳，而是説卦辭和爻辭：

> 孔子之述"彖""象"也，蓋自爲一篇而題其首，曰"彖"曰"象"也歟？其初無"彖曰""象曰"之文，而後之學者散之卦爻之下，故以"彖曰""象曰"別之。然孔子所謂"彖"者，蓋謂卦辭，如"乾，元亨利貞"之類是也。其所謂"象"者，有大小，其"大象"指八卦"震爲雷""巽爲風"之類是也，其"小象"指一爻，"潛龍勿用"之類是也。初不謂已所述者爲"彖""象"也，而近世學者失之，乃指孔子之言爲"彖""象"，不可以不辨也。"象者，像也"，像之言似也。其實有不容言者，故以其似者告也。達者因似以識真，不達則又見其似，似者而日以遠矣。"彖"者，豕也；"爻"者，折俎也。古者謂折俎爲"爻"，其文蓋象折俎之形，後世以《易》有六爻也，故加"肉"爲"肴"以別之。"彖"則何爲取於"豕"也？曰"彖者，材也"；八卦相值，材全而體

---

① （宋）蘇軾：《蘇氏易傳》卷七，曾棗莊、舒大剛主編《三蘇全書》經部第一册，語文出版社，2001 年版，第 347 頁。

備，是以爲冢也。爻則何爲取於折俎也？"爻者，效天下之動"，分卦之材，裂象之體。而適險易之變也。①

《蘇氏易傳》認爲"繫辭"的本義是繫卦辭和爻辭，可謂開闢鴻蒙。非但如此，《蘇氏易傳》還利用文字學，將卦和爻的關係看做是"冢"和"折俎"的關係，認爲爻是"分卦之材，裂象之體"，"分""材"和"裂""體"正是分别强調了卦爻普遍性與特殊性、整體性與部分性兩個方面的關係。由此可以窺見《蘇氏易傳》對卦爻之間的關係理解之透徹。

正如上文所言，《蘇氏易傳》中的諸多哲學闡發都有其《易》學根源，上文所提到的"無心與有心""性與情"等哲學命題都源於卦爻辯證關係，這一點毫無疑問。但至於《蘇氏易傳》哲學闡發所依據的卦爻關係是否中肯，這還需要回歸到《周易》的《易》學原理之中。

在《周易》中，卦和爻是解易的兩大基礎，二者的關係是《周易》的一條主綫②。《繫辭》是從宏觀《易》理解説《周易》的一篇《易》傳，在今本的《周易》中，《繫辭》被列爲易傳之首，《繫辭》也是在今本和馬王堆帛書《周易》經傳中都存在的《易》傳，足以説明《繫辭》的重要性。正如《蘇氏易傳》所言，"繫辭"的本義是繫卦辭和爻辭於卦爻之後以爲吉凶之判斷，《繫辭》全篇的主旨也都是講卦、爻之形成和繫卦辭、爻辭而明吉凶的道理，行文議論的展開，卦和爻或者是卦辭和爻辭往往并列而談。《繫辭》所言"列貴賤者存乎位，齊小大者存乎卦"，又如"象者言乎象者也，爻者言乎變者也"，皆是卦、爻或卦辭、爻辭并列而舉。這是《繫辭》一篇的主旨，也是《周易》的體例。

《周易》中的卦爻關係，具有兩層涵義。

首先，卦和爻是整體與部分的關係。卦是整體的，是"六畫而成章"的；爻是部分的，是"六位而時成"的。這一點對應的《蘇氏易傳》中的"卦合爻别説"，説的是卦是爻的整體，爻是卦的部分。强調的是整體性與部分性的關係。這是一目了然，比較容易理解的。

其次，卦和爻還有一層關係，就是普遍性與特殊性。卦是純粹而恒定的，爻是駁雜而變動的，這是一種普遍性與特殊性的關係。這一層關係，是産生于《易》卦的卜筮過程和筮數的分化過程中的。有必要展開討論。

《易》本卜筮之事③，"卦""爻"的産生皆是來源於數④。《繫辭》所載："參伍以變，錯綜其數。通其變，遂成天下之文；極其數，遂定天下之象。"所謂"通其變"，是説的成爻；

---

① （宋）蘇軾：《蘇氏易傳》卷七，曾棗莊、舒大剛主編《三蘇全書》經部第一册，語文出版社，2001 年版，第316—317 頁。

② 筆者認爲，卦與爻是《周易》系統解《易》的兩大基石，這是《周易》六十四經卦、六位卦和"六""七""八""九"四個筮數的特點使然的。至于以八經卦解卦的方法，其實是《周易》系統與古代《易》學系統長期共存互相借鑒的結果。當然，這又會牽扯到揲蓍得卦和重卦等《易》卦起源的問題，因此本文不做具體探討。

③ （漢）班固：《漢書》卷三十《藝文志》，中華書局，1962 年版，第 1704 頁。

④ 《易》卦的形成有畫卦説和揲蓍説，現在學術界已經基本確定《周易》是起源於數。見丁四新《數位卦研究的階段、貢獻及其終結》，《周易研究》2018 年第 5 期。

"極其數"，是説的成卦。卦與爻都來源於數，但是筮數因爲分工不同，而出現了分化。

《繫辭》言"精氣爲物，游魂爲變"①。鄭玄注曰："精氣，謂七八也；游魂，謂九六也。"② 其説甚確。其實這句與"形而上者謂之道，形而下者謂之器"一句同樣蘊含着筮數向卦（卦體）和爻（變爻）轉變的問題③。在用大衍筮法卜筮的過程中，會出現"六""七""八""九"四個筮數，四個筮數出現的概率是不一樣的，以"七"和"八"出現的概率爲高，"六"和"九"出現的概率爲低④。出現概率較高的"七"和"八"逐漸轉化爲組成卦體的陰陽爻而具有代表陰陽的普遍性意義；出現概率較低的"六"和"九"逐漸成爲具有占驗意義的特殊爻，之後衍化成爻題，具有了特殊性，這就是所謂的"精氣爲物，游魂爲變"。"七"和"八"具有了普遍的意義，猶如精氣聚集，凝聚成物，也就是"精氣爲物"；"六"和"九"成爲游離在陰陽普遍性之中的具體情況，因此成爲"游魂"，因爲出現次數少而具有了特殊的占驗作用，與"七""八"所代表的一般性不同，"六""九"所代表的是具體的變數，因此稱爲"變"，周游六墟，變動不居，因此説"游魂爲變"，這也就是《周易》以變爲占的含義。在《周易》中，卦是由筮數"七""八"代表，象徵的是陰陽的普遍性，而爻是由筮數"六""九"代表，象徵着萬物的變化。這是説的卦與爻普遍性與特殊性之間的關係。

除了從易學卜筮理論角度的分析，在出土文獻中我們也能找到有力的佐證。清華簡《筮法》是不同於《周易》的先秦筮書，雖然二者存在差異，但是因爲時代相近，《筮法》爲我們研究《周易》提供了大量的寶貴信息。《筮法》中有"四""五""六""七""八""九"六個筮數，其陰陽爻就是"六""七"兩個筮數，"七"寫作"一"。而"爻"的稱呼也是特指除了"六""七"之外的"四""五""八""九"四個筮數，清華簡《筮法·爻象》説：

> 凡肴象，八爲風，爲水，爲言，爲飛鳥爲腫脹，爲魚，爲罐箭，在上爲醪，下爲汰。五象爲天，爲日，爲貴人，爲兵，爲血，爲車，爲方，爲憂懼，爲飢。九象爲大獸，爲木，爲備戒，爲首，爲足，爲蛇，爲它，爲曲，爲玦，爲弓、琥、璜。四之象爲地，爲圓，爲鼓，爲珥，爲環，爲踵，爲雪，爲露，爲霰。凡肴，如大如小，作于上，外有咎，作于下，内有咎；上下皆作，邦有兵命、燹怪、風雨、日月有食。⑤

"肴"即"爻"，只有非常爻"四""五""八""九"有象，稱爲"肴"，這與《周易》中

---

① 《繫辭》"精氣爲物，游魂爲變"一句同樣不是泛泛而談。《繫辭》的本義是説《周易》中蘊含着"精氣爲物，游魂爲變"的道理，因此才得以知曉"死生之説"。

② （唐）李鼎祚：《周易集解》，中華書局，2016年版，第399頁。

③ 參看馬明宗《清華簡〈筮法〉與"爻"的本義——兼論〈周易〉的"象"和〈筮法〉的"屯"》，《出土文獻》2021年第2期。

④ 董光璧先生通過計算，認爲大衍筮法得到筮數9、8、7、6的概率分別是3/16、7/16、5/16、1/16。見董光璧《易學科學史綱》，武漢出版社，1993年版，第66頁。

⑤ 李學勤主編，清華大學出土文獻研究與保護中心編：《清華大學藏戰國竹簡（四）》，中西書局，2013年版，第120頁。爲了方便行文，出土文獻皆采用寬式隸定。

只有非常爻"六""九"有辭，道理是一樣的。帛書《衷》篇云："九也者，六肴之大者也。"① 這證明"爻"是指非常爻，是不常出現的筮數。在傳世的《易傳》中，也能找到這種觀點的佐證。《繫辭》云："聖人有以見天下之動，而觀其會通，以行其典禮，繫辭焉以斷其吉凶，是故謂之爻。""爻"是"天下之動"，是"周流六虛，變動不居"者，即是"六""九"②，今本《繫辭》中將"爻辭"等同爲"爻"，爻辭是繫在變爻之下的辭，則"爻"也是強調變動者。明白了這個道理也就能够理解"爻者，言乎變者也"的道理了。從清華簡《筮法》中，我們也清晰地看到筮數分化的過程，《周易》的情況也應當是如此的。

這種卦爻普遍性與特殊性的關係，正是《蘇氏易傳》"性情説"和"無心與有心"問題討論的出發點。卦的"無心"，説的是其恒常而純粹，也就是普遍性，是"性"；爻是"有心"的，説的是其變動而駁雜，也就是特殊性，是"情"。

可以説，《蘇氏易傳》基於卦爻關係而進行哲學闡發，是真正符合《周易》中的《易》學原理的，也是準確闡釋了《周易》的精神内核的。

六、結　語

《蘇氏易傳》中諸多的思想，包括其解卦的"卦合爻別"的思想，以及對性與情、無心與有心等哲學命題的理解，縱然是受到了三教融合的影響而吸收佛老的哲學概念，但是歸根結底都深深地根植于《周易》的易學原理，尤其是卦爻辯證關係中的。因此，要深入探究《蘇氏易傳》的思想，就一定要深入地理解《周易》中的卦爻關係，要將《蘇氏易傳》的思想解釋回到《周易》上來，莫要迷惑於其"百川支流"，而要看到《蘇氏易傳》所借以闡發哲學思想的"百川支流"每每都是"滴滴歸源"的，這樣才能理解"坡公發先聖經中之秘以豁群迷"③ 者。

《蘇氏易傳》在《周易》卦爻關係的基礎上，討論諸多哲學命題，其實是抓住了《周易》的主旨、闡釋了《周易》的主要矛盾。兩宋時期的理學家在注解《周易》時，將"理"抽象出來，作爲形而上的"道"，凌駕於卦爻這些形而下的"器"之上。如朱熹在《周易本義》中説："卦爻陰陽皆形而下者，其理則道也。"④ 認爲"卦爻"和"陰陽"這些具體的事物是

---

① 這足以證明，"爻"不是指卦體的陰陽符號，而是指非常爻的筮數。湖南省博物館、復旦大學出土文獻與古文字研究中心編纂，裘錫圭主編：《長沙馬王堆漢墓簡帛集成（三）》《周易經傳・衷》，中華書局，2014 年，第 101 頁。

② 從《易》理上來講，"爻"指的是變動的筮數，這一點在清華簡《筮法》中是很明確的，因爲變爻與卦中的陰陽符號爻位相同，又加上《周易》爻題的書寫形式，因此爻與陰陽符號二者發生了混訛，以至於後世學者認爲"爻"是指卦中的陰陽符號。

③ （明）顧賓：《〈大易書解〉序》，（清）丁丙輯《善本書室藏書志》，清末鈔本。

④ （宋）朱熹：《周易本義》，中華書局，2009 年，第 242 頁。

"器"，而"道"則是蘊含貫穿在其中的"理"，才是真正重要的。而蘇氏父子則不同，在注解《周易》時，没有過分地强調抽象的"道"，也没有過分地闡述"性""情"之上的"命"，而是將重點放到從卦爻辯證關係中升華出來的哲學思想上。這可以説是充分體貼了《周易》的原理和精神。

後世學者，多以爲三蘇援佛老入儒學、解説《周易》摻雜釋道思想，而將其歸之於雜學。其實《周易》的本源是卜筮之書，其義理化、哲學化的過程，本身就是融合百家的思想的過程，因而其中蘊含着諸多百家思想的特徵，其中非常重要的就是道家思想。而佛家學説，尤其是禪宗，本是佛教中國化的産物，其中的重要的"空""禪"等概念和思辨的産生，本就是借"佛"之名，其實仍然是來源於中土文化。因此，蘇氏解《易》，本質上并不是援佛老入儒，而是《易》學中諸多哲學思想，本與所謂的佛老相通。蘇氏解《易》仍然是基於《易》學之本義的，其本身目的仍是探求《易》之本義，但是要解析明白，則不能免於參引釋道思想。

總之，《蘇氏易傳》是三蘇學術中的重要代表作，也能够體現三蘇蜀學的重要特點，就是務於闡發聖賢本義，又能敢於質疑傳統；理性對待學問，又能融匯各種思想；既能够兼收并蓄，又能够具體分析；既能切於人事，又不會打破體系。從而形成三蘇蜀學積雜爲純、兼容并包的博大氣象。

（作者單位：四川大學古籍整理研究所）

蘇軾的"鴻鳥"易象與意象

趙　婷

内容提要："鴻鳥"是中國古典文學的重要意象之一，最早出於《周易》的《漸》卦，在歷代文人的繼承與發展中，逐漸作爲女子、別情、壯志的代言詞沉澱下來。而蘇軾將個人的生命體驗與超驗性思考融入鴻鳥意象，使其成爲士人風骨的表徵。蘇軾不僅突破了文學領域的鴻鳥意象，其寓居黄州時所著的《東坡易傳》也對鴻鳥的易象做出了個人化的闡釋。由此，筆者將蘇軾筆下鴻鳥的易象與意象進行互文閱讀，嘗試闡釋鴻鳥意象更深層次的意蘊。

關鍵詞：鴻鳥；蘇軾；《漸》卦；《東坡易傳》

"鴻鳥"是中國古典文學中最常見的意象之一。從《詩經》中的"鴻雁於飛，肅肅其羽"到曹植筆下的"翩若驚鴻，宛若蛟龍"，多少文人墨客借鴻鳥之綽約喻美人之風華，以鴻鳥之北歸寄游子之哀思。詩人們都不約而同地將鴻鳥與愛情、與離別、與思鄉等愁緒聯繫在一起，賦予鴻鳥濃厚的悲劇意蘊。到了蘇軾筆下，鴻鳥意象與蘇軾本人宦海沉浮、天涯漂泊的經歷相結合，上升成爲士人風骨的最佳比擬。蘇軾詩詞中的鴻鳥意象不但繼承發展了既往的多元内涵，而且被賦予了新的内涵，成爲高潔之士的代名詞，爲後人所沿用。

榮格的原型批評認爲："每一個意象中都凝聚着一些人類心理和命運的因素，滲透着我們祖先歷史中大致按照同樣的方式無數次重復產生的快樂和悲傷的殘余物。"[1] 以鴻鳥喻美人、表離愁……這些作爲集體無意識流傳下來的意蘊，其根系則深扎於《周易》中的《漸》卦。《漸》卦的爻辭以鴻鳥爲喻體，囊括了鴻鳥起飛的過程、女子出嫁後的命運、征人思婦的哀愁、對自由的渴望等多層内涵，極大程度上奠定了後世鴻鳥意象出現的語境及其悲劇内涵。然而，蘇軾之鴻鳥與前人不同的是——凝聚了詩人自身的經歷與思考而成爲士人的表

---

① ［瑞士］榮格著，朱國平、葉舒憲譯：《神話——原型批評》，陝西師範大學出版社，1987 年版，第 100 頁。

徵，這是鴻鳥意象內涵的又一次開拓。鴻鳥從既往的悲劇意象中跳脱出來，代表着高蹈塵外的個體人格和曠達的人生追求，成爲士人風骨的最佳表徵。針對這一新意蘊的分析，落實到蘇軾本人所寫的《東坡易傳》中去考察其原型與新變，也不失是一條值得研究的思路。

而目前對蘇軾詩詞中鴻鳥意象的研究，較少與《東坡易傳》對《漸》卦的闡釋聯繫起來，從"鴻鳥"的原型闡發意象含義。目前筆者考證到用《周易》闡釋蘇詞中鴻鳥意象的僅有張吉甫一人。遺憾的是，張吉甫的原文今已不傳，筆者無法判定張吉甫是否對蘇軾的鴻鳥意象進行進一步的論述考證。筆者嘗試從蘇軾對《漸》卦的闡釋入手，窺探蘇軾的易象對其鴻鳥意象拓展的影響。

一、"鴻鳥"易象與意象的多重意蘊

"鴻"的易象出自《周易》中的《漸》卦，也是最早進入文學作品的動物意象之一。自《詩經》開始，後代詩文中反復出現鴻鳥的意象，它由《漸》卦的易象生發，在發展和演變的過程中形成了較爲固定的象徵體系，對古典詩歌和民族審美產生了重要影響。筆者根據閱讀經驗，總結出了"鴻鳥"意象的三層含義。

《漸》的卦辭是"女歸吉，利貞"。這也使得爻辭中出現的"鴻"經常作爲女子的象徵出現在文學作品中。在《洛神賦》中，曹植用"翩若驚鴻，婉若游龍"形容洛水女神的姣好的姿態。陸游在"傷心橋下春波綠，曾是驚鴻照影來"（《沈園》）中，用"驚鴻"代指與他琴瑟和鳴的妻子唐婉。鴻、女子、水，這三個陰性意象，經常一同出現在詩詞中，帶給人無限美好的遐想。《漸》卦中"夫征不復，婦孕不育"的爻辭本就暗含着夫婦離別的情境。這一易象也延續到了後來的文學創作中，進而拓展成爲思鄉懷親之情、羈旅漂泊之思的象徵。孔穎達在《毛詩正義》中寫道："鴻、雁俱是水鳥，故連言之。其形鴻大而雁小，嫌其同鳥雄雌之异，故傳辨之云'大曰鴻，小曰雁'也。知避陰陽寒暑者，春則避陽屬而北，秋則避陰寒而南，故并言之。此以所避，興民避惡，既有所避，自然歸善。"[①]鴻與雁均爲遷徙性動物，其南北遷徙與遠離家鄉的征人的命運有着相似之處。但是，鴻雁離家而去，尚有回歸之日；征人背井離鄉，不知何日才是歸程。人與鴻雁的對比更加凸顯了征人游子的思鄉之切與處境之悲。"鴻雁於飛，肅肅其羽。之子於征，劬勞於野。"《小雅·鴻雁》中，詩人以空中哀鳴的鴻雁比喻離家服役的征夫，征人的思鄉之情伴隨鴻雁的凄鳴氤氳而出。"鴻飛遵渚，公歸無所，於女信處。鴻飛遵陸，公歸不復，於女信宿。"《豳風·九罭》更是以鴻的不得其

---

① （秦）毛亨傳，（東漢）鄭玄箋，（唐）孔穎達疏，李學勤主編：《十三經注疏·毛詩正義》，北京大學出版社，1999 年版，第 661 頁。

所，隱喻着人無所歸依的漂泊之感。"鴻雁出塞北，乃在無人鄉。"（曹操《却東西門行》）"願假歸鴻翼，翻飛浙江氾。"（陸機《爲顧彦先贈婦詩》）"鴻雁不堪愁裏聽，雲山沈是客中過。"（李欣《送魏萬之京》）經由之後歷代文人的書寫，"鴻"作爲寄托着遠人思鄉之情的文學意象逐漸定型。

"鴻漸於陸，其羽可用爲儀。"鴻鳥最後騰空而起，正所謂"天高任鳥飛"，進入了無拘無束、自由自在的高潔境界。由此，鴻也成爲志存高遠的象徵。陳勝揭竿而起之前大喊的"燕雀安知鴻鵠之志哉"（司馬遷《史記·陳涉世家》），揚雄筆下自由自在的鴻鳥——"鴻飛冥冥，弋人何慕焉"（揚雄《法言·問明》），"孤鴻海上來，池潢不敢顧"（張九齡《感遇》），"鴻鵠相隨飛，飛飛適荒裔"（阮籍《咏懷詩》）……至此，鴻鳥意象已成爲詩人主觀精神的表徵，顯示出詩人精神境界的高遠與遼闊。

二、《東坡易傳》與 "鴻鳥" 易象

"漸者，不速之名也。凡物有變移，徐而不速，謂之漸也。"[1] 孔穎達將《漸》卦闡釋爲借鴻鳥一步步從水中走到岸上、最終飛天的過程，表示事物發展的過程應遵循漸進之理。王弼也將《漸》卦看作"漸進之卦"，不過他更側重於強調知止、柔順的品德，"賢德以止巽則居，風俗以止巽乃善"[2]。不同學者對《漸》卦有不同闡釋，但這些闡釋多將"鴻"看作自然物象，是闡明道理的工具，"適進之意，始於下而升者也，故以鴻喻"[3]。而《東坡易傳》的闡釋與前人有很大不同。蘇軾將個人的經歷融入了對卦象的闡釋中，"鴻"在蘇軾的筆下具有了鮮活的生命力。

對比《東坡易傳》與前人對《周易》的闡釋，蘇軾的解釋中，值得注意的有以下幾點。

鴻本爲水鳥，宜鄰水而居，當屬陰性，這也是後世多將鴻鳥、女性與水意象并置在一起的原因之一。但蘇軾却將鴻看作陽鳥，是"陽鳥而水居"，"鴻之在水者也，遠則無應"[4]，將鴻與水、女子等陰性意象剝離，與同爲陽性的男子聯繫在了一起。這使得鴻從原文"歸吉之女"的表徵中跳脱出來，更傾向於"君子"的身份定位。蘇軾在解釋《象》傳"進以正，可以正邦也；其位剛得中也"[5] 時，延續了前人的思路，將"女歸吉"的含義與效益理解爲"得位有功，可以正邦"，正説明了此處的"女"不僅是指婦女，而是承擔着興亡之責的君

---

① （三國）王弼注，（唐）孔穎達疏，李學琴主編：《十三經注疏·周易正義》，北京大學出版社，1999 年版，第 216 頁。

② （三國）王弼撰，樓宇烈校釋：《周易注校釋》，中華書局，2012 年版，第 196 頁。

③ （三國）王弼撰，樓宇烈校釋：《周易注校釋》，中華書局，2012 年版，第 196 頁。

④ （宋）蘇軾著，龍吟點評：《東坡易傳》，吉林文史出版社，2002 年版，第 237 頁。

⑤ （宋）蘇軾著，龍吟點評：《東坡易傳》，吉林文史出版社，2002 年版，第 237 頁。

子。"女則與二與四，所歸則五也"① 在之後的論述中并不是指"歸吉之女"的命運，而是指向了鴻鳥的最終歸宿。這一點在之後對卦爻辭的解釋中更爲明顯。在解釋九三爻時，蘇軾没有詳細闡釋"夫征不復""婦孕不育"，只根據三爻與四爻、二爻之間結盟與散夥的關係，説明是"無應於上而近於四，見四之可欲，則離類絶朋而趨之"② 與"九三適四而不反，則難以令於二矣"③ 才造成了這一凶兆，避開了原有的夫婦叙事。解釋九五爻的"婦三歲不孕"時，亦是此理。蘇軾將六二爻當作"婦"，稱讚六二爻没有止步於磐石，繼續前進的堅定品質，"故六二之爲'婦'也，'三歲不孕'而終莫之勝。夫以陸之陵，以爲不得其願矣，而婦爲之貞如此，則願孰大焉"④。如此看來，原本在《漸》卦中含有"女子出嫁後生活"的含義逐漸被消解，"女""婦"在此處只是解釋爻與爻之間關係的工具，反而是鴻由物象上升爲意象，獲得了更豐厚的闡釋空間。

由此可見，在《東坡易傳》中，作爲物象，鴻的主體性大大增强；作爲意象，鴻的意藴更加豐富。"故六爻雖有陰陽之异，而皆取於鴻也"⑤。在之後的闡釋中，鴻鳥一步步從底部的初爻艱難地走向了上九爻，從水邊一步步上岸，棲息於樹，最後振翅而飛。這一點與《漸》卦本意相合，而蘇軾在闡釋中使用大量的語句描繪了鴻鳥上岸的艱難過程，例如初六爻的"小子"之屬、六二爻的"進而難信"、九三爻的"適四而不反，則難以令於二矣"等等。爻與爻之間相互利用、配合，又相互背棄、廝殺，爻辭的卜筮色彩减弱，取而代之的是狡詐的縱横之道，頗有官場上明爭暗鬥的影子。最爲明顯的便是九三爻，程頤將此卦看作應急躁行事違反漸進規律而陷入了凶境，"志將漸進而上無應援，當守正以俟時，安處平地，則得漸之道，若或不能自守，欲有所牽，志有所就，則失漸之道"⑥。王弼的解釋帶有一定的道德色彩，"見利忘義，貪進忘舊，凶之道也"⑦。而蘇軾將此卦解作了鴻處於"朋友背叛、無所依靠"的凶險境况，更傾向於對殘忍的鬥爭事實的説明，并非道德上的指責。正如朱熹所言："東坡《易》説六個事物，若相咬然。"⑧ 他在解釋爻辭時，都是聯繫了爻與爻，找尋之間的"適""令""順""應"等聯繫。從内容上來説，蘇軾没有圍繞"'漸'：女歸吉，利貞"的中心，而是聯繫自己的人生經歷，以"鴻"爲自喻，做出了個性化、政治化的解讀。

鴻在《東坡易傳》中是不爲世俗環境所容的零餘者，也是適應環境、伺機冲出泥潭的反抗者，正所謂"在水則以得陸爲安，在陸則以得水爲樂者也，故六爻雖有陰陽之异，而皆取於鴻也"。根據蘇軾的解釋，鴻起初面臨"兩陰不能相容，故爲'小子'之所'屬'，以至於

① （宋）蘇軾著，龍吟點評：《東坡易傳》，吉林文史出版社，2002 年版，第 238 頁。
② （宋）蘇軾著，龍吟點評：《東坡易傳》，吉林文史出版社，2002 年版，第 238 頁。
③ （宋）蘇軾著，龍吟點評：《東坡易傳》，吉林文史出版社，2002 年版，第 239 頁。
④ （宋）蘇軾著，龍吟點評：《東坡易傳》，吉林文史出版社，2002 年版，第 237 頁。
⑤ （宋）蘇軾著，龍吟點評：《東坡易傳》，吉林文史出版社，2002 年版，第 237 頁。
⑥ 黄忠天：《周易程傳注評》，花山文藝出版社，2016 年版，第 427 頁。
⑦ （三國）王弼撰，樓宇烈校釋：《周易注校釋》，中華書局，2012 年版，第 197 頁。
⑧ （明）朱熹撰，（宋）黎靖德編：《朱子語類》，中華書局，1986 年版，第 1675、1676 頁。

'有言'"①的境地。由於不容於"兩陰之地"，受到小人的指責，於是鴻離開水邊，走向了磐石。鴻留在此地雖能滿足口腹之欲，但磐石終究不是長久的依靠，"苟爲徒飽而已，則雖三可從；夫苟從三，則飲食未終而憂繼之矣"②。鴻又向陸地進發，却陷入了進退兩難的境地。前無所應，"九三，鴻之在陸者也；而上九非其應"③。且"上之所爲，下必有甚者"④，在此影響下，本爲依靠的朋友也相繼背棄，"無應於上而近於四，見四之可欲，則離類絕朋而趨之"，"九三適四而不反，則難以令於二矣"⑤。此時的鴻陷入了險境，這是《漸》卦中唯一的凶爻，也對應着蘇軾人生的低谷。

《東坡易傳》寫於蘇軾被貶黄州期間，自然而然地囊括着蘇軾對個人境况的慨嘆。在朝堂上，蘇軾與王安石等變法派政見不合，於是自請外任。在外執政中，蘇軾發現了新法的諸多弊端，并將其寫在了詩文中。不料，這些詩文被自己的好朋友沈括上報朝廷，又在新黨李定、王珪、舒亶等人的煽動下，引發了"烏臺詩案"，蘇軾幾近喪命。最終在多方斡旋下，蘇軾被貶至黄州，保住了性命，正如鴻在六四爻中，暫安於桷，才能勉强容身。蘇軾在解釋六四爻時，將《象》中"或得其桷"的"或"解釋爲"幸而得之之辭也"⑥，又以反問的語氣突出强調了對"巽"闡釋，"無應而從非其配，非'巽'順，何以相保乎?"⑦這兩處迥異於前人的闡釋正是融合了蘇軾的個人經歷。蘇軾被貶黄州後，雖然自知冤枉，但仍要上書文章謝皇帝不殺之恩，他在《到黄州謝表》中承認了自己的錯誤："狂愚冒犯，固有常刑，仁聖矜憐，特從輕典。赦其必死，許以自新。只服訓辭，惟知感涕。"⑧雖然他擔任黄州團練副使，但蘇軾并無權參與當地政治事務，也被限制了人生自由。這也正對應了《東坡易傳》中"木生於陸，而非鴻之所安也"的闡釋。安於桷，并不是鴻的最好選擇。

從九五爻開始，鴻的境遇終於柳暗花明，由陵到陸，最終振翅而飛。由此觀之，《漸》卦的卦爻辭在蘇軾的闡釋下，與其說是鴻鳥漸漸上岸的過程，不如理解爲對鴻鳥與所依附的對象的闡釋。正如他在解釋《象》傳時所言，"女則二與四；所歸則五也"⑨。在六二爻中，鴻鳥"無適而不得其欲"⑩，在六四爻中，"木生於陸，而非鴻之所安也"⑪。在蘇軾這裏，即使是良木，都未必適合良禽棲息。真正值得鴻鳥依賴的對象隱藏在九五爻之中——"不求之人而求之身，雖服天下可也。"⑫最終的依附，不是對他人的依附，而是對自己的依附，是

① （宋）蘇軾著，龍吟點評：《東坡易傳》，吉林文史出版社，2002年版，第237頁。
② （宋）蘇軾著，龍吟點評：《東坡易傳》，吉林文史出版社，2002年版，第238頁。
③ （宋）蘇軾著，龍吟點評：《東坡易傳》，吉林文史出版社，2002年版，第238頁。
④ （宋）蘇軾著，龍吟點評：《東坡易傳》，吉林文史出版社，2002年版，第238頁。
⑤ （宋）蘇軾著，龍吟點評：《東坡易傳》，吉林文史出版社，2002年版，第239頁。
⑥ （宋）蘇軾著，龍吟點評：《東坡易傳》，吉林文史出版社，2002年版，第237頁。
⑦ （宋）蘇軾著，龍吟點評：《東坡易傳》，吉林文史出版社，2002年版，第238頁。
⑧ （宋）蘇軾著，（明）茅維編，孔凡禮點校：《蘇軾文集》，中華書局，1986年版，第654頁。
⑨ （宋）蘇軾著，龍吟點評：《東坡易傳》，吉林文史出版社，2002年版，第239頁。
⑩ （宋）蘇軾著，龍吟點評：《東坡易傳》，吉林文史出版社，2002年版，第239頁。
⑪ （宋）蘇軾著，龍吟點評：《東坡易傳》，吉林文史出版社，2002年版，第239頁。
⑫ （宋）蘇軾著，龍吟點評：《東坡易傳》，吉林文史出版社，2002年版，第237頁。

對才華與道德的依附。

正是在求諸於己思想的影響下，縱使經歷如此大劫，蘇軾沒有自怨自艾，正如他筆下的鴻。他依舊選擇守其正心，向內修己。他退居書齋，修身養性。"公退閑暇，一爲讀之，就使無取，亦足見其窮不忘道，老而能學也。"①《答李端叔書》可謂是蘇軾被貶黃州一年多來思想上的總結，既然以前的所思所想、所作所爲都是心靈蒙塵的後果，那麼現在就要掃除內心的塵垢，回歸心靈的本真。"木有瘿，石有暈，犀有通，以取妍於人；皆物之病也。謫居無事，默自觀省，回視三十年以來所爲，多其病者。足下所見，皆故我，非今我也。無乃聞其聲不考其情，取其華而遺其實乎？抑將又有取於此也？此事非相見不能盡。"② 他選擇了超脫於世俗之外，遠離"陰混之地"，達到"夫無纍於物，則其進退之際，雍容而可觀矣"的境界。熙寧十年七月二十日，蘇軾作《寶繪堂記》，闡發自己"君子可寓意於物，但不可留意於物。寓意於物，雖微物足以爲樂，雖尤物不足以爲病。留意於物，雖微物足以爲病，雖尤物不足以爲樂"③ 的思想。蘇軾在《超然臺記》中也提道："彼游於物之內，而不游於物之外。物非有大小也，自其內而觀之，未有不高且大者也。"④ 不論是"寓意於物"還是"游於物內"，都與他在《東坡易傳》中闡發的思想相得益彰。由此，"不纍於物"成爲蘇軾人格精神的真實寫照，而振翅而飛的鴻鳥就是這一精神的文學呈現，是高蹈塵外的士人風骨的象徵。

鴻鳥最終振翅而飛，憑借着自己的才華與德行生存。但高蹈塵外的背後也隱藏着蘇軾的隱憂。回到對《漸》卦卦辭的闡釋中，《象》將《漸》卦闡釋爲"山上有木，'漸'；君子以居賢德善俗"，蘇軾更加深入地對《象》做出了理解。他認爲"雲上於天，天所不能居，故君子不以居德；木生於山，山能居之，山以有木爲高，故君子以是居德業、善風俗"⑤。天空超然世外，然并非久居之地；反倒是鴻鳥不適合居住的山與木，才是君子最適合發揚個人品德的地方。這是鴻鳥所處的兩難困境，也是蘇軾內心掙扎的寫照。因爲超然世外就意味着放棄實現自己兼濟天下的抱負，而這天下却又無法容下自己的存在。無論怎樣選擇，都注定得不到完滿的結局。《東坡易傳》中的鴻鳥看似振翅而飛，但依舊心繫人間的山與木，正如蘇軾在面對現實的坦然豁達之下，亦有抱負破滅的憂傷，二者都無法達到真正企望的"超然於物"的境界。

蘇軾就是鴻，鴻就是蘇軾。鴻在《東坡易傳》中已不再是說理的工具，它凝注着蘇軾的個人生命體驗與超越性思考，是蘇軾個人的自喻，也是有宋以來士人復雜心態的表徵。

---

① （宋）蘇軾著，（明）茅維編，孔凡禮點校：《蘇軾文集》，中華書局，1986 年版，第 1432 頁。
② （宋）蘇軾著，（明）茅維編，孔凡禮點校：《蘇軾文集》，中華書局，1986 年版，第 1432 頁。
③ （宋）蘇軾著，（明）茅維編，孔凡禮點校：《蘇軾文集》，中華書局，1986 年版，第 356 頁。
④ （宋）蘇軾著，（明）茅維編，孔凡禮點校：《蘇軾文集》，中華書局，1986 年版，第 351 頁。
⑤ （宋）蘇軾著，龍吟點評：《東坡易傳》，吉林文史出版社，2002 年版，第 239 頁。

三、鴻鳥意象的新變

《漸》卦爲鴻鳥意象的原型，這已經是學界公認的觀點。詩人對《漸》卦不同的理解，也會影響詩人筆下鴻鳥意象的内涵。蘇軾對《漸》卦的闡釋更加的政治化、個性化、士人化，這也決定了他筆下的鴻鳥意象突破了既往内涵，擁有更豐富的闡釋空間。

> 缺月掛疏桐，漏斷人初静。
> 誰見幽人獨往來，縹緲孤鴻影。
> 驚起却回頭，有恨無人省。
> 揀盡寒枝不肯棲，寂寞沙洲冷。①

《卜算子·黄州定慧院寓居作》是蘇軾貶謫黄州初期的詞作，也是蘇軾涉及鴻鳥的詩詞中最負盛名的作品之一。前人對《卜算子》的評價已經非常詳盡，主要觀點有以下三種。

其一，喻指温氏女説。毛晋題作"惠州有温都監女，頗有色，年十六，不肯嫁人。聞坡至甚喜，每夜聞坡諷咏，則徘徊窗下。坡覺而推窗，則其女逾墙而去。坡從而物色之，曰：'吾當呼王郎與之子爲姻。'未幾而坡過海，女遂卒，葬於沙灘側。坡回惠，爲賦此詞"②。他依舊沿用了以鴻鳥喻美人的傳統將創作背景與蘇軾與温都監女的故事聯繫起來，認爲此詞是蘇軾對"佳人早逝，良緣錯失"的哀婉。保持此種觀點的評論家不在少數，《能改齋漫録》中寫道："其意概屬王氏女子也"③，《古今詞話》亦將此詞與温氏女聯繫起來，"未幾，坡公度海歸。超超已卒，葬於沙際。因作卜算子……超超既鍾情於公，余哀其能具只眼，知公之爲舉世無雙，知公之堪爲吾婿，是以不得親近，寧死不願居人間世也。即呼王郎爲姻，彼且必死，彼知有坡公也"④。此類評價過於牽强附會。鄭文焯評價其爲"此亦有所感觸，不必附會温州監女故事，自成馨逸"⑤。

其二，語病説。以王鶚爲代表的學者，則認爲此詞對鴻鳥的書寫不符合生活的常理，屬於"語病"。王鶚在《滹南遺老集》中指出："東坡雁詞云'揀盡寒枝不肯棲'，以其不棲木，故云爾。蓋激詭之致，詞人正貴其如此，而或者以爲語病，是尚可與言哉?"⑥ 爲反駁語病之説，張吉甫以《周易》中"鴻漸於木"爲證反駁，但并未引起太大關注。且此觀點也受到

---

① （宋）蘇軾著，劉石導讀：《蘇軾詞集》，上海古籍出版社，2009 年版，第 179 頁。
② （宋）蘇軾著，（清）朱孝臧編年，龍榆生校箋，《東坡樂府箋》，上海古籍出版社，2017 年版，第 149 頁。
③ （宋）吴曾：《能改齋漫録》，商務印書館，1941 年版，第 418 頁。
④ （清）沈雄：《古今詞話》，上海古籍出版社，2009 年版，第 47 頁。
⑤ （宋）蘇軾著，（清）朱孝臧編年，龍榆生校箋，《東坡樂府箋》，上海古籍出版社，2017 年版，第 150 頁。
⑥ （元）王鶚：《滹南遺老集》，商務印書館，1937 年版，第 249 頁。

了近代學者龍榆生的批判。龍榆生認爲"易象之言，不當援引爲證也"①，反對張吉甫的看法。但筆者以爲，張吉甫認識到了前人未有提及的鴻鳥原型，在"鴻"意象的闡釋歷程中具有突破性地位。

其三，賢人説。酮陽居士解釋此詞時表示，"驚鴻，賢人不安也……揀盡寒枝不肯棲，不偷安於高位也。寂寞沙洲冷，非所安也"②。雖然酮陽居士的解釋有過度闡釋之嫌，受到了一些指責，例如王士禎認爲，他是"村夫子强作解事，令人作嘔"③。然而，酮陽居士將鴻鳥解釋爲賢人的看法卻是恰當的，認爲沙洲非鴻鳥所安之地的看法也是與《東坡易傳》相契合的。這種看法經由當代學者的發展與補充，與蘇軾的個人經歷聯繫在一起，成爲了當代解釋蘇軾詩文中「鴻」意象的主流觀點。

《東坡易傳》與《卜算子·黃州定慧院寓居作》均完成在被貶黃州時期，因此，筆者認爲，理解《卜算子》中"鴻"意象時要從既往的意蘊内涵跳脱出來，與《東坡易傳》的"鴻"易象進行互文性闡釋。因此，筆者亦認爲，將"鴻"解作"温氏女"的説法，盲目將兩件單純發生在同一時間的事件聯繫起來，不假思索地沿用以"鴻"喻"女子"的抒情傳統，有失妥當。王鵬、龍榆生等人的看法不僅忽略了《周易》在文學作品中的原型作用以及作者不同作品的互文關係，最重要的是將文學意象與自然現象混爲一談，没有以文學的眼光賞析詞中的"孤鴻"。張吉甫與酮陽居士的解讀，確實有穿鑿附會的不妥之處，但二位對"鴻"的理解更爲恰當，也更貼近《東坡易傳》對"鴻"易象的解釋，即陷於凄凉之境但仍保持氣節、暫安於棲居之地的鴻鳥。此時的鴻鳥雖還未達到振翅而飛、無纍於物的境界，但其中已蘊藏著蘇軾的傲骨與坦然。

除去整體性意蘊的互文，《卜算子》中"鴻"的行爲也與《東坡易傳》的易象相契合。首先，鴻本是群居性動物，離群而居的"孤鴻"本就不容於環境，如同《東坡易傳》中本爲陽鳥卻困於兩陰之地的鴻，這使得二者身上帶有强烈的悲劇色彩。"揀盡寒枝不肯棲"，這句詞與蘇軾對六四爻的解釋遥相呼應。"木生於陸，而非鴻之所安也；鴻之爲物也，足不能握，其'漸於木'而'無咎'，蓋得其大而有容如桷者焉，九五之謂也。"④ 在這裏，詞中鴻鳥的"不肯棲"是對《東坡易傳》中不願棲息而被迫順從的鴻鳥的超越性書寫，在《漸》卦中、在生活中未能實現的理想終於在詩詞中得到了完滿的結局。值得注意的是，這裏的"不肯棲"并不僅僅止步於既往"良禽擇木而棲"的理解。結合《東坡易傳》對《漸》卦九五爻的闡釋，筆者認爲將"不肯棲"理解爲良禽不願依附他者，即使是良木也終究不是長久的依靠，更爲恰當。最終，詞定格在了"鴻漸於陵""寂寞沙洲冷"的場景中，但這并不是鴻的最終結局。雖然保持鴻着自己的高潔，"婦爲之貞如此，則願執大焉"⑤，但沙洲亦不是鴻的

---

① （宋）蘇軾著，（清）朱孝臧編年，龍榆生校箋，《東坡樂府箋》，上海古籍出版社，2017年版，第149頁。
② 唐圭璋編：《詞話叢編》，中華書局，1986年版，第60頁。
③ 唐圭璋編：《詞話叢編》，中華書局，1986年版，第678頁。
④ （宋）蘇軾著，龍吟點評：《東坡易傳》，吉林文史出版社，2002年版，第239頁。
⑤ （宋）蘇軾著，龍吟點評：《東坡易傳》，吉林文史出版社，2002年版，第237頁。

歸宿。孤鴻追求的，從來不是棲息。唯有翱翔，唯有無所憑依、自由自在的天空，才是鴻真正向往的理想之地。

　　蘇軾詩詞中的鴻鳥，比《東坡易傳》中的鴻鳥多了一分決絶與勇敢。鴻不再是被環境所威逼才遠離陰混之地而飛天，鴻是主動地與世俗環境割裂，成爲天地間那一抹縹緲的孤鴻。蘇軾筆下的鴻鳥意象拓寬了既往鴻鳥意象的象徵意蘊，正可謂"鴻至東坡，堂廡始大"。鴻鳥意象與蘇軾對自我與人生的深刻思考與超驗性體驗聯繫在一起，獲得了更深遠的韵味。

　　類似的"鴻鳥"還出現在同寫於被貶黄州時期的《水調歌頭·黄州快哉亭贈張偓佺》中。

　　　　落日繡簾卷，亭下水連空。知君爲我新作，窗户濕青紅。長記平山堂上，攲枕江南烟雨，杳杳没孤鴻。認得醉翁語，山色有無中。

　　　　一千頃，都鏡净，倒碧峰。忽然浪起，掀舞一葉白頭翁。堪笑蘭臺公子，未解莊生天籟，剛道有雌雄。一點浩然氣，千里快哉風。[①]

　　這首詞寫於蘇軾被貶黄州後的第四年，此時他的心境與境遇已與創作《卜算子》時大爲不同。他逐漸看透了世俗的欲望與權力、政治的糾葛，心中更多的是平淡、寧静和高遠，真正達到了"不纍於物"的境界。日暮西山，快哉亭下，亭臺與落日交相輝映，江水與遠天連成一片，蘇軾與好友相聚於快哉亭，何不快哉？"杳杳没孤鴻"，一句寫出的不僅是景色的高遠空靈，還有詞人豁達逍遥的心境。這裏的孤鴻和《卜算子·缺月掛疏桐》中的孤鴻已完全不同。"一點浩然氣，千里快哉風"，它終於實現了"漸於陸"的目標，享受着高飛於天地之間的自由，彰顯着蘇軾曠達高遠的人格和胸襟。

四、餘論

　　鴻鳥爲蘇軾詩詞中最爲常見的意象之一，受到了不少學者的關注。但以往的闡釋多與作者的個人經歷相結合，而忽略了對鴻鳥意象進行原型考察。蘇軾既是易學學者，又是著名的文學家。因此，蘇軾作品中意象與易象的互文性闡釋是一個非常值得思考的問題。特別是在被貶黄州期間，蘇軾既創作了易學專著《東坡易傳》，又寫下了大量的文學作品。二者相得益彰，是蘇軾思想以不同形式呈現的成果。用易學的角度管窺這一時期蘇軾的文學創作，不失爲一個具有研究價值的思路。

　　但值得注意的是，并不是所有意象都應按照《東坡易傳》的易象來解讀。以本文論述的

---

① （宋）蘇軾著，劉石導讀：《蘇軾詞集》，上海古籍出版社，2009年版，第183頁。

鴻鳥意象爲例，據筆者的不完全考證，只有流寓期間的"孤鴻"意象適合運用鴻鳥易象進行闡釋。蘇軾筆下有寄寓着思鄉之情的秋鴻，"人似秋鴻來有信，事如春夢了無痕。"(《正月二十日與潘郭二生出郊尋春忽記去年是日同至女王城作詩乃和前韻》)，有抒發着少年凌雲之志的飛鴻，"人生到處知何似？應似飛鴻踏雪泥；泥上偶然留指爪，鴻飛那復計東西"，亦有承載着蘇軾樂觀、曠達情懷的鴻鳥，"春來何處不歸鴻，非復羸牛踏舊蹤。但願老師真似月，誰家甕裏不相逢"。(《次韻法芝舉舊詩一首》)

對蘇軾鴻鳥意象與易象的理解，應當結合作品及其背景探討，不可盲目附會易象之説。因爲意象與易象既是"托物寓旨，理有相通"，又是"貌同而心异，不可不辨"[1]，二者互爲映照，但又不可等同。

（作者單位：暨南大學文學院）

---

[1] 錢鍾書：《管錐編》，中華書局，1986 年版，第 11 頁。

蘇符年譜簡編

袁志敏

內容提要：蘇符，字仲虎，號白鶴翁。蘇軾孫，蘇邁第二子，世家眉山。徽宗政和年間以叔祖遺恩入仕。至南宋初期仕歷顯要，且忠正耿直，操守節義俱佳。文學上，有《制誥表章》十卷，《文集》二十卷，惜亡佚。然有關蘇符的研究，文史學界略顯薄弱，本文簡略年譜，以知人論世之原則，據《蘇符行狀碑》所載內容，在鈎沉史料的基礎上作繫其行履，以期填補空白。

關鍵詞：宋代；蘇符；行迹；年譜

蘇符（1087-1156），字仲虎，號白鶴翁。蘇軾孫，蘇邁第二子，世家眉山。北宋政和年間以叔祖遺恩入仕，至南宋初期仕歷顯要，且忠正耿直，操守節義俱佳。然《宋史》無專門傳記，清陸心源《宋史翼》雖依《建炎以來繫年要錄》相關記載輯錄成傳，然所列事迹簡略，內容亦有缺漏；學界除對《蘇符行狀碑》（三蘇祠博物館藏）銘文著錄及出土情況有專門文章進行研究之外，對蘇符生平繫年及仕履轉任則無專門研究。今不揣淺陋，以知人論世之原則，據《蘇符行狀碑》所載內容，并考稽史料，繫其行履，名曰《蘇符年譜簡編》。

宋哲宗元祐二年（1087）丁卯，一歲。

蘇符生。《蘇符行狀碑》載："紹興初……越明年，除知邛州，命下，未拜而薨，實二十六年七月丁未，享年七十。"依《蘇符行狀碑》可知，蘇符卒於南宋紹興二十六年，即公元1156年，享年70歲，由此向前逆推70年，即公元1086年。然古人計算年齡習俗而言，出生即算一歲。因此，向前逆推69年，則是蘇符實際出生之年，即元祐二年（1087）。

元祐六年（1091）辛未，五歲。

父蘇邁以雄州防禦推官知河間令，叔祖軾作詩送之。清王文誥《蘇文忠公詩編注集成總案》卷四五《蘇邁傳》載："旋以雄州防禦推官知河間令，轍在政府，作詩送之。歷兩考。

軾之撫河北，復以親賢罷。"① 又《欒城後集》卷一《送侄邁赴河間令》："老去那堪用，恩深未敢歸。誰能告民病，一一指吾非？爾赴河間治，無嫌野老譏。仍將尺書報，勿復問從違。"②

元祐八年（1093）**癸酉，七歲。**

八月，祖母同安郡君王閏之卒於京師。《蘇軾文集》卷六三《祭亡妻同安郡君文》載："維元祐八年，歲次癸酉，八月丙午朔，初二日丁未，具位蘇軾，謹以家饌酒果，致奠於亡妻同安郡君王氏二十七娘之靈。嗚呼，昔通義君，殁不待年。嗣爲兄弟，莫如君賢。婦職既修，母儀甚敦。三子如一，愛出於天。"③ 同書卷六六《書金光明經後》載："軾之幼子過，其母同安郡君王氏諱閏之，字季章，享年四十有六，以元祐八年八月一日卒於京師。殯於城西惠濟院。過未免喪，而從軾遷於惠州，日以遠去其母之殯爲恨也。"④

十月，父蘇邁罷河間任，赴中山與祖父蘇軾相聚。宋施宿《東坡先生年譜》"元祐八年癸酉條"載："六月，以端明、翰林侍讀二學士除知定州。……時太皇太后上仙，哲宗方親庶政。先生將赴定，不得面辭，直批出令起發赴任。……時朝廷議論已變，公不以身退而廢忠言。先生辟李之儀爲屬，同行。冬十月，到定州。"⑤《蘇軾詩集》卷三七《臨城道中作并引》諝案："公赴中山，惟迨、過侍行，邁以罷河間令至中山也。"⑥

紹聖元年（1094）**甲戌，八歲。**

四月，祖父軾落職英州，六月，與祖父同行至金陵分別，蘇符隨父邁赴宜興。《蘇軾文集》卷三七《赴英州乞舟行狀》："輒已分散骨肉，令長子帶往近地躬耕就食，只帶家屬數人前去。汴泗之間，乘舟泛江，倍道而行，至南康軍出陸赴任。"⑦ 同書卷六一《與參寥子二十一首》（其十三）載："及子由分俸七千，邁將家大半就食宜興。既不失所外，何復掛心，實翛然此行也。已達江上，耳目清快，幸不深念。"⑧ 由"邁將家大半就食宜興"推測，蘇符應與其父就食宜興。

紹聖四年（1097）**丁丑，十一歲。**

二月，蘇符隨父邁至惠州與祖父軾團聚。《蘇軾詩集》卷四〇《和陶時運四首并引》："丁丑二月十四日，白鶴峰新居成，自嘉祐寺遷入，咏淵明《時運》詩云：'斯晨斯夕，言息共廬。'似爲余發也，乃次其韵。長子邁，與余別三年矣，挈携諸孫，萬里遠至，老朽憂患之餘，不能無欣然。"詩其四云："旦朝丁丁，誰款我廬？子孫遠至，笑語紛如。剪鬆垂髫，

① （清）王文誥：《蘇文忠公詩編注集成總案》卷四五，巴蜀書社，1985 年版，第 22 頁。

② （宋）蘇轍撰，陳宏天、高秀芳點校：《蘇轍集》，中華書局，1990 年版，第 874 頁。

③ （宋）蘇軾撰，孔凡禮點校：《蘇軾文集》，中華書局，1986 年版，第 1960 頁。

④ （宋）蘇軾撰，孔凡禮點校：《蘇軾文集》，中華書局，1986 年版，第 2068 頁。

⑤ （宋）施宿編，王水照整理：《東坡先生年譜》，《宋人年譜叢刊（5）》，四川大學出版社，2003 年版，第 2806—2807 頁。

⑥ （宋）蘇軾撰，孔凡禮點校：《蘇軾詩集》，中華書局，1982 年版，第 2024 頁。

⑦ （宋）蘇軾撰，孔凡禮點校：《蘇軾文集》，中華書局，1986 年版，第 1043 頁。

⑧ （宋）蘇軾撰，孔凡禮點校：《蘇軾文集》，中華書局，1986 年版，第 1863 頁。

覆此瓠壺。三年一夢，乃復見余。"① 《蘇符行狀碑》云："嘗侍行嶺表，畀以微言。"

三月，祖父軾爲其求婚於王適女。《蘇軾文集》卷四七《求婚啓》載："結縭早歲，已聯昆弟之姻親；垂白南荒，尚念子孫之嫁娶。敢憑良妁，往款高閎。軾長子某之第二子符，天質下中，生有蓬麻之陋；祖風綿邈，庶幾弓冶之餘。伏承故令弟子立先輩之愛女第十四小娘子，稟粹德門，教成家廟。中郎墳典之付，豈在他人；太真姑舅之婚，復見今日。仰緣夙契，只聽俞音。"②

四月，祖父責授瓊州別駕，與父邁留處惠州。《蘇軾文集》卷五六《與王敏仲十八首》（其十六）："某垂老投荒，無復生還之望，昨與長子邁訣，已處置後事矣。"③ 《蘇文忠公詩編注集成總案》卷四五《蘇邁傳》："邁既而授仁化令，及赴，章惇謂惠、韶鄰郡，當避。邁棄去，從軾惠州，軾渡海，邁家焉。"④

元符三年（1100）庚辰，十四歲。

十月，祖父軾內徙，與父邁抵廣州與祖父團聚。《蘇過年譜》："元符三年庚辰。十月抵廣州，蘇邁、蘇迨及蘇箪、蘇符、蘇籥等家小皆至。迨告以參寥子編管，復落髮事。"⑤

宋徽宗建中靖國元年（1101）辛巳，十五歲。

六月，祖父軾北歸常州，蘇符隨其父侍奉左右。王宗稷《東坡先生年譜》載："五月行至真州，瘴毒大作，病暴下，中止於常州。六月上表請老，以本官致仕。七月丁亥，卒於常州，實七月二十八日也。"⑥ 依《行狀碑》所載："先公幼力學，負大志，逮事東坡公凡十五年，特器之。"可知，蘇符應當與其父蘇邁一起隨侍祖父蘇軾於常州。

宋徽宗崇寧元年（1102）壬午，十六歲。

蘇符與叔父蘇過居郟城小峨眉山守祖父喪。《蘇過年譜》載："崇寧元年壬午。蘇過與姪符居郟城小峨眉山守喪。過《送參寥道人南歸叙》謂參寥來自香山，'見余上瑞'；又《戲李方叔》詩有'我欲叩門來上瑞'，知其在郟城縣上瑞里居喪。"⑦ 又《山居苦寒（其四）》詩自注有'默謂猶子符'，猶子即姪子。《斜川集校注》云："本組詩亦作於崇寧元年居喪郟縣期間。"可知，蘇符與蘇過一道居郟縣守祖父喪。

崇寧二年（1103）癸未，十七歲。

七月，丁祖父憂結束，蘇符與叔父蘇過歸潁昌。《斜川集校注》卷八《祭叔父黃門文》："過也昔孤，而歸公於許。奉杖履者十春。維二父之篤愛，推其餘與子孫。痛里門之一訣，哭來訃於并汾。"校注云："作於政和二年（1112）十月。是年十月初三，蘇轍病逝於潁昌，

---

① （宋）蘇軾撰，孔凡禮點校：《蘇軾詩集》，中華書局，1982 年版，第 2218 頁。

② （宋）蘇軾撰，孔凡禮點校：《蘇軾文集》，中華書局，1986 年版，第 1371 頁。

③ （宋）蘇軾撰，孔凡禮點校：《蘇軾文集》，中華書局，1986 年版，第 1695 頁。

④ （清）王文誥：《蘇文忠公詩編注集成總案》卷四五，巴蜀書社，1985 年版，第 22 頁。

⑤ 曾棗莊、舒大剛編：《蘇過年譜》，《宋人年譜叢刊（6）》，四川大學出版社，2003 年版，第 3699 頁。

⑥ （宋）王宗稷撰，吳洪澤校點：《東坡先生年譜》，《宋人年譜叢刊（4）》，四川大學出版社，2003 年版，第 2757 頁。

⑦ 曾棗莊、舒大剛編：《蘇過年譜》，《宋人年譜叢刊（6）》，四川大學出版社，2003 年版，第 3705 頁。

時蘇過方出監太原税，即奔喪歸潁，爲是文以祭。"① 逆推十年，可知蘇過歸潁昌時間爲1103 年。因蘇符與蘇過一起，故歸潁昌，蘇符亦在其中。

崇寧三年（1104）**甲申，十八歲。**

三月，蘇符與諸昆仲從叔祖問學并游許昌西湖。《欒城後集》卷三《上巳日久病不出示兒侄二首》："牛鳴頗覺西湖近，鳳去長憐北榭荒。欲出老人無伴侣，退歸諸子解農桑。卧聞諸子到西湖，鸂鶒翩翩衆客俱。"②《斜川集校注》卷三《次韵叔父上巳二首》："幾年零落卧江湖，樂事何人與我俱。上巳偶尋流水禊，泛觴聊爲小兒娱。"校注云："崇寧三年（1104）上巳日作。"③《雙溪集》卷十五《祭亡兄尚書龍學文》："肇基二祖，潁川有蘇。希古孫陳，宣哲世模。步趨陪從，探討詩書。咨仿闕里，吟咏而雩。郊鄙松楸，墳籍衣盂。"④

宋徽宗大觀元年（1107）**丁亥，二十一歲。**

父蘇邁出任嘉禾令，叔父過有詩相送。《蘇文忠公詩編注集成總案》卷四五《蘇邁傳》："大觀元年，起知嘉禾。"⑤《斜川集校注》卷三《送伯達兄赴嘉禾令》："我生三十餘，憂患恰半生。飄零萬里外，偶存三弟兄。去去復遠别，朔風催客征。相看各華髮，豈免兒女情。五載卧箕潁，分甘一廛氓。嗟哉生理拙，口腹不解營。各逐升斗仕，彈冠愧淵明。誰知三徑荒，聊代十畝耕。我政牛馬走，君乃簿書嬰。壯心已灰槁，焦芽不復萌。"⑥

宋徽宗政和二年（1112）**壬辰，二十六歲。**

父蘇邁罷嘉禾令還潁昌，叔祖喜而作詩。《欒城三集》卷四《喜侄邁還家》："一别匆匆歲五除……懷中初見孫三世，巷口新成宅一區。"⑦ 蘇轍所述"一别匆匆歲五除"即分别了五年。蘇邁於大觀元年（1107）出任嘉禾令，向後順推五年，即爲政和二年（1112），可知，蘇邁於是年罷嘉禾任。

十月，叔祖蘇轍卒於潁昌，叔父蘇過有祭文。《宋史》卷三三九《蘇轍傳》："致仕，築室於許，號潁濱遺老，自作傳萬餘言，不復與人相見。終日默坐，如是者，幾十年。政和二年卒，年七十四。"⑧《斜川集校注》卷八《祭叔父黄門文》："維我王父皇考，以及叔父……公雖不用也，而天下愈尊之如泰山，歸之如鳳麟，意造物之有待，使巋然而獨存。忽山頹而梁壞，何蒼蒼之不仁？豈吾宗之不祐，天實禍於縉紳。過也昔孤，而歸公於許……挽公之歸葬於西岷也。"⑨

① （宋）蘇過撰，舒大剛等點校：《斜川集校注》，巴蜀書社，1996 年版，第 558 頁。
② （宋）蘇轍撰，陳宏天、高秀芳點校：《蘇轍集》，中華書局，1990 年版，第 920 頁。
③ （宋）蘇過撰，舒大剛、蔣宗許校注：《斜川集校注》，巴蜀書社，1996 年版，第 150 頁。
④ （宋）蘇籀撰，王雲五主編：《雙溪集附遺言》，商務印書館，1935 年版，第 208 頁。
⑤ （清）王文誥：《蘇文忠公詩編注集成總案》卷四五，巴蜀書社，1985 年版，第 21 頁。
⑥ （宋）蘇過撰，舒大剛、蔣宗許校注：《斜川集校注》，巴蜀書社，1996 年版，第 174 頁。
⑦ （宋）蘇轍撰，陳宏天、高秀芳點校：《蘇轍集》，中華書局，1990 年版，第 1199 頁。
⑧ （元）脱脱等撰：《宋史》，中華書局，1977 年版，第 10835 頁。
⑨ （宋）蘇過撰，舒大剛、蔣宗許校注：《斜川集校注》，巴蜀書社，1996 年版，第 558 頁。

政和四年（1114）甲午，二十八歲。

蘇符以叔祖蘇轍遺恩授假將仕郎。《蘇符行狀碑》："至叔祖黃門公歿，始以遺恩授假將仕郎。"案：《宋史·蘇轍傳》載："政和二年卒，年七十四，追復端明殿學士，淳熙中，諡文定。"① 而《宋承議郎眉山蘇仲南墓志銘》所載："丁先人憂，除喪，授信陽軍司録事。"② 和《宋史翼》卷四《蘇遲傳》附《蘇籀傳》："長子籀，字仲兹，爲適後。以祖蔭官陝州義曹掾。任子諒薦入漕幕。"③ 其中"丁先人憂"的先人和"以祖蔭官"中的"祖"均指蘇轍。據《行狀碑》所載，蘇符得叔祖遺恩入仕，則應與蘇適、蘇籀同時，均爲丁蘇轍憂期滿後之事。按宋代丁憂期限 27 個月算，蘇適除父喪，當在政和四年。故蘇符授假將仕郎的時間當爲政和四年。

政和七年（1117）丁酉，三十一歲。

三月，叔祖母楚國太夫人史氏卒。《蘇潁濱年表》："七年三月二十五日，夫人史氏卒，同葬汝州郟城縣上瑞里……紹興中以遲貴，纍贈太師，封魏國公，史氏楚國太夫人。"④

冬月，叔父蘇過在郾城任上，新修敕書樓，并作文記之。《斜川集校注》卷九《郾城縣遷土地祭文》："謹以羊一豕一，清酌之奠，昭告於縣治土地之神：某以乙未歲之冬，奉敕宰是邑。環視公宇，墊隘圮壞。十七八而外。有樓以藏敕書，倚傾將壓，不可枝梧。吏舍半房户外，如列土肆。……乃請於府，量功畫材，得錢八萬。……財不廢於公，力不匱於民，始於丙申之秋，終於丁酉之冬。注云：作於政和七年，時過爲郾城令。"⑤

宋徽宗宣和五年（1123）癸卯，三十七歲。

十二月，叔父蘇過卒於鎮陽行道中。晁説之《景迂生集》卷二〇《宋故通直郎眉山蘇叔黨墓志銘》："惜乎不及使人有見於此，而暴疾以卒於鎮陽行道中。年五十有二，時宣和五年十二月乙未。悲乎！"⑥

宋欽宗靖康元年（1126）丙午，四十歲。

遇靖康兵禍，蘇符妻兒俱没虜中。《蘇符行狀碑》載："方先公在秦亭，家留潁昌，遇靖康兵禍，先夫人與七子俱没虜中，山獨後死，得忍以奉蒐葬。"此《行狀》爲蘇山撰，故其中所稱先夫人即蘇山母親，蘇符之妻王氏。蘇山，字壽父，光宗時歷官賀金正旦使、太府丞、司農少卿。

宋高宗建炎二年（1128）戊申，四十二歲。

二月，改宣教郎，擢國子監丞，汪藻撰有制命。《建炎以來繫年要録》卷十三載："建炎二年二月癸亥，以宣教郎蘇符爲國子監丞。符軾孫（軾，眉山人，元祐禮部尚書）自選人特

① （元）脱脱等撰：《宋史》，中華書局，1977 年版，第 10835 頁。
② 李紹蓮：《宋蘇適墓志及其他》，《文物》1973 年第 7 期，第 65 頁。
③ （清）陸心源輯，吳伯雄點校：《宋史翼》，浙江古籍出版社，2017 年版，第 86 頁。
④ 吳洪澤、尹波編：《蘇潁濱年表》，《宋人年譜叢刊（5）》，四川大學出版社，2003 年版，第 2970 頁。
⑤ （宋）蘇過著，舒大剛、蔣宗許等校注：《斜川集校注》，巴蜀書社，1996 年版，第 627 頁。
⑥ （宋）晁説之：《景迂生集》，文淵閣欽定四庫全書，第 1118 册，第 0393b 頁。

改京官，而有此命。"①《浮溪集》卷十《蘇軾孫從事郎蘇符改宣教郎制》曰："論世者豈惟喬木，懷人者猶及甘棠。偉哉千載之英，繫我五朝之望。朕不及見，有孫而才。宜加改秩之榮，用示好賢之意。昔賈生明王道，漢錄賈嘉之能。魏公進忠規，唐表魏謩之烈。人門兼用，今古所同。其振爾之家聲，以待予之器使。"②《蘇符行狀碑》："建炎初，以審察召。上以爲能世其家，特改宣教郎，擢國子監丞。"

紹興元年（1131）**辛亥，四十五歲。**

八月，知蜀州。《蘇符行狀碑》："改司農丞，遷倉部、職方外郎，知蜀州。"《宋史翼》卷四："紹興元年八月，知蜀州。"③ 據《舊唐書•地理四•劍南道》載："垂拱二年，分益州四縣置。天寶元年，改爲唐安郡。乾元元年，復爲蜀州也。"另《宋史•地理五》載："崇慶府，緊，本蜀州，唐安郡，軍事。紹興十四年，以高宗潛藩，升崇慶軍節度。淳熙四年，升府。"④ 自唐乾元元年（758）至紹興十四年（1144）升爲崇慶軍節度，蜀州之稱謂及所轄地域基本無變化。所謂宋之蜀州即今四川省崇州市。

紹興五年（1135）**乙卯，四十九歲。**

移夔州路提點刑獄，未赴。《蘇符行狀》載："移夔州路提點刑獄，未赴。"而《四川鹽法志》卷二八《職官二》載："夔州路提點刑獄兼常平條，蘇符，紹興五年。"⑤ 綜上可知，蘇符於紹興五年詔命任夔州路提點刑獄，但未去赴任。

十月，賜同進士出身，除司勳郎官，胡寅撰有制命。《建炎以來繫年要錄》卷九四："紹興五年冬十月丁卯，右宣教郎夔州路提點刑獄公事蘇符賜同進士出身，守尚書司勳員外郎。"⑥ 胡寅《斐然集》卷十三《蘇符司勳郎官》載："朕器識人才，厚於襃勸，典司功籍，必資通敏之士。然後六賞有等。輕重不頗，以爾名臣之後，詞學甚優，內外踐更，名實相副，寵以儒科之目。往從勳府之聯。益究爾能對茲榮訓。"⑦《蘇符行狀碑》所載"賜進士出身"當爲"賜同進士出身"書寫之誤。

紹興六年（1136）**丙辰，五十歲。**

十二月，以司勳郎官兼資善堂贊讀。《建炎以來繫年要錄》卷一〇七："紹興六年十二月甲辰，尚書司封員外郎蘇符兼資善堂贊讀赴行在代範沖也。"⑧《蘇符行狀碑》："又召，既對，賜進士出身，除司勳司封外郎兼資善堂贊讀。"

紹興七年（1137）**丁巳，五十一歲。**

四月，遷秘書少監，兼資善堂贊讀。《建炎以來繫年要錄》卷一一〇："紹興七年夏四月

① （宋）李心傳撰：《建炎以來繫年要錄》，中華書局，1988 年版，第 284 頁。
② （宋）汪藻撰，王雲五主編：《叢書集成初編•浮溪集》，商務印書館，1935 年版，第 120 頁。
③ （清）陸心源輯，吳伯雄點校：《宋史翼》，浙江古籍出版社，2017 年版，第 89 頁。
④ （元）脫脫等撰：《宋史》，中華書局，1977 年版，第 2211 頁。
⑤ （清）丁寶楨纂：《四川鹽法志》，清光緒刻本，第 1899 頁。
⑥ （宋）李心傳撰：《建炎以來繫年要錄》，中華書局，1988 年版，第 1560 頁。
⑦ （宋）胡寅：《斐然集》，文淵閣欽定四庫全書，第 1137 冊，第 0446C 頁。
⑧ （宋）李心傳撰：《建炎以來繫年要錄》，中華書局，1988 年版，第 1741 頁。

壬寅，司封員外郎蘇符試秘書少監，仍兼資善堂贊讀。"①《蘇符行狀碑》："遷秘書少監。"

六月，兼修《哲宗實錄》。《建炎以來繫年要錄》卷一一一："紹興七年六月癸巳，秘書少監蘇符言史館見重修哲宗皇帝實錄。元祐政史，屢致紛更。尤當盡付天下公論，非符所宜參預。望改除一閑慢差遣。"②《宋史翼》卷四："言史館重修哲宗皇帝實錄。元祐政史，屢改紛更。尤當盡付天下公論，非符所宜參預。望改除閑慢差遣，不許。"③《蘇符行狀碑》："兼修《哲宗實錄》，賜五品服。"

紹興八年（1138）戊午，五十二歲。

二月，爲太常少卿兼資善堂贊讀。《建炎以來繫年要錄》卷一一八："紹興八年二月壬午，秘書少監蘇符太常少卿仍兼資善堂贊讀。"④《蘇符行狀碑》："歷太常少卿。"

三月，言景靈宮國忌行香禮。《建炎以來繫年要錄》卷一一八："紹興八年三月辛丑，太常少卿蘇符言景靈宮神御見在溫州，將來四孟朝獻，乞比附國朝諒陰故事，行在設位，分命大臣行禮，從之。"⑤

四月，上書言徽宗皇帝顯肅皇后諱。《建炎以來繫年要錄》卷一一九："紹興八年夏四月己未，太常少卿蘇符言：徽宗皇帝、顯肅皇后至今未聞諱日乞權於聞哀日。依祖宗忌辰禮例，建置道場行香，從之。"⑥

九月，爲起居郎兼資善堂贊讀。《建炎以來繫年要錄》卷一二二："紹興八年九月庚寅，太常少卿蘇符守起居郎仍兼資善堂贊讀。"⑦

十一月，爲中書舍人，充國信計議副使。《建炎以來繫年要錄》卷一二三："紹興八年十一月丙申，起居郎兼資善堂贊讀蘇符爲中書舍人免召試翊善，將俾副王倫也。"⑧《蘇符行狀》："拜中書舍人，進兼翊善，賜三品服。"《建炎以來繫年要錄》卷一二三："紹興八年十一月己亥，王倫充國信計議使，蘇符充副使，并日下出門，符稱疾不受。"⑨《蘇符行狀碑》言"充國信計議使"當爲"充國信計議副使"之誤。

十二月，同班入對，論屈己之事。《建炎以來繫年要錄》卷一二四："紹興八年十有二月己卯，吏部侍郎晏敦複……中書舍人兼資善堂翊善蘇符、權工部尚書蕭振、起居舍人薛徽言同班入對。上奏曰：'臣聞聖人與衆同欲，是以濟事。自古人君施設注措，未有不以從衆而成，違衆而敗者。伏見今日屈己之事，陛下以爲可，士大夫不以爲可，民庶不以爲可，軍士

---

① （宋）李心傳：《建炎以來繫年要錄》，中華書局，1988 年版，第 1784 頁。
② （宋）李心傳：《建炎以來繫年要錄》，中華書局，1988 年版，第 1803 頁。
③ （清）陸心源輯，吳伯雄點校：《宋史翼》，浙江古籍出版社，2017 年版，第 89 頁。
④ （宋）李心傳：《建炎以來繫年要錄》，中華書局，1988 年版，第 1908 頁。
⑤ （宋）李心傳：《建炎以來繫年要錄》，中華書局，1988 年版，第 1913 頁。
⑥ （宋）李心傳：《建炎以來繫年要錄》，中華書局，1988 年版，第 1919 頁。
⑦ （宋）李心傳：《建炎以來繫年要錄》，中華書局，1988 年版，第 1968 頁。
⑧ （宋）李心傳：《建炎以來繫年要錄》，中華書局，1988 年版，第 1987 頁。
⑨ （宋）李心傳：《建炎以來繫年要錄》，中華書局，1988 年版，第 1988 頁。

不以爲可。如是而求成，臣等切惑之。'"。①

紹興九年（1139）**己未，五十三歲。**

二月，除給事中。《建炎以來繫年要錄》卷一二六："紹興九年二月癸丑，拜中書舍人蘇符試給事中仍兼資善堂翊善。"②《苕溪集》卷三七《蘇符除給事中》："敕朕敷求俊義，協濟事功。惟東臺封驗之司在禁闥樞密之地。出納所系，付委實艱。有非其人，不在此選。具官某學窮壺奧，業茂經綸。躬古人品行之純，有先世流風之似。頃從識拔，儲見猷爲。旋陞法從之崇，遂掌綸言之重。文章體裁，纂漢家深厚之辭。論議規模，畀鄭國討論之事。"③《蘇符行狀碑》："除給事中。"

八月，上書乞罷四川對糴米脚錢，以給事中充賀金正旦使。《建炎以來繫年要錄》卷一三一："紹興九年八月辛酉，給事中蘇符言：已分屯吳玠軍馬，乞罷免四川對糴米脚錢。上曰：'四川自兵興以來，橫斂既多，民不堪命。可令胡世將、張深相蠲減，以蘇民力。'"④《建炎以來繫年要錄》卷一三一"紹興九年八月"條載："紹興九年八月庚午，給事中蘇符充賀金正旦使。知閤門王公亮充副使，尋命各官其家一人。"⑤《蘇符行狀碑》："復充賀正旦使。"

九月，爲禮部侍郎，辭免不允。《建炎以來繫年要錄》一三二："紹興九年九月癸未，給事中蘇符試尚書禮部侍郎。仍兼資善堂翊善。"⑥《苕溪集》卷四七《蘇符禮部侍郎》："敕：朕惟先王備禮，通於天地和樂，格於祖考製作之妙。必既其實不於其文，後世禮樂之意既亡，而鐘鼓玉帛之末尚多闕焉，況其實乎！祝史於是揖遜其間，其君以爲迂闊，於是則所謂宗伯之職蓋亦名存而已。具官某，學有家法，行如古人。回翔禁省之嚴，備罄討論之益。李揆第一，豈惟推重於中朝；張騫無雙，頗亦見詢於异域。春官之貳，名實具宜爾。其引義據經，斟酌損益，使一代之典，復出於搶攘之餘，則朕復古之功，於是乎在可不勉哉。"⑦《苕溪集》卷四七《賜新除禮部侍郎蘇符辭免恩命不允詔》："敕蘇符省所奏辭免禮部侍郎恩命事，具悉。朕於六卿之貳，必求望人，共理之司，尤爲异選。卿宏才偉識，博物洽聞，言必據經，事皆守古，論思之省，裨益居多。至於搜補闕文，參稽舊典，宜卿之所共樂也。卿不知禮，當誰知之。其思承命之恭，毋事循牆之壁。所請宜不允。"⑧

紹興十年（1140）**庚申，五十四歲。**

三月，自東京還行在。《建炎以來繫年要錄》卷一三四："紹興十年三月丙申，禮部侍郎

① （宋）李心傳：《建炎以來繫年要錄》，中華書局，1988年版，第2025頁。
② （宋）李心傳：《建炎以來繫年要錄》，中華書局，1988年版，第2047頁。
③ （宋）劉一止：《苕溪集》，文淵閣欽定四庫全書，第1132冊，第0183a頁。
④ （宋）李心傳：《建炎以來繫年要錄》，中華書局，1988年版，第2108頁。
⑤ （宋）李心傳：《建炎以來繫年要錄》，中華書局，1988年版，第2110頁。
⑥ （宋）李心傳：《建炎以來繫年要錄》，中華書局，1988年版，第2117頁。
⑦ （宋）劉一止：《苕溪集》，文淵閣欽定四庫全書，第1132冊，第0225d—0226a頁。
⑧ （宋）劉一止：《苕溪集》，文淵閣欽定四庫全書，第1132冊，第0227d頁。

充大金賀正旦使蘇符自東京還行在。"①

十二月，權禮部尚書，兼資善堂翊善。《建炎以來繫年要録》卷一三八："紹興十年十有二月丙戌，禮部侍郎蘇符權禮部尚書仍兼資善堂翊善。"②《蘇符行狀碑》："進尚書，已而，兼侍讀。"

紹興十一年（1141）辛酉，五十五歲。

正月，登對論易。《宋中興紀事本末》卷五五："紹興十一年春正月乙未，禮部尚書蘇符入對，因論易同聲相對，同氣相求，水流濕火就燥之理，且言父子天合，誠意所在，雖遠必通。今金人敗盟，雖議和之使不復再遣。然誠心出於天，合不問遠近。則太后終必還饗慈寧之養。甲子，上語宰執，且曰：'符頗明經旨，自世俗觀之，此論似迂闊，而理有必然者。'"舒大剛老師《蘇籀年譜》言及此事，亦將其列爲紹興十一年，姑從之。

紹興十二年（1142）壬戌，五十六歲。

二月，因論典禮不合，被免官，提舉江州太平觀。《建炎以來繫年要録》卷一四四："紹興十有二年春二月己丑，吏部尚書兼資善堂翊善吳表臣，權禮部尚書兼資善堂翊善蘇符，權禮部侍郎陳角，郎官方雲翼，太常丞丁仲京，博士王普，主簿蘇籀并罷。坐討論典禮并不詳具祖宗故事，專任己意，懷奸附麗故也。"③《宋史翼》卷四："十二年二月，討論典禮并不詳具祖宗故事，專任己意，懷奸附麗，罷爲左朝散郎，提舉江州太平觀。"④《蘇符行狀碑》："以議禮不和，免所居官。"

紹興十三年（1143）癸亥，五十七歲

二月，除知遂寧府，不赴，忤秦檜。《宋史翼》："（紹興）十三年二月知遂寧府。符有田在蘇，因留居之。秦檜不樂。"⑤

三月，以禮部尚書兼侍讀。《建炎以來繫年要録》卷一三九："紹興十有三年三月乙巳，權禮部尚書兼資善堂翊善蘇符兼侍讀。中書舍人李易兼侍講。"⑥

同月，上書力言不可廢弛武備。《建炎以來繫年要録》卷一三九："紹興十有三年三月丁卯，右宣教郎宗汝爲添差通判處州。先是汝爲自北境間行投岳飛軍中，飛遣赴行在，汝爲具言：金人情僞，且曰今和好，雖定計，必背盟。不可遽馳武備。秦檜聞之，不樂。至是權禮部尚書蘇符力言於上，乃有是命。既而上憐其忠，遷右通直郎。"⑦

紹興十四年（1144）甲子，五十八歲。

五月，奪兩官趣之遂寧府。《建炎以來繫年要録》卷一五一："紹興十有四年五月己巳，

① （宋）李心傳：《建炎以來繫年要録》，中華書局，1988 年版，第 2158 頁。
② （宋）李心傳：《建炎以來繫年要録》，中華書局，1988 年版，第 2222 頁。
③ （宋）李心傳：《建炎以來繫年要録》，中華書局，1988 年版，第 2314 頁。
④ （清）陸心源輯，吳伯雄點校：《宋史翼》，浙江古籍出版社，2017 年版，第 89 頁。
⑤ （清）陸心源輯，吳伯雄點校：《宋史翼》，浙江古籍出版社，2017 年版，第 89 頁。
⑥ （宋）李心傳：《建炎以來繫年要録》，中華書局，1988 年版，第 2238 頁。
⑦ （宋）李心傳：《建炎以來繫年要録》，中華書局，1988 年版，第 2243 頁。

右正言詹大方言：左朝散郎新知遂寧府蘇符，居論思之地，識慮暗淺，朝廷畀之便郡。而踰年不行。徘徊近地，窺伺時事。人為切齒，詔降兩官趣之任。"①《蘇符行狀碑》："除知遂寧府，言者不即行道，奪兩官。"

紹興十六年（1146）**丙寅，六十歲。**

十月，複敷文閣待制，移知鼎州，乃還蜀。《建炎以來繫年要録》卷一五五："紹興十有六年冬十月己酉，上曰：今天下無事，民事最急，監司郡守須是擇人。監司得人為縣者，自不作過。蓋縣官皆銓注。難別賢否。全在考察昏繆。不任者別與差遣，清强有才，則宜擢用之。朝奉郎知遂寧府蘇符復敷文閣待制。"②《宋史翼》卷四："十六年二月，復敷文閣待制，乃還蜀。"③《蘇符行狀碑》："後二年，復所奪官，除敷文閣待制，移知鼎州。"

紹興二十四年（1154）**甲戌，六十八歲。**

七月，知饒州，未赴。《建炎以來繫年要録》卷一六七："紹興二十有四年秋七月丙辰，敷文閣待制，提舉臺州崇道觀蘇符知饒州。"④《蘇符行狀碑》："除知饒州，不赴。"

紹興二十五年（1155）**乙亥，六十九歲。**

正月，乞祠，提舉臺州崇道觀。《建炎以來繫年要録》卷一六八："紹興二十有五年春正月甲戌，敷文閣待制新知饒州蘇符乞奉祠。上曰：'頃朝廷初議休兵，符頗以為然，及王倫被留，遂復二三，今不復肯出蜀矣。乃以符提舉臺州崇道觀。'"⑤《宋史翼》記載略同，不再贅述。《蘇符行狀碑》："請祠，得提舉台州崇道觀。"

八月，復敷文閣直學士，辭免不允。《建炎以來繫年要録》卷一六九："紹興二十有五年八月甲申，秦檜進呈敷文閣待制，提舉台州崇道觀蘇符，右奉宣大夫，知建康府宋貺欲并復敷文閣直學士。上曰：'符，軾之孫，與復職。名甚善。'上因言和議之初，李光凶悖，蔑視朝廷，專以阻壞大計。符初贊和議甚力，後乃變其説，蓋有捭闔之風也。"⑥《杉溪居士集》卷六《賜蘇符辭免恩命不允詔》："敕蘇符所省奏辭免敷文閣直學士恩命，事具悉。內閣所以奉列，聖之貽謨，邃在西清，最號嚴近。隆名所加，時之高選。非得其人，不以輕付。卿性全真粹，學有本源。議論雍容，詞章華潤。名臣之後，能世其家。明命既頒，實孚群聽。唯令之行，義豈容辭。只服訓言，亟膺茂渥。所請宜不允。故茲詔示，想宜知悉秋熱，卿比平安好遣，書指不多及。"⑦《蘇符行狀碑》："除敷文閣直學士。"

紹興二十六年（1156）**丙子，七十歲。**

五月，知邛州。《建炎以來繫年要録》卷一七二："紹興二十有六年五月辛丑朔，敷文閣

① （宋）李心傳：《建炎以來繫年要録》，中華書局，1988年版，第2437頁。
② （宋）李心傳：《建炎以來繫年要録》，中華書局，1988年版，第2518頁。
③ （清）陸心源輯，吳伯雄點校：《宋史翼》，浙江古籍出版社，2017年版，第89頁。
④ （宋）李心傳：《建炎以來繫年要録》，中華書局，1988年版，第2722頁。
⑤ （宋）李心傳：《建炎以來繫年要録》，中華書局，1988年版，第2741頁。
⑥ （宋）李心傳：《建炎以來繫年要録》，中華書局，1988年版，第2760頁。
⑦ （宋）劉才邵撰：《樵溪居士集》，四庫全書珍本初集·集部·別集類，第4冊，第47頁。

直學士，提舉台州崇道觀蘇符知邛州。"①

七月，蘇符卒。《建炎以來繫年要錄》卷一七五："紹興二十有六年冬十月乙亥，敷文閣直學士新知邛州蘇符卒。"②《宋史翼》所載時間與《繫年要錄》一致。《蘇符行狀碑》："二十六年五月，起知邛州。命下，未拜而薨，實二十六年七月丁未。享年七十。"今從《行狀碑》所述爲是。

十二月，蘇籀作祭文祭拜。《雙溪集》卷十五《奠亡兄尚書龍學文》："紹興二十六年十有二月戊戌朔，初六日癸卯，弟持服蘇籀與簡、策謹以清酌庶羞之奠，致祭於亡兄閣學尚書仲虎之靈。"③

紹興三十一年（1161）**辛巳，歸葬眉山。**

十二月，葬眉山縣修文鄉順化里。《蘇符行狀碑》："以三十一年十二月己酉，葬於眉山縣修文鄉順化里。"《蘇軾文集》卷十六《蘇廷評行狀》："公諱序，字仲先，眉州眉山人……慶曆七年五月十一日終於家。享年七十有五。以八年二月某日葬於眉山縣修文鄉安道里先塋之側。"④《嘉祐集箋注》卷十五《老翁井銘》："丁酉歲，余卜葬亡妻，得武陽安鎮之山。山之所從來甚高大壯偉，其末分而爲兩股，回轉環抱，有泉坌然出於兩山之間而北附，右股之下畜爲大井，可以日飲百餘家。卜者曰吉，是其葬書爲神之居。"⑤《蘇軾文集》卷十五《亡妻王氏墓志銘》："治平二年五月丁亥，趙郡蘇軾之妻王氏，卒於京師。六月甲午，殯於京城之西。其明年六月壬午，葬於眉之東北彭山縣安鎮鄉可龍里先君先夫人墓之西北八步。"⑥據此可知，蘇家祖墳爲兩處：其一爲眉山縣（現東坡區）修文鄉安道里，南宋紹興年間改爲順化里，蘇符歸葬之地即在此；其二爲眉之東北彭山縣安鎮鄉可龍里（現東坡區富牛鎮），爲蘇洵夫婦及蘇軾亡妻王弗歸葬之地，即蘇墳山蘇氏家族墓地。

（作者單位：眉山三蘇祠博物館）

① （宋）李心傳：《建炎以來繫年要錄》，中華書局，1988 年版，第 2837 頁。
② （宋）李心傳：《建炎以來繫年要錄》，中華書局，1988 年版，第 2882 頁。
③ （宋）蘇籀撰，王雲五主編：《雙溪集附遺言》，商務印書館，1935 年版，第 208 頁。
④ （宋）蘇軾撰，孔凡禮點校：《蘇軾文集》，中華書局，1986 年版，第 495 頁。
⑤ （宋）蘇洵著，曾棗莊、金成禮箋注：《嘉祐集箋注》，上海古籍出版社，1993 年版，第 406 頁。
⑥ （宋）蘇軾撰，孔凡禮點校：《蘇軾文集》，中華書局，1986 年版，第 472 頁。

蜀學名人

論杜甫蜀中詩的家國情懷

秦浩翔

内容提要：乾元二年，杜甫携帶家眷入蜀，定居成都草堂，開始了一段相對安定的生活。但杜甫并未因生活的逐漸安定，而忘却動蕩不堪的國家，以及相隔千里的故鄉和親友。相反，正是"致君堯舜上，再使風俗淳"的人生理想難以實現，加之國運頃危的興亡之感、漂泊异鄉的故國之思，促使杜甫作詩抒懷，以詩明志，其蜀中詩作飽含對故鄉的思念、親友的掛懷、朝局的擔憂以及戰事的關注，流露出相較其他時期更爲濃烈的家國情懷。

關鍵字：杜甫；蜀中詩；家國情懷

乾元二年（759），杜甫辭去華州司功參軍一職，携帶家眷，長途跋涉，來到號稱"天府之國"的成都平原，并在親友的幫助下，於成都西郊外的浣花溪畔營建草堂，擁有了屬於自己的安居之所。但杜甫并未因生活的逐漸安定，而忘却動蕩不堪的國家和飽受煎熬的百姓，他深切思念着遠方的故鄉和親友，并密切關注國運、朝局和戰事，在其詩作中流露出濃烈的家國情懷[①]。本文擬以杜甫入蜀後的詩歌作品爲中心，嘗試結合杜甫的個人經歷以及時代背景，對杜甫蜀中詩作的家國情懷進行分析探討。

---

① 關於杜甫詩作中的家國情懷，已有學者進行了相關探討，例如：黨天正、王鋒鋒：《杜甫關中詩的家國情懷》，《唐都學刊》2016 年第 2 期；常雪純：《論杜甫曲江詩中的家國情懷》，《六盤水師範學院學報》2018 年第 1 期。但是對於杜甫蜀中詩作的家國情懷，還未有學者進行專門性的探討。

一、對故鄉的思念——"大江東流去，游子去日長"

安史之亂不僅改變了李唐王朝的命運，使昔日盛唐一去不復返，同時也影響了詩聖杜甫的人生，迫使他遠離故土，顛沛流離、四處奔波。儘管入蜀之後，生活暫時安定，但杜甫對於故鄉的思念却越發深切，在詩作中流露出濃濃的思鄉之情。

《成都府》[①] 一詩作於乾元二年（759）冬杜甫初到成都之時，相較於此時戰火紛飛、民不聊生的中原地區，繁華富庶、百姓安居的成都，在杜甫心中仿佛世外桃源，他不禁生出"我行山川异，忽在天一方"之感，并贊嘆道："曾城填華屋，季冬樹木蒼。喧然名都會，吹簫間笙簧。"但眼前景色雖美，自己却終歸是客，因此在欣喜之餘，杜甫亦感慨道："但逢新人民，未卜見故鄉。大江東流去，游子去日長。"思鄉之情隨之涌上心頭，而此時故鄉正經歷戰亂，也只能安慰自己"自古有羈旅，我何苦哀傷"。

上元元年（760），浣花溪畔草堂落成，杜甫開始了一段閑適安寧的生活，并創作了《有客》《田舍》《江村》等諸多反映田園生活、表達閑情逸致的詩作，但其思鄉之情却并未消解。《出郭》一詩作於上元元年秋杜甫出城返家的途中。詩曰：

> 霜露晚凄凄，高天逐望低。
> 遠烟鹽井上，斜景雪峰西。
> 故國猶兵馬，他鄉亦鼓鼙。
> 江城今夜客，還與舊烏啼。

首頷兩聯寫景，用霜露、遠烟、斜陽、雪峰等意象描繪出一幅城郭落日秋景圖，而"凄凄"二字則流露出詩人此刻略帶感傷的心境。頸尾兩聯作者觸景生情，轉而表達自己對故鄉的思念。此時的洛陽尚淪陷於叛軍之手，蜀地亦處於戰備之時，杜甫雖思鄉心切，但歸期無望，惟有與舊烏共啼，以抒思鄉愁苦。紀容舒點評道："起末二句心懷故國，而兵馬猶擾亂不寧，身寄他鄉，而鼓鼙亦緣邊四起，干戈滿地，公直無處可歸，還守江城，與舊烏共夜啼而已。'與'字凄絕，伴公啼者惟有夜烏，蓋不勝'三匝無枝'之嘆焉。"[②]

上元二年（761）杜甫又創作《江亭》一詩以表思鄉之情，詩曰：

> 坦腹江亭暖，長吟野望時。
> 水流心不競，雲在意俱遲。

---

① 本文所引杜詩均出自謝思煒校注《杜甫集校注》（上海古籍出版社 2015 年版），以下不再一一標注。

② （清）紀容舒：《杜律詳解》卷二，清末手抄本。

寂寂春將晚，欣欣物自私。

故鄉歸未得，排悶強裁詩。

首頷兩聯描寫作者獨臥江亭，眺望遠方，眼見流水東去，而心不能與之競逐，雲滯留於天，唯有心意與之徘徊，暗含歸鄉無望、滯留他鄉之意。尾聯則借景抒情，江亭之景本無"悶"，念及故鄉則"悶"，不能回鄉的苦悶無可排解，只能"強裁詩"以排解[①]。全詩構思精巧，巧借觀景"排悶"，抒發難以排解的思鄉之情。

《天邊行》一詩作於永泰元年（765），同年四月，好友嚴武病逝，杜甫失去依靠，因此詩中的思鄉之情較此前幾首更爲濃烈。詩作開篇杜甫便自稱"天邊老人"，發出"天邊老人歸未得，日暮東臨大江哭"的感傷，更爲雪上加霜的是如今"隴右河源不種田，胡騎羌兵入巴蜀"，蜀中亦陷入動蕩。頸聯"洪濤滔天風拔木，前飛禿鶖後鴻鵠"一句則以鴻鵠自比，影射奸邪得意，表達忠良受阻的悲哀。作者也曾"九度附書向洛陽"，但却"十年骨肉無消息"，連年戰亂，使得中原家鄉音信全無，豈不更添思鄉之苦。縱觀全詩，作者由思鄉而憂國，將個人境遇與國家命運緊密相連，家國情懷溢於詩外。

二、對親友的掛懷——"中原有兄弟，萬里正含情"

除了故鄉之思，杜甫還在詩作中表達了對遠方親友的深切掛懷。上元元年（760）是杜甫入蜀的第二年，同年叛軍將領史思明攻入洛陽，中原親友的音訊被戰亂阻隔，於是杜甫寫下《雲山》一詩表達對親友的深切思念。詩曰：

京洛雲山外，音書靜不來。

神交作賦客，力盡望鄉臺。

衰疾江邊臥，親朋日暮回。

白鷗元水宿，何事有餘哀。

由於無法收到親友的音訊和書信，詩人遙望京洛，希望效仿山濤與阮籍，與親友彼此神交，儘管蜀中亦有親朋，但他們却要日暮方回，自己只能閑臥江邊，消遣時光。尾聯詩人以白鷗自比，感嘆自己如今已是漂泊無依之人，又何苦記掛他人，徒增悲哀。然而這只是詩人自我寬解的反語，他對親友的掛懷之情并未因此放下[②]。

與《雲山》作於同一時期的《遣興》，同樣表達了杜甫對中原親友的思念之情。詩曰：

---

① 劉洪編著：《詩韵草堂》，上海古籍出版社，2019年版，第48頁。
② 劉洪編著：《詩韵草堂》，上海古籍出版社，2019年版，第17頁。

> 干戈猶未定，弟妹各何之？
>
> 拭泪沾襟血，梳頭滿面絲。
>
> 地卑荒野大，天遠暮江遲。
>
> 衰疾那能久，應無見汝時。

首聯作者便直抒胸臆，抒發戰亂未定、親人分離的愁苦。頷聯交代自己的淒涼境況，由於思念親人，自己時常落泪傷感，頭髮散落。頸聯則以景襯情，突顯自己的境遇淒苦，正如楊倫所言：“地平無山，故見野寬；江水緩流，故望天益遠。二句正寫一身寥落之景。”[①] 尾聯再次感慨，自己疾病纏身，已命不久長，恐怕無緣與中原親友再次相見。全詩既表達了杜甫對親友的思念之切，也流露出他對目前處境的無限感傷。

同樣作於上元元年（760）的《村夜》描寫了浣花溪畔的一個冬夜，村民們深夜忙碌的生活場景。詩曰：

> 蕭蕭風色暮，江頭人不行。
>
> 村舂雨外急，鄰火夜深明。
>
> 胡羯何多難，漁樵寄此生。
>
> 中原有兄弟，萬里正含情。

夜晚人們本應休息安寢，何況正值風雨蕭蕭，爲何會有“村舂雨外急，鄰火夜深明”之景？原來是因爲安史之變殃及蜀地，白天人們不敢開門做事，只得等到夜深稍静，方才舉火勞作[②]。作者觸景生情，聯想到此時正經歷戰亂的手足兄弟，思念之情頓時涌上心頭，故而發出“中原有兄弟，萬里正含情”的感嘆。

杜位是杜甫的族弟，也是玄宗朝宰相李林甫的女婿。天寶十一年（752）李林甫去世後，杜位被視爲其黨羽而流放嶺南。上元二年（761），即杜位被流放的十年之後，朝廷命其遷往荆州。杜甫聽聞此事即創作《寄杜位》一詩以表懷念之情和寬慰之意。詩曰：

> 近聞寬法離新州，想見懷歸尚百憂。
>
> 逐客雖皆萬里去，悲君已是十年流。
>
> 干戈况複塵隨眼，鬢髮還應雪滿頭。
>
> 玉壘題書心緒亂，何時更得曲江游。

前三聯詩的字裏行間飽含了杜甫對族弟的深切同情，尾聯則表達了與其再次團聚、同游故宅的美好期望。顧宸對此詩的點評頗爲到位，他稱贊道：

---

① （清）楊倫：《杜詩鏡銓》，浙江人民美術出版社，2020 年版，第 535 頁。

② 劉洪編著：《詩韵草堂》，上海古籍出版社，2019 年版，第 33 頁。

是一紙家書，率直攄寫，不待致飾，曰近聞、曰想見、曰雖皆、曰已是、曰況複、曰還應、曰何時更得，只此數虛字中，情文歷亂，俱寫出心亂之故。骨肉真情，溢於言表矣。①

細品此詩，杜甫與杜位的手足深情躍然紙上。

除手足兄弟外，杜甫在蜀中對於昔日摯友亦是萬分思念。上元二年（761），杜甫聽聞李白因加入永王李璘幕府參與謀逆而獲罪，他十分掛念和擔憂，遂寫下《不見》一詩以抒胸臆。詩曰：

不見李生久，佯狂真可哀。
世人皆欲殺，吾意獨憐才。
敏捷詩千首，飄零酒一杯。
匡山讀書處，頭白好歸來。

首聯表達杜甫久久不見李白的深切思念以及對其懷才不遇的無比同情。中間兩聯則表達自己對李白獲罪一事的鮮明立場，由於李白聲名顯赫，因此在被定爲亂黨後一直處於輿論的風口浪尖，世人多欲殺之而後快，而此時杜甫却在詩中替李白鳴不平，并稱贊其曠世才華，足見二人友誼之深。尾聯則希望李白能早日歸蜀，表達與其在蜀中重逢的美好期冀。

杜甫深切懷念的另一位好友是時任荆州司馬的崔漪。《所思》一詩寫道：

苦憶荆州醉司馬，謫官樽俎定常開。
九江日落醒何處，一柱觀頭眠幾回。
可憐懷抱向人盡，欲問平安無使來。
故憑錦水將雙泪，好過瞿塘灧澦堆。

全詩以“苦憶”開篇，足見詩人思念之切。其後詩人充分刻畫了這位崔司馬好“醉”的特點，展現其豪放的性格。然而，儘管杜甫對好友思念萬分，可二人相隔千里，又難通音訊，只能將思念之情化爲泪水，借着東流的江水，將此深情傳給友人。

廣德二年（764），杜甫的另外兩位好友，鄭虔與蘇源明同時去世，杜甫悲痛萬分，創作了《哭台州鄭司户蘇少監》一詩悼念兩位友人，詩作開篇便設問“故舊誰憐我？平生鄭與蘇”，點明自己與二人的知己之情，如今戰亂未平，自己漂泊異鄉，兩位摯友又在一年内相繼離去，不禁生出“白首中原上，清秋大海隅”的孤獨悲涼之感。其後，杜甫回憶了兩人生平，并稱贊其“班揚名甚盛，嵇阮逸相須”，不僅如班固揚雄一樣，在文壇享有盛譽，同時與嵇康阮籍一樣，瀟灑豁達。詩作結尾再次表達對兩位知己離世的痛惜之情，盧世㴼評價

———
① （清）仇兆鰲：《杜詩詳注》卷十，文淵閣四庫全書本。

尾句稱："結云：飄零迷哭處，天地日榛蕪。蒼蒼茫茫有'何地置老夫'之意，想詩成時熱淚一涌而出，不復論行點矣，是以謂之哭也。"① 杜甫對鄭蘇二人的情誼之深、悲傷之切溢於言表。

三、對朝局的擔憂——"四海猶多難，中原憶舊臣"

杜甫出身名門，受到祖輩功業的影響和家庭環境的熏陶，早年便立下"致君堯舜上，再使風俗淳"的濟世夙願。儘管經歷了人生的諸多風雨，其宏偉志向亦未曾動搖。在選址修建草堂時，杜甫便稱："東行萬里堪乘行，須向山陰上小舟"，以諸葛亮送費禕使吳的典故，表明自己不會終老成都。草堂建成後，他再次吐露心迹，在《成堂》一詩寫道："旁人錯比揚雄宅，懶惰無心作《解嘲》"，表明自己仍關心民生疾苦，與自命清高的揚雄有所不同。

杜甫年少時便視蜀漢丞相諸葛亮爲榜樣，對其與劉備風雲際會、魚水相得，成就不朽功業的千載殊遇欣羨不已②。如今雖已遠離朝堂，但心憂天下的家國情懷却未曾改變，因此他穿過錦官城外的森森竹柏，不辭辛勞地尋找人們祭奠諸葛亮的"丞相祠堂"，并寫下了《蜀相》一詩以表崇敬。他多麽希望自己能仿效諸葛亮，輔佐君王治理天下，"鞠躬盡瘁，死而後已"。也正是由於從未動搖的濟世夙願，以及儒家"忠君思想"的深刻影響，杜甫入蜀後對於朝局、國運一直不曾忘懷。

上元元年（760），李輔國矯詔將玄宗"遷居大內"，"陳玄禮、高力士及舊宮人皆不得留"，不久後肅宗亦因有疾而不再前往問安③。杜甫早年曾因進獻"三大禮賦"贏得玄宗賞識，"使待制集賢院，命宰相試文章"④，一時間名動長安，他入蜀後亦寫下《莫相疑行》一詩回憶當年意氣風發的情景。儘管杜甫對玄宗晚年窮兵黷武、驕奢淫逸予以了尖銳批判，但心中仍對其懷有知遇之情，因此於上元二年（761）創作《杜鵑行》一詩，表達對玄宗還朝後艱難處境的擔憂。詩作開篇寫道"君不見昔日蜀天子，化作杜鵑似老烏"，"昔日蜀天子"雖明指古代望帝，但同時暗指玄宗，詩中"雖同君臣有舊禮，骨肉滿眼身羈孤"等語亦暗指李輔國矯詔囚禁玄宗一事⑤。"其聲哀痛口流血，所訴何事常區區。爾豈摧殘始發憤，羞帶羽翮傷形愚"四句，形象地指出此時的玄宗就如同折翼之鳥，飽受煎熬。當年的一代雄主，如今形同階下之囚，怎不叫人傷感嘆息？杜甫不禁感慨："蒼天變化誰料得，萬事反覆何所

---

① （清）仇兆鰲：《杜詩詳注》卷十四，文淵閣四庫全書本。
② 徐建芳、傅紹良：《杜甫"諸葛詩"與其仕宦心態》，《蘭州大學學報》（社會科學版）2006年第5期。
③ （宋）司馬光編著，（元）胡三省注：《資治通鑒》卷二二一《唐紀三十七》，中華書局，2013年版，第7304—7306頁。
④ （宋）歐陽修，（宋）宋祁撰：《新唐書》卷二〇一《杜甫傳》，中華書局，1975年版，第5736頁。
⑤ （清）楊倫：《杜詩鏡銓》，浙江人民美術出版社，2020年版，第539頁。

無。萬事反覆何所無，豈憶當殿群臣趨。”全詩情真意切，表達出杜甫對玄宗境遇的無盡感傷和深切同情。

上元元年（760）冬，朝廷以荆州爲南都，而杜甫認爲此舉頗爲不妥，於是寫下《建都十二韵》一詩抒發己見。對於此詩，歷代杜詩注者多有品評。吴瞻泰稱此詩“可作賈誼陳政事書讀”①。錢謙益則認爲此詩包含了杜甫較爲複雜的情感，他點評道：

> 此詩因建南都而追思分鎮之事也。初房琯建分鎮討賊之議，詔下遠近相慶。禄山撫膺曰：吾不得天下矣。肅宗以此惡琯，貶之。久之，東南多事，從吕諲之請，置南都於荆州，以扼吴蜀之衝。公聞建都之詔，終以琯議爲是，而惜肅宗之不知大計，故作此詩。牽裾以下乃追叙移官之事，蓋公之移官以救琯，而琯之得罪以分鎮，故牽連及之也。是歲七月，上皇移幸西内，九月置南都，革南京爲蜀郡。肅宗於荆州蜀都，汲汲然一置一革，其意皆爲上皇也，公心痛之，而不敢訟言。故曰：雖曰三階正，終愁萬國翻。願枉長安日，光輝照北原。定哀之微辭如此。②

錢謙益的分析不無道理。杜甫對於房琯戰敗獲罪，自己疏救房琯而被貶一直難以釋懷，加之不久前，玄宗被囚禁西内，杜甫對其深表同情，這些事件或許會使杜甫對肅宗心生不滿。但杜甫此詩却是出於一片赤子之心，他認爲蒼生尚未蘇息，建都只會加重百姓負擔，而且“時危當雪耻，計大豈輕論”，平定安史叛軍才是當下第一要務。可嘆自己遠離朝堂，不能及時上書進諫，惟有期待戰事早日結束，朝廷重新“光輝照北原”，足見其憂國憂民之心。

上元二年（761），杜甫先後創作《病柏》《病橘》等咏物諷喻詩，托物言事，借物抒情，表達對時政朝局的關切和擔憂。《病柏》一詩以“千年根”的病柏象徵李唐王朝，以“丹鳳領九雛，哀鳴翔其外”形容賢臣失勢，遠離朝堂，以“鴟鴞志意滿，養子穿穴内”形容小人得志，把持朝堂，指出大唐王朝這棵病柏正是因此而“歲寒忽無憑，日夜柯葉改”。橘爲蜀地特産，皇家爲滿足口腹之欲，常常不顧民生疾苦，苛求百姓進貢蜀橘。《病橘》一詩即是要勸諫統治者體恤民情，不要爲一己私欲而勞民傷財。“寇盜尚憑陵，當君減膳時”一句勸諫君王，如今安史叛軍尚在横行，爲君者應當減少膳食，節省開支。全詩結尾借古諷今，再次規勸道：“憶昔南海使，奔騰獻荔支。百馬死山谷，到今耆舊悲。”吴瞻泰稱：“結借荔枝作陪，而充貢之苦，益使人有餘悲。”③《病柏》《病橘》可謂杜甫入蜀後諷喻時政的代表之作，葉夢得談及此類詩作時稱贊道：“自漢魏以來，詩人用意深遠，不失古風，惟此公（杜甫）爲然。”④

《石筍行》也是杜甫借題發揮，諷喻時政的代表詩作。詩的後半段由石筍引申到朝局：

① （清）吴瞻泰撰，陳道貴、謝桂芳校點：《杜詩提要》，黄山書社，2015年版，第320頁。
② （清）錢謙益：《錢注杜詩》卷十一，上海古籍出版社，2009年版，第380頁。
③ （清）吴瞻泰撰，陳道貴、謝桂芳校點：《杜詩提要》，黄山書社，2015年版，第64頁。
④ （宋）葉夢得：《石林詩話》卷上，宋百川學海本。

> 惜哉俗態好蒙蔽，亦如小臣媚至尊。
>
> 政化錯迕失大體，坐看傾危受厚恩。
>
> 嗟爾石筍擅虛名，後來未識猶駿奔。
>
> 安得壯士擲天外，使人不疑見本根。

詩人對"深受厚恩"，却蒙蔽君王、"坐看傾危"的"小臣"發出强烈譴責，并呼籲能臣幹吏重振朝綱，將奸佞之臣逐出朝堂。同時期所作《石犀行》一詩，有异曲同工之妙，其結尾感嘆道："安得壯士提天綱，再平水土犀奔茫"，同樣表達了杜甫的憂國之情。王嗣奭評價此句稱："壯士提天綱，正謂賢相操國柄也。曰'安得'，傷時無賢相也。"①

杜甫對朝局國運的擔憂還體現於對入朝友人的期冀。寶應元年（762），玄宗、肅宗相繼去世，代宗繼位，召嚴武入朝，杜甫特作《奉送嚴公入朝十韵》一詩爲其餞行。詩中談及朝局時政説道："鼎湖瞻望遠，象闕憲章新。四海猶多難，中原憶舊臣"，指出如今正值朝局更迭之際，但安史叛亂仍未結束，朝廷正需能臣輔佐。因此杜甫勉勵嚴武"公若登臺輔，臨危莫愛身"，勿因擔心自己的前程而畏首畏尾。同時杜甫也稱自己"不死會歸秦"，二人今後或許能在長安再次相見。此詩可謂包含深情，正如浦起龍所言，"離別之情、流滯之感、責難之義，無處不到"②。

廣德二年（764），安史之亂雖已平定，但吐蕃却仍在入侵中原。杜甫創作了《登樓》一詩表達了自己對國事的擔憂，詩曰：

> 花近高樓傷客心，萬方多難此登臨。
>
> 錦江春色來天地，玉壘浮雲變古今。
>
> 北極朝廷終不改，西山寇盗莫相侵。
>
> 可憐後主還祠廟，日暮聊爲《梁甫吟》。

首頷兩聯交代詩人登高觀景，然而"傷客心"三字却反映出所觀之景雖美，但觀景之人却心懷哀傷，頸聯表達對朝廷的期盼，希望大唐江山永固，早日驅逐吐蕃，尾聯則以後主劉禪聽信奸佞而亡國，諷刺代宗重用讒臣導致吐蕃之禍。全詩即景抒懷，格律嚴謹，意境開闊，將個人情感和國家命運緊密相連，充分體現出杜甫"沉鬱頓挫"的詩風③。沈德潜稱贊此詩："氣象雄偉，籠蓋宇宙，此杜詩之最上者。"④

同樣作於廣德二年（764）的《憶昔二首》是借古諷今之作，也體現出杜甫對朝局的關切。代宗即位後，削奪平叛功臣郭子儀的兵權，并繼續信任宦官，以致長安再次淪陷，代宗

---

① （明）王嗣奭：《杜臆》卷四，上海古籍出版社，1983 年版，第 136 頁。

② （清）浦起龍：《讀杜心解》，中華書局，1961 年版，第 731 頁。

③ 劉洪編著：《詩韵草堂》，上海古籍出版社，2019 年版，第 137 頁。

④ （清）沈德潜輯：《唐詩别裁集》卷十三，清康熙五十六年（1717）碧梧書屋刻本。

倉皇出逃。杜甫在第一首詩追憶了肅宗信任李輔國以致朝綱大亂之事，以此提醒代宗引以爲戒，莫要重蹈覆轍。第二首詩則回憶了玄宗開元時期的全盛之景，并期盼代宗實現中興偉業，使李唐王朝重回往昔盛況。

可見，入蜀之後的杜甫雖已遠離廟堂，但依舊心懷國家，時刻關注着朝局時政，在其詩作中或心繫君王、或針砭時弊、或勉勵友人、或借古諷今，表達出對國家和百姓的深切擔憂。

四、對戰局的關注——"干戈未偃息，出處遂何心"

除了擔憂國運朝局，杜甫對中原戰事亦密切關注。乾元二年（759）九月，東京及濟、汝、鄭、滑四州皆爲叛軍攻破，上元元年（760）六月，唐軍將領田神功"破（史）思明之兵於鄭州，然東京諸郡尚未收復"，杜甫《野老》一詩即作於此時①。沿江漫步的杜甫看到從中原貿易歸來的商賈，思鄉之情油然而生，然而中原戰亂尚未平定，故鄉尚爲叛軍占領，不禁感嘆道："王師未報收東郡，城闕秋生畫角哀。"他期盼着戰事儘快結束，自己亦能早日還鄉。

上元元年（760）三月"李光弼破安太清於懷州城下"，四月又"破史思明於河陽西渚，斬首千五百餘級"②，平叛局勢逐漸好轉，杜甫遂寫下《恨別》一詩：

> 洛城一別四千里，胡騎長驅五六年。
> 草木變衰行劍外，兵戈阻絕老江邊。
> 思家步月清宵立，憶弟看雲白日眠。
> 聞道河陽近乘勝，司徒急爲破幽燕。

前三聯揭示長年戰亂之苦，抒發詩人思鄉之切，尾聯則表達聽聞勝利的喜悅以及對朝廷平定叛亂的信心。

與《恨別》作於同一時期的《散愁二首》，也表達出杜甫對中原戰事的關注和領兵將領的期盼。其一曰：

> 久客宜旋斾，興王未息戈。
> 蜀星陰見少，江雨夜聞多。
> 百萬傳深入，寰區望匪它。

① （清）仇兆鰲：《杜詩詳注》卷九，文淵閣四庫全書本。
② （宋）司馬光編著，（元）胡三省注：《資治通鑒》卷二二一《唐紀三十七》，中華書局，2013年版，第7301頁。

司徒下燕趙，收取舊山河。

其二曰：

聞道并州鎮，尚書訓士齊。
幾時通薊北，當日報關西。
戀闕丹心破，沾衣皓首啼。
老魂招不得，歸路恐長迷。

第一首詩表達對司徒李光弼的期盼，希望他"直下燕趙，收取河山"。第二首詩則希望李光弼、王思禮二人携手并進，共同破敵，早日"通薊北""報關西"，"戀闕丹心破，沾衣皓首啼"一句更是直抒胸臆，表達出自己心憂家國的一片丹心。顧宸對此二詩點評道："前首先言不得歸，後則望之司徒。次首先望之尚書，後復言不得歸，題曰'散愁'，蓋欲歸而不得歸，故愁。能爲我散愁者，司徒、尚書乎！其致望於二公者深矣。"① 既點出杜甫的思鄉之愁，又點出其希望李、王二人爲己"散愁"之願。

廣德元年（763）春正月，史朝義自縊於廣陽，其部將田承嗣、李懷仙歸降，歷時八年的安史之亂終於平定。聞聽喜訊的杜甫不禁老淚縱橫，懷着無比激動的心情寫下千古名作《聞官軍收河南河北》，思鄉之情亦難以抑制，希望"即從巴峽穿巫峽，便下襄陽向洛陽"，立刻奔回故鄉。足見他是多麼期盼朝廷早日平叛，收復失地，以至於聞訊之後歡喜欲狂。

但安史之亂雖被平定，新的戰端很快又起。廣德二年（764）十月，僕固懷恩反叛朝廷，引回紇、吐蕃軍隊圍攻邠州，中原再起戰火。同年冬天，杜甫從嚴武幕府告假，暫歸草堂，并創作《初冬》一詩表達對國運和戰事的擔憂。詩曰：

垂老戎衣窄，歸休寒色深。
漁舟上急水，獵火著高林。
日有習池醉，愁來《梁父吟》。
干戈未偃息，出處遂何心。

杜甫以諸葛亮自比，整日吟誦《梁父吟》以解憂愁，"干戈未偃息，出處遂何心"，表達出家國尚未安定，自己在出仕和歸隱間猶豫不決的矛盾心理。

杜甫在蜀中書寫吐蕃入侵的詩作還有《黃河》二首。其一曰：

黃河北岸海西軍，椎鼓鳴鐘天下聞。
鐵馬長鳴不知數，胡人高鼻動成群。

---

① （清）張溍：《讀書堂杜工部詩注解》卷六，清康熙年間刻本。

其二曰：

> 黃河西岸是吾蜀，欲須供給家無粟。
>
> 願驅眾庶戴君王，混一車書棄金玉。

第一首詩前兩句極言海西軍軍威之盛，後兩句則筆鋒一轉，描寫戰場之景，無數吐蕃戰馬長嘶，成群高鼻胡人恣意橫行，前後對比表現出詩人對海西軍能否擊敗吐蕃的擔憂。第二首詩則直陳戰亂給百姓帶來的影響，希望朝廷不要過度盤剝百姓，同時也呼籲百姓擁護官軍，使國家早日重歸一統，反映出杜甫的民本思想與憂國情懷[①]。

《春遠》一詩作於杜甫離開嚴武幕府之後，表達因觀賞暮春之景而引發的思鄉憂國之情。繼僕固懷恩叛亂，誘引吐蕃入侵後，永泰元年（765）二月，党項、羌人又進犯富平等地，因此，杜甫稱"數有關中亂，何曾劍外清"，他的返鄉之願也因中原戰亂再起，仍舊難以實現，故不禁感嘆道"故鄉歸不得，地入亞夫營"。

總之，杜甫入蜀後仍然密切關注中原戰局，他迫切希望戰事早日平定，國家重歸統一，百姓安居樂業，自己也能重返故鄉，與親友闊別重逢。

結　語

綜上所述，家國情懷在杜甫蜀中詩作展現得淋漓盡緻，主要體現於對故鄉的思念、親友的掛懷、朝局的擔憂以及戰事的關注。這種濃烈的家國情懷，一方面受到國家命運與個人境遇的影響，另一方面則源於杜甫從未改變的濟世夙願、愛國之心和憂民之情。正是由於"致君堯舜上，再使風俗淳"的人生理想難以實現，加之國運頃危的興亡之感、漂泊异鄉的故國之思，促使杜甫作詩抒懷，以詩明志，詩作中濃烈的家國情懷由此而生，使千年之後的我們在品讀之時亦感同身受。

（作者單位：中山大學歷史學系）

---

① 劉洪編著：《詩韵草堂》，上海古籍出版社，2019 年版，第 142 頁。

北宋名宦楊令問生平及家世考

劉　濤

　　內容提要：圍繞新舊地方志所載蜀人楊令問生平、家世、祖先譜系等三方面真僞，針對楊令問生平，考證其官至興化軍知軍事，離任後於宋仁宗天聖元年（1023）寓居漳州長泰，移葬其父楊仕休墓。針對楊令問家世，考辨楊令問之弟楊令緒與楊令望生平及譜系、楊令問之孫楊友諒生平及譜系。針對楊令問祖先譜系，還原其祖先譜系建構與重構過程，揭示楊令問宗族與閩學淵源。針對巴蜀歷史名人、科舉文化、移民史研究，提出應重點進行文本分析的建議。

　　關鍵詞：楊令問；名門望族；科舉世家；閩學；祖先叙事

　　學術界關於楊令問研究，雖有述及，却存在文獻分析不够、文本分析不足的問題。黃藝娜《宗族勢力的消長與清初地方秩序的重建——以福建漳州碧溪、玉蘭宗族械鬥爲例》一文述及漳州府龍溪縣碧溪楊氏宗族（楊令問之弟楊令望後裔）祖源，局限於重述歷經譜系重構的清代族譜記載層面，認爲其是陳政、陳元光父子部將楊統後裔，却既未考證楊統爲何未見於明清《漳州府志》所載陳政、陳元光將卒名單，又未發現還原楊氏祖先譜系存在建構與重構問題[1]。黃藝娜《唐宋以降九龍江北溪中下游區域社會研究》一文述及碧溪楊氏流傳的"北溪四喬木"之一的祖先叙事，仍停留在碧溪楊氏宣稱陳政、陳元光部將楊統後裔層面，未能揭示碧溪楊氏如何從原先與陳政、陳元光部將后裔无關而後却改稱陳政、陳元光將卒後裔[2]？魏思燕《試論宋代川峽四路科舉人才的分布——以〈宋登科記考〉爲中心》一文引用龔延明、祖慧《宋登科記考》所載，仍誤以爲楊令問籍貫蜀州以及官至職方員外郎，既未查

　　① 黃藝娜：《宗族勢力的消長與清初地方秩序的重建——以福建漳州碧溪、玉蘭宗族械鬥爲例》，《福建師範大學學報（哲學社會科學版）》2016 年第 5 期。
　　② 黃藝娜：《唐宋以降九龍江北溪中下游區域社會研究》，福建師範大學博士學位論文，2017 年。

閱蜀州舊志未載楊令問，又未述及楊令問實則官至興化軍知軍事①。拙作《首輪修志人物傳記存在的問題及其對策——以 2005 年〈長泰縣志〉爲例》一文考證長泰第一位進士并非楊令問，而是楊械，雖述及楊令問四川故里，却未發現楊令問曾知福建興化軍及其離任後寓居漳州長泰②。

楊令問是寓居長泰乃至漳州首位進士，其後裔成爲長泰首個科舉世家，楊令問曾孫楊博與朱熹高足真德秀交往密切，楊令問之弟楊令緒後裔楊械考取長泰縣第一位進士，楊令問之弟楊令望後裔楊汝南爲南宋名宦、閩南理學名家，具有重要的學術研究價值與現實意義。爲此，本文將搜集正史、地方志、族譜等史料，通過考證楊令問生平事迹、家世、祖先譜系，還原楊令問宗族應有的歷史地位。

一、生平事迹

（一）仕履

楊令問字號、生卒年、享年等均未載史志。《碧溪楊氏家譜》稱楊令問"壽七十六"③，2005 年《長泰縣志》稱楊令問生卒年爲"（962—1038 年）"④。此説未見史書與舊志，北宋時人壽命爲虛數計算，楊令問享年若確爲七十六歲，亦是七十六虛歲，而非七十六周歲。所謂生于 962 年，應根據楊令問中進士時間進行推算，以"三十而立"逆推其生年，繼而推算其卒年，實則不足爲據。

楊令問功名有二説：其一，淳化三年（992）三月考中第一甲進士。"淳化三年四日，帝御崇政殿，試禮部奏名進士""得孫何已下三百五十三人，第爲五等，并賜及第、出身"⑤，正德《大明漳州府志》載楊令問爲"第一甲"⑥，楊令問爲第一甲進士，應在淳化三年三月中進士。其二，淳化三年四月獲賜及第。《宋會要輯稿》載：淳化三年四月五日"鄧州録事參軍楊令問""并鎖廳舉，各賜及第""令問爲本州觀察支使"⑦，"本州"指鄧州，此楊令問

---

① 魏思燕：《試論宋代川峽四路科舉人才的分布——以〈宋登科記考〉爲中心》，貴州師範大學碩士學位論文，2018 年，第 69—70 頁。

② 劉濤：《首輪修志人物傳記存在的問題及其對策——以 2005 年〈長泰縣志〉爲例》，《上海地方志》2020 年第 1 期。

③ （清）楊振北修：《碧溪楊氏家譜》第 2 册卷八《世系録》，政協漳州市委員會海峽文史資料館藏，乾隆三十五年（1770）抄本影本，第 43 頁。

④ 長泰縣地方志編纂委員會編：《長泰縣志》卷三七《人物》第一章《人物傳·楊令問》，第 1009 頁。

⑤ （清）徐松輯，國立北平圖書館《宋會要》編印委員會編輯：《宋會要輯稿》第 110 册《選舉七·親試》，民國二十五年（1936）影印本，第 5 頁 b。

⑥ （明）陳洪謨修，中國人民政治協商會議福建省漳州市委員會整理：正德《大明漳州府志》上册卷一五《科目志·宋·宋進士科》，廈門大學出版社，2012 年版，第 830 頁。

⑦ （清）徐松輯，國立北平圖書館《宋會要》編印委員會編輯：《宋會要輯稿》第 113 册《選舉十四·鎖廳》，第 8 頁 b—9 頁 a。

在鄧州録事參軍任上獲賜及第，由此擔任鄧州觀察支使。

第一甲進士楊令問是否是獲賜及第楊令問？楊令問在淳化三年三月中進士第一甲，不可能在四月再獲賜及第，第一甲進士楊令問與獲賜及第的楊令問實則同名同姓的兩個人。

楊令問仕履存在闕載問題。楊令問曾任職方員外郎。《大明一統志》載楊令問中進士後，任職方員外郎，"宋淳化中進士，爲職方員外郎"①。《八閩通志》僅載楊令問職方員外郎一職，楊令問任"職方員外郎"②，從而出現楊令問官至職方員外郎的印象。正德《大明漳州府志》載："職方令聞"③，此"令聞"即楊令問，該志稱"楊令聞"任"職方令"有誤，應作"職方員外郎"，究其原因應是脱漏"員外郎"所致。

楊令問曾任防禦使。《大明一統志》載楊令問在宋真宗時爲抵禦契丹，被任命爲防禦使，"真宗時，契丹入寇，以爲防禦使"④，正德《大明漳州府志》載楊令問在宋真宗咸平、景德年間（998—1007）曾任防禦使，在任期間獲得宋真宗多次褒獎，"真宗咸平、景德間，北虜寇邊，選任防禦，璽書褒寵者三"⑤，此"北虜"指契丹；該志稱楊令問獲任"防禦"，漏載"使"字。

楊令問曾任福建興化軍知軍事。《八閩通志》載楊令問乾興元年（1022）知興化軍，"楊令問，乾興初任"⑥。《重刊興化府志》載楊令問在乾興元年壬戌（1022）以職方員外郎知興化軍，於天聖元年癸亥（1023）離任，"（天禧六年）壬戌，改乾興元年"，"楊令問，以職方員外郎知"⑦，其繼任"癸亥，仁宗天聖元年"陳覃，以職方員外郎知"⑧。《續資治通鑑長編》載楊令問在宋真宗乾興元年（1022）十月知興化軍任上遭王耿彈劾，真宗乾興元年冬十月己亥"知邵武軍江拯、知興化軍楊令問亦責監杭州樓店務、南劍州酒税，皆坐耿劾章也"⑨，"耿"指王耿，時任"提點刑獄、御史"⑩。

① （明）李賢修：《大明一統志》卷七八《福建布政司·漳州府·流寓·楊令問》，中國國家圖書館藏，天順五年（1461）刻本，第21頁a。按，原文作"楊合問"，有誤，應作"楊令問"，據此改。

② （明）黄仲昭修纂，福建省地方志編纂委員會舊志整理組、福建省圖書館特藏部整理：《八閩通志》下册卷五一《選舉·科第·漳州府》，福建人民出版社，1991年版，第181頁。

③ （明）陳洪謨修，中國人民政治協商會議福建省漳州市委員會整理：正德《大明漳州府志》上册卷一五《科目志·宋·宋進士科》，第859頁。

④ （明）李賢修：《大明一統志》卷七八《福建布政司·漳州府·流寓·楊令問》，第21頁a。

⑤ （明）陳洪謨修，中國人民政治協商會議福建省漳州市委員會整理：正德《大明漳州府志》上册卷一五《科目志·宋·宋進士科》，第859頁。

⑥ （明）黄仲昭修纂，福建省地方志編纂委員會主編：《八閩通志》下册卷五一《選舉·科第·漳州府》，第181頁。

⑦ （明）周瑛、（明）黄仲昭著，蔡金耀點校：《重刊興化府志》卷二《吏紀二·府官年表（宋、元、國朝）》，福建人民出版社，2007年，第25頁。

⑧ （明）周瑛、（明）黄仲昭著，蔡金耀點校：《重刊興化府志》卷二《吏紀二·府官年表（宋、元、國朝）》，第26頁。

⑨ （宋）李燾撰，上海師範大學古籍整理研究所、華東師範大學古籍研究所點校：《續資治通鑑長編》第8册卷九九《真宗·乾興元年》，中華書局，1985年版，第2298頁。

⑩ （宋）李燾撰，上海師範大學古籍整理研究所、華東師範大學古籍研究所點校：《續資治通鑑長編》第8册卷九九《真宗·乾興元年》，第2298頁。

楊令問未獲封上柱國、黎城縣開國男。萬曆癸丑《漳州府志》始載楊令問被封爲"上柱國、黎城縣開國男"①，康熙《漳州府志》、乾隆《漳州府志》、光緒《漳州府志》均沿此說②。2005 年《長泰縣志》稱楊令問"上疏《禦邊安邦》，深受朝廷賞識""立下戰功，又升""上柱國，鎮守黎城"③。

此說不可信，理由有二：其一，上柱國爲正二品，楊令問曾任防禦使、知軍事均爲從五品，存在官階不符。《宋史》載："上柱國，爲正二品"，"防禦使""諸州刺史""爲從五品"④。豈有擔任從五品官職者獲封正二品勳官？其二，若此說屬實，何以未見載《宋史》以及較早刊行的《大明一統志》、正德《大明漳州府志》、羅青霄萬曆元年（1573）修成《漳州府志》？羅青霄《漳州府志》楊令問傳采自"《嘉靖志》"⑤，"《嘉靖志》"指嘉靖《漳州府志》，羅青霄《漳州府志》既然未載楊令問獲封爵位記載，嘉靖《漳州府志》亦無楊令問獲封爵位記載。

萬曆癸丑《漳州府志》此說不可信，康熙《漳州府志》、乾隆《漳州府志》、光緒《漳州府志》以訛傳訛。2005 年《長泰縣志》據此闡發，聲稱楊令問曾上疏，實不可信，又不識"開國男"封爵，亦不可信。

楊令問未獲封宣奉大夫。今存楊令問之父楊仕休墓道，上刻"宋始祖殿中丞仕休楊公暨誥封一品夫人懿範胡氏墓道"，落款"乾隆十四年孟春重建，長房男賜進士宣奉大夫令問"⑥，2005 年《長泰縣志》稱楊令問"立下戰功，又升宣奉大夫"⑦。

此說不可信。宣奉大夫遲至宋徽宗大觀年間（1107—1110）設置，楊令問如何在宋真宗時獲封？《宋史》載"宣奉大夫，大觀新置"⑧，"大觀"指大觀年間。2005 年《長泰縣志》援引楊仕休墓落款"宣奉大夫"，加以闡發，尤不可信。

楊令問未被進階光禄大夫，食邑五百户。《碧溪楊氏家譜》載：楊令問"進階光禄大夫，食邑五百户，賜老歸致仕"⑨。2005 年《長泰縣志》稱："天聖元年（1023），楊令聞告老還

---

① （明）閔夢得修，中國人民政治協商會議福建省漳州市委員會整理：萬曆癸丑《漳州府志》下册卷一九《人物志四·宋列傳》，廈門大學出版社，2012 年版，第 1418 頁。

② （清）魏荔彤修：康熙《漳州府志》卷二一《人物志一·宋列傳·循良·楊令問》，中國國家圖書館藏，康熙五十四年（1715）刻本，第 32 頁 b；（清）李維鈺修：乾隆《漳州府志》卷三六《人物志一·宋列傳·楊令問》，中國國家圖書館藏，嘉慶十一年（1806）刻本，第 33 頁 b；（清）沈定均修：光緒《漳州府志》卷二八《人物一·宋列傳·楊令問》，中國國家圖書館藏，光緒四年（1878）刻本，第 33 頁 b。

③ 長泰縣地方志編纂委員會編：《長泰縣志》卷三七《人物》第一章《人物傳·楊令問》，第 1009 頁。

④ （元）脱脱等撰：《宋史》第 12 册卷一六八《志一百二十一·職官八（合班之制）》，中華書局，1977 年版，第 4014 頁。

⑤ （明）羅青霄修，福建省地方志編纂委員會整理：《漳州府志》下册卷二四《長泰縣下·人物志·寓賢·宋寓賢傳·楊令問》，廈門大學出版社，2010 年版，第 950 頁。

⑥ 陶塘洋世德堂西厝花阪洋楊氏族譜編修理事會：《陶塘洋世德堂西厝花阪洋楊氏族譜》，第 3 頁。

⑦ 長泰縣地方志編纂委員會編：《長泰縣志》卷三七《人物》第一章《人物傳·楊令問》，第 1009 頁。

⑧ （元）脱脱等撰：《宋史》第 12 册卷一六九《志一百二十一·職官九（叙遷之制）》，第 4052 頁。

⑨ （清）楊振北修：《碧溪楊氏家譜》第 2 册卷八《世系録》，政協漳州市委員會海峽文史資料館藏，乾隆三十五年（1770）抄本影本，第 43 頁。

鄉""在漳州定居。朝廷賜璽書，授予楊令聞光禄大夫，食邑五百户"[1]。

此説不可信。理由有二：其一，《宋史》載"光禄大夫，從二"[2]，豈有從五品防禦使、知軍事被進階爲從二品光禄大夫者？其二，楊令問若獲封光禄大夫，何以未見載正史以及較早刊行的正德《大明漳州府志》、羅青霄《漳州府志》、萬曆癸丑《漳州府志》、康熙《漳州府志》、乾隆《漳州府志》、光緒《漳州府志》？

2005 年《長泰縣志》所謂"朝廷賜璽書"實則根據舊志所載"璽書褒寵者三"而闡發，却但舊志所載"璽書褒寵者三"實際上發生在楊令問擔任防禦使期間，并非告老還鄉所得，尤不可信。

楊令問在淳化三年三月中進士，宋真宗咸平、景德年間曾任防禦使，乾興元年（1022）以職方員外郎知興化軍，是年十月遭彈劾，天聖元年（1023）離任。

（二）寓居漳州長泰由來

楊令問寓居漳州長泰縣時間，有三説：其一，天聖中。《大明一統志》載楊令問在"天聖中，居於漳，遂移葬父中丞於長泰縣陳塘洋浮山"[3]，此"漳"指漳州，長泰縣隸屬漳州。其二，天聖初。正德《大明漳州府志》始載楊令問在"仁宗天聖初，奉旨居漳"[4]，"漳"指漳州。其三，天聖元年。嘉靖《龍溪縣志》始載楊令問在"仁宗天聖元年，奉旨居漳"[5]，萬曆癸丑《漳州府志》采此説：楊令問在"仁宗天聖元年，奉旨居於漳"[6]，康熙《漳州府志》沿此説[7]。乾隆《漳州府志》改"奉旨"爲"奉詔"，仍稱"天聖元年，奉詔居於漳"[8]，光緒《漳州府志》沿此説[9]。

上述三説孰是孰非？楊令問在天聖元年（1023）離任興化軍知軍事，同年寓居漳州長泰。所謂楊令問在"天聖中""天聖初"寓居漳州長泰的説法均不準確，應據此改爲"天聖元年"。

楊令問入漳原因説法有二：其一，"奉旨"居漳。正德《大明漳州府志》始稱楊令問"奉旨居漳"[10]。稍後的嘉靖《龍溪縣志》、嘉靖《長泰縣志》均沿此説，未明確記載楊令問

---

① 長泰縣地方志編纂委員會編：《長泰縣志》卷三七《人物》第一章《人物傳·楊令問》，第 1009 頁。

② （元）脱脱等撰：《宋史》第 12 册卷一六九《志一百二十一·職官九（叙遷之制）》，第 4049 頁。

③ （明）李賢修：《大明一統志》卷七八《福建布政司·漳州府·流寓·楊令問》，第 21 頁 a。

④ （明）陳洪謨修，中國人民政治協商會議福建省漳州市委員會整理：正德《大明漳州府志》上册卷一五《科目志·宋·宋進士科》，第 830 頁。

⑤ （明）劉天授修，（明）林魁、（明）李愷纂：嘉靖《龍溪縣志》卷八《人物》，《天一閣藏明代方志選刊》第 32 册，上海書店，1982 年版，第 51 頁 b。

⑥ （明）閔夢得修，中國人民政治協商會議福建省漳州市委員會整理：萬曆癸丑《漳州府志》下册卷一九《人物志四·宋列傳·楊令問》，第 1418 頁。

⑦ （清）魏荔彤修：康熙《漳州府志》卷二一《人物志一·宋列傳·循良·楊令問》，第 32 頁 b。

⑧ （清）李維鈺修：乾隆《漳州府志》卷三六《人物志一·宋列傳·楊令問》，第 34 頁 a。

⑨ （清）沈定均修：光緒《漳州府志》卷二八《人物一·宋列傳·楊令問》，第 34 頁 a。

⑩ （明）陳洪謨修，中國人民政治協商會議福建省漳州市委員會整理：正德《大明漳州府志》上册卷一五《科目志·宋·宋進士科》，第 830 頁。

奉旨原因。嘉靖《龍溪縣志》稱楊令問"仁宗天聖元年，奉旨居漳"①，嘉靖《長泰縣志》亦云楊令問在"仁宗天聖奉旨居漳"②。其二，"謫居"漳州。羅青霄《漳州府志》稱楊令問謫居漳州，該志雖采"《嘉靖志》"所云，却稱楊令問"奉旨居漳"③，嘉靖《漳州府志》仍稱楊令問爲"奉旨居漳"，直至羅青霄《漳州府志》述及"宋楊令聞墓"稱其"仁宗時爲防禦使，謫居陶塘洋鄉"④，"陶塘洋鄉"位於長泰縣。康熙《長泰縣志》載楊令問"仁宗天聖初，奉旨謫居漳"⑤，乾隆《長泰縣志》亦云：楊令問"仁宗天聖初，奉旨謫居漳"⑥。

此二説均不可信。《大明一統志》始載楊令問寓居長泰未提"奉旨"，僅稱"天聖中，居於漳"，若楊令問確曾"奉旨"遷入漳州，何以未載《大明一統志》？楊令問入漳實因興化軍任上遭彈劾旋而離職，寓居漳州長泰。所謂楊令問"奉旨""謫居"居漳説法，實際上由於楊令問遭彈劾而改稱。楊令問以職方員外郎謫知福建興化軍，當年十月遭彈劾，翌年離任。楊令問仕途不順，既不便就地安家興化軍，亦不便返回蜀地故里，只能另擇漳州山區長泰定居，楊令問如何"奉旨"？楊令問離任興化軍後寓居漳州長泰，既未任職漳州長泰，何以"謫居"漳州長泰？所謂楊令問"奉旨"安家實則美化結果。由於楊令問"奉旨"説法於史無征，且無法説明楊令問"奉旨居漳"緣由，而被改稱爲"謫居"。《大明一統志》《八閩通志》、正德《大明漳州府志》均避而不談楊令問曾知興化軍，僅載楊令問知興化軍之前的官職職方員外郎，又强調楊令問曾在抵禦契丹中立功。

（三）籍貫

楊令問籍貫有五説：其一，泉州晋江縣人。《寰宇通志》載泉州府科甲人物有楊令問"俱晋江人""俱宋淳化三年孫何榜進士"⑦，《八閩通志》載："楊令問""俱晋江人"⑧，《萬曆重修泉州府志》載："淳化三年"進士有"楊令問"，"已上晋江人"⑨。乾隆《晋江縣志》載："淳化三年壬辰孫何榜"進士有"楊令問"⑩。道光《晋江縣志》載："淳化三年壬辰孫

① （明）劉天授修，（明）林魁、（明）李愷纂：嘉靖《龍溪縣志》卷八《人物·宋·寓賢·楊令問》，第51頁b。
② （明）張傑夫修：嘉靖《長泰縣志》之《人物·流寓·楊令問》，《天一閣藏明代方志選刊續編》第38册，上海書店，1990年版，第867頁。按，該志原署作者"佚名"，實則張傑夫所修，據此修訂。該志未標卷數。
③ （明）羅青霄修，福建省地方志編纂委員會整理：《漳州府志》下册卷二四《長泰縣下·人物志·寓賢·宋寓賢傳·楊令問》，第950頁。
④ （明）羅青霄修，福建省地方志編纂委員會整理：《漳州府志》下册卷二四《長泰縣下·雜志·冢墓》，第974頁。
⑤ （清）王珏修：康熙《長泰縣志》卷八《人物志·流寓·宋·楊令問》，中國國家圖書館藏，康熙二十六年（1687）刻本，第91頁a。
⑥ （清）李維鈺修：乾隆《漳州府志》卷三六《人物志一·宋列傳·楊令問》，第34頁a。
⑦ （明）彭時等纂修：《寰宇通志》第17册卷四六《福建等處承宣布政使司·泉州府·科目》，中國國家圖書館藏，景泰七年（1456）刻本，第32頁b。
⑧ （明）黃仲昭修纂，福建省地方志編纂委員會主編：《八閩通志》下册卷五十《選舉·科第·泉州府》，第151頁。
⑨ （明）陽思謙修，（明）徐敏學、吳維新纂：《萬曆重修泉州府志》卷一四《人物志（上之上）·宋科目志》，劉兆祐主編《中國史學叢書三編》第4輯，臺灣學生書局，1987年版，第1079頁。
⑩ （清）方鼎等修，（清）朱升元等纂：福建省《晋江縣志》卷八《選舉志·科目》，《中國方志叢書》第82號，臺北成文出版社，1967年版，第156頁。

何榜"進士有"楊令問"①。其二，漳州龍溪縣人。《寰宇通志》載漳州府科甲人物有楊令問"龍溪人，宋淳化三年孫何榜進士"②。嘉靖《龍溪縣志》載"宋進士"有"楊令問""淳化三年孫和榜第一甲"③，"和"字應作"何"字。其三，蜀人。《大明一統志》載漳州府"流寓"人物楊令問爲"蜀人"④，正德《大明漳州府志》載楊令問"其先蜀人"⑤，即起初是蜀人。其四，漳州長泰縣人。《八閩通志》始載楊令問爲"長泰人"⑥。其五，蜀州人。魏思燕《試論宋代川峽四路科舉人才的分布——以〈宋登科記考〉爲中心》一文所附《北宋時期明確時間進士人數統計表》述及楊令問籍貫："楊令問，纍官職方員外郎，蜀州。"⑦ 該文備注："以上表格來源均根據傅璇琮主編，龔延明、祖慧等撰《宋登科記考》，南昌：江蘇教育出版社，2009. 整理而來。"⑧ "南昌"應作"南京"。

上述五說到底孰是孰非？《寰宇通志》、《八閩通志》竟同一本志書存在兩個不同說法。從楊令問謫知興化軍及其任上遭彈劾轉而離任來看，楊令問離任興化軍後，既不方便寓居泉州治所晉江縣，亦不方便寓居漳州治所龍溪縣，位於漳州山區的長泰縣反而可作爲楊令問寓居目的地。

所謂楊令問是晉江人說法，源於楊令問之弟楊令緒被認爲是晉江人，楊令問由此被認爲是晉江人。《寰宇通志》載泉州府科甲人物有楊令緒，"俱晉江人"，"俱咸平三年陳堯咨榜進士"⑨。然而，《大明一統志》首次爲楊令問立傳，未述及楊令問與晉江關係，且乾隆《泉州府志》未再記載楊令問，楊令問實非晉江人。

所謂楊令問是龍溪人說法，源於《大明一統志》載楊令問"天聖中，居於漳"⑩，根據漳州治所爲龍溪而闡發。然而，《大明一統志》載楊令問"天聖中，居於漳，遂移葬父中丞於長泰縣陳塘洋浮山"，該志認爲楊令問寓居漳州，由此將其父楊仕休墓遷葬漳州長泰縣。此前所修《寰宇通志》述及楊令問是"龍溪人"，究其原因應與誤讀文獻有關。正德《大明漳州府志》基於《寰宇通志》所載楊令問是"龍溪人"，而未完整引用《大明一統志》所載楊令問傳，僅稱"仁宗天聖初，奉旨居漳"，未提楊令問將其父楊仕休墓移葬長泰縣。嘉靖《龍溪縣志》所載楊令問及其爲楊令問立傳，深受正德《大明漳州府志》影響。但乾隆《龍

---

① （清）吳之錤修，（清）周學曾、尤遜恭等纂：道光《晉江縣志》卷三十《選舉志·進士》，上海書店出版社編《中國地方志集成福建府縣志輯》第25冊，上海書店出版社，2000年版，第406—407頁。
② （明）彭時等纂修：《寰宇通志》第18冊卷四七《福建等處承宣布政使司·漳州府·科甲》，第27頁a—27頁b。
③ （明）劉天授修，（明）林魁、李愷纂：嘉靖《龍溪縣志》卷七《選舉·宋·進士》，第2頁a。
④ （明）李賢修：《大明一統志》卷七八《福建布政司·漳州府·流寓·楊令問》，第21頁a。
⑤ （明）陳洪謨修，中國人民政治協商會議福建省漳州市委員會整理：正德《大明漳州府志》上冊卷一五《科目志·宋·宋進士科》，第830頁。
⑥ （明）黃仲昭修纂，福建省地方志編纂委員會主編：《八閩通志》下冊卷五一《選舉·科第·漳州府》，第181頁。
⑦ 魏思燕：《試論宋代川峽四路科舉人才的分布——以〈宋登科記考〉爲中心》，第70頁。
⑧ 魏思燕：《試論宋代川峽四路科舉人才的分布——以〈宋登科記考〉爲中心》，第69頁。
⑨ （明）彭時等纂修：《寰宇通志》第17冊卷四六《福建等處承宣布政使司·泉州府·科甲》，第32頁b—33頁a。
⑩ （明）李賢修：《大明一統志》卷七八《福建布政司·漳州府·流寓·楊令問》，第21頁a。

溪縣志》不再述及楊令問，楊令問實非龍溪人。

所謂楊令問是"長泰人"說法，并不準確，究其原因應與楊令問晚年寓居長泰有關。但楊令問遲至天聖元年（1023）方才寓居長泰。

所謂楊令問是"蜀州人"說法，實則源於楊令問"蜀人"說法而闡發。《大明一統志》僅知楊令問是"蜀人"，具體位於蜀地何地却無從可考。蜀州在清代爲崇慶州，然而光緒《增修崇慶州志》根據"舊志"所載宋代進士名單無楊令問①，另據"《通志》補遺"宋代進士名單亦無楊令問②，此"《通志》"指《四川通志》。楊令問實非崇慶州人，亦非蜀州人。

楊令問實則蜀人，其具體是何州縣人？雍正《四川通志》宋代進士名單無楊令問記載③，實則楊令問具體是四川哪個州縣無考。楊令問晚年寓居漳州長泰縣，其故居世德堂位於漳州市長泰區陳巷鎮雪美村西厝社，1996年被長泰縣人民政府以"長泰第一進士故居"列爲第四批縣級文物保護單位④。所謂"長泰第一進士"說法，不能稱楊令問考取長泰第一位進士，因爲楊令問考取進士時尚爲蜀人，即四川籍進士，而非長泰籍進士，因此，應理解成楊令問是寓居長泰的第一位進士。康熙《長泰縣志》、乾隆《長泰縣志》均未將楊令問列爲長泰進士⑤。楊令問被奉爲"長泰第一進士"雖不可信，却反映了楊令問後裔與其他姓氏宗族之間的族群互動。楊令問後裔在明末曾遭明代衛所軍户出身的盧岐嶷宗族援引戴燿宗族打壓⑥，究其原因應與楊令問後裔在明代未有人中進士有關，導致楊令問後裔欲通過突出楊令問歷史地位以期達到凝聚人心的目的。

楊令問其名有二說：其一，楊合問。《大明一統志》載"楊合問""合問"⑦，實則有誤，應作"楊令問"。其二，楊令聞。正德《大明漳州府志》始載"職方令聞"⑧，羅青霄《漳州府志》載"楊令問，一作'聞'，并同"⑨，又云"宋楊令聞墓"⑩。2005年《長泰縣志》亦稱楊令問爲"楊令聞"⑪。

此說是否可信？歐陽修《潭州録事參軍楊令聞可太子中舍致仕制》述及："敕具官楊令

① （清）沈恩培修：《增修崇慶州志》卷七《選舉·科目·進士·宋》，中國國家圖書館藏，光緒十年（1884）刻本，第2頁b。
② （清）沈恩培修：《增修崇慶州志》卷七《選舉·科目·進士·宋》，第3頁a。
③ （清）黄廷桂等修，張晋生等纂：雍正《四川通志》卷三三《選舉·進士》，中國國家圖書館藏，乾隆元年（1736）刻本，第2頁b—105頁b。
④ 陶塘洋世德堂西厝花阪洋楊氏族譜編修理事會編：《陶塘洋世德堂西厝花阪洋楊氏族譜》，第5頁。
⑤ （清）王珏修：康熙《長泰縣志》卷七《人物志·科名·進士·宋》，第1頁b；（清）張懋建修：乾隆《長泰縣志》卷八《選舉志·科名·進士·宋》，中國國家圖書館藏，漳州三川印書館民國二十一年（1932）鉛印本，第1頁b。
⑥ 劉濤：《明代兩廣總督戴燿年譜》，《閩臺文化研究》2018年第4期。
⑦ （明）李賢修：《大明一統志》卷七八《福建布政司·漳州府·流寓·楊令問》，第21頁a。
⑧ （明）陳洪謨修，中國人民政治協商會議福建省漳州市委員會整理：正德《大明漳州府志》上册卷一五《科目志·宋·宋進士科》，第859頁。
⑨ （明）羅青霄修，福建省地方志編纂委員會整理：《漳州府志》下册卷二四《長泰縣下·人物志·寓賢·宋寓賢傳·楊令問》，第950頁。
⑩ （明）羅青霄修，福建省地方志編纂委員會整理：《漳州府志》下册卷二四《長泰縣下·雜志·冢墓》，第974頁。
⑪ 長泰縣地方志編纂委員會編：《長泰縣志》卷三七《人物》第一章《人物傳·楊令問》，第1009頁。

聞：向因疾病，自請退休。少有間焉，復思從政。今其決矣，可以止哉。俾升朝序之榮，以爲歸老之美。可。”①

此爲歐陽修在慶曆四年（1044）任知制誥所作，此“楊令聞”曾任潭州録事參軍，以太子中舍致仕，漳州地方志未載楊令問曾任潭州録事參軍、太子中舍，楊令問在淳化三年（992）中進士，何以在慶曆四年仍僅任潭州録事參軍？且楊令問在天聖元年（1023）即已離任興化軍而寓居漳州長泰，何以遠赴潭州任職？

楊令問實無楊令聞别名，所謂楊令問一作“聞”説法并不準確，淳化三年第一甲進士楊令問僅有“令問”一名，未有“令聞”别名，其“問”字未曾被寫作“聞”字。之所以有楊令問的“問”字一作“聞”字，源於正德《大明漳州府志》筆誤，萬曆元年《漳州府志》以訛傳訛，誤將楊令問與楊令聞兩人相混淆。2005 年《長泰縣志》直接用“聞”字代替“問”字，且未備注别名“令聞”，尤不可信。

二、家　世

（一）楊令問之父楊仕休

楊仕休其人，《大明一統志》始載：楊令問“父仕休，殿中丞”②。直至萬曆癸丑《漳州府志》方才明確其所仕朝代爲北宋，所仕皇帝爲宋太祖，楊令問“父仕休，宋太祖時任殿中丞”③。

楊仕休與長泰關係有二説：其一，楊仕休墓遷葬長泰。《大明一統志》載：“天聖中，居於漳，遂移葬父中丞於長泰縣陳塘洋浮山”④。楊仕休寓居漳州長泰，由此將其父楊仕休墓遷葬長泰，楊仕休生前未遷居長泰。萬曆癸丑《漳州府志》亦云：“楊中丞墓，宋殿中丞楊仕休，其先蜀人，子令問入漳，移公葬長泰之陳塘洋浮山。”⑤“公”指楊仕休。康熙《漳州府志》稱楊令問“天聖元年，奉旨居於漳，遂移其父中丞仕休於長泰陳塘洋浮山，爲長泰人”⑥，此處未提楊仕休墓，既非楊仕休墓，楊令問如何能移？顯然該志本意應是“楊仕休墓”，於此脱漏“墓”字，其原文應作“天聖元年，奉旨居於漳，遂移其父中丞仕休墓於長泰陳塘洋浮山，爲長泰人”。其二，楊仕休隨其子楊令問遷居長泰。乾隆《漳州府志》始稱

① （宋）歐陽修撰：《文忠集》卷八十《外制集二·制五十首》，《欽定四庫全書》（集部三·别集類二·宋），乾隆四十六年（1781）抄本，第 8 頁 a。

② （明）李賢：《大明一統志》卷七八《福建布政司·漳州府·流寓·楊令問》，第 21 頁 a。

③ （明）閔夢得修，中國人民政治協商會議福建省漳州市委員會整理：萬曆癸丑《漳州府志》下册卷一九《人物志四·宋列傳·楊令問》，第 1418 頁。

④ （明）李賢修：《大明一統志》卷七八《福建布政司·漳州府·流寓·楊令問》，第 21 頁 a。

⑤ （明）閔夢得修，中國人民政治協商會議福建省漳州市委員會整理：萬曆癸丑《漳州府志》下册卷三一《古迹志下·冢墓》，第 2097 頁。

⑥ （清）魏荔彤修：康熙《漳州府志》卷二一《人物志一·宋列傳·循良·楊令問》，第 32 頁 b。

楊令問奉父楊仕休遷入漳州而入籍長泰，"天聖元年，奉詔居於漳，遂奉其父中丞仕休，籍於長泰陳塘洋浮山，爲長泰人"①，"中丞"應作殿中丞，"籍"指入籍。光緒《漳州府志》沿此説："天聖元年，奉詔居於漳，遂奉其父中丞仕休，籍於長泰陳塘洋浮山，爲長泰人。"②

上述二説到底孰是孰非？

首先，楊令問將楊仕休遷葬長泰，可見楊仕休此前未葬長泰，楊仕休生前未到長泰。楊仕休未到長泰既已去世，但具體葬於何處，則未有説明。所謂楊令問奉楊仕休寓居長泰，實則改自楊令問將其父楊仕休遷葬長泰説法。2005 年《長泰縣志》誤認爲楊令問"與父楊仕休""在漳州定居""居漳一載"③。

其次，楊仕休曾任殿中丞，楊令問由職方員外郎知福建興化軍，楊令問應在北宋京城汴梁贍養楊仕休。楊令問從北宋國都汴梁遠赴福建興化軍任職，不可能携帶楊仕休靈柩赴任，楊仕休應隨楊令問前往福建興化軍任職。楊令問在福建興化軍任職僅一年，離任後未返回京城，亦未返回四川故里。楊仕休若在楊令問知福建興化軍任上去世，楊令問應在福建興化軍爲之守孝三年，楊令問似乎不可能在離任福建興化軍當年寓居漳州長泰，而是要在三年後方能寓居漳州長泰。

楊令問將楊仕休墓遷葬長泰實則可信，只是《大明一統志》不便提及楊仕休墓此前安葬地，楊仕休墓此前應葬於興化軍。楊仕休應在楊令問離任興化軍之際去世，只能暫時安放在興化軍，由於楊令問不可能寓居興化軍，只能另擇他處，待擇居長泰後，就將楊仕休墓移葬長泰。楊令問在長泰，爲楊仕休墓守孝三年，并由此寓居長泰。

之所以出現《大明一統志》不便提及楊仕休墓此前葬於興化軍，究其原因應與楊令問後裔有關。既然述及楊令問將其父楊仕休墓遷葬長泰，此説實則出自楊令問後裔，《大明一統志》據此采編入志。萬曆癸丑《漳州府志》采自《大明一統志》所載。康熙《漳州府志》根據《大明一統志》所載而改。乾隆《漳州府志》楊仕休故里四川與長泰相距較遠，無法遷墓，楊仕休應隨楊令問遷居長泰，爲此修改康熙《漳州府志》記載。光緒《漳州府志》"楊令問傳"采自乾隆《漳州府志》，因此二志所載相同，光緒《漳州府志》卷二十八載"《乾隆志》卷三十六"④，此"《乾隆志》"指乾隆《漳州府志》，即光緒《漳州府志》卷二十八采自乾隆《漳州府志》卷三十六記載。

楊仕休墓今存楊仕休墓道，爲乾隆十四年（1749）所立，上刻"宋始祖殿中丞仕休楊公曁誥封一品夫人懿範胡氏墓道"，"乾隆十四年孟春重建，長房男賜進士宣奉大夫令問、次房太常寺太祝令緒、三房男封泰岳先生令望"⑤。殿中丞非一品官階，胡氏何以獲封"一品夫

---

① （清）李維鈺修：乾隆《漳州府志》卷三六《人物志一·宋列傳·楊令問》，第 34 頁 a。
② （清）沈定均修：光緒《漳州府志》卷二八《人物一·宋列傳·楊令問》，第 34 頁 a。
③ 長泰縣地方志編纂委員會編：《長泰縣志》卷三七《人物》第一章《人物傳·楊令問》，第 1009 頁。
④ （清）沈定均修：光緒《漳州府志》卷二八《人物一·宋列傳·楊令問》，第 1 頁 a。
⑤ 陶塘洋世德堂西厝花阪洋楊氏族譜編修理事會編：《陶塘洋世德堂西厝花阪洋楊氏族譜》，第 3 頁。

人"？此墓碑未據北宋楊令問所立楊仕休重立。

（二）楊令問之弟楊令緒與楊令望

楊令問與楊令緒、楊令望關係有二説：其一，楊令問與楊令緒、楊令望是兄弟關係。正德《大明漳州府志》始載楊令問二弟楊令緒、楊令望，楊令問"其弟令緒，官至奉禮郎；令望，不願仕，封泰岳先生"①，"令緒"即楊令緒，"令望"即楊令望。其二，楊令問與楊令緒、楊令望是父子關係。嘉靖《長泰縣志》載：楊令問"有子二人，曰令緒，官至奉禮郎；次曰令望，不願仕，封泰岳先生"②。該志認爲楊令問有二子楊令緒、楊令望。

此二説到底孰是孰非？實則應以較早刊行的正德《大明漳州府志》所載爲是，即楊令緒、楊令望是楊令問之弟，并非其子。且楊令問與楊令緒、楊令望其名中間均是"令"字，同爲"令"字輩，宋代漢人傳統社會豈有父子同一字輩者？嘉靖《長泰縣志》將楊令問"有弟二人"誤作"有子二人"。

楊令緒籍貫有二説：其一，泉州晋江縣人。《寰宇通志》載"楊令緒""俱晋江人"③。《八閩通志》采此説④，《萬曆重修泉州府志》亦沿此説⑤。其二，蜀人。正德《大明漳州府志》載楊令問"其先蜀人""其弟令緒"⑥，楊令問既然最初是"蜀人"，其弟楊令緒自然亦是"蜀人"。

此二説孰是孰非？泉州及晋江地方志未載楊令緒任職情況，僅正德《大明漳州府志》載"令緒，官至奉禮郎"⑦，若楊令緒是泉州晋江人，其官職何以未見載泉州及晋江地方志？楊令問之弟楊令緒實則蜀人。然而，長泰楊氏族譜稱楊令緒之子"械"⑧，楊械是紹興二十一年（1151）進士⑨，南宋初進士楊械如何成爲北宋初楊令緒之子？顯然楊械實非楊令緒之子，但在楊令問後裔心目中，楊械出自楊令緒房頭，即楊令緒後裔曾經生活在長泰，却未提及晋江。

楊令緒功名有二説：其一，咸平三年進士。《寰宇通志》載"楊令緒""俱咸平三年陳堯

---

① （明）陳洪謨修，中國人民政治協商會議福建省漳州市委員會整理：正德《大明漳州府志》上册卷一五《科目志·宋·宋進士科》，第830頁。

② （明）張傑夫修：嘉靖《長泰縣志》之《人物·流寓·楊令問》，第867—868頁。

③ （明）彭時等纂修：《寰宇通志》第17册卷四六《福建等處承宣布政使司·泉州府·科甲》，第32頁b—33頁a。

④ （明）黃仲昭修纂，福建省地方志編纂委員會主編：《八閩通志》下册卷五十《選舉·科第·泉州府》，第151頁。

⑤ （明）陽思謙修，（明）徐敏學、吳維新纂：《萬曆重修泉州府志》卷一四《人物志（上之上）》，第1079頁。

⑥ （明）陳洪謨修，中國人民政治協商會議福建省漳州市委員會整理：正德《大明漳州府志》上册卷一五《科目志·宋·宋進士科》，第830頁。

⑦ （明）陳洪謨修，中國人民政治協商會議福建省漳州市委員會整理：正德《大明漳州府志》上册卷一五《科目志·宋·宋進士科》，第830頁。

⑧ 陶塘洋世德堂西厝花阪洋楊氏族譜編修理事會編：《陶塘洋世德堂西厝花阪洋楊氏族譜》，政协漳州市委員會海峽文史資料館藏，編號：長泰9019，機器复印件，2007年版，第45頁。

⑨ 劉濤：《首輪修志人物傳記存在的問題及其對策——以2005年〈長泰縣志〉爲例》，《上海地方志》2020年第1期。

咨榜進士"①。《八閩通志》采此説②，《萬曆重修泉州府志》亦沿此説③。2005 年《長泰縣志》認爲楊令緒是"咸平三年"進士④。其二，大中祥符七年服勤詞學科。《楊氏紀略》載："次子令緒，真宗祥符七年登服勤詞學科。"⑤

此二説孰是孰非？漳州及長泰舊志未載楊令緒功名，正德《大明漳州府志》未載與楊令緒功名，楊令緒功名實則無從可考。

楊令緒官職有二説：其一，官至奉禮郎。正德《大明漳州府志》載：楊令問"其弟令緒，官至奉禮郎"⑥。其二，歷任清池縣令、觀察使判官、奉禮郎、太常寺太祝。《楊氏紀略》載：楊仕休"次子令緒，真宗祥符七年登服勤詞學科，初試清池令，政（改）觀察使判官，轉奉禮郎，尋進太常寺太祝"⑦。"祥符七年"應作"大中祥符七年"，"清池令"指清池縣令。《快然居士行實》又云：楊令緒在"天禧三年，改觀察使判官，乾興元年轉奉禮郎，尋晉太常守太祝，明道三年賜致仕，享壽七十有四"⑧。"觀察使判官"應作"觀察判官"，《宋史》載"觀察判官"⑨；"太常守"應作"太常寺"。

此二説孰是孰非？楊令緒若以太常寺太祝致仕，何以未見正德《大明漳州府志》記載。所謂楊令緒曾任清池令、觀察使判官、太常寺太祝等均無從可考，楊令緒官職僅知其官至奉禮郎。2005 年《長泰縣志》未載楊令緒官職⑩，實則未查閲康熙《長泰縣志》、乾隆《長泰縣志》所致⑪。

楊令望，正德《大明漳州府志》始載："令望，不願仕，封泰岳先生"⑫。楊令望墓位於長泰，《碧溪楊氏家譜》載："二世祖敕封泰岳先生令望公墓，在長泰彰信裏洪山之麓"⑬，《快然居士行實》又云："令望，字子振，文學節行見稱，不願仕，郡守方公慎從延教州校，門人林曼等十二人聯登進士科。嘉祐丙申年，安撫使李啓勉以教育有功奏。越明年丁酉，封

① （明）彭時等纂修：《寰宇通志》第 17 册卷四六《福建等處承宣布政使司·泉州府·科甲》，第 32 頁 b—33 頁 a。
② （明）黄仲昭修纂，福建省地方志編纂委員會舊志整理組、福建省圖書館特藏部整理：《八閩通志》下册卷五十《選舉·科第·泉州府》，第 151 頁。
③ （明）陽思謙修，（明）徐敏學、吳維新纂：《萬曆重修泉州府志》卷一四《人物志（上之上）·宋科目志》，第 1079 頁。
④ 長泰縣地方志編纂委員會編：《長泰縣志》卷三七《人物》第二章《人物表》，第 1047 頁。
⑤ （清）楊祖周修：《白石楊氏家譜》第 1 册，政協漳州市委員會海峽文史資料館藏，清道光二十八年（1848）戊申抄本影本，第 13 頁。
⑥ （明）陳洪謨修，中國人民政治協商會議福建省漳州市委員會整理：正德《大明漳州府志》上册卷一五《科目志·宋·宋進士科》，第 830 頁。
⑦ （清）楊祖周修：《白石楊氏家譜》第 1 册，第 13 頁。
⑧ （清）楊祖周修：《白石楊氏家譜》第 1 册，第 16 頁。
⑨ （元）脫脫等撰：《宋史》第 12 册卷一六九《志一百二十一·職官九（叙遷之制）》，第 4048 頁。
⑩ 長泰縣地方志編纂委員會編：《長泰縣志》卷三七《人物》第二章《人物表》，第 1047 頁。
⑪ （清）王玨修：康熙《長泰縣志》卷八《人物志·流寓·宋·楊令問》，第 91 頁 a；（清）張懋建修：乾隆《長泰縣志》卷九《人物志·流寓傳·宋·楊令問》，第 36 頁 b。
⑫ （明）陳洪謨修，中國人民政治協商會議福建省漳州市委員會整理：正德《大明漳州府志》上册卷一五《科目志·宋·宋進士科》，第 830 頁。
⑬ （清）楊振北修：《碧溪楊氏家譜》第 1 册卷六《墳墓》，第 69 頁。

泰岳先生。享壽七十有二"①，實不可信，理由有四：其一，所謂方慎從延請從教州校。"郡守方公慎從"指漳州知州方慎從，正德《大明漳州府志》稱方慎從傳未述及其關注文教，且其"宦業不可考"②，且州校部分未提及方慎從，"宋學校，本州，慶曆四年（宋志誤作二年）始奉詔建立"③，方慎從"景祐初任""皇祐再任"④，方慎從若延請楊令望應在第二任期，即皇祐年間，州學教授名單最早記載始於"紹興間任"⑤。其二，福建安撫使始於南宋建炎年間，《八閩通志》所載福建安撫使名單未有李姓者⑥。其三，所謂門人林曼十二人聯登進士説法不可信。《八閩通志》載："廣曆二年楊寊榜：林曼，龍溪人，《寰宇志》無此名。"⑦"廣曆"應作"慶曆"，即慶曆二年。但慶曆二年到嘉祐二年丁酉（1057），漳州僅有六名進士，分別是慶曆六年陳箴、林修，皇祐元年蕭漢臣、黃華旦，皇祐五年特奏名林載周⑧，何來十二人聯登進士？其四，所謂獲封"泰岳先生"説法未見史書記載。此封號未必需要獲封，實則時人所稱，猶如陳淳別號北溪，人稱北溪先生。

（三）楊令問之孫楊友諒及其子楊應、楊博

楊令問後裔科甲聯翩，形成科舉世家。楊令問與楊友諒譜系有三種説法：其一，楊友諒是楊令問之孫。《大明一統志》載：楊令問"孫友諒、應、博，皆登進士"⑨。其二，楊友諒是楊令問三世孫。《八閩通志》載楊友諒是"令問三世孫"⑩，正德《大明漳州府志》又云：楊友諒是"職方令聞三世孫"⑪，羅青霄《漳州府志》引嘉靖《漳州府志》載："楊友諒，令岡三世孫。"⑫此"令岡"應作"令問"。其三，楊友諒是楊令問五世孫。萬曆癸丑《漳州府志》載："楊友諒，長泰人，令問孫。"⑬楊友諒是楊令問五世孫。正德《大明漳州府志》

① （清）楊祖周修：《白石楊氏家譜》第1冊，第16頁。
② （明）陳洪謨修，中國人民政治協商會議福建省漳州市委員會整理：正德《大明漳州府志》上冊卷一四《紀傳志·宋·方慎從》，第756—757頁。
③ （明）陳洪謨修，中國人民政治協商會議福建省漳州市委員會整理：正德《大明漳州府志》上冊卷一三《學校志·學校》，第716頁。
④ （明）黃仲昭修纂，福建省地方志編纂委員會主編：《八閩通志》上冊卷三三《秩官·曆官·郡縣·漳州府》，福建人民出版社，1990年版，第699頁。
⑤ （明）黃仲昭修纂，福建省地方志編纂委員會主編：《八閩通志》上冊卷三三《秩官·曆官·郡縣·漳州府》，第701頁。
⑥ （明）黃仲昭修纂，福建省地方志編纂委員會主編：《八閩通志》上冊卷三一《秩官·曆官·方面》，第622頁。
⑦ （明）黃仲昭修纂，福建省地方志編纂委員會主編：《八閩通志》下冊卷五一《選舉·科第·漳州府》，第181頁。
⑧ （明）黃仲昭修纂，福建省地方志編纂委員會主編：《八閩通志》下冊卷五一《選舉·科第·漳州府》，第181頁。
⑨ （明）李賢修：《大明一統志》卷七八《福建布政司·漳州府·流寓·楊令問》，第21頁a—21頁b。
⑩ （明）黃仲昭修纂，福建省地方志編纂委員會主編：《八閩通志》下冊卷五一《選舉·科第·漳州府》，第185頁。
⑪ （明）陳洪謨修，中國人民政治協商會議福建省漳州市委員會整理：正德《大明漳州府志》上冊卷一五《科目志·宋·宋進士科》，第859頁。
⑫ （明）羅青霄修，福建省地方志編纂委員會整理：《漳州府志》下冊卷二四《長泰縣下·人物志·選舉·科目·宋科目表》，第930頁。
⑬ （明）閔夢得修，中國人民政治協商會議福建省漳州市委員會整理：萬曆癸丑《漳州府志》上冊卷一六《人物志一·宋列傳·楊令問》，第1148頁。

載：楊令問 "五世孫友諒"①，萬曆元年《漳州府志》引 "《嘉靖志》" 載楊令問 "五世孫友諒"②，嘉靖《漳州府志》亦作楊友諒爲楊令問 "五世孫"。

此三説孰是孰非？實則應以較早刊行的《大明一統志》所載爲是，即楊友諒是楊令問之孫。之所以正德《大明漳州府志》、嘉靖《漳州府志》、羅青霄《漳州府志》出現兩種不同記載，究其原因應與正德《大明漳州府志》有關。正德《大明漳州府志》所載楊令問述及楊令問與楊友諒譜系世次將 "三" 誤作 "五"，導致嘉靖、羅青霄《漳州府志》楊令問傳以訛傳訛。正德《大明漳州府志》所載楊友諒述及楊友諒與楊令問譜系沿用《八閩通志》所載正確內容，嘉靖、萬曆元年《漳州府志》沿此説，因此均是正確的。萬曆癸丑《漳州府志》沿用《大明一統志》所載，仍稱楊友諒是楊令問之孫。

楊友諒及其子楊應、楊博功名有二説：其一，三人均是進士。《大明一統志》載：楊令問 "孫友諒、應、博，皆登進士"③。其二，楊友諒、楊博是進士，楊應是特奏名。首先是楊友諒，《寰宇通志》載："楊友諒" "宋淳熙二年詹騤榜進士"④，康熙《長泰縣志》又云："淳興二年" 進士有楊友諒⑤。其次是楊應，《八閩通志》載：紹定二年己丑（1229）黃樸榜特奏名 "楊應，友諒之子"⑥，康熙《長泰縣志》又云："開慶元年己未" 特奏名有 "楊應"⑦。最後是楊博，《八閩通志》載：慶元二年己未曾從龍榜進士 "楊博，友諒之子，《寰宇志》無以上四人"⑧。"《寰宇志》" 指《寰宇通志》。

此二説孰是孰非？特奏名與正奏名有區別，應以第二種説法爲是，即楊友諒是淳熙二年進士，楊應是紹定二年特奏名，楊博是慶元二年進士。康熙《長泰縣志》將楊友諒中進士時間 "淳熙" 誤作 "淳興"。康熙《長泰縣志》將楊應特奏名時間 "紹興二年己丑" 誤作 "開慶元年己未"。《寰宇通志》漏載楊博中進士。2005 年《長泰縣志》未備注楊應是 "特奏名"⑨。

楊應與楊博是同科舉人，且分別名列第二、第一。正德《大明漳州府志》載："博，魁鄉書；應，次之。"⑩ "鄉書" 指中舉，"魁" 指榜首，"次之" 指第二名。

① （明）陳洪謨修，中國人民政治協商會議福建省漳州市委員會整理：正德《大明漳州府志》上冊卷一五《科目志·宋·宋進士科》，第 830 頁。

② （明）羅青霄修，福建省地方志編纂委員會整理：《漳州府志》下冊卷二四《長泰縣下·人物志·寓賢·宋寓賢傳·楊令問》，第 950 頁。

③ （明）李賢修：《大明一統志》卷七八《福建布政司·漳州府·流寓·楊令問》，第 21 頁 a。

④ （明）彭時等纂修：《寰宇通志》第 18 冊卷四七《福建等處承宣布政使司·漳州府·科甲》，第 28 頁 a。

⑤ （清）王珏修：康熙《長泰縣志》卷八《人物志·科名·進士·宋》，第 2 頁 a。

⑥ （明）黃仲昭修纂，福建省地方志編纂委員會主編：《八閩通志》下冊卷五一《選舉·科第·漳州府》，第 187 頁。

⑦ （清）王珏修：康熙《長泰縣志》卷八《人物志·科名·進士·宋》，第 2 頁 a。

⑧ （明）黃仲昭修纂，福建省地方志編纂委員會主編：《八閩通志》下冊卷五一《選舉·科第·漳州府》，第 186 頁。

⑨ 長泰縣地方志編纂委員會編：《長泰縣志》卷三七《人物》第二章《人物表》，第 1047 頁。

⑩ （明）陳洪謨修，中國人民政治協商會議福建省漳州市委員會整理：正德《大明漳州府志》上冊卷一五《科目志·宋·宋進士科》，第 859 頁。

楊友諒籍貫有二説：其一，龍溪人。《寰宇通志》載："楊友諒，俱龍溪人"①。其二，長泰人。《八閩通志》載：楊友諒"長泰人"，"《寰宇志》以爲龍溪人"②。"《寰宇志》"指《寰宇通志》。

此二説孰是孰非？應以《寰宇通志》所載爲是，即楊友諒雖是楊令問之孫，却以龍溪人考取進士。《八閩通志》認爲楊令問是長泰人，因此認爲楊友諒亦應是長泰人，實則有誤。

楊友諒、楊應、楊博父子生平事迹。首先是楊友諒，《八閩通志》載：楊友諒"官至推幕"，正德《大明漳州府志》載：楊友諒"初調興寧尉，以捕盜，賞轉惠州推幕"③，楊友諒中進士後，初任興寧縣尉，以捕盜有功，轉任惠州推幕。康熙《長泰縣志》又云：楊友諒"升惠州府推官"④，所謂"惠州府"有誤，惠州在南宋時尚未爲府，惠州府爲明清時期行政區劃。

其次是楊應、楊博兄弟，正德《大明漳州府志》載："博，登進士，與真西山同榜，歷知潭州醒醴縣。適真西山帥潭，甚重之。應游鄉校，職糾録，紹定特奏，准敕授宜州文學，尋監潭州南岳廟，趙守伯駿以年德俱高，延爲學正。"⑤"真西山"指真德秀，號西山，是朱熹晚年高足。"醒醴縣"應作"醴陵縣"。"趙守伯駿"指時任潭州知州趙伯駿。楊應曾管理鄉校，紹定二年特奏名，敕授宜州文學，監潭州南岳廟，潭州知州趙伯駿以其年高德劭，延請其擔任學正。楊博擔任潭州醴陵縣令期間，其同榜進士真德秀擔任湖南安撫使、知潭州，非常器重他。2005 年《長泰縣志》將楊應官職誤作"宜川州文學"，漏載"潭州學正"官職⑥。

三、祖先譜系

楊令問祖先譜系最初僅追溯到楊令問之父楊仕休，見載《大明一統志》，正德《大明漳州府志》、嘉靖《漳州府志》、萬曆元年《漳州府志》均沿此説，萬曆癸丑《漳州府志》增載楊令問的祖父楊蠋。民國《長泰縣新志》增載楊令問祖先爲楊統，聲稱爲唐初戍閩將領陳政部將楊統十五世孫，勾勒出楊統自河南固始隨遷漳州，繼而由福建避難入蜀，北宋時再由蜀

---

① （明）彭時等纂修：《寰宇通志》第 18 册卷四七《福建等處承宣布政使司·漳州府·科甲》，第 28 頁 a。
② （明）黄仲昭修纂，福建省地方志編纂委員會主編：《八閩通志》下册卷五一《選舉·科第·漳州府》，第 185 頁。
③ （明）陳洪謨修，中國人民政治協商會議福建省漳州市委員會整理：正德《大明漳州府志》上册卷一五《科目志·宋·宋進士科》，第 859 頁。
④ （清）王珏修：康熙《長泰縣志》卷八《人物志·科名·進士·宋》，第 2 頁 a。
⑤ （明）陳洪謨修，中國人民政治協商會議福建省漳州市委員會整理：正德《大明漳州府志》上册卷一五《科目志·宋·宋進士科》，第 859 頁。
⑥ 長泰縣地方志編纂委員會編：《長泰縣志》卷三七《人物》第二章《人物表》，第 1047 頁。

返回漳州，定居長泰的遷徙路綫。2005 年《長泰縣志》沿此説。如此，楊令問雖是四川人，祖先却是河南固始人，楊令問成了祖籍河南固始的四川人。楊令問祖先定居漳州，從而楊令問定居漳州長泰，成爲楊令問返回漳州祖地。

楊令問祖先是否由河南固始遷居四川？楊令問祖先是否曾居漳州？這就要從史料來源説起，據此揭示文獻内容變遷内容，還原文本書寫的過程。

《楊氏紀略》述及楊令問祖先定居河南固始，繼而遷居漳州，而後又由漳州遷居四川始末：

> 堅弟賢，見兄子不軌，不願受王爵，逃之河南汝寧府光州固始縣，以業農爲事。賢子伺。伺子美。美子受。受子應。應子元。元子惠。惠子統，唐高宗時中郎將，陳元光襲父政玉鈴衛將軍職，出鎮泉潮間，統隨將軍奉策命以入閩開疆闢界，官於閩，授玉鈴衛昭信校尉。則天垂拱四年，又隨將軍奉革綏安之舊號，更立漳浦之郡名，因擇於永寧鄉桂林村芝山之東北隅，即今之霞城東接官亭也。統子承。承子朝。朝子新。新子命。命子程。程子斌。斌子唐。唐子快。快子願。願子英。英子守，固以卑職弱兵討留從效不克，被主帥程贇罷其族，殺殆盡，僅存其子真卿、重卿。重卿，官建寧屬主簿，與郡守蜀人同姓，曰偉公，會有同宗之好。及宗族被誅，隨建守偉公入蜀，立貫潞州黎城縣。子蠋，周防禦使，世宗以曾略薦，入官昭武軍節度使。蠋子仕休，宋任殿中丞。[①]

此"堅"指楊堅，"襲父爵，興隨。在位二十四年"[②]，所謂"子不軌"指楊廣篡位，楊堅"子廣，在位十二年"[③]。該譜認爲楊賢是楊堅之侄，不願接受楊廣所封王爵，逃往河南。楊令問并非隋文帝楊堅之侄楊賢後裔。之所以有此説，源於楊姓是隋朝國姓而闡發。

所謂"河南汝寧府光州固始縣"爲明清時期行政區劃。"玉鈴衛"不確，應作"玉鈐衛"。所謂楊統追隨陳元光入閩開漳，此説實不可信，理由有二：其一，楊統其人未見載陳政、陳元光將卒名單。陳元光將卒名單自萬曆元年《漳州府志》根據陳元光家譜《龍湖譜》采編入志，到康熙《漳州府志》根據陳元光家譜所載《宋紹興二十年封册》采編入志，歷經乾隆《漳州府志》、光緒《漳州府志》，均無楊統其人記載，實不可信[④]。其二，若楊統是楊令問祖先，何以未見明清漳州府志記載？反而稱楊令問祖先爲"蜀人"？

之所以出現祖先追隨陳元光由河南固始入閩開漳祖先叙事，源於萬曆癸丑《漳州府志》始載漳州府及其屬縣流傳陳元光將卒由河南開基漳州的祖先叙事，而被余民稱之爲"河老"[⑤]，促使楊氏不得不入鄉隨俗，隨波逐流，亦聲稱祖籍河南固始，祖先追隨陳元光入閩

---

① （清）楊祖周修：《白石楊氏家譜》第 1 册，第 12—13 頁。
② （清）楊祖周修：《白石楊氏家譜》第 1 册，第 12 頁。
③ （清）楊祖周修：《白石楊氏家譜》第 1 册，第 12 頁。
④ 劉濤：《"陳元光將卒"由來及其演變》，《長江文明》2021 年第 4 期。
⑤ 劉濤：《閩南漳州畲民與香菇淵源考述》，《古今農業》2021 年第 3 期。

開漳。所謂楊統定居"永寧鄉桂林村芝山之東北隅，即今之霞城東接官亭也"，此"永寧鄉"位於龍溪縣，"霞城"指漳州城，因古稱霞漳而有此稱，此説亦不可信。《八閩通志》載：龍溪縣，"隋開皇九年，屬泉州。唐嗣聖十六年，屬武榮州，州尋廢，縣還屬泉州。十七年，復置武榮州，縣仍屬焉。景雲二年，改屬泉州。開元二十九年，始以來屬。貞元二年，徙州治於此"①，龍溪縣遲至唐開元二十九年（741）始由泉州改屬漳州，貞元二年（786）才將漳州州治遷於龍溪縣，如何在垂拱四年（688）定居并非漳州屬地的龍溪？

之所以出現曾居漳州城東説法，源於楊令望曾居漳州城東，《碧溪楊氏家譜》載："令望公設教州校，徙居霞東"②，署名潘榮《碧溪楊氏家譜序》述及："始祖十五公，由霞城東北隅徙居碧溪"③。"十五公"即十五郎。

《碧溪楊氏家譜》載：

> 開漳始祖統公，光州固始人，唐官河東玉鈐衛昭信校尉，高宗顯慶中奉朝命從將軍陳政帥閩，越三年，總兵討廣賊陳謙，戰没於陣，子孫皆襲蔭武職，防禦邊寇，撫綏新民，因家於漳。④

羅青霄《漳州府志》始載：陳元光前往潮州平定苗自成、雷萬興之亂，因援兵未至，而被藍奉高殺害，"已而，蠻寇苗自成、雷萬興之子復起於潮，潛抵岳山。公率輕騎討之。援兵後至，爲賊將藍奉高所刃而死"⑤。"潮"指潮州。

所謂楊守，《碧溪楊氏家譜》稱其名爲"守固"⑥，即楊守固。該譜稱楊守固僅存一子，"殺存子一：重卿"⑦，而非上文所云有二子楊真卿、楊重卿幸存。

所謂楊氏遭程贇族誅説法亦不可信。程贇，《碧溪楊氏家譜》誤作"程斌"⑧，述及程贇，實則源於程贇曾任漳州刺史。《新五代史》載：朱文進以"程贇守漳州""稱晋年號，時開運元年也"⑨。所謂攻打留從效不克，而遭程贇滅族説法亦不可信。《新五代史》載：

> 泉州軍將留從效詐其州人曰："富沙王兵收福州矣。吾屬世爲王氏臣，安能交臂而事賊乎？"州人共殺紹頗，迎王繼勛爲刺史，漳州聞之，亦殺贇，迎王繼成爲刺史。⑩

① （明）黃仲昭修纂，福建省地方志編纂委員會舊志整理組、福建省圖書館特藏部整理：《八閩通志》上册卷一《地理·建置沿革·漳州府》，第12頁。
② （清）楊振北修：《碧溪楊氏家譜》第1册卷三《家廟》，第25頁。
③ （清）楊振北修：《碧溪楊氏家譜》第1册，第2頁。
④ （清）楊振北修：《碧溪楊氏家譜》第2册卷八《世系録》，第43頁。
⑤ （明）羅青霄修，福建省地方志編纂委員會整理：《漳州府志》上册卷四《秩官志下·名宦·唐名宦傳·刺史陳元光》，第144頁。
⑥ （清）楊振北修：《碧溪楊氏家譜》第2册卷八《世系録》，第43頁。
⑦ （清）楊振北修：《碧溪楊氏家譜》第2册卷八《世系録》，第43頁。
⑧ （清）楊振北修：《碧溪楊氏家譜》第2册卷八《世系録》，第43頁。
⑨ （宋）歐陽修撰，（宋）徐無黨注：《新五代史》第3册卷六八《閩世家第八》，中華書局，1974年版，第853頁。
⑩ （宋）歐陽修撰，（宋）徐無黨注：《新五代史》第3册卷六八《閩世家第八》，第853頁。

　　此"王氏臣"指王審知建立的閩國政權。"紹頗"指黃紹頗，朱文進"以紹頗守泉州"①。此處僅云留從效鼓動泉州人維護王審知建立的閩國政權，促使泉州人殺死黃紹頗。消息傳到漳州，漳州人殺死程贇，并無程贇派楊守攻打留從效，亦無因楊守攻打留從效不利而程贇滅族的記載。之所以述及遭程贇滅族，源於突出楊氏忠於王審知建立的閩國政權，強調楊氏與王審知均是固始同鄉，聲稱楊氏因愛國愛鄉而遭滅族。

　　所謂楊重卿追隨四川人楊偉由閩遷蜀説法亦不可信。所云楊偉是"建寧""郡守"，其時尚無"建寧"地名，應稱建州，建州先後屬閩國、南唐，嘉靖《建寧府志》所載閩國、南唐建州刺史名單既無楊姓，亦無名偉者②。直至北宋時有建州知軍州事楊璧，其前任幹成昂在"端拱初任"③，遲至端拱元年（988）以後擔任建州知州的楊璧亦無法成爲後周世宗官員楊蠲之父追隨的上司。

　　所謂遷蜀入籍潞州黎城縣説法亦不可信。黎城縣與潞州歷史上均未隸屬四川，何以"入蜀"而"立貫潞州黎城縣"？之所以出現"入蜀，立貫潞州黎城縣"説法，原因有二：其一，首先源於楊氏是蜀人。其二，源於陳元光曾被視爲河東人④，而潞州在唐時隸屬河東道。但陳元光爲河東人，出於郡望所云，此"河東人"實則河東郡，并非指河東道。《碧溪楊氏家譜》又云：重卿"乃隨建守偉入蜀，立貫於山西之潞州黎城縣"⑤，既然明知潞州黎城縣隸屬山西，爲何又要述及入蜀？豈有入蜀後，立貫山西，繼而又是蜀人？

　　所謂楊仕休之父楊蠲曾任後周防禦使説法亦不可信。萬曆癸丑《漳州府志》載楊仕休之父楊蠲，楊令問"祖蠲"⑥，此"蠲"指楊蠲。其生平事迹有二説：其一，曾任"周防禦使"⑦，"周"指後周。該志認爲楊蠲曾任後周時期的防禦使。《楊氏紀略》載："蠲，周防禦使，世宗中以曾略薦，入官昭武軍節度使。"⑧該譜認爲楊蠲不僅曾任後周防禦使，在後周世宗時，經曾略推薦，曾任昭武軍節度使。其二，仕於西蜀政權的楊蠲，曾奉西蜀孟昶之命前往汴梁搜集情報，而後被宋太祖赦免，充當宋太祖伐蜀的嚮導。《宋史·趙崇韜傳》載："乾德中，昶遣與興國軍討擊使孫遇及楊蠲爲諜至都下"，"太祖并赦遇、蠲，出師西討，并以爲鄉導"⑨。"都下"指北宋國都汴梁。

　　楊仕休、楊令問父子是蜀人，楊蠲曾仕於西蜀，是有可能的。楊蠲在宋太祖乾德二年

　　①　（宋）歐陽修撰，（宋）徐無黨注：《新五代史》第 3 册卷六八《閩世家第八》，第 853 頁。
　　②　（明）夏玉麟、（明）郝維岳等修，（明）汪佃等纂：嘉靖《建寧府志》上册卷五《官師》，《天一閣藏明代方志選刊》第 27 册，上海古籍書店，1982 年版，第 5 頁 b—6 頁 a。
　　③　（明）夏玉麟、（明）郝維岳等修，（明）汪佃等纂：嘉靖《建寧府志》上册卷五《官師》，第 6 頁 b。
　　④　劉濤：《武周時期嶺南首領陳元光河東人記載考述》，《大慶師範學院學報》2022 年第 2 期。
　　⑤　（清）楊振北修：《碧溪楊氏家譜》第 2 册卷八《世系錄》，第 43 頁。
　　⑥　（明）閔夢得修，中國人民政治協商會議福建省漳州市委員會整理：萬曆癸丑《漳州府志》下册卷一九《人物志四·宋列傳》，第 1418 頁。
　　⑦　（明）閔夢得修，中國人民政治協商會議福建省漳州市委員會整理：萬曆癸丑《漳州府志》下册卷一九《人物志四·宋列傳》，第 1418 頁。
　　⑧　（清）楊祖周修：《白石楊氏家譜》第 1 册，第 13 頁。
　　⑨　（元）脱脱等撰：《宋史》第 40 册卷四七九《列傳第二三八世家二·西蜀孟氏》，第 13888 頁。

（964）前往北宋國都搜集情報，其時趙匡胤早已取代後周，楊綰如何仕於後周？此二説孰是孰非？楊綰若曾任後周世宗昭武軍節度使，何以未見載萬曆癸丑《漳州府志》？楊綰事迹應以《宋史》所載爲是。楊令問祖父即使是楊綰，亦是後蜀孟昶派遣到汴梁搜集情報的楊綰，并非於史無徵的後周世宗官員楊綰。

之所以出現楊綰曾任後周時期防禦使説法，原因有二：其一，源於楊令問曾任防禦使，據此認爲若稱楊綰搜集情報則不雅，從而將楊令問曾任官職亦安在楊綰身上，造成楊令問孫承祖業，先後擔任防禦使，爲國戍邊。其二，源於北宋之前爲後周，後周世宗爲後周政權明君。修譜者認爲楊令問之父楊仕休仕於宋太祖，宋太祖之前爲後周，由此聲稱楊綰仕於後周，爲後周明君所重用。

所謂楊令問祖先譜系，僅楊令問之父楊仕休可考，楊仕休以上祖先譜系均不可信。康熙十九年庚申（1680）《續修家譜叙》落款"康熙庚申冬十月望日，十三世孫亮光謹識"[1]，述及："明户部郎中直庵公修家譜，作《楊氏紀略》，原所自出，則河南光州固始人也。隨唐將軍入閩，授玉鈴衛昭信校尉職統公者，始開閩之一世祖，而非冒認者"[2]，此"直庵公"指楊紹，號直庵，龍溪縣人，正統十三年（1448）進士[3]。《楊氏紀略》落款"明賜進士第出身、户部廣東清吏司郎中，前奉命總督德州等處地方糧賦考績，晋階承德郎、奉議大夫，碧溪裔孫紹謹識"[4]。楊紹爲楊令望房頭後裔，《楊氏紀略》出自楊紹之手，實則托名楊紹之作，理由有二：其一，若是楊紹所撰，何以楊統之名未見載萬曆元年《漳州府志》？其二，直至正德《大明漳州府志》仍云楊令問本是蜀人，并未述及楊統及其河南祖地。之所以托名楊紹，源於楊紹是漳州楊氏明代首位進士，由此聲稱楊紹修有族譜。

上述楊氏祖先譜系由三部分組成：其一，隋朝宗室遷居河南固始譜系，即：賢—伺—美—受—應—元—惠—統。其二，河南固始遷居漳州譜系，即：統—承—朝—新—命—程—斌—唐—快—願—英—守。其三，漳州經建州入蜀譜系，即：守—重卿—綰—仕休，之所以建構該譜系，源於楊仕休是蜀人，在楊仕休之前起初攀附後蜀歷史人物楊綰，繼而增加明末以降漳州地方社會流傳的陳元光將卒由河南開基漳州的祖先叙事，最後根據楊姓與隋朝皇帝同姓而聲稱是隋朝宗室後裔。《碧溪楊氏家譜》聲稱楊令問"三上疏乞歸故土"[5]，"故土"指漳州，即乞求"回漳"。

從萬曆癸丑《漳州府志》始載楊綰來看，托名楊紹所撰《楊氏紀略》述及楊綰部分出自萬曆中後期，而楊綰以上祖先譜系則出自康熙十九年（1680）庚申所撰，實則楊亮采托名之作，但其時僅有籠統世次，未有具體譜系。《碧溪楊氏家譜》載："統公至守固公，凡十一

① （清）楊祖周修：《白石楊氏家譜》第1册，第6頁。
② （清）楊祖周修：《白石楊氏家譜》第1册，第6頁。
③ 劉濤：《二輪志書地情記述問題分析及其史實重建的路徑——以閩南千年古縣漳浦、長泰爲例》，《上海地方志》2021年第3期。
④ （清）楊祖周修：《白石楊氏家譜》第1册，第14頁。
⑤ （清）楊振北修：《碧溪楊氏家譜》第2册卷八《世系録》，第43頁。

世，元季譜帙殘缺，當益齋、直庵修譜時，已無可考矣"①，該譜稱到楊紹修譜時，對開漳始祖楊統到入蜀始祖楊守固已無從可考。所謂楊令望及其兄長楊令問祖先來自河南固始托名楊紹，實則出自楊令望後裔之手，明末清初爲楊令問後裔所接受，從而出現楊令望以及楊令問兄弟是陳政部將河南固始人楊統後裔的説法。

民國《長泰縣新志》稱楊令問遷自河南固始：

> 按此傳，舊志列置流寓。查《氏族》門：楊氏陶唐洋始祖爲楊仕休，以宋仁宗天聖元年遷自河南固始，而此傳楊令問且爲仕休之子，則其爲本縣人，已無疑義。舊志置諸流寓殊失考。②

此段文字出自鄭豐稔之手。民國《長泰縣新志》卷六《氏族》落款"鄭豐稔纂"③，出自鄭豐稔之手。"本縣人"指長泰縣人。"《氏族》門"指民國《長泰縣新志》卷六《氏族》。

民國《長泰縣新志》卷六《氏族》述及楊令問祖先譜系：

> 陶塘洋始祖仕休，乃統之十五世孫。統籍隸河南固始，佐陳將軍政戍閩，肇基漳東。迨十二世，因避禍入蜀。至仕休乃於宋仁宗天聖元年由蜀遷來，現傳三十三世。④

"陶塘洋"又作"陶唐洋"，即今漳州市長泰區雪美村。"統"指楊統。"陳將軍政"指陳政。"漳東"指漳州城東。"十二世"指楊統十二世孫楊守固。

鄭豐稔根據楊令問族譜記載，認爲楊仕休已定居漳州長泰，其子楊令問自然是長泰人，就被不存在楊令問遷居長泰，楊令問亦非流寓長泰。鄭豐稔根據楊令問族譜所載祖先來自河南固始，進而提出楊令問自"河南固始"遷入漳州長泰，全然不顧所引民國《長泰縣新志》卷六《氏族》所載"河南固始""戍閩肇基漳東"，繼而"入蜀"，再"由蜀遷來"漳州長泰。

鄭豐稔所謂楊令問由於是楊仕休之子，據此認爲其是長泰人，不可信。《大明一統志》明確記載楊令問將其父楊仕休墓遷葬長泰，楊仕休生前未遷長泰，方有楊令問遷墓之舉。所謂楊仕休自"河南固始"遷來，明清漳州及長泰地方志均無楊令問來自"河南固始"記載，亦不可信。

所謂楊統是陳政抑或陳政之子陳元光部將説法實不可信，理由有二：其一，鄭豐稔修纂民國《長泰縣新志》，未查閱明清時期《漳州府志》所載陳政、陳元光將卒名單，未發現此舊志均無記載楊統其人。既然楊統未見載陳政、陳元光父子部將，何以成爲陳政、陳元光父子部將？楊統既非陳政、陳元光父子部將，何以來自"河南固始"，又何以由"河南固始"

---

① （清）楊振北修：《碧溪楊氏家譜》第 2 册卷八《世系録》，第 43 頁。

② （民國）陳文照刊、（民國）鄭豐稔纂：民國《長泰縣新志》卷二十《列傳·宋·楊令問》，上海書店出版社編《中國地方志集成福建府縣志輯》第 33 册，上海書店出版社，2000 年版，第 628 頁。

③ （民國）陳文照刊、（民國）鄭豐稔纂：民國《長泰縣新志》卷六《氏族》，第 521 頁。

④ （民國）陳文照刊、（民國）鄭豐稔纂：民國《長泰縣新志》卷六《氏族》，第 522 頁。

遷居漳州。其二，鄭豐稔修纂民國《長泰縣新志》，未查閱明清時期地方志均無楊令問來自"河南固始"的記載，楊令問族譜所載河南固始祖籍説法實無明清時期漳州舊志支持；僅參考晚近"舊志"，而未查閱早期舊志《大明一統志》以及采自《大明一統志》記載的萬曆癸丑《漳州府志》所載楊令問遷居漳州長泰由此將其父楊仕休墓遷葬長泰。

2005 年《長泰縣志》稱楊令問"其先祖楊統係陳元光部將"①，又將楊統作爲陳政部將改成陳政之子陳元光部將，實則根據楊氏族譜記載而闡發，尤不可信。

實際上，楊令問祖先并非來自河南固始，亦未曾居漳州，目前僅知楊令問是四川人。楊令問祖先由何地遷居四川，楊令問故里位於四川何地，則待日後考察。

四、結　語

綜上所述，可歸納爲以下三點結論。

第一，楊仕休、楊令問、楊令緒是四川籍官員，楊令問、楊令緒是四川籍科舉名人，其後裔雖入鄉隨俗，在原有的四川祖先譜系之前增加所謂陳政、陳元光部將楊統譜系，仍保留四川故里印記。楊仕休後裔重構祖先譜系，方能延續至今，成爲閩南名門望族。楊令問雖非閩南籍科舉名人，卻是寓居長泰的首位進士，促使楊令問之弟楊令緒後裔楊械成爲長泰首位進士。楊令問後裔雖是閩南科舉名人，卻是四川科舉名人後裔。楊令問寓居福建，既促進了四川科舉文化的傳承與發展，又有利於蜀學與閩學的交流。楊令問曾孫楊博與真德秀交游，既是在湖湘做官的福建同鄉同科進士之間的交往，又是蜀學與閩學之間的交流。楊令問之弟楊令望後裔楊汝南直接成爲閩學傳人，享譽閩南。

第二，楊令問抵禦契丹有功，實則文武兼備的名宦。楊令問雖未名列福建興化軍名宦，卻對興化軍產生了深遠的影響，否則不會出現《大明一統志》以及福建首部通志《八閩通志》、漳州首部府志正德《大明漳州府志》選擇性失憶楊令問曾知興化軍的現象。纂有正德《大明漳州府志》的周瑛祖籍福建興化府，曾與纂有《八閩通志》的福建興化府同鄉黃仲昭共同修纂弘治《興化府志》②，對興化軍知軍事楊令問應有所知。楊令問謫知興化軍，難免在任期間遭到彈劾，促使其旋而離任寓居閩南。

第三，新時期巴蜀歷史名人與名門望族研究，應在文獻分析的基礎上，進行文本分析，重建史實。既要回到歷史現場，又要置身於更廣闊的時空當中。具體而言，應還原文本書寫過程，并分析其成因。既要翔實考證真僞，又要對古人抱之以同情與理解，充分認識到其文

---

①　長泰縣地方志編纂委員會編：《長泰縣志》卷三七《人物》第一章《人物傳·楊令問》，第 1009 頁。
②　劉濤：《閩南漳州畲民與香菇淵源考述》，《古今農業》2021 年第 3 期。

本書寫產生的歷史作用。如此方能更好地達到圍繞四川，跳出四川，最終爲深入研究四川服務的目的。

（作者單位：肇慶學院肇慶經濟社會與歷史文化研究院、龍岩學院閩臺客家研究院）

巴蜀文化地理與張大千的文藝鄉愁表達①

蔣林欣　郭曉藝

內容提要："鄉愁"是張大千自 1949 年旅居海外之後一直貫穿其文藝創作的重要主題。張大千將思鄉之情揮灑在其詩歌、畫作和所居住建築的布局與建構中，在詩中歌咏巴蜀山川的無限美好，其中尤以青城山和峨眉山爲主，表達對巴蜀山川的無限懷念；在繪畫中還原巴蜀美景，創作以青城山、峨眉山爲主題的優秀作品；在建築中融入豐富的巴蜀元素，體現巴蜀風土人情。其詩、畫與建築共同構建了巴蜀文化地理，蘊含着濃郁的鄉愁之思，這對於當代巴蜀文化建設與傳播具有重要意義。

關鍵詞：張大千；巴蜀文化地理；鄉愁

1949 年起，張大千開始旅居海外，此後竟長達三十多年，幾乎後半生都在海外度過，回鄉對張大千而言成了奢望。這三十多年的時間將張大千的思鄉情緒碾磨得日漸濃烈，對於張大千而言故鄉只能是遙遠的夢境，故鄉終究是回不去的鄉愁。"有家不能歸，有夢不能圓，親人不能團聚，故友不能相見，這是張大千晚年最深沉的愁與痛。"② 張大千輾轉在印度、阿根廷、巴西、美國等地，每一處都留下了凝聚張大千鄉愁的詩畫，張大千還原了他記憶中的巴蜀，青城山、峨眉山、海棠、芙蓉等巴蜀元素一一出現在他的作品裏，與其親自布局構建的建築共同建構了巴蜀文化地理景觀。關於張大千詩畫中的鄉愁，已有一些文章加以論述，如肖體仁等的《萬里歸遲總戀鄉——張大千懷鄉詩簡論》、汪毅的《張大千詩畫中的思鄉情結》、夏中義的《故國之思與潑墨雲山境界——論張大千題畫詩的心靈底蘊與其繪畫的互文關係》等，主要從張大千的作品本身來談其中的鄉愁，而從巴蜀文化地理的角度來探討

---

① 基金項目：四川省哲學社會科學重點研究基地、四川省人文社會科學重點研究基地張大千研究中心項目"文化地理學視域中的張大千研究"，項目編號：ZDQ2015-15。

② 肖體仁、廖品端：《万里歸遲總戀鄉——張大千懷鄉詩簡論》，《小説評論》2009 年第 S2 期。

詩畫和建築中的鄉愁相對較爲缺乏，本文意在探討張大千詩畫和建築中的鄉愁表達，聚焦於其中的巴蜀文化地理，通過張大千展現巴蜀獨具一格的美麗，從而更好地推廣巴蜀文化名片，同時也爲張大千研究提供更多的視角。

一、張大千繪畫中的鄉愁與巴蜀文化地理

自 1949 年旅居海外起，張大千對家鄉的懷念一刻也没停止，無盡的鄉思凝聚成一幅幅精妙絶倫的畫作，如《峨眉山水圖》《峨眉山雲靄圖》《資中八勝圖》《峨眉金頂》《峨眉山水圖》《故鄉山水》《青城老人村》《峨眉三頂》《青城全景墨筆山水》《青城山全圖》《蜀江圖卷》《峨眉山圖》《峨眉海棠圖》《蜀中四天下》《長江萬里圖》《青城山第一峰》《紅葉小鳥》《峨眉奇峰圖》等，它們一方面代表着張大千對巴蜀風景的無限熱愛，另一方面也在構建着巴蜀的文化地理景觀。張大千通過自己的畫筆重新描繪巴蜀景物，傳達出別具一格的巴蜀風光，這些畫作滙聚成一副壯闊的巴蜀文化地理圖景。

《資中八勝圖》是張大千 1956 年在巴黎爲遠親郭有守而作，流露出張大千對故山的無限懷念。張大千出生於四川内江，"内江雖地處'天府之國'的腹地，土地肥沃，物產豐富，以種植甘蔗，生產糖、蜜餞及其他糖製食品聞名遐邇，素有'甜城'的譽稱"[①]。張大千在内江度過了天真爛漫的孩童時期，内江的山水在他心中留下了深刻的印象，其中資中八景尤爲深刻，"'資州八景'是曉事之日起，家裏長輩和鄉親們常常掛在嘴邊的話題，是教誨每個資中童稚必修之課"[②]，這便有了《資中八勝圖》。《資中八勝圖》分別是"三峰毓瑞""重龍曉靄""倒掛琵琶""百步雲梯""麥田雲浪""珠江月夜""古渡春波"和"滴水彈琴"，八幅圖的畫面都十分簡潔凝練，寥寥幾筆勾勒出景觀的特有形態，"三峰毓瑞"中的"三峰"只有大致形態，用筆極爲簡單，加以雲霧和樹叢的點綴，凸顯出三峰的別致。"珠江月夜"更是簡潔明瞭，寥寥幾筆的雲彩留給人無限想象的空間，這些古時資中的標志性景色，在大千的腦海裏依然清晰無比，可以想像出大千内心對故鄉的珍重與思念。張大千在"八勝圖"的首幅《倒掛琵琶》中寫道："丙申五月，重來法京巴黎，住子傑中表家，每話故鄉之勝，輒爲唏噓，爲寫資中八景，以慰羈情……忽忽已四十餘年前事，真如隔世矣。"往日故鄉歲月轉眼已過四十多年，如今自己身在异國，思鄉與懷兒之情涌上心頭，唯有借畫作慰藉，當故鄉勝迹通過畫作浮現眼底時，這又何嘗不是張大千的思鄉戀曲。

張大千曾在青城山居住，青城山的景色一直在張大千的腦海中縈繞，青城山是張大千想

---

① 楊繼仁：《張大千傳》，文化藝术出版社，2006 年版，第 6 頁。
② 康式昭：《張大千和資中八景——故鄉忆昔之三》，《四川戲劇》2004 年第 1 期。

回而回不去的夢境，他 1949 年後的畫作多次以青城山爲主題，如《青城老人村》《青城全景墨筆山水》《青城山全圖》（四屏）、《青城山第一峰》等，這些作品充分寄予了張大千對青城山的喜愛和道不盡的鄉愁，其中《青城老人村》和《青城山全圖》（四屏）尤爲明顯。

《青城老人村》是一副大型國畫。在創作此畫期間，張大千思鄉情切，屢次夢回青城，《青城老人村》凝聚着張大千對青城山的無限熱愛，以及還未能了却的心願。青城山一直流傳着“青城老人村”的傳說，據説村中多長壽之人，百歲老人也常見，且多有詩佐證，張大千曾想要一睹老人村的風采，最後却無功而返，之後張大千又旅居海外，探尋老人村的願望也就不可能再實現，但這樣的遺憾一直留在張大千心底。張大千懷着對青城山的思念和老人村的遺憾畫下了他想象中的《青城老人村》，畫中山勢蜿蜒、層巒疊嶂，各式樹木點綴在綿延起伏的山峰之中，一座又一座的山峰映入眼簾，仿佛没有盡頭。或許在張大千心中，世外桃源般的“老人村”也是這般没有盡頭，難以探尋。《青城山全圖》（四屏）繪製於 1962 年，“該圖高 195 厘米，寬 555.4 厘米，係從上向下鳥瞰而作，氣魄宏大，雲山迷濛，鬱鬱蒼蒼，山川巍然”[①]，這幅畫成爲張大千當年大潑墨技法的代表作之一。整幅圖從高空鳥瞰俯視地面，采用潑墨技法展現山水的朦朧之感，展現出青城山的壯闊和宏大，“畫家采用水法、墨法相結合的技巧描繪了青城山飄動的烟雲、蒼鬱的山色、彌漫的水霧以及雨勢中變化莫測的諸多奇景”[②]。張大千并非十分具體地去還原青城山景色，而是采用潑墨的形式勾勒出青城山局部的典型性特徵，將腦海中無數次出現的畫面捕捉到畫紙上。張大千還在這幅圖圖尾鈐印“家在西南常作東南別”，這無疑是對故鄉思念的最好佐證。

“峨眉山，是我國佛教四大名山之一。《峨眉郡志》載：‘雲鬟凝翠，鬢黛遥妝，真如蠑首峨眉，細而長，美而豔也，故名峨眉山。’峨眉山，不僅以它美麗的名字，還以它疊翠的峰巒，以它磅礴的雲海，以它迷人的日出得到了天下秀的譽稱。報國寺、華嚴頂、萬年寺、金頂等寺廟，坐落在萬綠叢中。”[③] 張大千曾五上峨眉，以峨眉爲主題的畫作更是不勝枚舉。自 1949 年後張大千創作了《峨眉山水圖》《峨眉山雲靄圖》《峨眉圖》《峨眉金頂》《峨眉洗象圖》《峨眉三頂》《峨眉金頂》《憶游峨眉》《峨眉山月》《峨眉一角》《峨眉奇峰圖》《峨眉佛光圖》等以峨眉山爲創作主題的畫作，其中不得不提的是《峨眉三頂》，張大千多次作《峨眉三頂》，“峨眉三頂”即金頂、千佛頂和萬佛頂，按照三頂各自所處的位置，在山中任何一個位置都難以看到三頂全貌，張大千用其豐富的想像力，憑藉對峨眉山景色的熟悉，運用自身高超的繪畫技法，將三頂的景色高度概括於一幅畫中。三頂高聳入雲，蜿蜒的山勢顯示出三頂的高不可攀，人們只能遥遠地窺見這不可複製的美景，却也顯示出峨眉山景色的險峻與秀美。大千無數次地畫出峨眉三頂，峨眉山的景色在大千心中無比清晰，可以見出峨眉

①　李永翹：《張大千年譜》，四川省社會科學院出版社，1987 年版，第 342—343 頁。

②　吕文娟：《繪畫作品中的視知覺研究——以張大千潑墨山水畫〈青城山通景屏〉爲例》，《美术界》2019 年第 8 期。

③　楊繼仁：《張大千傳》，文化藝术出版社，2006 年版，第 267 頁。

山景色在大千心中是何等重要。在大千心中，這些都是家鄉的勝景，這些圖畫都在訴說着張大千對峨眉美景的無限思念之情。

　　長江三峽是張大千屢次描述的對象，"我曾遍游過天下的名山勝水，然比較起來，究竟以何處爲佳？我以爲，當然以吾蜀的三峽爲第一，尤以巫峽爲最"①。《長江萬里圖》是張大千濃烈思鄉之情的表達，古稀之年的張大千僅用十天時間就完成了這幅巨作，畫中的點點滴滴早已在他的腦海中演練無數次。正如記者詢問張大千對藝術的看法時，張大千回答："藝術爲感情之流露，爲人格之表現。"②《長江萬里圖》就是張大千强烈感情的流露。這副畫高53厘米，長1960厘米，山水、房屋、帆船、樹木……都清晰明瞭，畫中的山姿態各异，水流緩慢與湍急也各不相同，畫面布局宏大，繁複變化却又渾然天成，張大千既采用了傳統山水畫的畫法，又融入了西方繪畫的色彩，把長江發源自青海直至江蘇入海的景象盡收眼底，展現了氣勢恢宏的長江景觀。長江蘊含着作者深刻的情感依托，在重慶求精中學讀書的日子裏，每逢節假日，四哥張文修便帶領張大千游覽山城風光，基本上把重慶的風光游覽遍了，也就加深了張大千對長江的印象。同時，在去日本求學的路上，張大千由重慶出發走水路到上海，再去日本，沿途飽覽了長江兩岸的壯麗風光，這些都構成了張大千對故鄉的記憶。在選擇景象作爲自己的情感寄托時，這些景物就會反復在張大千眼前浮現，畫卷上的題字"我家江水初發源，宦游直送江入海"正是他最直接的情感表達，長江是"我家"，是張大千内心深處的濃濃鄉情。

　　張大千將他記憶中的巴蜀地理景觀展現在一幅幅畫作上，藉以訴説着他在异鄉裏的鄉思。張大千沉醉於巴蜀的自然風光之中，將蜀中景物的壯麗神奇展現得淋漓盡致，巴蜀自然風光也成就了不凡的張大千；同時，巴蜀自然風光在張大千的筆下綻放奇异的光芒，構建出巴蜀文化地理景觀，讓更多的人領略到巴蜀風光的獨特魅力。

二、張大千詩歌中的鄉愁與巴蜀文化地理

　　于右任稱讚張大千詩詞"作畫真能爲世重，題詩更是發天香"③，黄苗子認爲張大千的詩詞"較之齊、徐，則功力更深"④，張大千自己也表明："吾畫一落筆可成，而題署必窮神盡氣爲之，如題不稱，則畫毁也！"⑤張大千是一位典型的中國傳統意義上的文人畫家。按照中國傳統，畫家必然也是詩人，張大千在用畫筆描繪着巴蜀的奇險峻美時，也在詩歌中呼

①　李永翹：《張大千論畫精粹》，花城出版社，1998年版，第334頁。
②　楊繼仁：《張大千傳》，文化藝術出版社，2006年版，第410頁。
③　于右任著，楊博文輯录：《于右任詩詞集》，湖南人民出版社，1984年版，第336頁。
④　黄苗子：《張大千的藝术修養》，《文藝研究》1983年第6期。
⑤　李永翹：《張大千論畫精粹》，花城出版社，1998年版，第30頁。

應，詩與畫交相輝映出張大千内心的鄉愁。

張大千一生中所創作的詩詞歌賦，至少當在千首以上①。自 1949 年張大千旅居海外，"懷鄉" 就變成了貫穿張大千詩歌的重要主題，這些詩歌充滿着他思鄉又不能歸的愁苦情緒。通覽這些詩歌，我們不難發現 "山" 是其中不可忽視的關鍵字，如 "故山猿鶴苦相猜" "故山山色亂雲遮" "新聲休奏念家山" "萬里故山頻入夢" "看山須看故山青" "故山歸計尚漫漫" "只有看山兩眼明" "蜀箋一幅鄉山夢" "看山還是故鄉親" 等，這些詩句無一不在訴説着張大千對故山的無限懷念。讀張大千 1949－1982 年間的題畫詩，最耀眼、曝光率最高的關鍵字是 "故山" "家山" "遠山" "鄉山" "遥山"②。山是張大千記憶中的巴蜀，詩中的 "山" 寄托着張大千的思鄉之情，巴蜀的山是巴蜀文化地理的重要組成部分，通過張大千的詩歌，巴蜀的文化地理圖景進一步展現在我們的眼前。

1949 年後，張大千屢次以青城峨眉爲主題作畫，畫上的題畫詩直接裸露地傳達了自己的懷鄉夢。張大千曾携家人借居青城山，在青城山度過了一段輕鬆愜意的青城歲月。遠離家鄉的日子裏，青城山是張大千數次夢中的牽掛，無法實現的願望只能借助夢境才能稍加慰藉，如《贈大陸友人青城潑墨山水》中的 "平生結夢青城宅"、《紅葉小鳥》中的 "青城在萬里，飄夢接靈根"，《青城老人村》中的 "歸夢青城不可攀"，《巴黎題舊作》中的 "青城歸夢接峨眉"，等等。這些無一不在傳達着張大千想歸而不得的無奈情緒，此時張大千離青城萬里之遥，只得通過詩歌來訴説内心的鄉愁。

峨眉山是中國 "四大佛教名山" 之一，地勢陡峭，風景秀麗，素有 "峨眉天下秀" 之稱。張大千在《題蜀中四天下》直接點名了峨眉山在他心中的位置："峨劍夔巫，孕四天下。出雲導風，誰歟匹者？" 張大千在旅居海外時，數次在詩中描繪峨眉山美輪美奂的景色，藉以寄托思念之情。在日本時他寫道 "吾身真芥子，納影失須彌"，點明峨眉山的高大雄偉、氣象萬千；在美國時寫下 "三峨絶頂花無數，鬥紫驕紅四序妍" 來誇耀峨眉山的海棠盛景；在臺北時他寫下《題峨眉佛光圖》來描繪出峨眉佛光，"非雲非霧起層空，异彩奇輝自不同。試向石臺高處望，人人都在佛光中"，登上金頂觀看日出，佛光被映射成五彩圓形光環，异彩紛呈，宛如佛菩薩頭部背面的光圈，使人恍惚間如在仙境。金頂佛光是峨眉山的奇景之一，日出時火紅的陽光穿透雲海，與雪山交相輝映，而在禮佛的氣氛中又不自覺地加重了人們内心的虔誠，恍若身在仙境。峨眉山獨有的秀麗景象透過張大千的詩歌呈現在人們的視野中，給予人們無限遐想的空間。

除此以外，我們還能在張大千的詩歌中看到不少張大千對家鄉風物的描繪，如 "故鄉二月春如景，可許桃林一税牛" 描繪出對故鄉二月春景的懷念與喜愛；"筍蕨登盤媲八珍，花豬肉愜老坡心。故鄉風物吾能數，便欲移家傍竹林" 寫出對故鄉風物如數家珍；"寂寥秋色

---

① 李永翹：《張大千詩詞集》，花城出版社，1998 年版，第 14 頁。
② 夏中義：《故國之思與潑墨云山境界——論張大千題畫詩的心靈底藴與其繪畫的互文關係》，《文藝研究》2016 年第 1 期。

無人賞，今歲芙蓉定不花"表達出張大千内心的鄉思與鄉愁，成都古稱芙蓉城，芙蓉也就用來指代成都；《海棠》中"我家香國爲鄰國，想到花時意便銷"，香國指的是海棠香國大足縣，與張大千故鄉内江縣緊鄰，大足縣的海棠使張大千陶醉不已；"不是長安不洛陽，天彭山是我家鄉。花開萬萼春如海，無奈流人兩鬢霜。"抒發對家鄉牡丹的喜愛和自豪，天彭山歷來牡丹極盛，張大千回憶起天彭山的牡丹盛開時的場景，萬紫千紅，極爲壯麗，還有"好共詩人訂花譜，天彭花是故山花"等等；"夢裏瀘南思荔子，眼中海外見楊梅"寫出了張大千異國他鄉，觸景生情，懷念起家鄉的荔枝……這些詩句都是張大千懷念故鄉的有力憑證，也是巴蜀文化地理的組成部分，這些風物共同構成了張大千記憶裏的巴蜀，也傳達着張大千内心深處的鄉愁。

三、張大千建築中的鄉愁與巴蜀文化地理

張大千自 1949 年底離開大陸後，一直在外旅居，直到古稀之年才回到臺灣，但依舊回不了故鄉。在鄉情的催生下，張大千試圖構建家鄉的記憶，還原巴蜀文化因素來慰藉内心的思鄉情懷，於是便親力親爲修建了極具巴蜀文化元素的建築，這些建築的内部布局也體現着巴蜀文化地理。

八德園位於巴西，其選址流露出張大千的思鄉情懷。這裏有着濃厚的"鄉土味"，地形與成都平原極爲相似，黑油油的土壤與川西壩子一樣，加上四川綿陽在古時就被稱爲巴西郡，此處就成了張大千心屬之地，并且張大千表示要把這裏建造成老家金牛壩上的"稅牛庵"。在"八德園"中，大千先生將他對青城山的懷念和眷戀傾注在"八德園"的景觀設計中，處處體現了青城山的風景元素①。有從故鄉四川帶到海外再從阿根廷輾轉帶來的太平瑞聖花，據《益部方務略記》載太平瑞聖花出自青城山。張大千原本想在園裏種滿牡丹，蜀中天彭山的牡丹歷來繁盛，張大千更是喜愛代表着家鄉的牡丹，但因當地氣候不合適，只得作罷。"大千每天黎明即起，林中漫步，舒絡筋骨，園中鳥鳴猿啼，恍如回到巴山蜀水"②，八德園顯示出青城山的風景元素，還原出巴山蜀水的獨有韵味，蘊含着巴蜀文化地理的獨有魅力。

1976 年，張大千正式申請定居臺灣，之後建造了摩耶精舍。古稀之年的張大千急切地想要"落葉歸根"，然而終究不能實現，只能將思鄉之情揮灑在建築中。摩耶精舍後園的竹棚内放置了一個土裏土氣的陶木缸，這個陶木缸是四川茶館的典型標志，正如張大千所説：

① 何民：《張大千神牽"青城老人村"》，《中國地名》2016 年第 2 期。
② 孟光全、羅宗良：《張大千與八德園》，《内江師范學院學報》2013 年第 3 期。

"在我們老家四川，茶館特別多。幾乎家家茶館都有這樣的濾水缸，裏面鋪着棕、白沙、鵝卵石，水過濾後流向石缸，清花亮色"①，四川的茶館隨處可見，茶館是鐫刻在四川人骨子裏的記憶，茶館是一個小成都，成都是一個大茶館，這個陶木缸是張大千記憶裏的四川。摩耶精舍裏還有兩座亭子，分別叫分寒亭、翼然亭，青城山上也有聽寒亭和翼然亭。雙連亭被青山環繞，雙溪圍就，"鳥聲、水聲、樹香、花香、山青、水翠，聲、味、色俱全"②，這不就是青城山的韵味。摩耶精舍裏還放置有數個醃制泡菜的陶甕，陶甕是四川人家家户户的必備品，作爲川人，張大千自是十分懷念鄉味。

八德園和摩耶精舍都是典型的中國建築，張大千毫不掩飾地表達着自己的思鄉之心，每一處建築都蘊含着巴蜀地理因素，熔鑄成中國風格的園林。在漫長的"旅居"日子裏，將近三十年的時間裏，家鄉是張大千日思夜想的牽掛，故鄉的山水、風土人情不斷地牽扯着游子的心腸，隨着回國越來越變得不可實現，這份鄉愁不再單單是對四川的牽掛，更是投射到祖國的壯麗山河，祖國的一切都顯得彌足珍貴、難以企及，遠在异國時，能够看到同樣膚色的國人都成了一種奢望，滿眼盡是异域風情、滿耳盡是陌生的語言，這一切都將大千的"鄉愁"投射成對整個中國的懷念，往昔歲月裏國内的風景名勝、衣食住行都成了張大千記憶裏的珍藏，張大千的鄉愁凝聚成對祖國的懷念。

張大千不僅通過建築表達對祖國的懷念，也身體力行地傳達着中國文化。正如喻鐘烈所說："表哥特有的中國氣質，他終生追求和發揚的中國文化，吸引了這麼多人，不管是何種膚色，操何種語言。"③ 在 1960 年代，我們與許多西方國家還有較大的差距，大部分的留學生都將中國傳統文化視爲落後、陳腐的文化，更願意追尋西化的派頭，西服必不可少，然而張大千無論身處何地，總是一身長衫。在萊茵河上，在記者與衆多游客的包圍下，張大千毫不怯弱，一身長衫、一口鄉音就是他最大的自信，"我們一群身着西服的'華人'驕傲地站在他身旁，内心却感到萬分羞愧。因爲我們已'西化'到連穿中國衣服的勇氣都没有了，而張大千却能一身布衣走遍天下，四川方言從不離口，他'有所持，而無恐'，該是多麼幸福"④。文化自信的前提是擁有足够的底氣，張大千最大的底氣是自己的出色的畫藝，是他骨子裏對中國文化的自信，自小的生長環境讓他領略到了祖國的大好河山，在流覽外國名勝後，他更加確信故鄉風景的獨一無二，這些都加深了他對中國傳統文化的熱愛。

臺灣美術評論家楚戈這樣寫道："大千先生是處在一個新舊交替時代的代表人物。他所交往的人，雖然也有維新的革命性的人物，但包圍他的，絶大多數都是舊社會的代表，久而久之，在形象上，他就成了舊社會的一位護法者，他遂被塑造成一位最後的傳統的大師。"⑤張大千在自己的畫作中構建着中國的大好河山，身體力行地傳達着中國傳統文化，"張大千

---

① 楊繼仁：《張大千傳》，文化藝术出版社，2006 年版，第 473 頁。
② 楊繼仁：《張大千傳》，文化藝术出版社，2006 年版，第 473 頁。
③ 楊繼仁：《張大千傳》，文化藝术出版社，2006 年版，第 412 頁。
④ 楊繼仁：《張大千傳》，文化藝术出版社，2006 年版，第 412 頁。
⑤ 楊繼仁：《張大千傳》，文化藝术出版社，2006 年版，第 457 頁。

多元地吸收了异域繪畫的精華，通過對傳統中國畫的變革，運用潑墨潑彩的形式，轉譯了國畫的精髓，通過色與墨、光與影的變幻，給觀者帶來全新的觀畫體驗，讓傳統中國畫綻放出新時代的光彩"[1]，使中國文化向世人講述其獨有的魅力。在現今增强文化自信、提升文化軟實力的時代背景下，我們更應該思考張大千所留給我們的寶貴財富，思索如何弘揚張大千獨有的魅力。

結　語

　　張大千作爲巴蜀的一張文化名片，我們更應該合理地挖掘其中的寶藏。巴蜀文化的構建離不開特有的地理資源的加持，張大千的畫作爲我們構建出了巴蜀文化地理的具體輪廓，給人以最直接的視覺感受；張大千的詩歌描繪出巴蜀文化地理的獨具魅力，青城山和峨眉山等名山在張大千詩中展現出了不同尋常的魅力，賦予巴蜀文化地理以詩意美；張大千在建築中所融入的巴蜀元素讓我們感受到更富生活氣息的巴蜀風土人情，這些都爲我們打造文化名片提供了最好的範本。同時，我們更應該從人物自身出發，遵循人物自身的獨特魅力，而并非爲了推廣呈現出娛樂化的現象。我們應該通過張大千展現巴蜀獨具一格的美麗，展現一個充滿魅力的巴蜀地區，傳播賦予時代的正能量價值，看到張大千帶給我們寶貴的精神與物質財富。

（作者單位：西華大學文學與新聞傳播學院）

---

① 王平：《論張大千繪畫的意圖模式》，《四川戲劇》2017 年第 10 期。

1949—2019 年王光祈研究的回顧與前瞻

——以論文爲中心

朱曉舟　成　飛

内容提要：本文在收集、歸納 1949—2019 年國内學術界對於著名音樂家王光祈（1891—1936）研究成果之後，对其进行初步歸納。通過大數據的統計分析發現，王光祈研究 70 年來已經在文獻整理、多學科細化研究等領域，取得了較爲豐碩的學術研究成果。隨着學術研究的發展，不僅需要繼續發掘王光祈的基本文獻，而且仍然需要在研究方法、手段、多學科綜合等方面努力，將研究繼續深入推進。王光祈及其學術研究，對於深化巴蜀文化的研究和推動成都地區"三城三都"戰略的實現，對於新時代推動中華優秀傳統文化創造性轉化、創新性發展，均具有重要的意義和價值。

關鍵詞：王光祈研究；1949—2019 年；成果總結；前瞻

導　語

著名歷史名人王光祈（1891—1936），是中國近代音樂學家、社會活動家、音樂教育家、四川歷史名人。王光祈字潤璵，筆名若愚，1891 年（光緒十七年）出生於四川省温江縣（現成都市温江區），早年係"少年中國學會"的重要成員，致力於救亡圖存的愛國運動，後來一度成爲活躍於"五四"時期的風雲人物。1920 年，王光祈赴德國留學，研習政治經濟學。1923 年轉學音樂，將救國理想放在"禮樂救國"上。1927 年入柏林大學，專攻音樂學，1934 年以《論中國古典歌劇》一文獲波恩大學博士學位，1936 年病逝於德國波恩。王光祈 44 年的短暫人生，游離於政學之間，充滿了傳奇、坎坷，其一生筆耕不輟，著述頗豐，他的研究，開東方民族音樂之先河。他在政治上，奔走組織救國運動的同時，在報紙雜志上發表了大量社論和報導，爲"五四"運動搖旗吶喊，之後還撰寫、翻譯了 10 餘本政論著作。客居德國的十多年裏，王光祈深入研究東西方音樂，陸續寫成音樂專著 18 本①、論文 40 餘篇②，代表作有《東方民族之音樂》《歐洲音樂進化論》《論中國古典歌劇》等。

王光祈去世後，國家處於抗日救國、國共之爭，戰爭連綿，致使王光祈的相關研究直到 1949 年之後才逐漸得到了海峽兩岸學界的關注。如臺灣在 1968 年專門出版了《王光祈先生紀念冊》③，緬懷這位學界先賢。

近年有胡揚吉先生《王光祈研究述要（1924—2012）》④ 一文發表，回顧了 1924—2012 約 90 年間國內外學術界對於王光祈及其學術的研究史，分析了王光祈研究的發展趨向，值得參看。本文在選取時段（1949－2019）、主要評述成果（國內研究）、成果形式（論文）上，均與胡文有所區別，以避免重複，另闢蹊徑。故本文主要以 1949 年後大陸地區王光祈研究及其學術論文等爲對象，進行一番述評。

一、王光祈學術研究的四次研討會及《王光祈文集》的出版

回顧 1949—2019 年學術界關於王光祈及其學術的研究成果，以 1978 年改革開放爲界，大致可以分爲兩段。

第一階段，中華人民共和國成立初期（1949 年）至改革開放前（1978 年），此時學術界關於王光祈的研究成果不多，其研究成果多是體現王光祈個人之經歷、紀念王光祈先生和中國音樂史起步問題的幾個方面。

代表性的論文，如周暢《紀念王光祈先生》⑤、趙捷民《"瓦德西拳亂筆記"的譯注問題》⑥、繆天瑞《音樂理論科學工作應大力改進》⑦。三篇文章或係紀念性文章，或在論述相關問題時對王光祈略有涉及，談不上專題、深入的研究。這表明此時我國關於王光祈的研

---

① 王光祈重要的論著豐富，如《王光祈音樂論著二種》，基於王光祈對中西音樂的廣博知識和深刻體悟，將樂理常識於歷史脉絡之中，闡明了中國音樂的肇端、發展、流派和原理，王光祈以嚴謹的治學態度和扎實的考證功夫，運用史家之方法，對音樂進行了研究。縱觀此書，可以看到王光祈編撰此書時查閱了大量的古代文獻和樂典，不僅厘清了中國音樂發展脉絡，而且澄清了前人的一些錯誤與不足之處。同時，是書在編撰過程中運用了大量的比較研究方法，加深了讀者對中國的律、韻、調、樂器、技法的認識和理解。2011 年 7 月，由上海書店出版社再版印行。
② 除了專門的著作外，王光祈撰寫的單篇文章，亦有數十篇之多。如《中國古代樂器考》《中國詩詞曲之輕重律》《西洋音樂史綱要》《西洋音樂與戲劇》《西洋制譜學提要》《東方民族之音樂》等。
③ 王光祈先生紀念委員會主編：《王光祈先生紀念冊》，臺北文海出版社，1968 年版。
④ 胡揚吉：《王光祈研究述要（1924—2012）》，《音樂研究》2013 年第 1 期。
⑤ 周暢：《紀念王光祈先生》，《人民音樂》1957 年第 1 期。
⑥ 趙捷民：《"瓦德西拳亂筆記"的譯注問題》，《歷史研究》1956 年第 10 期。
⑦ 繆天瑞：《音樂理論科學工作應大力改進》，《人民音樂》1956 年第 8 期。

究，尚處於起步階段。

第二階段，在 1978 年改革開放至 2019 年 41 年的時間中，王光祈的研究得到了學術界的關注，并逐漸興起。標志性事件是，改革開放以來四川音樂學院等機構先後舉辦了五次王光祈研究的學術研討會。

1984 年，在成都由四川音樂學院主辦的"王光祈學術討論會"，是全國範圍内首次以"王光祈"作爲主題的全國性學術會議。當時參會的有四川大學、四川師範大學等高校的多位資深專家學者，如崔宗複教授、侯德礎教授等。該會議的舉辦亦得到了社會各界的高度關注，時任四川省政協主席楊超對會議召開的目的和意義做了重要的指示。楊超同志強調指出："王光祈逝世已經四十八年了，我們有必要通過一次集中的研究，全面介紹他的工作，對他做出公平的符合實際的評價。這不只是對一個人的認識問題，而是關係到對我們過去的理論工作所做出的貢獻能否做出恰當的總結，這也不只是對過去工作的問題，也是檢驗我們今天的理論工作是否沿着黨的十一屆三中全會重新强調的毛主席所提出來的實事求是的思想路綫向前發展的問題，也是檢驗我們今天理論工作是否沿着黨的十一屆三中全會重新强調的毛主席所提出來的實事求是思想路綫向前發展的問題。"① 會後編印了《王光祈研究論文集》，該論文集共收録論文 40 餘篇，其中涉及歷史學、政治學、教育學、音樂學、心理學以及紀念王光祈先生等方面的内容，這些成果，無論在研究廣度還是研究深度上都具有歷史意義，實爲建國以來關於王光祈先生研究的第一個高潮，并爲以後全國範圍内王光祈研究的深化打下堅實的基礎。

四川音樂學院等單位此後陸續主辦了四次王光祈學術研討會，并編印論文集。1992 年 9 月，舉辦"紀念王光祈誕辰 100 周年暨學術討論會"，會後正式出版《黄鐘流韵集——紀念王光祈先生》②；2002 年 12 月，舉辦"紀念王光祈誕辰 110 周年暨學術討論會"，會後彙編《交流論文》；2009 年 10 月，四川音樂學院與成都市温江區政府的合作，在成都市温江區舉辦《王光祈文集》首發儀式暨王光祈國際學術研討會（亦即"2009 王光祈研究國際學術討論會"），會後出版論文集《昆侖巨聲："2009 王光祈研究國際學術討論會"論文彙編》③；2012 年 9 月，四川音樂學院與中國現代史學會、成都市温江區人民政府聯合主辦"紀念王光祈先生 120 周年誕辰學術討論會"④，編印會議交流論文集，并選取部分論文出版⑤。

除舉辦研討會外，四川音樂學院爲推進王光祈研究，於 2012 年 4 月與成都温江區共同

---

① 黎文、畢興、朱舟：《王光祈研究論文集》，成都：王光祈研究學術討論會，第 2 頁。
② 畢興、苑樹青主編：《黄鐘流韵集——紀念王光祈先生》，成都出版社，1993 年版。
③ 四川音樂學院高等教育研究所、成都市温江區文化廣播電視局聯合主編《昆侖巨聲："2009 王光祈研究國際學術討論會"論文彙編》，巴蜀書社，2010 年版。
④ 這一盛會，吸引了來自海外以及全國各地的音樂學界、哲學界、史學界的專家學者和政府要員近百餘人參與，大家對王光祈的政治思想及活動、文化思想、音樂理論、教育思想、社會交往等展開了討論，着重探討了他的少年中國理想和社會改造思想，并對其音樂救國思想和他對中國歌劇的發展等問題進行了探討。見黄磊、朱曉舟《"紀念王光祈120 周年誕辰學術研討會"綜述》，《四川文理學院學報》2012 年第 6 期。
⑤ 劉立雲、趙崇華主編：《世紀回聲：王光祈研究新論》，中國文聯出版社，2019 年版。

成立了"王光祈學術研究中心"。這是國内外第一個王光祈學術研究的專門機構，該機構的成立爲研究王光祈這一重要歷史人物，提供了機制性的保障，包括穩定的研究人才、研究隊伍和科學的研究計畫、研究活動等，對這一研究的開展具有積極的意義。

前述王光祈研究的大型學術研討會，與會學者來自國内外的衆多高校、科研機構，提交的學術論文，不論數量還是品質，較之上一階段都有了很大的提升，對於王光祈先生影響力的提高及王光祈相關研究成果的産出，都具有推動作用。

王光祈一生著作頗多，其著作對我國音樂學界産生了深刻影響。據《王光祈文集》第五卷附録二的《王光祈文獻總目》的統計，王氏至少有著作（包括譯著）39 種、各類報刊文章（含外文）359 篇，另有書信 36 封、詩詞 28 首①。對於一個只有 44 年生命的學者而言，這確可謂成果豐碩。四川音樂學院、成都市温江區政府於 2009 年 10 月合作出版的《王光祈文集》，搜集編輯了王光祈一生中大部分作品，是目前爲止最系統、全面研究王光祈思想和著述的史料，也是王光祈學術成果的第一次大規模集成本，具有里程碑式的學術價值與理論意義。

《王光祈文集》共三卷五册，其中，三册是《音樂卷》、一册是《時政文化卷》、一册是《中國近代外交史料譯文卷》。

《音樂卷》部分，由中國音樂研究、西洋音樂研究、比較音樂學及其他相關研究三個版塊組成。每個版塊之下，又由著作、文論兩個部分構成。本卷部分收入王光祈從 1923 年至 1935 年在音樂理論、音樂史方面的重要著述 13 篇（册）。第一板塊——中國音樂研究所摘録著作有：《翻譯琴譜之研究》《中國詩詞曲之輕重律》《中國古代歌劇》《中國音樂史》②；文論方面摘録有：《論中國音樂》《中國記譜法》《中國音樂短史》《中國樂制發微》《中國樂制發微》《中國音樂詞條》《論中國詩學》《千百年間中國與西方的音樂》《中國的道白戲劇與音樂戲劇》。第二板塊——西洋音樂研究所摘録著作有：《歐洲音樂進化論》《西洋音樂與詩歌》《西洋音樂與戲劇》《西洋樂器提要》《西洋制譜學提要》《譜音樂》《西洋名曲解説》《西洋音樂史綱要》③；文論方面摘録有：《德國人之音樂生活》《陽調與陰調》。第三板塊——比較音樂學及其他相關研究所摘録著作。主要有：《德國國民學校與唱歌》《各國國歌評述》

---

① 見《王光祈文集》第 5 卷《中國近代外交史料譯文卷》，第 458—480 頁。按：此處言"至少"，其一緣於是書收録的王光祈文獻，僅能做到"盡可能的全"與"相對的完滿"，難免存在疏漏；其二則因種種緣故，部分文獻尚未確定是否係王光祈所作。據是書的編者統計，這部分"未定文獻"包括著作與論文共計 11 種。

② 王光祈所著《中國音樂史》一書，以書寫音樂的手法寫史，闡明了中國音樂的肇端。該書詳細的闡述了由五律進化成七律、十二律之成立、京房六十律、錢樂之三百六十律的研究方法與根本思想。在當今受西方音樂盛行衝擊的時代，王氏的著作對於理解作爲禮樂之邦的中國源遠流長的音樂文化，以及傳承、創新中華優秀文化具有重要的意義。是書於 2014 年 3 月由上海三聯書店再版印行。

③ 王光祈所著《西洋音樂史綱要》一書，是關於早期西方音樂史論的專著。是書分爲上下兩卷，共 6 章。是書以論述西洋音樂"作品結構"進化爲主，附以西方樂器、樂制、字譜、綫譜等各種沿革，將西方音樂進化分爲單音音樂流行時代、複音音樂流行時代、主音伴音分立時代、主音伴音混合時代。

《音學》《東方民族之音樂》《東西樂制之研究》[①]；文論方面摘録有：《音樂在教育上之價值》《評卿雲歌》《音樂通信五則》《小學歌唱新教材》《德國音樂教育》《聲音心理學》《學説話與學唱歌》《音樂與時代精神》《中西音樂之异同》《音樂與時代精神》。

《時政文化卷》部分，涉及晚清民國年間的政治、經濟、軍事等方面的内容，收録了彼時《晨報》《法蘭克福日報》《每周評論》《申報》《新青年》《少年中國學會》等相關報刊中由王光祈先生撰寫的文章，以及王光祈旅德期間對於德國經濟、税收、國防軍事等方面的介紹，另有部分詩詞、歌詞。王光祈先生將音樂貫穿於政治、經濟、外交、軍事之中，充分體現了其"音樂救國"的思想。

《中國近代外交史料譯文卷》部分，涉及晚清民國時期中國的外交關係、對外交涉等方面的内容。收録了《辛亥革命與列强態度》《李鴻章游俄紀事》《瓦德西拳亂筆記》《美國與滿洲問題》《三國干涉還遼秘聞》《西藏外交檔》《庫倫條約之始末》等七篇文章，爲學術界研究中國近代外交史、民族史、國際關係史、西藏近代史等課題提供了珍貴的史料。

《王光祈文集》是王光祈原始文獻整理的最重要成果，更是中國音樂史、中國近代史的寶貴文獻。這一重要史料的出版，不僅爲國内外不同學科領域從事王光祈研究的專家學者們提供了基本文獻的彙集本，而且有力推動了王光祈研究相關的中國近現代史、音樂學、藝術學等學科的深化、發展。是書亦由此獲得了四川省人民政府頒發的第十四次哲學社會科學優秀成果獎。

二、王光祈學術研究的主要論文分析

本處對於 1949 年後王光祈研究的論文，分爲專題學術論文、學位論文兩個部分，進行一番歸納總結。

（一）專題學術論文

七十年來，關於王光祈的研究已經取得較爲豐碩的成果。經筆者 2019 年 8 月 31 日在"中國知網"以"王光祈"爲關鍵字進行的檢索，其中涉及王光祈的結果，共有 436 項。其中，期刊發表的論文 404 篇，碩士學位論文 14 篇、博士學位論文 4 篇，以及學術輯刊 4

---

① 王光祈《東西樂制之研究》一書是中國第一部用比較音樂學的方法來研究樂律學的著作，完稿於 1924 年 12 月 16 日，先於 1925 年 10 月在德國結集出版。該書典型地體現了"考諸正史、旁采專著"的研究方法，對之後我國的音樂學、樂律學的研究產生了重要影響。是書 1926 年 1 月由上海中華書局在國内印行，1958 年復由音樂出版社根據中華書局版本再版印行，至 2014 年 3 月上海三聯書店再版印行。

篇①、報紙 4 篇②。其中李宏鋒的《王光祈比較音樂史學思想對中國學界的影響——兼及比較音樂史學科方法論的幾個問題》③、宮宏宇的《王光祈與德國漢學界》④、俞人豪的《王光祈與比較音樂學的柏林學派》⑤、鍾善祥的《試評王光祈〈東西樂制之研究〉》⑥、俞玉滋和修海林的《論王光祈的音樂思想》⑦、管建華的《試評王光祈的比較音樂學觀點》⑧ 等學者以王光祈的比較音樂學爲切入點進行寫作，闡述了比較音樂學的發展過程、特點，論證了比較音樂學的相關理論體系。

張放的《對王光祈中國音樂史研究之檢討芻議》⑨、肖豔的《王光祈中國音樂史研究方法與理念探析》⑩、幸曉峰和沈博的《試論王光祈對中國古代樂律、樂制、禮樂文明研究的主要成果》⑪、李嵐清的《中國近現代音樂學的開拓者——王光祈》⑫ 等文章對王光祈先生關於中國古代音樂及相關問題的論述與勘誤進行了討論。

此外，相關代表性論文還有趙崇華的《五四時期王光祈與蔡元培"教育獨立"思想比較研究》《少年中國之夢與民族文化之重塑——析王光祈少年中國的文化理想》等文⑬，陳先初的《五四時期王光祈社會改造思想之考察》⑭，董波、覃世豔、李曉燕的《"五四"時期王光祈與瞿秋白社會改造思想比較研究》⑮，張少鵬的《少年中國學會的宗旨演變》⑯，李興梧的《王光祈"少年中國"與"音樂救國"思想探討》⑰，李永春的《論王光祈的"少年中國"

① 相關成果如鄧夢《郭沫若與四川大學關係的辯證》，《蜀學》2016 年第 1 期；葉隽《思想形成的人文底蘊、社會場域與文化地理——若干個案的僑易學簡析》，《比較文學與世界文學》2014 年第 1 期；趙崇華《紀念王光祈先生 120 周年誕辰學術研討會評述》，《民國研究》2013 年第 1 期；胡昭曦《進一步加強旅游與歷史的結合——對温江兩個文化品牌的思考和建議》，《地方文化研究輯刊》2008 年第 2 期。

② 楊婧：《禮樂傳統爲何在"古今之争"中敗北？》，《深圳特區報》2019 第 7 期；謝天開：《李劼人與"少年中國學會"的丙班同學》，《文藝報》2016 年第 12 期；傅國涌：《王光祈的禮樂文化論》，《深圳特區報》2016 第 5 期；郭鳳海：《在風雨如磐的舊社會憧憬"少年中國"》，《北京日報》2013 年第 3 期。

③ 李宏鋒：《王光祈比較音樂史學思想對中國學界的影響——兼及比較音樂史學科方法論的幾個問題》，《音樂探索》2012 年第 2 期。

④ 宮宏宇：《王光祈與德國漢學界》，《中國音樂學》2005 年第 2 期。

⑤ 俞人豪：《王光祈與比較音樂學的柏林學派》，《音樂探索》1986 年第 3 期。

⑥ 鍾善祥：《試評王光祈〈東西樂制之研究〉》，《音樂探索》1986 年第 3 期。

⑦ 俞玉滋、修海林：《論王光祈的音樂思想》，《音樂研究》1984 年第 3 期。

⑧ 管建華：《試評王光祈的比較音樂學觀點》，《音樂探索》1984 年第 1 期。

⑨ 張放：《對王光祈中國音樂史研究之檢討芻議》，《音樂探索》2016 年第 2 期。

⑩ 肖豔：《王光祈中國音樂史研究方法與理念探析》，《鄭州大學學報》（哲學社會科學版）2015 年第 6 期。

⑪ 幸曉峰、沈博：《試論王光祈對中國古代樂律、樂制、禮樂文明研究的主要成果》，《音樂探索》2013 年第 2 期。

⑫ 李嵐清：《中國近現代音樂學的開拓者——王光祈》，《音樂探索》，2008 年第 2 期。

⑬ 趙崇華：《五四時期王光祈與蔡元培"教育獨立"思想比較研究》，《中國國家博物館館刊》2014 年第 10 期；趙崇華等：《少年中國之夢與民族文化之重塑——析王光祈少年中國的文化理想》，《貴州民族研究》2012 年第 3 期。

⑭ 陳先初：《五四時期王光祈社會改造思想之考察》，《湖南師範大學社會科學學報》2014 年第 2 期。

⑮ 董波、覃世豔、李曉燕：《"五四"時期王光祈與瞿秋白社會改造思想比較研究》，《西南交通大學學報》（社會科學版）2014 年第 3 期。

⑯ 張少鵬：《少年中國學會的宗旨演變》，《社會科學論壇》2012 年第 7 期。

⑰ 李興梧：《王光祈"少年中國"與"音樂救國"思想探討》，《音樂探索》2010 年第 2 期。

理想》①，朱正威的《五四時期王光祈的思想剖析》②，等等。這些文章多從五四運動的角度，用歷史學的研究方法對王光祈先生的"音樂救國"革命思想進行闡述。

另有胡燕南的《百年中國古代音樂史教材綜述》③、趙崇華的《理想與現實的交融——王光祈對中國音樂教育的貢獻》④、包德述的《身不能至，心嚮往之——王光祈爲中國音樂教育發展的闡述與踐行》⑤ 等論文，則從教育學的角度，對王光祈的音樂教學理論進行了闡述與説明。

上述論文的年代分布，見表1。

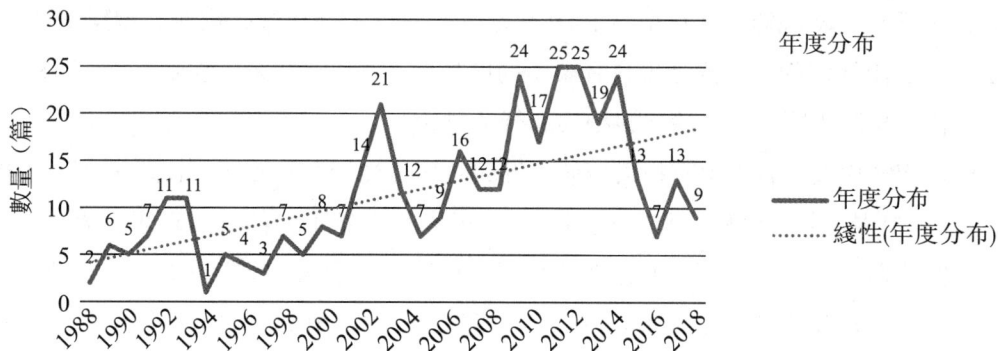

表 1　王光祈研究論文的年代分布

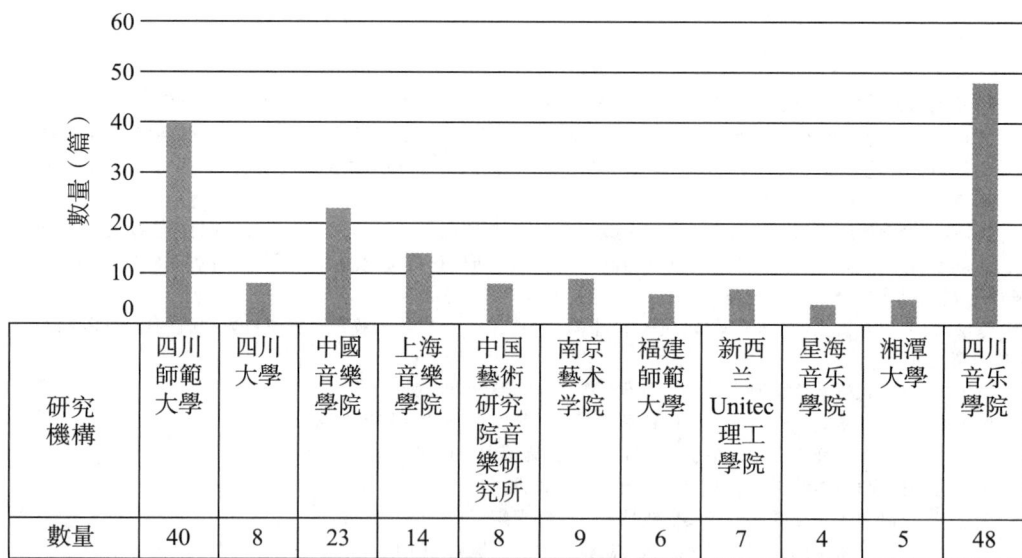

研究機構	四川師範大學	四川大學	中國音樂學院	上海音樂學院	中国藝術研究院音樂研究所	南京藝术学院	福建師範大學	新西兰Unitec理工學院	星海音乐學院	湘潭大學	四川音乐學院
數量	40	8	23	14	8	9	6	7	4	5	48

表 2　王光祈研究論文的單位與機構分布

① 李永春：《論王光祈的"少年中國"理想》，《湖南工程學院學報》（社會科學版）2006 年第 3 期。
② 朱正威：《五四時期王光祈的思想剖析》，《近代史研究》1988 年第 4 期。
③ 胡燕南：《百年中國古代音樂史教材綜述》，《藝術教育》2016 年第 9 期。
④ 趙崇華：《理想與現實的交融——王光祈對中國音樂教育的貢獻》，《藝術百家》2015 年第 2 期。
⑤ 包德述：《身不能至，心嚮往之——王光祈爲中國音樂教育發展的闡述與踐行》，《音樂探索》2013 年第 1 期。

　　通過論文數量（表1）可以看出，截至2019年9月，關於王光祈的研究一直在平穩推進，近幾年來更進入明顯增長階段，20世紀八九十年代出現了一個較爲明顯的研究活躍期，進入21世紀後又出現兩個高峰期。從論文的發表機構（表2，本表只顯示了排名前10的相關數據）來看，這些研究成果絕大多數是來自北京、四川、雲南、貴州等地區的高校和研究機構，尤其是四川的四川音樂學院、四川大學、四川師範大學等高校，這說明這一研究的地域性特徵較爲明顯，在深化西南各省各地區的合作研究基礎上，更應該加强與國內各地之間的交流與合作研究。

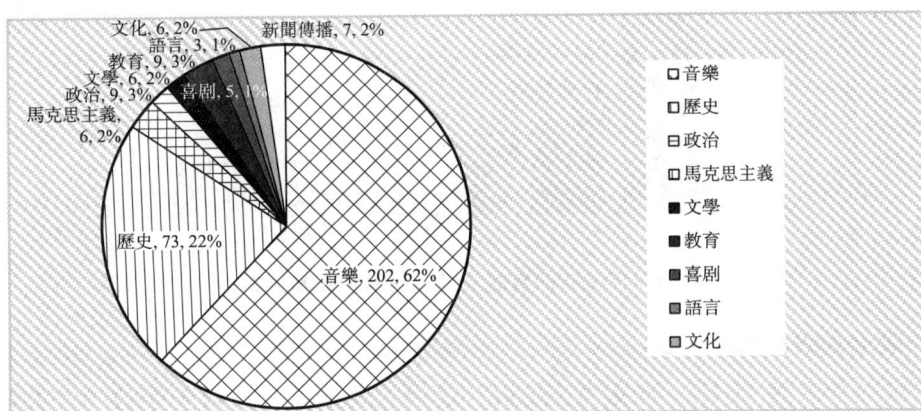

表3　王光祈研究論文的學科分類

　　從研究的學科分類（表3，本表只顯示了排名前10的數據）來看，截至2019年9月，這些研究成果主要集中在音樂學、歷史學、教育學等領域，雖然作爲基礎研究的歷史文獻學研究在數量上靠前，但是仍不足百分之二十，而音樂、人物、民族等基礎性研究就顯得更爲薄弱了。這既反映出現實需要對於歷史人物研究的推動作用，同時也表明隨着傳統文化的繼承與弘揚，王光祈研究的深入，亦推動著相關領域、學科的發展。

　　這樣的粗略統計，雖然不能具體、準確地説明每一個細微的問題，但是從宏觀上，可向學術界傳達一個信息，即：加强王光祈研究在文獻學、人物學、音樂學、人類學、民族學等基礎研究領域的迫切性。

　　而從王光祈研究成果的基金分布（表4）來看，截至2019年8月31日，王光祈的研究，得到了國家級科研專案的經費支持。首先，最主要還是來自於國家社會科學基金的支持，達到了24項，這表明了王光祈及其學術研究專案的主要性質和特徵。其次，國家自然科學基金也對這一研究有所支持，達到了6項，這恰好説明了王光祈研究的多學科性，跨越了廣義人文社會科學、自然科學的學科界限。再次，是四川省、雲南省、福建省、國家科技支撐計畫的支持，而且這幾種科研基金多集中在南方各省區，尤其是西南各省、地區，再次表明這一研究强烈的地域性特徵，只是可以很明顯的看出這四種基金支持的研究成果數量，在總量中的占比非常低。這一現狀似乎説明，關於王光祈的相關學術研究仍待加强，應該引起更多的重視，一方面國家需要更多地給予政策和經費的支持，另一方面，學者也需要充分挖掘王光祈研究的歷史文化內涵，凸顯這一研究課題的重要性，并擴大其影響。

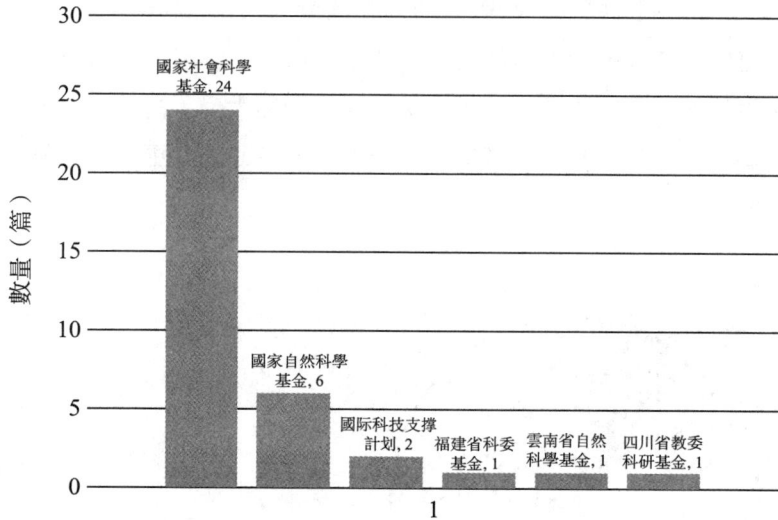

表4　王光祈研究論文的支持基金專案分布

（二）碩士、博士學位論文

截至 2019 年 8 月 31 日，涉及"王光祈"這一主題的碩士、博士學位論文共計 18 篇，其中碩士學位論文 14 篇，博士學位論文 4 篇。

在這 18 篇學位論文中，總參考數 1110 條目，總被引數 67 條目，總下載數 11856 次，篇均參考數 61.67 條目，篇均被引數 3.72 次，篇均下載數 658.67 次，下載被引比爲 176.96％。其年代分布，請見表 5。

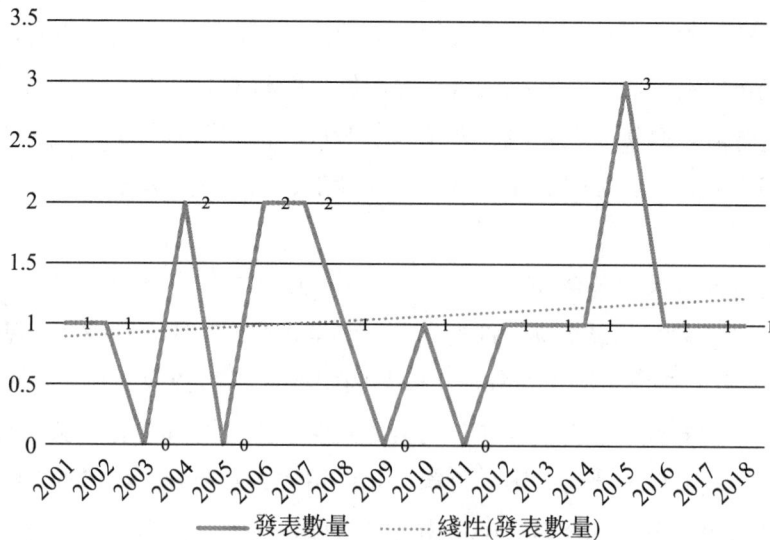

表5　王光祈研究的碩士、博士學位論文发表數量統計

数量

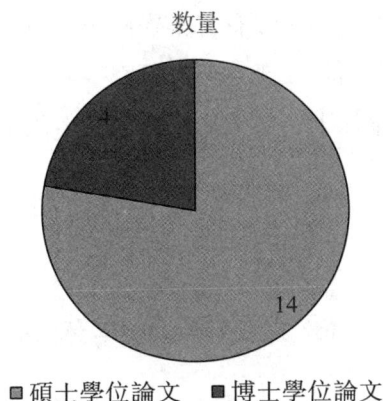

表 6　王光祈研究的碩、博士學位論文比例

　　從上表（表 5）可以看出從涉及王光祈先生的碩士、博士學位論文從 2001 年開始，除 2005 年、2009 年、2011 年外，每年都有出現，整體呈現緩慢上升趨勢。但需要指出的是，每年關於這一主題的碩、博士學位論文的總量還是很少。這恰好反映出關於王光祈先生的研究價值還有待於進一步的發掘，這一領域的學位論文還有許多空白需要填補，值得後來的碩士生、博士生選擇以該人物進行研究。

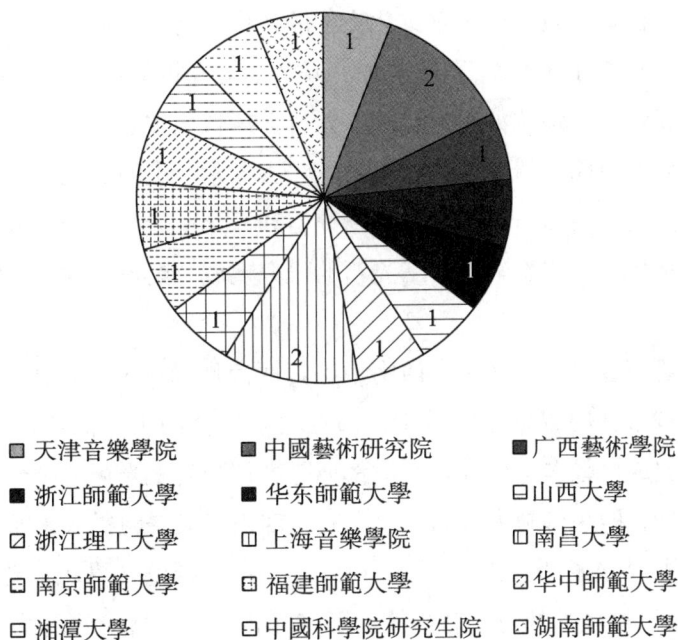

■ 天津音樂學院	■ 中國藝術研究院	■ 广西藝術學院
■ 浙江師範大學	■ 华东師範大學	□ 山西大學
☑ 浙江理工大學	⊞ 上海音樂學院	⊡ 南昌大學
□ 南京師範大學	⊟ 福建師範大學	⊠ 华中師範大學
□ 湘潭大學	□ 中國科學院研究生院	□ 湖南師範大學

表 7　王光祈研究的碩士、博士學位論文的來源單位與機構

　　其次，從碩士、博士所占比例表（表 6）中可以看出，碩士學位論文相較於博士學位論文占有較大的比例，鼓勵更多的在校博士生通過博士學位論文的途徑參與到王光祈先生的研究之中，有利於將王光祈個人經歷、主要思想、理論等方面的研究向更深層次推進。

　　從碩博學位論文的高校分布表（表 7）中可以看出，專業的音樂學院、機構以及師範大學所占比例相對較大，這源於上述學校多有音樂學碩士、博士點。但值得關注的是，成都地區乃至西南地區目前還沒有一所高校或研究所的研究生針對王光祈先生作爲學位論文研究对象，王光祈先生作爲四川成都温江人，有大量可供研究生們考察的地點和史料支撑，這一局面有待於未來突破。

三、王光祈研究的不足與未來研究前瞻

就目前來看，關於王光祈的研究成果已經有了一定規模，并呈現穩步上升的趨勢；參與王光祈研究的學者來自音樂、歷史、教育等不同學科，并且各個學科關於王光祈的研究，總體上也體現處交叉互補、不斷深化的趨勢。但是，也有某些的不足。

第一，隨着史料收集的越來越完善，對於王光祈的研究，應在音樂學、教育學、歷史學等學科深化的基礎上，增加人類學（音樂人類學、文學人類學等）等多學科理論與研究方法，進行整合性的綜合研究，這方面亟待加強。如既有研究雖已深入發掘王光祈對於中國古代音樂的學術見解，但這一貢獻在中華文化史上的地位如何？又如對於王光祈的西方音樂史研究，目前學術界已貢獻了不少專著與論文，那麼，王光祈的這一見解在中西文化交流史上，產生過何種影響，歷史地位如何，等等。對於上述較爲重要的理論問題的闡釋，需要采用新的研究視角、研究思路、研究模式、研究方法去探索，從而發現王光祈研究更多新的問題、新的研究路向，開闢更多研究領域，不斷豐富和深化王光祈的研究成果。

第二，就全國地域範圍來看，關於王光祈的研究地域分配還不均衡，需要全國範圍內更多學者的參與。

目前的王光祈研究成果，大多來自西南地區，西南地區中又以四川省的研究成果較多，雲、貴、渝、藏等省市區的成果相對較少，乃至於無。就四川省而言，又以成都地區的高校、科研機構的研究成果較多。此外，在成都地區高校關於王光祈的研究成果中，又以四川音樂學院、四川大學、四川師範大學爲主，尤其是四川音樂學院幾次牽頭召開了王光祈學術思想研討會，更率先設立了"王光祈研究中心"，并在該校的《學報》首創"王光祈研究"專欄等[①]，已經產生了積極的社會影響，擴大了王光祈研究的社會影響力。可以説，四川音樂學院在這一領域的研究中，發揮了引領作用，展望未來，相信四川音樂學院在繼續開辦"王光祈研究"專欄、推動"王光祈研究中心"等方面，將發揮重要作用。在川開設音樂學相關專業的高校數量并不少，這也爲其他高校此後加強關於王光祈的學術研究、科研活動提

---

① 李姝：《關於高校學科建設與學報特色欄目的思考——以我國音樂院校學報特色欄目建設爲例》，《音樂藝術》（上海音樂學院學報）2013 年第 4 期。

供了一定動力。

第三，研究生學位論文的數量還較少，品質上也可以繼續提高。

碩博學位論文關於這一主題的研究總體呈現起步晚，數量少，碩博論文發表數量差距大等特點。碩博學位論文之中，對於該主題的研究，直至 2001 年才開始出現，雖然近年來呈現逐步上升的趨勢，但數量還是很少。特別是博士學位論文僅有 4 篇，這在一定程度上不利於以王光祈爲主題的研究成果在學術界取得更多的創新性、突破性，這有待於更多年輕碩博研究生對該主題進行深度挖掘、探索。吸引更多的青年學者加入到對王光祈先生的研究之中，爲學術界提供更多的新鮮血液與活力，進而促進該主題的進一步發展。"廣州歷史與文化研究中心"等機構曾設立專項課題，以鼓勵廣州歷史文化研究，"王光祈研究中心"亦可以考慮，以發布專項課題的形式，資助優秀碩士、博士進行以王光祈爲主題學位論文，進行學術研究，推動產生新的研究成果。

第四，王光祈作爲溫江傑出歷史人物，也是四川歷史名人，中國近代知名教育家，對於這一名人文化資源的發掘、文化傳承與創新利用，目前還有較大的空間與一定的工作潛力。

爲促進地方特色文化發展，弘揚愛國主義精神，四川省、成都市、溫江區等三級政府，都應當利用各自的平臺，如"溫江大學城"等優質教育資源，鼓勵如四川大學、四川師範大學、成都中醫藥大學、成都師範學院、四川農業大學等高校開展關於王光祈先生的系列紀念活動以及學術活動。如，溫江區政府應充分發揮保護、利用王光祈出生地地面建築、民間故事等"非物質文化遺產"內容，充分利用王光祈留下來的珍貴歷史資料、文獻等，加強與各個高校開展聯合研究與利用開發，如聯合舉辦以"王光祈"爲主題的系列會議、定期發布研究課題、資助王光祈研究的優秀專著的出版等，以長期的工作，吸引更多的國內外專家參加到對王光祈先生的研究活動當中，從而持續擴大該主題在學術界的影響力，進而使得社會上更多的人士認識、瞭解成都溫江，以及王光祈這一四川的歷史名人，乃至宣傳這一歷史名人，弘揚、傳承這一歷史名人蘊含的巨大文化價值，推動新時代中華優秀傳統文化創造性轉化、創新性發展。

四、結語

黨的十八大以來，習近平總書記多次強調要傳承和弘揚中華優秀傳統文化。他指出："中華民族之所以幾千年屹立於世界民族之林，歷經磨難，一次次鳳凰涅槃，成爲人類發展史上的奇觀，最根本的就是深深植根於民族基因的偉大精神支撐和崇高價值追求。"文化自信是一個民族、一個國家以及一個政黨對自身文化價值的充分肯定和積極踐行，并對其文化的生命力持有的堅定信心。王光祈一生 44 歲的壽命不算長，但是，他勤於筆耕，著作良多，涉及音樂學、歷史學、經濟學、國際關係、教育學等多個領域。他的論著，視野兼通中西、一直遵循嚴謹的治學態度；他的研究，始終在東西方以及中西方音樂文化比較研究中貫穿著"文化自信"，他始終在其著作中敢於肯定自我的經驗和音樂文化經驗，爲國人追溯還原中國古代燦爛的音樂傳統文化，這在現今中國音樂學的發展過程中，顯得分外重要，更是對我們"放眼世界、立足自身"的文化背景下，以及弘揚自身文化自信的精神，傳承中華優秀傳統文化上具有深刻的意義。

"欲人勿疑，必先自信"。只有對自己的文化有堅定的信心，才能獲得堅持堅守的從容，鼓起奮發進取的勇氣，煥發創新創造的活力。文化立世，文化興邦。堅定文化自信，大力推動中國文化走出去，爲中國經濟、外交和安全影響力的擴展提供更加有效的軟保護、構築更有利的軟環境，爲我們的强國自信提供更基本更深沉更持久的力量，是我們必須重視的時代課題。百年前，王光祈孤身旅德，面對當時先進的工業化西方國家，依然能做到以東方傳統文化價值爲本位，并通過中西比較，爲中國的音樂事業做出了巨大貢獻，加入先進組織以求民族復興、國家富強。因而，學術界對於王光祈的研究，既應注重基本史料的發掘、理論的深入闡釋，又要有藝術學、音樂學、歷史學等學科的進一步深入研究，以及一定的現實關懷，注重王光祈所蘊含中華傳統優秀文化的創造性轉化、創新性發展，應該兼具理論價值與實踐意義。只有這樣的王光祈及其學術研究，才具有重要的時代價值和歷史意義。

面對王光祈先生給國人遺留的豐富而寶貴的歷史文化財富，回顧 70 年來學術界對王光祈先生的系列研究成果，當今在回應中央傳承、創新中華優秀文化的號召下，加强王光祈學術文化的研究，仍然具有較大的發展潛力與可能性；在新時代背景下，更加深入挖掘王光祈先生人物價值，深刻闡釋王光祈對於我國音樂事業、教育事業發展所做出的重要作用，增强了我們的民族自信、文化自信，弘揚、傳承、創新中華優秀傳統文化，具有重要的意義；對於深化巴蜀文化的研究，推動成都地區"三城三都"戰略尤其是"音樂之都"的實現，對於推動新時代中華優秀傳統文化的"雙創"，均具有積極意義。

（作者單位：四川師範大學歷史文化與旅游學院）

《川派中醫名家珍本彙刊》序①

李勇先

内容提要：巴蜀醫學發展的歷史源遠流長，名家衆多，著述宏富，尤其是清代和民國初期，涌現出了一大批川派中醫名家，形成了具有鮮明地域文化特色的川派中醫。目前已編纂完成《川派中醫名家珍本彙刊》，對楊鳳庭、齊秉慧、羅紹芳、廖雲溪、王文選、劉仕廉、鄭欽安、温存厚、唐宗海、羅定昌、陸汝衛、廖平、曾懿、何仲皋、張驥、盧鑄之、蘇國梁、陳紹勛、劉復、劉見心等二十位川派中醫名家著作進行整理，本文對相關著作内容及其所反映的學術思想、證治特點等做一簡要叙述。

關鍵詞：川派中醫；巴蜀醫學；文獻編纂；醫學價值；

一、巴蜀醫學源遠流長，博大精深

巴蜀醫學發展的歷史源遠流長，在先秦文獻《山海經》中就已對巴蜀醫藥有了明確記載，如《海内西經》記載："開明東有巫彭、巫抵……皆操不死之藥以距之。"《大荒南經》記載："有巫山者，西有黄鳥，帝藥八齋。"《山海經》共記錄了"百藥爰在"的各種藥物一百三十餘種，記錄各種疾病三十多種以及相關的治療方法。這些都是在《神農本草經》之前極其珍貴的醫藥史料，反映了古代巴蜀地區早期醫學發展的情況。巴蜀地區複雜多樣的地理

───────────────────────────────
① 基金項目：教育部哲學社會科學研究重大課題攻關項目"蘇轍全集整理與研究"（項目編號：19JZD033）

環境蘊藏了豐富的藥材資源。《華陽國志•巴志》就記載"其藥物之異者有巴戟、天椒"，在《名醫別録》中記録了産於巴蜀的藥物有八十種，以至有"天下有九福，藥福數西蜀""炎黄覽衆草，異種多西川"等説法，這就爲巴蜀醫學的發展奠定了物質基礎。早在東漢就出現了像涪翁、程高、郭玉等確切可考的巴蜀名醫。西漢末、東漢初涪縣（今綿陽市）人涪翁被譽爲"針灸之祖"，其所著《針經》和《診脉法》是我國最早的針灸學與脉學專著之一。涪翁傳弟子程高，再傳郭玉，郭玉後爲太醫丞，針灸之法遂廣傳宇内。東漢另一位著名學者廣漢新都人段翳精製"合膏藥"，爲人治療頭部外傷，見於《後漢書•方術列傳》，是我國古代文獻最早使用膏藥的人。唐宋時期，巴蜀醫學得到全面發展，出現了一大批醫學名家，如唐代成都名醫咎殷，擅長婦産科和藥物學。唐大中年間，他將前人有關經、帶、胎、産及産後諸症的經驗效方及自己的臨症驗方共三百七十八首編成《産寶》三卷，又名《經效産寶》，其後周頤作《三論》附於書後，該書是我國現存最早、流傳最廣的婦産科專著，對後世醫家産生了廣泛影響，具有很高的文獻學和臨床學價值。北宋青神名醫楊子建在此基礎上撰寫《十産論》，是我國醫學史上專論産科的重要著作。唐代還有一部重要的醫學著作是陸贄的《陸氏集驗方》。陸贄，字敬輿，蘇州嘉興人，爲裴延齡所譖，貶忠州別駕。在州十年，家居瘴鄉，人多癘疫，乃鈔撮方書爲《陸氏集驗方》五十卷行於世。五代前蜀時，波斯籍人李珣定居蜀地梓州，他將世代積纍的香藥知識與親身實踐經驗結合起來，撰寫了一部專記海外藥物的專著《海藥本草》，該書是我國第一部專門記載外來藥物的藥典，在《證類本草》和《本草綱目》中被大量引用。五代後蜀時期，由韓保昇主持編修的《蜀本草》（原名《重廣英公本草》）是整個五代時期最重要的本草著作。我國最早的本草著作《神農本草經》記載藥物三百六十五種。南朝梁時著名醫藥家、煉丹家陶弘景將《名醫別録》另補記《神農本草經》以外的三百六十五種藥物一并輯入，編成《本草經集注》七卷。唐顯慶年間，蘇敬請重修《本草》，唐高宗命長孫無忌等又增一百十四種，廣爲二十卷，謂之《唐本草》。至後蜀孟昶時，韓保昇等又加以"補緝辨證"，"增益之，謂之《蜀本草》"。到了宋代，成都名醫唐慎微編撰《經史證類備急本草》，該書規模宏大，内容詳博，藥物衆多，方藥并舉，集宋代以前中藥學成就之大成，將我國本草學在《神農本草經》、南朝梁陶弘景《本草經集注》、唐蘇敬《新修本草》以及宋劉翰主修《開寶新詳定本草》《開寶重定本草》、掌禹錫等主修《嘉祐補注神農本草》、蘇頌主修《嘉祐圖經本草》等的基礎上向前推到了一個嶄新的高度，是一部集前代和宋代本草學之大成的巨著，成爲研究中藥學的重要文獻，明代李時珍《本草綱目》就是以《證類本草》爲基礎和藍本來編撰的。與唐慎微大體同時，四川閬中人陳承也將《嘉祐本草》和《圖經本草》合編爲《重廣補注神農本草并圖經》，從中可見唐宋時期巴蜀地區在本草學方面的成就特别突出。唐宋時期，巴蜀醫學還在食療本草、麴藥本草等領域取得了重要成果，如唐咎殷著《食醫心鑑》，五代客居蜀地的陳士良著《食性本草》，宋初田錫著《麴本草》、郭長孺著《蔬食》等。其中，《食性本草》是古代食療學科中規模最大的著作。而《蔬食》作者郭長孺，成都人，博學多聞，經史諸子、浮屠黄老、陰陽地理、醫卜之術，皆究其妙，善治雜病，又精食物療法，著《陰陽雜證圖説》《蔬食》兩書。在生物醫學方面，巴蜀醫學也作出了重要貢獻。皇祐初，趙尚寬任忠州知州，"俗故有畜蠱殺人，乃揭方書於衢，教人服藥，造毒者悉捕殺之，由是乃息"，"方書"即《治蠱方書》。宋代大文豪眉山人蘇軾也對醫學頗有研究，後人將其醫學著作與另一位科學家沈括有關醫學方面的論述合編爲《蘇沈良方》，并傳於世。此外，宋代巴蜀人在研究《難經》方面也作出了突出貢獻。《難經》又名《八十一難》《黃帝八十一難經》，是在《素問》《靈樞》的基礎上提出八十一個問題進行重點討論，然後歸納成書。《難經》最早見於《隋書·經籍志》著録，《隋書·經籍志》提到三國時吳太醫令呂廣曾注《難經》，這是已知《難經》的最早注本。唐代楊玄操在呂廣注本基礎上重新編次，并明確提出《難經》爲秦越人所作。北宋初期，王九思、王鼎象、王惟一曾先後校勘《難經》，其中翰林院醫官王惟一校勘《難經》是在呂注本和楊注本的基礎上完成的，并刊行於世。南宋時，李元立以秦越人原撰爲基礎，彙集整理南宋以前九家校注《難經》著作，編成《難經十家補注》。後人據此書重刻改訂，編成《王翰林集注八十一難經》，簡稱《難經集注》。而四川仁壽人虞庶也著有《注難經》五卷。虞庶曾"寓居漢嘉，少爲儒"，後"棄其業，習醫，爲此書，以補呂、楊所未盡"。在中醫理論方面，四川成都人史崧著《靈樞經音注》二十四卷，貢獻最大。《靈樞經》，即《黃帝内經·靈樞》，簡稱《靈樞》，是一部中醫理論著作。《素問》與《靈樞》同爲《黃帝内經》之重要組成部分。《黃帝内經》是我國現存最早、最重要的一部醫學著作，是中醫學理論體係形成的奠基之作。《靈樞經》早期爲九卷，八十一篇。南宋紹興年間，成都人史崧"校正本文九卷八十一篇，增修音釋"，將其改編爲二十四卷本《靈樞經音注》，成都轉運使司"爲之詳定，以送秘書省"，成爲現存最早和唯一行世的《靈樞》版本。

　　明清以來，巴蜀醫學繼續得到發展，許多重要的醫學著作不斷問世，如明瀘州韓懋《韓氏醫通》、清代成都女醫學家曾懿《醫學篇》、邛州鄭欽安《醫理真傳》《醫法圓通》《傷寒恒論》、新都楊鳳庭《失血大法》、彭州唐宗海《中西匯通醫經精義》《六經方證中西通解》《血證論》等。其中，曾懿的著作被後人重輯爲《診病要訣》《雜病秘笈》《幼科指迷》《寒溫指迷》《婦科良方》《外科纂要》等六種，以《曾女士醫學全書》之名鉛印傳世，該書是我國醫學史上罕見的女醫學家著作。而彭州人唐宗海提出"中西醫彙通"的主張，并貫穿於他的醫療實踐及其著作之中，是我國中西醫結合成就最高的一代宗師。此外，巴蜀醫學的發展與産生與西蜀的道教關係密切，尤其是道教丹道養生對巴蜀醫學貢獻很大。

　　清代至民國時期，巴蜀醫學發展不僅人才輩出，成果衆多，而且還表現在專門的醫藥機構越來越多、醫籍出版規模越來越大等方面。專門的醫藥機構除醫家自辦的衆多藥堂如雙流張氏義生堂、汲古堂、雙流劉氏大生德號、雙流黃氏濟忠堂、重慶濟生堂國藥房、雲陽周氏醫室、古渝衛生醫館以外，還有許多醫學教育、培訓、出版等機構。據薛清録主編《中國中醫古籍總目》不完全統計，以成都爲例，成都清代醫書刻本有八十九種，其中清光緒年間刻本五十六種、清宣統刻本十四種、民國刻本一百一十種。現存最早的是清道光二十四年（一八四四）成都刻本。在刻書機構中，民國成都昌福公司、成都義生堂、成都祥記彬明印刷社、成都國醫講習所、成都鄧氏崇文齋、民國成都存古書局、成都多文會、成都黃氏苑古書局、成都正古堂等出版的中醫古籍最多，有力地推動了巴蜀醫學的發展。

二、川派中醫名家衆多，著述宏富

　　川派中醫名家輩出，尤其是清代和民國初期，涌現出了一大批川派中醫名家，著述豐富。如清代巴縣醫家劉漢基著有《藥性通考》八卷，黃以約參訂，陳自新校。該書論四百十五種藥物之藥性與主治，并附或問以答疑難，另列醫論二十五則。清江樟樹鎮垣下村（今江西省宜春市樟樹鎮）熊家驥，號蘭亭，曾在四川巴山等地爲官，於公事之暇，爲人治病施診，在重慶一帶有"藥王"之稱。著有《痢證特啓論》一卷、《治痢津梁》一册。乾隆時，渠縣人李雲驤，四川名醫，著有《圖形枕藏外科》一卷。同治時，四川名醫龔錫麟著有《天寶本草》二卷。四川名醫、内江黃濟川（一八六二—一九六〇），著有《痔瘻治療法》。成都沈紹九（一八六五—一九三六），名湘，原籍浙江紹興，清同治四年（一八六五）生於成都。三十歲後拜成都名醫范静濤爲師，同時又受浙江名醫敬雲樵點撥，數年之間聲名鵲起。清末傅崇矩在他編撰的《成都通覽》中，將沈紹九列入蓉城十大内科醫生之一。民國初年，沈紹九被譽爲成都四大名中醫之首，其他三位是陸景廷、顧燮卿與張子初（一説是王樸誠）。沈門弟子唐伯淵、楊瑩潔整理有《沈紹九醫話》一册，沈門弟子李霄雲、李念初、曾彦適、錢子襄、吳鶴卿、張澄奄等在中醫方面皆有建樹。四川梁山縣（一作西蜀）楊旭東，名旦升，清代醫家。著有《楊氏提綱》（一名《楊氏提綱醫方纂要》《醫學提綱纂要》）。隆昌蕭尚之，著有《蕭評郭敬三醫案》，清郭敬三著，隆昌蕭尚之點評、參訂。巴縣孔健民（一八九五—一九五九），原四川國醫院副院長，著有《中國醫學史綱》《中國醫學史》《臨證處方歌括》等。三臺人肖龍友（一作蕭龍友，一八七〇—一九六〇），名方駿，別號不息翁，著有《現代醫學選》。清代醫家、四川簡州（今成都市簡陽区）人辜大安，字崇山。年少聰穎，熟識經史，後改業醫，遍讀《内經》《難經》，對《傷寒論》尤有深究，治病靈活機變，擅長針灸。著有《壽世金丹》一卷、《身驗良方》一卷附録一卷、《醫方歌括》一卷。彭州市思文場人楊白鹿（一八七二—一九四八），著《兒科概要》不分卷。東川（今屬四川）熊應雄，清代醫家，字運英，生平不詳。嘗輯《推拿廣義》（一作《小兒推拿廣義》）三卷，經陳世凱重訂行於世。巴縣吳介誠（一八八二—一九六九），成都名老中醫，巴蜀傑出中醫外科學家。著有《種痘學》《瘡瘍經驗録》等。雙流人劉安衢（一八八八—一九六二），名恒垓，號壺居，字安荷，槐軒先生劉沅兄劉澤之曾孫，著有《四診訣微》《寒温合編》《壺居點滴録》《癸未雜著》等。成都華陽（今成都市雙流區）鄧紹先（一八九八—一九七一），名續成，著名《傷寒論》專家，有"鄧傷寒"美譽，著有《傷寒論釋義》。射洪蒲湘澄（一九〇〇──一九六一），字有吉，出身中醫世家，少習易醫，攻讀《内經》《難經》《傷寒論》，游川、陝、甘、鄂，拜名師學藝，尤精於針灸。著有《中醫實驗談》《針灸學講義》《經方述義》《青囊句解》《驗方集錦》《五運六氣學説》等。成都人卓雨農（一九〇六──一九六三），中醫婦科專家。幼年隨父學醫，著有《中醫婦科臨床手册》《中醫婦科治療學》《論崩漏》，主編《中醫婦科學講義》。大邑葉心清（一九〇八──一九六九），字枝富，師從漢口名醫魏庭南，醫術獨到，醫界聲譽頗著。民國二十五年（一九三六）移居成都，在包家巷設診。其弟子衆多，主要有陳紹武、沈紹功、張大榮、葉成亮、葉成鵠、徐承秋等。樂山牟子鎮徐庶遥（一九〇九──一九八二），初名世模，川中眼科聖手，從事中醫教學、科研和臨床工作四十餘年。早年長於中醫眼科，後期側重於中醫婦科及内科雜病研究和證治。著有《醫學史綱要》一卷，《中醫眼科學》《中醫外科綱要》《楮齋醫話》等。四川射洪人文琢之（一九一一──一九九一），十歲師從名醫釋靈溪大師，川内知名中醫外科專家。創辦《醫聲通訊》，著有《外科十三方考》《醫林人物剪影》《中醫脉診》《霍亂集粹》《戒烟寶筏》《實用胎産必備》《醫學心悟闡注》等。四川萬縣（今重慶市萬州區）余仲權（一九一二──一九九一），長期在萬縣、成都等地行醫，著有《針灸學》《針灸學輯要》《經穴辨證應用學》《靈樞語釋》等。其他巴蜀醫家、著述還有：廣安人李源長，著有《病源論》。成都名醫熊寶珊著《國醫創傷精要》《國醫外科針度》。清代蜀都著名醫憫人居士著有《普救回生草》。川人盧鑒宗著有《内景賦解》《寒温條辨歌括》等。雙流金溥著有《内外科醫方》。成都馮尚忠著有《脉理綱要》。成都人王昌基著有《醫書摘要本草類編》五卷。合川西里劉家岩劉士季著《繪圖草木便方》二卷。川人蜀堯（或云楊蜀堯）著有《蜀堯研究中醫自鈔本》。銅梁趙枳成著《醫道真傳》一册。西昌喻嘉言著《醫門尚論》一册。金川洪金鼎著《醫方一盤珠》全四册、《奇經雜覽》等。川人尹樂渠著《醫學捷要》一册。錦城劉宗第著《温病百言》一卷。威遠三夫子著《活命慈舟》。威遠李氏著《活命慈舟藥性》二册。川北晴川著《活幼心法》一册。峨眉山傳度著《接骨書》。川人張運亨著《兩銘書室外科藥物備忘録》一册。川人羅道全著《羅道全中醫鈔本》一册。川人魯作世著《女科雜病》一册、《萬金方》一册。蜀南漫叟著有《青囊秘授》二册。遂州梁澤鋸著有《温症瘢疹辨證》一册。蓉城醒迷子著有《惺命安親種子録》一册。中江鄧忠孝著有《醒醫秘集録》。川人王成龍著《虚損暢言》一册。川人陳偉華著《眼科葉氏秘訣補》一册。川人閲光易著《眼科雜鈔》一册。璧山徐朝宦著《一囊春》。資陽羅紹文，除參與編修《資陽縣志》之外，還編訂有《瘢疹菁華》一卷。蜀醫佚名著《治療心法》。四川渝州（今重慶市）盧世英，號必弦山人，著有《健康秘訣》一卷。成都名醫張澄庵，出生於中醫世家，後又從成都名醫沈紹九學習，從事中醫工作五十餘年，著有《治癌症經驗介紹》《三焦腑》。彭縣程興陽，現代針灸家。曾先後從師七人，集各家之長，盡窺奧秘，尤擅針灸。著《針灸靈法》三册、《針灸講義》二册。四川名醫李復光著有《中國醫藥指南》《中醫各科精華》，後者共三集，計有《内科學》《兒科學》《内科治療學》《婦科學》四種。成都陳升之著有《中國醫學通論》。成都孫志成著《針灸科學》。川人仲屏著《醫學實在易詩續》不分卷。成都羅裕生，其子羅禹田，世代醫家，著有《傷科中西獨步》一卷。川人譚炳傑著《四川藥材概論》不分卷。彭州李仲愚（一九二〇—二〇〇三），著有《氣功靈源發微》《杵針治療學》。其他巴蜀中醫名家還有温存仁、錢保塘、費密、趙廷儒、高如玉、賈廷玉、劉光瑞、李春潭、温有儀、劉步辰、王敬臣、程建文、鄧其章、顧燮卿、曾彥適、張覺人、趙耕農、繆東初、張文耀、甘定中、王文雄、廖賓甫、徐庶遥、熊寶珊、王祉珍、王紱銓、黃紹芝、陳建章、朱震川、陳遜齋、張簡齋、沈仲圭等。

三、《川派中醫名家珍本彙刊》的編纂及其價值

川派中醫名家衆多，本叢書重點對楊鳳庭、齊秉慧、羅紹芳、廖雲溪、王文選、劉仕廉、鄭欽安、温存厚、唐宗海、羅定昌、廖平、曾懿、何仲皋、張驥、盧鑄之、蘇國梁、陳紹勛、劉復、劉見心等十九位巴蜀中醫名家著作進行整理，以人係書，下面對著作内容及其所反映的學術思想、證治特點等做一簡要叙述。

楊鳳庭，字瑞虞，號西山先生，四川新都人（今成都市新都區）。初習儒，天資聰穎，過目成誦，天文地理，無不精通。精研中醫，爲人治病，應手輒愈。著有《易經解》《道德經注》《脉理入門》《弄丸心法》《失血大法》《醫門切要》《修真秘旨》《楊西山先生醫集》《益世延年》《女科樞》《分門辨證》及《脾胃總論》等，後三種失傳。其中《弄丸心法》八卷，該書將理、法、方、藥薈萃於一編，是楊鳳庭醫學理論與臨床實踐集成之作。作者認爲醫家治病，選方遣藥有如以手弄丸，圓轉自如，故名。《楊西山失血大法》一卷，一名《失血大法》《失血大全》《失血治法》《失血摘要》《楊西山先生失血症治》。該書認爲“失血一證，大抵由於肝不藏血，脾不統血。肝不藏血則陰虛生火，脾不統血又陽虛生痰，此火與痰本從虛生，而不可獨治火清痰也”。首言血證病理機制和辨證施治方法，次論失血與虛勞和癆瘵的關係，按照血證發病特點，從臟腑辨證出發，運用臨床經驗進行證治，在選方用藥和治法上獨樹一幟，與其稍晚的邑中名醫湯紫垣曾評價他：“西山之脉訣、雜論、雜症、婦科、兒科，固屬盡美而盡善，至於虛勞失血，尤獨具隻眼，以金針度人也。”

齊秉慧，字有堂，四川戎州人（今四川省興文縣西），曾拜武昌黃超凡爲師，懸壺濟世五十餘年，醫迹遍布重慶、瀘州、永寧、長寧、納溪等三十餘地。他每診一病，即立一案，至道光十三年（一八三三）歷時三十六年輯成《齊氏醫案崇正辨訛》六卷。此後陸續編成《痘麻醫案》二卷、《齊氏家傳醫秘》（上、下卷），道光十五年（一八三五）由其季子雙穗及門人合輯爲《齊氏醫書》三種，另又編《痢症彙參》，後又編成《齊氏醫書四種》本。其中《齊氏醫案》雖名醫案，其中涉及臨床經驗和一些效方，但實際上爲醫論著作，如闡述六經

辨證、分經治病，論述先天腎和命門學説，以及論述後天脾胃學説及有關疾病的證治等，充分反映了齊氏在醫學理論上獨到的學術見解。《痘麻醫案》二卷，爲齊氏專論小兒痘麻之專著，爲齊氏臨床經驗之總結，對後世有一定影響。齊氏主張嚴格辨證，於癆瘵、咳血、下痢、痘疹諸症均有深入研究。《齊氏家傳醫秘》卷上辨五行八卦、生克制化、陰陽表裏、寒熱虛實、分經治病、方藥合參等，卷下載雜症診治諸法。論旨多宗醫旨，取法前賢。論治多循成法，善於化裁古方，而不泥古，講究辨證，立法精準。

羅紹芳，字林一，四川方亭（今四川什邡）人，道光五年（一八二五）舉人，清代著名醫家。著有《醫學考辨》十二卷，由羅文溥編次，方問經校訂。另有《喉症考辨》一卷、《白喉證驗》一卷、《痘疹定論補注》四卷等。按：《痘疹定論》四卷，原爲清代醫家朱純嘏（字玉堂）所編，論述痘瘡根源，專述麻疹證治及禁忌，末附小兒臍風論。成書於清康熙五十二年（一七一三），又名《種痘全書）。羅紹芳爲之作補。

廖雲溪，四川中江縣人，清著名醫家。編輯有《醫學五則》，包括《醫門初步》《藥性簡要》（一作《藥性簡要三百首》）《湯頭歌訣》（一作《湯頭歌括》）《切總傷寒》《增補脉訣》各一卷，爲醫學啓蒙讀物，在川北流行已久，刊行於世。該書博采歷代醫書增删而成，便於初學者習誦。其中《醫門初步》爲胡公淡《醫方捷徑珍珠囊》摘要；《藥性簡要》係以汪昂《本草備要》爲藍本，將其藥性編成歌訣三百首；《湯頭歌括》將補益、發表、攻裏、和解、理氣、祛風、利濕之劑編成歌括，末附注解；《切總傷寒》一書博采歷代傷寒著作，編成傷寒四字經歌括；《增補脉訣》在李時珍《瀕湖脉學》基礎上增加《士材三書》和《醫通》內容，該書簡約實用，便於初學者習誦，可作爲中醫學入門之書。

王文選（約一八〇八——一八八九），字錫鑫、錫珍，號亞拙、席珍子、同人（一説名錫鑫，字文選，又字亞拙），四川萬邑人（今重慶市萬州區），晚清川東著名醫家，兼擅書法、詩詞、棋藝。祖籍湖北石首祖屋嶺，祖父董入川，遷至萬縣。據萬縣志記載，王文選生於清嘉慶十四年（一八〇八），棄儒習醫，拜師覺來先生、彭宗賢、趙吉華等，潛志岐黃，涉獵衆家，壯年即有醫名，擅長鑒面鑒舌辨證。道光末年，於天德門開設"存存醫館"。此後，又在"調養所""崇善堂""寶善堂"坐堂診脉濟藥，每日應接不暇。光緒初年，王文選又倡募創建"立人堂"，以濟世活人爲宗旨，凡貧病就醫，不取分文，病愈去時，量給路資。一生著述豐富，主要有《活人心法》四卷、《應驗良方》不分卷、《奇方纂要》一卷、《醫學切要全集》六卷（其中包括《醫學切要》一卷、《眼科切要》一卷、《幼科切要》一卷、《痘科切要》一卷、《外科切要》一卷、《奇方纂要》一卷）、《存存彙集醫學易讀》（包括《存存彙集》二卷、《針灸便覽》一卷、《日月眼科》一卷）等以及《活人心法診舌鏡》六卷、《光明眼科》一卷、《遂生外科》一卷、《壽世醫鑑》三卷、《亞拙醫鑑》一卷、《脉法條辨》《醫方辨難大成》一卷、《醫學一統》一卷、《醫學易讀三種》等，流傳至今。其中《活人心法》四卷，主要列述四診要領及證治方藥等，以傷寒病證治爲主，是一部綜合性中醫通俗入門之書，又選輯各家醫論，臨證辨治方法及藥物方劑，便於臨證借鑒。《醫學切要》首卷載脉訣、藥性、看病、湯頭歌訣，卷二至卷五分別爲眼科、幼科、痘科、外科諸科切要，叙述各科病證的病因病機、診斷、辨證治療、主治方劑，卷六爲奇方纂要，分爲二十八門，述其功效，屬中醫普及類書籍，主要以歌訣方法介紹中醫基本知識。《存存彙集醫學易讀》係王文選就《醫學切要全集》萃其精要而成，内容包括五運六氣、望聞問切、舌圖脉訣、十二經脉、五臟六腑病原，以及有關識藥、藥性、分類見病用藥、見病知方等，通篇用五七言歌括例編，便於初學者誦記，實爲不可多得的中醫藥知識普及讀本。而《應驗良方》一書，是王氏將多年診治各科疾病簡便靈驗之方彙集成册，共一百五十九方，多爲不見於世之成方，采用七言四句歌訣形式加以編排。此外，王文選還校訂過《醫學一統》（不分卷）一書。該書爲清代黄爲良編，主要論述醫學之要義，包括陰陽五行、臟腑經脉、病因病機等，并詳細闡發七表、八裏、九道等脉象特徵及主病。後經王文選校訂，附於《醫學切要全集》之後。全書言簡意賅，解析透徹，淺顯易明，啓迪後學。《活人心法診舌鏡》所載驗舌圖一百四十九幅，集清以前舌診之大成，且每張舌圖均詳論病因病機，并附以治方，集"舌""證""治"於一體，爲中醫臨證入門之作。

劉仕廉（一八〇三—一八七四），字清臣，四川雙流縣北郊磨子橋（今雙流區金花鄉雙合村）人，清代巴蜀名醫，生活於清代嘉慶至光緒年間。潛心醫學，治驗豐富，廣集醫書，懸壺濟世。因晚年多病，故閉門著書，纂輯先賢論述，參以平生治驗，手録成篇。著有《醫學集成》四卷、《醉吟詩草》一集。其中《醫學集成》，又名《醫學指南》，該書采集歷代醫家的醫學論述、各科臨證證治以及醫案、十二脉絡任督二脉圖、經穴歌等加以編纂而成。所載銅人圖四幅與《醫宗金鑒》《針灸大成》無异，爲針灸學保留了珍貴的圖像資料。書成後由同邑訓導李培郁校正，仕廉胞弟仕鵬校閱，三子王永鐘鈔寫，刊刻成書。另著《痢疾心法》，劉仕廉口授，蓬萊鎮冷時齋輯著。劉仕廉門人有張文儼、李仲元、劉梓衡，皆巴蜀名醫。

鄭壽全（一八〇四—一九〇一），字欽安，以字行，四川邛州（今四川省邛崍市）固驛鎮人。師從成都雙流學者劉沅（字止唐），研習《周易》《内經》《傷寒論》諸書，認爲"醫學一途，不難於用藥，而難於識症，而難於識陰陽"。他善於剖判陰陽，深明人身陰陽合一之道，尤推崇《傷寒論》，作爲辨證處方之源，成爲一代傷寒大家。針對當時温病學派多不辨陰陽，皆用寒凉藥物治療，往往導致變證和壞證。鄭氏針貶時弊，根據《周易》《内經》《傷寒論》等書立論，提出扶陽理論，并運用於臨床實踐，隨手起效，在成都開創"火神派"，譽滿全川，《邛崍縣志·鄭壽全》稱其爲"火神派首領"。由於善用大劑量薑、桂、附等大辛大熱藥治療患者而名噪一時，又被尊稱爲"薑附先生""鄭火神"。鄭氏通過臨床實踐，不斷完善自己的理論，著書立説。主要著作有《陽虚證解》《醫理真傳》四卷、《醫法圓通》四卷、《傷寒恒論》十卷等，被後世稱爲"火神派"的開山之作。其中《醫理真傳》一書係鄭氏閲讀《陳修園醫書十三種》之後，對書中分陰、分陽之實據，用藥活潑之機闕略而不詳者的補充，突出體現了鄭欽安的學術思想特色，爲火神派的奠基之作。《醫法圓通》以乾坤坎離之大旨立論，以真陽爲人身性命立極，探求陰陽盈縮、生化至理，内外病因、虛實病情，用方用法活潑圓通之妙義，詳述各種臨床見證之病機、治法，强調外感當握定六經提綱，内傷應探求陰陽盈縮，認證須有陰陽虛實之實據方可憑依。《傷寒恒論》爲鄭欽安注解《傷寒論》之作。本書以舒韶所著《舒氏傷寒集注》一書序文爲基礎，展開剖析，或補經義之缺，或揭經文之誤，對《傷寒論》原文進行逐條發明，結合自身臨證實踐，提出了許多獨到見解。

溫存厚，字載之，生卒年不詳，四川渝州（今重慶市）人，清代著名醫家。推崇《傷寒論》和《金匱要略》等醫經，明辨傷寒溫病之異，在治溫病方面頗有心得，尤其是對小兒驚風亦多治驗，著有《小兒急敬風治驗》一卷。他對自己行醫三十餘年治溫驗案進行總結，撰有《治溫淺説》一卷、《溫氏醫案》不分卷，時人彙編成《溫氏醫書三種》，有清光緒年間刻本。其中《溫病淺説》一書，作者參閲《溫病條辨》《溫熱經緯》諸家學説，結合歷年臨床體驗，闡述了溫病發病機理及立法處方用藥原則，介紹溫病五忌、五宜，末附溫症各方，全書内容簡要，文字淺近，頗切實用，論述溫病認識和辨治，明白通暢。而《溫氏醫案》是作者三十餘年的治溫驗案專著，共收載各科治案四十八則。辨證準確，治法主凉、潤、清、和，忌汗、吐、下、溫、補，并創用"清涼散"治溫病初起，頗切實用。醫案涉及傷寒與内科雜證和急驚治驗，有一定臨床參考價值。

唐宗海（一八四六——一八九六），字容川，四川彭縣三邑人，晚清進士，中醫七大派"中西醫匯通派"創始人。他早年習儒，中年以後轉研醫學。主張兼取西醫之長，成爲我國早期中西醫結合的傑出代表。他不僅醫術精良，而且醫學著述豐富，著有《中西匯通醫書五種》（包括《中西匯通醫經精義》二卷、《傷寒論淺注補正》七卷、《金匱要略淺注補正》九卷、《血證論》八卷、《本草問答》二卷）、《中西醫書匯通六種》（另有七種本）、《醫易詳解》不分卷、《醫易通説》二卷、《痢症三字訣》一卷、《醫學一見能》四卷、《中西醫判》二卷、《六經方證中西通解》等，其中《血證論》《中西匯通醫經精義》是其主要代表著作。《血證論》是我國第一部有關血證治療的專著。唐氏深究《内經》精義，研討組合方藥，提出"止血、消瘀、寧血、補血"四法，"用治血證，十愈八九"，成爲通治血證之大法，彌補了前人血證理論和臨床症治的空白。《中西匯通醫經精義》，又名《中西醫判》《中西醫解》《唐氏中西醫解》《中西醫學入門》。唐氏認爲："西醫初出，未盡周詳；中醫沿訛，率多差謬。"於是采摭《内經》陰陽、臟腑、營衛、經脉、全體總論、諸病、望形、問察、診脉、氣味陰陽、七方十劑之要，兼采西醫生理解剖圖説加以會通説明，凡中、西醫所論原理相一致或類似者，則互相訓解，直接"匯通"，在溝通中西醫學方面做了大膽嘗試，具有開創意義。此外唐氏著作如《醫學一見能》四卷，爲醫學普及讀物，介紹臨床常見病證，實用性强，作者希望使讀者"一見而能"，故名。書中用歌訣形式加以提示概括，易於習誦。《金匱要略淺注補正》，唐氏對陳念祖（字修園）集衆家之長而編成的《金匱要略淺注》缺誤之處加以補證和發揮，使讀者一目了然。在書中他以中西匯通的觀點詮釋和補正該書，在溝通中西醫學方面做了大膽嘗試。唐氏所處的時代，正值西學東漸、西醫第二次傳到中國。他較早地接受了西方醫學思想，主張是用西醫來印證中醫，開創了中西匯通的先河，在中西匯通的理論與實踐上做了很大貢獻。

羅定昌，字茂亭，生卒年不詳，清末秀才，成都華陽（今成都市雙流區華陽鎮）人，是中西匯通派早期代表人物。羅氏早年習儒業，精於醫學和《周易》，尊崇張仲景、喻嘉言等人，用藥善用附子，如承氣湯加附子，多有奇效。著有《中西醫粹》（《臟腑圖説》二卷、《臟腑各圖》二卷、《症治要言》二卷，《醫案類録》二卷），又名《臟腑圖説症治合璧》《臟腑圖説症治要言合璧》，是中西匯通派早期代表著作之一。在西學東漸的過程中，羅定昌較早吸納西方醫學解剖知識，并嘗試運用中醫學的思維方式來解讀其中內容，其學術思想融彙了中醫經典理論、《周易》等象數理論和西醫解剖知識，其治學體現了以易理釋醫理、以醫理釋易理的獨特方法和視角，配合《周易》象數之理，闡論臟腑形象部位和功能。其中《臟腑各圖》是羅定昌選録王清任《醫林改錯》之"改正臟腑圖"，以及英國傳教士合信氏《全體論》中"西醫解剖圖"而成。其解剖圖譜雖然没有當今解剖圖形象直觀，但保存了那個時代的原貌，爲後世瞭解西學東漸的過程提供了珍貴資料。

廖平（一八五二——一九三二），原名登廷，字旭隴，一作島齋，後名平，號四益，繼改字季平，改號四譯，晚年更號六譯老人，四川井研縣人。清末民初我國著名思想家、經學家。一生著述宏富，大多數載於《六譯館叢書》中。廖平少年習醫，曾受業於井研名醫廖榮高，遂深究《内經》《傷寒論》等古典醫籍，以經學治醫，力主復古。從民國二年至民國七年間（一九一二——一九一八），輯評醫學著述二十餘種，合稱《六譯館醫學叢書》，計數百萬言，於脉學、傷寒尤多新見。蒙文通謂"孰知先生之有功醫術，初不亞於經學。晚年所獲，固在醫而不在經學也"。新訂《六譯館醫學叢書》集録廖平醫著二十二種，包括《黃帝内經明堂》一卷（楊上善注）、《黃帝内經太素診皮篇補證》一卷（附《古經診皮名詞解》一卷、《釋尺》二卷）、《楊氏太素診絡篇補證》三卷（附《病表》一卷、《名詞解》一卷）《黃帝太素人迎脉口診補證》二卷、《楊氏太素三部九候篇診法補證》（附《十二經動脉表》一卷）、《診骨篇補證》一卷（附《中西骨骼辨正》一卷，清劉廷楨撰）、《診筋篇補證》《營衛運行楊注補證》《分方治宜篇》《靈素五解篇》（廖宗澤撰）《内經平脉考》《經脉考證》《仲景三部九候診法》（附《傷寒淺注讀法》）《傷寒總論》一卷（附《太素内經傷寒總論補證》一卷、《太素四時病補證》一卷、《瘧解補證》一卷）、《傷寒平議》《傷寒雜病論古本》三卷、《傷寒古本訂補》《傷寒古本考》《巢氏病源補養宣導法》《難經經釋補正》二卷、《脉學輯要評》三卷、《藥治通義輯要》二卷（日本丹波元堅撰，廖平節録）等，其中《黃帝内經太素診皮篇補證》（一作《診皮篇補證》）《診筋篇補證》《楊氏太素三部九候篇診法補證》《診骨篇補證》等四種六卷也編入《黃帝内經太素四診補證》中。以上著作主要闡釋《黃帝内經》《難經》《傷寒論》《巢氏病源》，以及脉學、針灸、診法、藥學等經典醫著，重點對楊上善《太素》診法古文經法内容本天人小大之説進行考釋評注補充，對《内經》中多篇内容及《難經》進行整理發揮，提出了許多不同於他人的獨到見解。

曾懿，字伯淵，號華陽女士，又名朗秋。四川成都人，清代女名醫，清咸豐二年（一八五二）出生於四川華陽縣（今四川成都）官紳家庭。曾懿在清代著名女畫家左錫嘉（一八三一一八九四）諄諄教誨下，自幼研讀經史，擅長丹青、文辭。有感許多患者因醫治無效而喪生，哀民生之多艱，恨庸醫之無能，乃廢寢忘食，研讀家藏醫藥典籍，自學成才，不固執一家之言，上始漢唐，下迄清末，凡精闢之論述，嚴謹之方劑，皆一一摘録，悉心鑽研。現存有綜合性中醫文獻《曾女士醫學全書》，包括《診病要訣》一卷、《雜病秘笈》一卷、《幼科指迷》一卷、《寒溫指迷》四卷（一作《寒溫指南》）、《婦科良方》一卷、《外科纂要》一卷等六種，另著有《古歡室叢書》，由《女學篇》《醫學篇》《詩詞篇》三部分組成。其中《醫學篇》分上、下冊，八卷，每冊各四卷。該書結合自己臨證三十餘年經驗，頗多辨析傷寒、溫病證治之要法。

何仲皋，字汝爕，四川簡州人，清代秀才，後遷居成都，潛心古今醫籍，棄文習醫，常有獨到見解，是清末中醫醫易學派代表人物，籌建國醫學堂，創辦中醫雜志，具有開創之功。著有《八卦配臟腑圖説》一卷、《醫經方義》、《溫病審症表》四冊、《逐病論治録》二卷、《傷寒原旨》八卷、《傷寒經方闡奧》三卷、《溫病要旨》一卷、《醫學引深録》（一作《分經方義》）二卷、《經穴考正》一卷、《方書類》二卷、《脉學秘傳》一卷、《中醫學堂教科書》一卷等。後經其子何龍翠整理，編爲《何氏醫學叢書》，流傳省內外，影響很大。其中《傷寒原旨》對《傷寒論》原著逐條注解，以《內經》《難經》《金匱要略》《神農本草經》爲學術淵源，加以闡述發揮。《傷寒經方闡奧》一書，何氏參照前人論述，結合個人臨證經驗，對《傷寒論》一百一十三經方着重闡發其奧義，指出氣味組合、陰陽構造，皆有君臣佐使、標本從逆的奧竅，以"闡奧"爲書名，所論多本《靈樞》《素問》，兼引《易經》，皆於平正通達中尋求正理，對指導《傷寒論》經方研究及臨床均有一定參考價值。《溫病審症表》一書，何氏深感吳瑭《溫病條辨》條類甚繁，難於記憶，遂將《條辨》之證錯綜參伍，表而出之。舉一證以爲綱，共列綱約七十，然後彙集有關各證於下以爲目，復於病證之下詳其方藥。自稱"《條辨》爲學者之津梁，余之此編，又爲津梁之指歸"，影響很大。《醫學引深録》選輯古方六十餘首，根據其主治病證按心、肝、脾、肺、腎編排，每方均有主治、方歌、組成、方注等内容，所選均爲常用方劑。

張驥（一八七四——一九五一），字先識，四川省雙流縣東升鄉人，民國年間成都著名醫學家及醫學教育家。幼習經史，於光緒年間中舉，畢業於四川法政學堂，後任陝西鳳翔、米脂、榆林、膚施等縣知縣。民國十三年（一九二四），棄官歸里，精於易學、《內經》、道學、理學，臨床經驗豐富，在成都開設"義生堂"藥號，行醫市藥，刊刻醫書，坐店應診。因對藥物研製造詣很深，故所治之病，多所全活，衆口皆碑。民國二十五年（一九三六）創辦汲古醫塾，親自授課。他精研醫學，苦心搜求各種版本，校勘精審，畢生致力於《素問》《靈樞》《難經》《傷寒論》《金匱要略》《千金方》等古典醫籍的研究、考釋、評述、集注、校補和輯佚等，刊行於世的有《內經藥鑰》十卷（附《義生堂書目提要》一卷）、《內經方集釋》二卷、《難經叢考》一卷、《醫古微》六種（《周禮醫師補注》一卷、《左氏秦和傳補注》一卷、《史記扁鵲倉公傳補注》三卷、《後漢書華佗傳補注》一卷、《漢書藝文志方技補注》兩卷、《子華子醫道篇補注》一卷）、《雷公炮炙論》三卷附一卷書目提要一卷（南朝宋雷斆撰，張驥輯）、《傷寒論脉證式校補》八卷以及《內經十三方考》《難經纘義》《黃帝八十一難經正本》《金匱正本補注》《三世脉法》《五色診微篇》《千金婦人方注》《唐本千金方第一序例注》《小兒證直訣集注》《華陀傳補注》《三字經合編》《痢疾三字訣歌括》《醫古文選評》《脉經考證》《仲景三部九候診法》《黃翼氏難經正全卷》《汲古醫學校注三種》等流傳於世，影響深遠。其中《周禮醫師補注》《左氏秦和傳補注》等六種編入《醫古微》之中。《醫古微》是張驥撰編的一本綜合性著作，作者從古代經史百家書中，將“其可以發明醫學之微言大義者，爲之整理而爬梳之”，廣爲衍義，彙集成書。其中《內經方集釋》廣集王冰、張景岳、馬漪、張志聰等歷代醫家的注釋，并采用以經注經的方法，相互印證，相互啓發，酌參己見，對《內經》方劑理論和立方原則加以闡釋和探討。認爲《內經》雖僅有首方劑，却是我國方書之祖，所謂“制方之道，盡藏於《內經》”。張氏還十分重視五行理論對用藥的指導意義，爲學習者運用氣運及五行理論指導用藥提供了實際範例。《雷公炮炙論》三卷，是南北朝宋時的雷斆所撰中醫學著作，爲我國最早的中藥炮製學專著和最早的製藥專著，全面總結了南北朝劉宋時期以前的中藥炮製技術和經驗，是中國歷史上對中藥炮製技術的第一次大總結，初步奠定了炮製學基礎，使中藥炮製成爲一門學科，其中有些方法至今仍被製藥業所采用。原載藥物三百種，每藥先述藥材性狀及與易混品種區別要點，別其真僞優劣，是中藥鑒定學的重要文獻。歷代製劑學專著常以“雷公”二字冠於書名之首，反映出人們對雷氏製藥法的重視與尊奉。《雷公炮炙論》成書於南北朝時期，原著早已亡佚，其內容散見於《證類本草》《雷公炮炙藥性賦解》《本草綱目》等書中。民國二十一年（一九三二），張驥根據上述各書重予補輯，分原叙及上、中、下三卷加以論述，并加入其他古本草書中有關炮炙經驗，末有附卷，另記七十餘種藥物的炮炙方法，校注詳盡，書後附研究論文數篇，代表了《雷公炮炙論》輯佚、研究的最高水準。

盧鑄之（一八七六——一九六三），名禹臣，晚號金壽老人，四川德陽人，出身於中醫世家，巴蜀“火神派”傳人。早年師從劉沅弟子、欽安好友、儒醫德陽顏龍臣（一八〇八——一九〇二），後隨鄭欽安學醫達十一年之久。歷時三年，足迹遍及全國二十餘省，獲益頗多。在成都開設養正醫館，從醫七十餘年，治學嚴謹，學識淵博，醫德高尚，懸壺濟世。擅長運用薑、桂、附等辛溫扶陽重劑，在學術上自成一家，被時人尊稱爲“盧火神”。著有《鄭欽安先生醫書集注》《金匱要略恒解》《盧氏醫學心法》《盧氏臨證實驗録》《金壽老人醫存》《金壽老人藥解》《本經藥性配合闡述》《藥物配合演述》等著作，發表論文百餘篇。

陳紹勛（一八六七—?），字雲門，四川岳池人，清末民國時期四川名醫。曾師從合州周可全學醫，從醫四十餘年，足迹遍及通江、巴中、內江、重慶等地。與同行韋見凡等發起成立國醫傳習所，講授《内經》《傷寒論》《金匱要略》，并對其加以考訂、評述和闡釋，多達十六種，如《内經撮要》三卷、《金匱要略講義》《增訂條注傷寒心法》八卷、《傷寒論講義》七卷、《六經氣化解》二卷等。其中《内經撮要》係陳氏爲門人所撰《内經》課本。上卷論體表各部位名稱、經絡循行及主病，中、下兩卷論藏象學説及治法。全書以闡述《内經》理論爲主導，會通西説，對臟腑部位、經絡起止、氣化原理、病機症狀、治則治法等條分縷析，并附有歌括，以便記誦。《增訂條注傷寒心法》一書爲達到便於讀者記憶之目的，每證前仿許叔微《傷寒百證歌》及《醫宗金鑑·傷寒心法要訣》，將《傷寒論》原文隨證類引，編歌括一首，次列仲景原文，於歌括之後，詳加注按。注文先述大意，再加按語詳述，偶亦引證西醫之説，以證臟腑經絡之形質，作爲陳氏醫學傳習所教本。

劉復（一八九七——一九六〇），字民叔，四川成都華陽縣人，近代著名中醫，扶陽大家。劉復幼承庭訓，十九歲時參加四川全省第一屆中醫考試，名魁榜首。後師從經學大師廖平，行醫四十餘年，精於内科，兼通婦、兒科，堪稱火神派大家，專注古醫學研究，創辦中國古醫學會。與鄭欽安經典火神派有異，擅用薑、桂、附和其他熱性藥物，重視元氣，陰陽并重，與張景岳相似，外號"劉火神"。一生著述豐富，有《本草朱墨别録》《本草經緯》《湯液經緯》《古醫湯液叢書》《蜀醫叢書》《魯樓醫學叢書》《神農古本草經》三卷（附《三品逸文考異》《時疫解惑論》二卷）、《傷寒論霍亂訓解》二卷（附《章太炎霍亂論評注》一卷）《素問痿論釋難》一卷《考次伊尹湯液經》《魯樓醫案》《華陽醫説》及《腫脹編》等。其中《神農古本草經》三卷，清代王闓運輯，劉復在此基礎上增輯，成書於民國三十一年（一九四二）。全書先附《本説》一卷，載録《黄帝内經》之論。正文三卷，收載古本草藥物三百六十五味，分上中下三品，一仍王闓運輯本之舊，未改一字，不移一條。末附《逸文》一卷，係據孫星衍、顧觀光輯文鈎考，别附於《三品》之末。《時疫解惑論》上卷載醫論十篇，下卷設治例四十六條，專論火風交熾之疫，以備前賢之未及。

此外，巴蜀中醫名家著作還有蘇國梁著《女科奥義》《金匱方解》《寒熱方解》，新繁劉見心、成都張國仁同輯，鄒文奎手鈔《靈樞經新校正》《素問重校正》等。這些中醫著作不僅對中國傳統中醫經典進行解讀校證，而且在温病、女科等證治方面也都有獨到見解。

目前，學術界對以上巴蜀中醫名家生平事迹、醫學思想、臨床經驗、診療特點、著作版本和流傳情況等進行深入研究，取得了階段性成果。爲了更好地推動相關研究的深入開展，我們編纂了《川派中醫名家珍本彙刊》，爲人們從事相關研究提供便利。是爲序。

（作者單位：四川大學歷史文化學院）

魏了翁文集序跋提要輯録[①]

尹　波　郭　齊

　　内容提要：《鶴山先生大全文集》是蜀學重要人物魏了翁的代表作，全面反映了其思想學術成就，但殘缺錯訛嚴重，對其整理尚屬首次。本文廣汎搜集了歷代關於該集的序跋、著録提要，包括一些稀見之文，分全集序跋提要和選刻序跋提要兩類進行輯録整理，爲後續魏了翁及其文獻的進一步研究提供了一份寶貴的資料。

　　關鍵詞：蜀學文獻；魏了翁；《鶴山先生大全文集》；序跋；提要

　　南宋名臣、文化名人、蜀學中堅魏了翁在中國思想史、經學史、文學史、教育史上均有突出的貢獻，在宋代文化史上佔據着重要地位。作爲蜀人，他在四川各地多年爲官，鑽研學術，傳播文化，其思想學術已成爲蜀學的重要組成部分，對後世産生了深遠影響。收集整理其存世文獻，深入研究其思想學術，對於認識宋代及巴蜀文化史具有重要意義。今值整理《魏了翁集》之機，首次廣泛輯録各種文獻中所載序跋提要，分爲全集序跋、選刻序跋兩類，加以整理，以供研究參考。有文字錯誤及其他問題者，用註釋予以説明。

　　① 本文爲國家社科基金項目《朱熹著述歷代序跋集成與研究》、國家社科基金后期資助項目《魏了翁文集整理研究》、四川省社科規劃重點項目《魏了翁文集整理研究》（批准號：SC22A019）階段性成果。

一、全集序跋提要

鶴山先生文集序[①]淳祐九年五月　（宋）吳淵

藝祖救百王之弊，以"道理最大"一語開國，以用讀書人一念厚蒼生，文治彬鬱，垂三百年，海內興起未艾也。而文章亦無慮三變，始也厭五季之萎薾而昆体出，漸歸雅馴，猶事織組，則楊、晏爲之倡；已而回瀾障川，斷雕返樸，崇議論，厲風節，要以關世教、達國体爲急，則歐、蘇擅其宗；已而濂溪週子出焉，其言曰道德之不務而惟文之能，藝焉耳。作《通書》，著《極圖》，大本立矣。餘力所及，雖不多見，味其言藹如也。由是先哲輩出，《易傳》探天根，《西銘》見仁体，《通鑒》精纂述，《擊壤》豪詩歌，論奏王、朱而講説吕、范，可謂和順積中而英華外發矣。後生接響，謂性外無餘學，其弊至於誌道忘藝，知有語録而無古今，始欲由精達粗，終焉本末俱舛。然則言之不文，行之不遠，亦豈週子之所尚哉。此淵於鶴山魏公之文而重有感也。南渡後，惟朱文公學貫理融，訓經之外，文膏史馥，騷情雅思，体法畢備。又未幾而公與西山真公出焉。淵生晩，不及見考亭之典刑，猶倖接二公之緒論。歲在丙申，魏公假督鉞，道吳門，淵辱異知，首處元揆，故讀公詩文爲尤熟。公薨背十二年，而二子曰近思、克愚萃遺稿刻梓，屬淵序發之。

淵竊惟公天分穎拔，畚從諸老游，書無不讀，而見道卓，守道約，故作爲文章深衍閎暢，微一物不推二氣五行之所以運，微一事不述三綱九法之所以尊。言己必致知力行，言人必均氣同体，神怪必不語，老佛必斥攘。以至一紀述、一詠歌，必勸少諷多，必情發禮止，千變萬態，卒歸於正。及究其所以作，則皆尚体要而循法度，浩乎如雲浮空而莫可狀，凜乎如星寒芒而莫可干，蔚乎如風穀波而皆自然也，其理到之言歟，其有德之言歟，程、張之問學而發以歐、蘇之体法歟。公文視西山，理致同，醇麗有体同，而豪贍雅健則所自得。故近世言文者曰真、魏，要皆見道君子歟。公雅早掇峻第，晚踐政途，然身未嘗安於朝廷之上。使得行其言以措諸事，如藝祖之訓而用之，詎止如今所覩者。而天不假以年，故所可見者文而已，惜哉！淳祐己酉夏五，**宛陵吳淵序**。四部叢刊本《鶴山先生大全文集》卷首

鶴山先生文集後序淳祐十一年四月　（宋）吳潛

端平二年冬，潛以右文殿修撰知太平州，時文靖魏公繇樞筦督視江淮京湖軍馬，其始辟幕府領袖之士，每極天下選，然率以時好向背違不就。潛於公非交游知舊，亦驟辱拔引，爲上客。或謂潛曰："盍審諸。"潛曰："公善類之宗也，可無從乎。"乃疋馬追公於溢浦之上。

---

① 劉壎《隱居通議》卷一七《魏鶴山文集序》載"劉清叔澄舊居廬陵，徙匡廬，自號玉淵，登科入仕至監簿，中更臺劾，謫瑞州道判，又謫封州。嘗以文墨事信庵趙丞相，藉甚文名，有《玉淵集》刊行。其筆端透徹處痛醒人意，第賸賸之過，反傷氾濫，若加摯斂之工，以造簡古之味，足可名世矣。魏鶴山集序曰"云云，則當是劉澄所代筆。

雖玉帳讚籌，專務戎事，而暇日尊俎笑談，獲見公高文大册，及聞公崇論宏議，日充然有所得也。嘗曰：學必本六經之謂正學，道必本堯、舜、禹、湯、文、武、週公、孔、孟之謂正道。彼邪說詖行，是乃荊榛，辟而通之，則理到文醇矣。至於天文、地理、禮樂、律曆、官制、兵法、典章、文物，莫不究極纚纚，如辨白黑而數一二。潛益信公根柢學問，枝葉文章，落陳啓新，翼華抵實，天出神人，不可覊控，此豈偶然之故哉！

後二年公歿，潛哭之流涕曰："天喪斯文矣。"又十有五年，公之子近思、克愚相與搜遺罔軼，有正集、外集、奏議凡一百卷，將鋟梓行於世。既屬叔氏序其首，又俾潛曰："子爲我申言之。"潛竊謂渡江以來，文脈與國脈同其壽。蓋自高宗喜司馬文正公《資治通鑒》，謂有益治道，可爲諫書；自孝宗爲《蘇文忠公文集》御製一讚，謂忠言讜論，不顧身害，洋洋聖謨，風動四方。於是人文大興，上足以接慶曆、元祐之盛。至乾、淳間大儒輩出，朱文公倡於建，張宣公倡於潭，吕成公倡於婺，皆著書立言，自爲一家。凡仁義之要，道德之奥，性理之精微，所以明天理而正人心，立人極而扶世教，使天下曉然知人之所以異於禽獸，中國之所以異於夷狄，吾道之所以異於佛老，有君臣、有父子而不蝕其綱常之正者，功用弘矣。永嘉諸老如陳止齋、葉水心之徒，則又創爲制度器數之學，名曰實用，以博洽相誇。雖未足以頡頏二三大儒，然亦有足稽者。寥寥四五十載，我公嗣之，識照古今而不自以爲高，忠貫日月而不自以爲異，德望在生民，名望在四夷，文章之望在天下後世，蓋所謂兼精粗，一本末，集乾、淳之大成者也。惜其位不稱德，命不待時，不及相明天子以興禮樂，致太平，而斯文之澤，所見俾止於此。悲夫！

公諱了翁，字華父，邛之鶴山人，天下士師尊之曰鶴山先生云。淳祐辛亥四月哉生明，太中大夫、新除參知政事、同提舉編修敕令、同提舉編修《經武要略》、金陵郡開國侯、食邑一千七百戶、食實封二百戶吳潛後序。四部叢刊本《鶴山先生大全文集》卷末

鶴山先生大全集跋 開慶元年五月　　（宋）佚名

余髮未燥，聞鶴山先生名；年誌學，誦鶴山先生文。先生將漕鄉邑，伯中叔季從先生游，余於定省餘暇，獲聆先生磬咳。恨年少，不敢犯互鄉之譏。既冠，束書蜀學，有誌掃門，而先生已得君，致身清要，勢分愈天壤。歲乙酉，余忝以《春秋》竊第，謂可借玉階方寸，吐平日欲言，繼先生芳躅。得旨免臨軒，斯文機緣，似與先生不偶。越式十餘載，僥倖分倅靖南。嘗記先生《鶴山書院記》有曰山囚瀨縈，人皆謂是行也，何風月之足云。余謂夫子所居，召伯所憩，忠信可行，余何倖焉。適郡太守乃先生長翁，氣味相投，一見傾蓋。至之日，謁宣聖，造書院，講釋菜禮，覿先生道德顏容，如夢寐所見。暇日，索先生文集，長翁以姑蘇所刊本垂教。蓺香細玩，凡關宗社之休戚，邊庭之利病，虜情之真僞，世道之厚薄，畢萃此書。在則人，亡則書，余自顧此行所得良不淺也。惟字畫尚舛訛，費點勘，擬命工刊正，旋以違心去，攜此本至京都。偶當對，竊先生緒論稱旨，出守涪陵。繼叨西橐，距先生袞鄉百里許。家有先生遺稿，刊正之局方開，嘉定法椽趙與榜以得於先生次翁溫本相過，字畫精，紙墨善，意無以出其右。尋熟讀，則舛誤猶姑蘇本。既而制幹何璟、漕幕朱景

行、昌士盧貞皆以所藏先生《雅言》《週禮折衷》、大魁之作來，至如墓誌、書劄等文，未與《大全集》者項輩相望。類成壹編，比姑蘇、温陽式本加詳焉。余謂是編不容不再刊也。先生殘編斷簡散落人間，未易衺集，復命漢嘉士楊起寅偕寮友日夕相與校正，屬工鋟梓。嗚呼！天喪斯文則已，若猶未也，則開卷了然，百年之利害，百年之得失，百年之安危，如蓍龜前知。其或繼之者，雖百世可知也。本集已有退庵之序、履齋之文，可以爲重矣，余何措壹詞？深恨四郊多壘，工則取之於驚徒，力則取之於撙節，紙墨則取之於散亡，姑以是紀斯文之不墜。若曰字精工巧，墨妙紙良，將有望於方來。開慶改元夏五月甲子，諸生、朝請大夫、成都府路提點刑獄公下闕　四部叢刊本《鶴山先生大全文集》卷末

魏文靖公集序嘉靖元年七月　（明）邵寶

宋資政殿大學士、參知政事、贈太師鶴山先生文靖魏公集若干卷，爲詩文凡若干首，故有刻本，自宋迄今，凡三百餘年矣，其廢缺鮮傳，無足怪者。今太子少保、工部尚書内江李公以公蜀人，爲鄉邦先正，撫政之暇，訪而得其什九，輒用勘校，命吾邑義士安國以便版從事。其什之一，尋又得而補焉。間屬吾令暢子實問序於寶。寶晚學荒陋，嚮往於公豈不勤且久哉，序則何敢。雖然，蓋嘗尚論之矣。

宋之有道學也始於週子，盛於兩程子，而邵子、張子同時並作，繼乃成於朱子，蓋後乎孔孟千有餘年，而先王仁義禮樂之懿，日可復興，正矣大矣，精且備矣。夫然，故天下學者心悅而誠歸之，抑亦有樂其名而歸之，不由乎誠者。門焉户焉，騰兹多口，而小人之醜直惡正者乘之，是以僞學之論起焉，而謗遂及乎大儒君子。夫人也，其皆非吾徒也已。不然，何學禁一行，遂滅跡以逃，惟恐不絶，至或反戈相攻也哉。當是時，公與西山真公二人者雖罹媚嫉，屢見疏斥，罷於出入，而講明之功、持守之力弗替益勤，立朝領鎮，忠言嘉政歸焉爲吾道衛翼。國史立傳，列之儒林，爲道學之亞，厥惟允哉。公家食時讀書白鶴山下，在靖州有鶴山書院。及登政府，賜第平江，至廑理宗御書院額之賜。所至學徒不遠趨赴，蓋忌之者雖多，不能勝信之者之衆且深也。公之大節史傳已具，君子尚論其世，則所謂集云者，將可無乎。

平江，今蘇州府，公生所遊，死所歸藏也。司空公以孤卿之重兼御史中丞，撫我南甸，瞻謁公祠，如將見之。集之傳也，固其平生之誌也。司空公之名德，海内屬焉久矣。後之視今，安知不猶今之視昔乎。《詩》曰："維桑與梓，必共敬止。"寶請爲蜀人誦之。又曰："蔽芾甘棠，勿剪勿伐。"寶請爲蘇人誦之。又曰："高山仰止，景行行止。"寶請爲天下之人誦之。

嘉靖壬午秋七月朔，咨善大夫、南京禮部尚書、奉詔侍養、前户部左侍郎、都察院右副都御史、總督漕運無錫邵寶書於二泉精舍。明嘉靖安國銅活字本《重校鶴山先生大全文集》卷末

鶴山魏文靖公文集序嘉靖二年二月　（明）劉瑞

鶴山魏文靖公，蜀人也，正學直道，齊名真西山氏，海内稱表望焉。事宋寧宗、理宗，知其賢而不用，用亦不克專且久。公每入朝，輒侃侃論天下事，至數十萬言，皆剴切正大，

夫人所難也。用是忌於群小，累進輒知外郡。晚歲與西山同召，庶幾其有爲矣。群小愈忌之，陰肆排擯，遂以督府中公。公於是復去國，而遂不起矣。方公與西山之去國也，群小大喜，至以"真小人、偽君子"目之。嗟乎！史彌遠、梁成大不足道也，而元首於上者，果何爲哉。

自古論天下之治者有三，用人大務也，知人大機也，正心大本也，堯、舜、禹、皋陶籲咈一堂者莫先焉。故其言曰知人則哲，曰難任人，曰任賢勿貳，去邪勿疑，蓋凜凜於君子小人之辨若此。傳於商湯、文、武、週公、孔子，皆一道也。夫如是，而後可以言治矣。彼二宗者有是乎？知而不真也，用而不久也，大本昏繆，正邪倒置，則何怪乎群小之有是言也。宋治不競，詎不以此也哉。公所至興學校，作人才，講明程、朱之學，四方之士從游者甚眾，著書考古無虛日。《九經要義》百卷，有儒先所未發者，與西山《大學衍義》同功。然卒莫之傳也，豈非數哉。

今太子少保、工部尚書内江李公奉命撫三吳，嘗止公書院，歎曰："斯文遠矣，伊誰之責？"乃訪文集舊本於蘇人，完缺正訛，命知無錫縣暢侯華摹焉。工訖，李公以書來曰："子亦蜀人也，盍序之？"李公抱經濟之略，水利有成功矣。乃又念前輩之凋謝，表正學以興吉士風，信無愧於鶴山者。若暢侯之崇古，皆可重也已。

嘉靖二年癸未仲春之吉，亞中大夫、南京光禄寺卿、前翰林檢討、修國史、經筵官西蜀劉瑞序。明嘉靖安國銅活字本《重校鶴山先生大全文集》卷末

跋鶴山文集後嘉靖二年四月十五日　（明）暢華

有真儒而後有善治，無真儒而有善治者，偽也，否則伯耳。宋以來，程、朱崛起，乃後真、魏復出，有真儒矣。而其時皆不知用，或雖用不專，或既用復絀，欲求其治之善，得乎？鶴山魏氏之學，真儒之翼衛也。使能見用，則即物以明義，及身以求仁，其於善治，必能興復。然於君子小人之辨不明，反抵毀且禁逐焉，可以觀世矣。國朝正學既明，大道復行，學者非程、宋不習，其於真、魏，皆知向慕，故其爲治超漢、唐而直宗乎三代。今太子少保李公身際明時，且當今上中興，撫控南畿，卓有成効矣。尤惓惓於正學之崇，大道之敦。其平江撫治，故爲鶴山賜第，公於瞻拜之餘，尤切仰止。嘗以鶴山所著《九經要義》不可得，得其文集斯可矣。始得其十九，復求其遺缺，凡若干卷。華因請得而摹焉。學者即其文集以求其義理之學，以之事君，不有裨道德之治者鮮矣。摹成，復因公命，敢贅此於末簡。

嘉靖二年癸未夏四月望①，賜進士、知無錫縣事隴西後學暢華拜手謹書。清道光鳴野山房影鈔明嘉靖安國銅活字本《重校鶴山先生大全文集》卷末

鶴山先生大全集跋嘉靖初　（明）安國

上闕鋟楮之勞，又無鋟梓之費，俾印成之日，廣佈於四方，而窮鄉僻壤有誌於聖人之道

---

① 二：原作"三"，按癸未爲嘉靖二年，故改。

者，皆得知而行之於彝倫日用之間，以同歸於聖賢君子之域。其不及者，亦得竊隙光匀水於緒見雜出者以自照而自潤，是則文字之托於斯版者雖微，而所以淑人心，植世教，公聖人心法，施之無窮者，則未必無小補云。錫山安國謹書。明嘉靖安國銅活字本《重校鶴山先生大全文集》卷末

刻鶴山文集成紀後嘉靖三十年五月　（明）吳鳳

余讀史，素慕公之爲人。既令彭水，得公石刻於斷碑中，遒勁莊冽，企仰倍昔。乃庚戌冬守邛州，瞻拜祠下，訪跡景行，益重私淑之念。適大巡鄢劍泉公、兵巡高玉華公慨公事功不竟，文集弗傳，捐贖金，命鳳佐費而董成之。表章前哲，風厲後學，甚盛心也。予敬承之，偕同事取舊本校訂，募工繡諸梓，始是年十月初，至次年五月末就。計集一百令七卷，板二千二百乙十六葉。刻成展讀之，學行風節，凜然生氣，遵以藏之學宮，庶永傳美云。時皇元四年辛亥歲夏五月日[①]，後學貴溪梧岡吳鳳拜書。明嘉靖刻本《鶴山文集》卷末

魏鶴山先生文集序萬歷間　（明）張之厚

昔漢文翁治蜀，選弟子開美有材者，乃減少府，買刀佈，遣詣長安，受業博士，學成使之歸教於鄉，而蜀人遂多知學者矣。終漢之世，如長卿《上林》諸賦、子雲《太玄》《法言》，皆奇瓌卓絕之才。然溺於浮華艱澀，而立身本末尚有可議。歷魏、晉、唐、宋，二千餘載，而蜀人士咸知義理之學，則自鶴山先生始。公崛起蒲江，築室開館，毅然以洙泗、伊洛之道脈爲己任。登制之時，黨禁鼎沸，士大夫諱言之。公爲潼川轉運，上疏乞與週、張、二程定爵諡，示學者趨向。斯其識抑何偉也！一時蜀名士游侶、吳詠、牟子才，皆負笈受業。而公忠義之氣，時露於筆區墨性之間。在朝纔六月，前後二十餘疏，皆當時急務。在靖州則有《九經要義》，訂定精密，與濂溪之無欲，橫渠之禮教，程伯子之克勤小物、形上形下之旨有默合焉。其所得於方子[②]、廣者，則淵源晦翁者也。予謂有週、張、二程，不可無朱子；有朱子而無公以羽翼之，則致知物格之旨末學日墮蓁莽，而未免有支離瑣碎之患。然則公之有功道學，又非獨蜀人士之沾丐已也。

公生平著作甚富，邛舊有鏤板，歲寢剝蝕。予兩過邛州，索之不可得，悵然者良久。已而州守陳君請於兵憲使者孫公，雅嗜文學，相與捐俸，鳩工補鍥，且令博士弟子楊守敬輩搜尋原本，復加訂正，屹然稱完帙矣。或有問於予曰："文，載道之器也，道與器則有分矣。今茲之刻，得無鍥舟求劍之類耶？"予曰："不然。文不在茲乎，詞達而已矣，弗文奚達也。藻潤太平，羽翼道統，皆此誌也。公當禁學之日，雅誌九經，有唐虞三代之思，或發之奏疏、碑銘、詩歌，極澎濞斐亹之致，有典謨訓誥之風。文與道奚二也。"或者又曰："昔人謂華甫奏疏固佳，至作碑銘，雖雄麗典實，大槩似一篇好策耳。"予曰："是又不然。韓愈之文濟以經術，杜甫之詩秉於忠義。以予觀公之文，其本之忠義而兼之經濟者耶。歐陽公云：

---

① 此"皇元四年"當誤。按貴溪吳鳳，據雍正《江西通誌》卷五四，爲嘉靖元年鄉試者。又高玉華名翀，亦嘉靖元年鄉試，五年進士，出補四川參議、按察副使。故此《紀後》當爲嘉靖三十年辛亥，據此署題下。

② 方子：原作"燔"，據蔡方鹿《魏了翁評傳》改（巴蜀書社1993年版，第35頁）。方子乃李方子，廣乃輔廣。

眉山在西南數千里外，父子一日名動京師，文章遂擅天下。矧魏公之文輔道而行者乎？”

陳守既刻是集以傳諸後學①，又率諸生索予一言弁其首。予嘉其有廬江風，故因文而合之道，以見道脈之流行天壤間，斷而復續，翳而復章，皆浮動於人之精神，真別有一物以主之。如徒侈備一方文獻之徵，則予可無容言矣。孫公名好古，湯陰人；陳君名應蛟，定海人。明萬曆刻本《補續全蜀藝文誌》卷二三

魏鶴山先生文集跋康熙六年六月　（清）季振宜

魏鶴山先生集乙百餘卷，大約從週、程、張、朱之學爲多，而其碑銘實大手筆，皆南宋有關係文字，可以補史所不足。惜乎版籍訛缺，邊傍頭脚，字多倒易，對之煩悶，揮扇不置，背欲生鹽。時康熙六年六月朔日也。季滄葦記。明嘉靖安國銅活字本《重校鶴山先生大全文集》卷首

魏鶴山文集跋嘉慶二年三月二日　（清）黃丕烈

余向從書肆中買得魏鶴山集，係明邛州刊本，而又雜入錫山安國刊本影寫者，訛舛殘闕，不可卒讀，即還之矣。後聞郡故藏書家有宋本，急欲一見，而索直數百金，不能借出，心殊怏怏焉。嘉慶紀元之冬，友人顧開之攜此書來，議直再三，竟以白金六十兩購得。雖書中殘闕幾及二十卷，而目錄完好，猶可得其大畧。因憶明本目錄全無，則此本猶可據目尋訪。首卷缺一葉並二葉四行，已遭俗手改易面目，所缺之卷，亦爲妄人補寫成帙，按題核之，全無是處。爰命工重裝，於首卷存其舊觀，於補抄盡行撤去。倘日後更遇宋刻完好者，尚可一一錄入。不則毋寧缺之，不致以僞亂真耳。前序後跋，其楮墨字畫均非本書一例，或後人補刊亦未可知，當與識者辨之。嘉慶二年歲在丁巳季春上旬二日，蕘圃黃丕烈。四部叢刊本《鶴山先生大全文集》卷末

魏鶴山文集又跋嘉慶十二年十月　（清）黃丕烈

嘉慶丁卯冬十月，復收得錫山安氏館刻，翻閱一過，宋本所失者十八至七十七卷都有，惟一百八卷仍闕如也。至缺葉，十不得一。以宋刻校之，似明刻即從此本出，而闕卷何以多有？或明代刻時未失耶，抑別本據補耶？余初得此宋刻時，似亦有鈔補者，因照目錄不符，且有以他卷之文攙入者，故輟之也。今以明刻所有之卷對宋刻目錄悉符，非僞爲者比。惟明刻目錄與本書不符，不知當日刻時何以錯誤若此。初，書友攜此書來，不甚視爲貴重，擬置之，而仍易之，易之而仍欲去之。後因宋刻缺卷都有，可留此以備卒讀。他日本利少餘，別遇宋刻，互相參證，俾魏集完好無缺，不更倖歟？復翁記。四部叢刊本《鶴山先生大全文集》卷首

魏鶴山文集再跋　（清）黃丕烈

凡書以祖本爲貴，即如此集，卷一失一葉有二行②，題爲《寄題雅州胥園》，而目錄仍依其舊。明刻並目錄削之，是可歎也。且明刻不但此卷不遵宋刻，餘卷亦任意分並，有有書而目錄反無者，是又可歎也。就此集而論，目錄二卷已屬至寶，矧通体邪？復翁又記。四部

---

① 傳諸：原作“註精”，據嘉慶《邛州直隸州誌》卷三九改。
② 有二行：今四部叢刊本《鶴山先生大全文集》另頁空四行。

叢刊本《鶴山先生大全文集》卷首

鶴山大全集跋　（清）錢大昕

《鶴山先生大全集》宋槧本，黃孝廉堯圃所藏，有吳淵序、吳潛後序，又有跋一篇，末題"開慶改元夏五月甲子，諸生、朝請大夫、成都府路提點刑獄公"，其下殘闕，姓名不可考矣。細繹其文，蓋亦蜀人，登寶慶元年進士，嘗通判靖州者。此集先有姑蘇、溫溪兩刻本，皆止百卷。至是始合《週禮折衷》《師友雅言》並它文增入，爲百有十卷，故有《大全集》之稱。所憾闕失十有二卷，即存者亦不無魯魚亥豕之訛，又有合兩卷聯爲一卷者。然世間恐無第二本矣①。清嘉慶刻本《十駕齋養新錄》卷一四

魏鶴山文集又跋嘉慶五年四月　（清）錢大昕

庚申春季，昭文同年張子和來郡，談及有舊本殘零之魏鶴山集，余屬其攜來。越日書至，則錫山安國重刊本也。自九十八以至一百九十，與宋刻存卷並同，則可知明時所存已不全矣。向疑一百二卷內末有缺，今觀安刻，亦復如是，當非殘缺。一百九十卷安刻有首頁及後葉四字俱存，因影摹存覽。後跋"提點刑獄公"已下無文，安刻正同。惟吳潛後序完善，宋刻俱失。然尾葉餘帋爲後人補綴，於前半葉下尚留端平云云字跡，可知宋刻本有而失之矣。今悉影摹，附諸卷末云。

庚申四月十九日，錢大昕假讀。閏月廿日讀畢，時年七十有三。四部叢刊本《鶴山先生大全文集》卷末

鶴山先生大全集跋　（清）顧廣圻

《鶴山先生大全集》一百十卷，每半葉十一行，每行廿字。首有淳祐己酉宛陵吳淵序②，第一卷首缺損一葉又四行，其第五行始爲《寄題雅州胥園》云云，而明邛州刻本竟以此題爲首，誤甚矣。惜缺十八、十九、卅五至卅八、四十三至四十六、五十至五十三、七十五至七十七、一百八，凡十八卷。西山與鶴山並稱，洶南宋之兩大儒也。予皆得其集之善本，亦足以豪矣。清嘉慶道光間吳縣黃氏刊本《百宋一廛賦·奇兩探於真魏》

鶴山集提要浙江鮑士恭家藏本　乾隆四十六年十月　（清）紀昀等

臣等謹按：《鶴山集》一百九卷，宋魏了翁撰。了翁字華父，邛州蒲江人，慶元五年進士，歷官資政殿學士、福建安撫使，卒贈太師，諡文靖。事跡據《宋史·儒林傳》。了翁文章極富，本各自爲集，此本乃後人取生平著作合編而成。其三十五卷下題《渠陽集》，三十七卷下題《朝京集》，九十卷下題《自庵類稿》，則猶仍其舊名，刊削未盡者也。

史稱了翁年十五時爲《韓愈論》，抑揚頓挫，已有作者之風。其根柢極爲深厚，故自中年後篤誌經術，造詣精粹，所作醇正有法，紆徐宕折，出乎自然，絶無講學者空疎板腐之病。所上奏議，亦多秉義切劘，誠意懇到。蓋載道之言與窮經之旨醞釀而成，卓然不愧大家

---

①　按，《竹汀先生日記鈔》卷一於句末有"鮑以文所藏係明嘉靖辛亥四川兵備副使高翀等刊本，今已入內府矣。又有錫山安國刊本，皆未得見"之句，其中"辛亥"原作"辛丑"，參吳鳳《刻鶴山文集成紀後》校記改。

②　淳祐：原作"淳熙"，據四部叢刊本《鶴山先生大全文集》卷首吳淵序改。

之目，正不獨其人爲足傳矣。集原本一百卷，見於焦竑《經籍誌》，前有淳祐己酉宛陵吳淵序①，凡詩十二卷，箋表、制誥、奏議等十八卷，書牘七卷，記十三卷，序銘、字説、跋等十五卷，啓三卷，誌、狀二十一卷，祭文、挽詩三卷，策問一卷，長短句三卷，雜文四卷。其自一百一卷至一百十卷，皆註云新增，則刊行者所續入，爲制舉文三卷②，《週禮折衷》四卷、《拾遺》一卷，《師友雅言》二卷。

元、明間集版湮廢。嘉靖辛亥，四川兵備副使高翀等始重刻於邛州，而校訂草率，與目多不相應，或書中有此文而目反佚之，疑有所竄改，已非其舊。又目凡一百十卷，而吳鳳後序稱一百七卷，蓋重訂時失於檢勘，《週禮折衷》並爲三卷，以《師友雅言》並爲一卷，又闕《拾遺》一卷，故實止此數。然世間僅存此本，流傳甚稀。今重加校定，仍其所闕，析其所並，定爲一百九卷。而原目之參錯不合者，則削而不錄焉。乾隆四十六年十月恭校上。總纂官臣紀昀、臣陸錫熊、臣孫士毅，總校官臣陸費墀。《四庫全書》本《鶴山集》卷首

重校鶴山先生大全文集一百九卷明活字本　　（清）瞿鏞

宋魏了翁撰，明錫山安國校刊，版心有"錫山安氏館"五字。潛研錢氏於士禮居黃氏見宋刻本，即此本所自出。前有吳淵序，後有吳潛後序。又有一跋，題"開慶改元夏五月甲子，諸生、朝請大夫、成都府路提點刑獄公"，以下闕，宋本亦同。跋中言"舊有姑蘇、溫陽兩本，皆止百卷，至是始以《週禮折衷》《師友雅言》並他文增入，爲一百九卷，故題曰重校"。此刻後復有嘉靖辛亥四川兵備副使高翀刊本③。清光緒常熟瞿氏家塾刻本《鐵琴銅劍樓藏書目錄》卷二一

重校鶴山先生大全文集一百九卷　　（清）耿文光

宋魏了翁撰，明安國活字本。前有淳祐已酉宛陵吳淵序，淳祐辛亥吳潛後序，又開慶元年序缺名，嘉靖壬午邵寶序，嘉靖癸未暢華跋。

吳氏序曰：端平二年冬，潛以右文殿修撰知太平州，時文靖魏公由樞筦督視江淮軍事，暇日尊俎笑談，獲見公高文大册，及聞公崇論宏議，日充然有所得也。嘗曰：學必本六經之謂正學，道必本堯、舜、禹、湯、文、武、週公、孔、孟之謂正道。彼邪説詖行，是乃荊榛，辟而通之，則理到文醇矣。至於天文、地理、禮樂、律曆、官制、兵法、典章、文物，莫不究極纚纚，如辨白黑而數一二。潛益信公根柢學問，枝葉文章，落陳啓新，翼華抵實，天出神入，不可覊控。此豈偶然之故哉！後二年公殁，又十有五年，公之子近思、克愚相與搜遺亡軼，有正集、外集、奏議凡一百卷，將鋟梓行於世。既屬叔氏序其首，又俾潛曰："子爲我申言之。"潛竊謂渡江以來，人文大興，上足以接慶曆、元祐之盛，至乾、淳間大儒輩出，朱文公倡於建，張宣公倡於潭，呂成公倡於婺，皆著書立言，自爲一家。寥寥四五十

---

① 淳祐：原作"淳熙"，據四部叢刊本《鶴山先生大全文集》卷首吳淵序改。
② 舉：原作"學"，據四部叢刊本《鶴山先生大全文集》卷一〇改。
③ 辛亥：原作"辛丑"，據吳鳳《刻鶴山文集成紀後》校記改。

載，我公嗣之，識照古今而不自以爲高，忠貫日月而不自以爲異，德望在生民①，名望在四夷②，文章之望在天下後世，蓋所謂兼精粗，一本末，集乾、淳之大成者也。公諱了翁，字華父，邛之鶴山人，天下士師尊之曰鶴山先生云。民國山右叢書初編本《萬卷精華樓藏書記》卷一一八

重校鶴山先生大全文集一百九卷明活字本　季滄葦藏書　（清）丁丙

錫山安國重刊。

宋魏了翁撰。了翁字華父，邛州蒲江人，慶元五年進士。開禧元年召試，時侂胄謀開邊釁，了翁對策獨言不可，遷校書郎。親老乞外，知嘉定府，奉親還里。侂胄誅，史彌遠相，力辭召命，築室白鶴山下授徒。差知瀘州，丁母憂，免喪知潼州府，約己裕民。被召，言甚劁切，時相不樂。理宗立，求退不得。屬濟王黜削以死，有司治葬弗虔，了翁請厚倫紀。李知孝、朱端常相繼劾之，降靖州居住。紹定四年復職，彌遠卒，進華文閣待制，遂上章論十弊，分別利害。上感動，權禮部尚書，兼直學士院。首論彌遠十失，又言和議不可信，北軍不可保，軍實財用不可恃。又奏乞收還保全彌遠家御筆，乞定趙汝愚配祀宗廟，上嘉納之。以端明殿學士督視京湖、江淮軍馬，五辭不獲，乃受命，賜御書"鶴山書院"四大字。旋召爲僉書樞密院事，時以疾辭不拜，尋改福建安撫使卒。後贈太師，諡文靖，累贈秦國公。著有《鶴山集》，集有吳淵序，吳潛後序，又有跋，題"開慶改元五月，成都府路提點刑獄"，以下姓名闕。錢大昕所見黃丕烈所藏宋本亦同。

舊有姑蘇、溫溪兩本，皆止百卷。明嘉靖辛亥③，四川兵備副使高翀始以《週禮折衷》《師友雅言》並增他文爲一百九卷，題曰重校，刻於邛州。同時太子少保李公以平江撫治故爲鶴山賜第，尤切仰止，嘗求所著《九經要義》不可得，得其文集若干卷，知無錫縣隴西暢華請摹以行④，末綴一跋，而錫山安國即以活字印傳。今傳本亦罕矣，此即是也，有"康熙六年六月朔，季滄葦"朱筆題記，及"御史之章""季振宜印""滄葦印"，又"吳城之印""鷗亭印"，又"武林汪泰素家藏圖籍""汪襄檢亭"等印，大約先藏於季，繼之吳，後又歸於汪也。清光緒刻本《善本書室藏書誌》卷三一

重校鶴山先生大全文集一百十卷目録二卷宋魏了翁撰　缺卷十八，十九，卅五至卅八，四十三至四十六，五十至五十三，七十五至七十七，一百八，共缺十八卷，存九十四卷　民國元年十一月　（民國）傅增湘

宋蜀中刊本，十一行二十字，白口單闌，版心魚尾下間記刻工姓名。前有淳祐己酉夏五宛陵吳淵序。草書宋本缺第一卷第一葉，又二葉前四行。黃蕘圃跋言缺二行者誤也所缺三詩明本並題目削去，今抄存如左：

卷之一：古詩《游古白鶴山》《和薛秘書緻聞鴉韵》《和虞永康剛簡滄江鶴再誕雛》。

---

① 德望：原作"物望"，據四部叢刊本《鶴山先生大全文集》卷末吳潛後序改。
② 四夷：原作"異域"，據四部叢刊本《鶴山先生大全文集》卷末吳潛後序改。
③ 辛亥：原作"辛丑"，據吳鳳《刻鶴山文集成紀後》校記改。按，丁丙據錢大昕所云"辛丑"，敘高翀、吳鳳刻本於嘉靖初安國本之前，實誤。參上述吳鳳校記。
④ 暢華：原作"楊華"，據明嘉靖安國銅活字本《重校鶴山先生大全文集》卷末《跋鶴山文集後》暢華自書改。

有黃蕘圃丕烈跋兩則，又書所缺葉於前。卷尾有黃蕘圃跋兩則，錢竹汀大昕跋三則。

後有隸書序，題"開慶改元夏五月甲子，諸生、朝請大夫、成都府路提點刑獄公"，下闕又影抄吳潛後序。鈐有"汪士鐘藏"、白長"乾學之印"、白方"健庵"。白方［孫廷翰藏，壬子十一月見］　中華書局一九八三年《藏園群書經眼錄》卷一四，第一二六〇頁

重校鶴山先生大全文集一百十卷宋魏了翁撰　民國元年　（民國）傅增湘

明嘉靖三十年邛州知州吳鳳刊本，十一行十六字。題"邛州知州吳鳳、郡學王葵校正"，"學正李一陽、訓導週南編次"。［壬子］　中華書局一九八三年《藏園群書經眼錄》卷一四，第一二六〇頁

重校鶴山先生大全文集一百十卷宋魏了翁撰　缺卷一至廿五　民國二十四年　（民國）傅增湘

明錫山安氏活字印本，十三行十六字。每卷次行題"錫山安國重刊"，版心上方有"錫山安氏館"五字。

鈐有"恭肅公家圖書"、朱"天官冢宰之章""世篤忠貞"、皆白文大印"蔡兆蓉"、白"玉階"。朱［乙亥］　中華書局一九八三年《藏園群書經眼錄》卷一四，第一二六一頁

二、選刻序跋提要

鶴山先生文集十三卷後集十卷續集十三卷別集十一卷　（宋）趙希弁

右魏文靖公了翁字華父謫靖州日所作，故名《渠陽集》云。上海古籍出版社《郡齋讀書誌校證》附誌下，第一一九六頁

三先生諡議一卷紹定五年①　（宋）陳振孫

嘉定中，魏了翁華父爲潼川憲，奏請賜週、程諡。寶慶守李大謙集而刻之，並及諸郡祠堂記文。上海古籍出版社《直齋書錄解題》卷九，第二八四頁

三先生諡論一卷跋②同治間　（清）陳家鎮

見《書錄解題》。今未獲傳本，但於《道命錄》中得當日奏議數篇，想此書必猶有存者。或曰："此並入《大全集》矣。"清同治鈔本《鶴山述聞》卷八

鶴山詩集抄跋　（清）谷際岐

際岐謹案：《鶴山集》徧求，止得一抄本，又頗殘闕，惟翰院所藏底本有之，謹就抄錄。采蘭堂本《歷代大儒詩鈔》，轉錄自山右叢書初編本《萬卷精華樓藏書記》卷一三八

---

① 據《鶴山先生大全集》卷五五《伊洛淵源錄序》："予方自靖還邛……會邵陽守李侯大謙以予昔歲爲週、程諸儒請易諡及前後《祠堂記》粹爲一編，刻成見寄。"是爲紹定五年也。

② 論：《直齋書錄解題》卷九作"議"。

鶴山詩鈔四卷跋同治間　（清）陳家鎮

見《歷代大儒詩鈔》，係從全集中選録者。世有傳本，今於都門市肆購録之。谷際岐曰：
"謹案《鶴山先生大全文集》一百一十卷，首列詩十二卷，自卷一至六載五古一百二十九首，
七古六十九首；自卷七至十二載五律二十一首，七律一百七十三首，五絶六首，七絶二百九
十六首，六言二首；又卷九十二載挽詩一百五十一首，俱分体。總詩八百四十七首，今鈔四
百三十五首。"谷刻原本如是，今從他書搜獲數首，亦隨各体補入。清同治鈔本《鶴山述聞》卷八

鶴山文鈔跋同治間　（清）繆荃孫

同治甲戌，荃孫在蜀帥吳勤惠公幕。公持舊鈔《魏鶴山大全集》屬校勘付梓，因魏公蜀
人也。舊鈔本出自梁溪安氏，脱誤特甚，又無他本可校，僅取文字之完整者，及汲古所刻
《題跋》與碑版之搨本對勘，刊成《文鈔》四十卷。然空白尚多，未敢臆定。後於錢塘丁氏
傳鈔一部，亦出梁溪安氏，以邛州高氏殘刊本校過，較吳本略爲完善。世有宋本，今歸吾友
孫問青編修，即錢辛楣所跋者。他日如能假讀以成完璧，或亦鶴山先生所默許者乎。翻閱既
多，因編爲《年譜》一卷，分年隸事。容有訛舛，閱者教之。江陰後學繆荃孫識。清同治本
《鶴山文鈔》卷末

鶴山先生渠陽詩序端平三年六月　（宋）游侶

詩者古之所以歌也，上自帝王，下至婦人女子之賤，情動於中而形於言，天之高，地之
卑，日月星辰之明，鬼神之幽，宗廟之美，事物之富，比興《雅》《頌》，惟其意之所之，初
豈拘拘然句鍛字煉，務爲有所據證哉。毛、鄭祖《爾雅》，已不能無異説。而後之學者如
《草木》、如《蟲魚註》，乃附益之，此宜見笑於大方之家也。雖然，前輩謂杜子美詩無一字
無來處，不讀萬卷書，不足以游其藩。而或又媲之司馬子長，則亦以其游半天下，櫫於目、
感於心者不一而足也。然則詩之作，情動形言，所本如此，如將跡而求之，不破此讀，爲此
游，烏能得其目之所櫫、心之所感而發露之於筌蹏間哉。由是言之，詩之作固難，而後之
學者以己之心目摹想人之心目，亦不易易也。

鶴山居士出語妙天下，渠陽數載，德進業修，形於詩者蓋其緒餘，而陶、謝已不能枝梧
矣。此讀此游，勝子美之於子長也。

閩川王君德文週卿好之篤，思之深，油然而有得也。段鎗寸錦，標本成編，暇日示余。
余戲之曰："居士以心之所感者動於情，而子以未嘗感者會其心；居士以目之所櫫者形於
言，而子以未嘗櫫者會其目，居士其如子何？子其如居士何？"王君笑曰："吾其如居士何
哉！抑吾聞之，言之形者有定，而情之動者無窮。吾姑藏之家，三年時出之，以即其會於心
目，吾庶有覺也。"余曰："有是哉，可以言詩也已矣。"因爲之書。王君之祖嘗交山谷，谷
和其石鼎諸詩，淵源蓋有自云。端平三年六月庚子，南充游侶書。明刻本《註鶴山先生渠陽詩》
卷首

註鶴山先生渠陽詩跋端平二年十月　（宋）王德文

嘗觀古人立朝論事奮不顧身，其風節若可表厲斯世。逮夫處幽閒寂寞之濱，則悲傷憤鬱

形於詩歌，有不能一朝居者。雖以屈、賈、韓、柳，弗免此累。鶴山先生六載渠陽，授道著書之餘，日與騷人墨客以詩相倡酬，春容暇豫，儼然有春風沂泗氣象，視數公何如哉。

渠陽之詩天下傳誦，雞林亦爭致之。其間用事宏奧，攬者不能盡知。德文舊登宮牆，昕夕把玩，隨筆箋釋，會粹成編。末學謏聞，藻繪太清，多見其不知量也。昔孫莘老謂老杜詩無兩字無來歷，德文於先生之詩亦云。端平乙未良月既望，門人承信郎、新監寧國府南陵縣酒稅務王德文謹書。

《註渠陽詩》六卷①，嗣容鋟梓。明刻本《註鶴山先生渠陽詩》卷末

又跋淳祐二年十月　　（宋）王德文

是歲之冬，德文袖此編呈先生，辱獎借甚寵，許為之跋。時督府弘開，有未暇及。越明年，領所答書，且親札教以當時作詩本旨，復於鳳山李先生檟尾述前諸，誘掖之意深矣。德文方倖再趨大席，居無何，遽成玉樓之召。追惟已知云亡，重增珍瘁之歎。兹於各詩下添入先生親筆批註數字云。淳祐二年良月既望，門人承節郎、前辟監徽州造紙局門王德文再拜謹書。光緒二十八年《景宋本註鶴山先生渠陽詩》卷末

和魏鶴山讀易亭詩後淳祐元年十月　　（宋）王遂

未畫之前元有易，八極茫茫自充斥。品物流形本一源，二氣良能妙無跡。陰消未盡陽已長，止息中間即生息。南枝邂逅見天心，意悟神交非力索。花開花落動經年，勁節清芬猶昨日。乾元剛健養純粹，蓄德輝光根篤實。霜冰馴致閱陰凝，雷雨滿盈觀草苗。古往今來共宇宙，呼吸一機同出入。先生學力造精微，此度看花心轉密。千葩百卉從兹始，天下之動貞夫一。子雲草《玄》強欲擬，投閣終然厭惟寂。此花此易誰得知，無極之翁曾默識。

寶慶乙酉，遂在先人墓所，聞魏鶴山遠謫，摰舟同漫塘訪之呂城丹陽間。鶴山既至古誠，書此詩見寄，遂嘗和之，漫塘所擊節也。後一紀，遂在殿中，鶴山時為僉書，論事與真參政如出一口。未幾提師督視，後踰年，回至姑蘇。適遂蒙上恩出守，得以經紀喪事。獨念其言論風旨有未傳於當世者，而王兄德文獨取其貶所詩為之註。王兄乃渡江初著作蘋之孫，其文學行義根本伊洛，宜其獨取乎此。淳祐改元十月小雪前三日，朝散大夫、顯謨閣待制、知寧國軍府事王遂題。明刻本《註鶴山先生渠陽詩》卷末

註鶴山先生渠陽詩跋淳祐二年二月　　（宋）呂午

《渠陽詩集》大抵根以義理，而廣引諸書以發明之，與連篇累牘不出風雲月露者異矣。午每虞讀者不知其所援之事，將並與詩之本旨失之。今王君週卿好古博雅君子也，句釋字註，一見了然，其趙次公之於坡仙歟？三復敬歎，輒書其後歸之。淳祐二年二月旦日，竹坡呂午謹跋。明刻本《註鶴山先生渠陽詩》卷末

註鶴山先生渠陽詩跋淳祐二年三月　　（宋）李心傳

---

① 六卷：據明刻、清影宋刻李心傳淳祐二年二月《跋》：王德文"以所註魏鶴山梅花詩及王實齋和章、真西山、游克齋、杜立齋跋語筆帖示余"，則稿成者僅有梅花詩註一首，或一卷也。

著作王先生，河南高第弟子也。其孫週卿游諸公間甚久，余識之十年矣。一日，以所註魏鶴山梅花詩及王實齋和章、真西山、游克齋、杜立齋跋語筆帖示余。五公皆天下正人，週卿趨向可謂無忝所生矣。余秋皐僑居，方務循省，故不能措一詞。但哦"不見兩玉人"之詩，爲之三歎，姑題其後如此。雖然，先生之永以望後人者，意其不止此也，週卿尚勉之哉。淳祐橫艾攝格提立夏前三日，雪溪病叟李心傳。明刻本《註鶴山先生渠陽詩》卷末

王週卿註鶴山詩跋淳祐二年三月　　（宋）方嶽

前輩詩多矣，週卿獨爲鶴山故；鶴山詩亦多矣，週卿獨爲其在渠陽時故。"風雨凄凄，雞鳴喈喈"，鶴山以之；"他山有石，可以攻玉"，週卿以之。淳祐二三十九，歙人方某書於桐廬舟中。四庫全書本《秋崖集》卷三八

註鶴山先生渠陽詩跋淳祐二年四月　　（宋）葉大有

鶴山先生達消息行藏之理，正固於渠陽之遷，發舒於端平初，其涵養深功，自得於逢梅之作。王丈週卿，閩産也，尚操南音，踵門學焉。以意逆誌，又考傳以證辭，爲之忠臣。蓋德厚者流光，其先著作之業自伊、洛來也。嗚呼！鶴山猶梅也，天下見其華而未及羹其實，非梅之罪也。候蟲奮地桃李妍，所以續生意者寓於詩，週卿其思之。淳祐壬寅正陽月中澣，莆陽葉大有敬跋。明刻本《註鶴山先生渠陽詩》卷末

跋渠陽詩註卷　　（清）翁方綱

渠陽山名，魏公以名其集，又著有《渠陽雜鈔》。而此《渠陽詩註》之刻，今竟無傳本。若非此卷，則王公德文之註與其裔孫惟之付梓不幾湮沒於後世耶。王氏註渠陽詩歲月不可考，今觀魏公手札有鶴山書院印，則理宗賜以御書唐人嚴武詩二十八字及"鶴山書院"四大字在紹定末年①，此札蓋在紹定、端平間，爲先生晚歲之筆矣。倘得王氏此註遺帙尚在人間，以此三札刻於卷尾，豈不快歟！姑識此以俟之。

後有明賢四跋，吳、王二公人所知也。李傑字世賢，常熟人，成化丙戌進士，選庶吉士，授編修，官至禮部尚書。徐源字仲山，別號椒園道人，家於吳長洲尹山之瓜涇，故以瓜涇自號。成化乙未進士，官至都察院右副都御史、巡撫山東，有《瓜涇集》二卷。予昔於壬辰夏得吳匏庵手跡一幅，與友人言瓜涇請歸事，而適買得《瓜涇集》舊本。今乃題此卷而及之，信亦有緣也耶。清李彥章校刻本《復初齋文集》卷一八

魏鶴山渠陽詩集一卷宋本　嘉慶二十一年六月　　（清）黃丕烈

海鹽黃椒升，余二十年前友也，頗藏書，最喜金石，尤好蓄古印，兼精篆刻。嘗往來吳門，從潛研老人游，故余得訂交焉。每一至郡，必攜古書相質證，余時或得之。後爲小官於閩中，不見者數載矣。二三年前曾訪余，知辭官歸，欲謀遷秩而無資，蓋家業亦中落，宦情亦差淡也。恩恩別去。別後寄示《渠陽詩》一冊，本僅一帙，而古香古色，溢於楮墨間。彼蓋重其爲宋刻，故贈余也。余一見即定爲宋刻。適坊間借得松江程氏《清綺堂書目》載有

---

① 紹定末年：當誤。據《宋史》本傳，理宗御書及賜字在端平二年十二月。

《魏鶴山渠陽詩》一卷，宋板一冊，余言爲益信云。

此種本非老眼竟不辨其爲宋板。余故照宋板《魏鶴山集》大小重裝，附於全集後，俾知此亦宋刻也。且刻本亦有一時風氣，觀全集後刻手，方知此亦刻手相同，余故取以附之也。丙子季夏二十八日記。在卷末　清光緒十年滂喜齋刻本《士禮居藏書題跋記》卷五

註鶴山先生渠陽詩一卷宋刊本　（清）瞿鏞

題門人承信郎、新監寧國府南陵縣酒稅務王德文。案此冊僅註鶴山謫渠陽時所作《讀易亭詩》一首，附實齋王先生和詩一首。前有端平三年南充游侣序及鶴山手札，後有淳祐改元王遂跋，又淳祐橫艾攝提格雪溪李心傳跋，淳祐壬寅莆陽葉大有跋，淳祐二年竹坡吕午跋，終以端平乙未德文自跋。後記"《註渠陽詩》六卷，嗣容鋟梓"一行①。凡諸名賢作序跋時有書翰與之，亦附刻於中，皆用手書真跡，古雅可愛。卷首有"士禮居""黄錫蕃印""椒升"諸朱記。清光緒常熟瞿氏家塾刻本《鐵琴銅劍樓藏書目録》卷二一

註渠陽詩跋光緒二十六年　（清）劉世珩

魏鶴山《讀易亭詩》，王週卿德文註之，王實齋遂和之，游丞相侣序之。後又有鶴山札子、真大參德秀、杜尚書範、李侍郎心傳、李大參性傳、吕宗卿午、葉秘書大有各家札子題跋，均以手書開雕，淳祐二年刊本。按王週卿爲著作郎王蘋之孫，游丞相列傳見《宋史》四百十七，實齋見《宋史》四百十五。實齋字去非，又字潁叔，樞密副使韶之元孫，金壇人。傳云曾知平江府②，與同里劉宰稱同誌，即跋所云"拏舟同漫塘訪鶴山，見此詩，漫塘所擊節"也。真大參見《宋史》四百三十七，杜尚書、吕宗卿見《宋史》四百第七。宗卿跋署銜宗正少卿、知泉州，與傳合。有《竹坡類稿》。李侍郎見《宋史》四百三十八，大參見《宋史》四百十九。侍郎與大參昆季也。葉秘書曾任御史，《鶴林玉露·丙編自序》："余爲臨川郡從事，侍御葉大有忽劾余罷官。"即此人也。諸賢手札明成化間具存，見吳匏庵《家藏集》及鬱逢慶《續書畫記》，《復初齋跋》祗剩三種，今不知歸何所。此本宋刊宋印，當與宋賢札子同看。近時書目只鐵琴銅劍樓有之，匏庵、覃溪皆未見也。卷首有"仲魚過目"小印，又有"華山馬仲安家藏善本"一印，卷尾有"馬仲安印""馬寒中"朱白文二印③，蓋先歸道古樓，後歸士鄉堂者④。己亥冬，章碩卿自鄂來，此書得歸我齋中。光緒庚子長至⑤，貴池劉世珩藏記。光緒二十八年《景宋本註魏鶴山渠陽詩》卷末

註渠陽詩跋光緒二十八年十月　（清）劉世珩

《鐵琴銅劍樓書目·註渠陽詩》一卷，尾有"嗣容校刊"一行。按匏翁《家藏集》五十五有《宋賢三帖跋》，云："週卿裔孫觀字惟顒者，既取舊本翻雕，後得此三帖，裝池寄示。"因思瞿目嗣即裔孫，容即顒字之恭代，遂與瞿目脗合。此本無此一行，而卷後絶無割裂痕，

---

① 註渠陽詩六卷嗣容鋟梓：今光緒間《景宋本註鶴山先生渠陽詩》卷末王德文跋無此十字。
② "曾"下原衍一"云"字，據繆荃孫《藝風堂文續集》删。
③ 馬：原在上句"安"字後，據吳壽暘《拜經樓藏書題跋記》卷五《欒城集》條乙。
④ 按，自此以上跋文又見於繆荃孫《藝風堂文續集》卷七，是繆氏所代筆也。下篇同。
⑤ 光緒庚子長至：繆荃孫《藝風堂文續集》卷七作"光緒壬寅立冬日"。

是瞿氏所藏爲明翻宋刻者，直此本爲宋刻真本矣，海内僅有之書，尤足寶貴。壬寅十月二十有二日，付黄岡陶子麟景刻，復爲書此。玉海堂主人手記。光緒二十八年《景宋本註魏鶴山渠陽詩》卷末

註渠陽詩跋光緒二十八年九月　　（清）曹元忠

《鶴林玉露》載魏鶴山詩云：“遠鐘入枕報新晴，衾鐵衣棱夢不成。起傍梅花讀《週易》，一窗明月四簷聲。”後貶渠陽，於古梅下立讀易亭，作詩云云，即此編也。宋槧精美，且王週卿註多引古籍，後附西山諸賢手札，皆鉤摹上版，深可寶貴。且考諸賢手札，明成、宏間具存，故吾鄉吳文定題真西山與王週卿手簡，並及魏參政了翁、游丞相侣、杜丞相範、王待制遂、李侍郎心傳，見鬱逢慶《續書畫題跋記》。逮我朝乾、嘉時，祇剩三札，見《復初齋集・跋渠陽詩註卷》，然皆與註別行，故匏庵、覃溪見聞極博，俱於此編曾未寓目，蓋自明以來久爲秘本矣。宜蕙石同年得之，珍若球璧，亟景刊以行世也。光緒壬寅重陽前三日，吳曹元忠。光緒二十八年《景宋本註魏鶴山渠陽詩》卷末

又跋光緒二十八年九月　　（清）曹元忠

是書據覃溪跋，週卿裔孫唯顒嘗付之梓，當本卷後李傑、徐源跋語。考唯顒名氏亦見沈週《石田集》，又王文恪《震澤集》有《跋真西山墨跡》及題魏鶴山、杜範、李心傳手札，即此編後諸賢書也，皆唯顒，疑鶴軒中物。當時家藏如宋著作王蘋褒勅、王德文公據、宋世登仕郎牒，文恪悉爲題跋。蓋唯顒隱於醫，與文恪交善，故文恪爲唯顒像讚，有“跡寓軒岐，誌敦儒素”，及“功奏十全，命辭屢辟”之句，亦吾吳隱君子之當表曝者。因並書之。重九，元忠。光緒二十八年《景宋本註魏鶴山渠陽詩》卷末

鶴山師友雅言序嘉熙三年十月　　（宋）游侣

鶴山公以高明俊偉之姿，刻意於學，不肯隨聲接響，躡陳駕虚，如求驪龍之珠，必下九淵而親攬之乃已。故其議論窮極根柢，多異乎人。匪求異人，實能得衆人之所未得也。尚憶嘉定十有四載，余方家居，公致之潼川郡齋，同諸友讀《易》，徧考舊説，切磋究之。一日，言前輩賦雪詩，欲爲人所未嘗道者。今觀其語，亦豈人説所不能道，若週濂溪無極太極，乃前無古人耳。余因及往歲侍後溪先生，先生謂劉侍郎韶美勸閲註疏，以爲不先此而立論，恐徒高明而不實，公深然之。及公在渠陽，大肆其力於經，如註疏率三四讀，且鈔成編。其是若非博考詳説，所蓄既厚，厥見孔明。晚歲披幽抉微，捂妄扶正，一話之出，世竦未聞。

税君巽父輯爲《雅言》，大略可睹。然公之再入，勸誦金華，嘗過余語，今日進講至《易》之泰，吾從旁奏内君子、外小人固爲泰也，第在外而心腹是寄不爲外，在内而情意不親不爲内，余擊節稱歎，公亦自得。今巽父乃不及記，則其胸奇之藴，未暇徧以語人者亦多矣。嗚呼！使天假之年，而巽父輩終身左右，隨聞記録，則所以私淑後人者又可勝計哉。嘉熙三年十月朔，南充游侣序。元至正二十四年吳郡金氏刊本《師友雅言》卷首

鶴山師友雅言序嘉熙元年五月　　（宋）税與權

予登鶴山先生之門蓋歷二紀，以先生出入中外間七八年，或五六年，或四三年，每一

見，則所聞輒一超絕。及先生返自南遷，起家鎮瀘，予執經從之，相攜入京，登宥府視事①，洎賜環奉藩②，以訖夢奠，湖海往來，永日清夜，瞻前忽後。先生非聖之書不讀，多發儒先所未言。眆於甲午夏以洎丁酉春，隨所得録之，反復玩索，如入武庫，如游寶藏，如登喬嶽以觀天下，斯所謂仰彌高而鑽彌堅者。嗚呼！以予四閱寒暑，凡所逮聞如此其富，則二三子久相從游而不離左右者，又可想而知哉。昔嘗見先生移書蒙齋袁侍郎云：“某於六經名數文義重下頓工夫③，的然見古人所誌所學，歷戰國、暴秦以後無傳焉。極於五胡之亂，影滅跡絶。其間豈無經生學士各隨才分，有所建立？然鶩於高遠者，惟欲直指徑造，以步步而行、字字而講者為卑近；而安於卑近者④，則又以區區記誦、小小辭章為學問之極功。所謂合内外、貫精粗者，百數十年間始有人講尋，以發漢、唐之所未講，又苦於實未有所見者，剿説雷同，為聲利計，以病吾道。方欲通古今為一書，使之有誌於道者，猶可推原尋流，而學未能信，不敢容易下筆也。”嗚呼！先生此誌未酬而天奪之矣，豈不為千載之恨。用備録師言，揭諸篇端，以著先生之誌，亦因識吾儕小人後死者之悲。有宋嘉熙歲在鶉火辰會大火，⑤門人巴郡税與權掩袂書於武林之孤山。元至正二十四年吳郡金氏刊本《師友雅言》卷首

鶴山師友雅言跋　　（宋）税與權

右鶴山《師友雅言》一編，僅小子予所逮聞者，特先師講學中太山一毫芒爾，姑藏篋笥，以備遺忘，與同誌者問辯焉。或難之曰：“子所記大綱粗舉，然一二關聖經賢傳之要者，恐亦伊川所謂若不得某心，所記者徒彼意爾，柰何？”愚拜手請其目，則曰：“經聖人手者有四經，而《易》為首。《易》有聖人之道四，曰辭、變、象、佔也。自晦翁《易》為卜筮作之語，人多疑之，而子記鶴山謂自古帝王開國承家，必先整頓《易》一部，大事必於卜筮乎決之，且深取《易》為卜筮作之説，不幾得一遺三而與聖經戾乎？”愚對曰：“《易》有聖人之道四，晦翁與先師豈不知之。而斷然為此論者，將以明經，豈恤淺見寡聞者哉。且《週禮》三《易》掌於大卜，而羲、黄、堯、舜以至禹、湯、文、武，開天立極之聖人，莫不以卜筮為先。而大司樂教國子，止《詩》《書》《禮》《樂》，而不言《易》。若曰天生神物，聖人則之，見乎蓍龜，可佔國之禎祥，非天下之至精至聖至神者，孰能以與於此。故晦翁謂《易》更三聖而製作不同。包羲氏之象，文王之辭，皆依卜筮以為教，而其法則異。至孔子之讚，又一以義理為教，而不專於卜筮。厥初聖人止以《易》為佔，而辭、變、象已具。後世聖人易辭，而變、象、佔實存乎其間。特立君、建都、大祭祀、大賓客、大軍旅皆於卜筮乎決之，是《易》之始非為卜筮作何。週公東征，徵於寧王之大寶龜，而子産備火，亦先命遷守龜，則卜筮豈不為歷代有天下國家者之所重乎。況先師又云：《易》須是識得辭、象、

---

① 事：原字不清楚，據《四庫全書》本《全蜀藝文誌》卷三一補。

② 洎：原字不清楚，據《四庫全書》本《全蜀藝文誌》卷三一補。

③ 夫：原無，據文集卷三四《答袁衢州甫》補。

④ 而安於卑近：原無，據文集卷三四《答袁衢州甫》補。

⑤ 鶉火辰會大火：據張金寶、羅松喬之説，“歲在鶉火”紀年，是春秋時期一種歲星紀年，嘉熙元年丁酉；“辰會大火”紀月。《夏小正》“五月初昏大火中”，氾指五月也。且據此署題下。

變、佔四字。如初九潛龍勿用，此辭也。有九則有六，有此變也。潛龍則象，勿用則佔，蓋拔本塞原，舉隅法耳。安得謂之得一遺三乎。”

難者又曰：“子記鶴山謂胡五峰答曾吉甫，心性二字道義淵源，當明辯，不失毫厘。未發止可言性，已發乃可言心。未發之時，聖人與衆同一性；已發則無思無爲，寂然不動，感而遂通天下之故，聖人之所獨。又深疑楊、尹二公以未發爲寂然不動。然則寂然不動非未發而何？子又曰：鶴山謂人生而靜，天之性也，此語好。感於物而動，性之欲也，此語差。何爲鶴山作《合陽濂溪祠堂記》引用子明六欲之目，孟子開六等之科，而斷之曰，性不能不感，性之欲也。又取是語以補濂溪寡欲以養心、養心以極於無欲之旨，亦不前後自矛盾乎。”愚曰：“難言也。非此体認密察，則難以口舌爭也。心性已發未發，五峰疑而與曾吉甫辯者有二書，晦翁疑而與湖南諸公辯者有中和諸書，又有已發未發諸説。此義蓋闓端於二程與蘇季明、楊中立、尹彥明。至胡五峰父子、曾吉甫，又繼而晦翁與湖南諸公，極而鶴山斷之以二語之取捨，豈可以輕議也哉。愚爲子啓其？，而子自擇焉可也。程氏謂未發爲性之体段，如人生而靜以上，更不容説是也。已發則心之体段，聖人無思也，無爲也，寂然不動，感而遂通天下之故是也。夫聖人盡心知性，明道所謂靜亦定，動亦定，惟感而通耳。故五峰答曾書云：聖人盡性，故感物而靜，無有遠近幽深，遂知來物；衆人則不能盡性，故感物而動，然後朋從爾思，憧憧往來，不得其正。使聖人感物亦動，是與衆人何異，豈不意足而義明哉。晦翁謂胡氏答曾吉甫未發之指與余意合者此也。鶴山因謂人生而靜，天之性也爲好，感物而動，性之欲也爲差，蓋亦曰聖人靜亦定，動亦定，可以言感，而不可以言動，況又謂感於物而動乎。聖人生而靜，天之性而上更不容説。至於性不能無感爲性之欲，則已發未離，如可欲之謂善也，豈曾以爲感於物而動乎。差厘而謬千里，果不容以輕議也。”

難者又曰：“《易》之作與心性已發未發既聞命矣，敢問班固人謂實録而成一家之言，子謂鶴山取所説班固不識太史遷書法，不亦太甚矣乎。且太史遷先黃老而後六經，退處士而進奸雄等事，安得謂有法？如陳涉之托狐鳴，何必立《世家》；如項羽之弒義帝，何必創《本紀》。”愚應之曰：“太史遷先黃老而後六經，退處士而進奸雄等事，乃以規漢家創業垂統尊尚之偏，頗得《春秋》微而顯、誌而晦之意。如陳涉倡義滅秦，而存帝王《詩》《書》《禮》《樂》不絶之緒，蓋漢初大儒若賈生《過秦》專取陳涉，太史遷嘗受學於孔安國，而必以涉《世家》繼孔子後，於《秦紀》而又以賈生《過秦》爲之讚者，非苟焉也。蓋秦未滅、漢未興時，惟曰秦、楚。其實涉先自爲楚王，以開滅秦之端，然後諸侯從民望，而共立楚懷王孫心爲義帝。如《秦楚之際月表》首曰：初作難發於陳涉，虐厲滅秦自項氏。故呂東萊《大事記》於二世時嘗書楚項籍、劉邦大破秦軍。而項羽亦嘗爲天下霸主，分封諸侯，雖高帝亦受封爲漢王。則是滅秦者先楚，而後乃合爲漢。然則初難發於陳涉，雖立爲《世家》；虐厲滅秦，而曾爲天下霸主，雖爲創《本紀》，未爲過。班固降爲《列傳》，豈非以成敗論人，而失太史公功過不相揜之筆歟。夫以强虎狼之秦掃滅先代典籍，斬艾荼毒生靈，如火燎原，不可向邇。而陳涉、項羽奮發而驅除之，雖謂秦民之湯、武可也。姑舉二三策，而他不復辨。”

清鈔本《師友雅言》卷末

鶴山雅言序至正二十四年五月 （元）魏文彝

伏惟先高祖秦國文靖公事宋穆陵，以正學直道任斯文之寄，天下不敢以官氏，而稱之曰鶴山先生。休光懿德，概可想見矣。立言垂訓，以私淑後人者，有《九經要義》《鶴山大全集》《易集義》。此三書昔刊於徽之學官，已行於世。其他如《週禮折衷》《經史雜抄》《觀物經世說》與夫門人所記《師友雅言》等篇尚藏於家。近吳郡金伯祥父即文彝所藏《雅言》，命子鏐繕録，鋟刻諸梓，以廣其傳，俾宗族鄉黨咸與觀焉，何其倖歟！是則前輩之紀聞，伯祥之好義，同爲不朽云。時至正二十四年龍集甲辰夏五月甲子朔，六世孫文彝百拜謹識。元至正二十四年吳郡金氏刊本《師友雅言》卷首

書鶴山雅言後丁酉 乾隆四十二年三月 （清）盧文弨

此宋稅與權巽甫記其師魏文靖之言也。卷軸雖無多，而釋經析理，正文字，考制度，亦略備焉。巽甫又録文靖與袁蒙齋書之語於篇端，謂學人騖於高遠者，則惟以直指徑造爲能；溺於卑近者，則又但以記誦辭章爲事。必合内外，貫精粗，始可以言學。觀此言，可以知文靖一生爲學之大旨。讀此書者，亦可以推類而自求之矣。余從吳門朱氏借得元至正年金天瑞梓本，字極精楷，而錯誤不免，因以所知者略訂正而録之。版舊藏鶴山書院，余嘗按試靖州過之，想先生之遺風，而求其書則舊版已亡，惜乎當其時不能得是本而爲之翻梓，以迪此邦之士也。乾隆四十有二年三月既望二日，後學東里盧文弨跋[①]。清乾隆刻本《抱經堂文集》卷一〇

師友雅言二卷跋同治間 （清）陳家鎮

見邛、蒲各誌。内庫書目著録在《大全集》中。今世無單行之本，故亦不及見也，惟《宋元學案》引載數十條。清同治鈔本《鶴山述聞》卷八

週禮折衷跋嘉熙二年八月 （宋）稅與權

上闕行。逮易簀時，秀水曾孫朱改之同舉持焉。嗚呼！先生已矣，微言絶不復聞矣。嘗記先生謂此書賈公彥云，上大宰至旅下士總馭衆職，故爲上首。自宮正至夏采六十官隨事緩急爲先後。然則自古聖王繼天立極，開國承家，至夏采死而生之義備矣。經綸天下之大經，立天下之大本週矣。雖先生以命召而僅徹此篇，然三百六十官之綱舉矣，學者其深味之。嘉熙戊戌季秋，與權斂涕書於武林客舍。清沈氏鳴野山房影鈔明嘉靖安國銅活字本《重校鶴山先生大全文集》卷一〇七。又見清同治本《鶴山文鈔》。

週禮折衷書後嘉熙三年正月 （宋）稅與權

右《週禮折衷》上下篇，本名《江陽週禮記聞》，會失其上篇，先生猶子高斯衛搜録以見歸，二篇始完。間舉似泉使考功郎王辰應氏，貽書云："鄭諸說於是論定，宜以《鶴山週禮折衷》名之。"竊嘗聞先生謂此一經多可疑者，自先鄭傳註以來，數千百年無敢輒議。亦

---

① "乾隆"以下至句末，原無，據鈔本《鶴山雅言》補。

以官聯縝密，意其爲成王、週公遺書。至五峰胡子，斷以爲劉歆傅會。荊舒禍天下，根於鄭註國服一條。逮吾先生屢發其義，蓋末病前一年游蔣山有詩，尤大著明。今附載於此："連年飲建鄴，瘭瘝北山靈。三過又不入，風雨盲其程。一朝決會期，萬籟不敢聲。斷港卷夕潦[①]，別巘浮帝青。因思山中人，昔者相熙寧。不知學何事，莽制爲週經[②]。羣公咸其輔，弗悟宗康成[③]。相承章、蔡後，九州半膻腥。歷年百七十，衆寐未全醒[④]。三經猶在校，從祀猶在庭。追惟禍之首，千古一涕零。大鈞宵難問，山空水泠泠。"是游也，先生同産兄今禮部侍郎高定子實爲本道轉運副使，領賓客羣從偕行，端平三年七月三日也。嘉熙己亥孟春，與權拜手追記。清同治本《鶴山文鈔·週禮折衷》卷四

鶴山週禮折衷二卷 （宋）陳振孫

樞密臨邛魏了翁華父之門人稅與權所録，條列經文，附以傳註，鶴山或時有所發明，止於《天官》，餘皆未及也。上海古籍出版社一九八七年版《直齋書録解題》卷二，第四六頁

週禮折衷二卷跋同治間 （清）陳家鎭

見《書録解題》，《宋史·藝文誌》《四川通誌·經籍誌》皆載之，然未睹傳本，或並入《大全集》。清同治鈔本《鶴山述聞》卷八

鶴山題跋識崇禎間 （明）毛晉

華父負神童之稱，十五歲著《韓愈論》，居然有作者風。時方諱言道學，獨與真西山力爲仔肩，以接濂、伊一派。士子負笈相從者，不遠千里。築室古白鶴山下，御書"鶴山書院"四字賜之。其立朝風範，被寧、理兩朝殊尤之遇，史臣載之甚詳。茲集題跋七卷，無論嚴君子小人之辨，袞鉞凜然；即偶載一句一物，如黎莫、椰子酒、橄欖詩之類，亦寓表廉訓儉之懷。所謂稻粱之養正，藥石之伐邪，具足華父散卓間。海隅毛晉識。明汲古閣本《鶴山題跋》卷末

跋鶴山題跋同治間 （清）陳家鎭

見《津逮秘書》。世有傳本，鄉先輩胡友瑜大令宦游齊魯，鈔得數十篇，未全。茲從都下坊賈借閱，補録完帙。清同治鈔本《鶴山述聞》卷八

鶴山長短句跋道光二十四年九月十三日 （清）勞權

鶴山詞雖非嘗曰家，當其合作，氣語故自高曠。惟應酬之作存之太多，爲可憎耳。通卷不標詞調，或於題中間著一二，殊不可解。此津門查蓮坡藏本，吾鄉陳江皋先生所校，十餘年前購之。頃王吉甫持本屬校，對勘一過，補缺詞一闋，彼此俱各正誤字。甲辰九月十三日，勞權手識。清鈔本《鶴山長短句》卷末

鶴山長短句跋宣統三年六月 （清）吳昌綬

---

① 港：四部叢刊本《鶴山先生大全文集》卷六作"潢"。
② 制：原作"質"，據四部叢刊本《鶴山先生大全文集》卷六改。
③ 弗：四部叢刊本《鶴山先生大全文集》卷六作"不"。
④ 未：原作"皆"，據四部叢刊本《鶴山先生大全文集》卷六改。

右查蓮坡舊藏《鶴山先生長短句》，所據明安國本中缺三葉，而詞調適相接，故陳江皋、勞巽卿遞校均未之覺。昌綬得安本亦多殘缺，獨此三葉倖存，排比行款，迻録別紙，寄強邨侍郎，從江寧圖書館本補完缺字，手寫卷中。又假孫檢討宋本重校一過，距江皋初校時百六十九年，始成善本。昔黄叔暘謂《鶴山集》皆壽詞之得体者，竹垞《詞綜》遂云華父非此不作，殆未詳拾全集耶？附書卷尾，以雪古人之誣。宣統辛亥六月，京師屬齋昌綬記。清鈔本《鶴山長短句》卷末

（作者單位：四川大學古籍整理研究所）

《青川秦木牘》研究主要觀點與論爭^①

李　釗　　羅雅倩

內容提要：20世紀80年代初《青川秦木牘》的出土，在很大程度上爲研究秦國政治制度、土地制度以及秦對巴蜀地區的經略政策提供了寶貴的考古佐證，彌補了文獻記載的不足。因而受到考古學、歷史學、古文字學、書法學等學界的普遍關注，迄今已發表相關論文百餘篇，出版專著（含編著）90多部（本）。本文在對其中代表性觀點進行梳理與回顧的基礎上，提出了未來研究的些許思考，冀望對進一步推動《秦木牘》自身的研究和利用有所裨益。

關鍵詞：《青川秦木牘》；主要觀點與論爭；未來思考

一、問題的提出

　　1979年1月，四川青川縣郝家坪的村民在修建房屋時，發現了一座古墓。四川省博物館和青川縣文化館隨即對其進行了保護性的發掘與清理，經過對出土文物的考證，初步認定爲一座戰國墓，隨後又在郝家坪附近發現了一百餘座戰國墓。自1979年2月至1980年7月，考古工作者先後對其中的72座墓葬進行了清理（編號M1－M72）。這群墓葬共出土隨葬器物400餘件，其用途主要屬於生活用器；類型主要分爲陶器124件、銅器58件、漆器

---

　　① 基金專案：四川省哲學社會科學重點研究基地"李冰研究中心"重點專案"李冰文獻整理研究"（LBYJ2018－001）研究成果。

177 件、竹木器 50 餘件、車輪 2 件、木牘 2 件以及少量的玉石器和錢幣等①，爲我們研究秦國的政治制度、土地制度、秦對巴蜀地區的經略政策以及戰國時期巴蜀地區的社會生活提供了珍貴的考古資料。其中，在編號 M50 號墓邊箱出土的兩件木牘（以下簡稱《秦木牘》）正面和背面皆墨書文字，其中編號爲 M50:17 的木牘，長 46、寬 3.5、厚 0.5 厘米，可惜文字已殘損不清，無法辨識；另一件編號爲 M50:16 的木牘，長 46、寬 2.5、厚 0.4 厘米，正面牘文墨水三行，背面墨水四行。雖有殘損，但大部分字迹清晰，尚可辨識②。該木牘一經出土，諸家隨即對其牘文進行了解讀，代表性的有四川省博物館與青川縣文化館撰寫的《青川出土秦更修田律木牘——四川省青川縣戰國墓發掘簡報》（以下簡稱《簡報》）（《文物》1982年第 1 期）、于豪亮的《釋青川秦墓木牘》、李學勤的《青川郝家坪木牘研究》等，先後發表在《文物》1982 年上。諸家對該木牘牘文的解讀，雖略有分歧，但就其所載內容還是基本達成了一致，兹以《簡報》爲例，摘録如下：

　　　二年十一月己酉朔望日，王命丞相戊（茂）、内史匽，□□更脩爲田律：田廣一步，袤八則爲畛。畝二畛，一百（陌）道。百畝爲頃，一（一行）

　　　千（阡）道，道廣三步。封，高四尺，大稱其高。埒（堮），高尺，下厚二尺。以秋八月，脩封埒（堮），正疆畔，及癹千（阡）百（陌）之大草。九月，（二行）

　　　大除道及隓（澮）。十月爲橋，脩陂隄（堤），利津□。鮮草，離（雖）非除道之時，而有陷敗不可行，相爲之□□。（三行）

木牘背面墨水四行：

　　　四年十二月不除道者：（一行）

　　　□一日，□一日，辛一日，（二行）

　　　壬一日，亥一日，辰一日，（三行）

　　　戌一日，□一日。（四行）③

　　此木牘正、背面的牘文，目前能夠清晰辨識的雖然僅有 154 字，但由於巴蜀地區是秦實施其"得蜀而得楚，楚亡，則天下并矣"④ 這一既定策略後，采取武力拓展的第一處疆域，必然會將其視爲謀求全國統一的戰略基地而予以經營。實際上，現存傳世文獻所載周慎王五

---

① 四川省博物館，青川縣文化館：《青川出土秦更修田律木牘——四川省青川縣戰國墓發掘簡報》，《文物》1982 年第 1 期。

② 鑒於 M50 號墓的重要學術價值，四川省文物考古研究院與青川縣文化館於 2014 年將該墓的完整資料予以公布，并在吸收當時學界既有研究成果的基礎上，對其予以簡要的學術分析。參見四川省文物考古研究院、青川縣文物管理所：《四川青川縣郝家坪戰國墓群 M50 發掘簡報》，《四川文物》2014 年第 3 期。

③ 四川省博物館、青川縣文化館：《青川出土秦更修田律木牘——四川省青川縣戰國墓發掘簡報》，《文物》1982 年第 1 期。

④ （晋）常璩：《華陽國志》，中華書局，1985 年版，第 30 頁。

年（前 316）秦滅巴蜀後對巴蜀地區采取的一系列政策已經充分證明了這一點①。青川秦木
牘的出土，無疑又從考古實物上提供了有力的佐證。因此，《秦木牘》作爲研究秦史與巴蜀
史的新材料而引起學界的普遍關注。從 1982 年《簡報》刊刻之後，迄今爲止，已發表學術
論文 96 篇（其中期刊 69 篇、報紙 15 篇、碩博士學位論文 12 篇），出版相關著作（含編著）
94 部（本），内容涉及考古學、歷史學、古文字學、書法學等領域。這些研究成果提出的新
觀點以及研究采用的新方法與新手段，可謂啓人良多，在很大程度上補充了秦史、巴蜀史的
研究内容，并拓展了這一領域的研究深度。

　　需要特別予以説明的是，學術史研究的基本範式就是在對學界既有研究成果進行全面梳
理和簡要評述的基礎上，發現學術研究存在的基本問題，并提出解決這些問題的針對性建
議。在這種研究範式下，雖然不同的學者有着不同的學術指歸，總結出的學術發展脉絡以及
對未來的學術展望也不盡相同，甚至難免囿於一家之成見，但學術總結的目的基本是一致
的，即希冀爲進一步推進該研究對象的深入研究提供參考性的思考。誠如劉厚濱先生在談及
這一問題時説："學術總結，無論是對已有成果的總結，還是對未來研究的展望，都是站在
個人立場和有限知識範圍内做出的。即使文中涉及的内容，許多方面也是表面歸納或借助他
人的評述。"② 因此，在遵循這種學術史研究範式的基礎上，本文試圖對《秦木牘》出土以
來學界對其研究的代表性觀點與論争進行盤點和梳理，并在此基礎上，提出了未來研究的些
許思考，以就教於學界同人。

二、《秦木牘》研究的主要觀點與論争

　　自《秦木牘》出土以來，學界圍繞《秦木牘》的命名、内容解讀以及價值問題展開了相
對熱烈的討論。

（一）關於《秦木牘》的命名問題

　　由於《秦木牘》出土的時候，兩件木牘均未發現牘文的名稱，《簡報》根據《秦木牘》
中的"更修爲田律"一句，首次將其命名爲《秦更修爲田律木牘》③。此後，于豪亮④、楊

　　① 秦滅蜀後，在行政上采取郡國并置的羈縻策略，軍事上平定蜀侯叛亂；經濟上遴選"知天文地理"的李冰擔任
蜀守，修建以都江堰爲核心的系列水利工程，全面發展蜀地農業經濟；通過移民入蜀、移風易俗等多種手段，將秦文化
推及到蜀人生活的方方面面，核心目的是將蜀地經略爲其謀求全國統一的戰略基地。《蜀王本紀》《史記》《漢書》《華陽
國志》等漢晋諸書所載較爲詳實。
　　② 劉厚濱：《改革開放 40 年來的隋唐五代史研究》，《中國史研究動態》2018 年第 1 期。
　　③ 四川省博物館、青川縣文化館：《青川出土秦更修田律木牘——四川省青川縣戰國墓發掘簡報》，《文物》1982 年
第 1 期。
　　④ 于豪亮：《釋青川秦墓木牘》，《文物》1982 年第 1 期。

寬①等諸家在討論《秦木牘》相關問題時，都基本沿用了這一命名。但李學勤考證認爲，該木牘"更修爲田律"一句中的"修"是動詞，"爲田"的意思是"製作田"，《爲田律》是律名，秦武王之前已有此律令，"更修"是對此律令的部分修訂，不是該律令的全部條文，故稱其爲《青川〈爲田律〉》更爲妥當②；羅開玉在厘定秦在巴蜀地區經濟制度具體內容的基礎上，則將其命名爲《青川秦牘〈田律〉》③；田宜超考證認爲，秦地原有田律，用於新開闢疆土，須因地制宜做出調整，故該木牘爲《青川〈秦更修田律〉》④；張平轍通過對《漢書》相關《律令》的記載與《睡虎地秦墓竹簡》的相互印證，指出該牘文是秦國專門頒布和實施於新征服的蜀地的《青川〈更修爲田律〉》⑤；張金光則從《田律》作爲土地法的本質角度，認爲該牘文正名應爲《更修爲田律》⑥；黃盛璋在總結諸家對該木牘厘定律名的基礎上，認爲秦國土地制度只有"田令"或"田律"，秦《田律》有多條，并無分目，故該牘文只能是秦《田律》的組成部分，不能稱之爲《爲田律》，還是應當稱之爲《秦田律》⑦；2014 年，鑒於《秦木牘》的重要學術價值，四川省文物考古研究院、青川縣文物管理所又聯合撰文，對上述 M50 號墓考古資料予以補充發布，在文中再次使用《秦更修爲田律木牘》⑧。

（二）關於《秦木牘》內容解讀

學界討論、爭鳴最熱烈的當屬對《秦木牘》牘文內容的隸定與解讀。《簡報》首次公布了該木牘的圖版，并對木牘上的文字進行了初步釋讀，認爲該牘文"似屬追述性質，叙述了新令頒行的時間及過程，大意包括：更修田律、律令內容、修改封疆、修道治澮、築堤修橋、疏通河道等六件事"⑨；李昭和考證認爲，牘文內容涵蓋"王命更修田律""新頒律令內容""律令實施過程"三個部分⑩；黃盛璋則考察了該律令的意義、來源、田畝制度以及維護阡陌的社會意義等牘文內容⑪。其後，學界在釋讀該牘文內容的基礎上，圍繞牘文中的"畝""畛""百（陌）""千（阡）""封""捋（埒）"等關鍵字句進行了詳細的考證，提出了諸多不同的見解。于豪亮認爲，秦自商鞅變法後，修改井田制，"每八步爲畝"，"在每畝田兩端築起的壟即爲畛"，"一畝畛的長度是三十步"，"阡陌"是指田地間東西南北的田間小

① 楊寬：《釋青川秦牘的田畝制度》，《文物》1982 年第 7 期。
② 李學勤：《青川郝家坪木牘研究》，《文物》1982 年第 10 期。
③ 羅開玉：《秦在巴蜀的經濟管理制度試析——説青川秦牘、"成亭"漆器印文和蜀戈銘文》，《四川師院學報》（社科版）1982 年第 4 期。
④ 田宜超、劉釗：《秦田律考釋》，《考古》1983 年第 6 期。
⑤ 張平轍：《讀秦簡牘發微》，《天水師專學報》1984 年第 1 期。
⑥ 張金光：《論青川秦牘中的"爲田"制度》，《文史哲》1986 年第 6 期。
⑦ 黃盛璋：《青川秦牘〈田律〉爭議問題總議》，《農業考古》1987 年第 2 期。
⑧ 四川省文物考古研究院、青川縣文物管理所：《四川青川縣郝家坪戰國墓群 M50 發掘簡報》，《四川文物》2014 年第 3 期。
⑨ 四川省博物館、青川縣文化館：《青川出土秦更修田律木牘——四川省青川縣戰國墓發掘簡報》，《文物》1982 年第 1 期。
⑩ 李昭和：《青川出土木牘文字簡考》，《文物》1982 年第 1 期。
⑪ 黃盛璋：《青川新出秦田律木牘及相關問題》，《文物》1982 年第 9 期。

道，"封埒"是不同田地之間築起的"矮牆"，以用來區分田界[①]；楊寬認爲，牘文中的"一畝"是指商鞅變法後推行的"二百四十步爲畝"，"畛"是一畝田兩端的小道，"陌"是畝與畝之間的道路，"封"是田界之間的土堆，"埒"是"封"與"封"之間的矮牆[②]；李學勤進一步指出，"畛"是畝與畝之間的田埂，"陌"是百畝間的間道，"阡"是千畝間的間道，"封埒"是田界[③]；胡平生認爲，"畛"既是一道田界，又是一塊田區[④]；胡澱咸則認爲牘文中的"畛"不是田間小道或田界，而是"壟畝"，是商鞅仿照趙制製定的新的田制[⑤]；張金光從法律意義的角度，提出了另外一個重要觀點：即該牘文中的"畝"是指"寬一步之長條畝形"，"阡陌"是"田作之道"，"畛"并非指田間道路，而是"畛域"，即具有固定規格形狀的田畝區劃名稱，"封埒"則具有封疆地界的法律意義。考察畛、畝、頃即阡、陌之間的關係，不應孤立地去探索其中之一項，而應將其視爲一個完整的合理的田間規劃體例來研究[⑥]；肖燦運用古代數學知識，測算出牘文中的"1畝=240步"，并認爲該條律令是符合當時史實的[⑦]；侯娜利用文字學的相關知識，考證認爲牘文中的"鮮"通假爲"散"，表示芟殺草木之義[⑧]；魏永康結合《周禮》《通典》等文獻資料以及《雲夢睡虎地秦簡》《張家山漢簡》等考古資料，認爲《秦木牘》中所提及的"畝"形制爲長240步、寬1步的條形。這種形制并不適用於水田，也不是在每一個地方都嚴格執行，它的設定有出於丈量便利的考慮[⑨]；等等。

除了對牘文内容的隸定與解讀之外，學界討論的另一個熱點問題是牘文中的"二年"具體是指秦武王二年還是始皇二年。自《簡報》根據牘文中的"丞相戊"，并結合《史記·秦本紀》所載秦國是在武王二年（前309）"初置丞相"，推論出牘文中的"二年"當指武王二年（前309）。2014年，四川省文物考古研究院與青川縣文物管理所聯合撰文，再次認定該牘文的"二年"爲武王二年（前309）[⑩]。這一觀點雖然得到學界的普遍認同，但另有學者對此提出質疑，認爲牘文中的"二年"亦有可能是秦昭襄王二年（前305），其主要依據是清人汪日楨《歷代長術輯要》所載曆法推算、秦相甘茂"亡秦奔齊"的時間以及《史記·秦始皇本紀》載記的"昭王立四年，初爲開阡陌"的互證[⑪]。

（三）關於《秦木牘》的價值問題

學界關於《秦木牘》的價值問題主要著眼於其史料和書法價值的討論。關於《秦木牘》

① 于豪亮：《釋青川秦墓木牘》，《文物》1982年第1期。
② 楊寬：《釋青川秦牘的田畝制度》，《文物》1982年第7期。
③ 李學勤：《青川郝家坪木牘研究》，《文物》1982年第10期。
④ 胡平生：《青川秦墓木牘"爲田律"所反映的田畝制度》，《文史》第十九輯，中華書局，1983年版。
⑤ 胡澱咸：《四川青川秦墓爲田律木牘考釋》，《安徽師大學報》（哲社版）1983年第3期。
⑥ 張金光：《論青川秦牘中的"爲田"制度》，《文史哲》1986年第6期。
⑦ 肖燦：《秦漢土地測算與數學抽象化——基於出土文獻的研究》，《湖南大學學報》2012年第5期。
⑧ 侯娜、方勇：《〈青川木牘〉補釋一則》，《魯東大學學報》2013年第6期。
⑨ 魏永康：《秦簡牘所見田制考論》，《西安財經學院學報》2015年第5期。
⑩ 四川省文物考古研究院、青川縣文物管理所：《四川青川縣郝家坪戰國墓群M50發掘簡報》，《四川文物》2014年第3期。
⑪ 王雲：《關於青川秦牘的年代》，《四川文物》1989年第5期。

制定的目的、實施區域等史料價值問題，李昭和認爲該木牘律文是秦國專爲經略巴蜀地區而設[1]；林劍鳴進一步加以論證，認爲秦并巴蜀後，爲推行秦之田律，而"更修"蜀地之原有律令[2]。這一觀點逐漸被學界認同和接納，并得到很大程度的補充。如羅開玉連續撰文，通過對牘文中"爲田"制度的解析以及在巴蜀地區推行情況的考察，認爲《爲田律》與《秦律》相互印證，清楚地説明了秦政府在巴蜀地區確立和保護土地私有制度、發展個體經濟以削弱巴蜀地區家族勢力的史實[3]；羅二虎認爲，《秦木牘》所載内容僅是秦律的一部分，它主要是針對南方稻作農業地區的具體情況所制定、并適用於巴蜀地區水田的農田規劃和稻作農耕的農時月令，實施對象主要限於秦的移民[4]；黃家祥認爲《秦木牘》是先秦土地制度和秦滅蜀後在蜀地推行秦的土地法律制度的重要出土文獻[5]。但亦有學者對此説提出異議，如張金光從巴蜀氣候特徵、《爲田律》内容及其制定者内史"匽"非郡級而是總理全國財政的秦國中央長官等角度，指出《爲田律》并非秦國爲經略巴蜀地區而專設，而是適用於整個秦國統治區域[6]。

另外，學界還借助《秦木牘》討論秦史和巴蜀史相關問題。如沈仲常借助該牘文考察了成都得名的由來問題[7]；丁光勛指出，青川郝家坪秦墓木牘的發掘出土，糾正了《史記》《通藝録》《左傳》等史籍關於田制記載的謬誤，把秦國土地制度的研究推向了一個新的高度[8]；劉奉光立足於文學角度，按照韵文對《秦木牘》予以斷句，認爲其詩意盎然，豁然洞開，便顯出了戰國秦人樸實的文風[9]；孔祥軍以《秦木牘》爲例，討論了秦國的農田形制即農田管理相關問題[10]；李釗借此考察了秦并巴蜀後，秦國在巴蜀地區調整農業生產關係的相關問題[11]；等等。

關於《秦木牘》價值討論的另一旨趣在於該木牘所體現的書法問題。徐無聞認爲《秦木牘》的出土，證明了隸書興起於戰國晚期，盛行於秦代[12]；郝茂指出，《秦木牘》是目前出土的最早秦隸書書迹，既有與篆書筆法形體基本相同的字形，又有與漢隸書相當接近的字形，爲我們研究古文字學提供了珍貴的資料[13]；尹顯德闡述了《秦木牘》秦隸的書寫特徵、

① 李昭和：《青川出土木牘文字簡考》，《文物》1982 年第 1 期。
② 林劍鳴：《青川秦墓木牘内容探討》，《考古與文物》1982 年第 6 期。
③ 羅開玉：《青川秦牘〈爲田律〉所規定的的"爲田"制》，《考古》1988 年第 8 期；《青川秦牘〈爲田律〉再研究》，《四川文物》1992 年第 3 期。
④ 羅二虎：《四川青川秦律與稻作農業》，《四川大學學報》（哲社版）2001 年第 4 期。
⑤ 黃家祥：《四川青川出土秦"爲田律"木牘的重要價值》，《四川文物》2006 年第 2 期。
⑥ 張金光：《青川秦牘〈更修爲田律〉適用範圍管見》，《四川文物》1993 年第 5 期。
⑦ 沈仲常、黃家祥：《從出土的戰國漆器文字看"成都"得名的由來》，《四川文物》1985 年第 4 期。
⑧ 丁光勛：《青川郝家坪秦墓木牘研究之我見》，《歷史教學問題》1986 年第 2 期。
⑨ 劉奉光：《秦墓〈爲田律〉文字譯解》，《新疆大學學報》（社科版）2002 年第 6 期。
⑩ 孔祥軍：《秦簡牘所載農田形制與管理研究》，《南京農業大學學報》（社科版）2009 年第 1 期。
⑪ 李釗：《蜀守遷選及秦并巴蜀後蜀地農業的發展》，《西南民族大學學報》（社科版）2018 年第 12 期。
⑫ 徐無聞：《小篆爲戰國文字説》，《西南師範大學學報》（社科版）1984 年第 2 期。
⑬ 郝茂：《秦國簡牘文字的出土與纂研》，《新疆師範大學學報》（哲社版）1999 年第 4 期。

文字演變等問題①；李雪峰通過對現有出土文獻的梳理，認爲《秦木牘》是目前年代最久的古隸標本②；吳曉懿考證指出，《秦木牘》是目前唯一一件發現在蜀地的秦系文字載體，字形已體現篆隸之間的轉化軌迹，筆道富於變化而不失犀利，彎筆爲弧綫獨有彈性，帶有濃厚的地方文化氣息③。

三、未來的研究思考

從上述分析可以看出，《秦木牘》作爲秦史與巴蜀史研究的珍貴考古資料，自其出土以來，就引起了學界的高度關注，衆家關於《秦木牘》本體論、價值論和認識論的釋讀各抒己見，提出了諸多極富學術價值的觀點，都具有合理性和可取性，在相當程度上奠定了《秦木牘》學術研究的基礎。但我們也應看到，隨着《秦木牘》研究的不斷推進，不可避免地也存在一些問題，突出表現在以下幾個方面：

其一，學界對牘文中諸如"二年""畮""畛""阡陌""封埒"等基本内容的解讀以及該牘文的實施區域、實施對象等基本問題尚存較大爭議。從學術研究的角度講，爭議固然能推進某一研究對象的研究進程不斷深入，但作爲一項珍貴的出土文獻資料，只有全面而準確地對其予以解析，才能最大限度地發揮其應有的學術價值。

其二，學界對《秦木牘》的研究，經驗層面的判斷成果居多，而以理性層面爲依皈的歷史發展進程與當時社會現實運作邏輯相統一的灼識還不多見。例如，既然學界初步認定《秦木牘》是對秦原有《爲田律》内容的補充，那麼，秦國原有《爲田律》的基本内容是什麼？《秦木牘》對其做了哪些補充？秦國爲什麼要做出這些補充？從實施區域和實施對象來看，成都平原是巴蜀地區農業經濟發展的核心區域，在秦并巴蜀之前就已經發展成爲長江上游地區的農業發達區④。而青川縣位於川、陝、甘三省交界處，屬於嘉陵江流域，其開展農業生

---

① 尹顯德：《小篆産生以前的隸書墨迹——介紹青川戰國木牘兼談"初有隸書"的問題》，上海書畫出版社，2008年版，第13頁。

② 李雪峰：《隸書起源略考》，《科技導刊》2010年第6期。

③ 吳曉懿：《戰國至秦代蜀地隸書迹探研》，《廣東第二師範學院學報》2014年第6期。

④ 注：現存文獻最早的地理著作《山海經·海内經》載："西南黑水之間，有都廣之野，后稷葬焉。爰有膏菽、膏稻、膏黍、膏稷，百穀吱聲，冬夏播琴。鸞鳥自歌，鳳鳥自舞，靈壽實華，草木所聚。爰有百獸，相群爰處。"（參見《山海經·海内經》，四庫全書商務印書館館影印本，第1046册，第60頁）據蒙文通先生的研究，《山海經》成書於公元前4世紀，是巴蜀地域所流傳的代表巴蜀文化的典籍（參見蒙文通《略論〈山海經〉的成書年代及其産生地域》，《古史甄微》第一卷，巴蜀書社，1987年，第35—66頁）。誠如蒙氏所考，《山海經》所反映的應是農業發展初始階段，成都平原農業高度發展的真實寫照。又：東晉蜀人常璩《華陽國志》載："後有王曰杜宇，教民務農……以褒斜爲前門，熊耳、靈關爲後户，玉壘、峨眉爲城廓，江、潛、綿、洛爲池澤，汶山爲畜牧，南中爲園苑……"學界一般將該條史料解讀爲杜宇王朝的行政統轄範疇，但綜合來看，未嘗不是杜宇氏根據蜀地自然地理環境所能提供的農業發展條件而做出的最早的農業生産區劃（參見拙文《試論杜宇、開明王朝的嬗替與先秦時期農業發展的關係》，《西南民族大學學報》（社科版）2015年第9期）。

産的自然資源和社會資源條件都遠遠不如成都平原。《秦木牘》所規定的土地法令是否適用於成都平原？從行政運作機制來看，青川縣屬於蜀郡的行政管轄範疇，《秦木牘》作爲一項土地法令，此政令是由秦國"越過"蜀郡直接推行於青川縣還是由秦國"傳達"給蜀郡，再由蜀郡推行於涵蓋青川縣的整個蜀郡統轄區？從該律令的實施來看，該律令是否在蜀地或者説在青川縣得到全面推行？如果得到全面推行，對社會發展又産生了怎樣的歷史影響？這些問題都是未來學術研究無論如何繞不開、也不能繞開的問題。

其三，缺乏科學理論體系的支撐。仔細研讀，不難發現，上述爭議性觀點的産生抑或擬要解決的問題的存在，除了使用的資料、討論的方法與手段有所不同之外，最主要的原因就是缺乏科學理論體系的支撐。

針對這些問題，《秦木牘》的未來研究首先應當以馬克思主義的唯物史論爲理論基礎，構建科學的理論和方法論體系。在衆多闡釋歷史發展現象的理論中，馬克思主義的唯物史論已經被人類社會歷史自身發展實踐進程以及多種研究證實爲一種行之有效的觀察社會發展的科學理論和方法論體系。誠如蔣大椿先生所言："掌握唯物史觀，認識社會發展的一般規律，再來考察個別歷史現象。那麼，對這個社會現象在社會結構層次以及歷史運動過程中所處的地位，對它與其他相關歷史現象的聯繫、作用及其産生的結果，就一定會獲得比較深刻的瞭解。"① 其次，要將現存傳世文獻記載與考古資料相結合予以綜合考察。誠如陳鐵健先生於1979 年致沈雁冰先生書信中提及沈雁冰先生治史觀點："要多占有材料，更多地瞭解歷史情況，才能看得準，作〔做〕出正確評價。"② 再次，將宏觀研究和微觀討論相結合。既然《秦木牘》屬於《秦田律》的組成部分，從歷史發展的角度來看，任何一個歷史現象都不是憑空産生的，而是根據時勢的發展，因地制宜地對之前同類歷史現象的繼承或創新。因此，對《秦木牘》的研究，從宏觀上要將其放置於上至西周與春秋、下迄兩漢，甚至我國田制發展的歷史進程中予以縱向考察；從微觀上，則要將其置於"秦并巴蜀後"的時間域內或者以歷史發展背景下予以分析。做出這種學術建議的基本依據是：既然秦并巴蜀是秦執行其"得蜀而得楚，楚亡，則天下并矣"③ 這一謀求全國統一的既定策略，那麼必定會采取相應的統治措施予以經略。當時秦更注重於京畿地區的發展和邊防事務的安全，對開辟新的疆域付出的代價是極大的，墾荒、修路、遷移人口、修建水利設施這些基本措施必定是必不可少的。但無論是現存傳世文獻還是考古資料，都沒有找到秦政府對巴蜀這一新開闢疆域給予資政支持的有力證據。這也在很大程度上間接表明了，秦在吞并巴蜀後對巴蜀地區的經略基本上是依靠巴蜀地區經濟的自我發展。由此看來，從這個角度解析《秦木牘》的田律法令性質或實施區域或許會有新的發現。

總之，只有運用馬克思主義的唯物史論，構建科學的理論和方法論體系，將《秦木牘》

---

① 蔣大椿：《略談史識的形成》，光明日報社史學專刊編《史壇縱論》，重慶出版社，1984 年版，第 25 頁。

② 陳鐵健：《治史唯真》，河南大學出版社，2018 年版，第 6 頁。

③ （晋）常璩：《華陽國志》，中華書局，1985 年版，第 30 頁。

置於戰國前後田制發展的宏觀歷史發展進程以及秦并巴蜀的微觀時代背景下，充分結合現存傳世文獻和考古資料，對其本體論、價值論和認識論綜合予以分析，才能得出比較令人信服的研究結論。

（作者單位：西華大學文學與新聞傳播學院）

宋代理學大師朱熹可以寫"温江離省近"

李永康

内容提要：乾隆十六年（1751）録入《温江縣志》署名朱熹的《温江道中》一詩作者是否另有其人，這是值得商榷的。曹學佺曾孫曹岱華于乾隆十九（1754）刊刻《石倉詩稿》第二十卷《蜀草》與温江知縣馮中存纂修的縣志比較，馮本要早于曹本問世三年。一個人没有親自去過某地不能作詩作文之説，成立的可能性不大。多種證據證明，宋代理學大師朱熹可以寫"温江離省近"。

關鍵詞：朱熹；曹學佺；《温江道中》

近年來，有人提出：先後録入《温江縣志》乾隆十六年（1751）貞集卷之四"藝文"類[①]、嘉慶二十年（1815）三十一卷"藝文"類[②]，署名宋朱熹的《温江道中》一詩作者屬於誤記（據記載，康熙二十五年，即 1686 年，時任知縣王瑚纂修成第一部《温江縣志》，未得刊印。該志書收没有收《温江道中》一詩不知道，但乾隆年間修縣志還收録了王瑚的序，也就是説，他們參閱過康熙版志書材料），正確的作者應該是明曹學佺。被認爲誤記作者的理由主要有二點：其一，"省"的行政區劃是從元代開始的，宋代的温江不可能"離省近"。其二，查《朱熹詩詞編年箋注》[③]，并無此詩。又查《朱熹年譜》[④] 及《朱熹年譜長編》[⑤]，朱熹并未到過成都，又何來《温江道中》呢？提出者甚至直言："再説一遍，《温江道中》這首

---

① （清）乾隆《温江縣志》共三册，中共成都市温江區委黨史研究室、成都市温江區地方志辦公室 2006 年 11 月整理重印第三册卷四第 101 頁。

② （清）嘉慶《温江縣志》共五册，中共成都市温江區委黨史研究室、成都市温江區地方志辦公室 2006 年 11 月整理重印第五册卷三十一第 119 頁。

③ 郭齊：《朱熹詩詞編年箋注》，巴蜀書社，2000 年版。

④ （清）王懋竑：《朱熹年譜》，中華書局，1998 年版。

⑤ 束景南：《朱熹年譜長編》，華東師範大學出版社，2001 年版。

詩不是朱熹寫的，是明代學者曹學佺寫的。溫江人要趕緊糾正，尤其不要再誤導下一代了！"《溫江縣志》流傳了兩百多年，有多少人被"誤導"了呢。其實，一些流傳已久的古代典籍的作者并不可考或存在爭議，并沒有影響一代又一代的人們學習并從中汲取優秀的中國文化。仔細想想，改革開放以來，很多人引用過署名朱熹的這首詩，筆者在十多年前寫文章也引用過。爲了不再"誤導"自己，趕緊查閱了一些資料，覺得質疑者的勇氣可嘉，但兩種説法還是值得商榷。

一、署名朱熹的《温江道中》出處

我們看一下《温江道中》一詩署名作者朱熹的出處。現在的證據來源分別有乾隆十六年、嘉慶二十年刊出的《温江縣志》。

前者由時任知縣馮中存編纂。馮中存，字性庵，直隸南樂（今大名）人，乾隆元年（1736）進士，乾隆九年（1744）授四川温江知縣。《大清畿輔先哲傳》卷四十有傳。康熙年間敕修《大清一統志》時，知縣王瑚（漢軍鑲紅旗監生）曾邀縣士紳編輯志稿呈送省府，未得刊印。康熙末知縣魯應才（湖北黄陂人）爲之增補，亦未付梓，今無傳本。馮中存上任時查詢，得其舊抄，然已殘缺失次，雖有心重修而以政事繁忙擱置下來。數載後政事平和，與縣人士商議，遂聘請王道成總其事（王道成，温江人，康熙舉人，官河南宜陽縣知縣）設局編纂。馮中存亦親自手記，于乾隆十六年（1751）成書刊行。乾隆《温江縣志》是温江歷史上保存完好的專門記載温江歷史的珍貴文獻之一。嘉慶縣志由清李紹祖（一説"沈學詩"）等修，徐文賁、車西等纂。李紹祖，順天大興人，清朝將領。《清史稿》卷三四九有傳。沈學詩，浙江平湖人廩貢生，嘉慶二十年（1815）任温江縣知縣。徐文賁，温江人，拔貢。車西，字雙嵐，温江人，以副貢官河南光州州判，轉任知縣，喜讀書，善詩及古文詞，《國朝全蜀詩鈔》録其詩五首。

在《朱熹集》①中也確實沒有查到《温江道中》。我翻遍《全宋詩》朱熹卷，也沒有找到這首詩的影子。在曹學佺編選《石倉歷代詩選》一八二卷《宋詩五十九》，朱熹的 125 首詩中，只有《南安道中》《邵武道中》《小盈道中》。值得一提的是，在曹學佺編的《石倉歷代詩選》中。所選宋代詩人 193 位的 6722 首詩中，有 300 余首題爲《XX 道中》的詩，這些官員好像一直就在路上。大家都知道，由於"慶元黨案"，朱熹被羅織了六大罪名受到"變本加厲、不擇手段地迫害，攻擊他的學説是僞學"②。"慶元二年（1196）二月，朝廷正式頒

---

① （宋）朱熹，郭齊、尹波點校：《朱熹集》，四川教育出版社，1996 年版。參照淳熙本、宋閩本、宋浙本。
② 崔文印：《古籍常識叢談》，中華書局，2009 年版，第 179 頁。

布‘禁省闈習僞學’。”① “由於黨爭，禁書禁到了‘四書五經’頭上，可算是這一時期禁書獨一無二的特點吧！”② 可知朱熹的很多詩文也有散佚。雖然“明代朱熹取得了獨尊的地位”③，但散失的詩文也是不容易收集齊全的。

這就帶來一個問題，《温江縣志》的編纂者是從何處得來《温江道中》一詩的呢？縣令馮中存在纂修凡例中關於“藝文”卷是這麽説的：“載書篇目，悉仿舊例。雖片羽吉光，亦必廣爲搜輯，不没所長也。其他异地名賢，所作似無關涉。然考其由來，實爲此邦人物而發。文采風流，輝映簡端。足資後賢觸發，取其開卷有益。非敢斗靡夸多。”④ 説得有點含糊：是搜集來的。

1671 年起，清政府大力鼓勵各省平民入蜀開墾。在隨後的百餘年間，形成了湖廣填四川的移民潮，其中就有朱氏的後裔。他們身懷朱熹儒學的傳統，在各自的居所建立宗祠祭祀，形成代代相傳的家族文化。清乾隆四十四年（1779），朱子後裔已經在四川形成廣泛的影響力，遂取登科中甲中的“科甲”二字，花 700 兩紋銀立祠於成都市中心，留下今天依然保留名稱的科甲巷。有了宗廟，人氣更旺，祭祀時人多車馬多，宗祠常常容納不下，朱氏後輩又在龍泉驛區十陵建立“朱熹宗祠”作爲陪祠。乾隆年間，《温江縣志》的纂修官員和朱氏的後裔有過聯繫嗎？答案也難以知曉。

我查遍了《全蜀藝文志》（《四川總志》附録，刊于嘉靖二十四年，1545 年），也没有找到任何綫索。《全蜀藝文志》這部書是明代詩人楊慎所編，收録與蜀有關的詩文 1873 篇，作者 631 人。

二、署名曹學佺的《温江道中》出處

《温江道中》一詩署名作者曹學佺的出處，現在已知的也只有一個證據：《石倉詩稿》卷二十《蜀草》⑤。（明萬曆進士錢謙益（1582～1664）于康熙初年由錢氏絳雲樓付梓的《列朝詩集》），該詩集不久即遭禁毁，流傳極少。至宣統庚戌（1910）重排鉛印本。稍晚，不能作爲證據，理由後文再叙。）

據曹學佺同鄉，今人莊可庭老先生與幾位福建友人集數十年之功，於幾年前纂輯出版了

① 崔文印：《古籍常識叢談》，中華書局，2009 年版，第 180 頁。
② 崔文印：《古籍常識叢談》，中華書局，2009 年版，第 181 頁。
③ 崔文印：《古籍常識叢談》，中華書局，2009 年版，第 198 頁。
④ （清）乾隆《温江縣志》共三册，中共成都市温江區委黨史研究室、成都市温江區地方志辦公室 2006 年 11 月整理重印第一册卷首第 29 頁。
⑤ 《石倉詩稿》收入《四庫禁毁書叢刊·集部》，著名清史學家、中國民族大學教授王鍾翰主編，北京出版社，1997 年。

荷香塘刊本《曹學佺詩文集》（上下冊）。在序言及編輯凡例中，他們這樣寫道："曹學佺一生著述多達 1329 卷。明萬曆四十五年（1617），曹學佺 44 歲時親自編著的詩文集名曰《曹能始石倉集》，從 61 歲起（崇禎七年）至 70 歲止，每年皆結集，分爲詩與文。每年的詩作不少于三五百首。從明神宗萬曆二十七年（1599）至明唐王韋鍵隆武二年（1646），四十八年間，曹學佺結集詩作當有兩萬首之巨。曹學佺 73 歲殉國，書籍版本散佚甚多，原因大抵有三：一毀於 1646 年兵燹，即在曹學佺以身殉國後，清兵入石倉園，大量書籍抄毀没收；二毀於海寇焚掠，即明末清初福建沿海的倭寇之難；三毀於清修《四庫全書》時的禁毀之舉，清廷修《四庫全書》（乾隆三十七年 1772 正月初四，乾隆皇帝下了第一道"購訪遺書"召令，第二年成立四庫館，正式纂修，實際上是借修書之名，向全國大規模地徵集圖書，并經核查，將其中有"違礙"的書或書中有違礙的部分、字眼，進行銷毀、抽毀或改纂）[1]。時將曹學佺的部分著述列爲禁毀之書，禁期達一百年。致使其大量的詩文別集散佚，收入《四庫全書》的僅有《蜀中廣記》[2]。莊可庭老先生在編輯《曹學佺詩文集》時參考了日本內藏文庫書目，計有百卷；參考了曹學佺曾孫曹岱華于清乾隆十九年（1754）《石倉詩稿》三十三卷書目；還參考了福建師大圖書館現存古籍善本《曹大理詩文集》（莊老先生發現這部書籍後用了兩年多時間去圖書館全部抄録了）。所以，"荷香塘刊本的編輯目次爲三部分：一、曹大理詩文集，詩、文各六冊，福建師大圖書館，現藏古籍善本；二、曹學佺詩文集補，莊可庭于 1997 年從五十餘部志史中集得曹公詩文 400 余首篇，2001 年輯得《曹學佺詩抄》計四冊；三、附録，曹能始小品文（二冊，明崇禎五年壬申），鄭端莊作《曹學佺評文心雕龍》，徐延壽作《挽曹石倉一百八十韵》，曹孟善作《曹石倉行述》。"[3] 在這個版本中，《温江道中》一詩編入第二部分，即下冊卷十之外的"曹學佺詩抄增補（八）"部分，編號爲第 349 首。福建省新聞出版局編審、《福建省志·出版志》常務副主編吳世燈在《曹學佺詩文集》題爲《序：讀懂曹學佺》的序文之一中寫道："莊可庭先後從五十多種史志圖書中搜羅曹公詩文，日以繼夜，海底撈針。幾十大本的《四川通志》翻閱一遍，僅得到曹公的一首詩、一篇文，他也心甘情願。"[4] 莊可庭老先生在"曹學佺詩抄增補（八）"有一小標題"曹南宮學佺八十三首"（其中就有《温江道中》）并做出了説明，這八十三首詩"原刊自：錢謙益《列朝詩集》。南宮：南明隆武朝加曹公爲太子太保，故稱南宮。2008 年 7 月 4 日高祥杰（《曹學佺詩文集》編輯之一）集自網上，喜得。《列朝詩集》中有石倉能始之詩，今編入補篇。"[5] 從莊可庭老先生這個版本的編輯中，我們可以發現，在曹學佺的多種版本中并没有收入《温江道中》一詩。學者陳慶元在國家社會科學基金項目《明代閩海作家群研究》專案中根據日本內閣文庫藏《石倉全集》考證："《蜀草》卷上，作于萬曆三十七年己酉（1609）

---

① 崔文印：《古迹常識叢談》，中華書局，2009 年版，第 215 頁。
② 莊可庭：《曹學儉詩文集》上冊，香港文學報社出版公司，2013 年版，第 28 頁。
③ 莊可庭：《曹學儉詩文集》上冊，香港文學報社出版公司，2013 年版，第 64 頁。
④ 莊可庭：《曹學佺詩文集》上冊，香港文學報社出版公司，2013 年版，第 12 頁。
⑤ 莊可庭：《曹學佺詩文集》上冊，香港文學報社出版公司，2013 年版，第 1426 頁。

四月至三十八年庚戌（1610）七月。此集内閣文庫藏本編排於第二十二册第二種，均無編年；《蜀草》卷中，作于萬曆三十八年庚戌（1610）冬至三十九年辛亥（1611）春正月，此集内閣文庫藏本編排於第二十二册第三種，均無編年；《蜀草》卷下，作于萬曆三十九辛亥（1611）正月至四月間，此集内閣文庫藏本編排於第二十三册第一種，均無編年。"① 需要説明的是，荷香塘刻本主編潘群在《曹學佺詩文集》序中提道："明萬曆年間（1617），由四十四歲的曹學佺自己編輯，其好友徐勃作序的《曹能始石倉集》，是林居石倉園於萬曆四十五年時集成的，現藏於中國社會科學院文學所、南京圖書館，各館名稱不一，或曰：《石倉集》《石倉文稿》《曹大理詩文集》都不完整，總計 118 卷。"② 此書爲曹學佺早期版本的匯總，也未收入《温江道中》一詩。"《明史·藝文志》作《石倉詩文集》一百卷；陳治滋《重刻〈曹石倉先生詩集〉序》亦稱有詩文一百卷：［民國］《福建通志·藝文志》卷六三著録《石倉詩文集》一百卷。陳衍號爲博洽，然所見亦僅有《曹大理集》不分卷、《曹始能先生小品集》二卷本和乾隆間曹學佺曾孫曹岱華所刻《石倉詩稿》三十三卷本，共三種。曹岱華所刻《石倉詩稿》，即陳治滋所序之本，編於康熙間，陳《序》稱曹岱華禪心搜集二十餘年，增以家藏舊存抄本。"③

從這些資料中可以知道，曹岱華所刻的《石倉詩稿》一書中，部分詩作也是搜集來的。由此可見，清代詩風的奠基人，清初的詩壇大家錢謙益"本爲明臣，降清以後再次位居高官。雖然位居高官，他却詆毁清朝，屢屢作詩暗示自己并非心甘情願向清朝夷狄之族臣服，只是明朝已滅亡，仕清實乃無奈之舉。錢謙益此舉引得乾隆皇帝大怒，并將其詩集盡數禁毁"④。從這段歷史中，我們可以得知，1664 年去世的錢謙益，在順治三年（1646）正是曹學佺的詩被禁毁，作爲降臣位居清朝高位的錢謙益在編《列朝詩集》是不會選其詩的，即使選了也無法印製。當然，《列朝詩集》在 1910 年重排鉛印時，曹的詩已解禁，入選理所應當，後來的編排者應該是參考了曹岱華所刻《石倉詩稿》的。另外，我查閱了《明詩綜》第 77 卷，在收入曹學佺的 42 首詩中，含"道中"二字詩題的只有《歸宗年道中》。

三、關於"省"的解讀

我們來比較一下乾隆版、嘉慶版《温江縣志》刊刻的原詩：

①　陳慶元：《日本内閣文庫藏曹學佺〈石倉全集〉編年考證》，原載《文獻》2013 年 2 期。
②　莊可庭：《曹學佺詩文集》上册，香港文學報社出版公司，2013 年版。
③　陳慶元：《日本内閣文庫藏曹學佺〈石倉全集〉編年考證》原載《文獻》2013 年 2 期。
④　［日］内藤湖南著，武瓊譯：《清史九講》，華文出版社，2019 年版，157 頁。

溫江道中①

［宋］朱熹

溫江離省近，民俗尚稱饒。

處處是流水，時時當渡橋。

漚麻成白雪，釀酒比紅蕉。

底事歸心發，驚聞估客橈。

《石倉詩稿》卷二十《蜀草》中（與《列朝詩集》相同），第二句"尚"爲"向"，第四句"渡"爲"度"。

之前，我請教一些史志專家，他們的解釋是，這首詩編入書籍時，可能有過改動。對比《溫江縣志》和《石倉詩稿》可以得到證實。那么這個"省"字是後人改了的嗎？通讀整首詩，"省"字改動的可能性不大。那么"省"的行政區劃是從元代開始的，宋代的溫江真的不可能"離省近"嗎？我們查看一下古代詩文中含有"省"字的，就可以知道，唐詩中有很多，"禁里疏鍾官舍晚，省中啼鳥吏人稀"② 這裏的省指中央官署、宮中禁地。《北史·隋紀上·高文帝》："（開皇十四年）六月丁卯，詔省、府、州、縣皆給廨田，不得興生，與人爭利。"③ 唐韓愈《清河郡公房公墓碣銘》："上聞其名，徵拜虞部員外，在省籍籍，遷萬年令。"④ 這裏的省爲中央官署名。宋詩中含"省"字的就更多了，如"行省當年駐龍頭，腐儒隨牒亦西游"⑤ "故人同省復同班，且喜先歸奉帝巒"⑥ "省裏移文那得了，家邊持節未爲非"⑦ 這些省字可作官衙、官署解。由此，可以知道"溫江離省近"中的"省"可以作"官衙、官署"解。"在明代成都林列的官署衙門中，最顯赫的是居于城中心街位置的蜀王府。這是蜀藩王居住的地方，是一座城中之城。在它的四周，分布着若干郡王府第，其中有：南川王府、慶符王府、德陽王府、太平王府、富順王府等。其後依次是四川布政使司、都司、按察司、長使司、提道學臺、察院、茶局司、税課司等衙門。再下來是象徵國家專政機器的軍隊——都指使司及其所屬的前衛、左護衛、右護衛、中衛、寧川衛等衛所。最後是成都府、華陽縣、成都縣的府衙等等。"⑧ 可見出府衙的重要性。

我們今人讀舊體詩，一定要明白，舊體詩是屬於文言文。我們要知道文言文中省字有多

---

① （清）乾隆《溫江縣志》共三册，中共成都市溫江區委黨史研究室、成都市溫江區地方志辦公室 2006 年 11 月整理重印第三册卷四第 101 頁。

② 張勇：《王維詩全集》，崇文書局，2017 年版，第 231 頁。

③ 劉毅：《北史·隋本紀上第十一》，北京燕山出版社，2010 年版，第 119 頁。

④ 王水照主編：《全唐文》，海南國際新聞出版中心，第 3919 頁。

⑤ 轉引自梁中效《試論陸游對棧道美的體驗與書寫》，《成都大學學報》（社會科學版）2015 年第 2 期，陸游原詩名爲《縱筆》。

⑥ 轉引自張立榮《宋庠、宋祁的七律創作及其詩史意義》，《齊魯學刊》2009 年第 6 期。宋庠原詩名《送伯戲尚書學士歸闕》。

⑦ 杜子莊：《姜白石詩詞》，江西人民出版社，1981 年版，第 112 頁。

⑧ 陳世松、李映發：《成都通史·元明時期》，四川人民出版社，2011 年版，第 309 頁。

少種意思，才能知曉在古代"溫江離省近"還可以作何解。如果僅僅把"離省近"解讀爲"離官衙近"，確實非常穩妥。我們可不可以從另一個角度來思考一下呢。從整首詩描繪的景色來看，省在這裏可通"獮"，指古代天子秋季狩獵。《禮記·玉藻》："唯君有黼裘以誓省。"鄭玄注："省當爲獮，獮，秋田也。"孔穎達疏："獮，秋獵也。"① 春夏爲萬物生發之際，不宜殺生，冬季萬物蕭殺，但天氣太冷，動物也很少活動，也不適合打獵，所以只有秋季。據《華陽國志》記載："蜀之爲國，肇於人皇，與巴同囿。周失綱紀，蜀先稱王。有蜀侯蠶叢，其目縱，始稱王。次王曰柏灌。次王曰魚鳧。王田于湔山，忽得仙道。"② 王田于湔山，意思是魚鳧王去湔山狩獵。不過，這時期還沒有天子的説法。"按《蜀王本紀》説，天子住在房宿、心宿，在參星、伐星決定政事，參、伐星就是蜀地分野，説的是蜀地是天子討論政務的地方，天子不討論政務，帝王之氣就流散到西方，所以周天子不能治國時，蜀國能得到有效的治理，七國稱雄時，蜀又稱帝。"③ 溫江古有魚鳧城遺址，相傳爲魚鳧王都。"溫江縣既置以後，唐天寶元年，屬蜀郡。至德二載，屬成都府。宋太平興國六年，屬益州。"④ 北宋之前，溫江屬五代十國之前、後蜀國管轄，天子西出狩獵，也是必經之地。這樣"溫江離省近"可以翻譯爲"溫江是離天子狩獵很近的地方"，委婉地傳達了"普天之下，莫非王土"的意義，也含蓄地點出了溫江人文歷史厚重。這種解讀與接下來的幾句意思不僅是貫通的，而且更有趣味。從以上兩方面來分析，宋代理學大師朱熹又如何寫不得"離省近"呢。

當然，今人一定要説是曹學佺寫的，而且"離省近"意思是"離省城很近"。我們又要知道另一個史實。曹學佺出生於明代。明初沿用元制設行省，"洪武九年（1376），明太祖宣布廢除行中書省，分設承宣布政使司（簡稱布政司）、提行按察使司和都指揮使司，分管行政（包括財政）、司法和軍事"⑤。布政司有左右布政使各一人，左右參政、左右參議等官職。布政司下轄府、州、縣。四川"洪武九年（1376）改爲四川布政使司。明代承宣布政使司在體制上雖然與元代有所不同，但是人們對地方一級政區在習慣上依舊沿用了省或行省這一稱呼。明代的四川省，領有成都、保寧等 13 府、雅州等 6 個直隸州，蜀州 16、屬縣 111，另外還轄有 1 個宣府司、16 個長官司"⑥。曹學佺萬曆三十七年（1609），任四川右參政，萬曆三十九年升任按察使（正三品），萬曆四十一年（1613）被削職放歸故里福建。曹學佺在四川任職，這距離改建制已經兩百多年了，明代行政區域雖然還是按元代劃分的，由於深受元代影響，布政司轄地可以稱省，但并非省城的意思。我們來參看兩則明史材料：嘉慶九年（1530），吏部尚書、武英殿大學士，曾經有過三任知縣經歷的桂萼提出了七項改革方案，户

---

① 《禮記》，萬卷出版公司，2019 年版，第 206 頁。
② （晋）常璩著，汪啓明、趙静譯注：《華陽國志譯注》，四川大學出版社，2007 年版，第 80 頁。
③ （晋）常璩著，汪啓明、趙静譯注：《華陽國志譯注》，四川大學出版社，2007 年版，第 659 頁。
④ （清·嘉慶）《溫江縣志》共五册，中共成都市溫江區委党史研究室、成都市溫江區地方志辦公室，2006 年 11 月整理重印，第一册卷一，第 18 頁。
⑤ 陳梧桐、彭勇：《明史十講》，中華書局，2016 年版，第 7 頁。
⑥ 陳世松、賈大泉主編：《四川通史元明》，四川人民出版社，2010 年版，第 154 頁。

部經過部議，擬定了具體實施辦法："合將十甲丁糧總於一府，各府丁糧總於一布政司，布政司通將一省丁糧，均派一省徭役，内量除優免之數，每糧一石，編銀若干，每丁編銀若干，斟酌繁簡，通融科派，造定册籍，行令各府州縣永爲遵行。"①又過五個月，御史傅漢臣在奏疏中，將户部根據桂萼的建議擬定的賦役改革措施稱爲"一條鞭法"，奏曰："頃行一條鞭法，十甲丁糧總於一里，各里定糧總於一州一縣，各州縣總於一府，各府總於一布政司，布政司通將一省丁糧，均派一省徭役。内量除優免之數，每糧一石，審銀若干，每丁審銀若干，斟酌繁簡，造定册籍，行令各府州縣永爲遵行。"②可見明代説"省"并不是指"省城"的意思。況且，温江縣也屬於四川布政司區域范圍内，顯然曹學佺的詩中如果真"離省城近"是不合適的。順治元年（1644），清朝入關，定都北京，逐步統一全國，建立了多民族的統一王朝，恢復行省。又過幾十年，那些清朝編志書的官員們選擇這首詩也恰當，温江是可以名正言順地"離省城很近"了。當然，今天的温江還通了地鐵，不僅僅只是"離省近"，已經與成都大都市融爲一體，成爲都市化新區。

四、關於宋、金、元、明、清刻本

有一點還需要知曉的是，"自唐以後，雕版印刷盛行，改變了過去文人抄書自用的狀況，而使大批書籍作爲商品，進入了交易市場"。雖然"我國歷史上遲至南宋中後期，就有了明確的版權保護意識和版權保護措施"③，如遇翻版私刻，是可以告知官府，"當時官方可在各個刊書處張榜曉示"④。但是"從宋代以至明、清，刻本書不外三大類：一、官本；二、家塾本；三、坊間本。官本是統治階級監造的；家塾本是一般官僚、地主人家雕刻的；坊間刻本是市井書賈印布的。特别是坊間刻本爲着射利，印的書很濫雜，不暇校勘，因而替書籍帶來的損害，也十分嚴重。這在宋、元時期既不能免，到明代便變本加厲。"⑤我國著名歷史學家、文獻學家張舜徽甚至直言，宋、金、元、明刻本不可盡據。"清代學者，確替我們留下了豐富的精校本和精刊本，值得我們重視。"⑥

曹學佺在編選八百八十八卷的《石倉歷代詩選》中廣泛搜集各朝代詩稿，工程量浩大，據今人研讀，錯漏也頗多，不僅詩人姓名字號訛誤，連詩作都有大量删改、漏抄的現象。"以《石倉宋詩選》爲例，其卷一五三收蘇軾詩凡163首，其中有漏抄詩句多達29首，最多

① 轉引自陳梧桐、彭勇《明史十講》，中華書局，2016年版，第106頁。
② 轉引自陳梧桐、彭勇《明史十講》，中華書局，2016年版，第106頁。
③ 崔文印：《古迹常識叢談》，中華書局，2009年版，第2頁。
④ 崔文印：《古迹常識叢談》，中華書局，2009年版，第46頁。
⑤ 張舜徽：《中國文獻學九講》，中華書局，2011年版，第59頁。
⑥ 張舜徽：《中國文獻學九講》，中華書局，2011年版，第69頁。

如《與客游道場何山得鳥字》竟一下漏抄 20 句。"① "明朝著名文學家，明代三才子之首，東閣大學士楊廷和之子楊慎編選《全蜀藝文志》也存在把薛逢的《劍門》編李商隱的名下，把王應麟的《破吐藩露布》誤題爲韋臯。"② 可見古人編選詩集，確實不是百分之一百的準確無誤。"北京大學古文獻研究所編選的《全宋詩》收入朱熹的一千多首詩中，也有數十首張冠李戴"③，這說明，他們參考的朱熹詩集版本也有錯漏。當然，這些錯漏有的可以糾正，有的沒有旁證，糾正起來就太困難了。就像家喻户曉的《登觀雀樓》："白日依山盡，黄河入海流。欲窮千里目，更上一層樓。"④ 大多數選本署名作者都是王之渙，清人蘅塘退士《唐詩三百首》也是署名王之渙。但據唐代芮挺章選編的《國秀集》署名作者爲朱斌，該詩集同時也選編有王之渙的《宴詞》《凉州詞》兩首。這是北宋最著名的選本《文苑英華》出現的錯漏。有人提出來了，甚至於證據十足，也沒有更正過來。著名古典文學專家劉永濟在注釋中説："沈存中《夢溪筆談》：'河中府鸛雀樓三層，前瞻中條，下瞰大河。唐人留詩者甚多，惟李益、王之渙、暢當三篇能狀其景。' 此詩趙凡夫以爲朱斌所作，古今傳頌皆曰王之渙作，沈括之言尤爲明證，今仍歸之王之渙。"⑤ 沈括雖然是北宋政治家、科學家，唐朝的詩，如何會以他説的爲準呢，真是不明白。不過，今天更多的讀者也只知道《登鸛雀樓》作者是王之渙。這已經深入人心了，確實糾正起來有相當的難度。

五、朱熹曾流寓四川及其他

朱熹于書史之外，酷愛山水，喜歡交友。淳熙元年（1174）九月，他曾擬定了一條出游綫路："然予方將東游雁蕩，窺龍湫，登玉霄以望蓬萊，西歷麻源，經玉笥，據祝融之絶頂，以臨洞庭風濤之壯，北出九江，上廬阜，入虎溪，訪陶翁之遺迹，然後歸而思自休焉。"⑥ 原重慶工商大學新聞學院院長熊篤主編的《巴渝古代近代文學史》一書在宋元時期概説這樣寫道："宋元時期，巴渝文人作品較多，途經巴渝、或宦游于此的也留下一大批詩文。此外，隨着巴渝大地的整體開發，周敦頤、程頤、朱熹等理學大師流寓巴渝對川東理學的傳播，特别是南宋對川東地區的重視，文化教育水平的提高，巴渝本土文學逐步迎來了第一次發展高峰。"⑦ 從這里可以知道，朱熹不但來過四川，還在四川住過。淳熙己亥年（1179）十一月，

① 申屠青松：《歷代宋詩選本論略》，《江漢大學學報》（人文社科版）2010 年第 1 期。
② （明）楊慎編，劉琳、王曉波點校：《全蜀藝文志》，綫裝書局，2003 年版，第 6 頁。
③ 陳小輝：《全宋詩朱熹、張栻、陸九淵、劉克莊詩重出考辨》，《古迹整理研究學刊》2018 年第 1 期。
④ 丘幼宣鑒輯：《歷代絶句選鑒》上册，福建教育出版社，2016 年版，第 122 頁。
⑤ 劉永濟編著：《唐人絶句精華》，人民文學出版社，2018 年版，第 119 頁。
⑥ 章培恒、安平秋、馬樟根主編，黄坤譯注：《朱熹詩文選譯》，鳳凰出版社，2011 年版，第 162 頁。
⑦ 熊篤主編：《巴渝古代近代文學史》，四川民族出版社，2010 年版，第 210 頁。

朱熹接到四川廣漢人在荆州任職的張敬夫（張栻，1133—1180 南宋理學家，與朱熹吕祖謙齊名，號稱東南三子）來信，便在題爲《江陵府曲江樓記》一文中這樣寫道："時予方守南康，疾病侵陵，求去不獲。讀敬夫之書，而知兹樓之勝，思得一與敬夫相從游于其上，瞻眺江山，覽觀形制，按楚漢以來成敗興亡之效，而考其所以然者；然後舉酒相屬，以咏張公之詩，而想見其人于千載之上，庶有以慰夙心者。"他想和張敬夫一起在曲江樓上一邊飲酒，一邊讀張九齡的詩。最後，朱熹發感慨："予于此樓，既未得往寓目焉，無以寫其山川風景、朝暮四時之變，如范公之書岳陽，獨次第敬夫本語，而附以予之所感者如此。後有君子，得以覽觀焉。"① 朱熹没有去過湖北江陵府，只因爲朋友的一封書信，依然洋洋灑灑寫出了一篇文章，被人贊爲"文章寫得風神瀟灑，感慨淋漓，得歐陽修文章的神理"②，所以，一個人没有親自去過某地不能作詩作文之説，成立的可能性不大。

"宋代的五七言詩雖然真實反映了歷史和社會，却没有全面反映出來。"③ "愛講道理，發議論；道理往往粗淺，議論往往陳舊，也煞費筆墨去發揮申説。"④ "宋以後，習詩者，不取法于唐，則取法于宋。"⑤ "明人規摹盛唐，清人或師隨唐人，或繼軌兩宋。"⑥ 朱熹和曹學佺在各自的時代并非以詩見長，寫詩只是他們或應酬或隨性而爲的一種生活方式，一首五言律詩旁人是没有辦法從用語習慣去辨識的。如果從修辭技巧上來説，在文學作品中"中國人對自然觀的變化，由古代到中古時期，是由恐懼感漸次變得稀薄，并對自然更親密。因而，大自然就人類懷着好意這種變化，見于宋詩較多，一般而言宋詩也較唐人更能給人以明朗的印象。我認爲：這或許由於詩人大都抱持着以幸福爲基調的人生觀之故。抱有這種明朗的人生觀，認爲人生充滿着幸福的思想的詩人，最能寫出輕快風格的作品。"⑦ "底事歸心發，驚聞估客橈。"⑧ 温江這個離天子狩獵很近的地方，歷史厚重，民風淳樸，處處小橋流水，人們豐衣足食，行商遍地，温江太好了，但是我還是想回自己的家。這幅美好的畫面，是符合宋代人寫詩"輕快明朗"的主流風格的。

六、餘論

曹學佺曾孫曹岱華于乾隆十九年（1754）刊刻《石倉詩稿》第二十卷《蜀草》與乾隆十

---

① 章培恒、安平秋、馬樟根主編，黃坤譯注：《朱熹詩文選譯》，鳳凰出版社，2011 年版，第 184 頁。
② 章培恒、安平秋、馬樟根主編，黃坤譯注：《朱熹詩文選譯》，鳳凰出版社，2011 年版，第 182 頁。
③ 錢鍾書：《宋詩選注》，人民文學出版社，2005 年版，第 5 頁。
④ 錢鍾書：《宋詩選注》，人民文學出版社，2005 年版，第 6 頁。
⑤ 西渡：《名家讀宋元明清詩》，北京聯合出版社，2017 年版。
⑥ 西渡：《名家讀宋元明清詩》，北京聯合出版社，2017 年版。
⑦ ［日］小川環樹著，譚汝謙、陳志誠、梁國豪合譯：《論中國詩》，中華書局，2017 年版，第 102 頁。
⑧ 鄭華翅：《歷代詩人咏温江》，中國文史出版社，2009 年版，第 20 頁。

六年（1751），温江知縣馮中存纂修的《温江縣志》比較，馮本要早于曹本面世三年。康熙初年版《列朝詩集》（坊刻本）遭禁毁，後來重排鉛印就更晚了。這里有幾個史實值得參考：其一，"康熙十一年（1627），大學士周祚奏請分令天下郡縣，修輯志書，詔允其請。雍正七年（1729），詔各省重修通志，上諸史館，以備修《大清一統志》的采納。後來，又令各州縣志書，每六十年一修，著爲功令。由此，官修的書，日益充積。"① "清朝對修志控制極嚴。清初的文字獄和文化專制政策，使地方志遭到大規模的摧殘。許多明以前的，特別是明代的地方志被竄改、删削甚至禁毁。至於新編的志書，各省的通志必須經過皇帝審查，府、州、縣志必須經過總督巡撫衙門審查，才能定稿。"② 可見編撰縣志的嚴謹性。其二，"地方志以政區爲中心，範圍有限，撰修者可以直接取材于當地所保存的檔案信札、譜牒傳志、金石等原始材料；如有闕疑不明之處，還可以直接就地采訪考察。由此可見地方上撰修方志，其史實翔實、具體，而且真實、可靠。"③ 以社會爲中心的方志，"至於方言、風謡、金石、藝文類，在在可爲史部考證之用，更顯出其方志的重大價值了"④。可見縣志的重要性和不可替代性。

綜上所述，没有有力的證據能够推翻作爲進士的知縣馮中存和清朝將領、知縣李紹祖分別代表官修的乾隆十九年（1751）和嘉慶二十年（1815）版《温江縣志》選刊《温江道中》一詩時署名爲朱熹的作品。相反，曹學佺曾孫曹岱華在曾祖父去世108年（乾隆十九年，1754）後刊刻的《石倉詩稿》還是有諸多可疑之處。所以，我個人是支持《温江道中》一詩爲朱熹所寫。當然，研究《石倉詩稿》的，可以認爲這首詩是閩劇始祖之一曹學佺創作的。信者存信，疑者存疑。各美其美，美人之美。天下之暖，莫若温江。正如今人學者劉琳、王曉波在《全蜀藝文志》點校本前言中寫道："這部書有350餘篇找不到相關文獻，换句話説，這三百五十多篇詩文全靠《全蜀藝文志》才得以保存下來，縱有錯漏，我們没有理由苛求于他。"⑤ 温江籍著名詩人孫建軍得知此事後，給我發來微信説："民間野史，是與不是不重要，文學依美麗而存在，不追尋真實。在文學世界裏，美即是真。"我們也可以這樣説，《温江道中》全靠《温江縣志》才得以流傳開來，不管作者是朱熹或者是曹學佺，温江人都是幸運的，因爲這首詩，我們窺見了兩百多年前温江的風土人情和社會面貌，真的要感謝他們。一得之見，與諸君商榷，抛磚引玉，以求友聲。

（作者單位：成都市温江區文化館）

---

① 張舜徽：《中國文獻學九講》，中華書局，2011年版，第159頁。
② 周迅：《中國的地方志》，中國國際廣播出版社，2010年版，第100頁。
③ 吕志毅：《方志學史》，河北大學出版社，2018年版，第305頁。
④ 張舜徽：《中國文獻學九講》，中華書局，2011年版，第161頁。
⑤ （明）楊慎編，劉琳、王曉波點校：《全蜀藝文志》，綫裝書局，2003年版，第6頁。

李昶元年譜

郭文元　韓樹明

内容提要：李昶元（1818—1891），字東生、又字東來，號竹山，又號竺山、竺珊，今四川省眉山市丹棱縣張場鎮大田坎村人。一生經歷嘉慶、道光、咸豐、同治、光緒五朝。晚清丹棱著名詩人，教育家。咸豐六年丙辰科進士，授職工部主事，官至鎮寧知州，卸職歸里後，主講丹棱巽崖書院，眉州書院。著有收詩 896 首的《修竹山房詩草》八卷。但遺憾的是至今國内學者對李昶元及其詩作尚無人關注和研究。筆者依據《修竹山房詩草》及丹棱縣志和有關資料中有關李昶元的記載，勾描其大致生平事迹，作《李昶元年譜》一篇。

關鍵詞：李昶元；《修竹山房詩草》；貴州鎮寧

1817 年　嘉慶二十二年丁丑　一歲

時任丹棱縣令，山東福山拔貢于公槐。

李昶元，出生於清代四川省直隸眉州丹棱縣上鄉總岡山下竹山，即今之眉山市丹棱縣張場鎮大田坎村一户耕讀傳家李姓農家之中。據《咸豐六年丙辰科會試同年齒録》載：曾祖李文彦處士，曾祖母萬氏。祖父李楹，祖母劉氏、徐氏。父親李占銓，字紹增，號秋田，太學生，候選少尹，母親周氏。

關於李昶元生年，在李昶元《修竹山房詩草》中有卷五《丙寅生日偶記》《乙丑生日》、卷八《庚辰中秋》《癸未除夕飲酒作》四首詩明確涉及。尤其是卷五《丙寅生日偶記》非常直白，詩云："生予歲序逢丁丑，老我年華到丙寅。"據此推之，李昶元應出生於清嘉慶二十二年（1817），是年歲序丁丑。

關於李昶元生於丁丑年何月何日，在李昶元《修竹山房詩草》卷四《生日》，詩中云："同是東坡生此日，稱觴先自祝髯蘇。"在詩中，李昶元雖没明言自己生日，但他説他與蘇東坡的生日同一天。蘇東坡生於景祐三年（1036）十二月十九日，故李昶元亦應生於丁丑年十二月十九日。另據《咸豐六年丙辰科會試同年齒錄》中，載："李昶元，字東生，號竹珊，行四，嘉慶丁丑年十二月十九日吉時生，四川眉州直隸州丹棱縣生民籍。"封建社會填寫會試同年齒錄，是一件十分嚴肅的事情，不敢亂寫。故據此同年齒錄，可證李昶元生日，爲清嘉慶二十二年（1817）丁丑十二月十九日，依公曆推算是 1818 年 1 月 25 日。

1824 年　道光四年甲申　八歲

時任丹棱縣令戴莘。

李昶元雖出生農家，然而自幼聰穎，才思過人，八歲已能識字讀詩。事見《修竹山房詩草》卷三《余於近代名流，最愛袁子才、張船山詩集。然一過輒忘，苦不能記。乃風雨懷人，拈毫寫韵，往往近於兩人，形似且言情之語竟有五七字俱同者。要皆無心，偶合耳。賦長歌，以志嗜好。因緣性情感召，非故爲古人作鈔書吏也》詩云："八歲學吟五七字，花箋彩筆爭從事。"

1828 年　道光八年戊子　十二歲

時任丹棱縣令，奉天義州舉人王旭齡。

李昶元經過幾年的私塾學習，十二歲已學爲文。事見光緒版《丹棱縣志》卷之七《士女志·李昶元》。

1833 年　道光十三年癸巳　十七歲

是年冬，江蘇山陽進士高士魁任丹棱縣令。

1834 年　道光十四年甲午　十八歲

時任丹棱縣令高士魁。

是年，峨邊、越嶲猓夷不靖，大帥帥兵討之。邑人士津貼兵餉數千金。

李昶元因勤奮苦讀而受到縣令高士魁的賞識，被招至門下課讀，悉心培養。

1835 年　道光十五年乙未　十九歲

時任丹棱縣令高士魁。

十一月，縣令高士魁、教諭李德林、訓導魏以裕募建續修縣文廟，移魁星閣，邑人士捐輸經費又數千金。其時，有司事者建議邑志乘體例未當，且年久事增，宜修葺。高士魁以縣邑貧瘠，連年輸金從公，亟應休息，且采葺非一朝夕事，且俟再舉。

1836 年　道光十六年丙申　二十歲

時任丹棱縣令高士魁。

李昶元以古學受知於四川學政何一山，被選入位於城東半里許之楓落山丹棱縣學"大雅書院"讀書。不久，學使支少鶴又拔置優等，享受廩膳補貼。（事見光緒版《丹棱縣志·士女志》卷七）

1837 年　道光十七年丁酉　二十一歲

時任丹棱縣令高士魁。

是年，高士魁役於京師，往返幾近一年。

十月，縣文廟經過兩年的整修終於竣工，高士魁作《續修聖廟記》。（事見民國十二年（1923）版《丹棱縣志》卷三《建置志》）

李昶元就讀於縣學丹棱大雅書院。

1838 年　道光十八年戊戌　二十二歲

時任丹棱縣令高士魁。

是年春天，縣學生韓琪之父綦江教諭韓兆瑞致仕歸里，高士魁期盼能與之一見。但是年因高士魁既任職丹棱令，又權知簡州，常往返兩地，公務匆忙。而韓兆瑞歸里後却閉戶課讀子孫，又足不入城，故無由相見。對此，高士魁十分感嘆，説："先生潔修篤行，世傳清德，誠不虛矣。"事見民國十二年版《丹棱縣志》卷二《鶴山先生墓志銘》。

李昶元就讀於縣學丹棱大雅書院。

1839 年　道光十九年己亥　二十三歲

時任丹棱縣令高士魁。

初，高士魁接大府檄，將移知蓬州，但最終未能成行。於是，"取邑人士數年所采葺出志乘校之"。事見道光版《丹棱縣志》卷首《重修丹棱縣志叙》。

是年十一月二十六日，韓兆瑞去世。高士魁應韓兆瑞之子韓琪之請爲其父作《鶴山先生墓志銘》一文。

清道光十九年（1839）浙江寧波進士張錫路（號霞泉）補任四川洪雅縣知縣，高士魁在離任丹棱之前，向張霞泉推薦自己培養多年的學生李昶元，而李昶元展露出來的才華也受到了張霞泉的賞識。於是惜才之心，張霞泉便把李昶元收歸在其門下培養。事見民國十二年版《丹棱縣志》卷六《人物上·鄉賢》。

李昶元就讀於縣學丹棱大雅書院。

1840 年　道光二十年庚子　二十四歲

時任丹棱縣令，河南商縣舉人王承志。

李昶元就讀於洪雅縣學雅江書院。

1843 年　道光二十三年癸卯　二十七歲

高士魁再次蒞丹任縣令。

受高士魁推薦，李昶元執教縣學大雅書院。

1847 年　道光二十七年丁未　三十一歲

時任丹棱縣令高士魁。

李昶元執教於丹棱縣學大雅書院。

同年，李昶元恩師張霞泉在北京去世，享年五十一歲。張霞泉在洪雅期間，獎掖後學無數。其後，其弟子洪雅曾璧光、丹棱李昶元皆進士及第。

1851 年　清文宗咸豐元年辛亥　三十五歲

時任丹棱縣令，浙江供事（注：縣志記作"供事"，筆者疑應爲"貢士"之誤，下同）陳塏。

是年元日，李昶元見縣學庭中，舊植牡丹數本競相開放，以爲瑞兆，作《瑞牡丹》（見《修竹山房詩草》卷一）詩志之。

同年，邑宰陳塏推舉李昶元爲孝廉方正，但李昶元力辭不就。

1853 年　咸豐三年癸丑　三十七歲

時任丹棱縣令，浙江供事陳塏。

是年三月，太平天國定都天京，全國震動。

同年秋日，李昶元與友人曹東橋相聚，作有《與曹東橋用東坡初別子由原韵》《癸丑秋日與曹東橋話舊》（見《修竹山房詩草》卷一）等詩。

1855 年　咸豐五年乙卯　三十九歲

時任丹棱縣令，湖南舉人張熙照。

李昶元執教於丹棱縣學大雅書院。

正月廿四日，李昶元三十九歲生日，作《傷懷》（見《修竹山房詩草》卷二）詩。八月，李昶元赴省城成都，參加省闈鄉試。中第六十五名，名列前茅，被選拔入京會試。

同年冬天，李昶元北上進京會試。臨行前，與諸友餞別，作《乙卯冬北上》《出丹棱時，侯賡堂同諸友袖詩出東關送行，口占絕句酬之》（見《修竹山房詩草》卷一）詩。途中迂道眉州拜別伍雲青刺史，作《別眉州伍雲青刺史》（見《修竹山房詩草》卷一）詩。赴京途中，有《和花橋驛題壁原韵》《曉過雙流縣》《金山驛次張牟子明府題壁原韵》《出劍門歌》《朝天關》《鳳嶺》（見《修竹山房詩草》卷一）等詩。

1856 年　咸豐六年丙辰　四十歲

時任丹棱縣令，湖北生員王兆禧。

李昶元北上進京赴試，於清文宗咸豐六年（1856）丙辰元日，抵達陝西省岐山縣，作《丙辰元日換車到歧山縣》（見《修竹山房詩草》卷一）詩。正月廿三，到達山西晉中石鐵鎮，作《石鐵鎮》（見《修竹山房詩草》卷一）詩。正月二十四日，作《傷懷》（見《修竹山房詩草》卷二）詩。

二月抵京，作《到都城作家書》（見《修竹山房詩草》卷一）詩，并參加禮部會試。

四月，會試中式第 280 名，參加殿試，在第三甲 113 名進士中，李昶元位列第 46 名。并作《殿試》（見《修竹山房詩草》卷一）詩。同月，李昶元授職工部主事分管水利事宜，作《受職》（見《修竹山房詩草》卷一）詩。

五月，思鄉情切，作《都中望月》《五月十五夜彈指竹報已抵故里》《思歸》（見《修竹山房詩草》卷一）諸詩。同年秋，因掛念家中年邁父親，仕宦僅三月即乞假以終養，從此作別京師，作《柬東橋諸親友并告歸期》（見《修竹山房詩草》卷一）《贈筆》《贈墨》（見《修竹山房詩草》卷三）諸詩。

十一月十五抵家，作《十一月十五抵家》（見《修竹山房詩草》卷一）詩。

李昶元到家後，家居侍封翁，晨夕不遠出。

1857 年　咸豐七年丁巳　四十一歲

時任丹棱縣令，陝西舉人張九德。

是年五月，曾璧光"記名以御史用"。七月，內閣奉上諭，命曾璧光在上書房行走。

春季檢閱書齋藏書，作《丁巳春檢閱藏書，見侄輩搬運狼藉，半皆遺失，悵然。感賦以示戒》（見《修竹山房詩草》卷一）詩。

同年，父親去世，哀毀盡禮。喪事畢，李昶元受聘執教於榮縣（一說四川仁壽）冶官書院。作《閑居》（見《修竹山房詩草》卷一）詩，詩云："彈指經年別鳳城，閑居愁緒苦相爭。初嘗宦味剛三月，辜負韶華已半生。"

是年，駱輪次子駱應選出生。

1858 年　咸豐八年戊午　四十二歲

時任丹棱縣令，正白旗舉人德泰。

據縣志載是年，邑"北門外有紅、黑蟻無數相鬥，死者各負歸穴，識者知爲兵兆。"

二月，曾璧光獲京察一等，記名以道府用。

四月，雲貴總督吳振棫等奏，貴州軍務未竣，請停今年鄉試。

五月，中俄《天津條約》、中美《天津條約》簽訂、中英《天津條約》簽訂、中法《天津條約》簽訂。

八月，曾璧光奉詔授道光帝六子恭親王奕訢課讀書。

十二月，曾璧光奉詔授道光帝七子醇郡王奕譞讀書。

是年秋，李昄元受聘主講婆日書院（今四川威遠）。其間，作《婆日城風夕》《贈楊旭堂明府》（見《修竹山房詩草》卷一）等詩。與友人江品經相逢婆日，相聚三月後，於十月分別，作《題江品經畫扇即以贈別》（見《修竹山房詩草》卷一）詩。友人毛瑞圖邀飲芙蓉山，因阻雨未能成行，作《毛瑞圖邀飲芙蓉山阻雨》《寄毛蝶仙》（見《修竹山房詩草》卷一）等詩。

1859 年　咸豐九年己未　四十三歲

時任丹棱縣令，順天監生劉運開。

據《丹棱縣志》載，是年，"民家園中李樹結桃實，桃樹結實如扁豆，海椒形；桐樹生枝如刀形，長一二尺"。

是年秋，李昄元受漢嘉太守文冶庵之聘主講嘉州書院。作《余於近代名流，最愛袁子才、張船山詩集。然一過輒忘，苦不能記。乃風雨懷人，拈毫寫韵，往往近於兩人，形似且言情之語竟有五七字俱同者。要皆無心，偶合耳。賦長歌，以志嗜好。因緣性情感召，非故爲古人作鈔書吏也》（見《修竹山房詩草》卷三）詩。

七月下旬，李永和、藍朝鼎因抗厘金捐在雲南昭通大關屯上拜旗起義。昭通知府領官兵與李藍義軍戰。八月上旬，清軍統兵官吳四毛子奉命進剿，被義軍全殲。九月，李藍率義軍攻入四川，連克川南筠連、高縣、慶符、珙縣等諸縣。李藍以"打富濟貧、除暴安良"爲口號，深得四川人民擁護，義軍隊伍迅速發展。至是年底，李藍義軍在四川各地已達 30 餘萬人。

冬，曾璧光出任貴州鎮遠知府，途經嘉州，李昄元爲曾璧光送行。事見《答鎮遠太守曾樞垣》（見《修竹山房詩草》卷五）。

1860 年　咸豐十年庚申　四十四歲

時任丹棱縣令劉運開。因是年八月藍大順起義軍攻打丹棱，縣令劉運開棄城而逃，後由江西進士黃秩韶接任丹棱縣令一職。

據《丹棱縣志》載，是年，"五月，彗星竟天，月餘始滅。八月，城內鼠群遷出城，過西橋縣署外；黃葛樹無故自斷"。

九月，中英《北京條約》、中法《北京條約》簽訂。

十月，中俄《北京條約》簽訂。

十二月，咸豐帝批准成立總理各國事務衙門，奕訢任總理大臣。

李昄元執教嘉州書院。春，在嘉州試院結識賴敬山。好友合州學正文立三來訪。友人劉伯倫寄書詢問李昶元北上進京事，作《友有致書問行期者，書以奉答》（見《修竹山房詩草》卷二），詩中對北上進京充滿着希望和信心。

二月，李藍義軍於自貢分兵兩路：一路由李永和率領返師犍為；一路由藍朝鼎率領進軍川西。二月下旬，藍部攻占榮縣打敗知縣羅廷權所部團勇於土地場，殲滅隆昌、榮縣團勇，連下榮、威。隨後又向西進軍，與李永和會合攻打嘉州。時文冶庵任嘉州太守。不久，因藍大順率部侵擾進入川西南，蜀中大亂，李昶元於是匆匆結束嘉州書院教職返丹攜家避亂於總岡山上岐山廟。

費春澤、李星甫諸友來訪，作《與費春澤李星甫諸友連日話舊》詩（見《修竹山房詩草》卷四）。

八月，藍大順率部由蒲江攻入丹棱。八月十六日，藍大順起義軍攻打丹棱，縣令劉運開棄城而逃。丹棱地方團練首領團總劉建勛父子、團練教習陳炳等帶領團勇固守縣城奮勇抵禦。起義軍攻破縣城後，劉建勛、陳思源父子被抓獲，拒不投降，被起義軍殺害。作《八月十七聞賊破丹棱，抑鬱成疾，病中愁吟》《挽劉墨池茂才》。起義軍攻占縣城後，多次出城燒殺搶劫。據《丹棱縣志》載，自起義軍攻占縣城後，丹棱境內烟火連綿旬日不絕。至九月十六日，起義軍毀棄丹棱城後，由萬勝場方向離境而去。作《九月三十入城就醫，道上口占》（見《修竹山房詩草》卷四）詩。同月，病中接鎮遠太守曾樞垣書。

是年冬天，李昶元攜家避亂於總岡山上岐山廟。冬初，本擬北上，無資中止。作《寄劉伯倫并告不能北上》（見《修竹山房詩草》卷二）作《接溫可垣書得悉京華消息》《車岡志感》《費春澤招同溫可垣楊春塘飲於春暉堂》《醉後吟》（見《修竹山房詩草》卷四）、《寄漢嘉太守文冶庵》（見《修竹山房詩草》卷二）等詩。臘月十九日，作《生日》（見《修竹山房詩草》卷四）以詩感懷。

其間，與上一甲岐山廟義學首事王文元、王三錫、王啓德等商議在岐山廟籌建義學，即丹山書院，并主講丹山書院。

年末，鄭瑤階入山來訪，搜李昶元入山詩草鈔。

1861年 咸豐十一年辛酉 四十五歲

時任丹棱縣令，貴州舉人王崇昆。

七月，咸豐帝崩於熱河避暑山莊。

九月，慈禧、慈安聯合恭親王奕訢發動"辛酉政變"。

是年，李昶元主講丹山書院。

正月初一，作《辛酉元日》詩（見《修竹山房詩草》卷五）、《柬王肇堂》詩（見《修竹山房詩草》卷四）。

春，李昶元作《答鎮遠太守曾樞垣》（見《修竹山房詩草》卷五）、《寄合州學正文立三》（見《修竹山房詩草》卷二）等詩。鄭瑤階將去年入山搜得李昶元避居總岡山寫作詩篇草稿整理抄寫成編，作《鄭瑤階搜餘入山詩草鈔寫成編作此謝之》（見《修竹山房詩草》卷三）詩。又收曾璧光和詩，見卷五《答鎮遠太守曾樞垣》詩後附《曾中丞樞垣見和元韻》詩。其間，往返於丹棱洪雅。作《廿五日由丹洪》《止戈鎮聞警》《紫坡先生召諸同學會飲席上賦感》（見《修竹山房詩草》卷三）《書扇寄陳鳳山》《柬李星甫兼寄周桂峰》（見《修竹山房詩草》卷四）等詩。

不久，李昶元聽聞李藍義軍即將攻打丹棱，故又移家總岡山中。作《歸山》《冬初，本擬北上，無資中止。旋聞兵警，又復移家山中。風雨之夕，悵然有感》（見《修竹山房詩草》卷二）。

四月六日，李藍義軍左護國軍政司何崇政綽號何螞蟻子，率隊攻入丹棱縣城，據城五日後離去。

九月，藍大順起義軍由蒲江第二次攻入侵擾丹棱，藍大順起義軍在丹棱境內大肆燒殺搶掠，且盤踞侵擾達數月之久。據《丹棱縣志》記載："賊復至荼毒益甚，日命其部眾四出割民男婦兩耳，然而斬之，以泄其憤。或以長繩繫民之醇懿者，至城西江陵廟外殺之，江水為之不流。"（事見民國三十七年版《丹棱縣志》）

李昶元作《賊由邛蒲到名踩躪山口居民》（見《修竹山房詩草》卷三）、《廿七日兵警重遷》（見《修竹山房詩草》卷二）、《避兵》《聞賊擾眉州懷葛茱坡先生》《廿八日風聞茱坡先生遇難設位哭之》（見《修竹山房詩草》卷三）、《挽駱君驛》（見《修竹山房詩草》卷四）、《紀亂》（見《修竹山房詩草》卷三）等詩。

1862 年　同治元年壬戌　四十六歲

時任丹棱縣令，陝西進士胡子材。

據《丹棱縣志》載，是年，"邑市人共見天火落於科甲坊前萬年燈上，隨即下附民房，延燒四街，廛舍殆盡"。

是年，李昶元主講丹山書院。

清軍收復丹棱縣城，時局漸趨穩定。春，李昶元作《正月廿三日聞賊遠遁，擬回邑城，留題山居》（見《修竹山房詩草》卷二）、《仲春飲酒作》（見《修竹山房詩草》卷二）、《山館八景》（見《修竹山房詩草》卷一）等詩。

1863 年　同治二年癸亥　四十七歲

是年，李昶元主講丹山書院。

冬，時任丹棱縣令，浙江舉人張會彥（注：民國十二年版縣志寫作"張曾彥"）到岐山訪察民間疾苦時，蒞臨岐山廟義學，聽取岐山廟義學首事王文元等和主講丹山書院的李昶元辦岐山廟義學情況及建議，同意他們關於收取滿禪、滿旭、會法三庵餘款錢，以作每年館師修金和擴修學宮、增建館舍的建議。

1864 年　同治三年甲子　四十八歲

時任丹棱縣令，直隸舉人杜雲漢。

是年夏六月，湘軍克復金陵。

是年，李昶元仍主講丹山書院。

孟冬十六日，敕授登仕郎駱雲逵七十三歲，李昶元作《雲逵公壽序》。

1865 年　同治四年乙丑　四十九歲

時任丹棱縣令杜雲漢。

據《丹棱縣志》載，是年"大旱，六月始種歉收"。

是年八月，署曾璧光爲貴州按察使。

是年，李昶元仍主講丹山書院。

正月十五，大兒就讀成都學堂，李昶元勉勵兒子學有所成，臨行作《上元日大兒就學錦城》（見《修竹山房詩草》卷五）詩。

是年，李昶元四十九歲，作《乙丑生日》（見《修竹山房詩草》卷五）詩。

三月，擴修學宫、增建丹山書院館舍竣工。李昶元族侄李萬榮撰《義學碑叙》、邑廩生羅綱撰《鼎建文武宫碑記》記其事。

同年，李昶元檢校恩師張霞泉遺稿，并作《刊張霞泉先生文集》（見《修竹山房詩草》卷三）詩。

其間，李昶元曾寓居成都，得知前縣令毛震壽之子毛翼卿將蒞任丹棱縣令，作《錦城寓中寄毛翼卿明府》（見《修竹山房詩草》卷五）詩。在寓居期間，結識饒仲明，在年末整裝返丹時，作《和饒仲明雜感元韵》（見《修竹山房詩草》卷五）詩。

1866 年　同治五年丙寅　五十歲

時任丹棱縣令，江西監生毛隆輔。毛隆輔，字翼卿，道光二十九年丹棱縣令毛震壽長子。據《丹棱縣志》載，是年"大旱，斗米千錢"。

是年，李昶元仍主講丹山書院。

是年，作《病中答毛翼卿》（見《修竹山房詩草》卷五）、《挽陳如山詞》（見《修竹山房詩草》卷五）、《賴敬山以長箋索詩，書七絕十章寄之》（見《修竹山房詩草》卷五）、《除夕》（見《修竹山房詩草》卷五）等詩。

十二月十九日，李昶元生日，時任丹棱縣令毛隆輔前來拜訪李昶元，并贈送猪蹄、龍燭等禮品。李昶元作《丙寅生日偶記》（見《修竹山房詩草》卷五）詩以記其事。是月，縣令毛隆輔之父，道光二十九年丹棱縣令毛震壽重游丹棱，李昶元作《小梧方伯重游丹棱，晋謁即事口占》（見《修竹山房詩草》卷五）詩以記其事。

大年三十晚，作《除夕》詩一首，（見《修竹山房詩草》卷五）等詩。

1867 年　同治六年丁卯　五十一歲

時任丹棱縣令毛隆輔。

二月，曾璧光署貴州布政使。

八月，賞曾璧光二品頂帶，署貴州巡撫。

正月，李昶元作《元旦口占》《丁卯元日試筆，用李笠翁〈丁卯元日試筆〉元韻》《正月初三》《費春澤入山見訪，人日留詩歸去，依韻答之》等詩。

是年，李昶元仍主講丹山書院。

1868 年　同治七年戊辰　五十二歲

時任丹棱縣令，江西舉人塗祥麟。毛隆輔調署陽德縣。

七月，特旨補授曾璧光實署貴州巡撫。

是年，李昶元辭去丹山書院教職。寓居成都，作《錦城寓中寄毛翼卿明府》（見《修竹山房詩草》卷五）詩。秋，經恩師張霞泉弟子貴州巡撫洪雅柳江人曾璧光推薦，保舉李昶元爲直隸府知州，留貴州候補。李昶元從成都返回老家，祖餞之後赴貴州。臨行作《九月廿六日出山，書示兒輩》（見《修竹山房詩草》卷六）詩。

由川至黔，李昶元沿途皆有詩記其事，主要詩作有《黔南道中竹枝詞》（見《修竹山房詩草》卷六）二十六首，十一月初八日抵達貴陽，作《十一月初八日抵築垣，呈中丞曾公二律》（見《修竹山房詩草》卷六）詩。當晚，曾平甫前往旅舍探訪李昶元，雙方一見如故，相得甚歡。不久，中丞曾璧光命李昶元移居南院，與曾平甫常聚首談心，相交甚洽。後又移居貴州貴陽城東二浪坡。作《志感》《寄曾平甫并序》《題曾平甫牡丹畫軸》（見《修竹山房詩草》卷六）等詩。

1869 年　同治八年己巳　五十三歲

時任丹棱縣令，廣東拔貢葉蔉。

二月初五，曾璧光奏爲補行鄉試請簡放考官事。

春，李昶元作家書，并作《立春作家書題後》（見《修竹山房詩草》卷六）詩。

二月十五日，友人招飲扶風山，李昶元作《二月十五日友人招飲扶風山》（見《修竹山房詩草》卷六）詩。

四月八日，李昶元游貴陽黔靈山，作《游黔靈山》（見《修竹山房詩草》卷六）詩。

夏，李昶元作《閱己巳夏季縉紳感紀》（見《修竹山房詩草》卷六）詩。

八月，黔中舉行己巳科鄉試并補行己未（1859）、辛酉（1861）、壬戌（1862）科鄉試，貴州巡撫曾璧光與李昶元爲同門學友，歷來看重李昶元的文學造詣，特聘請其參加今年和補行鄉試的閱卷事宜。

是年，陳燦與其胞弟陳琅均科考合格被錄取，且陳琅拔爲鄉試第一名"解元"。作《閱己巳夏季縉紳感紀》《闈中漫興》《重搜落卷口占》《闈中中秋望月》《九月十五夜月下作》《九月廿八日題小住爲佳客舍壁上》《十月初一日得家報，口占寄小竹》《客中吟寄示兩兒三十首》（見《修竹山房詩草》卷六）等詩。

1870 年　同治九年庚午　五十四歲

時任丹棱縣令，直隸監生莊定域。

據《丹棱縣志》載，是年邑中"夏旱。八月朔，大水。十月朔，大雪，竹木盡折"。

是年夏，李昶元以知州銜署領湄潭縣，治理黔東北之川黔、湘黔接壤一隅。

1871 年　同治十年辛未　五十五歲

時任丹棱縣令莊定域。

李昶元繼署湄潭縣知縣。三月，作《和王蔭庭元韻》《題王蔭庭明經詩卷》（見《修竹山房詩草》卷七）等詩。秋末，收曾璧光長子曾唯堂書信，作《寄曾唯堂》（見《修竹山房詩草》卷七）詩。《孟冬十有九日因公下鄉宿官田壩，五更不寐占此》（見《修竹山房詩草》卷七）等詩。

是年，在修城垣，改建衙署諸工未竣之際，李昶元奉調黔西州，臨行時因士庶攀留，不果往。適號匪通苗，糾集萬餘人作亂，李昶元虜即招募湄潭縣團勇鄉兵防禦。同時，請求州府調兵抵禦，再調開州、甕安、施秉、餘慶四州縣鄉兵平亂。李昶元與相關將領秘授機宜，智擒首逆張占元斬之，并招撫餘黨，湄亂遂平。

1872 年　同治十一年壬申　五十六歲

時任丹棱縣令莊定域。

據《丹棱縣志》載，是年"三月二十六日，城中火延燒，四街殆盡"。

李昶元繼署湄潭縣知縣。作《壬申元日口占》《和張蔚生舍人蜀中留別元韻》《送惺叟》《壬申五月初四稿》（見《修竹山房詩草》卷七）等詩。

李昶元在湄潭任上，整飭綱紀，督修城垣，改建衙署，治理有方。禁止私加稅賦，并行減免稅賦，勸民發展生產，廣植糧桑。無論官、兵、民，凡巧取豪奪欺壓良善者，一概治罪。興辦學堂，開啓民智，時或親臨授課。因政績顯著，深受縣人擁戴。

八月，李昶元始赴任鎮寧州知州。是時，歷經戰亂，州城殘破，蒿萊滿目。李昶元到任後日夜操勞，安撫百姓，整修鎮寧上下水關，剿除叛匪餘黨"六合團"，并親赴扁擔山、荊竹窩等賊巢，擒斬偽國師王德羊等，遂致境內漸清，秩序漸復，人心漸固，市集漸興。年底重修鎮寧上下水關竣工，李昶元作《重修鎮寧上下水關記》（光緒元年《鎮寧州志》卷八

《藝文》）以記其事。其間，作有《訓導王公景春暨子媳趙氏殉難傳》（光緒元年《鎮寧州志》卷八《藝文》）《和周林蕉見寄元韵》《寄渭臣周軍門》《壬申臘月安莊署寄陳禹門》《述懷》（見《修竹山房詩草》卷七）等詩文。

1873 年　同治十二年癸酉　五十七歲

時任丹棱縣令莊定域。

據《丹棱縣志》載，是年"秋，邑中畜大疫，民間豬只盡死。初染疫時，患處墳起，痕方如印，相傳見有怪物入人家，豬大叫，遂病死，至今近二十年未已，不知所由，民間遂因此致貧"。

李昶元繼署鎮寧州知州。

是年立春，李昶元恢復自安莊兵燹以來已荒廢十多年之久的迎春之禮，作《癸酉迎春紀事》（見《修竹山房詩草》卷七）詩以紀其事。同時，李昶元重修鎮寧武廟，以"振拔士林之習""挽回民俗之顏"；又重修城隍廟，以便安撫游魂，拜跪有所。

二月十九閑游觀音洞，并與劉安定、鍾瑞亭、孫師爺閑坐飲酒，作《觀音洞》（見《修竹山房詩草》卷七）詩以紀其事。

三月，作《寄吳清臣明經》（見《修竹山房詩草》卷七）詩。

五月，作《偶述》（見《修竹山房詩草》卷七）詩。同時，鎮寧武廟、城隍廟先後竣工告成，李昶元作《重修鎮寧武廟碑記》《重修鎮寧城隍廟叙》（光緒元年《鎮寧州志》卷八《藝文》）以紀其事。

十二月，作《習安旅夜，夢傳琴元刺史却寄》（見《修竹山房詩草》卷七）等詩。

1874 年　同治十三年甲戌　五十八歲

時任丹棱縣令，鑲藍旗人文龍。

李昶元繼署鎮寧州知州。是年，李昶元飭邑紳彭鈺、白玉漣、吳耀珅、廖忠良等，重建鎮寧文廟、書院，及各禮典祠宇。同時，李昶元作《觀風文》（民國三十六年《鎮寧縣志·藝文》）一篇，曉諭全州，觀風試士，選拔人才。

1875 年　清德宗光緒元年乙亥　五十九歲

時任丹棱縣令，鑲藍旗人文龍。

前同治九年丹棱縣令莊定域任職彭水縣令。

貴州巡撫曾璧光病逝於貴州巡撫任上，曾璧光病逝後，追贈太子太保銜，依總督例賜恤，謚文誠。

李昶元繼署鎮寧州知州。四月，接上級官府公文，要求各地編修邑志，李昶元遂主持編纂《鎮寧州志》。五月初一，聘彭鈺、陳方瑜、任秋元、李榮時、陳恩篤、葉松年諸紳，纂修《鎮寧州志》。《鎮寧州志》共三册八卷，開鎮寧修志之先河。後因李昶元離任而未能付梓。《鎮寧州志》雖至今仍爲手稿，却爲後世徵文考獻、鑒往知來，留下了珍貴史料。九月，李昶元作《鎮寧州志叙》（光緒元年《鎮寧州志·叙》）、《鎮寧置州本末叙》（光緒元年《鎮寧州志》卷八《藝文》）以紀其事。

同年秋，重修鎮寧文廟告成竣工，李昶元作《重修鎮寧文廟碑記》（光緒元年《鎮寧州志》卷八《藝文》）以紀其事。

1876 年　光緒二年丙子　六十歲

時任丹棱縣令，湖北人軍功楊治。據《丹棱縣志》載，是年"大旱，斗米千錢。秋間，民家竈香爐内忽出豆穀，米價旋即低平，或以爲豐年之兆"。

前同治九年丹棱縣令莊定域任職彭水縣令。

李昶元繼署鎮寧州知州。

是年春天，作《丙子花朝日題寄吳菊莊》（見《修竹山房詩草》卷七）詩。李昶元與前同治九年丹棱縣令莊定域相見於彭水，作《步邑莊範村留別彭水原韵》《步莊明府元韵》（見《修竹山房詩草》卷八）等詩。

秋，李昶元參與是年貴州鄉試閱卷，拔黄樹勛爲是年鄉試第一名解元。作《丹棱舊感》《重九感懷》《寄莊明府二首》（見《修竹山房詩草》卷八）等詩。

1877 年　光緒三年丁丑　六十一歲

時任丹棱縣令，湖北副榜蕭銘壽。據《丹棱縣志》載，是年"夏六月，雷震奎閣，壞其頂。内積茆草甚多，不知何由，或以爲狐窟所憑"。

春，李昶元辭官。作《安莊交卸病起口占》《與劉蔚泉同年話別》《丁丑暮春寄羅熙堂同年》《暮春將歸預寄故園親友》（見《修竹山房詩草》卷七）、《春夜不寐，步莊明府彭水留別原韵遣懷》（見《修竹山房詩草》卷八）等詩。

李昶元辭官歸田途中，作《播州道中寄同寅》（見《修竹山房詩草》卷七）等詩。李昶元返鄉後，貴州曾道憲，及岑、林二宫保，多次致函召致貴州任職，均以"年老力衰"推辭，不再復出。歸老林泉，以吟咏自樂。

李昶元治鎮四年，後人評論其政績卓著，甘棠澤沛久而彌篤。其事迹記入《鎮寧州志》《鎮寧縣志》，并入祀"名宦祠"。鎮寧人雷世榮作有《賢刺史李公昶元傳》，載入民國三十六年《鎮寧縣志·職官附傳》。

1878 年　光緒四年戊寅　六十二歲

是年，直隸人莊定域返任丹棱縣令。

李昶元歸居丹棱。春，作《家人以缸鉢栽蘭花，因此有感》《和莊範村明府元韵》（見

《修竹山房詩草》卷八）等詩。

1879 年　光緒五年己卯　六十三歲

時任丹棱縣令莊定域。

春，李昶元作《己卯重三，以道情詩寄嚴子敬，附以口占》（見《修竹山房詩草》卷八）等詩。

是年，受莊定域之聘，聘任丹棱縣學巽崖書院山長。

巽崖書院前身爲大雅書院，舊在城東楓落山，乾隆時宋令惠綏建。後廢，移入城南文昌宮內。咸豐八年，知縣德泰復建於楓落山，幾年後毀於藍朝鼎之亂。同治十年（1871），知縣莊定域移建文昌宮，復更名巽崖書院。

李昶元在授課之餘，常以自己的親身經歷及貴州鄉試選拔人才之事，勉勵學子。作《歷聞近事，實獲我心，而諸君子竟有大不謂然者，是亦各行其是耳。感此多情，特占長句，幸於諸良友處代爲致意爲荷》《秋思》（見《修竹山房詩草》卷八）等詩。

1880 年　光緒六年庚辰　六十四歲

時任丹棱縣令莊定域。據《丹棱縣志》載，是年"雷震縣南城樓，震死門役婦尹氏"。

李昶元掌教丹棱巽崖書院。

課餘，李昶元亦陪同莊定域在縣內尋訪古迹。丹棱縣北十五里連鼇山，山勢連續，其形若鼇。宋蘇軾少時讀書其上，手書"連鼇山"三大字，徑丈許。莊定域見字迹年久磨滅，於是飭工淘深，護以石欄，并作《題蘇文忠公擘窠墨迹》詩，李昶元作《步莊明府題連鼇山蘇文忠公元韵》（見《修竹山房詩草》卷八）詩，以紀其事。事見民國十二年版《丹棱縣志》卷一《山脉》。

其間，作《庚辰中秋》《九月初十阻雨歸山未果》（見《修竹山房詩草》卷八）等詩。

1881 年　光緒七年辛巳　六十五歲

時任丹棱縣令，湖南俊秀軍功賀祝堯。據《丹棱縣志》載，是年"彗星見，闊二尺，長半天，月乃滅"。

李昶元掌教丹棱巽岩書院。

賀祝堯到任，即與李昶元爲風雅交，兩人常有詩作唱和。是年，李昶元作《承賜佳章召飲，俗冗未赴，抱歉良深，勉步元韵奉復》《漱芝父臺閣下：昨日尊署歸來，忽抱杜陵小恙。承賜疊，聞仙樂，遂令甘拜下風。自慚筆秃江淹，讓公吟壇高樹一幟也。勉賦俚詞，即請教正》《復劉果卿》《上巳日教弟賀祝堯未是草》《疊韵酬賀刺史漱芝（辛巳清明後十日作）》（見《修竹山房詩草》卷八）等詩。

1882 年　光緒八年壬午　六十六歲

時任丹棱縣令，山東舉人王震乙。

賀祝堯署任廣元。

毛隆恩莅任眉州知州。

是年秋，聘李昶元掌教眉州書院。

1883 年　光緒九年癸未　六十七歲

時任丹棱縣令，廣東人黎炳湘。

李昶元掌教眉州書院。

十月，作《光緒九年癸未小陽之十三日書於芙蓉書屋，寄毛季彤太守之任忠州》（見《修竹山房詩草》卷八）。秋，作《病中呻吟偶成，截句數章，寄同學諸君子，藉以代柬》（見《修竹山房詩草》卷八），詩中表達明年不再擔任眉山書院教習一職。除夕，作《癸未除夕飲酒作》（見《修竹山房詩草》卷八）等詩。

1884 年　光緒十年甲申　六十八歲

時任丹棱縣令，廣東人黎炳湘。

李昶元未能歸居丹棱，繼續留任掌教眉州書院。

1885 年　光緒十一年乙酉　六十九歲

時任丹棱縣令，廣東人黎炳湘。

李昶元繼續留任掌教眉州書院。年底，李昶元辭去眉州書院山長一職。

1886 年　光緒十二年丙戌　七十歲

時任丹棱縣令，廣東人黎炳湘。

正月初七，接劉果卿詩章，因忙於歸計不及作復，直待歸居丹棱後，於正月十五日方予回復。作《果卿一兄仁大人閣下：初七日接到佳章，重疊翻新，捧讀再四，距躍三百。遂蒙推許，愈甲汗顏。只以歸計匆忙，未及復命，抱歉良深。偶坐小窗呵凍，草此，即請教正，并頌升祺不備》《果卿一兄大人閣下：昨呈巴曲，諒荷垂青。重披惠函，始悉見賜陽春，雙管齊下，仍步元韻，兼懷賢東蘭坡主人，勉成俚句，再乞韓敲，并呈阮照》（見《修竹山房詩草》卷八）詩，復劉果卿。

李昶元歸居總岡山麓老屋，并於家中辟一室爲書屋，名曰"歸來軒"，用作讀書寫詩、待客叙談。

1889 年　光緒十五年己丑　七十三歲

時任丹棱縣令，江蘇人軍功保舉顧汝蕁。

李昶元居家養老。是年，應田橋彭國華之請爲重建"田橋"命名并作《復古橋記》。

1891 年　光緒十七年辛卯　七十五歲

顧汝蕁復任丹棱縣令。據《丹棱縣志》載，是年"春杪，邑城南街巢生白燕一，乳成乃去。夏初，邑北大雨雹，新秧盡没。邑山多田少，是歲大旱，栽種未半，米價昂貴，縣令糶倉穀平之。秋大疫，冬大雷"。

是年，顧汝蕁奉州府發文令主持重修縣志，特聘李昶元爲鑒定。

是年冬，李昶元病逝，享年 75 歲。墓葬縣西 80 里青崗坡。李昶元去世後，朝廷贈朝議大夫；妻余氏，邑庠生中峰公三女。有二子（見《修竹山房詩草》卷五《寄示大兒》），曰李魁秀，字幼竹；曰李貞秀，字小竹。有女四，一適洪雅王家王肇堂之子王德元、一適丹棱駱家駱輪之長子駱應舉。其餘二女不載。

1892 年　光緒十八年壬辰

時任丹棱縣令，貴州貴陽府貴築縣舉人袁桂芳。

袁桂芳到任，即主持《丹棱縣志》刻板印刷工作。《丹棱縣志》扉頁，有"丹棱縣志""光緒十八年春月重修""賜進士出身知州李昶元鑒定""板藏巽崖書院"等語。目錄之後"重修丹棱縣志姓氏"條，有"鑒定：賜進士出身前任貴州鎮寧州知州李昶元。督修：欽加同知銜特授眉州直隸州丹棱知縣顧汝蕁、欽加同知銜署理眉州直隸州丹棱知縣袁桂芳"等語。

志書有"生不立傳"的規則，所以，去年李昶元鑒定的《丹棱縣志》稿中未有李昶元生平事迹記述。如今，李昶元已經蓋棺定論了，於是縣志編纂者便將李昶元生平事迹記入《丹棱縣志·士女志·鄉賢》。

李昶元風雅倜儻，才情橫溢，詩賦文章，韵致深邃，灑脱不拘。其詩文俱佳，尤工於詩歌。詩衆體皆備，不拘一格，至臻至純，意境空靈，氣魄雄浩。自咸豐三年（1853）至光緒九年（1883）凡三十年，風雨懷人，花鳥適性，一生之遭際，朋友之唱酬，即出山入山，莫不隨時隨事發而爲詩。道生平，如泣如訴，無不感人至深。紀勝迹，繪影繪聲，皆有丹青之迹。紀亂世，悲歌慷慨，懷憂含戚，有人濁我清之致。

光緒十八年壬辰（1892）春，由其門生、晚戚駱應選主持，邀約同門弟子廣泛收集李昶元詩歌，編爲《修竹山房詩草》八卷，并作《修竹山房詩序》。光緒二十四年戊戌（1898）書成，由李昶元貴州弟子清光緒九年癸未（1883）進士、四川珙縣知縣黄樹勛爲之序。光緒二十七年辛丑（1901）夏六月刊印，板存丹山書院。但此事不見載於《丹棱縣志》。《修竹山房詩草》此版書，現爲孤本藏於四川省圖書館。

　　据民國十二年版《丹棱縣志》載，李昶元去世十七年後（1908），李昶元之子刺史李幼竹又收集其父詩歌，集成《修竹山房詩集》八卷，宣統元年己酉（1909）孟冬成書，由李昶元貴州弟子光緒三年（1877）進士、時任任甘肅按察使陳燦爲之序。但《修竹山房詩集》是否刊印成書，則未可考也。

（作者單位：丹棱縣端淑文化研究會）

蜀海拾貝

吳宓先生詩稿鈔本題記

謝桃坊

內容提要：本文爲吳宓先生《雨僧詩稿》鈔本殘卷發現經過叙述，并將殘本與先生自編《吳宓詩集》民國二十四年（1935）中華書局初版相對校。

關鍵詞：吳宓；詩稿鈔本

《吳宓詩集》爲先生親自編寫，於 1935 年由中華書局出版。先生尚有詩作原編《雨僧詩稿》未見於世。先生本名玉衡，又名陀曼，字雨僧，十七歲時爲報考清華留美學習而改名宓。先生自述：

> 予既生十餘年，於世界學問，未窺津涯。虛擲其至可寶貴之光陰，昏惰過日，即於詩文一道，所得亦絕少。良可深慨……己酉夏，始哀鈔舊作，勉曰《雨僧詩稿》。蓋予於詩詞，皆乘暇以爲之，雖極不工，究未嘗以此而害他業。姑始存之，以作幼之陳迹，以驗他日之進步，亦非不善也。①

先生於光緒三十四年（1908）十五歲時在陝西三原宏道高等學堂學習時開始作詩。宣統元年己酉（1909）十六歲時，因表兄陳君衍代先生報名加入日本某工程學會爲會員，以便收得該會之出版物，報名時爲"吳雨僧"，以後先生便以"雨僧"爲字。此年先生將所作之詩鈔錄，名爲《雨僧詩稿》，以後隨時將新作補入。先生於 1911 年記述：

> 六月七日，清華放暑假，不許學生居住校內，宓遷入城中，仍住三原南館別院李宅

---

① 吳宓：《吳宓詩集》卷二《清華集序》，中華書局，1935 年。

之街房一室，與爹同居。宓暑假中，兼讀中英文書。始鈔定宓離西安以後詩，編爲《雨僧詩稿》卷一，作自叙一篇，姑丈批爲"雨僧之自贊"。①

當先生於 1933 年編訂《吳宓詩集》時，乃以《雨僧詩稿》爲底本而有增損。先生於詩集刊印時特申明"蓋手鈔曰稿，刊印曰集"，所以未用手鈔稿之名。先生之《雨僧詩稿》自詩集刊行之後，不知其下落了。

我在四川省社會科學院文學研究所之同事文天行先生是我的校友。2018 年 8 月 24 日，文天行先生在我書房閑談，出示所珍藏之《雨僧詩稿》鈔本殘卷數十頁，令我驚奇不已，不料此稿歷經無數劫難之後尚存人間。此稿計 29 單頁，土綿紙兩單面合爲一頁，朱紅色框格；版框單頁 23 厘米，廣 15 厘米，四周雙邊欄，大黑口，單魚尾。每單頁 10 行，每行 30 格。殘卷之卷四、五、六之卷首均標名《雨僧詩稿》，楷體小字鈔定，字體工整，墨迹與紅格之色澤仍很鮮明。文天行先生是於 1962 年考入西南師範學院中國語文系的，應於 1966 年秋畢業，但因"文化大革命"興起之後，延期至 1969 年秋離校。他自述於 1967 年秋偶然得到《雨僧詩稿》之經過：

> "文革"["文化大革命"]中，西師兩派尖銳對立，我和一些同學相繼離去了——借串連之名返家了。若干時日之後，我才回到學校。整個桃園二舍都非常冷清，給人一種淒涼的感覺。我們住的二樓過道上也不見人影，雖有爲數不多的幾個寢室的門開着，也是一些從來都沒有見過的生面孔。到自己的寢室一看，不僅不見一個原寢室的同學，甚至連床上鋪的蓋的全不見了蹤影。最顯眼的是寢室中堆了一大堆廢紙，亂糟糟的。真是啊，空空如也了。我愣在那裏，傷感就不説了，還不知下一步棋該怎麼走。正在這時，突然眼睛一亮，發現亂紙堆中有一張紙上寫得非常漂亮的小楷。不僅寫得好，而且一絲不苟。我欣喜异常，忙撿了起來，正巧有人進來了。他説，這是吳宓的；還説，你們這個寢室有人住過。我顧不得問這"有人"是什麼人，是我們年級的還是其他年級的，是校内的還是校外的，馬上開始了掏寶。不管有沒有灰塵，也不管髒還是不髒，將亂紙堆造了又造，翻了又翻。皇天不負有心人，又找到了一兩張。看得出來，它是被某"小將"作爲寫文章的草稿紙丢棄了扔在這裏的。

此稿紙中有三張單頁——《謝友》《感事八首》《即事書懷賦贈碧柳》——的背面寫有關於"階級鬥争與無産階級專政"的文章，鋼筆字迹，密密麻麻，其中有云："不經過這一個運動，這場轟轟烈烈的文化大革命，很多好人也看不出來，接班人也看不出來，新的苗子也發現不了。在這一次鬥争中間，壞人固然揭露了，鬥倒了，鬥臭了，鬥垮了，好人也涌現出來了。這就保住了今後的百年大計。"因有此文，竟給《雨僧詩稿》添上了時代的印記。

---

① 吳宓：《吳宓自編年譜》，三聯書店，1995 年，第 105 頁。

我在西南師範學院學習時見到過吳宓先生手迹，此殘卷是否爲先生親自鈔寫者，特將《吳宓自編年譜》扉頁所附故居圖放大複印，將其中同於詩稿《偶成》《寄碧柳》《端居雜詩》《新愛情詩》中之字"石""東""民""家""花""前""安""祥"摘出比較，它們的字體結構、筆勢相似，但先生之字體甚爲勁直，用藏鋒、瘦硬，而與詩稿殘卷之字體風格相異。先生於 1911 年已編寫《雨僧詩稿》卷一，今之殘卷存例言及自卷二至卷六殘篇，於第四卷至第六卷皆在卷首標明卷數。今殘卷所存《例言》僅三條（第三條亦殘），按《吳宓詩集》之《編輯例言》共五條。1927 年先生《送光午南歸》題下注云："周光午，字卯生，湖南寧鄉人。爲清華研究院書記。"詩有云："木訥清剛最愛君，晨昏兩載兩辛勤。龍蛇細字鈔詩卷，朱墨重圍理舊文。"① 周光午本爲先生朋友吳芳吉弟子，又入清華國學研究院與先生同事。1925 年元月清華國學研究院開始籌備，先生爲主任，周光午爲書記。次年先生擬將友人吳芳吉詩集與己之詩集合刊爲《兩吳生集》，特請周光午據《雨僧詩稿》鈔録。先生言："當編訂之時承周光午君工楷謄鈔，費時甚多。"②《雨僧詩稿》原稿已不可考，今存之殘卷乃先生於丙寅春（1926）編訂詩集時請周光午謄鈔之本。

《雨僧詩稿》殘卷今存詩二十二篇，亦有無題之殘篇若干首。今以先生自編《吳宓詩集》民國二十四年（1935）中華書局初版相對校，謹作校記：

（一）《詩稿》無封面、無自序及諸家序跋，但存《例言》第一、二、三；《詩集》題作"編輯例言"。《詩稿》於例言第二"過後未增删改一字以存其真"；《詩集》作"後未更改一字以存其真"，句下小字注："今兹刊印，除卷一故園集外，亦一體收入，不删不改。"

（二）《寄答碧柳》《寄答潤民》《金臺懷古》三篇屬卷二《清華集上》。

《寄答碧柳》前接《和碧柳歸家感懷詩韵》殘篇。《寄答碧柳》題下《詩集》小字注："瀾丈評云：作者古體，直抒胸臆，無格格不吐之弊。但下筆太輕易，即不免浮冗空滑。雖斂才就範，勿但貪多好勝。"

《寄答潤民》，《詩集》於題上小字注："三原劉滋庶。時肄業保定軍官學校，後任陝北第一師師長。"

《金臺懷古（代）》，《詩集》此題二首，《詩稿》僅録第二首。

（三）《寄答碧柳》《寄答真吾》《哀青島》《挽馬季立先生》《謝友》《覆碧柳》《偶成》《秋望》《咏史》《感事》《定情詩賀陳通夫新婚》《偶成》《即事書懷寄碧柳》《見菊作》《自況》《寄碧柳》《對雪同季齡卓寰作》《丙辰歲暮感懷》屬卷三《清華集下》共十八篇。

《寄答碧柳》詩前有殘篇詩三行，蓋爲《甲寅雜詩三十首》之最後兩首，其第一行"大好□□□志土投閑□□□"乃句意未安，擬爲補入之字故皆空格，《詩集》作"（河山）大好輸將盡，和戰無方計總乖"，此乃改定稿。又《寄答碧柳》詩題下《詩集》加小字注："饒麓

① 吳宓：《吳宓詩集》卷五《京華集下》，中華書局，1935 年。
② 吳宓：《吳宓詩集》卷首《編輯例言》，中華書局，1935 年。

樵師評云：不假修飾，直攄胸臆，可謂詩人之詩。"

《哀青島》詩末《詩集》有小字注："饒麓樵師評云：指事敷情，質而不野。此境良未易及。"

《輓馬季立先生》兩首連接下頁《謝友》，《詩集》於兩詩之內附注饒麓樵評語及代同學輓馬季立長聯。

《秋望》二首，第一首第三句"長江大澤黿鼉橫"，《詩集》於句下注"張勳、龍濟光一流"；第四句"豐草長林虎豹尊"，《詩集》於句下注"陸建章、張廣建一流"。第二首詩尾注"第四句用太白句"，《詩集》於第四句"西望長安不見家"句下注"用太白句"。

《咏史》題下《詩集》注"記時事也"。

《感事八首》存第二至第八計六首，《詩集》於第四首與第五首有句下注三處，語後附錄："饒麓樵師（諱檟齡、湖南龍山縣人，遺像見本卷插圓）：統觀諸作，古意今情，紛拿背底。雅與五噫四愁并重，不當徒以庾鮑清俊目之。又云：各首均不必用小注。"

《定情詩賀陳通夫新婚》題下注"余杭陳達清華同學并同級"，七絕四首。此組詩排在《感事八首》與《偶成》之間，《詩集》未收此組詩，被刪除。

《寄碧柳》題下注"四川永寧"，《詩集》於題下注爲："時在四川永寧中學。"《詩集》又於詩後附錄碧柳吳芳吉詩《北望行》。

《丙辰歲暮感懷》七律四首，《詩集》於詩後附錄："饒麓樵師總評云：五七古意境真摯，筆力亦好。選詩中如顏謝（康樂），唐人詩如杜陵，可多讀，益當深造有得。律體亦多佳句，惟大體鍛煉未純。可多讀陳子昂、王維諸人之作。清朝人詩，如王漁洋，雖風骨不高，而格調極講究，可醫作者之病。且古人文字，類得江山之助，不日航海，必更有得於詩之外者。勉之，勉之。按宓赴美國二載，饒師遂歿。歸來不及再承師教，思之心傷。宓謹識。"

（四）《雨僧詩稿》卷四《游美集》存《太平洋舟中雜詩》《春日游威爾士雷女校步去歲陳君寅恪贈汪君典存詩原韻》兩篇。

《太平洋舟中雜詩》五言古詩四首全。《詩集》於詩後附錄吳芳吉《丁巳中秋寄懷歐美諸友》詩一首，陳寅恪《紅樓夢新談題解》詩一首，又陳寅恪《游威爾士雷即贈汪君典存》詩一首。

《春日游威爾士雷女校步去歲陳君寅恪贈汪君典存（懋祖）詩原韻》，詩後附錄陳寅恪《游威爾士雷即贈汪君典存》詩。《詩集》於吳宓詩題內刪去小字注"懋祖"二字，又將陳寅恪贈汪典存詩置於《太平洋舟中雜詩》後作附錄。

（五）《雨僧詩稿》卷五《金陵集》存《陰曆七月七日滬杭火車中作》《端居雜詩》《新愛情詩》《寒假前在校監考臨窗即景》《祝劉繩堂先生七十壽詩》五篇。

《陰曆七月七日滬杭火車中作》題下小字注"時歸國甫三日"。《詩集》於題下小字注爲"時歸國甫三日。後此半月，即與杭縣陳心一女士（像見本卷插畫）在上海結婚"。

《端居雜詩》五律三首全。此組詩第三首結句"天惠獨予深"，《詩集》將"深"字改爲

"醇"。又《詩稿》將《陰曆七月七日滬杭火車中作》與《端居雜詩》接排，而《詩集》於此兩詩間插入《譯酒店主人歌》一首，并於《端居雜詩》後附錄吳芳吉《雁南飛》詩一首。

《新愛情詩（斷句）》存五言四句。《詩集》於詩題末注"斷句"二字，又於詩末注"未完待續"。

《寒假前在校監考臨窗即景（東南大學）》，《詩集》題作《寒假前在校（東南大學）監考臨窗即景》，又於詩後附錄闍登龍《別久寄吳雨僧》詩二首。按《詩稿》此卷作品排列次序爲《陰曆七月七日滬杭火車中作》《端居雜詩》《新愛情詩》《寒假前在校監考臨窗即景》，《詩集》則於《寒假前在校監考臨窗即景》前增入《譯牛津尖塔》《譯赫里克古意》《譯安諾德挽歌》諸詩。

《祝劉繩堂先生七十壽詩（代子敬公）》，《詩集》作《祝劉繩堂先生七十壽詩（代生父芷敬公）》。

（六）《雨僧詩稿》卷六《遼東集》存《將去金陵先成一首》《臨別南京收檢書物口占》《寓滬贈凌幼華夫婦》《八月二日晨滬寧火車中作》四篇。

《將去金陵先成一首》，《詩集》於詩後附錄柳詒徵《送吳雨僧之奉天序》。

《寓滬贈凌幼華夫婦》題下小字注："上海凌其峻字幼華清華同學夫人俞秀愛女士時方新婚宓住其宅數日在愚園路四十三號"，《詩集》於題下小注刪去"宓住其宅數日"，又將"在"改爲"居"字。

先生雖然在《例言》裏表明："此冊（《雨僧詩稿》）所錄，自光緒三十四年戊申予始學爲吟咏之時起，至現時止（以後當爲續編），有作必錄，毫無刪汰，且均本當時所作，過後未增删改易一字，以存其真。蓋詩爲一時一地感情生活之表現，故作出之時，雖當苦心精思，力趨美善，然作出之後，不宜再改。"然而從上述校記可見，當先生編訂《吳宓詩集》時對原稿做了較大的改動：一、作品編次因增加新作而與原編頗不相同。二、許多作品增附饒麓樵評語。三、補入新作及附錄友人之作品。四、例言、詩題及作品之小字注時有增之字。五、作品偶有更改原句及某些字之處。因此可證《雨僧詩稿》確爲稿本，而正式出版時宜有重新之編次及某些更改。今此稿本殘卷不僅具有文物之重要意義，尤可考察先生詩歌創作發展過程之軌迹，爲研究先生詩學思想提供了新的真實之資料。我謹於此特別感謝文天行先生數十年來精心保護此稿，并願意公諸於世，使我們能親見先生詩稿之珍貴鈔本。

2021 年 2 月 18 日於成都百花潭側之奭齋

（作者單位：四川省社會科學院文學所）

例言

丙寅春予編理詩稿既竟欲作長序而苦無暇。僅成英文短序附冊末。雜書數條以告讀者。

一刊印詩集古人視為極重大之事。即不待至身後亦當俟諸暮年。又費畢生之力。沈吟推敲潤飾修改。然後嚴行甄別選取若干首以付剞劂。三四十歲以前之作往往不留一首。今之老輩猶然如此。夫詩文著述至宜於重古人若斯精心刻意只有敬佩何敢訛諑。惟今者時移勢異人之觀念大變。且印刷便利需費無多。故刊印詩稿者紛紛而自新詩風行。二十歲以下之詩人專集印行者其多如鯽。予今茲編訂此冊。雖非效顰逐俗然實竊取今人之用意。不敢上附昔賢妄自尊大。此層首須鄭重申明。讀者諒之。

雨僧邀游西山遂騎驢往亦京西勝境也

新月初升夜就深好風吹到快游襟青年自譜凌雲曲聽徹高山流水音。

卧佛寺後山與清華諸生夜半唱歌

樂壽堂荒樓茂草排雲殿冷對西風高臺築就秋光老一任荆駝晚照紅

古殿摩挲夕照邊殘陽故苑一淒然宮鶯老去風流散空見垂楊似去年。

石舫青帘暑氣收畫長小坐發詩愁眼中無限山河感落落青衫已十秋。

頤和園與雨僧石舫品茗憩約二小時

萬壽山前一鏡平依然池水號昆明老漁不識秦庭改猶訪滄波弔石鯨。

覆碧柳

莫怨鱗鴻遲少報書。江湖足繭最憐渠尊鱸骨肉天涯夢塵土衣冠海上居。大野

雨僧詩稿　卷四

游美集

太平洋舟中雜詩 舟名委內瑞辣

丁巳

天風吹海水，吾舟日夜東。漸覺蓬萊近，難與故國逢。浩浩太平洋，其實與名同。

波濤無驚擾，容意殊從容。兩足憑欄立，四顧暢心胸。水天接圓綫，渺渺盡長空。

海雲自出沒，不見一飛鴻。波面平若砥，古鏡磨青銅。初未見鯨鯢，何得有黿龍。

入夜懸明月，奇景更無窮。行舟百事備，人巧奪天功。居處既整潔，飲饌皆精工。

茲行承優遇，因之感故衷。少小固陋安，壯歲憂患重。人生幾暇日，端居思磨礱。

此遊難再得，吾志期始終。哀哉無舵舟，莫作馬耳風。詩成自鞭策，匪以耀行蹤。

壯志承宗慈，陳跡十載前。歲月駸駸擲，頹顏感人事。艱綿綿蠶吐絲，碌碌蟻緣山。

辛酉　　壬戌

雨僧詩稿　卷五

金陵集

陰曆七月七日滬杭火車中作　時歸國甫三日

岸迢綠樹流夕陽飛下亂山收蓴鱸幾載遲方夢牛女今宵似舟。

存安樂土全身恥作稻梁謀獨憐終歲辛勤者覆藁堆泥已似舟。

端居雜詩

愛國十年事壯　只為家清談詡志業淪　豫度生涯沸鼎魚遊樂黃粱客夢賒。

生靈傷巨劫天外鬭龍蛇　時當第一次奉直之戰

吾貴斯文在橫流道可哀人能為此語何處覓奇才靜裏蟄

自卑甘瑣屑清淚灑蒼苔。

雨僧詩稿　卷六

遼東集

將去金陵先成一首

骨肉交親各異方，別離此日已心傷。江南未許長為客，塞北何緣似故鄉。莽蕩寰中容膝地，蕭條身外載書箱。依依回首臺城柳，辛苦三年遺恨長。

臨別南京收檢書物口占

清福三年天許妒，奇功一簣道難存。別離豈是尋常意，家國公私怨與恩。几淨窗明絕點塵，圖書插架似龍鱗。遷移封鎖無窮淚，此亦人間小劫新。

寓滬贈凌幼華夫婦
上海凌其峻宇幼華清華同學夫人俞秀愛女士時方新婚寔住其宅數日在愚園路四十三號

清涼一覺滌煩塵，枕簟几筵事事新。紅塵界外安樂土，君家儼福勝天人。

彭舉雲生先生學述

熊飛宇

內容提要：彭舉雲生先生，昔爲蜀中大儒，與蒙文通并稱"彭蒙"。但其事迹，已漸不爲人所知；其著作，也大多散佚。本文对其作品和交游做勾稽與考證，對《彭芸生年譜》《彭雲生事略》《憶我的父親》《先祖事略》《崇州彭雲生》諸書而言，既有訂正，兼可補佚。

關鍵詞：彭舉；著作；交游

彭舉，字雲生，以字行，別號芸生，自號百衲小巢主或頑石子，筆名微笑[①]、芸蓀、芸村。民國時期四川著名的學者、詩人、書法家、版本學家、目録學家、方志學家，與蒙文通并稱"彭蒙"。1887 年（光緒十三年）生於崇慶州堰縣太平場羊叉堰一小商之家。曾師從温江名儒曾學傳。1913 年考入四川國學院，半年後因家事牽纍而輟學自修。後經祝彦和、林山腴介紹，開始教學生活。先後擔任成都聯中、重慶聯中、順慶聯中、成都省立女一師、重慶省立女二師、成都省立一中、成都大學預科等校國文教員。又曾任教於雲南大理民族文化書院、川康農工學院、齊魯大學、四川大學等。中華人民共和國成立初期則在成都東方文教學院任教[②]。曾掛牌行醫。1952 年 11 月[③]被四川省人民政府聘爲省文史研究館研究員。

1954 年 1 月，西南軍政委員會文教部、重慶市人民委員會批准建立重慶師範專科學校（即今之重慶師範大學）。1956 年，彭雲生被重慶師專"借聘爲中文系教授，終因年老力衰越歲而返"，繼續任四川文史館研究員。"此後或於館中從事杜詩研究，或爲杜甫草堂顧問整

---

① 據彭庸《先祖事略》，成都少年中國學會成立後，曾創辦《星期日》。彭雲生除文章外，亦寫新詩、歌劇，筆名即"微笑"。

② 張伯齡：《彭雲生事略》，載中國人民政治協商會議崇州市委員會編《崇州歷史名人録》，2000 年，第 84 頁。

③ 據《彭雲生事略》，其聘任時間爲 1951 年 11 月，但據《彭芸生年譜》則爲 1952 年，今從後者。

理文獻，或編書志，或爲省圖書館清理善本等工作。"① 1956 年，戲劇家李伯釗（楊尚昆夫人）回重慶，得知彭雲生正任教於重慶師專，於是專程前來看望。因 1924 年，李伯釗考入四川省立第二女子師範學校（位於重慶臨江門牛皮凼文廟後山定遠碑，即今之重慶二十九中所在地），彭雲生曾教授其國文。"師生相見，感慨良多，後合影留念。"② 此一時期，穆濟波與王雲凡等人發起成立"百花詩社"，彭雲生亦參與。1957 年 4 月下旬，百花詩社籌委會曾油印第一期《百花詩訊》，後附《社友錄》，彭雲生的有關信息爲："年齡：七十；籍貫：四川崇慶；通訊處：重慶沙坪垻陳家灣；附注：重慶師專教授。"③ 晚年居成都老西門外，宅門鐫有"芸廬"二字。1966 年逝世。其生平，主要見諸《彭芸生年譜》（彭鑄君供稿，崇慶縣政協文史研究會整理）、《彭雲生事略》（張伯齡撰）、《憶我的父親》（彭鑄君撰）④、《先祖事略》（彭庸撰）、《崇州彭雲生》（崇州市地方志辦公室編，肖俊執筆）等。

彭雲生曾參與編撰《西康通志》《四川通志》《杜甫年譜》，著有《杜詩宋元版本考》《薛濤叢考》《薛濤詩箋》《成都城防圖考》《草堂文獻彙編》等學術著作，有詩集《江源⑤集》《辛未旅燕雜感》（北平京城印書局，1931 年）、《錦里集》《峨眉集》《蒼山集》《還蜀集》《新居集》等⑥。現就其學行詩説，略加綴述，以發其端。

一、彭雲生的詩作

彭雲生曾致力鑽研詩歌，"喜李杜蘇陸，尤崇杜詩，家藏杜詩全集朱筆墨毫，蠅頭小楷眉批注脚幾滿。山川勝迹，感事抒懷無不咏之，作詩無可勝計，自編詩稿七集，凡七百餘首，因遇浩劫稿已半殘"⑦。其餘稿，經孫女彭庸整理、校訂，題名"百衲小巢遺詩"，於 2001 年 7 月自印面世。因印數頗少，故極難一見。2020 年 7 月，筆者在撰寫此文初稿時，曾獲成都市青羊區吉祥街精品書屋提供目錄；2021 年 12 月，又通過京東網，高價購得一冊，知其內容包括："江原集佚詩""旅燕集""錦里集佚詩""峨眉集佚詩""蒼山集佚詩""還蜀集""新居集"。具體而言，"曰《江原》、曰《錦里》，民國二十年間，講席交游，南北紀程之什也。曰《旅燕》，東北淪胥，抒憤咏懷。曰《峨眉》、曰《蒼山》，名山覽勝，大理

① 彭庸：《先祖事略》，載彭雲生著、彭庸整理《百衲小巢遺詩》，2001 年，第 191 頁。
② 崇州市地方志辦公室編，肖俊執筆：《崇州彭雲生》，四川人民出版社 2016 年版，第 228 頁。該書云李伯釗"新中國成立後爲中央戲劇學院院長"，不確，應是"中央戲劇學院黨委書記兼副院長"。
③ 《百花詩訊・社友錄》爲成都收藏家吳永勝先生提供。
④ 彭鑄君：《憶我的父親》，載《崇慶文史資料選輯》第 4 輯，第 69—82 頁。
⑤ "江源"，或作"江原"。
⑥ 崇州市地方志辦公室編，肖俊執筆：《崇州彭雲生》，四川人民出版社 2016 年版，《彭雲生平生部分師友》（代前言）第 1 頁。
⑦ 彭庸：《先祖事略》，載彭雲生著、彭庸整理《百衲小巢遺詩》，2001 年，第 193 頁。

懷人之什也。曰《還蜀》，末世迤邐，朋輩酬和。曰《新居》，皆建國以來之新咏矣。"① 附錄《遺文三篇》即《孟子大義跋》《鄭寅存先生遺詩聯語序》《公祭王光祈先生啓》。卷首有彭雲生遺照，彭雲生與蒙文通合影（附詩及説明），彭雲生手稿，王文才所作《百衲小巢遺詩序》。卷末有彭庸《先祖事略》和編後感賦一首。

就其公開發表的詩作而言，主要有下述系列：

（一）《辛未旅燕雜感》

1931年，"七月二十六日，（唐）迪風病歸，卒於宜賓故里。八月四日，起身赴北京，水行，便往宜賓吊迪風喪。抵京即值九一八事變，余擬與内侄介欽同赴東北不果。作旅燕雜感詩付印。并在京華印書局印敬業叢刊二百份。十二月十三日，見王晋卿先生執弟子禮。在京時遇同鄉傅沅叔、楊嘯谷及湖南楊樹達、湖北賀履之諸先生。又在文津街北平圖書館翻閲善本書籍，并參加圖書館協會。臘月二十三日始出京。月底返省"。②

這裏的"旅燕雜感詩"，即《辛未旅燕雜感》（百六首），發表於《學衡》（The Critical Review）第七十七期③"文苑"（第1—16頁），1932年12月出版，署名"崇慶彭舉雲生"。題下有"自序"云："余以今秋九月，因事入燕，適遘水菑，重丁國難，憂心如棘，喪亂孔多，感國土之淪胥，悼霸者之不作。留滯三月，嘘唏纍篇。昔繁霜哀周，下泉思治，詩人之憤，見於風雅。余家零學墜，魯鈍無華，意涉莽粗，詞傷拙野，非敢儗阮公咏懷之章，攀陶令飲酒之什，亦祗候蟲節鳥，各抽哀吟，心灰泪痕，略紀悲悼。凡百有六首，都爲一卷，付諸印者，以代鈔胥。惟冀平昔師友，及邦國彦碩，惠我箴砭，矜其妄昧而已。民國二十年，歲次辛未大雪節，崇慶彭舉自識于燕都之宣南別墅。"既是"辛未大雪節"，可知其時當爲1931年12月8日。

所謂"百六首"，具體而言，包括"五古八十四首"和"五律二十二首"。其中第一首爲："黄葉辭故枝，颯颯鳴前庭。秋風聲悲酸，那更客中聽。思欲歸故鄉，恨無雙飛翎。徘徊空宇中，遠望蜀山青。"最末一首爲："百篇詩已就，萬里客歸家。知罪由人説，哀愁只自嗟。朋徒應待我，兒女亦呼爺。急急中宵發，天南月一車。"

《辛未旅燕雜感·五古八十四首》又刊於《民聲周報》④。其中第1首"黄葉辭故枝"至31首"寧遠孤竹墟"，發表於第15期（第15—16頁），1932年1月9日出版；第32首"采

---

① 王文才：《序》，載彭雲生著、彭庸整理《百衲小巢遺詩》，2001年，第2頁。《序》末署"辛巳初夏門人王文才拜書"。王文才（1922—2008），四川崇州人。1943年考入華西大學中文系，1947年就讀於四川大學文科研究所。1951年任該所助理研究員。1953年調入四川師範學院，先後任講師、副教授、教授，1993年退休。其間，曾兼任四川省高級職稱評審委員會中文學科組組長、四川省社科聯副主席等職。出版有《楊慎學譜》《楊慎詞曲集》《楊升庵詩注》《元曲紀事》《白樸戲曲集校注》《蜀檮杌校箋》等。

② 《彭芸生年譜》，載中國人民政治協商會議四川省崇慶縣委員會編《崇慶縣文史資料選輯》第5輯，1987年，第36頁。

③ 據該期版權頁，其編輯者：吴宓（北平清華園郵局轉交）；發行者：學衡雜志社（上海静安寺路一四八六號）；印刷者：中華書局（上海棋盤街）；總發行所：中華書局；分發行所：各省中華書局。

④ 社址：上海赫德路福德坊一五九六號。

參長白山"至55首"吾過積水潭",發表於第16期（第11—12頁），1932年1月16日出版；第56首"黃顧耿耿心"至79首"陽月已先至",發表於第18期（第15—16頁），1932年2月23日出版。所謂"八十四首",實際上并未足數。第三組題作"辛亥旅燕雜感",其中"辛亥"當爲"辛未"之誤。

1932年11月8日至11月28日，《辛未旅燕雜感·五古八十四首》分21期再刊於《京報》第九版，每期四首。

"面對國難",彭雲生"滿腔悲憤",乃有此組詩。如"國亡不足憂，種亡實可畏",可謂"力透紙背"。但如何才不至於"亡種",彭雲生亦提出解決之道："明季國事非，鄒馮尚講學。宣武門東偏，首善有芳躅。心死實可哀，一陽傷已剝。救國先救心，庶幾剝可復。"在他看來，"儒家學説可以拯救人心，而拯救了人心，便可以救國"①。此外，張伯齡認爲這些"述懷詩"中有些是"對張學良的'不戰而退'進行諷刺",從而表達其"愛國之心"②。

對此組詩，盧冀野曾有書評《彭舉辛未旅燕雜感詩》云：

廉方翁爲余言："五、七言爲近體詩句之准。有以也夫！演至十字如鼓詞，更長與彈詞相近；少至三字則類歌訣。四言最難爲，有三百篇在，嘆觀止矣！"余頗然之。而挽近人士，吐棄舊法，炫奇自創，所謂"方塊詩"者，誦之其能上口乎？

余友彭雲生夙以五言詩名於蜀。昨歲九月，因事入燕，適遘水菑，重丁國難。憂心如棘，喪亂孔多。感國土之淪胥，悼霸者之不作。留滯三月，噓唏③纍篇。成旅燕雜感詩百有六首。歸次漢臯，郵寄詩卷。摩挲不忍釋手。辭關家國，哀而不怨；無殊杜陵詩史也。

兹録五首，以餉讀者；一臠之嘗，當知全味：其一曰："洪水已爲災，疫癘乘時起。秦晉及豫南，延蔓數千里。吾聞盛明時，民無夭札死。豈盡天數然，實由人致耳。"又："黨禍促明亡，明亡禍未已。國都已顛覆，金陵旦暮耳。可憐馬阮輩，猶日事傾毀。耿耿史可法，視④之如敝屣！"又："日軍遼河東，我軍遼河西。遼水不可禦，旋師趁馬蹄。道旁新骨多，曠野天雲低，白日無行人，惟有禿鳥啼。"又："黃顧耿耿心，豈僅在考據？奈何乾嘉儒，老死逐末度。浙中沈與王⑤，千載有冥悟，但恐百世下，無人發孤趣！"又："寶刀日摩挲，駿馬日馳逐。我軍東出關，已過遼河曲；敵騎不敢驕，敵酋已慴服。從此東倭兵，不敢窺鴨綠！"末章直上追唐人樂府，一再諷咏，爲之氣壯。昔劉長卿有五言長城之目，雲生此詩，其足⑥爲今之長城與！於是益信詩之宜於五七言，而

① 崇州市地方志辦公室編，肖俊執筆：《崇州彭雲生》，四川人民出版社2016年版，第124—125頁。
② 張伯齡：《彭雲生事略》，載中國人民政治協商會議崇州市委員會編《崇州歷史名人録》，2000年，第85頁。
③ "噓唏",《酒邊集》作"嗟唏"。
④ "視",《學衡》作"棄"。
⑤ 此詩刊於《學衡》雜志時，曾有"編者注"："嘉興沈子培先生（曾植），海寧王靜安先生（國維）。"
⑥ 《酒邊集》無"足"字。

五七言終不得廢，可爲廉方翁證之已。①

書評後收入《酒邊集》（第 43—45 頁）。據該書版權頁，其著作人：盧前冀野；發行人：王秋泉（上海河南路三二五號）；印刷所：會文堂新記書局（上海河南路三二五號）；"中華民國二十三年六月出版"。

（二）《峨眉詩一卷》

1936 年，"七月十四日游峨眉，八月一日返成都，作游峨眉詩四十首"②。出游的原因，是該年夏，陳衍、金松岑到四川，張元濟等同行，趙熙、林山腴聯袂主持，彭雲生、龐石帚等參與其事，是所謂"爾雅壬子之會"。其間，各有吟咏，後集結爲《烏尤山詩》③。據《崇州彭雲生》言，《峨眉集》"稿失詩毀，現存僅有一首《游烏尤作》，并附龐石帚《懷雲生》詩一首"，此詩爲王文才所保留。《百衲小巢遺詩》出版後，王文才被告知：彭雲生於峨眉所吟之詩曾印爲兩本，一本名爲《峨眉山詩》21 首，一本名爲《烏尤山詩》19 首，且前者有複印稿。而"彭家後人現已從王文才處獲《峨眉山詩》複印稿，只《烏尤山詩》稿未有蹤影"④。

不過，經筆者查考，記游詩題作《峨眉詩一卷》，分別發表於《華西學報》第四期⑤"詩錄"欄（第 9—19 頁，1936 年 6 月出版⑥）和《華西學報》第五期"詩錄"欄（第 151—163 頁，1937 年 12 月出版），均署名"彭舉雲生"。每期各刊詩作 20 首。現錄各詩小序，以見其始末：

1. 《初發成都》："丙子七月，江津鄧少琴由昭化、廣元、劍閣散賑畢，返成都，約游峨眉。灌縣曾直君亦由里來省，願與斯游。前夕偕集余宅，及曉出南門，經萬里橋右折，登車就道。"

2. 《蘇祠公園》："三蘇祠在眉山城内西偏，舊爲三蘇故宅，今則改題公園矣。"

3. 《眉山蟆頤觀》："蟆頤觀在眉山縣東五里蟆頤山上。江水別出爲玻璃江，環繞之。觀内祠古仙翁，有羽流七人。相傳蘇明允禱於此山而生子瞻、子由。中有老人泉，甚甘冽，舊有白蟹出没其間，今則不復見矣。"

4. 《青神中岩寺》："中岩寺在岷江左岸，距青神縣十里。臨江曰下岩，直上五里曰中岩，再上二里曰上岩，沿道有喚魚池、羅漢洞、石筍峰諸勝。岩壁佛龕駢列，皆唐代鑿也。

---

① 編者：《彭舉辛未旅燕雜感詩》，《會友》第 7 期，1932 年 2 月 22 日，第 1 頁。該刊主編：盧冀野；通訊處：河南大學盧冀野轉；"每逢星期一出版"。

② 《彭芸生年譜》，載中國人民政治協商會議四川省崇慶縣委員會編《崇慶縣文史資料選輯》第 5 輯，編者 1987 年印，第 39 頁。

③ 崇州市地方志辦公室編，肖俊執筆：《崇州彭雲生》，四川人民出版社 2016 年版，第 316—317 頁。

④ 崇州市地方志辦公室編，肖俊執筆：《崇州彭雲生》，四川人民出版社 2016 年版，第 318 頁。

⑤ 據該期版權頁，編輯處：華西協合大學中國文學系；發行處：成都華西協合大學中國文學系；出售處：成都南門外華西協合大學圖書館；代印處：成都三橋南街日新工業社。

⑥ 此處令人不解的是，彭雲生此行的時間既是"丙子七月"，但發表却在 1936 年 6 月，而該期封面龐俊的題簽則又作"丙子秋"。

中岩邱睎明先生館焉。"

5.《夜泊嘉州》："合江王佩瑜、江津賴培英兩女士，自眉山女中校卸職返里，買船赴嘉州，約余等并乘焉。嘉州城，今樂山縣治也。"

6.《凌雲寺》："凌雲寺在嘉州城對岸九頂山，當岷江及青衣、大渡三水之會。唐開元中，僧海通鑿彌勒佛像以當之，高三百三十尺。岩上有東坡讀書樓，俯瞰大江。寺則在其後面，亦甚幽靜。"

7.《烏尤山》："烏尤山在凌雲寺南里許，江水三面繞之，形如小孤。有寺甚幽敞，寺西即爾雅台，爲此山之勝。犍爲文學舍人注爾雅處也。"

8.《五通橋泛舟》："五通橋在嘉定城南四十里，地屬犍爲。溪水越橋，經楊柳灣、四望觀，至竹根灘入江。"

9.《竹根灘憶舊》："民國二年十月，余偕綿竹蕭公弼、富順范愛衆及舍弟雲翰，避地竹根灘六合桑園。主人爲同鄉李培之先生，典衣殆盡，以給余輩。今則物故人非，不勝滄桑之感矣。"證之《彭芸生年譜》，則曰：1913 年，"六月，赴渝，八月返同公弼、愛衆及翰弟赴竹根灘六合桑園李××處，臘底始返"[1]。同時，據《竹根灘憶舊》，年譜中的"李××"當爲"李培之"。竹根灘，"應爲現今的雞冠山轄地"[2]。

10.《蘇溪道中》："出嘉定城西至蘇溪鎮三十里，中經草鞋渡，里人相傳張獻忠剿川時，至此渡，居民懸草鞋一隻於樹，長丈餘，獻忠兵遂不敢渡。水西居民，賴以保全。蘇溪一曰蘇稽。"

11.《峨眉縣南望》："蘇溪至此五十里，由成都經眉山、夾江馬路直來，則三百廿里。由此至山麓報國寺十二里，亦可通車。"

12.《聖積寺》："聖積寺在峨眉城縣南五里，即古慈福院，中有老寶樓。今則牆宇荒圮，惟一銅塔及一巨鐘尚存，蓋明代物也。"

13.《伏虎寺》："由聖積寺五里至報國寺，入谷行三里即伏虎寺。寺前有虎溪橋，最爲幽勝。"

14.《大峨寺》："寺右有神水閣，水出岩石間，瀦爲池，味最清洌，可療疾。隨智者大師居中峰三年，日游於此。一日入定，知神水來自西城。後於荊門玉泉，思飲此水，時有鉢盂錫杖寄中峰，神水遂浮鉢杖於玉泉洞口，出寺前二里，即中峰寺也。"

15.《清音閣》："由中峰寺經龍升岡八里，即清音閣。閣在谷中，黑水自九老洞繞黑龍溪右出，白水自雷洞坪繞萬年寺左出，俱會閣前。閣之左右，各有一橋，相距數武，曰雙飛橋。下十余武，兩水交會處有石，色狀皆如牛心，屹立水中，曰牛心石。所謂黑白二水洗牛心是也。閣上數武，有白衣觀音樓，可留宿聽淙淙溪瀑聲。"

---

① 《彭芸生年譜》，載中國人民政治協商會議四川省崇慶縣委員會編《崇慶縣文史資料選輯》第 5 輯，1987 年，第 33 頁。

② 崇州市地方志辦公室編，肖俊執筆：《崇州彭雲生》，四川人民出版社 2016 年版，第 116 頁。

16.《大坪》："清音閣右上五里至牛心寺，越猴子坡十里至大坪寺。路傍有蛙，曰仙姬彈琴。左下即蛇倒退，十里至三道橋。峨山之道，此爲險絶，游人至者鮮焉。"

17.《洪椿坪》："在寶掌峰下，由清音閣右上經牛心寺，或沿黑龍溪，來至三道橋，俱十五里。三道橋至此五里。"

18.《萬年寺磚殿》："由清音閣右上七里即萬年寺，寺創自晋代。唐名白水寺，宋改白水普賢寺，明爲聖壽萬年寺。寺有三殿：曰磚殿，曰昆廬殿，曰新殿，寺僧各別。磚殿宋時物也，中有銅鑄普賢騎象像，高三丈許。"

19.《長老坪道中》："由萬年寺廿里經大小雲壑即長老坪，再上五里爲簇店。今曰初殿，漢蒲公采藥處也。《華陽國志》：南安縣南有峨眉山，去縣八十里。孔子地圖言有仙藥，漢武帝遣使者祭之，欲致其藥，不能得。"

20.《華嚴頂》："由簇店五里上華嚴頂，昔時游山者登此頂爲止，亦可窺峨山全勝也。"

21.《仙峰寺道中》："由華嚴頂至仙峰寺約二十里，由洪椿坪上壽星坡來則三十里。壽星坡俗名九十九倒拐。"

22.《天皇壇》："在仙峰寺側半里，道書言：黃帝問道于天皇真人處也。一稱仙皇壇。"

23.《九老洞》："在仙峰寺右側岩下三里，寺僧一人曰：往主之以導游人，今則仙峰寺亦錫以九老洞之名矣。"

24.《仙峰寺猴》："峨山猴有三族，仙峰寺其一也，餘二族則居遇仙寺、洗象池焉。"

25.《洗象池》："由華嚴頂來十里，由仙峰寺則三十里，自此寺南上，寺門皆西向矣。"

26.《臥雲庵》："庵在金頂側，由洗象池經木皮殿、雷洞坪、接引殿至此，約三十餘里。"

27.《金頂》："金頂之左爲祖殿及臥雲庵，下爲錫瓦殿，金殿后殿側即捨身岩，有銅碑，明代所立。"①

28.《觀日出》。

29.《雲海》。

30.《佛光》。

31.《望雪山》。

32.《萬佛頂》："金頂右側五里爲千佛頂，再右二里，即萬佛頂，此爲峨山最高處矣。"

33.《明月庵》："在萬佛頂下半里許。"

34.《傳播上人禪房》："鹽亭蒙文敦約同來金頂訪傳播上人，待之半月不至。"

35.《食筍》。

36.《龍門洞》："洞上距清音閣十二里，下至縣城二十里，范致能稱爲峽泉第一，自此

---

① 此一小序，刊於《四川保安季刊》第3期時，文字爲"峨山金頂之左爲租（'祖'之誤）殿及臥雲庵，下爲錫瓦殿，金頂後殿側即捨身岩，有銅碑，明代所立。"

而下，漸出谷矣。"

37.《靈岩寺》："寺居大峨與二峨接壤之處，東北距縣城三十里，乃晋時寶掌和尚所建，爲峨山最高之寺，今則荒廢，僅仙峰三四僧人居此習静，游峨山者亦罕至焉。"

38.《紫芝洞》："洞在二峨山去靈岩十二里，北距縣城三十里，峨山諸刹皆僧侣，惟此洞爲道流。"

39.《龍池》："在縣城南九十里，李膺《益州記》'峨眉山下有龍池，廣長十里'，即此。有藥市，黄連尤爲大宗。"

40.《歸途中》。

其中部分詩歌，即《華嚴頂》《仙峰寺道中》《天皇壇》《龍門洞》，又以"峨眉詩四十首録四"爲題，發表於《經濟雜志》第一卷第三期①（第 69—70 頁），1936 年 9 月出版，署名"芸蕹"。又有《竹根灘憶舊》《仙峰寺猴》《金頂》《龍池》四首，刊於《四川保安季刊》第三期②，1937 年 3 月 15 日出版，署名"彭雲生"。

（三）《游鷄足山》③

1940 年 3 月，彭雲生"辭川大聘，赴大理任民族文化書院經子課程。五月二十四日自成都起身，七月一日始到大理，識沈芷馨、汪典存、羅均任、羅文幹④及莫文伯，作懷人詩一百首。""七月成都被炸。過樂投訪馬一浮先生。"⑤ 此處需要説明的是，據《崇州彭雲生》，彭雲生離開川大時，有兩人爲之餞別，一曰异材，一曰殷孟倫。時爲大年三十，又恰逢彭雲生生日。酒後，彭雲生賦詩一首，并在詩句"共話峨眉餞別時"之下自注云：民國廿九年（1940）春，余離川大赴滇，异材與殷孟倫與余餞行。對此"异材"，書中認爲"可能是其字，而姓甚名誰則不太清楚"，同時指出，"上個世紀 50 年代中期，彭雲生任職重慶專科師範學校，時异材也任職於此"⑥。此"异材"，即鄭异材（1911—1986），原名容若，字函，齋號霜紅簃，四川叙永人，1984 年入四川省文史館。20 世紀 40 年代畢業於國立四川大學，留校任教。1950 年後，歷任川北大學、南充師範學院、重慶師範學院、成都工農師範學院講師、教授。向仙樵門下高弟，詩學宋，功力深湛，人所罕及⑦。

1941 年，彭雲生"上期住大理。二月游鷄足山，作詩十三首。八月二十日自大理起程，

---

① 該刊編輯兼發行者：四川經濟學會（重慶市模範市場重慶銀行業公會内）；出版者：重慶市商會；印刷者：重慶渝商印書館。

② 該刊編輯者：四川省政府保安處季刊編輯處；發行者：四川省政府保安處第四科；印刷者：成都龍王廟南街福民印刷公司。

③ 《百衲小巢遺詩·蒼山集佚詩》收入，題作"游鷄足山詩十三首"，第 66—75 頁。

④ "羅均任、羅文幹"應指同一人。羅文幹（1888—1941），字鈞任。此處的"均"及下文《歲暮懷人詩》中"羅君任"之"君"，均應作"鈞"。譜文整理有誤，不應分作兩人，當是"羅鈞任（羅文幹）"。

⑤ 《彭芸生年譜》，載中國人民政治協商會議四川省崇慶縣委員會編《崇慶縣文史資料選輯》第 5 輯，1987 年，第 40 頁。

⑥ 崇州市地方志辦公室編，肖俊執筆：《崇州彭雲生》，四川人民出版社 2016 年版，第 343 頁。

⑦ 古正平屬人：《徐仁甫、鄭容若、李國瑜三先生》，http://blog.sina.com.cn,2015-06-18。《百衲小巢遺詩·新居集》收録《舊臘除夜异材招引喜賦》，第 155—156 頁。

十月二日抵成都，四日回縣"①。其《游鷄足山》（十三首）發表於《國論》第 4 卷第 5 期②（第 15—16 頁），1945 年 1 月 1 日出版，署名"彭舉（雲生）"。組詩名爲"十三首"，但發表時已增爲 14 首，包括：

1. 《渡洱海》。

2. 《初至祝聖寺》，題下注云："寺距山麓十五里，距峰頂亦十五里。明時僅一小庵，至虛雲和尚時，始擴修之。"

3. 《悉檀寺》，題下注云："悉檀與石鐘、大覺、華嚴、傳衣爲明時之五大寺。"

4. 《華首門》，題下注云："又名迦葉門，在迦葉殿右側；亦名金襴殿，相傳迦葉藏金襴處。"

5. 《金殿》，題下注云："殿在鷄足山峰頂，東望日出，西望洱海，北望麗江雪山，南望雲海及賓川一帶田疇。"

6. 《華嚴寺》，題下注云："鷄足山分三支，形如鷄足：悉檀寺在東支，華嚴寺在西支，傳衣寺又在西支之南。"

7. 《石鐘寺》，題下注云："寺在祝聖寺後面約半里許。"

8. 《懷大錯擔當》，題下注云："錢邦芑號大錯和尚，唐大來號擔當和尚。"

9. 《寂光寺巨釜金殿大爐》，題下注云："釜爲銅制，口徑約丈餘，明天啓時所鑄。"

10. 《獅子林訪舊》，題下注云："獅子林明時精舍甚多，爲各寺僧習静之所。"

11. 《尋放光、西來兩寺舊址》。

12. 《傳衣寺》。

13. 《沙址村》，題下注云："在鷄足山南麓。"

14. 《賓川道中》。

《游鷄足山詩》另有油印本傳世，《崇州彭雲生》附圖一幀，可参看③。

（四）其餘詩作

1945 年 3 月 1 日，《國論》第 4 卷第 6、7 期（第 40—41 頁），又刊發"彭舉（雲生）"詩五首，分别是：

1. 《甲申秋自康定歸，患瘧，遲暉投余藥，一服即除，賦贈》④。題中的"甲申秋"，即 1944 年秋。據《彭芸生年譜》，1944 年暑假，彭雲生曾"爲修志事赴西康一行，往返四十五日"，"在雅安識程穆庵、劉蘆隱"。"康定返，病疫，始購醫書擬習醫"⑤。

① 《彭芸生年譜》，載中國人民政治協商會議四川省崇慶縣委員會編《崇慶縣文史資料選輯》第 5 輯，1987 年，第 40 頁。

② 發行人：何魯之；主編：周謙冲；總發行所：成都春熙東路三十一號。

③ 崇州市地方志辦公室、肖俊執筆：《崇州彭雲生》，四川人民出版社 2016 年版，第 363 頁。

④ 收入《百衲小巢遺詩·還蜀集》，題作《甲申秋自康定歸患瘧，分州蔣遲暉與余藥，一服即除，賦此謝之》，第 118—119 頁。

⑤ 《彭芸生年譜》，載中國人民政治協商會議四川省崇慶縣委員會編《崇慶縣文史資料選輯》第 5 輯，1987 年，第 41 頁。

2. 《題綫雲屏〈武則天步宫圖〉》①。綫雲屏，一般作"綫雲平"。綫雲平（1920—1981），北京人，滿族。畢業於京華美術學院。善工筆仕女，名噪一時。《武則天步宫圖》爲巨幅絹本（二幅拼合）工筆重彩。張大千曾於 1944 年在畫作上題贊："張萱周昉，多作貴游宴集，故能儀態萬方、不落寒畯，令人懸想前代風流。雲平女士此圖穠麗明媚，直當與《虢國入宫》《楊妃上馬》諸名迹相輝映也。甲申夏，爰。"②

3. 《題高眉生詩册》③。

4. 《題翟道綱摹劉松年〈群仙高會圖〉》④。翟道綱（1903—1951），名浩，字道綱，以字行，四川崇慶（今崇州）人。自幼喜弄丹青，1923 年畢業於四川美術學院，後拜張大千爲師，隨師學畫十餘載，并於 1947 年至 1949 年在成都金牛壩侍師左右，得大風堂神韵，先後在西昌美專、成都南虹美專任教數年。擅畫山水、人物、花鳥，精書法，治藝注重師古、師自然，講求筆墨意趣，强調作品的抒情性。1945 年、1946 年分别在四川崇慶、成都青羊宫舉辦"翟道綱書畫展"，受到美術界前輩的好評，認爲其作品勃茂、渾厚、雄奇、酣暢，具有時代感和抒情性⑤。劉松年，南宋臨安錢塘（治今浙江杭州）人，居清波門，人稱"劉清波"。淳熙中，爲畫院學生。紹熙間，任畫院待詔。寧宗朝進《耕織圖》。師法張敦禮，工畫人物山水，神氣精妙。與李唐、馬遠、夏圭合稱"南宋四家"。畫作有《中興四將圖》《四景山水》等⑥。

5. 《題鄭板橋畫竹》⑦。

《崇慶縣文史資料選輯》第五輯於《彭芸生年譜》之後，曾輯其詩一組（第 44—50 頁），計有：

1. 《舊正二日書院雅集，兼寄典存先生》，末後有注："沈院長、陳檢察官夫婦、李推事、沈陳二君之女公子均到，汪典存因病未到，惟其女公子隨沈陳二夫人來。"

2. 《三日偕游聖麓公園及大石庵》（大石庵距書院約十五華里）。

3. 《祝施友忠⑧四十華壽》（友忠近聽人言，常以遠志、當歸味泡食，故詩中舉之），末後有注："劉貢父與歐陽永叔爲連襟，施友忠爲張君勱先生之襟弟，故以爲祝云。"

4. 《初度日酬飲書院同人》（改在人日請院中同事），兩首。

5. 《無題》。

6. 《郊原即事》。

---

① 收入《百衲小巢遺詩·還蜀集》，第 100 頁。
② 梁桂元：《閩畫史稿》，天津人民美術出版社 2001 年版，第 288—289 頁。
③ 收入《百衲小巢遺詩·還蜀集》，題作《題汝明女公子高眉生詩册》，第 100 頁。
④ 收入《百衲小巢遺詩·還蜀集》，第 98—99 頁。
⑤ 汪毅：《張大千的世界：大風堂的世界》，四川美術出版社 2008 年版，第 188 頁。
⑥ 楊倩描：《宋代人物辭典》上，河北大學出版社 2015 年版，第 471 頁。
⑦ 收入《百衲小巢遺詩·還蜀集》，第 133—134 頁。
⑧ 施友忠（1902—2001），英文名 Vincent Yu-chung Shih，後任教於西雅圖華盛頓大學亞洲語言文學系，曾將《文心雕龍》譯成英文 *The Literary Mind and The Carving of Dragons*。

7.《花插入瓶中》。

8.《買礎石屏一架，上題"瓊林玉樹"四字》，兩首。

9.《歲暮懷人詩八十一首①》，因詩稿大都散失②，"茲暫録十五首"，分別是：（1）《向先喬》；（2）《張真如》；（3）《朱懋實》（前川大文學院長，現在武大教授）；（4）《林山腴》；（5）《能觀師》（即程芝軒先生）；（6）《羅君任》（即羅文幹）；（7）《朱少濱》；（8）《魏時珍》；（9）《李劼人》；（10）《趙少咸季琴昆仲》；（11）《劉衡如、吳伯陶、高石齋》（劉衡如，金陵大學文學院院長）；（12）《楊潤六》；（13）《蕭中侖》；（14）《韓文畦》（西康省教育廳長）；（15）《張怡蓀》（西陲文化院院長）。

10.《小鳥》。

11.《食蠶豆》。

12.《南湖花鴨，一夕被人網盡，售與院中，感作》，兩首。

13.《小漁莊》。

14.《雪晴望蒼山》。

15.《老農》。

16.《老漁》。

17.《窗外草一夕被院役鋤去》。

18.《送吳道南回川》。

19.《吳君毅録舊作浪淘沙詞四闋見寄》。

20.《贈沈芷馨先生》（年已六十，楚雄人。現任滇西二十餘縣高等法院院長。民國六年，曾任四川高等法院院長。在蘇州任高法院長十七年。其妻蘇州人）。

21.《汪典存先生以初度即事詩見示感和》（蘇州人，現任中央政治分校主任，年約五十）。

22.《挽李佩可先生》（大理人，前清進士，歷任陝西、四川州縣各職，因聞敵機，受驚病卒，年七十二，有詩文集），兩首。

23.《和汪典存先生歲暮病吟》，兩首③。

1963 年春，彭雲生同四川省參事室汪潛同游杜甫草堂，作咏梅詩七律《咏臺閣硃》，被稱作是其"遺詩中的最後一首"④。

王文才認爲，彭雲生之詩，性情、才學、體格，無不兼備。"若乃傷時感事，憂從中來，興寄無端，友朋慶吊，尤難爲懷，哀愉含蘊。至於登臨懷古，幽思見焉，而有勃鬱之氣；園林閑適，理趣存焉，終無愁苦之容。皆以見其體裁平正，胸次清曠，驅策經史，筆力越俗，

---

① 據前引彭芸生自撰年譜，其懷人詩應爲一百首。

② 崇州市地方志辦公室編，肖俊執筆：《崇州彭雲生》，四川人民出版社 2016 年版，第 353 頁。

③ 上述詩作，《百衲小巢遺詩》亦多見。

④ 張伯齡：《彭雲生事略》，載中國人民政治協商會議崇州市委員會編《崇州歷史名人録》，2000 年，第 85 頁。

所以爲詩人之詩也。"① 總體而言，其詩作如唐君毅《〈孟子大義〉重刊及先父行述》所贊，"以醇雅樸厚見稱"②。

二、彭雲生詩作之外的作品

彭雲生致力於論、孟、史、傳的研究，尤精於宋明理學，且"自成體系"。因其曾從歐陽竟無學佛，故能"以佛學禪宗的觀點來講宋明理學"③。

較能集中體現彭雲生思想的是《人生座右銘》，刊《青年生活》第 10 期④（總第 176 頁），1946 年 11 月 16 日出版，署名"彭芸生"。"編者志"云："右端本，治事，修己，進德各六箴，崇慶彭先生芸生所作也，言簡意賅，義精詞粹，實爲人之範則、建業之大本，因錄載於此，以供讀者之觀省焉。十一月八日"。其中"端本六箴"爲"以敬持躬""以正律己""以誠感物""以信示人""以仁惠下""以義動衆"；"治事六箴"爲"以簡馭繁""以静制動""以暇待勞""以整定亂""以忍制躁""以動應敵"；"修己六箴"爲"存心愷惻""持身穩重""出言謹慎""待人誠懇""服職忠勤""處事機密"；"進德六箴"爲"氣魄雄厚""器量宏闊""胸懷虛下""態度鎮静""識見高遠""思慮沉深"。

彭雲生精方志學。"教學之餘，曾應西康省教育廳廳長兼西康通志館館長韓文畦之聘，任《西康通志》編委。又應四川通志館館長陳幼孳之請，任過《四川通志》纂修。"⑤ 另有《薛濤叢考》亦屬"方志性質"⑥。該書撰成後，未及出版，已溺病中，遂囑其學生王文才代爲增損。後王文才擷取有關部分，整理而成《望江樓志》，於 1980 年 4 月由四川人民出版社出版，署名"彭芸蓀"⑦。全書包括四部分："薛濤小傳考釋"（附載薛濤題贈）；"望江樓建置考"（附載江樓題咏）；"薛濤箋考"（附載薛濤箋題咏）；"薛濤墓考"（附載薛濤墓題咏）。書末有記云：

先君晚歲，嘗因文化部門之請，撰成薛濤叢考若干篇。文雖出其緒餘，事多關乎蜀故。六四年，予方寄寓行唐，父於病中囑王文才世兄爲之增損，釐爲洪度本集與江樓小志二書。又二年，四害橫行，家藏舊籍，蕩然無存，先君鬱鬱而歿。家人不能保有父之

① 王文才：《序》，載彭雲生著、彭庸整理《百衲小巢遺詩》，2001 年，第 2 頁。
② 張伯齡：《彭雲生事略》，載中國人民政治協商會議崇州市委員會編《崇州歷史名人錄》，2000 年，第 86 頁。
③ 張伯齡：《彭雲生事略》，載中國人民政治協商會議崇州市委員會編《崇州歷史名人錄》，2000 年，第 84 頁。
④ 該刊發行人：常燕生；主編人：陳柳浪；社址：上海虹口山陰路千愛里二十七號；總經銷：上海山東路五洲書報社。
⑤ 張伯齡：《彭雲生事略》，載中國人民政治協商會議崇州市委員會編《崇州歷史名人錄》，2000 年，第 85 頁。
⑥ 彭芸蓀：《望江樓志》，四川人民出版社 1980 年版，《出版説明》第 2 頁。
⑦ 張伯齡：《彭雲生事略》，載中國人民政治協商會議崇州市委員會編《崇州歷史名人錄》，2000 年，第 85 頁。

手澤，此稿副本幸留諸世契處，乃得印行。蓋十年治亂之迹，亦於是編之顯晦而見之矣。七九年夏，彭鑄君記於崇慶。①

《望江樓志》"較爲系統地考察了望江樓名勝區的沿革變遷和薛濤的生平事迹"②。對其未盡之處，胡昭曦曾作《望江樓公園幾座古建築的歷史變遷》一文予以輯補。

彭雲生亦精史學，有《史學史講義》作爲四川大學教材。《史記新校注》爲張森楷一生精力所萃，作者"晚赴平津"，復取上虞羅叔問和江安傅沅叔兩家所藏舊本，"詳加參校，稿甫定而遂卒"③。據張森楷《自序》，該書"俶落於民國三年三月，至其年十月畢，凡十閱月書成"。所謂"新校注"，是指該書"太半采自經緯雅言子集故訓，暨唐宋至清諸儒先舊説而參以臆見十二三"，故而有別於"舊行之《集解》《索引》《正義》三家注"④。書評《〈史記新校注〉——張森楷先生遺著》發表於《史學季刊》第1卷第1期⑤，署名"彭雲生"。論者指出，此書"既薈萃衆本，又詳加校勘，訂正訛誤，爬梳甚精；比輯异同，折衷至當，凡舊本之行款題銜、諱避缺改，亦一一備録，纖悉靡遺"，雖"間傷繁瑣、略涉附會"⑥，而其"體例之商榷者則有儀征劉申叔先生"⑦，但并不足爲病。1967年10月，楊家駱⑧所藏《史記新校注稿》（精裝十二册）由中國學典館⑨復館籌備處（臺北市温州街十八巷二十四號之二，代表人：李文齋）出版，合作者爲中國文化學院中國學術史研究所（代表人：楊家駱），印刷者爲大源印刷廠。

2013年10月7日，《彭舉日記》出現於"上海工美第七十六届藝術品拍賣會"古籍文獻專場，後爲湖北藏書家陳琦拍得，收入陳氏徐徐堂，計有《日記》四册、《讀書摘録》五册。《日記》"按作者所題年、月、日記録，其中一册記事從甲戌年（一九三四）七月十四日起，迄十月二號，有間斷，記與鄧少琴等同游峨眉山及在四川大學、華西大學任教授課事宜"。"另外三册，爲民國十二年、十三年的日記：其一册，記事從民國十二年（一九二三）

① 彭芸蓀：《望江樓志》，四川人民出版社1980年版，第91頁。
② 胡昭曦：《望江樓公園幾座古建築的歷史變遷——輯補彭芸蓀先生〈望江樓志〉》，四川大學出版社2015年版，第26頁。
③ 彭雲生：《〈史記新校注〉——張森楷先生遺著》，《史學季刊》第1卷第1期，1940年3月，第121頁。
④ 唐唯目編：《張森楷史學遺著輯略》，西南師範大學出版社1998年版，第57頁。
⑤ 編輯者：蒙文通、周謙冲；發行者：史學季刊社；印刷者：成都書院南街西部印務公司；代售處：成都祠堂街正中書局。彭舉爲該刊發起人之一。
⑥ 彭雲生：《〈史記新校注〉——張森楷先生遺著》，《史學季刊》第1卷第1期，1940年3月，第122頁。
⑦ 彭雲生：《〈史記新校注〉——張森楷先生遺著》，《史學季刊》第1卷第1期，1940年3月，第121頁。
⑧ 楊家駱（1908—1991），江蘇南京人。早年任復旦大學、珠海大學、中央大學教授，赴臺後，歷任臺灣大學、臺灣師範大學、臺灣中國文化書院教授。著有《四庫大辭典》《叢書大辭典》《中日國際編年史詳目》《甲午以來中日外交大事紀要》《近世中日國際大事年表》《中國文學百科全書》《中日戰爭文獻彙編》《校讎學系編》《毗鄰三種》《西夏史》《二十五史識語》。參見趙忠文主編《中國歷史學大辭典》，延邊大學出版社1992年版，第258頁。
⑨ 1930年春，楊家駱在南京倉巷街87號，用私產成立"中國辭典館"和"中國學術百科全書編輯館"兩家私營編輯出版機構。抗戰時期，西遷至重慶北碚北温泉公園。1943年，成立人文印刷廠，從事《世界學典》的改編出版和印刷。1945年，中國辭典館改名爲"世界學院中國學典館"，分設上海和重慶北泉兩個分館。參見徐雁、譚華軍《南京的書香》，南京出版社1996年版，第177頁。

十月七號至次年（一九二四）二月八號，有間斷”。另兩冊僅題月、日，未題年代，但依
《日記》中記事，可斷定一冊記事爲民國十二年（1923）西曆8月8號至9月30號，另一冊
記事爲民國十三年（1924）西曆10月10號始至11月至12月17號，中缺11月28、29
兩日①。

三、彭雲生的交游

　　《彭芸生年譜》“編者按”云：“先生爲人耿直，淡於名利，治學嚴謹，在省内外知識界
頗有聲望，與當代文化名人朱自清、朱光潛、蒙文通、李劼人等過從甚密”，并引梁漱溟對
抗戰時期在川結交朋友的回憶與評價説：“彭芸生先生，又叫彭舉，是我心中仰慕的學者。
記得他是四川崇慶州人，治史治經有成就，其人恭謹謙和，是一個認真做學問的人。”② 彭
雲生交游甚廣，據《崇州彭雲生》的代前言《彭雲生平生部分師友》，除上舉數人外，另有
曾學傳、吳之英、廖平、劉師培、林山腴、歐陽竟無、蕭公弼、王光祈、楊叔明、楊潤六、
魏時珍、周太玄、曾琦、李璜、左舜生、劉泗英、何魯之、韓文畦、陳愚生、惲代英、蕭楚
女、鄧中夏、張聞天、唐迪風、蕭中侖、向宗魯、盧作孚、吳芳吉、劉咸炘、趙少咸、龐石
帚、葉秉誠、向仙喬、沈芷馨、張瀾、張君勱、羅文幹、顧頡剛、錢穆、張怡蓀、酈衡叔
等，時彦碩學，難以盡數。現就前人較少述及的兩人，再作補充。

　　（一）彭雲生與朱師轍

　　朱師轍（1878—1969），字少濱，號允隱，祖籍江蘇元和，出生於安徽黟縣。1912年任
清史館編修，彙編《清史稿》。後任北平輔仁大學教授、中國大學教授、國立河南大學教授，
兼故宫博物院專門委員會委員。抗戰爆發後，任成都華西大學教授。抗戰勝利後，任北平輔
仁大學、安徽學院教授。1947年任國立中山大學教授。1951年定居杭州。曾當選浙江省政
協委員、省文史館館員。著有《清史稿·藝文志》《商君書解詁》《和清真詞》《黄山樵唱》
《清史述聞》等③。

　　《歲暮懷人詩》曾有詩懷朱少濱，詩云：“朱公情興永，老去若華年。梁范追風雅，錦官
韵曲弦。藝文清史在，詩句後生傳。三館書何處，還京意愴然。”④ 而《華西學報》第五期
“詞録”，刊朱師轍（少濱）的《黄山樵唱續稿》，内有《錦堂春》一闋，序云：“王惠庵將

① 楊健：《新發現〈彭舉日記〉述略》，《榮寶齋》2016年第7期，第237頁。
② 《彭芸生年譜》，載中國人民政治協商會議四川省崇慶縣委員會編《崇慶縣文史資料選輯》第5輯，1987年，第29頁。
③ 周川主編：《中國近現代高等教育人物辭典》（增訂本），福建教育出版社2018年版，第120頁。
④ 《彭芸生年譜》，載中國人民政治協商會議四川省崇慶縣委員會編《崇慶縣文史資料選輯》第5輯，1987年，第47頁。《百衲小巢遺詩·新居集》亦收《寄杭州朱少濱先生》，第156—157頁。

軍、彭雲生教授招飲惠忠花園，時梅已飄零而紅杏、綠柳、玉蘭競豔，園主王將軍導登高樓，四眺襟懷頓爽。晏①罷歸來，聊賦斯解。"其詞曰：

> 地近花溪，樓［瞻］雪嶺。芳辰錦字招盟，便重尋蘿徑。漫叩雲扃，一片瓊枝照眼。半泓池水關情，嘆梅留頰靨、柳展嬌眉，點綴新晴。
>
> 衆賓環繞園主，問山林買就，幾費經營。更喜憑欄懷暢，對景心怦。筵肆嘉肴疊薦，酒闌殘局爭贏。（余與中侖對弈，晏罷始終局）算今朝此會，別後追思，夢裏牽縈。②

王惠庵，名思忠，1889 年生於崇慶州三江鎮，1963 年卒於重慶。曾任四川兵工廠總辦、田頌堯部的教導師長，温江專員③。其惠忠花園與杜甫草堂僅一牆之隔。中侖，應即蕭中侖。

（二）彭雲生與吴宓

彭雲生與吴宓素有交往，但在重慶師專前後，却往來不多。今粗檢《吴宓日記》，主要有下述數條：

1956 年 3 月間，吴宓赴成都參加四川省政協代表大會。6 日，"晚飯後，劉文典、彭舉同來；舉旋去，與典久談"④。8 日，"午飯後微雨"，"遂往文史館，留柬改約彭舉明晚候訪"⑤。9 日，下午"會畢，邀龐俊同出"，"穿祠堂街、長順街"，"而至斌升街 24 俊宅，再至長順街某茶社尋彭舉茗談。舉述編輯杜甫文獻之情形；俊請在其家晚飯，宓飲白酒二大杯"，"最後，答舉，述宓婚蘭之經過"⑥。11 日，乘公共汽車至草堂寺（杜甫祠），"此時陰矣"。"至研究部廳中茗坐，見彭舉、劉樸、嚴谷孫"等，"舉邀宓撰外文書（杜甫）之書目提要"⑦。據此記載來看，彭雲生此時似尚未到重慶師專任教。

1956 年 12 月 11 日，"上午函沙坪埧重慶師範專科學校新任教師周邦式，附柬（一）致劉樸（柏榮）、彭舉（雲生）（二）致朱樂之，約本星期日宓往訪叙，候復"⑧。16 日，"約 10:30 至南後門"，"遇葉發林如約候迎，遂由林導宓至陳家灣入重慶師範學校"。"先至第十

---

① 晏，"宴"之誤。"晏罷始終局"亦同。

② 朱師轍：《黄山樵唱續稿》，《華西學報》第 5 期，1937 年 12 月，第 162—163 頁。

③ 參見高泉清《王思忠先生事略》，載四川省崇州市政協文史學習委員會編《崇州文史資料》第 20 輯，2006 年，第 36—45 頁。

④ 吴宓著，吴學昭整理注釋：《吴宓日記續編》第 2 册"1954～1956"，生活·讀書·新知三聯書店 2006 年版，第 394 頁。

⑤ 吴宓著，吴學昭整理注釋：《吴宓日記續編》第 2 册"1954～1956"，生活·讀書·新知三聯書店 2006 年版，第 395 頁。

⑥ 吴宓著，吴學昭整理注釋：《吴宓日記續編》第 2 册"1954～1956"，生活·讀書·新知三聯書店 2006 年版，第 396 頁。

⑦ 吴宓著，吴學昭整理注釋：《吴宓日記續編》第 2 册"1954～1956"，生活·讀書·新知三聯書店 2006 年版，第 398 頁。

⑧ 吴宓著，吴學昭整理注釋：《吴宓日記續編》第 2 册"1954～1956"，生活·讀書·新知三聯書店 2006 年版，第 574 頁。

四宿舍樓上，訪晤周邦式、盛載筠伉儷"，"次至樓下，見彭舉（雲生）田楚僑（果庵）及田友張君"。① "時已過午，宓乃邀式、舉、樂之、文英、鄒明（共六人）至小龍坎榮東館即公私合營雙巷子第二合作社便宴"，飯畢，"宓等回重慶師專校"。"先在舉室中，圍火盆坐，建已至，田、張二君亦在。已而式提議分散休息"，"4:00 林如約來，送宓行，式、建陪同出，至小龍坎大道旁車站"，"約晚 9:00 抵碚站"。② 1958 年 7 月 10 日午後，"接田楚僑函，知彭舉（雲生）早已退職回蓉，仍任省文史館館員"③。

　　民國時期，彭雲生在四川教育界、學術界一度享有盛譽，但時移世易，已漸不爲人所知；其在重慶師專任教時間亦短，更不爲人記憶。而最爲遺憾的是，世海波蕩，其著作大多散佚，筆者雖盡力勾稽，但所得仍十分有限。不過，或如盧冀野所評，藉此"一臠之嘗"，讀者自可知其全味。對彭雲生，筆者曾有另外一段文字，現附錄於後，或可與正文互相發明：

　　　　彭雲生者，昔有"蜀中大儒"之稱，"爲人寬樂，謙和淳厚"④。彭庸《先祖事略》云："先祖治學嚴謹，無門戶之見，涉獵甚廣，論、孟、史、傳、宋明理學、哲學、目錄學、方志學、佛學、醫學均有研究。"⑤ 據王文才《百衲小巢遺詩序》，先生"少習經史杜詩，循南皮《輶軒》之徑而入焉。及其出游，受陸王心學於曾習之，終生守之，繼受今古文説於廖季平劉申叔，折衷大義。從吳伯揭王晉卿爲《選》詩古文，承其法度，復從歐陽竟無治内學，兼融禪義。"⑥ 從彭鑄君《憶我的父親》還可得知，先生早年有志外出留學，曾攻讀過日、德、法等國文字。無論漢學、宋學，詞章、考據，舊文學、新文學，中國文學、外國文學，均能兼收并蓄。⑦

　　　　先生熱心公益，樂於辦學，曾創辦敬業專修學社，後改爲敬業學院，并附設中學部。亦不時投身報業，曾先後任成都《軍聲報》主筆，籌辦《世界觀》雜志，積極參與少年中國學會成都分會《星期日》的編輯，參與創辦《國難日報》等。

　　　　彭雲生善書，喜習碑帖，"得《谷朗》之神"。其書"筆姿雄勁，激人奮發；外秀内剛，耐人尋味"⑧。一生不置産業，唯愛買書藏書，多善本典籍。中華人民共和國成立

　　① 吳宓著，吳學昭整理注釋：《吳宓日記續編》第 2 册 "1954~1956"，生活·讀書·新知三聯書店 2006 年版，第 577 頁。
　　② 吳宓著，吳學昭整理注釋：《吳宓日記續編》第 2 册 "1954~1956"，生活·讀書·新知三聯書店 2006 年版，第 578 頁。
　　③ 吳宓著，吳學昭整理注釋：《吳宓日記續編》第 3 册 "1957~1958"，生活·讀書·新知三聯書店 2006 年版，第 394 頁。
　　④ 王文才：《序》，載彭雲生著、彭庸整理《百衲小巢遺詩》，2001 年，第 1 頁。
　　⑤ 彭庸：《先祖事略》，載彭雲生著、彭庸整理《百衲小巢遺詩》，2001 年，第 193 頁。
　　⑥ 王文才：《序》，載彭雲生著、彭庸整理《百衲小巢遺詩》，2001 年，第 1 頁。
　　⑦ 彭鑄君：《憶我的父親》，載《崇慶文史資料選輯》第 4 輯，中國人民政治協商會議四川省崇慶縣委員會 1986 年印，第 76 頁。
　　⑧ 王文才：《序》，載彭雲生著、彭庸整理《百衲小巢遺詩》，2001 年，第 1 頁。

後，曾數次捐贈。其所餘圖書，竟於 1966 年被“劫”，悉歸廢品收購站。

在一個與書爲敵的時代，先生只有含恨而終。

（作者單位：重慶師範大學文學院）

匠心蘊片楮，珠玉吐彩箋

——讀《徐無聞批注〈唐人萬首絕句選〉》

潘殊閑

內容提要：徐無聞先生 1931 年出生於四川成都，是當代著名學者、書法家、篆刻家，堪稱當代一位全能型的學者，對藝術界、學術界、教育界皆有巨大影響。《萬首唐人絕句》本爲宋人洪邁所編，徐無聞先生的長子徐立將徐先生對《唐人萬首絕句選》的評點編纂成了這部《徐無聞批注〈唐人萬首絕句選〉》。翻閱全書，透過那些一絲不苟的批注評點，能够深切地感受到徐先生讀書的用功，仿佛又回到當年徐先生的課堂，他的板書（如書中的評點）是一種美的陶冶和享受，而他的引經據典、不緊不慢的講授（如書中的評點內容），則讓你如沐春風，茅塞頓開，回味無窮。

關鍵詞：徐無聞；《唐人萬首絕句選》

中國古人特別崇尚詩意的棲居，追求生活藝術化和藝術生活化，譬如讀書這事，就分外享受。一冊在手，輾轉把玩，興致濃處，提筆抒懷，或圈或點，或眉批，或旁語，或夾注，原書與自己的題箋，相映成趣，滿目生輝，好不愜意！

庚子歲（2020 年）七月，徐無聞先生的長子徐立兄惠贈我一套由他組織編纂的《徐無聞批注〈唐人萬首絕句選〉》①。摩挲這套用藍色函盒精裝的新版影印綫裝古籍，目睹書中扉頁等處的朱色鈐印和紅藍黑色交織的批注，心中涌動着無比的憧憬。

《萬首唐人絕句》本爲宋人洪邁所編，一百卷。當時洪邁"但取唐人文集雜説，抄類成書，非必有所去取。蓋當時瑣屑撦拾，以足萬首之數，其不能精審，勢所必然，無怪後人之

---

① （清）王士禛選，徐無聞批注：《徐無聞批注〈唐人萬首絕句選〉》，西南師範大學出版社，2020 年版。

排詆"①。至清代，王士禎有感於是書"務求盈數，踳駁至多"②，"久欲爲之刊定而未暇也。歸田之五載，爲康熙戊子，乃克成之"③。王士禎此書刪存《萬首唐人絕句》八百九十五首，作者二百六十四人，大約十分而取其一。是書"距士禎之没僅三年，最爲晚出，又當田居閑暇之時，得以從容校理，故較他選爲精審"④。

看得出來，徐先生對這部《唐人萬首絕句選》是喜愛的，不然就不會如此細心的圈點評注。捧讀這套少有的現代人批注綫裝古籍的彩色影印本，確乎喜從中來，感慨萬千。

徐無聞先生 1931 年出生於四川成都，原名永年，字嘉齡，號無聞，蓋因爲三十歲耳聾後索性更名爲"無聞"，是當代著名學者、書法家、篆刻家，西南師範大學中文系教授，在文字學、金石學、碑帖考證、書法、篆刻、古典詩詞、繪畫、教育、收藏等領域都有極深造詣，堪稱當代一位全能型的學者，對藝術界、學術界、教育界皆有巨大影響。

徐無聞先生是我的業師。入室徐門是在 37 年前（1986 年），當時我從西南師範大學中文系本科畢業，考上徐無聞等四位先生爲導師的中國古代文學專業唐宋文學方向碩士研究生。研究生三年，徐無聞先生爲我們授課、指點的歷歷往事，仿佛就在昨天。特別是從這套彌漫着恩師濃濃書卷氣息的影印古籍，更能感受到那種揮之不去的特殊情結。

首先，書的封面題箋，就是清秀隽美的徐先生的行書，它是那樣的熟悉親切，在一絲不苟的點撇之間，真能感受到當年側侍案頭，親眼目睹老師懸肘運筆的流暢氣息與撲面春風。

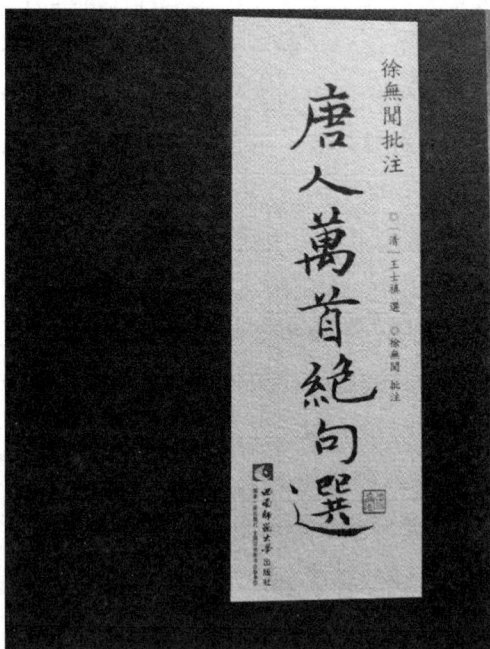

---

① （清）永瑢等撰：《四庫全書總目》卷一八七《萬首唐人絕句》提要，中華書局，1965 年版，第 1697 頁。
② （清）永瑢等撰：《四庫全書總目》卷一九〇《唐人萬首絕句選》提要，中華書局，1965 年版，第 1730 頁。
③ （清）王士禎選，徐無聞批注：《唐人萬首絕句選》序，西南師範大學出版社，2020 年版。
④ （清）永瑢等撰：《四庫全書總目》卷一九〇《唐人萬首絕句選》提要，中華書局，1965 年版，第 1730 頁。

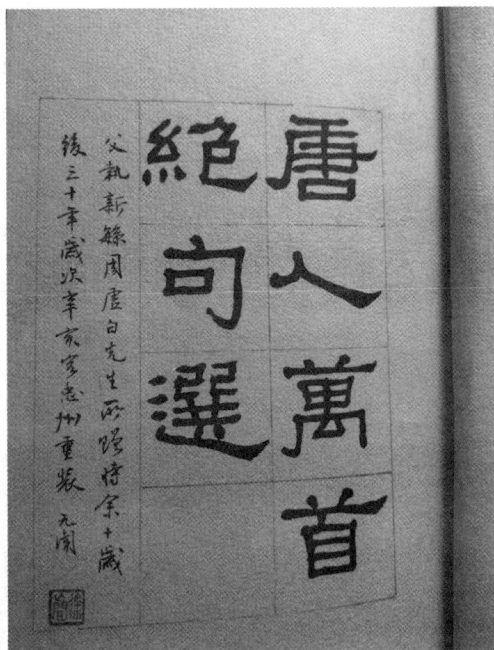

翻開扉頁，在書名左側，是徐先生的兩行《題記》："父執新繁周虛白先生所贈，時餘十歲。後三十年歲次辛亥，客忠州重裝。無聞。"①

《題記》中提到的周虛白先生，是蜀中現代著名學者，生於1907年，名室閶（一説名室闕），四川省新繁縣（今成都市新都區）龍橋鎮人。1932年考入四川大學，師從蜀中名師林思進、龐石帚、丁山、向魯宗、趙少咸等先生。與王利器、屈守元、楊明照在20世紀40年代并稱爲"川大中文系四大才子"。1936年畢業，1952年調入南充四川師範學院（今西華師範大學），任四川師範學院中文系（今西華師範大學文學院）主任、教授，兼任《南充文史資料》主編等。1981年當選爲四川省社科聯第一屆理事、中國作協四川分會會員，爲四川省古籍整理學術委員會委員、《漢語大字典》編委及第五編輯組組長，主編京劇《綠海紅潮》，合編《漢語大字典》《古代詩歌選》。著有《譚苑醍醐點校》《周虛白詩選》《書目答問校箋》《書稿疑義小征》《愚慮集》《晚清蜀中十家詩鈔》等著作。1997年8月逝世②。

周虛白先生是徐先生父親好友。徐先生的父親徐益生也是一代名流，雅好經史、金石、書畫、古玩等，結交諸多鴻儒，周虛白先生即是其中的一位。徐先生七歲時，即受父命，學習書法，十二歲開始治印。當時，父親帶着徐先生拜蜀中名師周虛白、周菊吾、李璠等爲師。徐先生生於1931年，此《題記》中所述十歲受贈周虛白先生的《唐人萬首絕句選》，那就是1941年。《題記》中又説"後三十年"，那就是1971年，時值文革，徐先生所在的西南師範學院（後更名爲西南師範大學，現爲西南大學）遷到三峽地區的忠縣（即歷史上的忠州，當時隸屬四川省萬縣專區）。那這部批注的《唐人萬首絕句選》，當是這一時期徐先生讀

① （清）王士禎選，徐無聞批注：《徐無聞批注〈唐人萬首絕句選〉》扉頁，西南師範大學出版社，2020年版。
② 詳見西華師範大學文學院網站"學院概況"中"先賢名師"。

書治學的印記。在全書的末尾，徐先生又有一行藍色的批注："辛亥歲二月中旬重讀時客忠州鳴玉溪。無聞。"① 辛亥歲即 1971 年，與扉頁《題記》吻合。"重讀"之語，説明先生對這部書已是多次閲覽，畢竟先生十歲時就得到這部贈書，時光已經過去三十年，這期間當多次翻閲。

批注、評點是中國古人讀書治學的一種非常有意味的方式，它是此時此刻讀書心得的留存，更是批注評點者與原書作者或書中人物心靈溝通的橋梁，在看似不經意的散漫、隨意中，批注評點者的思想、靈機、意趣、智慧等，傾瀉而出，吉光片羽，靈光乍現，後世讀者把玩這充盈着兩個律動生命的文字或符號，一種不可多得的閲讀快慰一定會油然而生。

翻開這部紙張泛黃的高清影印本，徐先生工整秀雅的批注成爲全書最亮眼的"存在"。它們時而紅色，時而藍色，時而黑色，時而在天頭，時而在文中，時而在地脚。翻閲這滿目的多彩批注，先生當年青燈黄卷的身影仿佛就在眼前。不要説細讀這些批注的內容，把玩其中的雅意睿思，單是這紅藍黑黄的圈點題箋，就足以讓你有如沐春風的感覺。當然，如果再細品其中的評點，咀嚼其中的三昧，那令人回味的勝意，醍醐灌頂的啓迪，更是如聆先生面語，快意無窮。

如"壓卷"是古人愛作的一個比喻，意謂"最佳"，最早出自陳振孫的《直齋書録解題》，王士禛的《唐人萬首絶句選》也熱衷討論"壓卷"，在其《凡例》中曾這樣説道："七言，初唐風調未諧，開元天寶諸名家無美不備，李白、王昌齡尤爲擅長。昔李滄溟推'秦時明月漢時關'一首壓卷，余以爲未允。必求壓卷，則王維之'渭城'、李白之'白帝'、王昌齡之'奉帚平明'、王之涣之'黄河遠上'，其庶幾乎？而終唐之世，絶句亦無出四章之右者矣。中唐之李益、劉禹錫，晚唐之杜牧、李商隱，四家亦不減盛唐作者云。"② 徐先生對此也有自己的認識，他在眉批中説："沈歸愚曰，李於鱗推王昌齡'秦時明月'爲壓卷，王元美推王翰'葡萄美酒'爲壓卷，王漁洋則云必求壓卷……亦無出四章之右者矣。愚謂李益之'回樂峰前'，劉禹錫'山圍故國'，杜牧之'烟籠寒水'，鄭谷之'揚子江頭'，氣象雖殊，亦堪接武。"③ 李滄溟即李攀龍，字於鱗，號滄溟，明代"後七子"的領袖人物。沈歸愚即沈德潛，王漁洋爲王士禛。其實，諸如"壓卷"這樣的理解與比喻，確乎沒有"標準"答案，純粹見仁見智之説，儘管如此，人們還是樂此不疲地進行對比詮釋，它本身就是中國人藝術地棲居的一種表現。讀詩評詩何止僅是在"讀"，其實在讀與評之間，滲透着讀者的思想、情感、愛好、審美與訴求，是讀者精神世界的"燭照"。這讓我想起當年徐先生給我們講授《唐宋文學要集解題》時即興舉出王安石的"草草杯盤供笑語，昏昏燈火話平生"（王安石《示長安君》），這是王安石久别之後與妹妹長安君的相聚與話别，因爲此時王安石經歷

① （清）王士禛選，徐無聞批注：《徐無聞批注〈唐人萬首絶句選〉》卷七，西南師範大學出版社，2020 年版。

② （清）王士禛選，徐無聞批注：《徐無聞批注〈唐人萬首絶句選〉》之《唐人萬首絶句選凡例》，西南師範大學出版社，2020 年版。

③ （清）王士禛選，徐無聞批注：《徐無聞批注〈唐人萬首絶句選〉》之《唐人萬首絶句選凡例》，西南師範大學出版社，2020 年版。

了太多的政治風波，如今又要奉命出使遼國。兄妹倆聚少離多的"別愁意緒"，都在這十四個字中彰顯。這一場面所折射的人生態度與情感表達，與徐先生還有幾分"神似"。徐先生一生樸素自然，反對虛榮浮華，正好與王安石這聯詩的意境契合。恰如朱光潛先生所說："每個人所能領略到的境界都是性格、情趣和經驗的返照，而性格、情趣和經驗是彼此不同的，所以，無論是欣賞自然風景或是讀詩，各人在對象中取得多少，就看他在自我中能够付與多少，無所付與便不能有所取得。不但如此，同是一首詩，你今天讀它所得到的和你明天讀它得到的也不能完全相同，因爲性格、情趣和經驗是生生不息的。欣賞一首詩就是再造一首詩；每次再造時，都要憑當時當境的整個的情趣和經驗做基礎，所以每時每境所再造的都必定是一首新鮮的詩。詩與其他藝術都各有物質的和精神的兩方面。物質的方面如印成的詩集，它除受天時和人力的損害以外，大體是固定的。精神的方面就是情景契合的意境，時時刻刻都在'創化'中。創造永不會復演，欣賞也永不會是復演。真正的詩的境界是無限的，永遠新鮮的。"[1] 所以，在每個人的心目中，都應有自己的唐詩"壓卷"之作。

再如關於王世貞對盛唐七言絕句的論述，王士禛在《唐人萬首絕句選凡例》中曾引用并有評論："王弇州云七言絕句，少伯與太白爭勝毫厘，俱是神品。又云，七言絕，盛唐主氣，氣完而意不甚工。中晚唐主意，意工而氣不甚完。然各有至者，未可以時代優劣也。此論甚確。集中仙詩、鬼詩，妙作頗多，亦略存之，不必辨其真偽。"[2] 詩之氣與詩之意，都是文字之外看不見的世界，需要靠讀者自己去感知，去領會。正如儒道兩家對言意關係的辨正一樣，儒家強調"言能盡意"，道家強調"言不盡意"。言與意確乎不是那樣的簡單對等關係，不然就不會有"說者無心，聽者有意"的感嘆了。詩中的言是客觀的存在，而詩中的意與氣，却是看不見摸不着的"虛空"，所以，它們能够帶給讀者更多的玄想。徐先生對於王弇州與王漁洋的感嘆，也有自己的評述："弇州此論確有見地，但亦嫌籠統。盛唐有氣完而意甚工者，中晚亦有意工而氣甚完者，未可一概而論。氣是興會飆舉，自然流露，意是窮形盡象，刻意製作。"[3] 徐先生的這段評述是相當到位的。的確，詩中之"意"是作者刻意追逐表達的，有作者深刻的"痕迹"在，而詩中之"氣"，是在文字表述、詩意傳達之外的一種附屬品。如果説詩中之"意"作者還有各種技巧去掩飾、包裝，那詩中之"氣"就只能隨着作者文字的驅遣而自然流布與彌漫了。所以，辯證地看，盛唐與中唐之詩，究竟是"氣完而意甚工"，還是"意工而氣甚完"，確實"未可一概而論"。

駱賓王《易水》詩，又名《於易水送人一絕》，云："此地別燕丹，壯士發冲冠。昔時人已没，今日水猶寒。"徐先生於題目下用藍色筆注云："荆卿歌云：風蕭蕭兮易水寒，壯士一

---

① 朱光潛：《詩論》第三章"詩的境界——情趣與意象"，上海古籍出版社，2001年版，第47頁。

② （清）王士禛選，徐無聞批注：《徐無聞批注〈唐人萬首絕句選〉》之《唐人萬首絕句選凡例》，西南師範大學出版社，2020年版。

③ （清）王士禛選，徐無聞批注：《徐無聞批注〈唐人萬首絕句選〉》之《唐人萬首絕句選凡例》，西南師範大學出版社，2020年版。

去兮不復還。"① 在書眉上又有藍色筆批注云："悲凉慷慨，言簡意遙。小詩亦有史家筆意。'水猶寒'，猶字可味。"旁邊又用黑色筆題云："一氣振聳。"② 絕句詩文字很少，像這樣言約而意豐的絕句，確乎令人遐想，其魅力也正在於此。

張九齡的《自君之出矣》是一首很有味道的詩歌："自君之出矣，不復理殘機。思君如滿月，夜夜減清輝。"徐先生在這首詩題目下注曰："漢魏樂府舊題。"③ 在書眉上用黑色筆評曰："巧妙。"④ 用藍色筆解釋道："巧妙處還在於滿月可令人想像伊人之貌。蔡邕《協初賦》'面若滿月'，曹植《洛神賦》'髣髴兮若輕雲之蔽月'，皆以月比美人。思君二句，即《古詩》'相去日以遠，衣帶日以緩'之意。"⑤ 又補注道："沈曰'巧思'全在'滿'字生出。"⑥ 這裏的"沈"，指沈德潛，他在《唐詩別裁集》中這樣評論道⑦。中國人對明月有一種特殊的情懷，明月的盈虧明暗，曾牽動無數中國人的心，可以説是中國文學的觸媒與溫床。徐先生所説的"滿月可令人想像伊人之貌"，確實道出了文人心中對明月的那份期待與守望，很有意味。

王維的《相思》詩是一首膾炙人口的名詩："紅豆生南國，秋來發幾枝。勸君多采擷，此物最相思。"但這首詩，各種不同的版本，文字出入又很大。如"勸君多采擷"，這個《唐人萬首絕句選》，就寫作"勸君休采擷"，"多采擷"與"休采擷"，那就是完全不同的意思。徐先生主張用"多"，故在"休"字旁批曰"多"⑧。又在眉批中寫道："李白'床前明月光'與此同類。此種明白如話亦無深意，但却是好詩。好在其意爲人人意中所有，其語又人人口中所欲言。"⑨ 徐先生的這個點評非常到位。這等明白如話的詩，確實是人人意中所有——誰沒有過相思？誰沒有體驗過相思的痛苦與煎熬呢？另一方面，這種相思之苦，你我心中都有，也都"欲言"——也即都想表達，但就是表達不出，或者説表達不好，表達不能這樣通俗淺顯，又含蘊豐富，令人回味無窮。所以，如果你能如王維這樣表達，這就是"好詩"。

王之渙爲盛唐名家，雖留存作品不多，但存世作品却能傲視群雄。如這首爲大家熟悉的《登鸛雀樓》："白日依山盡，黃河入海流。欲窮千里目，更上一層樓。"徐先生對這首詩也是甚爲喜歡。他在題目下引《夢溪筆談》卷十五《河中府》："鸛雀樓三層，前瞻中條，下瞰大河，唐人留詩者甚多，唯李益、王之渙、暢當三篇能狀其景。"⑩ 沈括在這裏只説了結論，并沒有分析。對此，徐先生接着作了自己的分析："不從最高處説起，而從第二層落筆，正

① （清）王士禛選，徐無聞批注：《徐無聞批注〈唐人萬首絕句選〉》卷一，西南師範大學出版社，2020 年版。
② （清）王士禛選，徐無聞批注：《徐無聞批注〈唐人萬首絕句選〉》卷一，西南師範大學出版社，2020 年版。
③ （清）王士禛選，徐無聞批注：《徐無聞批注〈唐人萬首絕句選〉》卷一，西南師範大學出版社，2020 年版。
④ （清）王士禛選，徐無聞批注：《徐無聞批注〈唐人萬首絕句選〉》卷一，西南師範大學出版社，2020 年版。
⑤ （清）王士禛選，徐無聞批注：《徐無聞批注〈唐人萬首絕句選〉》卷一，西南師範大學出版社，2020 年版。
⑥ （清）王士禛選，徐無聞批注：《徐無聞批注〈唐人萬首絕句選〉》卷一，西南師範大學出版社，2020 年版。
⑦ （清）沈德潛編：《唐詩別裁集》卷十九，中華書局，1975 年版，第 250 頁。
⑧ （清）王士禛選，徐無聞批注：《徐無聞批注〈唐人萬首絕句選〉》卷一，西南師範大學出版社，2020 年版。
⑨ （清）王士禛選，徐無聞批注：《徐無聞批注〈唐人萬首絕句選〉》卷一，西南師範大學出版社，2020 年版。
⑩ （清）王士禛選，徐無聞批注：《徐無聞批注〈唐人萬首絕句選〉》卷一，西南師範大學出版社，2020 年版。

其高絕千古，不同凡響處。"① 在眉批中，徐先生又評論道："上上神品，允爲唐人五絕壓卷。氣象雄壯，胸襟開闊，寄意高遠，而自然渾成。二十字乃氣象萬千。"② 爲何可允爲上上神品？徐先生又進一步分析道："一二句寫眼中所見之景，緊緊抓住此樓地勢特點來寫，移之於它處便不可。十個字中有山有河，有詩人登樓之時。從西到東，視野極其開闊，寫來有虛有實。'入海流'，乃詩人之所知，非當地之所見。然以此寫，乃見黃河之浩浩蕩蕩，源遠流長，把站得高、看得遠的意思充分顯示出一二句中。第二層上所見已如此壯闊，第三層會令人更爲神往。一二句將三四墊得更高，含蓄不盡，尋味無窮。"③ 又説："同是日暮登高，此詩表現出的感情是健旺的，向上的。李商隱《登樂游原》'向晚意不適，驅車登古原。夕陽無限好，只是近黃昏'，便覺衰颯悲凉，與此迥然不同。客觀的時代環境和主觀的思想感情在同類的題材中表現出很大的差別。所謂盛唐氣象，此詩便是代表之一。"④ 在該詩的下方地脚處，徐先生繼續説道："哲理必須從具體形象中自然體現出來。如此二十字，方是傑作。王臨川詩云'飛來峰上千尋塔，聞説雞鳴見日升。不畏浮雲遮望眼，只緣身在最高層'，與此詩意境同，但遠遜。此詩著意説理，不能自然故也。'子在川上曰，逝者如斯夫，不舍晝夜'，意在説理而却是詩。"⑤ 徐先生在這裏表達了非常重要的詩學觀點，這就是詩歌應該是用形象表情達意、言志抒情，而不能直白地用説理取代形象。文學批評史上人們所説的"唐音"與"宋調"的區別，也基本上源於此。徐先生所舉的這首王安石的《登飛來峰》，其實它也有藝術形象，應該説還是很不錯的，但它與王之渙的這首《登鸛雀樓》相比，確實説理的味道濃了一點，就如同朱熹的《觀書有感二首》之一的"半畝方塘一鑒開，天光雲影共徘徊。問渠那得清如許，爲有源頭活水來"，不能説不是好詩，但跟唐詩特別是盛唐詩人的近乎天籟的詩歌相比，"人工"與"匠心"的痕迹確實太濃了一點。這當中的"訣竅"恐怕就在於詩歌創作不能把心中欲説之"理"太過直白的全部抖出來，而要留點想象的空間。給讀者留的想象空間越大，詩的"味道"就越濃。就如徐先生在這裏提到的《論語·子罕》裏面的這句話："子在川上曰：'逝者如斯夫！不舍晝夜。'"這句話本來并不是詩歌，但孔子所説的話詩意濃厚，給人無限多的回味與遐想，而這就是"詩"的本質特徵，所以，徐先生説它"却是詩"，這是很有道理的。

《唐人萬首絕句選》在選録王之渙的這首《登鸛雀樓》之後，還選録前面《夢溪筆談》提到的暢當的《登鸛雀樓》："迥臨飛鳥上，高出世人間。天勢圍平野，河流入斷山。"徐先生在這首詩的眉頭用藍色筆批注道："沈歸愚謂此詩不減王之渙作，余甚不以爲然。上二句未切題，只泛寫登高，施之它處亦可。下二句意與王詩上二句略同，亦不如其闊大。王詩之

① （清）王士禛選，徐無聞批注：《徐無聞批注〈唐人萬首絕句選〉》卷一，西南師範大學出版社，2020年版。
② （清）王士禛選，徐無聞批注：《徐無聞批注〈唐人萬首絕句選〉》卷一，西南師範大學出版社，2020年版。
③ （清）王士禛選，徐無聞批注：《徐無聞批注〈唐人萬首絕句選〉》卷一，西南師範大學出版社，2020年版。
④ （清）王士禛選，徐無聞批注：《徐無聞批注〈唐人萬首絕句選〉》卷一，西南師範大學出版社，2020年版。
⑤ （清）王士禛選，徐無聞批注：《徐無聞批注〈唐人萬首絕句選〉》卷一，西南師範大學出版社，2020年版。

妙尤在三四。句中包含哲理，而此并無深意。但此雖遜王作，亦非惡詩。"① 徐先生在此處又用黑色筆補充道："上二句遜王之渙作，氣格遂卑矣。"② 憑心而論，暢當的這首同題詩作，確實跟王之渙的不在同一檔次，後世對王之渙的這首詩歌廣泛的接受與傳播，與對暢當這首詩的冷落形成了鮮明的對比，這已經説明了問題。

柳宗元的《江雪》詩，意境幽美，詩意醇厚，堪稱詩中有畫的典範："千山鳥飛絶，萬徑人蹤滅。孤舟蓑笠翁，獨釣寒江雪。"徐先生對這首詩也十分喜愛，在詩題下，密密麻麻地用藍色筆批注道："一二句未出雪字，而具體盡出雪景，天地寂寥，寒陰凝沍，冷氣襲人，以此爲背景，襯出三四句之獨釣翁。全詩精神乃在此翁。翁之孤舟獨釣，豈不畏此嚴寒乎？實爲饑寒所迫也。其家貧身苦已在不言之中，讀之令人憐念此翁不已。若以此翁爲高士雅人，便與事實大謬。"③ 在這首詩的下面，徐先生批注道："劉長卿《逢雪宿芙蓉山》'日暮蒼山遠，天寒白屋貧。柴門聞犬吠，風雪夜歸人'，亦是佳作，與此詩精神仿佛似之。"④ 在該詩的書眉處，徐先生還有一段批注："東坡書鄭谷詩云，鄭谷詩云'江上曉來堪畫處，漁人披得一蓑歸'，此村學中語也。柳子厚云'孤舟蓑笠翁，獨釣寒江雪'，人性有隔也哉。殆天所賦不可及也。沈曰'清峭已絶。王阮亭尚書，獨貶此詩何也'。唐以後屢以此爲題作畫，宋人尤多，今故宮藏五代人《雪漁圖》及流入日本之馬遠《寒江獨釣圖》，皆能傳此詩意。"⑤ 在此批注中徐先生又用黑色和紅色的筆夾注道："香祖不許此作而沈碻士賞之。李曰漁洋嘗謂此詩有傖氣，洵然。周曰，形象高潔之至，好看宋人苑畫。"⑥ 這裏提到的王阮亭即王士禛，號漁洋山人，又稱王漁洋，或省稱漁洋。香祖爲王士禛筆記《香祖筆記》的簡稱，代指王士禛。沈碻士爲沈德潛，字碻士，號歸愚。看來，對詩歌的欣賞，確實見仁見智。這也從另一個角度説明，對文學作品的闡釋，具有開放性和不確定性。作者創作時的初衷或本事，在讀者眼裏，可能就變成另外的"圖景"與"象徵"，所以，這首柳宗元的《江雪》引起争鳴，也不足爲奇。

元稹的《行宮》是一首頗有歷史滄桑感的詩歌："寥落古行宮，宮花寂寞紅。白頭宮女在，閑坐説玄宗。"徐先生在詩題下注曰："參看元氏《連昌宮詞》，白氏《上陽白髮人》。"⑦ 在書眉上批注道："一片凄凉，是唐室衰微的時代寫照。行宮寥落，久無游幸也；宮花自開，無人賞玩也；宮女白髮，幽閑自老也；説玄宗，追懷感時也。四句由外及内，層層寫入，至玄宗結題。"⑧ 此評論絲絲環扣，直擊要害。

張繼的《楓橋夜泊》，是一首婦孺皆知的名詩，歷來爲文人所激賞辨析，又爲百姓所傳

① （清）王士禛選，徐無聞批注：《徐無聞批注〈唐人萬首絶句選〉》卷一，西南師範大學出版社，2020 年版。
② （清）王士禛選，徐無聞批注：《徐無聞批注〈唐人萬首絶句選〉》卷一，西南師範大學出版社，2020 年版。
③ （清）王士禛選，徐無聞批注：《徐無聞批注〈唐人萬首絶句選〉》卷二，西南師範大學出版社，2020 年版。
④ （清）王士禛選，徐無聞批注：《徐無聞批注〈唐人萬首絶句選〉》卷二，西南師範大學出版社，2020 年版。
⑤ （清）王士禛選，徐無聞批注：《徐無聞批注〈唐人萬首絶句選〉》卷二，西南師範大學出版社，2020 年版。
⑥ （清）王士禛選，徐無聞批注：《徐無聞批注〈唐人萬首絶句選〉》卷二，西南師範大學出版社，2020 年版。
⑦ （清）王士禛選，徐無聞批注：《徐無聞批注〈唐人萬首絶句選〉》卷二，西南師範大學出版社，2020 年版。
⑧ （清）王士禛選，徐無聞批注：《徐無聞批注〈唐人萬首絶句選〉》卷二，西南師範大學出版社，2020 年版。

誦，詩中所寫寒山寺，爲姑蘇之名勝。其詩云："月落烏啼霜滿天，江楓漁火對愁眠。姑蘇城外寒山寺，夜半鐘聲到客船。"徐先生對這首詩也格外鍾情，在作者張繼及本詩詩題下，即有數行批注："余幼時讀此詩，悠然神往，甚思得親臨其境，領會此詩。一九六三年陽曆八月十七日，余游蘇州，在虎丘留影後枉道至楓橋，已是黃昏。所謂江，不過闊三丈，上有一石拱橋，即楓橋。距橋數十步有一寺，寺前照壁上題曰'寒山古寺'。寺甚俗陋，僅有殿兩重。殿左一亭中懸銅鐘，亦明清時物。既至其地，便覺實景遠非未至時想象之佳。作詩并非攝影，原可見景生情，借題發揮，詩人自不宜全離真實，讀者亦不必刻舟求劍也。"[1] 在書眉上，徐先生又批注道："自歐陽《六一詩話》始，宋以後詩話筆記論此詩者極多。高閬仙《唐宋詩舉要》略有微引。"接着，引陸游《老學庵筆記》卷十的這段話："張繼《楓橋夜泊》詩云：'姑蘇城外寒山寺，夜半鐘聲到客船'，歐陽公嘲之云：'句則佳矣，其如夜半不是打鐘時。'後人又謂惟蘇州有半夜鐘，皆非也。按于鄴《褒中即事》詩云：'遠鐘來半夜，明月入千家。'皇甫冉《秋夜宿會稽嚴維宅》詩云：'秋深臨水月，夜半隔山鐘。'此豈亦蘇州詩耶？恐唐時僧寺，自有夜半鐘也。京都街鼓今尚廢，後生讀唐詩文及街鼓者，往往茫然不能知，況僧寺夜半鐘乎？"[2] 歐陽修關於張繼夜半鐘聲的論說是一個備受關注的詩學話題，成爲一則詩學公案，很有意思[3]。徐先生以自己親證寒山寺的經歷得出"作詩并非攝影，原可見景生情，借題發揮，詩人自不宜全離真實，讀者亦不必刻舟求劍也"的結論是非常深刻的，所謂藝術來源於生活，又高於生活，不正是徐先生的感悟嗎？

李商隱的《夜雨寄北》是一首久負盛名的佳作，該詩描寫的"巴山夜雨"形象，已深入人心："君問歸期未有期，巴山夜雨漲秋池。何當共翦西窗燭，却話巴山夜雨時。"徐先生在眉批中寫道："深曲。"[4] 又寫道："李曰淡寂中有無限意理。"[5] 又説："歸期尚不可預計，却已設想歸後情事，便見歸思之切也。與賈浪仙'客舍并州'同一機杼。"[6] 徐先生這裏提到的賈浪仙即賈島，"客舍并州"乃是賈島《渡桑乾》詩句："客舍并州已十霜，歸心日夜憶咸陽。無端更渡桑乾水，却望并州是故鄉。"《萬首唐人絕句選》也選了這首詩，徐先生在詩的上方書眉上有評注："用筆曲折，以煉意勝，不在藻飾。"[7] 巴山、并州均非李商隱和賈島的故鄉，但人是感情的動物，日久生情，却也別有一種人生的況味在，誠如《唐詩品匯》在賈島《渡桑乾》之後的一段評論："久客思鄉人之常情。旅寓十年，交游歡愛，與故鄉無異，一旦別去，豈能無情？渡桑乾而望并州，反以爲故鄉也，非東西南北之人不能道此。"[8] 有過這類人生體驗的人，當有神契，正所謂"非東西南北之人不能道此"。

---

① （清）王士禎選，徐無聞批注：《徐無聞批注〈唐人萬首絕句選〉》卷四，西南師範大學出版社，2020 年版。
② （清）王士禎選，徐無聞批注：《徐無聞批注〈唐人萬首絕句選〉》卷四，西南師範大學出版社，2020 年版。
③ 可參看潘殊閑《葉夢得研究》第五章"葉夢得詩學"，巴蜀書社，2007 年版，第 162–165 頁。
④ （清）王士禎選，徐無聞批注：《徐無聞批注〈唐人萬首絕句選〉》卷六，西南師範大學出版社，2020 年版。
⑤ （清）王士禎選，徐無聞批注：《徐無聞批注〈唐人萬首絕句選〉》卷六，西南師範大學出版社，2020 年版。
⑥ （清）王士禎選，徐無聞批注：《徐無聞批注〈唐人萬首絕句選〉》卷六，西南師範大學出版社，2020 年版。
⑦ （清）王士禎選，徐無聞批注：《徐無聞批注〈唐人萬首絕句選〉》卷五，西南師範大學出版社，2020 年版。
⑧ （明）高棅：《唐詩品匯》卷五十二，文淵閣《四庫全書》本。

在這部書的最後一頁，徐先生還有兩處批注。一是在天頭上有幾段紅色批注：

己未十二月初五評點訖，以識一時讀趣所在耳。不必爲定評，他日於此事或進或退
當否，更可相驗，則此又志眼力境地也。

漁洋《池北偶談》云：偶爲朱錫鬯太史舉宋人絕句（略）。

已上所舉共四十首宋人佳什，容多未登，此不過一時撮衆者耳，録之以見漁洋家
法。甲子十一月朔□□剪燈書。

宋人絕句若東坡、石湖、白石三家，風調清遠，多逼唐人，此特其厓略耳，不得謂
阮亭去取盡於此也。學者即此觀之，要亦咀雋吮華，已覺取資不竭，又記。

宋人絕句名秀者固不乏，然不過到中唐劉隨州、韓君平境界耳，求如龍標、太白、
李十郎者，竟不可得。又記。①

己未爲公元 1979 年，這部《唐人萬首絕句選》徐先生十歲（1941 年）獲贈，四十歲
（1971 年）客忠縣披覽評點，至 1979 年，已四十八歲，閱讀評點時間長達三十八年，這其
中的點點滴滴，凝聚了當時閱讀時的最真實的"讀趣"。徐先生非常謙虛，也十分客觀，直
言"不必爲定評，他日於此事或進或退當否，更可相驗，則此又志眼力境地也"。這種既嚴
謹又輕鬆的治學態度，足以見出徐先生坦蕩的胸懷與科學的精神。也許徐先生没有想過他自
己的讀書評點有朝一日會公開出版，惠及天下讀者。不過徐先生早已有言在先"不必爲定
評"，其是否爲真知與灼見，相信明眼讀者自有自己心中的"定評"。

上述所引後面四段主要是談論宋人的絕句及其與唐人絕句的比較。《池北偶談》爲王士
禛之筆記。朱錫鬯，即朱彝尊。這裏提到的"已上所舉"，見於《池北偶談》卷十九。唐宋
詩之爭是一個從宋代就開始的熱門詩學話題，所謂"唐宋詩之爭"，核心就是孰優孰劣，進
而才是詩人、詩作、體裁、題材、風格、手法等方面的比較評判。徐先生這裏借《池北偶
談》所述，引出唐宋絕句的優劣比較。在徐先生看來，"宋人絕句若東坡、石湖、白石三家，
風調清遠，多逼唐人"，"宋人絕句名秀者固不乏，然不過到中唐劉隨州、韓君平境界耳，求
如龍標、太白、李十郎者，竟不可得"。"多逼唐人"，説明已接近唐人，那接近唐人的哪里
呢？徐先生認爲"不過到中唐劉隨州、韓君平境界"，尚未達到盛唐王昌齡、李白等人的境
界。這個觀點總體是符合文學史事實的。翻閱細讀唐人絕句與宋人絕句，這種判斷是不難得
出的。

在該頁版框内右側空白處，徐先生還有一段用藍色筆做的批注："一九五八年三月二十
二日，毛主席指示：'中國詩的出路：第一條民歌，第二條古典，在這個基礎上産生出新詩
來。'這個指示是普遍真理，是詩歌發展史的客觀的總結。絕句是唐人的新體詩，是一個歷
史時代的新的創造，其所以能産生和取得很大成就，就是從民歌和漢魏六朝的古典詩歌的基

① （清）王士禛選，徐無聞批注：《徐無聞批注〈唐人萬首絕句選〉》卷七，西南師範大學出版社，2020 年版。

礎產生出來的。"① 這段文字可以看作是徐先生對整部《唐人萬首絕句選》的高度概括。一部中國文學史，就是一部中國文學的發展史。王國維曾説"凡一代有一代之文學"②，這些"一代之文學"，就是一代之新興的文學，它們均是"通變"的結果。"通"就是繼承，包括來自民間的文學與前人的文學，"變"就是創新。絕句就是唐人在六朝《子夜歌》、唐代《竹枝詞》等民歌以及漢魏六朝文人五、七言短歌的基礎上發展起來的，至唐代定型，并成爲唐詩的代表，"在唐代，没有哪一體詩歌比絕句更像整個唐詩的縮影"③。由此可見，徐先生所下的結論，是相當正確的。

徐先生對這部《唐人萬首絕句選》的評點還有很多，難以一一列述。翻閲全書，透過那些一絲不苟的批注評點，真的能够深切地感受到徐先生讀書的用功，仿佛又回到當年徐先生的課堂，他的板書（如書中的評點）是一種美的陶冶和享受，而他的引經據典、不緊不慢的講授（如書中的評點内容），則讓你如沐春風，茅塞頓開，回味無窮。

（作者單位：西華大學文學與新聞傳播學院）

① （清）王士禛選，徐無聞批注：《徐無聞批注〈唐人萬首絕句選〉》卷七，西南師範大學出版社，2020 年版。
② 王國維：《宋元戲曲考·序》，《王國維文學論著三種》，商務印書館，2001 年版，第 57 頁。
③ 周嘯天：《唐絕句史》結語，安徽大學出版社，1999 年版，第 271 頁。

吳洪武：吳之英與近代蜀學復興

鍾永新

内容提要：近代蜀學大家吳之英文化涉獵廣泛、學術造詣深厚、書法風格獨到，積極參與四川維新運動，是近代蜀學及四川尊經書院學術群體的代表人物之一，同時積極辦學培養人才。本文通過吳之英孫子吳洪武的訪談，簡要回顧吳之英的學術成長之路，總結吳氏學術以《儀禮》學爲代表的學術成果與主要特色，期望引起學術界關注和重視對吳之英的傳承發展，以堅守弘揚蜀學精神的蜀人傳統。

關鍵字：吳之英；蜀學大家；蜀學復興

吳之英嫡曾孫吳洪武先生

【人物簡介】吳洪武，1939 年 10 月出生於四川省雅安市名山縣，書法家、書法理論家、方志學者。幼承庭訓，臨池不輟。主張“繼承傳統，碑帖結合，高揚個性，不斷探索”。草隸篆皆能，尤善行楷。行草書既有瀟灑飛動之神采，又有凝練沉實之力感；楷書將顔柳歐趙魏碑熔爲一爐，古樸典雅。其書法作品參加"中日友好書法交流展""中國當代書法藝術大賽"等諸多大型展賽，書學論文入選全國近現代書學研討會及省級書法研討會多次，作品入編《書法新論》《吳之英書法選集》《四川書學論文選集》《四川近現代文化人物》等。著有《吳洪武詩集》《吳洪武文集》。主持編纂的《名山縣志》《仙茶故鄉山奇水秀》，分別榮獲全國和四川省新編地方志優秀成果二等獎。

崇文尚學的吳氏家族

鍾永新：吳先生，您好！首先請介紹下蜀中大儒、名山吳之英的家族情況及名山吳氏家學的風格特點。

吳洪武：蜀學大師吳之英出生於四川雅安市名山縣車嶺鎮幾安村吳溝，山勢地理起伏，民風古樸秀雅，溝裏東西北的幹山形成一 U 形，吳之英的祖輩吳文哲耕讀定居此地，現尚存一座完整的三合院，大門掛着對聯"詩書作良田子種孫耕無歉歲；文章傳舊業筆花墨雨有豐年"體現出吳氏家族的崇文尚學的傳統特點。

清代咸豐七年（1857），吳之英誕生於此，他被寄寓培育成吳氏英才，故取名之英，從小學習四書五經、練字誦讀，而後參加縣試府試，入成都尊經書院及進京趕考，後回川參加蜀學會、辦蜀學報，往來各處書院講學（資州藝風書院、簡州通材書院、成都存古學堂、四川國學院）成就一番文化教育事業。統觀吳氏家學，大體可分爲三個時期：

第一期是吳之英祖父吳文哲與父親吳銘鐘，從吳之英自述可見其祖父吳文哲提倡五經教育，指出讀書要學會"離章斷句"，重視訓詁之書《爾雅》。文辭方面要尊體制，"不遠亦不近，孤立求真諦"。至其父吳銘鐘延續導引吳之英治學步入正軌。

第二期是吳之英的個人創新發展，最後成爲振興蜀學的代表人物。在文字學、儀禮學、詩文學、書法學方面皆有新發展，并命其後人研經遵其祖傳，即純其祖武、修德敬業、通經致用，以弘揚家學服務社會。

第三期是其子吳鑒、吳銑，其後學吳洪澤、吳洪武、彭靜中、潘斌等，通過參與整理編印《壽櫟廬叢書》出版《吳之英評傳》《吳之英儒學論集》《吳之英書法選集》《吳之英詩文集》以廣大吳門之學。

名山車嶺鎮幾安村吳之英故居（愛國主義教育基地、新時代創新實踐站、2012 年四川省人民政府批爲省級文物保護單位）（吳洪武提供）

"無用"有用，"無爲"有爲

鍾永新：吳之英被譽爲"通儒碩學"，所著《壽櫟廬叢書》尚未再版。近來出版其作、研討其書，對推動傳播吳之英學術起到一定作用。請問如何理解"壽櫟廬"？又如何總體評價吳之英的學術成就？

吳洪武：壽櫟廬爲吳之英宅名，故居大門匾額爲其手書，凝練厚重，魏隸體結合，方圓筆兼用，乃戊戌變法失敗後返回老家車嶺題寫，并開始將其著作一一批陳。

"壽櫟"典故出自莊子《人間世》，借指櫟樹"以無用而長壽，以無用、無爲而自保"。而吳之英借櫟樹以自況，旨在強調"無用"有用，"無爲"有爲，後來其積極投身教育事業，弘揚蜀學文化，培育出衆多學子。

對於吳之英的學術成就，劉湘曾贈予金字匾"通儒碩學"四字。當時師友評價有：

其師王壬秋（王闓運）贊吳之英："諸人欲測古，須交吳伯竭。之英通《公羊》，精三禮，群經子史，下逮方書，無不賅貫。"

經學家劉師培評價吳之英："《儀禮奭固》簡明雅潔。《圖》亦較張惠言爲優。"

書法家趙熙在吳之英《哭楊銳》跋中贊"其書瑰瑋"。

方旭先生爲吳之英《哭楊銳》作跋云："伯竭之事甚悲壯，足與叔嶠同不朽。"

謝興堯先生評價吳之英《禮器圖》云："分門別類，條分縷析，頗稱宏博。且能以說文古制，發前人所未發。致力之深，詢足欽矣。"

謝無量先生書贈吳之英："自王伍以還，爲人範，爲經師，試問天下幾大老？後揚馬而起，有文章，有道德，算來今日一名山。"

其學術成就主要體現在以下七方面：

1. 經學方面

吳之英幼承庭訓研讀經學，後又得到清代大學者王闓運的思想熏陶，打下扎實的樸學根底，以"經學爲體、中學爲用"爲學術特點。除精通三《禮》外，還著有《詩以意錄》《尚書信取錄》《周易寡過錄》《春秋講義》等，小學則有《音均奭固》《雅名奭固》留存。

其以經學爲體，旁通百家之說，又兼具通今學古、博學子史的特點，另還有《漢師傳經表》《天文圖考》《經脉分圖》等書。

2. 報學方面

公元 1898 年，吳之英與新學鉅子宋育仁等聯合創辦《蜀學報》，擔任主筆，此爲成都第一份新式報紙，成爲推動四川維新思想傳播發展的重要平臺，當時具有開風氣的時代意義。該報名由吳之英所題，帶有隸書質樸、魏碑剛毅的書法特點。吳之英在報紙上刊發大量作品，以闡發其維新思想。

3. 教學方面

吳之英是蜀中近代知名的教育家，他不就任禮部顧問官，甘作育人師，興學育才，終生不渝，先後在今資中、簡陽、成都任教，德行兼修，文風丕接，人才輩出。

及至近代國學運動重鎮成都，於民國元年（1912）創建四川國學院，首任院長即吳之英，返鄉後，他又在家鄉學校任教近 10 年，爲鄉邦教育做出不可磨滅的薪火貢獻。

4. 詩文方面

思想家吳虞評價："《蒙山詩錄》最工、吳詩沉博鬱厚、獨立絕代。而又非常人古，并世未見其匹也。"可見他深受其師王闓運影響，寫詩主張極端復古，著文風格則近周秦，淵奧古雅。

寫作內容側重詩文史事，疏朗淡定而語言精煉、周密平正而隱約深修，繼承了漢魏樂府直至李、杜、元、白傳統，提倡關注現實社會與國計民生，多見憂國憂民之思，不爲無病呻吟之作，也有多篇經典風物作品。

5. 書學方面

吳之英是書法名家，他師法籀文、隸尊漢碑，宗旨魏晉碑志，行游於王蘇黃米之間，融北碑南帖而創"反筆"筆法，形成雄偉古逸的獨特風格，其書法代表作有成都人民公園內"辛亥秋保路死事紀念碑"隸篆體、早期《四川尊經書院舉貢題名碑》（王運撰、吳之英書），中年代表作《哭楊銳》。

歸納起來，吳之英是書法歷程可分爲三階段：必先尊體制、奇崛初可驚、晚成將堅碩。其書法理論則提出"蘊秀才出、莊厚宜雅"的審美標準。

6. 史志學方面

吴之英著有《中國通史》20 册，在所著《八總督箴》中寫道：嘗輯史傳，雜説，圖籍，參稽先代沿革，時得其概，治亂興衰之端，肅乎可見，守士者將得師焉。他還曾擔任《名山縣志》光緒版采訪，提供蒙山、蒙山茶文化的衆多資料詩文入志。後任《名山縣新志》總編，爲使之成爲良志打下良好的基礎。

7. 醫學方面

一位美籍華人朋友，曾提供一幅吴之英《經脉分圖》的照片，是他在美國看到後拍攝下來。該書分別繪出十二正經和奇經八脉的圖形穴位，共繪出穴名五百七十五，穴位一千零六十二，除去重複，實有穴名三百五十三、穴位六百五十七，比記載穴位最多的《甲乙經》多出八個穴位。并詳細論述經脉起止點，循行路綫和該經的穴位，列舉了各穴心針刺深淺，留針時間，施灸壯數及注意事項等，是一份有關針灸學的珍貴文獻。

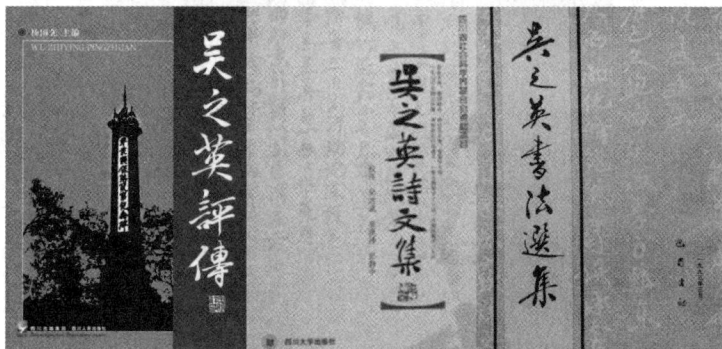

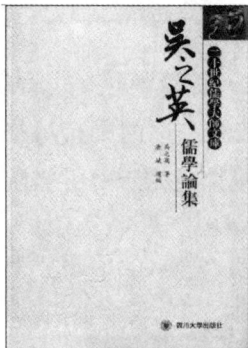

吴之英《壽櫟廬叢書》及新版著作

獨研《儀禮》成就卓著

鍾永新：吳之英的禮儀研究甚具特色，不易讀懂，請問如何學習領會？又如何認識其在經學研究上的貢獻？

吳洪武：吳之英是禮學家，所著《圖》書，30年乃成。然在清代阮元主編的《四庫全書》經學部分，竟無一位四川人收錄。而後在《續修四庫全書》裏面，吳之英著作就收錄有數種。2006年，晚清臺灣蜀學考察團到四川考察，與會學者充分肯定吳之英在《儀禮》研究的創新意義。

其主要貢獻體現在：博通"三禮"，專精《儀禮》，乃因其受張之洞"《十三經》專精其一"的教誨，所以對《儀禮》之學尤爲關注，也與王闓運的重視有一定關聯。

此前的清代川籍學人，研究《儀禮》僅有劉沅、李調元等，著述作品放到全國的影響力十分薄弱。吳之英能獨研《儀禮》，成就卓著，殊爲難得。書中其反復強調禮儀，也出於古訓"修身齊國平天下"的原因。

吳之英儀禮學主要成果體現在三方面：

1.《儀禮奭圖》

"奭固"即訓詁，《儀禮奭固》就是對《儀禮》裏的生字難字加以解釋，從《叙》可知光緒十年（1884）吳之英就開始注疏儀禮。乃因該書難尋，且注疏多誤。

其注釋簡明扼要、意義明晰，尤其體現在精選鄭《注》，奉行通經致用的原則，注重體例文獻傳承。既不墨守傳統，而成一家之言。

2.《儀禮奭固禮器圖》

該書光緒二十五年（1899）完成，旨在輔助閱讀《儀禮奭固》，認爲漢圖失傳已失，所以附圖補經，共17篇563圖。

與清代禮學研究學者楊復、張惠言相比，吳之英《禮器圖》的特色在於更爲專業，專考禮儀所需器物，圖形種類繁多。張惠言的書裏有30餘幅，楊復的書裏有7幅，吳之英的書裏則有563幅。此外，吳之英的版本旁徵博引，對禮器名稱、淵源形制皆有考證，并補前人之識。

3.《儀禮奭固禮事圖》

該書宣統三年（1911）完成，指出創作《圖》也是爲"輔證"，即輔助閱讀儀禮。他認爲古禮已不一定適用於當時社會，但講求天理人情，古今依然相同，因此其講求禮儀教化的思想仍有一定參考意義。

《禮事圖》特點在於：（1）圖形更加豐富完善，從楊復、張惠言到吳之英的研究，禮事之分更趨細密。（2）方位明細，實用性強，如《公迎賓圖》，位置方位都標示明確。（3）簡注明白，糾訂謬誤，主要以圖爲主，文字精簡。

"通儒碩學"（1920 年，民國四川省省長劉湘題字贈吳之英匾額）

吳之英畫像（韓德雅繪，來源：《吳之英評傳》）

堅守蜀學精神的蜀人傳統

鍾永新：作爲近代蜀學群體之一，請問吳之英的蜀學貢獻體現在哪些方面？

吳洪武：吳之英是古典蜀學的終結者，又是現代蜀學的開拓者，《四川通史》評價其不愧爲四川近現代歷史上"振興蜀學"的傑出學者人物。其蜀學貢獻體現在：

1. 古典蜀學的終結者

蜀學在不同時代各有其特定內涵，或指學校，或指學派，或指學人，古典蜀學則指從先秦以來至 1919 年五四運動前夕，主要流傳於川省地區以研究儒家經典爲核心的文化學術。

至近代，吳之英的儀禮學、詩學、小學被視爲上繼漢代蜀學大家司馬相如和揚子雲之學，其詩《桂湖》可視爲一篇有關古典蜀學的詩化綱要。

從清代到五四運動前的古典蜀學，劉光第指出“川省樸學絕數百年”。而吳之英的學術，尤其《儀禮》之學成爲當時古典蜀學的光大之作，尤顯珍貴，其道德風範和學術成就可謂古典蜀學的集大成者。

2. 現代蜀學的開拓者

現代蜀學指吳之英與當時的四川文化精英楊銳、劉光第、廖平、宋育仁、謝無量等共同開創，學習先進科學，崇尚實幹實爲。“現代蜀學”也被稱爲四川變法維新核心思想，由此逐漸改變清代四川學術不振的局面，其參與情況體現在：

（1）參與蜀學會，創辦蜀學報

成都蜀學會爲 1898 年戊戌變法時期，在北京蜀學堂創辦後，由宋育仁、吳之英等在成都興辦，其宗旨體現在《蜀學會宣言》《蜀學報宣言》裏面。主張以扶聖教而濟時艱，宣講維新思想，對四川社會產生巨大影響。

此外，成都蜀學會還積極編印《蜀學叢書》，翻印《天演論》《原著》《法意》介紹西學。

戊戌變法失敗後，吳之英撰有長詩《哭楊銳》，詩前由趙熙題跋，堪稱一首追悼劉楊的史詩之作。他與宋育仁亦可謂至交，精誠合作，詩書酬唱。宋育仁在吳之英叢書序裏，贊譽吳作“詩開獨行文堅”，可謂同時代的蜀學大家的肺腑之語。

（2）傳播蜀學教育培育蜀學弟子

吳之英的學術思想通過其在各地書院講學得以傳遞下來，其表彰蜀賢前輩，紀念蜀中先賢，推動蜀學傳播，受業弟子中出現顏楷、蒙文通、彭芸生等延續蜀地文脈的傑出人物。

今視之，傳播蜀學的意義正在於激勵蜀中學者堅守蜀學蜀人傳統精神，以追求在中國學術史乃至世界學術史上再有新作爲。此裏面的蜀學兼指與蜀文化有關。

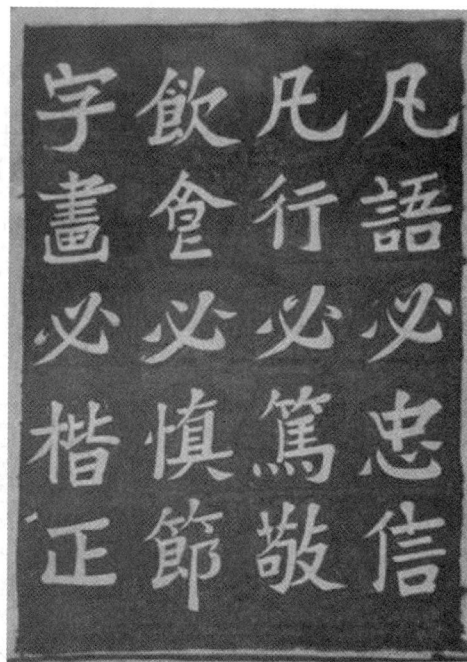

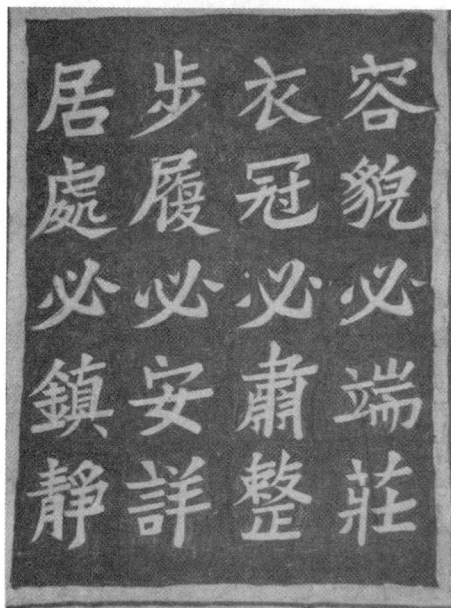

成都人民公園內「辛亥秋保路死事紀念碑」

辛亥秋保路死事紀念碑

凡語必忠信
凡行必篤敬
飲食必慎節
字畫必楷正

容貌必端莊
衣冠必肅整
步履必安詳
居處必鎮靜

樂哉斯丘

四川壬午科優貢士吳之英題

光緒十一年仲冬月 穀旦

吳之英書法作品選

逐漸回歸到學術界視野的吳之英

鍾永新：吳之英在他們的時代致力於教書育人，其作經世致用，其詩感天動地，其書滄桑瑰麗，那麼如何更好學習傳承其學術精神及當下意義？

吳洪武：近年整理出版數種吳之英的詩文集、儒學集、書法集，舉辦研討會，召開新書發布會，考察吳之英遺迹，使吳之英逐漸回歸到學術界視野。其文化思想和學術精神在當下的意義體現在：

1. 維新思想

作爲傳統文人，吳之英本是考取功名，走上仕途的道路。但他置身於 19 世紀末 20 世紀初中國歷史轉型的重要時期，一方面作爲蜀學主筆，其順應時代前進，積極傳播新學，扮演當時的思想先驅；另一方面，吳之英發表的系列文章，又成爲四川維新運動的文獻史料。其人其事可激勵年輕蜀人勇於進取有所事功，尤其在充滿新挑戰的當代四川發展歷程中也具有感召意義。

2. 學術思想

傳統經史研究，對《儀禮》學方面關注甚少，吳之英將此絕學搶救性傳承保存下來，盡到了一位巴蜀學人的使命貢獻。他通過考訂資料和繪製圖器，使得著述非常扎實。同時將治學經驗分享予人，樹立前輩學者的楷模形象。而今如何重振光揚蜀學依然道路漫漫，如若借助吳之英的蜀學情懷，勢必鼓舞激勵巴蜀大地續現競出英才。

3. 詩書思想

從小飽讀詩書的吳之英，文采斐然，才華彰顯，其詩文具有文獻互證的歷史價值，其書法則有古樸莊重的風神魂韵。而今提倡學習吳之英精神，潛心錘煉個人詩風書體，有助文藝工作者在文化星空留下自己的精彩印記。

吳之英與蜀學學術研討會（2018 年 3 月 28 日—3 月 29 日）嘉賓合影

吳之英故居吳之英禮學堂揭牌儀式現場（2020 年 12 月 9 日）

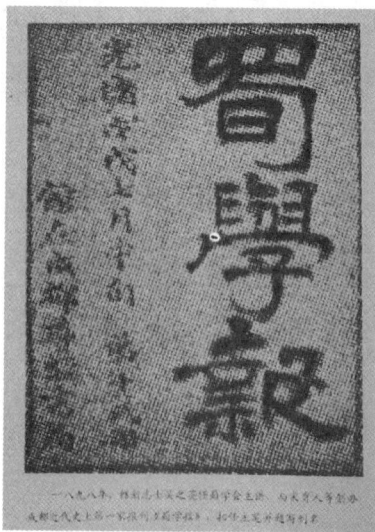

《蜀學報》光緒二十四年（1898）（吳洪武提供）

名山车嶺鎮幾安村吴之英故居

吴之英诗文集卷三

桂 湖

明新都杨慎①以宰相子撮修撰，博闻姣②通，极称翰苑。为议大礼得罪，谪永昌，肆意文酒以终。其故居邻县署，倚城筑室，湖光桂采相照耀，祀慎象其间。人士来游，辄有余爱。英尝谓吾蜀自汉宣室初兴，司马相如③以文章冠天下，厥后异代间生，虽类聚无多，皆有清拔之才震烁世者。慎之在明，亦天生使独云也。而由慎至今，未有作者，是可慨已！

江山降神才人秀，　　才人无福江山寿。
自古明德旧居游，　　一丘一壑启灵窦。
维明达者杨新都，　　少袭金珰佩卯符。
姓字无辜入丹书，　　家山有桂老绿湖。
功名幡为气节苦，　　精华仅借文章补。
春水盈塘魂未归，　　秋香满地花无主！

①杨慎（1488—1559）：明文学家。字用修，号升庵，四川新都人。正德六年（1511）试进士第一，授翰林修撰。世宗嘉靖三年（1524）议大礼触世宗被谪戌云南永昌，著作有《升庵集》，散曲《陶情乐府》等。近人疑其卒年，或谓升庵当死于隆庆元年（1567）。
②姣（gǎi）：同"骇"。
③司马相如（前179—前117）：字长（zhǎng）卿，蜀郡成都人，西汉辞赋家、文字学家。

从此游车焚骖骓①，　　争醉风月饱蔚蓝。
岂知湘君②珣兰芷？　　更无《招隐》赋淮南。
我是少微第一宿，　　初谪蒙山著东籠。
竹石缭垣草阁新，　　鸾华媚景春江绿。
几回开卷读故文，　　清才雅调猗幽芬。
卜邻愿近屈平③宅，　　笙簧拟凿伯鸾坟！
转慨吾蜀灵秀积，　　媒聚拟荧如翕④复辟。
扬子翩翻马王法，　　苏家拿娇严陈迹。
二百年来绝《广陵》，　　林泉佳气尚蔥菁。
天开秋爽延西颢，　　地郁⑤灵种诞先生。
先生以后竟萧索，　　山光淡淡水漠漠！
馨香徒荐《云中君》，　　归来莫识华表鹤！
曾跨蟠岷操古弄，　　并络高峤空谷雾。
每临奇险泣薜萝⑥，　　频托消息祝琴梦。
老死龙吉切⑦狂辞，　　杜墟鬼子摇树枝。
齐竽不吹调长技，　　晋钟未调欺后师。
长技相蒙不相忌，　　后师诖解前师意？
且幸海鳌坐眙鸣⑧，　　饶他井蛙跳梁地。

①焚：（fén），纷乱；骖（cān），一车驾三马；骓（diàn），黄色脊毛的黑马。
②湘君：《楚辞·九歌》篇名，战国楚人屈原作。湘君为湘水之神。
③屈平（约前340—约前278）：战国楚臣，原名平，字原，我国最早的大诗人。西汉刘向宗屈、宋诸赋，定名《楚辞》。东汉王逸有《楚辞章句》17卷传世。
④翕（xì）：收缩。
⑤郁（yù）：积聚。
⑥薜萝：指隐者之居。
⑦切（rèn）：出言难。
⑧眙鸣（chìdiào）：目不转睛，仔细看着。

我来谒君秋已深，　　霜凤感感晓云阴。
《赋》就投波长沙感，　　《曲》成独泣海上心。
乌呼嘻嘻！
近传摹收杖钺起，　　为与王母说治理。
白天自胞金玉音，　　坚白应有长鸣子。
昨宵痹思若尔尔，　　美人戴胜纳珠履。
荒忽诒我双瑶琚，　　瘠时桂阴照湖水。

东 湖

新繁县署左湖曰东湖，唐李德裕①镇蜀时所凿。游客杂来为湎，守土垣而管之。

秋宵听雨意清孤，　　晓云霏霶②犹不舒。
西风厉济众窍虚，　　倘然③整驾适东湖。
沿途余滴含润渥，　　微闻擂④叓时簌簌⑤。
江华自有深秋心，　　江草尚作春寒绿。
庐田瓜场炊烟袅，　　露积黄云新稻稿。
曲涧旋潆沙景圆，　　微阳昫⑥树蝉声小。
谁何下里掌管键？　　槛猿笼鹤或含冤。
由来西作曲渍水，　　岂图南徙鞔⑦工垣。

①李德裕（787—850）：唐大臣，字文饶，赵郡人。
②霶霶（dàn）：云密聚。
③倘（xiāo）然：无拘无束，自由自在。
④擂（pō）：射中物声。
⑤簌簌（sù）：象声词。
⑥昫（xǔ）：温暖。
⑦鞔（mán）：鞋。

　　【訪談手記】近代蜀學群體廖平、宋育仁、吳之英、劉咸炘、蒙文通等的學術文化貢獻功在千秋，其中吳之英著作在北京師範大學附近的地下書店曾有見閱購買。其學術研究獨到深厚，其書法作品瑰麗壯觀，其詩文作品隱約深秀，爲川西所出儒學名家大儒。然其人其學却未被學術界更多知見。故而加强弘揚吳之英的文化精神，將有助於極大推動經學研究與蜀學研究的深入拓展。

（作者單位：北京立身國學教育編輯部）

錦城名士，三代書香

李兆祥

内容提要：林冰骨（1878～1962）四川資中人，1952 年入四川省文史研究館。林如稷（1902～1976），1924 年畢業於法國巴黎大學，1955 年加入中國作家協會，歷任北平中法大學教授，國立四川大學、光華大學教授，四川大學中國語文系教授、系主任，華西大學教授，成都市文化局副局長，成都市文協副主任，四川省人大代表，成都市政協常委，四川省文聯常委。林文詢（1943～），1965 年畢業於南充師範學院（今西華師範大學）中文系，1995 年加入中國作家協會，現任四川文藝出版社編輯、副編審，四川省作家協會主席團委員。本文回憶記錄了作者與錦城林啓一、林如稷、林文詢三代人交往的逸事。

關鍵字：林冰骨；林如稷；林文詢

一、林啓一（字冰骨，1878－1962）

第一次。文詢去探望大公，約我前往。我問，"大公"怎樣講？他說，我們家族現在各房爺輩中最長者。我說，就是你的祖父、爺爺了。世上多稱"林冰骨"，那官稱呢？答，"冰骨"是字型大小，官稱"啓一"。文詢住川大錚園，我住太平下街。一個禮拜天，上午十點，我倆從九眼橋頭出發，約半個鐘頭，趄進青年路上一條狹窄巷道，右手一座獨院。文詢說，大公就住在這裏。他叩門，門開，大公微笑迎進。與大門相距十來步，置一長方形紅砂石缸，外壁潤濕，附着一層青苔。缸中矗立一座奇形怪狀的石山，數條金魚在清水中自在游弋，院内再無其他花草樹竹裝點。客房落座。我直覺大公温文爾雅。他身材修長，膚色白皙，髮髭花白。年過耄耋，雙目仍清亮有神。客房墙壁粉白，木質地板，窗明几净，光綫充足。文詢介紹，這是我的七中同班同學，他的父親是九眼橋一方名醫。大公微頷，問七中教學及我倆學習狀況，我倆一一作答。大公説，七中於民國年間是成都縣中，清末爲墨池書院，與揚雄有關聯，一直辦得很好，清華、北大等名校入川招生定點之一，出了不少人才。該校幾屆校長及一些老師與我熟稔，你們要勤奮讀書，德才兼修啊。

中午留飯。我原想領文詢去附近的荔枝巷品嘗"鍾水餃"的，大公如此熱情，沾文詢之光了。兩姨現身，不只半老吧，青絲挽髻，頭上都各插一朵白潔的梔子花，着青灰布扣上裝，頗顯民國範兒。兩位言語輕曼，我聽不懂。文詢説，下江人，我也聽不明白。菜肴清淡，其中四小碟凉拌菜品相爽眼，不用紅油，憾其可口却量少。

告別。門外右屋檐下平臺，上坐一人，正伏案聚精會神寫畫。文詢説書畫家趙藴玉，他從工藝美術社、旗幟社領件，畫竹簾一類玩意兒。我記得，成都峨眉自行車廠曾建於此巷，後遷往外東沙河堡。

第二次。也是一個禮拜天的上午。文詢説其父（1960年腦出血治癒，左半身不遂）有事讓他轉告大公，又約我前往。這次有幸聆聽大公講述他在辛亥革命前後的經歷及同魯迅交往的故事。

大公1904年留學日本。出於對清政府腐敗、喪權辱國的憤恨，他與東京十多名川籍同志秘密組織了一個小團體。聽聞孫中山先生已到橫濱的傳言，他們便歡欣志忑地前往接洽，果然見到了孫先生。因爲志同道合，孫先生與他們久談不倦，并堅留食宿，還親捧面盆予其盥洗。時中國留日學生中的小團體不少，服膺孫先生的見解者，提議組建一個較集中的革命團體，且達成共識。大公參加了預備會，衆人采納孫先生的主張，將團體定名爲"中國同盟會"，并於1905年7月下旬（舊曆光緒乙巳年六月廿四日）宣告成立，公推孫先生爲總理，并領執行部。後來議定派衆同志回國在各省組織分會，四川分會長爲黄樹中，但時值他在日本學習製造炸彈，便改由大公借應成都通省師範學堂教學教習之聘，先回成都布置一切。不久，黄樹中與鄧家彦回川主盟，而徵集各會員的證書則交由大公保管，并設法轉送東京執行部，《民報》及各宣傳刊物仍由大公傳輸。

辛亥革命爆發後，大公立即辭去成都幾個學校的教席，趕赴南京參與籌建民國大事。孫先生就任臨時大總統，大公擔任秘書處工作。不久，孫先生率同人往謁明太祖陵墓。車馬到達翁仲前（銅或石所雕鑄於墓前的偶像，後來專指石人），大總統首先下車步行，同人均蕭然看齊。大總統外出，也僅有侍從武官一二隨行，輕車簡從，盡顯平民風度。有一天，接待員引見一位已改名的人，他是從四川逃到南京來的清朝官員，想解釋四川革命黨人對他的誤會。大公認出此人係四川鹽茶道楊嘉坤且卷款潛逃，遂請大總統將其拘留。大總統指示，不能在總統府内捕人，待其出府後由崗警擋送蜀軍代表辦事處，再押回成都審理。大總統辦事慎重得體，合情合理合法，令同人感佩至極。

南京臨時政府結束，孫先生辭去大總統職務，蔡孑民（元培）特邀大公北上到教育部任職。行前，大公與孫先生依依惜別，幸得孫先生贈賜一張親筆題詞的他的照片。1913年3

月，宋教仁被袁世凱買人在上海刺殺，大公便憤而棄職回川。他視孫先生之照片如珍寶，不單敬置案頭，旅行客居亦貼心帶上。1919 年，大公還在上海幾次拜謁孫先生。1922 年，大公又特出川去上海環龍路寓宅拜見孫先生，這是最後一次。1924 年，孫先生公而忘私到北京謀開國民大會，大公卻回了成都，未能追隨孫先生，不料竟成了永訣而抱憾終生。

大公右手揭開茶蓋，撥去茶水面上浮起的茉莉花瓣，呷了兩口，說你們也喝吧。我、文詢才回過神來，各端茶碗牛飲茶水。醇香入鼻，口舌生津，好茶啊。

大公又講了他與魯迅的交好往事。

他長魯迅三歲，在北京教育部本行襄助。魯迅較其後幾天到北京。初，大公任審查處審查員，魯迅任教育司第二科科員。不久，兩人同被任命爲本部僉事（相當於科長）。魯迅又兼任社會教育司第一科科長，主管圖書館、博物館等事務。大公與魯迅政見雷同，相處和洽。因宋教仁案，大公憤而棄職回蓉，從此未見過魯迅。1912 年—1913 年，大公與魯迅共事，爲時雖不長，卻深知魯迅的人品人格高尚。大公說，可惜之至，魯迅五十六歲便遽歸道山，唯高山仰止。

我聽林先生（如稷）講了不少其父的故事。

劉伯承率護國軍攻打并占領豐都縣城。北洋軍隊以數倍之眾反撲。劉爲搶救一士兵，被一顆子彈打傷右眼。他由重慶逆水行舟上成都醫治，就落腳其父家（時學道街 100 號），包吃包住包治療。劉常去少城公園（現人民公園）鶴鳴茶鋪啖蓋碗茶，或登保路紀念碑演講，宣傳反帝反封建反專制的革命道理。

林家有兩樣傳統好吃——紅燒肉，回鍋肉。八仙桌桌面很寬，特備小面店挑面的三尺竹筷，以方便拈食。每每大盆端上桌來，頃刻便被眾客一掃而光。鄧錫侯還時不時派遣馬弁前往"打秋風"，先到廚房裝滿食盒，策馬回府。一次請客，李劼人在座，劉伯承把回鍋肉簡直吃起瘋了。

陳雲從上海出發，給陝北革命根據地輸送經費。路過成都，他身纏金條等貴重物品，須經彝、藏等少數民族地區，還可能遭遇土匪等不測。他登門拜訪，請冰骨先生相助。先生在川人脉深廣，書一字條，陳雲所經之處，無論少數民族頭領、土匪頭子等，見條即予放行，軍隊還護送到平安地帶。陳雲順暢無虞，將經費送達目的地。

我上初中就看了李劼人創作的長篇小說《死水微瀾》《暴風雨前》，寫有川人保路，同盟會蒲殿等"四君子"遭趙爾豐下黃手，聞訊四人便倉促乘船潛往重慶避難，行前，冰骨先生不畏被牽連，慷慨禮送四十大洋以作盤纏。此情節再版卻被刪除，令人費解。

1951 年，政務院頒布對辛亥革命有功人員的安置規定，大公任四川省文史館文史研究員，生前尚爲成都市政協委員。

二、林如稷 （1902—1976）

1959 年，我見識了林如稷先生，直到他謝世，近一十八年。

我同文詢讀了許多兒童文學作品，國外的高爾基、普希金、安徒生、穆沙托夫、馬卡連科、凡爾納等，國內的葉聖陶、冰心、陶行知、豐子愷、賀宜、陳伯吹等相關的著作，不僅產生了濃厚的興趣，而且還躍躍欲試地寫作投稿。文詢的處女作在上海《少年文藝》刊發，我的在《成都晚報·兒童樂園》登載。一個晚上，我同文詢落座客廳，同林先生談到文學創作的話題。林先生沉思片刻，才語重心長地說，你們有志向很好，但以我的經歷經驗而論，走文學創作之路，實在艱苦艱難。你們才讀高中，還是要立足於全面發展，打牢基礎，未來選擇何種職業，讓時間來主宰吧。聽他言辭肯切，我倆心領。只是在課外，在文詢獨居的閣樓上，在川大的荷花池畔，在望江樓的竹蔭下，或憑靠九眼橋的石欄（時爲石拱橋）……做着我們的"文學夢"。

高中畢業，文詢升讀南充師範學院中文系。兩地相隔，勞煩飛鴻傳書。文詢交代，家中只有半身不遂的老父，弱不禁風的繼母（生母黃淑惠，北京人，抗戰勝利不久病逝），老態龍鍾的外婆（繼母之母），小學生的文光，老實巴交的田孃（十多歲便在林家作傭）。你住家近，老頭子又喜歡你。我最掛念的是老頭子，有空多去，幫忙辦一些事，陪他聊聊天也好。誠如此，我到錚園走動更勤，不僅見識了一些文化名人，還在閣樓飽覽了民國時期出版的書報雜志。我喜歡看川劇，林先生便將他參予審讀，出版的幾十集川劇傳統劇碼的書及省文史資料，叫我抱回家看了個夠。市川劇團排演《杜十娘》晋京彙報演出，林先生（時任市文教局副局長）爲打磨劇作，看排練，提意見，費心不少。省歌舞團一位歌唱家，演唱《川江號子》，名噪一時。他參加埃及世界青年聯歡節載譽回國，頭腦發熱而出軌。林先生抱着愛護青年才俊的胸懷，同文教局一幹部約其談話，苦口婆心，終令其懸崖勒馬。林先生擔任中文系主任。同系一教授多子女，憑他一人收入，每月捉襟見肘。林先生每月准予補助。其子大曌與我友好，談到此事說，這是全家生活的及時雨啊！

林先生同我閑聊，內容非常豐富。

他說，1921 年他在上海考入中法通惠商學院。因爲愛好文學，結識了陳翔鶴和"創造社"的郭沫若（"沫"他發"mei"音，說郭用樂山的兩條江名"沫水""若水"取名）、郁達夫、成仿吾；"湖畔社"的馮雪峰、應修人、汪靜之等人。"創造社"作家們的浪漫主義文藝思想給他留下深刻印象。一次，他們在上海"一品香"酒店聚會，茅盾中途與會。大家談論文學藝術創作、國內外大事等，很熱烈。川籍同人有叫茅盾"耗子"的，說你看其形容，取此綽號恰如其分不？再則，他聽不懂川語。他的寓所成了同鄉會。四川老鄉、同人、朋友、同學乃至不認識者只要口吐川音，皆來此落腳，吃住不愁，人多了就打地鋪。沙汀等從事共產黨地下活動，被國民黨特務盯上了，也隱藏於此。

1922 年，他所讀的學院爆發了反對中、法兩國校長專橫壓制學生的風潮，并推舉三名學生代表赴京請願，要求撤換兩位校長，我爲代表之一。見到教育次長馬叙倫，我們陳情激昂。我憤而拍打次長辦公桌，氣得馬公燈影吹鬍子（次長諾只撤換中國校長）。法國校長梅雲鵬却將三名代表無理開除學籍，我被兩名牛高馬大的印度巡捕左右挾持"送"出租界。（先生不愧爲偉大民主革命先驅之後，秉承其父風骨。而文詢亦然，一次省作協開會，作家們對主持人的發言不滿，他居然憤而跳上臺去欲發表意見。主持人驚詫且諾諾，説文詢你要搶話筒嗦！）這一年，我作爲發起人并出資，與陳翔鶴、鄧均吾、馮至、陳煒謨等，在上海組建"淺草社"。我、陳煒謨任主編。

1923 年，他自費留學法國，仍經常郵寄文稿給《沉鐘》周刊（《淺草》季刊爲其前身）。其時，周太玄晚上忙於打工，兩個男孩無人看管，便由我擔大抱小（周孟璞大，曾任四川省科委主任、科協主席；周仲璧小，曾任川大物理系主任）於膝頭看書閱報。七年後我回國，次年到北京中法大學任教。1932 年，我和楊晦將中斷（原因之一是經費）五年多的《沉鐘》復刊，并同爲主編。1934 年因抗戰終止，"淺草""沉鐘"兩社存世十一年。我很高興很欣慰的是魯迅給予的評贊："沉鐘社確是中國最堅韌、最誠實，挣扎得最久的團體。""看現在文藝方面用力的，仍只有創造、未名、沉鐘三社，別的沒有，這三社若沉默，中國全國真成了沙漠了。"

解放後，林先生一直在川大中文系執教，擔任過系主任、現代文學教研室主任。曾兼任成都市文教局副局長、成都市第一屆人民代表大會代表、四川省第三屆人民委員會委員、四川省文聯常委、四川省志編輯委員。

"文化大革命"驟起，林先生被冠以"反動學術權威""三十年代文藝黑綫人物"等罪名，陷入滅頂之灾。往事不可如烟，歷歷浮現眼前。

· 憤懣

炎炎夏夜，林先生和我同坐客廳談話，文光旁坐静聽。先生嗜烟，窗户緊閉，烟氣熏人。錢先生强令先生將烟滅熄。川大高音喇叭聲嘶力竭：打倒×××，拒不坦白交代，死路一條！××自殺，自絶於人民，是不耻於人類的狗屎堆！反動派，你不打，他就不倒，踏上一只脚，教他永世不得翻身……

先生憤而談到"二戰"希特勒屠殺猶太人等，嚴辭斥責"法西斯"。他指着我説，八大行星如今只剩下你一個人了。"八大行星"是林先生對文諒（先生之三子）、文詢的同學朋友的謔稱。八位三天兩頭輪番光臨，林先生藹然平近，大家喜歡聽他談古論今。"文化大革命"一起，七人銷聲匿迹；我呢，保持常態。

我出示了一份撿到的傳單，遞給林先生。内容是"特大喜訊：據科學研究，偉大領袖、偉大統帥、偉大舵手、偉大導師要活 150 歲！副統帥要活 100 歲！祝統帥萬壽無疆！祝副統帥永遠健康！"先生説這太荒唐，簡直令人無語。

• 也説搬家

文詢在隨筆《廢園殘簡》中已有披露。我寫，當然是"也"了。

川大的"造反派"第一步，是勒令林先生將閣樓騰空，安排了中文系一位青年老師一家入住。先生很焦急，叫我去古舊書店（春熙路孫中山坐像側）派人來，將閣樓中的舊書報雜志搬空。頭天上午我去聯繫，第二天下午他們即派員來了，三文不值二文的給個價，喊了兩個架架車，滿當當地運走了。先生説，我一生的存積啊！職員説，先生傷懷，我理解。這些民國中的東西，我翻了翻，確實珍貴。二天要用，哪兒去找啊？現在"破四舊"風頭上，我們來收都提心吊膽。

不久，又來人凶神惡煞地宣布第二道"勒令"，限時搬出錚園，遷至水井街 73 號川大校外教工宿舍。文詢同我前往勘察，是蒙文通先生被"勒令"騰出的一間十來個平方的右厢房，以及院後一個合用的厨房。老老小小五個人，怎麼住得下？擠吧。院内有同系的顔實甫先生、任二北（忠敏）先生，體育老師傅××（全國早期擊劍佼佼者），以及原川大外文系後調往成都工學院圖書館的教授院××。林先生以有這樣的同事爲鄰甚感愜意。近期，成都要恢復名人故居。民俗專家袁庭棟對文詢説，我提議此處建"三師堂"。文詢説，不對，應是"四師堂"，除蒙、任、林，顔不可少。

搬家請人？工錢呢？林先生被"無産階級專政"，每月只給生活費 40 元！自己動手吧，主力是文詢，幫手一個是他的同事向述其，一個是我。借來三輪車，文詢、老向騎練一番，便駕馭自如，往返數趟便搬一空（其中一些大小物件及書籍運至我家），且在"新"居擺放停當，當晚入住。我呢，嫌我身單體薄，留守現場。林先生將自己翻譯，且由前夫人抄正的四册左拉的《萌芽》稿本，托付於我，説鋼筆字我不如她，合適的時候你交給文詢。還有一本由林先生創作的小説《西山義旗》改編成電影分鏡頭劇本（油印的），也交給我保存。

我在屋外梧桐樹蔭下乘凉。林先生叫我，説有東西相送。一套西裝，他説法蘭西毛料，看，用鋼筆尖戳馬上還原，資格的喲。我試穿，緊繃之至，穿不成。一雙棕色尖頭兒皮鞋，他説麂皮的。我用勁穿進去，夾得脚痛，也穿不成。只有那件真絲短袖白襯衫合身，天氣正熱，穿上凉快。我最後離開錚園，任務是陪護外婆及捧送一臺精美的琺瑯瓷的法國座鐘。三輪車平平順順地出了川大校門，可是經過白塔寺街面，車輪輾着一顆石頭，側了一下，嚇得外婆失聲驚叫。好在車夫迅速扳正方向，一直到達水井街。文詢小心翼翼地將座鐘捧進房間，擺於小書桌上。大家發現指針不動，文詢擰發條也不動。問原因，外婆敘述了經由白塔寺的驚險情節，説不是老綿羊護着我，擔心怕不是傷就是死了。衆人釋懷。可是，至今我心耿耿。

• 三老聚會

某日上午，我至水井街 73 號。掀開門簾，見局促的居室中，三人正促膝坐談。我一出現，他們便戛然噤聲。先生笑了，説老綿羊——李兆祥，文詢的老同學，兩個讀七中，還是楊禮（其父沙汀）的學生啊，這兒的常客了。這是沙汀，這是艾蕪。兩位剛從被禁閉的昭覺寺放出來，就相約悄然來訪。二老會意，繼續談話。

我只有坐床枋，洗耳靜聽。林先生行動不便，說你來得好，給大家盡續水之勞，你的自泡。又說，二位今天喝的旗槍，就是費他的心，在春熙路"陸羽春"茶葉店買的。林、沙話多於艾，各敘自己的遭遇及所知故舊近況。談到戈壁舟（詩人）、安琪（文藝評論家）夫婦在西安的艱難處境。艾說戈患了癌症，但不知是哪種，爲此，戈開始自學中醫。沙說，癌就"挨"了，哪一種都不是好事。現在尚無良方可治，順其自然吧。林說，"淺草""沉鐘"同人有個約定，生命終結前擬就遺囑，預備歸一離世對象（他指床下一個小皮箱，示意他已預備就遂），像劫老（李劫人）一樣，坐於和尚釘制的木箱裏火化（那時，火化還不盛行，且李爲民主人士）。我惟心有不甘，想看看這出"戲"嗰個么臺（結束）。

那天，是第二次見到沙汀，零距離吧。第一次是在春熙路上看大字報。忽然人聲鼎沸，只見幾輛敞篷大卡車從北向南緩緩而至，省文聯（作協）游鬥被揪出來的對象。沙汀站於車廂前排，左右被人挾持，低頭，胸前掛牌，姓名打上大紅"×"。第三次，在林先生的告別儀式上，沙汀淚眼哽咽致悼詞。艾蕪僅見此一次。

這應是三老的最後一次聚會。1976 年 12 月 10 日，林先生逝世。1992 年 12 月 5 日，艾蕪逝世。1992 年 12 月 24 日，沙汀逝世。艾、沙同年生（1904 年），同年同月去世，僅隔 19 天。林先生長兩位兩歲，但逝同月，差幾天或十來天。人間事耐人尋味。

- "修理"尹兄

尹兄讀川大中文系研究生，留中文系當教師，與林先生同在現代文學教研室，先生爲主任。他敬重林先生，常到錚園請教林先生，談教學，也聊天。我有幾次與他同座。我在城中心一所中學教語文。下班經過安順橋，恐是晚飯畢，幾次見他杵着竹竿，臨江矗立。問他，他說已從校區遷至老馬路校外宿舍。我問，爲何杵竹竿？答，身體欠安了。他也肯去水井街看望林先生。一次上午，他又與我同座，與林先生漫談。談到江青，先生竟發脾氣了。

尹××，你在報上一評江青是無產階級文藝的旗手……

你在報上還二論江青對新詩的評論怎樣……

聽說你還寫信給江青表忠心……

我看你，還會評江青打的屁都是香的？捧御帶也不是你這個捧法嘛！

尹兄面紅耳赤，無言以對。先生說，憑你的學問資質，不知爲何混到如此地步。

林先生百年冥壽，省文聯（作協）舉辦追思活動，輪到尹兄發言，主持人卻宣布尹老師帶病與會說話困難，請李兆祥老師代讀。我甚感意外，盯着旁座的文詢，他示意照辦。我戴上老花鏡，一口氣琅聲讀完。因爲尹兄所寫，基本上我熟悉，所以順溜。會後，我問文詢爲何有如此安排？事前連個招呼都不打。答，我也弄不清楚啊。我寫的《林如稷教授在文革中》刊發於《龍門陣》。省作協的陳之光閱後，將文中林先生的"無題"詩（七律）書了兩張條幅。一天中午，去鹽道街省人民出版社，爬了十二層樓梯（節電，中午關電梯）。見到文詢，他説一幅送文詢，一幅送我。陳滿頭大汗，腰酸腿痛，纍得直喘粗氣。文詢説，打個電話，我年輕，騎自行車去取，免得受此折騰。我與陳先生素昧平生。這個會，我想他一定會到場，我便可以面謝他了。問文詢，他説，没來，恐病體吧。我遺憾之至。

・仔鱸魚（兩根須，俗稱鱸巴郎，多須爲鯰魚）

貫徹“五七”指示，實行“開門辦學”。我校初1974級六個班，一次兩個班師生，去蘇坡乳牛場“學工學農”，與職工“同吃同住同勞動”，爲時一個月。行前，林先生叮囑，他在西郊住過，知蘇坡橋盛産仔鱸魚，多年未見過未吃過了。有的話，一定下手。

一天早晨。空曠田野上籠罩着淡淡薄霧，我騎車回城辦事。出場門，見一老鄉提着魚簍，忙停車詢問。答，簍中仔鱸魚，約六七斤，是昨晚捉於橋下水汦中。正趕場去賣，換得現錢以添補油鹽，還忙着回家幹農活。他説一元八一斤。我竊喜，説打瓜（川話，全部）買。經過一番討價還價，没稱，打估，8元成交，互不找補。

我回場找了個奶桶，連魚帶水翻入，在車後架上栓牢，飛也似地騎行回城。順路先到水井街，林先生分得一半，喜出望外，贊我會辦事。回家，我的老爸去九眼橋頭“九江春”飯店加工，收費5角。中午端回一鎬鍋大蒜紅燒仔鱸魚，闔家吃得呼而嗨喲。學工學農結束，我去水井街。林先生説，椿年好廚藝，弄的大蒜紅燒，吃了簡直有登仙之感。文光説，詢哥晚上回家，媽先留幾條，他吃得一乾二净。還煮了一碗魚湯面加豌豆顛兒，吃安逸了。

・先生之逝

一位錢先生，一位林先生。

錢先生，名椿華，江蘇人。文詢生母於抗戰勝利後，不久病逝。誠蒙親戚牽綫，由有遠表關係且離異的錢續弦。我問文詢，怎麼稱呼她？答，她文化程度不高，叫“錢先生”，她最受聽。“文化大革命”十年，她與林先生同受衝擊，却依然相濡以沫。文詢松潘身陷囹圄，她亦萬分焦急。文詢看重這兩點，同她關係日漸緩和，對文光也厚待有加。文光在石綿縣山區接受貧下中農再教育。知青回城安排工作，錢先生見川大子女一批批回家，却無文光，朝思暮想，以泪洗面，且神經錯亂，終大腦溢血，先於林先生而去。

林先生呢？訃告寫“久病不治而逝”。直到1993年，文詢在他寫的《百感蒼茫敢問天》一文中，才將真相公布於世——父親是自殺的。我問他所以然者何？答，我不想將此真相掩埋，帶入今後我的墓坑裏去。我至少想讓我的後人知曉，他們的祖父是怎麼死的。爲自己，爲後人，爲歷史。

林先生自絕是有先兆的。

顔先生曾對我私下説過，林先生實在熬不住了，想效仿屈子懷沙，到望江樓投江。他勸慰林先生，説我這個“老運動員”，那麼多次“運動”都挺過來了。你才第一次，長起眼睛看，到底搞個啥名堂！叮囑我轉告文詢，密切關注其父行止。

林、沙、艾三老聚會，談到“死”，林先生説“死”不可怕，它反而是目下我疲憊身心的解脱。

　　同院蒙先生、顔先生及錢先生先後走了。任二北調往北京文研所。陳先生搬離了。林先生問我，爲什麼現在我自稱"孑"翁？答，你名字中的"稷"於此諧音吧？答，非也，"孑孓"之"孑"，"孑"然一人，孤獨之至。

　　1974 年 8 月 7 日下午。暑假中。循例，我去先生家。先生午睡剛起，人還不大新鮮。見到我，興奮地説，昨夜難眠，得詩一首。先生從鎮紙下抽出一箋，"無題"爲題（此即後來陳之光所書之詩），文爲：

　　　　亂髮心傷怨暮年，暮年狂癡豈容捐？
　　　　片時入夢疑逢舊，百感蒼蒼欲問天。
　　　　拼情到死終不悔，袒褓自譴未堪憐。
　　　　莫言垂老貪微命，留待春來聽杜鵑！

　　我説，最後一句好：冬天必將過去，春天一定到來。就要樂觀地活着。林先生笑了。他又送了我一本書，他翻譯的左拉的《盧貢家族的家運》。且鄭重地交代，這是我手中唯一的一本了，你要好好保存啊！我心酸楚，聽出點弦外之音。

　　我將相關情況告訴文詢。文詢説不至於吧。他才七十四，大公都活過八十四，有長壽基因。再者，家中又添孫輩，老頭子含飴弄孫，喜笑顔開哩。

　　林先生自絕三次，都是吞食安眠片。兩次被及時發現，都是田孃陪同錢先生請家父前往搶救轉來的。其中一次，文詢留宿我家。因爲時局混亂，大院大門緊閉。聽得有人高聲呼叫，鄰居開門，兩人得進。知林先生又出事了，家父、我、文詢急奔水井街。事後，家父説，你不在家，一天下午林先生夫婦來家致謝。林先生一步拖一步的，我實在過意不去。1976 年 12 月 10 日，先生終於得以解脱。

三、林文詢（1943—）

　　《他不是作家》是文詢讀四川南充師範學院中文系的同學呂紅文寫作的一本非虛構的紀實性作品，所寫的中心人物是文詢。他不是作家？説不通。文詢讀高中就有小説刊發於上海的《少年文藝》。爾後，有長篇小説《白夢》及中短篇小説集，有隨筆集《成都人》《憂傷歲月》等。有"序"（爲自己及他人的作品），有"賦"（受請）等面世。中央人民廣播電臺連播了他的小説《春天的綠葉》《老樂這個人》。他還兩次進京出席中國作家協會召開的代表大會。文詢當然是作家了。他大學畢業，分配到成都市金牛區得勝中學教語文。他安家住東郊沙板橋成都供電局管網所愛人單位。上班路遥，又調到僻近的聖燈中學。他創作電影文學作品，一個是寫"李冰父子修建都江堰"，一個是寫"工人師傅搞改革創新"，并去峨眉電影製片廠修改其劇本。最後調至四川文藝社當編輯，職至編審，退休留崗發揮餘熱至今。他當過幾年教師，以編輯爲業近半個世紀，創作乃業餘行爲。不像我，"冬烘先生"從一而終。如此，吕書之題也算説得過去。另，爲扯讀者眼球罷。我不相信吕不曉得文詢是作家，而他是有意爲之。究竟怎麽個想的，作者才心知肚明。

文光讀了此書，説他常去沙板橋。吕寫他一次去，嫂子煮了一碗四個熱騰騰的荷包蛋招待他，他連氣氛都没聞着，説作者想當然。我説，如果有閑心，我可以在此書空白處作些補充修正，恐怕也能成書，取名"編輯、作家及其他"。

初中，文詢讀成都十九中，我讀成都十六中。1958 年，我倆一同升讀成都七中，且同班成摯友。前幾年，文詢的妻兄（十九中同班）愛熱鬧，提議爲文詢的第六個本命年慶生。文詢説，你我都淡薄於此事，實在推諉不掉。你一定要到場啊。我説，搭你的便車，賀你也自賀。開宴，龍弟（文詢妻兄之小名，長我倆兩歲）等要我也講幾句。我湊熱鬧説如下，我是春羊（農曆正月半生），冰天雪地，寸草不生，食不果腹。文詢是秋羊，收穫季節，水草豐茂，果實纍纍，吃得膘肥體壯。口贊一聯：春羊賀秋羊，福壽共綿長。衆人歡欣鼓掌。

川劇有個折子戲"二進宫"，是演繹文武二賢良忠勇之臣，受皇后托孤以保江山之情節。成都人却有借此來説多次坐牢者的，文雅吧。以下，我説説文詢"三進宫"的故事。

一進宫，蹲牛棚。

"文化大革命"初，文詢同我都打成"牛鬼"。工作組進校，將教職工分爲四類，第一類是依靠對象，第二類是團結對象，第三類是争取對象，第四類是專政（鬥争）對象，俗稱"牛鬼蛇神"，簡稱"牛鬼"。這是有依據的，當時有一個響亮的口號"横掃一切牛鬼蛇神"，這一句頂一萬句。"牛鬼"被孤立，限制人身自由，不准亂説亂動，寫不完的檢查交代，挨不完的批判鬥争。革命群衆輪流監督其勞動改造。周日節假日不准回家，集中管制，大小便要請示且有人跟隨，俗稱"蹲牛棚"。運動由"文鬥"升級爲"武鬥"，即不僅觸及靈魂，更觸及皮肉，自殺事件與日俱增。好不容易得到機會，我和文詢在紅瓦寺一環路側僻静處見面。文詢説，我們出走吧。我説去我的老家，崇慶縣（現崇州市）江源鎮農村老林盤。行嗎？沉默有頃，文詢一聲長嘆，説不行，我們走了，會帶纍家人的。老頭子在川大日子就不好過，一定雪上加霜。天網恢恢，農村也在搞運動，對你的親戚也不利啊。不曾料想，形勢陡轉，工作組悄然撤離，説是鬥争矛頭當指向走資本主義的當權派，整偏了整了群衆。我校紅衛兵學生通知我們幾位老師，一起去首都大串聯，取革命之經，殺回來造走資派的反。在北京西郊機場，毛主席最後一次檢閱紅衛兵及革命師生。我瞻仰了他的光輝形象，五秒吧，即消逝眼前。偉大啊，神聖啊，難忘啊！

二進宫，蹲土牢。

文詢的長篇小説《白夢》專寫此次經歷，很詳盡，大家找來看，我就不贅述了。想到他説過的一句話"當時還擬判死刑"，我不寒而栗。不過書中也有未盡之事，我當補足。

從北京回家，休整兩天，第三天下午去錚園。巧的是在培根路口與他相遇。我説，回去，聽我講北京見聞。他說，不行！我們正在籌劃"重走長征路"，那麼多人等着我，没時間了。我説，我想去。答，不行。我正愁老頭子無人照料，你回來解了我的後顧之憂。你留下做後應！他掉頭就走，箭步如飛。我只得去了他家。

林先生獨坐客廳。我招呼他。他"啊"了一聲，欲起身。我説。我來扶你。他拄着拐杖，拖着左腳挪動，緩坐沙發。我把他的茶盅端上茶几，又泡上自己的茶。林先生呷了一口，説文詢外出了。我説在培根路口見着他了。林先生説，文詢從牛棚放回來，該好生將養，却一天到黑不曉得在忙啥子。我説，他在忙籌劃"重走長征路"。林先生説，時局如此混亂，簡直在自尋煩惱。他説得撇脱，全是學生紅衛兵，別無雜人，不會出事。還説，他是爲創作積纍素材。我説，我也想去，想法一樣。他不同意，要我做後應。林先生説，不談了。講你串聯北京的見聞吧。錢先生、老外婆、文光進來了，聽我東説南山西説海。客廳不冷清了。茶水扯淡了，我才告辭。

文詢一行出發十來天，音訊全無。一天傍晚，他突然來家找我。進屋立即將門關上，低聲道來：走到綿陽，我們與成都北門一所中學的紅衛兵毛澤東思想宣傳隊相遇，十多個人，也要"重走長征路"。他們正在爲是繼續前進還是打退堂鼓而舉棋不定，見我們有老師帶隊，心裏踏實，便建議兩隊合一。於是，人多勢衆，走得更帶勁了。到松潘縣，當地老鄉熱烈歡迎，説大城市的紅衛兵見識寬廣，消息靈通。我們宣講的他們簡直聞所未聞。當地造反派向我們訴苦，説這裏的走資派、保守派勢力大，他們受打壓，要我們聯合起來鬧革命。對立兩派鬥爭尖鋭，居然還要驅趕我們出境，還打傷了師生。我趕回來是搬救兵的。成都工人造反兵團實力雄厚。你能聯繫上嗎？我説，史光玉老師是老爸的老病家，同我也較熟稔。他被打成牛鬼，備受折磨，幾乎含冤而死。他是鐵杆造反人物，現在是兵團的高參。去試試。兵團總部在騾馬市街。當晚，我倆見到了史老師。他聽了文詢的彙報，立即向總部勤務組通報，決定派員前往支持文詢他們，并敲定第二天一早出發。我説，這次我一定要去！文詢仍然不同意，説你留下的作用大啊。我還要去附近兩家報信，第二天一早我要給兵團派出的車隊帶路，遲到不得。我倆去兩家報了平安，家長放心了。更深夜静，寒風刺骨。我們爲搬到了救兵而感到暖和。

川大開批鬥大會。春寒料峭，會場氣氛肅殺。主席臺上批判者撕破喉嚨念着批判稿。臺上臺下的受批判者，有的坐"噴氣式飛機"，有的戴紙糊的高帽子，有的頸掛姓名打上大紅的"×"牌子，都弓身着地"竪起狗耳聽着"。突然，一架直升飛機飛臨大操場上空，低空盤旋幾周，撒下大量傳單，升空遠逝。會衆風搶傳單，一哄而散，批鬥會流産。我拾了一張，是"告全川造反派公開信"，一看内容，不祥之兆，要對造反派下黄手了。文詢一去，又是多日杳無消息。説時遲，那時快，我迅速跑進錚園。林先生坐在客廳的沙發上養神。我突然闖入，他覺奇怪，可能我的神色异常。他問，慌裏慌張，天垮了嗦？我無語，將傳單遞到他手中，他戴上老光鏡看着，右手顫抖，傳單掉在地上，我趕忙拾起。他説，將它燒掉！文詢，這個娃娃，衆人都知道"支笨狗咬獅子"，"巴巴掌拍死英雄"不是好事，不聽我的，自以爲是。還有你，爲什麼不勸阻他？去呀，一網打盡！我很委屈。

果然，"2·17"公開信一撒，全國鋪開鎮反。我急得像熱鍋上的螞蟻，一是文詢的現狀不明，二是林先生焦躁，見面就拿我是問。終於見到個別從松潘僥幸逃回成都的學生和工人，他們説，林老師、向述其老師、蘇國超（成都市紅旗副食品商場美工）及幾個學生、工人被抓了，關在何處不知。向、蘇二位居然去了，文詢爲何不告訴我？

我將消息源源本本地告訴林先生。林先生很激動，但很冷静，是見過大世面的。他説，就這一點值得夸獎，總算曉得他活着。是禍躲不過。等啊！嘿，兩個月左右，形勢逆轉，批判"二月黑風"，全國放人了，抓人太多，正規監獄，臨時監獄，只要聽説哪里哪天放人，我就早早地趕往静候。錢先生教我帶上文光去接文詢哥哥，也讓他見見世面。於是文光老老實實當跟屁蟲，緊跟着我。看見監獄門前荷槍實彈的獄警，他一臉恐懼。狀元街拘留所放人，我見到向、蘇兩位眼鏡。他們却不知道文詢關於何處，最後放的是寧夏街四大監。我見到市委宣傳部部長葉石，東城區區長王傑（後來是我的學生家長），成都十六中教過我們政治的老師鍾欣泰（他是志願軍，在朝鮮戰場上被美軍的彈片炸掉左手掌，回國安上塑膠假手。這次被抓，戴手銬假手脱落，公安人員發窘），就是不見文詢。

林先生氣篤了，説每次問你，你都説今天没接着，明天總會接着。你還拍胸口，把釘子都咬得斷！成都放完了，人呢？我嗎，生要見人，死要見屍。我心空虛，文詢究竟關在哪兒？我只有沉默以對。錢先生眼泪巴巴，説老頭子，你也不要責怪他了，文詢又不是他抓的。這一向，他領着文光到處跑，没得功勞也有苦勞嘛。林先生長嘆，喝了口茶，泪眼看着我説，老綿羊，你莫慪氣，怪我氣糊塗了。我説，文詢不會不回來的，只是時間問題罷了。

一天下午，我同院鄰區太平南街口的矮子茶鋪打開水。遠遠的有人喊我，是王恒豐（文詢同校老師，改革開放後曾任四川省副省長）。他左顧右盼，低聲説，文詢來信了。他記不住你的街道號數，信寄給我再轉給你，他後天回蓉。我看完信，將竹壳水瓶交給院鄰，請他提回去，告訴家人，我臨時有要事，晚點回去。我説，走，我倆快去錚園。他突然冒出一句，我們是不是先去公安局，把信交給他們？我氣得出口成章（髒），你想幹啥子？鄰居也説，你曉不曉得"坦白從寬，抗拒從嚴"？迂得太離譜了！王説，你去，我另有事要去辦，就不去了。

我自信滿滿，三步并作兩步進錚國。林先生正在聽中央人民廣播電臺的廣播，一見是我，愛理不理的。我穩起，笑扯扯。他諷我，今天太陽從西方出來了？你把釘子咬斷了？我説豈止！今天嗎我終於揚眉吐氣，把釘子咬成粉粉了。你看，我把信揚了揚，交給他。林先生抽正老花眼鏡，看得泪花閃閃，微笑又唇顫，陰轉陽，陽轉陰。突然，他高聲叫道，都給我過來！錢先生扶着老外婆，文光進了客廳。錢先生説，你吼，不怕樓上的人聽到啊！他們看着信，高興啊。我一身輕鬆，悠然自得咥三花，二郎腿翹起一點一點的。林先生發飆了，説你别高興過頭了，信，不作數。見到真身才算你功訖！我想也是，但嘴硬，操神説了，啊喲——當真話要我"包戀愛，包結婚，包生兒"嗦？大家哄堂大笑，室内充溢着少有的歡樂的空氣。錢先生泪眼未乾，説老頭子，等那麽久了，再等一兩天好了。你也不要再克他了。文詢回來，我親自動手，弄紅燒肉加鹵鷄蛋犒勞老綿羊。

文詢果然如期回家。近晚，被一撥學生簇擁着"光彩"亮相：長髮蓬亂，面頰黑瘦，胡髭巴碴，棉衣髒破，絮花爆綻；身上散發出酥油糌粑的某種氣味。他不斷喝茶水，不斷答"記者問"。人太多了，我擠出門，站在屋檐石階上。仰望彤雲密布的夜空，寒氣徹骨，悄然離去。

文詢閉門補養。幾天後，我倆坐於望江樓茶園。他剪了髮，换了裝，臉色如常，元氣恢復，畢竟年輕啊。他訴説"重走長征路"及獄中經歷。他説地牢都轉了幾處。我説，難怪不清楚你被關在哪里。他説，還擬判死刑。我肉戰心驚，問在地牢裏想得最多是什麽？答，自由。

三進宫，蹲四大監。

四十年前吧，一些官員勾結不良商人等腐敗至極。全黨全民極度憤概。終於火山爆發，大學生涌上街頭游行，發出正義之聲。各行各業隨之回應。省作協的作家、詩人等也上街游行聲援，文詢首當其衝，殊不知遭遇壓制。公安人員從家中將他帶走，送入寧夏街四大監（清朝所建）。兩年後無罪釋放，回原單位繼續幹編輯工作。此次，我没去接他，一是不知釋放時間，二是教學繁忙。他電話打到學校，説平反了，到沙板橋見面。去了，他説，在牢房中看《成都晚報》刊發我寫的通訊，很欣慰。有件痛心的事，愛人受連纍，壓力太大，流產了，是個男孩兒。我倆命運何其相似，幾年後，我的愛人搭廠車回金堂縣城鄉鎮上班，途經新都遭遇車禍流產，也是男孩兒。再後，他先我後各有一個女孩。他還講了獄中一些事，就不必贅述了。

近况

出版社先遷至城西槐樹街，我後遷至花牌坊街，遥只咫尺。我倆退休 15 年了，文詢仍留崗公幹。只要都在成都，我們中午多坐於焦家巷喝壩壩茶。有一年春節臨近，天寒地凍，坐飲者只有我和他。老闆感動不已，端來雜醬麵，不僅添了一碗香噴噴的燉鷄湯，文詢説，你看碗底還埋有"地雷"（燉鷄腿）哩。

説是喝茶，文詢也在辦公，他是資深編輯，還須加上一個"老"字，一是他送走了多任社長，二是他年過古稀。在此，他與同事們談業務，教後生們處理書稿，約作者面對面交流修改意見，等等。每年入夏，我同愛人都去崇州三郎鎮山溝裏另外的房子（人稱别墅："别"者另外也；"墅"者遠離喧囂氣悶的城市供休養的住宅。我們住聯建房），直到秋凉返蓉。文詢電話告知，老頭子翻譯左拉的《盧貢家族的家運》再版書新鮮出爐了。與首版 1936 年相距 82 年，與第二版 1959 年相距 69 年，第三版 2018 年重見天日。老頭子在天之靈定感欣慰，後人則定感恬適心安。當然，送你是必須的。林先生當年送我此書（此次供再版）存正的情景歷歷在目。待新書到手，我一定要在扉頁寫上幾筆，以抒發我對過往同林先生相交情景的難忘與懷念之情。

　　我問文光，林先生那塊青銅鎮紙上的聯語"人生得一知己足矣，斯世當以同懷視之"，是由誰撰寫的？答，是魯迅擬送瞿秋白的。哎呀，我原想以此聯定位我同文詢之間的情誼，太不自知了，不被別人批爲"狂妄之徒"才怪。

草畢於三郎鎮歡喜村 15 組和諧園

2018 年 6 月 1 日

蜀文化史論

華胥神話鈎沉漢民族原始信仰文化鏈

侯開良

內容摘要：文史記載和神話考古佐證了閬中華胥神話的客觀存在。《路史·後記一·太皞上》載："太皞伏羲氏，母華胥，居於華胥之渚。（紀云：所都國有華胥之淵，蓋華胥居之而名，乃閬中俞水之地。）"靈山、蘭家壩、彭城壩等新石器晚期的考古發現與新石器早期的華胥傳説、新石器中期的伏羲傳説構成了一個完整的漢民族創世文化與原始信仰探尋文化鏈。本文將通過神話考古方式，鈎沉華胥氏族從自然物崇拜、生殖神崇拜、巫覡崇拜到始母崇拜的原始信仰演變過程，試圖以全新而廣闊的視野，深入探尋巴蜀地區創世神話背後悠遠的文脉。

關鍵詞：華胥神話；鈎沉；漢民族；原始信仰；文化鏈

《史記·五帝本紀》載：顓頊"靜淵以有謀，疏通而知事，養材以任地，載時以象天，依鬼神以制義，治氣以教化，潔誠以祭祀"。這段話非常形象地概況了巴蜀地區根深葉茂的天數（天文、曆法、數學）文化和源遠流長的巫覡崇拜——原始信仰文化。在遠古時期，凡是能够給巴蜀先民的生存和發展帶來某些幫助的自然物，他們會報以虔誠的感激；凡是給自己的生活帶來灾害或對其生存帶來威脅的自然物，他們也會報以寬厚的敬畏。因此，華胥先民感激或敬畏自然的天性，逐漸演變成爲中華民族所特有的自然物崇拜、巫覡崇拜等現象。這些原始信仰通過一代代口頭傳下來極不容易，這是巴蜀地區極爲珍貴的精神財富。

一、自然物崇拜，華胥本是漫天飄舞的“花絮”

華胥氏作爲中華民族的始祖母，她是母系氏族社會的傑出代表，其創世歷史約兩千年。在此期間，不論華胥國曾經有多少位傑出首領，他們都叫“華胥”。傳說中的華胥國是一個和人間天堂一樣美好的地方，華胥夢就是最早的中國夢。作爲新石器早期的原始漁獵部落，雖然弱小，她畢竟構成了人類史上早期文化生長點（文化點）。在漫長的優勝劣汰過程中，多數小不點烟消雲散了，部分生存下來的聚落靠血親關係構成了氏族聚落（文化綫）。這些聚落歷經遷徙、兼并、繁衍、擴容，逐步形成氏族部落（文化圈）。多個部落聯合發展，構成了部落聯盟（文化片）。較大的部落聯盟具有顯著文明優勢，逐漸凝結爲國（文化體）[①]，如華胥國。當然，這種文明之初集王權、神權、軍權於一體的小幫國，是“選賢與能，講信修睦，天下爲公”的理想王國，它與現代意義的國家有着本質區別。由此説來，中國歷史文化初期發展的簡史可概括爲五個階段：點→綫→圈→片→體。

對於世世代代心口相傳的神話，我們應以虔誠、包容、理性、開放的心態，還原那種剛剛脱離了茹毛飲血、荒蠻原始的先民生活環境，才能正確認識他們是如何由單純的自然物崇拜、類比聯想的生殖神崇拜、溝通天地的巫覡崇拜，發展成爲觀象授時的人祖崇拜的。研究這種不曾間斷的遠古氏族創世活動的文脉，非常有助於厘清悠久、博大、精深的中華文明的源流，繼承無數先輩前赴後繼的創世精神，體悟其信仰追求的强勁生命力。

中國先民對其身邊特定自然物往往會産生不同的感知與想法，經反復過濾、强化後，就會生發某些喜愛、畏懼或驚恐的情感記憶。這種情感記憶不斷積纍，就形成豐富的生活經驗，甚至固化爲原始宗教信仰。華胥先民對天、地、日、月、星、雷、電、水、火、山、石、花、樹、藤等自然物的敬畏，源於他們喜、懼的情感記憶并逐步内化，形成了對某個特定自然物的人格化的敬畏或崇敬，這些尊崇或敬畏的體驗，必然會衍生出許多原生態的創世神話及心口相傳的民間故事。

李昉、李穆編撰《太平御覽》，在卷七八中引用古微書《詩含神霧》云：“大迹出雷澤，華胥履之，生宓犧。”宓犧即伏羲，其母是華胥氏。這則感生神話，真實地反映了母系氏族社會“知其母而不知其父”的原始生殖文化現象。

那麽“華胥”之名從何而來？“宓犧”又蘊含何意？需要深入研究。

在甲骨文中，“華”和“花”是同一個字，她呈現出一種花樹的形象。《廣雅·釋草》解釋：花，華也。《説文》解釋：胥，蟹醢也。醢，醬也。這説明華胥，原本是花醢，也就是

---

① 易中天：《祖先》，《易中天中華史》，浙江文藝出版社，2016年版。

花蜜。即"華胥"的本義是具有"光華的花朵"與"花粉釀成的蜜"兩層意思。更重要的是，花朵經蜜蜂授粉之後，還會結籽形成漫天飛舞的花絮。

"宓羲"的宓，音蜜，有"安静"之意；犧，即犧，原本是指純色的牲畜祭品。因此，神話考古專家陸思賢告訴人們："宓犧"有襲母名之意。

《補史記·三皇本紀》記載："太皥庖羲氏，風姓，代燧人氏繼天而王，母曰華胥，履大人迹於雷池，而生庖羲於成紀，蛇身人首，有聖德。"

伏羲由籽到芽的孕育過程（《文物》1981 年第 2 期）

三皇之首的伏羲氏姓風，意思是說：伏羲是從風裏刮來的，韓永賢先生經考證說：伏羲"母親叫作風華胥（花絮）①"，即伏羲母族是花絮。花樹每年開花結籽，花絮隨風飄揚。絮的果囊中有許多籽核，那是未來的生命。詩云："解落三秋絮，再開二月花。"紛紛揚揚的花絮隨風飄灑，落進了一個個泥窩之中，這就是"華胥履大人迹"的本相。泥土包裹着花籽避寒過冬，寓意着"伏""宓"和"庖"。

湖南長沙子彈庫楚墓出土的《楚帛書》作"雹戲"②。"雹"字，從雨从包，意思是冬去春來後，隨着地溫開始緩慢升高，歷經微風細雨的浸潤，包裹在泥土中的花絮的花籽開始孕育、發芽。《易·震》云："象曰：震遂泥，未光也。"意思是花籽剛發芽，尚未露出地面，還未見到陽光，這就是"伏羲"的本相。華胥是花族的花神，花絮落在華胥渚島上的泥窩中妊生伏羲，本相是"泥土中的花籽孕育成了花芽"。

總之，"華胥履迹生伏羲"的神話，原本是上古時期母系氏族社會類似於花圖騰的神話③。

二、生殖神崇拜，女媧捏泥人與葫蘆神話源流

生殖神崇拜，原本是先民對生物繁殖能力强的生物，如青蛙的一種讚美與嚮往。因爲這種能力事關自己氏族部落的未來興衰。然而，中國先民的生殖崇拜與西方文化有着顯著差異，我們先民從來不盲目崇拜天主、耶穌，更不會把自己對生育的祝禱和希望寄托於所謂上帝的眷顧。最早的人就是女媧用泥巴捏出來的。

---

① 韓永賢：《周易探秘》，中國華僑出版公司，1990 年版。
② 連劭名：《長沙楚帛書與中國古代的宇宙論》，《文物》1991 年第 2 期。
③ 陸思賢：《"華胥履迹生伏羲"是花圖騰神話》，《神話考古》第一章第二節，文物出版社，1995 年版。

（一）閬中的美麗傳説：女媧搓捏黄泥人

《國家歷史文化名城閬中民間傳統文化集成・民間文學上》收録了王扶民等編寫的《閬中傳説》之一：女媧搓捏黄泥人。

在閬中七里壩到彭城壩一帶，一直流傳着女媧搓捏黄泥人的故事。

在很古很古的時候，在彭澤（即仇池、南池）湖岸有一些平壩和土坡，坡上草木滴翠，坡下游魚穿梭。單單没有人間烟火，顯得格外冷清。女媧寂寞難耐，就來到水草邊耍。她挖了一團黄泥，照着自己映在水中的模樣搓捏着玩。捏着捏着，就捏成了一個泥巴人，隨便吹了一口氣，剛捏好的泥巴人就從女媧手中挣脱，落在地上蹦蹦跳，哇哇叫……女媧高興極了，就繼續用黄泥巴搓捏泥人。於是，女媧捏好了一批又一批，這些泥巴人很快就在大地上走散了。

時間長了，女媧捏纍了。她就從崖壁上扯了一根藤條，攪拌上泥漿向地面灑去。泥漿四處濺落，泥點落地就變成了一個個小泥巴人，嘰嘰呱呱地説着、跳着、笑着。然而，在殘酷的大自然面前，那些泥巴人的生存能力非常脆弱，死亡一批，再造一批，確實很麻煩。女媧決定把新搓捏的泥巴人，按性别作出區分，把男人和女人兩兩配成對，讓他們自己去繁衍後代。

人類就這樣一代又一代的繁衍了。爲紀念女媧娘娘，後人就把她捏泥人的彭池改稱爲"媧池"。到南宋時池水乾枯，又改稱"媧慈壩"（訛傳爲馬馳壩）、七里壩。人們通過修建媧皇廟、舉辦三月三廟會，世代追念媧皇，也爲青年男女自由結社交流提供了方便，鼓勵年輕人行桑林之樂（桑林，原本是指祭祀求雨的場所，後來演變成爲男女幽會之地）。①

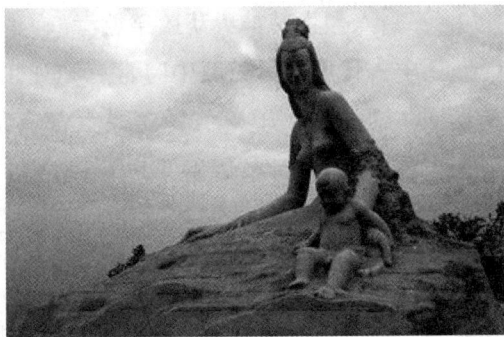
女媧在彭池湖畔黄土坡搓捏泥人（陳文大繪）

（二）考究女媧摶土造人的神話源流

女媧用黄泥捏人的神話，體現了一種先民古意：萬物皆生於土。人類原本土生土長，自然不該忘却自己的故土，這也是女媧能作爲生育神兼始母神的根源。因此，全國各地的女神廟，既是遠古時代的春社，也是古老生殖崇拜現象的物證。

在這些古老的神話中，女媧成爲創造人類的偉大母親，她似乎應該比華胥神話、伏羲神話更加古老一些。也難怪屈原著《楚辭・天問》時會驚呼："登立爲帝，孰道尚之；女媧有體，孰製匠之？"

其實在屈原發問之前，就應該有女媧成爲"女帝"或"陰帝"的傳説。那麼究竟是誰推崇女媧登上了帝位？原由不清。既然有了女媧摶土造人的傳説，那麼女媧的身軀又是誰捏製

① 李洪：《女媧摶土造人》，《名城閬中民間傳統文化集成・民間文學上》，中國文史出版社，2017年版。

出來的？出身不明。

有關女媧的神話，最早的記述應該出自《山海經·大荒内經》的記載："有神十人，名曰女媧之腸，化爲神，處栗廣之野，横道而處。"郭璞注曰："或作女媧之腹。"進而補注曰："女媧，古神女而帝者，人面蛇身，一日中七十變。其腹化爲此神；栗廣，野名；媧，音瓜。"

在以上的記述和注釋中，郭璞重點解釋了"女媧之腸（腹）"，是指孕婦的大肚子；"人面蛇身"，是借意蛇爲善變之物，比喻孕婦的肚子變化快；"一日七十變"，是形容孕婦在臨盆前後的肚子發生了劇變；"其腹化爲此神"，是指嬰兒脱離了母體；"媧，音瓜"，是指新生嬰兒的哇哇（呱呱）哭聲。因此，"媧"是指孕婦即將臨盆的象形字；"咼"是説孕婦挺起的肚子形同大瓜。

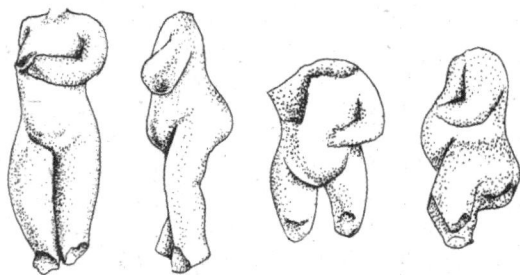

紅山文化中裸體孕妇像（陸思賢《神話考古》）

（三）人類生殖神與葫蘆祭壇考

閬中古代巴人的口語中時常有"死瓜肚""瓜皮肚"等，多指形同孕婦的大肚子。華夏先民大都有這種生殖古意，如《詩經·大雅·緜》云："緜緜瓜瓞，民之初生。"緜，同綿；瓜瓞，指葫蘆瓜。考古學家在浙江餘姚河姆渡遺址發現了 7000 年前的葫蘆及種子，這應該是目前世界上關於葫蘆最早的考古發現。聞一多先生就認爲：伏羲、女媧都是葫蘆的化身。他説："至於爲什麽以始祖爲葫蘆的化身，我想是因爲瓜内多子以及飽滿的外形，是子孫繁殖的最妙象徵，故取以相比擬。"[1]劉堯漢先生在考證中華遠古文化時，也提出了"葫蘆文化"[2]。他説："葫蘆曾與先民的生活有着緊密的聯繫，'七月食瓜，八月斷壺'（《詩經·七月》），可盛水、酒、食物等。葫蘆還可做成葫蘆船，過江

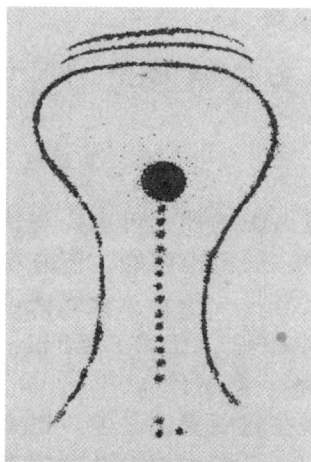

葫蘆形袋狀祭坛（《考古》1986 年第 6 期）

越海，傳説洪水神話中的伏羲、女媧就是躲進了一個巨大的葫蘆才逃過滅頂之灾。……葫蘆進而進入人類精神領域，成爲供人膜拜的對象。"遠古時代獨特的生殖文化觀，衍生出了匪人所思的葫蘆形袋狀祭壇，參見《考古》1986 年第 6 期。

在人類社會發展的初期，女性作爲生殖的載體，受到了普遍的尊敬。爲什麽人們把母體崇拜轉化爲葫蘆崇拜呢？原因可能有二：一是古人發現處於妊娠期的女性與日常慣見的葫蘆

---

① 聞一多：《伏羲考》，《聞一多全集·第一册》，湖北人民出版社，1993 年版。
② 劉堯漢：《中華遠古的葫蘆文化》，《中國文明源頭新探》，云南人民出版社，1985 年版。

有着某種相似之處，於是他們相信這葫蘆有某種神力，虔誠敬之，就可保佑孕婦順利生產。二是葫蘆擁有容量大、種子多、外形渾圓飽滿和繁殖力、生命力強等特點，啓示人們通過頂禮膜拜以期獲取類似的繁殖力。

事實上，伏者，包裹；羲者，晨曦。説明伏羲也像"葫蘆"一樣是"包裹晨曦"，乃"元氣之子"；女媧如葫蘆一般是"象人裹妊"的孕婦肚。如此説來，葫蘆不單純是自然瓜果，它是承載着豐富內涵的人文之瓜——伏羲神話與女媧神話都源於葫蘆神話。在漫長的歷史長河中，人們逐步將葫蘆崇拜演化爲生殖神崇拜：伏羲女媧都是葫蘆神→伏羲女媧都是從葫蘆裏鑽出來的→伏羲女媧的母親相同→華胥的大肚子孕生了伏羲女媧→伏羲女媧是兄妹。因此，在閬中靈山，至今流傳着華胥在玉女房孕生伏羲的故事。世代居住於靈山半山腰的張義明老人回憶説："聽我爺爺的爺爺説，靈山玉女房有三根金柱頭支撐着屋頂，那柱頭上纏繞着葫蘆藤，還結了一些金燦燦的葫蘆……"①

（四）伏羲、女媧的"交尾神話"探源

在閬中二蛟寺和各地漢墓磚石畫像中，多有伏羲、女媧的交尾圖像，這是生殖文化由自然物崇拜逐步深化爲人神崇拜的象徵。古人將平時觀察山蛇交尾的形象，換成了人的上半身，就形成了伏羲、女媧人格化的蛇（龍）神的交尾形象。

有一種交尾圖像是伏羲、女媧分別捧着太陽和月亮，寓意伏羲是太陽神，屬陽精；女媧是月亮神，屬陰精，這是取義於陽光和雨露滋養着萬物的生長。

四川郫縣一號漢磚室墓出土的石棺圖案有意思：伏羲的太陽圖案中，有一隻飛鳥——金烏；女媧的月亮圖案中，有一隻蟾蜍——神蛙，這與 1972 年湖南長沙馬王堆一號漢墓出土的帛畫意趣相同，文化內涵略有差異。滿天星斗代表伏羲、女媧的子孫繁多；女媧腹部布滿斑點，顯示其生育能力強勁。月亮的盈虧正好體現了孕婦肚子的周期性變化。倘以蟾蜍的四腿擎天，則腹部斑點又成爲補天的石子②。

另一種交尾圖是伏羲、女媧分別持圓規和矩尺，寓意伏羲執規畫圓，象徵着天；女媧執矩畫方，象徵着地，取義於伏羲女媧乃天地宇宙之主，他們爲人類規劃時空。

郫縣出土漢磚墓室石棺圖案（載《四川考古》）

這兩種交尾圖像都突出了一個"交"字：男女交、日月交、陰陽交、規矩交……各種物類因"交合"而孕育、繁衍、生長。有交，元氣才能貫通，萬物才能滋生。由此產生了中國式的哲理并貫穿於整個神話系統。當然，這種"交"僅僅只是一種形態，而"兹"或"孳"才是他們的真正目標。故《堯典·孳尾》云：

---

① 王萌、張治平：《閬中天文考古調查訪談紀要》，《中國古天文圣地閬中》，吉林人民出版社，2018 年版。

② 陸思賢：《華山玫瑰與伏羲誕生神話》，《神話考古》，中國文物出版社，1995 年版。

分命羲仲（注：羲氏、和氏，掌天地四時之官），宅嵎夷（注：嵎夷是立杆測影的圭表），曰暘谷（注：暘谷是傳説中日出的地方），寅（注：恭敬）賓（注：導引）出日，平秩（注：辨別和測定）東作（注：始作）。日中（注：晝夜的長短相等，指春分這一天），星鳥（注：朱雀七宿在天上呈鳥形），以殷（注：定準）仲春。厥（注：其）民析（注：分開），鳥獸孳尾（注：生育繁衍）。

這段文字的大意是：掌管天地四時的羲氏與和氏，在其住宅地用立杆測影的方式，確定了春分這一天的準確時刻。按族群的傳統習慣，青年和老人要分開住，判合青年人自由尋找配偶，生育繁衍，力争實現"野無曠夫，室無怨女"。史傳伏羲、女媧所創製的原始婚姻制度，大概就是做這種"析居""判合"的事。一年一度的清明祭祀和春游，就是沿襲遠古的上巳春社、男女社交之習俗的①。

三、巫覡崇拜，華胥是部族的"九江神女巫"

古代巴人的居住地多是高山峻嶺，常年雨水充沛，森林茂盛，虎、狼、蛇等野獸太過凶猛。《山海經·海內南經》記載："巴蛇食象，三歲而出其骨。"因此，巴人先民對蟒蛇始終會心存一種敬畏。當他們看到江河洪水暴漲，巨浪翻滾猶如蟒蛇，長達數十丈，濤聲宛如牛鳴。據《山海經·大荒東經》描述："狀如牛，蒼身而無角，一足，出入水則必有風雨，其光如日月，其聲如雷，其名曰夔。"

這是"夔"的本相，其實它是裝飾有牛頭的立柱。"夔"是華胥先民"觀象制物"、立杆測影的重要工具，也是他們造神運動的開始。龔自珍先生認爲："人之初，天下通，人上通；旦上天，夕上天。天與人，旦有語，人有語。"② 産生這些現象的原因，就因爲巫通過立杆測影，能夠解釋天、地、人之間的關係。但許多民間的神話經歷了長時間的演變，已經找不出這些神話與立杆測影、觀象制物的關係了，就不免撲朔迷離，這種現象正好屬於神靈創世的早期階段。如"夔"就被演變成了"水龍"：巨蟒大如龍，潛入江河中，久旱風雨狂，濁浪席卷空。由此可見，人們對這種"水龍"的恐懼遠遠超過了陸地上的蟒蛇。因此，部落的首領華胥，就需要化身爲"九江神女巫"，以大巫的身份去引導人們虔誠的祭祀"水龍"。其實是通過立杆測影的方式，探索和掌握風雨來襲的規律，指導族人逐步學會防灾自救。

華胥部族遷徙至甘青高原之後，"九江神女"也逐步演變成爲"九天玄女"。《黄帝内經》記載："黄帝伐蚩尤，玄女爲帝製夔牛皮鼓八十面，一震五百里，連震三千八百里。"無論是

---

① （清）龔自珍：《壬癸之際胎觀第一》，《龔自珍全集》卷二，上海古籍出版社，1975年版。
② （清）龔自珍：《壬癸之際胎觀第一》，《龔自珍全集》卷二，上海古籍出版社，1975年版。

九江神女還是九天玄女，遠古神話都只是歷史的影子。她充分説明，巴蜀人自先祖華胥氏開始，巫師就已經粉墨登場了，古奥神秘的巫祝活動就此拉開了序幕。

甲骨文中的"巫"字原本表示一種精巧的器具。遠古部族中智慧而靈巧的通神者，手持這種神秘的法器，就可以舉行祝禱降（通"杠"）神儀式。後來的篆文"巫"字，從工從人。"工"的上下兩橫，代表天、地；中間的"丨"，表示"巫"能上通天旨、下達民意；加上二"人"在"丨"的兩側舞之蹈之，可以非常形象的表現巫師正在舉行通達天地、關乎人意的慶壇儀式。

巴蜀文化中龍的原型之一：夔

《説文》云："巫，祝也。"通常指女巫爲"巫"（俗稱巫婆、師娘子），男巫爲"覡"（俗稱端公、陰神子）。自從顓頊帝絕地天通之後，只有巫覡才可以溝通神靈，統領巫祝活動。因此，古代的巫師，以石鉞爲旗，高舉三尺桃木劍（如三星堆遺址的大立人、金沙遺址的小立人，一手舉劍，一手挽訣），通過踏罡步斗（按星辰斗宿的方位或九宮八卦圖，依次踏步），繼而畫符、念咒、邀請神靈；通過挽訣、化水，驅除鬼魔；通過驅使腳連上達天庭、下進地府，感知亡人的訊息。他們以種種神秘的手段，爲人驅災、求吉、卜筮、星占、治病、祈福、表達心願……隨着歲月的流逝，這種行當逐步演變成爲巫覡謀生的職業。

我們在《列子·黃帝》篇中，可以依稀管視遠古時期那些充滿巫覡味道的華胥古國之原貌，這應該是中國古代神巫世界中最爲理想的"仙國"。

"華胥氏之國，在弇州之西，台州之北，不知斯齊國幾千萬里，蓋非舟車足力之所及，神游而已。其國無師長，自然而已。其民無嗜欲，自然而已。……入水不溺，入火不熱。斫撻無傷痛，指擿無痟癢。乘空如履實，寢虛若處床。雲霧不硋其視，雷霆不亂其聽，美惡不滑其心，山谷不躓其步，神行而已"。

即便是普通平民，也能夠在華胥仙國中"其樂無涯"（孟元老《東京夢華録·自序》），"心爽神怡"（《尚書疏衍》）。於是，華胥國自然成爲黃帝心中的"理想國"。他以此爲理想治理國家，歷經 28 年而"天下大治"。

孔子在《禮記·禮運篇》中評價説："大道之行也，天下爲公。"這也是從黃帝夢游華胥國的故事中生發而來的。因此，"華胥夢"是"中國夢"的原始雛形，她也是我們中華民族最早的"大同夢"。

黃帝夢游華胥仙國（原載《中國名人夢館》）

四、始祖母崇拜，以花爲族徽的華族習四季 "花曆"

《山海經·海內經》載："西南有巴國，太皞生咸鳥，咸鳥生乘厘，乘厘生后照，后照是始爲巴人。"《路史·後記》云："伏羲生咸鳥……后烆生顧相，降處於巴。"袁珂著《山海經校注》說："太皞與伏羲在先秦古籍中，本各不相謀，至秦末漢初人撰《世本》，始以太昊與伏羲連文，而爲太昊伏羲氏。"不論是哪種說法，巴人是太皞伏羲之後裔當無疑。巴人先民歷經了自然物崇拜、生殖神崇拜和巫覡崇拜之後，他們會進一步追問：我是誰？生我養我的母親是誰？我母親的母親又是誰？這就必然生發出一種樸素而神秘的追思母親、懷念始祖母的思考，促使人類進入了尊祖、敬祖、祭祖活動階段。

（一）羅泌、王象之考證：伏羲母親華胥的故里在閬中

《辭海》解釋華胥說："華胥，人名，傳說是伏羲的母親。"然而，最早肯定伏羲母親華胥故里是在閬中的學者是羅泌（1133－1197），他在《路史·後記一·太皞上》記述："太皞伏羲氏，母華胥，居於華胥之渚。（紀云：所都國有華胥之淵，蓋華胥居之而名，乃閬中俞水之地。子年，以華胥爲九江神女巫）……"

《路史》紀和注給出了三條重要信息：（1）閬中是華胥氏的故里；（2）華胥氏是伏羲的母親；（3）華胥氏是一位精通巫術的部族首領：九江神女巫。三條信息無疑奠定了閬中具有本源文化的豐富內涵[1]。譚繼和先生認爲：羅泌既然肯定閬中是華胥故里必有他的道理。在靈山古天文田野調查和考古發掘中，發現了新石器時代的大量粗陶殘片和石禮器，再次證實了閬中確實是"華胥夢"文化產生的腹心地之一，在這裏保留了中華文明源頭史故事典型標志地之一[2]。

羅泌是南宋廣陵（今江西吉安）人，幼力學，不事科舉。嘗惜孔子著《春秋》而"删書"斷自唐堯，後世的史書極少言及皇古之事。泌遠涉皇古，博采緯書、道家言及各類典籍，於南宋孝宗乾道年間（1165－1172）著《路史》四十七卷。他引據浩博，內容龐雜，文采瑰麗，尤以國名紀考精核而被刊行於世。其書雖爲雜史，但記述了遠古"三皇五帝"以來有關的歷史、地理、氏族、風氣、民俗等

始母華胥雕像（侯开良攝於閬中華胥广场）

---

① 王扶民：《羅泌和他的〈路史〉》，《中華始母——華胥》，四川大學出版社，2013年版。
② 譚繼和：《華胥傳說與靈山遺址》，《中國古天文聖地——閬中》，吉林人民出版社，2018年版。

多方面的史事，是集神話傳說與史實之大成。筆者通過查《爾雅·釋詁第一》得知："弘、廓、宏、路……大也。"即《路史》實爲大史，其考證之翔實，絕非道聽途説。古今史志學者在研究史前文化時，《路史》是不可或缺的考據典籍。對於那些研究中國歷史文化的日本學者而言，他們皆稱《路史》爲"信史"①。

繼羅泌之後，地理學家王象之（1163—1230），婺州金華（今浙江磐安）人。他著《輿地紀勝》時，輯録了華胥氏孕生伏羲、女媧於閬中之"雷澤"這個地方，引起南宋理宗皇帝趙昀的重視。他頒旨令王象之就伏羲、女媧出生地一事前往閬中考察。象之遍歷閬中山水，認定閬中城南的"南池"就是傳說中的"雷澤大池"，即伏羲、女媧的降生之處，象之不敢欺君。

華胥國的"亮亭""等郎亭"（侯健繪制）

司馬貞著《補史記·三皇本紀》載："太皞庖羲氏，母曰華胥，履大人迹於雷澤而生庖羲。"《蜀中名勝記》《四川通史》均有類似的記述，"所都國有華胥之淵，乃閬中渝水地也"。李文明、杜春龍著《中華始母華胥》一書，引李家駒先生多年的考證結論説：華胥之淵、華胥之渚乃"閬中渝水段之東南方向的彭道將池，古代稱彭池，後改稱雷池、南池……遠古時彭池東西闊四里，南北達八里"②。漢唐史乘多記載：彭池以"堰大斗、小斗之水溉田，里人賴之"。唐代杜甫曾詩云："安知有蒼池，萬頃浸坤軸。"然而南宋時堰壞遂成陸田，鄉人易名爲"媧慈壩"。

（二）幹欄式涼亭或爲華胥氏郎亭遺韵

古籍《越絕書》記載："華胥之時，以石爲兵（兵器），斬樹木，爲宮室。"華胥氏作爲母系氏族社會的傑出代表，生殖文化的主神，其傳說中的宮室，多是指修建在聚落附近的幹欄式茅亭。這種白天作爲觀測天象的"亮亭"，晚上則成爲華胥國成年女子接待走婚男子的"等郎亭""郎亭"。這在新石器早期，應該是防止近親繁育，具有劃時代進步意義的舉措。時光荏苒，遠古時的"亮亭""等郎亭"已經逐步演變成爲"閬亭""涼亭"。然而這種幹欄式的吊脚樓，在巴蜀各地俗稱"虛脚樓"，依然依傍着大户院落修建，即便是近現代社會，這種建築也普遍存在。據王扶民先生回憶：在他老家的大院後側，就曾修建有幹欄式涼亭，這種習俗一直延續至民國。當然，實行配偶婚姻制度之後，這種涼亭已逐漸演變爲晚上查防盜賊、白天孩子們戲耍的場所。

《詩經·唐風·綢繆》云："今夕今夕，見此良人。"細心一想，在那種荒蠻的遠古時代，

① 王扶民：《羅泌和他的〈路史〉》，《中華始母——華胥》，四川大學出版社，2013年版。
② 李家駒：《從〈太初历〉回望遠古閬中的"觀象授時"》，《中華始母——華胥》，四川大學出版社，2013年版。

暮色蒼茫，悠然來到等郎亭前，推門一看，門中良
人相視一笑，那是一種什麼樣的感覺？尤其是在人
神合一的華胥古國，"良"字在先民心目中已不再是
"烟囱"（甲骨文"良"字，表示穴居時代通風良好
的烟囱），而已經化生爲一種浮想聯翩的美女意象。
早在遠古石器時代，就有這麼高雅的文化："良"
人，美人也；"良辰"，歡洽相愛時。一個"閬"字，

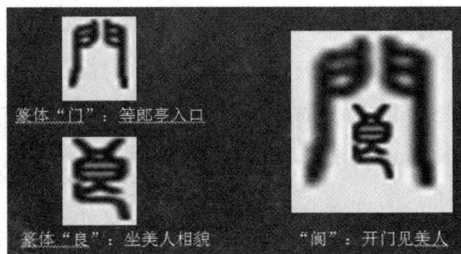

篆体"门"：等郎亭入口

篆体"良"：坐美人相貌

"閬"：开门见美人

"閬"的意象：开门见良人（侯开良繪製）

演繹出了"推開茅亭門，歡欣見美人"的絕妙意象，放眼全世界，惟有"閬苑仙境"才獨具
這種魅力。

（三）華族以花爲族徽，沿習四季"花曆"

中華民族是勤勞、和善、愛花的民族。華夏大地，百花爭豔，四季常鮮；東南西北，大
街小巷，鮮花店鱗次櫛比，生意火爆。中國的花文化的情結源遠流長。許多人不僅欣賞花的
姿色，更傾注於花文化所蘊含的人格寓意與精神力量。中原人尊崇牡丹的雍容華貴，巴賨人
更喜歡菊花的清心淡雅，西蜀人多敬重杜鵑報春——望帝春心托杜鵑……在群山峻嶺之中，
有多少花神被我們先民所崇敬，已無從考究。但從神話考古調查的情況來看，華胥是一位具
有人格化的花神，華族即花族，她們世代以鮮花爲其族徽，能根據花開花落的物象現象辨識
季節。

華胥部族喜歡玫瑰，在歷史上素有"華山玫瑰"之譽。
他們喜歡玫瑰枝葉相連，延綿不斷，寓意部落子孫繁衍快，
族力強勁；她們喜歡玫瑰的枝節帶刺，鋒芒畢露，會讓貪
嘴的動物，避而遠之。因此，玫瑰花被華族尊爲族徽，象
徵着華胥部落年年春華秋實，子孫繁榮昌盛[1]。

華胥部族似乎更鍾愛山菊，也以菊爲族徽。她們喜歡
在秋風蕭瑟的日子裏，還能看到金菊葉茂花繁，開出一團
團金色的火焰。不是春光，勝似春光，巴蜀萬里金甲亮。
她們喜歡山菊能夠在崖邊石縫扎根，可以在寒風冷雨中鬱
鬱蔥蔥；她們更喜歡山菊漫山遍野開放，象徵着華胥部落
生生不息，生命力極爲頑強。

閬中文保局存宋代菊花銅鏡（侯开
良攝影）

陸思賢先生認爲：玫瑰和菊花，在生産、生活中都具有特定的天文物候意義。玫瑰表示
夏半年生長的季節；菊花表示冬半年收藏的節令，它們起到了曆法的作用，是人類社會最早
的物候曆[2]。而今在閬中，只有在遺棄的農家石水缸上偶爾還能看到菊和玫的身影。

---

① 陸思賢：《華山玫瑰與伏羲誕生神話》，《神話考古》，中國文物出版社，1995 年版。
② 陸思賢：《仰韶文化花卉圖案是遠古華族的族徽》，《神話考古》，中國文物出版社，1995 年版。

　　相傳在遠古時代的閬中，不僅有玫瑰繁茂、山菊爛漫，而且在華胥之淵（媧池、彭池、南池）的兩岸，還有衆多的近鄰——花山。在歷史上，華胥之淵的近鄰有五山：長青山、仇夷山（含媧皇山、塔山、大象山、小象山）、黃花山、鼇峰山、錦屏山，它們統稱爲"花山"。這些花山除玫瑰、山菊輪番開放外，還有春風習習中盛開的桃花、雪花飄飄中怒放的紅梅，她們堪稱"花山勝景"。桃花與梅花，把火熱讓給了玫瑰，將涼爽留給了山菊，既便是綠葉畏懼寒風，悄然離去，紅梅仍舊在赤裸的枝條上綻放；即便是春芽不舍雹義，姍姍來遲，桃花依舊率先帶來新春的期頤。因此，這些花山的精靈彰顯了花神華胥的別樣風采。

　　華胥神話雖然產生於新石器時代的早期，這并不影響華族人世代以花開花落爲節令，粗略的感知節氣、物候的變化規律，合理安排部落的漁獵生產與日常生活。她們以桃花代表暖和，以玫瑰代表炎熱，以山菊代表涼爽，以紅梅代表寒冷。華胥部族作爲中華民族的優秀代表，她們發現花開花落的自然現象與生產、生活的節奏密切相關，逐步學會以四花辨認和標識四季。因此，華族以暖、熱、涼、寒爲標志的"四季花曆"，對華夏各族人民豐富和發展曆法文化，產生了極爲深刻的影響。

水缸上的菊玫意象（侯开良攝於閬中五龍村農耕博物館）

　　在民間，人們已經習慣把第60次桃、玫、菊、梅輪回一次的時間，叫作一個"花甲"。因此，那些比花甲年齡小的人，還是在渡"青春年華（花）"；那些比花甲年齡大的人，則是"甲子翻頭"，在重溫"花（華）甲歲月"。

　　在官方，中華大地上56個愛花的民族，統稱爲"中華（花）民族"。《吕氏春秋》《禮記·月令》等古籍，也記載了一些古人以花爲節的零散信息：如仲春之月，桃始華（花）；季秋之月，鞠（菊）有黃華（花）。

　　有關華胥、伏羲的神話傳說與學術研究成果應該是中華民族的共同精神財富。我們理應拋棄地域之囿，共同持有一種大胸懷、大視野、大歷史觀，去追溯遠古的文明；返璞歸真，實事求是，重塑中華民族的人文自信。

（作者單位：四川省閬中市歷史文化名城研究會）

《文心雕龍》巴蜀文學著名作家綜論[①]

王萬洪　　張蘭心

内容提要：以公元前 316 年秦滅巴蜀爲分界綫，巴蜀文化從華夏文明的源頭之一開始走向沉寂狀態，直到西漢司馬相如的出現，才重新將其推向一個高端發展的狀態。在這個漫長的 U 字形歷史發展脉絡中，先秦時期人文始祖伏羲、黄帝長子玄囂、次子昌意、大禹、夏啓與漢代司馬相如、王褒、揚雄等是其中各類最傑出的代表人物。《文心雕龍》論述自伏羲到成書時代的寫作等方面的問題，選取了伏羲、大禹、司馬相如、王褒、揚雄爲對象，從作家地位、作品成就、藝術高度、歷史影響等方面綜合來看，其論述的巴蜀文學歷代著名大家之中，當以漢三傑爲核心代表。本文研究主要集中於從伏羲到揚雄的歷代著名巴蜀作家，概略性地闡述他們對《文心雕龍》成書做出的傑出貢獻。

關鍵詞：《文心雕龍》；巴蜀文學；著名作家

第一節　巴、蜀與巴蜀文化

（一）巴

巴，是一個象形字，大小篆均象蛇形，其本義指一種傳説中的大蛇，簡稱巴蛇，《説文解字》曰："巴，蟲也，或曰食象蛇。"故有"巴蛇吞象"的傳説[②]。

---

①　基金項目：2017 年度教育部人文社會科學研究規劃基金項目《寫作學理論視野下的〈文心雕龍〉及其當代价值研究》（項目批准號：17YJA751027）。

②　有人認爲，甲骨文中巴象一个人大手長臂之人。顯然，這是善攀爬者的體型特征。也就是説，巴是攀爬者。巴人生活的區域，多是叢林崖壁，攀爬是基本技能，由此進化出大手長臂。自篆文以后，巴字結構演化，逐漸面目全非。

小篆巴字

　　從這個本義出發，中國地理位置的杭州灣象鳥，長江象蛇，蛇爲南方水物。勾踐建都琅
玡，歷時兩百多年，江北地區被稱作巴越。彼時江東金屬工業（烹鼎金石）發達，丹（朱
砂）原料來自江淮。所以《説文》認爲："丹，巴越之赤石也。"由於江北地區相對貧困，因
此上海人口中的巴含有蔑視的意味，把江北到上海的人稱爲鄉巴佬。

　　其後指古巴族，興起於今湖北省西部，後逐漸遷徙到今重慶市和四川東北部。在巴人建
都之後，巴又成爲古國名，在今重慶全境、四川東部、陝西南部、湖北西部、貴州北部、湖
南西北部一帶。武王伐紂時，巴師勇鋭，立下大功，周朝分封在該地區的諸侯國叫巴國。公
元前 316 年，趁巴、蜀攻伐之際，秦惠文王派遣司馬錯與張儀率兵滅巴後，改置巴、蜀、漢
中三郡，巴國滅亡。

　　因此，巴、巴人、巴族、巴國等相關辭彙，都有廣義、狹義之分。從部族角度看，狹義
的巴人指最早的巴氏族部落的名稱而言；隨着巴族的支系繁衍，勢力强大，竟融合和兼并其
他氏族部落建成了巴國，國內各族也因此而被稱爲巴人，這時它已屬於廣義，成爲整個巴族
群的稱謂了。

　　關於巴人的祖先，見於古籍文獻記載者當推《山海經》與《路史》。《山海經・海內經》
曰："西南有巴國，大皥生咸鳥，咸鳥生乘厘，乘厘生后照，后照是始爲巴人。"[1] 郭璞等注
解認爲：太皥即伏羲。與《山海經》此語類似，《路史・後紀・太昊紀》曰："伏羲生咸鳥，
咸鳥生乘厘，是司水土，生后照，后照生顧相，夅（按：即"降"字）處於巴，是生巴
人。"[2] 注曰："郭氏云：巴人始祖。"指的是郭璞認爲伏羲是巴人的始祖。稍有不同的是，
《路史》將《山海經》中的"大皥"改成了"伏羲"，并又在"后照"之後加進一"顧相"，
認爲"顧相是生巴人"。其中的顧相，有一種説法是指"務相"，這就使得巴人的起源問題變
得相對複雜起來[3]。

---

①　袁珂：《山海經校注》，上海古籍出版社，1980 年版，第 453 頁。
②　（宋）羅泌撰、（清）永瑢、紀昀等編纂：《文淵閣四庫全書・史部・路史》，上海古籍出版社，2003 年版，第 7 頁。
③　巴人是一個内涵和外延都同樣十分複雜的概念。關於巴人的來源問題，學術界一直存在着相當的爭論。從有確
切記年史料判定年代出發，只能以武丁時期甲骨文中的"巴方"，作爲巴人有文字以來的歷史的上限。而且，目前真正有
史料記載其活動的巴人始祖，只有《世本》所載的巴氏之子務相，即《路史》説的"后照生顧相，降處於巴，是生巴
人"。有關務相與另外四姓結盟、被推爲君長之事，《後漢書・南蠻西南夷列傳》引《世本》叙述較爲清晰，雖然其故事
情節的真實性取法一一考證。由於就目前所見的史料，巴、樊、目覃、鄭、相等五姓的活動軌跡，大多只能追述到殷代，
加之甲骨文有"巴方"的記載，因而我們説務相活動的年代在殷商時期，巴人的形成和得名亦在同一時代。通過以上考
證，巴人傳説中的始祖，最早可追溯至太昊；太昊之後，其部族有分化、繁衍，其中一支以鳳鳥爲圖騰的部族，與殷人
和巴人的先世均有關係；巴人首領后照出於乘厘，乘厘就是"常儀"，仍屬於傳説時代的人物；而后照雖爲巴人始祖，但
有確切史料記載的卻是其後的務相；務相在位的年代，如用甲骨文中的"巴方"作參照，約爲商代中前期，故可以説巴
人部族的形成在商代。

除了前引《山海經》與《路史》記載的太皥伏羲氏爲巴人先祖之外，還有一種關於巴人祖先的説法，是黄帝。《華陽國志·巴志》云：

> 《洛書》曰：人皇始出，繼地皇之後，兄弟九人分理九州，爲九囿，人皇居中州，制八輔。華陽之壤，梁岷之域，是其一囿，囿中之國則巴、蜀矣。其分野：輿鬼、東井。其君上世未聞。五帝以來，黄帝、高陽之支庶世爲侯伯。①

《華陽國志》明確記載巴國與蜀國在"華陽之壤，梁岷之域"，也就是古梁州界域之内，其中的巴人爲"黄帝、高陽之支庶"，高陽即顓頊，黄帝嫡孫，繼承黄帝帝位的偉人，那麽，巴人就是五帝以來一直居住在巴地的古老民族。於此可知，黄帝在以中原地區爲政治中心的同時，向西南蜀地、巴地輻射，這就使的巴蜀少數民族的歷史文化傳統，全部納入到以五帝世系爲中心的中原文化傳統中去。在中原中心説之下，我們可以反推出這樣的結果：巴蜀地區，在五帝時代就與中原腹地有着非常密切的聯繫了。

向下發展，在大禹治水、大禹稱王、大禹生夏啓等重大的歷史事件中，巴人與蜀人緊密聯繫，一起出現：

> 及禹治水，命州巴、蜀，以屬梁州。禹娶於塗山，辛壬癸甲而去，生子啓，呱呱啼，不及視，三過其門而不入室，務在救時——今江州塗山是也，帝禹之廟銘存焉。會諸侯於會稽，執玉帛者萬國，巴、蜀往焉。②

文中記載之江州，即今重慶，塗山的地理位置大約在今奉節縣一代。也就是説，與早先的黄帝聯姻蜀山氏大體相當，不管是出於政治目的還是治水所需，大禹聯姻江州塗山氏，治水成功，生子夏啓，最後會盟諸侯於會稽，在大禹建功、取得令名與最終稱王的整個歷史過程中，巴、蜀都是他依托的最主要對象之一。

夏商之後，周武王集合各個部落，組成聯軍，攻打商紂王，巴、蜀共同出兵，幫助武王伐紂，而且立下大功：

> 周武王伐紂，實得巴、蜀之師，著乎《尚書》。巴師勇鋭，歌舞以凌殷人，前徒倒戈。故世稱之曰"武王伐紂，前歌後舞"也。武王既克殷，以其宗姬封於巴，爵之以子，——古者遠國雖大，爵不過子，故吳、楚及巴皆曰子。③

在武王伐紂的過程中，得到巴、蜀之師的幫助，特别是巴師，不僅勇鋭——這是三千年來歷史與軍事的共識——而且氣勢旺盛，以"巴渝舞"臨陣表演，使得武王聯軍大振軍威，

---

① （晋）常璩撰，劉琳校注：《華陽國志新校注》，四川大學出版社，2015年版，第5頁。
② （晋）常璩撰，劉琳校注：《華陽國志新校注》，四川大學出版社，2015年版，第5—6頁。
③ （晋）常璩撰，劉琳校注：《華陽國志新校注》，四川大學出版社，2015年版，第6頁。

以淩殷人，爲取得最終勝利立下了大功。後來，武王封宗室於巴地，以"公侯爵子男"五級分封制中的"子"授以爵位，這已經是遠國之中最高的爵位了。

公元前316年，秦將司馬錯與張儀伐巴蜀，巴王被擒，拘禁於今四川閬中，造張儀城，巴國滅亡。巴國殘部往南退守今貴州南部、雲南南部十萬大山之中，繼續稱巴王，但已不復往日盛況。至此，巴地成爲秦國攻滅北方諸國的戰略大後方，以及兵源、糧源、財源的根據地；也成爲後來南下攻滅楚國的前進基地，其後秦人順長江而下，終滅楚國。

（二）蜀

蜀，是一個會意字，從罒，從勹（音 bāo），從蟲。"罒"即網，"勹"指包裹，"蟲"指活物，三個部件聯合起來表示網包活物，因此，"蜀"字之本義是指用帶孔眼的網罩包裹住活動物體。在《説文解字》中，蜀字指"葵中蠶也"，從蟲，上目象蠶頭形，中象其身蜎蜎。葵，《爾雅·釋文》引作桑。詩曰："蜎蜎者蠋，烝在桑野。"毛傳曰："蜎蜎，蠋兒。蠋，桑蟲也。"毛傳言蟲，許慎《説文》言蠶者，因蜀似蠶也。

小篆蜀字

除了指蠶，蜀字還有多個義項。比如，可以指鷄，《韵會》："鷄大者謂之蜀鷄。"也可以指野獸，《山海經》："杻陽之山有獸焉，其狀如馬，其文如虎，名曰鹿蜀。佩其皮尾，宜子孫。"還可以指高峻獨拔的大山，《爾雅·釋山》："獨者，蜀。"疏曰："山之孤獨者名蜀。"其後，因獨拔之高山衆多，擁有這類高山的地帶稱爲蜀地，生活在蜀地的部落稱爲蜀人或蜀族，《史記》等稱之爲蜀山氏。《爾雅·釋山》所説的這一義項，是古代蜀山氏部落得名的本源，也表明了蜀地群山獨拔、山勢險峻的特點，間接表明了生活在此地的蜀人艱苦卓絶、不畏艱險、戰天鬥地的勇敢精神。

其後，因蜀山氏部落、氏族發展而建立古蜀國。當代考古發現，古蜀文明的起源距今6000年以上，早於中原文明的起源。秦滅蜀國後，置蜀郡，即西漢益州地。後來，蜀又成爲三國時蜀漢的簡稱，時在公元221—263年，爲劉備所建，疆域包括今四川、重慶和雲南、貴州北部以及陝西漢中一帶。在劉氏集團蜀漢國之外，歷史上還有漢代、晉代、五代時期建立的不同命運的地方割據勢力，均稱蜀國，國運多不長久。往後，蜀成爲四川省的代稱。

在歷史記載中，曾有蜀族爲黃帝後世的傳説，《世本》説："蜀之先，肇始於人皇之際。無姓，相承云黃帝後。"① 黃帝部落源起於西北黃土高原，屬於"遷徙往來無常處"的游牧、游居部落，屬於氏羌族人。其後有一支南下，定居在岷江流域。對此，除了司馬遷《五帝本紀》的明確記載之外，《史記正義·三代世表》引《譜記》曰："蜀之先肇始於人皇之際。黃

---

① （三國）宋衷注，秦嘉謨等輯：《世本八種》，國家圖書館出版社，2008年版，第333頁。

帝與子昌意娶蜀山氏女，生帝嚳，立，封其支庶於蜀，歷虞、夏、商。周衰，先稱王者蠶叢。國破，子孫居姚、嶲等處"① 《譜記》記載與司馬遷記載相衝突的是：昌意娶蜀山氏女，生顓頊，而不是帝嚳，帝嚳是顓頊之族子，即侄兒。類似於此的記載，在古代的其他典籍中還有很多，比如：《山海經·海內經》："黃帝妻嫘祖生昌意。昌意降處若水。"《竹書紀年》："昌意降居若水。"《世本·居篇》："若水允姓國，昌意降居爲侯。"同書《姓氏篇》："婼，姬姓之國，黃帝之子昌意降居若水爲諸侯，此其後也。"這些文獻記載中的若水，指的是四川西部的雅礱江、金沙江。凡此等等，均表明蜀人爲黃帝部落之後，或是與黃帝部落中的一支融合而成，這是有文獻依據的。

筆者以爲：古蜀人早在黃帝與其子昌意聯姻於蜀地之時就已經獨立存在，并早已發展爲一個强大的部落或部落聯盟了，否則，黃帝不可能聯姻於此，并立西陵氏女嫘祖爲正妃，更不可能將帝位傳給在蜀地若水出生的嫡孫顓頊。所以，蜀人不應該是黃帝部落之後，而是黃帝團結、結盟的强大部落，是幫助黃帝參與中原爭霸、確立中原部落聯盟首領位置的重要統戰對象和輔助力量，早於黃帝部落（至少不晚於黃帝部落）而存在。其後，一直與黃帝世系（如顓頊、帝嚳及其子孫等）團結發展、聯盟發展。

對蜀人與黃帝世系的歷史融合關係，晉人常璩《華陽國志·蜀志》的記載最爲細緻，曰：

> 蜀之爲國，肇於人皇，與巴同囿。至黃帝，爲其子昌意娶蜀山氏之女，生子高陽，是爲帝顓頊；封其支庶於蜀，世爲侯伯。歷夏、商、周，武王伐紂，蜀與焉。其地東接於巴，南接於越，北與秦分，西奄峨嶓。地稱天府，原曰華陽。故其精靈則井絡垂耀，江漢遵流。《河圖括地象》曰："岷山之地，上爲井絡，帝以會昌，神以建福。"《夏書》曰："岷山導江，東別爲沱。"泉源深盛，爲四瀆之首，緻拋爲九江。其寶則有璧玉、金、銀、珠、碧、銅、鐵、鉛、錫、赭、堊、錦、繡、罽、氂、犀、象、氈、毦，丹黃、空青、桑、漆、麻、紵之饒，滇、獠、賨、僰僮僕六百之富。其卦值坤，故多班采文章；其辰值未，故尚滋味；德在少昊，故好辛香；星應輿鬼，故君子精敏，小人鬼黠；與秦同分，故多悍勇。在《詩》，文王之化，被乎江漢之域；秦豳同咏，故有夏聲也。其山林澤漁，園囿瓜果，四節代熟，靡不有焉。②

"蜀之爲國，肇於人皇，與巴同囿。"蜀人是人皇的後代，與巴同處於一個地方，即"華陽之壤，梁岷之域"的古梁州。"至黃帝，爲其子昌意娶蜀山氏之女，生子高陽，是爲帝顓頊；封其支庶於蜀，世爲侯伯。"《華陽國志》明確記載帝顓頊高陽氏爲蜀人。這樣，在三皇伏羲氏、五帝高陽氏世系中，巴蜀占有重要地位，上古巴蜀文明與中華文明關係極爲密切。

---

① （漢）司馬遷：《史記》（影印本），中華書局，1997 年版，第 507 頁。
② （晉）常璩撰，劉琳校注：《華陽國志校注》，巴蜀書社，1984 年版，第 175—176 頁。

本篇還記載説：《夏書》曰："岷山導江，東別爲沱。"岷江泉源深盛，爲四瀆之首，緞拗爲九江，此乃古人對岷江爲"江源"的最早認識，岷江長期以來被認爲是長江的上源，這一認識直到明朝中期才被糾正過來。

回到前文。在記述了蜀地久遠的歷史、富饒的物産、傑出的人才之後，《華陽國志》於《蜀志》篇尾總結道：

> 蜀之爲邦：天文，井絡輝其上；地理，岷嶓鎮其域；五岳，則華山表其陽；四瀆，則汶江出其徼。故上聖則大禹生其鄉，媾姻則黄帝婚其族，大賢彭祖育其山，列仙王喬升其岡。而寶鼎輝光於中流，離龍仁虎躍乎淵陵。開闢及漢，國富民殷，府腐穀帛，家蘊畜積。《雅》《頌》之聲，充塞天衢，《中和》之咏，侔乎二《南》。蕃衍三州，土廣萬里，方之九區，於斯爲盛。固乾坤之靈囿，先王之所經緯也。[①]

"地理，岷嶓鎮其域；五岳，則華山表其陽"的古蜀國，是梁州地界上的大國，其疆域中有岷山、嶓冢山，北面有華山，這樣，今甘南、陝南，均在梁州之内，爲蜀國之界。"故上聖則大禹生其鄉，媾姻則黄帝婚其族，大賢彭祖育其山，列仙王喬升其岡。"五帝之首的黄帝，看到蜀人實力雄厚，於是與西陵之女媾姻，生子降居於蜀，其後，顓頊帝繼承黄帝帝位；五帝之後，"大禹生其鄉"，爲西羌岷山人，家在岷江上游的北川縣；大禹在繼承大舜帝位之後，其子夏啓立國，於是，中國歷史正式進入奴隸制國家階段。這是對古代中華帝王世系的明確記載。

常璩（約 291—361），字道將，蜀郡江原（今四川崇州市）人，東晉史學家，出生於西晉末年。他的記載也許并不完善，但他比我們能夠看到的歷史文獻材料要更近、更多、更真實，因此，就算有關人皇、黄帝世系的脉絡只是屬於神話傳説中的事情，無法確證，但本段記載表明：巴蜀大地自古以來就是人傑地靈的，"上聖則大禹生其鄉，媾姻則黄帝婚其族"；作爲"江源"的岷山與岷江地區，不僅是古巴蜀文明，也是中國古代文明的重要發祥地之一。

（三）巴蜀文化

巴與蜀，在地理空間上東西并列，并稱爲巴蜀，由此産生了巴蜀文化。巴蜀文化這一區域文化名稱首見於二十世紀四十年代。巴蜀是一種特定的稱謂，在戰國以前，巴與蜀是分稱的，涇渭分明。巴的古義爲吞食大象的巨蟒，中心區域爲重慶、川東及鄂西地區，涵蓋陝南、漢中、黔中和湘西等地；蜀的古義爲葵中之蠶，主要地理位置涵蓋四川盆地中西部平原地區、甘南、雲南北部等地。由是觀之，巴蜀的核心區域即爲如今的四川省和重慶市。巴文化以重慶爲中心，巴人在夷城（今湖北長陽土家族自治縣境内）建立了巴國第一個首都，後活動於重慶全境、湖北西部、四川東部、陝西南部及貴州北部地區。蜀則由三個古族融合而

---

① （晋）常璩撰，劉琳校注：《華陽國志校注》，巴蜀書社，1984 年版，第 330 頁。

成，後成爲西周封國，相傳"蜀與夏同源"，而"禹興於西羌"，於是我們可以推論大禹實際上是古蜀人，蜀地包括今川西、陝南、甘南、滇北一帶。巴、蜀交融已是戰國之後。商至西周時，蜀人與黃河流域民族已有文化交流。巴蜀出土商代後期陶器如深腹豆形器、高柄豆、小平底鉢等，雖具地方特色，但銅鏃、銅戈、銅矛却爲黃河流域常見器型；出土的西周至春秋的玉石禮器與中原所出者一致。

秦滅巴蜀之前，巴蜀大地是雖然相對獨立，但經濟、文化十分發達的地方。不必説偉人大禹，也不必説以三星堆、金沙遺址爲代表的古蜀輝煌文明，僅以商業貿易爲例：歷史上，早就有關於今天"南方絲綢之路"的明文記載。《漢書》記載張騫通西域，在今阿富汗等國看到經身毒國（古印度）流傳過去的蜀地絲綢、邛杖等商品，於是還朝向漢武帝説起此事，指出：從蜀郡西出，經今雲南、緬甸等地到印度、阿富汗，存在一條商品貿易通道，其説曰：

> 騫曰："臣在大夏時，見邛竹杖、蜀布，問安得此，大夏國人曰：'吾賈人往市之身毒國。身毒國在大夏東南可數千里。其俗土著，與大夏同，而卑濕暑熱，其民乘象以戰。其國臨大水焉。'以騫度之，大夏去漢萬二千里，居西南。今身毒又居大夏東南數千里，有蜀物，此其去蜀不遠矣。今使大夏，從羌中，險，羌人惡之；少北，則爲匈奴所得；從蜀，宜徑，又無寇。"天子既聞大宛及大夏、安息之屬皆大國，多奇物，土著，頗與中國同俗，而兵弱，貴漢財物；其北則大月氏、康居之屬，兵强，可以賂遺設利朝也。誠得而以義屬之，則廣地萬里，重九譯，致殊俗，威德遍於四海。天子欣欣以騫言爲然。乃令因蜀、犍爲發間使，四道并出：出駹，出筰，出徙、邛，出僰，皆各行一二千里。其北方閉氏、筰，南方閉巂、昆明。昆明之屬無君長，善寇盜，輒殺略漢使，終莫得通。然聞其西可千餘里，有乘象國，名滇越，而蜀賈間出物者或至焉，於是漢以求大夏道始通滇國。初，漢欲通西南夷，費多，罷之。及騫言可以通大夏，乃復事西南夷。①

張騫是西漢漢中郡人，漢中郡在地理位置上屬於當時的益州八郡之一，説張騫是蜀人，是可以成立的。張騫在歷史上最大的功績，就是不畏艱險，出使西域，聯合大月氏夾擊匈奴，儘管他出使的目的并未實現，但他聯絡西域各國，對後來形成的絲綢之路起了開創的作用，發展了我國和中亞、西亞許多國家的友好關係，促進了東西方經濟文化的交流。張騫開通的絲綢之路可以稱爲"北方絲綢之路"，經他發現并建議打通但最終未能開通的蜀郡、滇緬、南亞、西亞綫可以稱之爲"南方絲綢之路"。

漢武帝非常關心當時是否可以連通大夏國一事，多次和張騫談論。張騫説：連通大夏國不僅可以開闢西南貿易新路，更主要的是可以聯合沿綫各國對付匈奴，這和聯合西域諸國使

---

① （漢）班固撰：《漢書》（影印本），中華書局，1997年版，第2689-2690頁。

之在政治、軍事上發揮作用的戰略方針是一致的。張騫建議，以烏孫、大夏、大月氏等國爲外臣，作爲友好聯盟國家，可以建立起聯合戰綫，以孤立匈奴，取得對匈鬥争的勝利。漢武帝采納了張騫的建議，遠交近攻，最終得勝（事見《漢書》本傳）。由此可見，一切經濟上的戰略，都不是孤立的，而是和政治、軍事上的戰略結合起來的。漢武帝急於打通的"南方絲綢之路"所承擔的政治、軍事使命，實際上更超過了它潜在的經濟使命。

根據童恩正、段渝等學者研究考證：成都正是東西兩條南方絲綢之路的地理起點。二十一世紀以來，在國家"一帶一路"宏偉藍圖的規劃實施下，巴蜀文化必將得到越來越深入的研究，巴蜀地區必將爲國家建設、民族復興做出更多的貢獻。

有的學者曾以爲：嘉陵江左源的天水到巴蜀，山高路遥，古人難以逾越。那麽，對比一下張騫在戰争狀態下打通絲綢之路、發現南方絲綢之路所走過的的千山萬水，沿途崇山峻嶺、大河阻絶、民族衆多、千難萬險，再回頭看看古蜀人與古巴人逐水而居，翻越岷山、秦嶺、大巴山的壯舉，是完全可以做得到的。

除了主動與外界接觸、溝通、交流，巴蜀文化的另一特質是具有强大的包容性。比如，《文心雕龍》中的漢代著名文學大家司馬相如、王褒、揚雄均爲巴蜀人，三人連續而集中地出現於西漢中晚期，不是偶然的，這是《文心雕龍》成書之前，巴蜀地區被納入中原文化體系、繼承發展蜀地生活方式之後最富强的歷史時期，與西漢國力、蜀地經濟大發展和文翁興蜀學相適應，各類人才大量涌現，文學名家隨之産生，這是古代文學發展的歷史規律。秦滅巴蜀之後，"移民萬户"，遷徙了大量關中居民來到蜀地，李冰父子主持修建偉大的都江堰水利工程，遂使成都平原成爲沃野千里的"天府之國"，改變了古蜀文明的構成與特點，帶來了富足的農、商生活，成爲秦滅六國的兵源、糧源、財源基地。秦滅六國之後，不僅遷徙數萬六國豪强入蜀定居，而且在政治鬥争中先後貶謫商鞅門客、尸佼門客、蔚繚門客、丞相吕不韋及其謀士、門客入蜀，中原文化、北方文化的進入，再一次增强了蜀地文明的厚度、强度和力度，也帶來了六國文化、學術思想與著名的雜家著作《吕氏春秋》，司馬遷《報任安書》以爲"不韋遷蜀，世傳吕覽"。没有蜀地强大的包容精神和寬和氣度，在秦始皇焚毁群書、坑殺方士、禁絶异端的政策之下，《吕氏春秋》這樣的雜家著作不可能得到很好地保存和廣泛地流傳。西漢建國前，巴蜀大地是劉邦漢國的核心基地，漢興置益州，是西漢五大名城之一；文翁化蜀之後，蜀地經濟、文化、政治、學術全面繁榮起來，有"比肩齊魯"之稱；漢武帝以此爲基地，委派唐蒙、司馬相如等爲代表，向西南夷廣開邊路，使西南少數民族也逐漸融入全國政治體系之中。雖然後來時有反叛，但整體上是與中央王權保持一致的。

巴蜀大地繁榮富足，民俗崇尚娱樂，這是從古至今的一大特點。漢代的輝煌之後，經歷了兩晋南北朝的低落時期，到唐代時，成都工商、經濟重新繁榮起來，享有"揚一益二"之美稱；玄宗、僖宗時兩次國家大亂，均入蜀避亂而安，順道而來的北方名人與文化，使蜀地獲得了更多的外來文化滋養，并逐漸化合，爲我所用。特别是唐玄宗避亂入蜀，改成都爲南京，將成都的政治地位大大提高。蜀地民衆好游玩，好娱樂，元代雙流人費著《歲華紀麗譜》曾説："成都游賞之盛，甲於西蜀，蓋地大物繁而俗好娛樂。"俗尚游樂是巴蜀人自古以來的一大特點。所以，巴蜀很早就興起了旅游習俗，到唐宋時達到頂點。以成都而論，全年的固定的游樂活動就有 23 次之多，或游江，或游山，或游寺，或游郊野，而且往往是群體出游，并與歌舞娛樂、體育競技、商貿活動結合在一起，具有很豐富的文化内涵，這一特點一直傳承到今天，且更爲豐富。

在本課題中，漢代巴蜀文學三傑司馬相如《子虛賦》《大人賦》《天子游獵賦》是以上述蜀地生活特點爲現實基礎之一的極大誇張與虛構之推演，在豐富的想象力中創立了漢代苑囿大賦的體裁，没有蜀地所見所聞與生活方式的耳濡目染，没有漢帝國强盛的國力和廣袤的山川、富饒的物産，是不可能完全憑空虛構而成的。王褒《洞簫賦》是漢代抒情小賦的代表，悠然安適、作樂享受，是迄今四川人的一大生活方式特點；而《僮約》中記載的戲謔態度、茶文化、吵鬧對抗，正是四川人日常生活的精彩縮影。揚雄生長於蜀地中心的郫縣，不僅在辭賦創作上繼承發展了司馬相如大賦的體裁與寫法，還以成都爲參照藍本，寫出了漢代京都大賦的首創名篇《蜀都賦》；蜀地以小學、《易》學研究名重於中國學術界，揚雄就是蜀地學者在西漢的最傑出代表，在老師嚴遵精研《易》學的基礎上，揚雄折衷儒道，深思厚積，發爲《法言》《太玄》，被魏晋玄學推爲開山祖師。以上文學、哲學、文字學成就的取得，與蜀地歷史文化傳統、日常生活方式與悠閑富足之樂，是密不可分的。

簡而言之：上古時期，與蜀人深有聯繫的是五帝世系；其後，蜀人大禹及夏朝、周朝與巴人深有聯繫。在巴蜀大地這塊多民族聚居、富饒繁榮、物産富足的土地上成長、走出的著名人物，包括伏羲、顓頊、大禹、夏啓、司馬相如、王褒、揚雄等人，他們是中國歷史上最傑出的政治家、文學家、思想家，根據《文心雕龍》全書的實際内容可知，他們的政治成就、生平事迹、創作實踐、文學作品和思想理論成果，爲《文心雕龍》的成書做出了巨大貢獻。

（四）巴蜀文學區系

王國維説："一代有一代之文學。"實則一地也有一地之文學。"巴蜀文學區系"這一文學地理"社區域"的研究，旨在揭示巴蜀地區文學的區域特徵和分布規律，因此，指的是以巴蜀爲空間範圍和時間範圍的文學區系。在本課題中，主要研究的是巴蜀地區及其與其他文學區系的互動、交流與影響，選取《文心雕龍》成書之前、且在書中占據重要地位的最著名的政治家、思想家、文學家，從而探究他們對《文心雕龍》成書的巨大影響。

在當代，成都、重慶作爲今四川省、重慶市經濟、政治、文化以及文學的中心城市，在城市體系中居於核心地位，因而決定了巴蜀文學版圖的整體格局與演變。巴蜀文學的中心之所以形成并流動於這兩個大都市，歸根到底在於其對文學家群體尤其是文學大家與文學經典的聚合力與孕育力，而這種聚合力與孕育力的强弱升降，又最終決定了這些大都市之間文學中心的遷徙與流向，在成都與重慶之間，以成都爲主要流向。

從先秦到魏晋南北朝時期，巴蜀文化與以下三方文化有明顯的交流與相融：一爲荆楚文化，是耕織結合、自給自足的農村公社的文化，它崇尚自然，奇詭浪漫，以《楚辭》爲圭臬。二是秦隴文化，注意綜核名實，講究耕戰和商業。三是中原文化，崇尚周禮，看重歷史，以《詩經》爲準繩。巴蜀文化相融了這三種因素：它接受荊楚文化而把《楚辭》發展爲漢大賦；它接受秦隴文化而導致"隴蜀多賈"，工商業繁盛，它接受中原文化而使蜀人史學趨於發達。與文化交流與相融一致的是，巴蜀文學區系與上述三大文學區系之間，同步地存在着交流與相容。

中國八大文學區系從西到東，從北到南，先後經歷了五次循環往復運動，也由此劃開了文學地理空間區系輪動的五個階段。其中秦隴區系與吳越區系的對角反復交替輪動，最終塑成了中國古代文學版圖的獨特景觀。實際上，地理變遷從來都不是一種無序的偶然現象，而具有極爲豐富的現實與象徵意義。這一"區系輪動"的五次運動由西而東、由北而南，然後走向世界、走向現代，主要呈現爲空間的移位，但同時又蘊含着時間的演化，是中國文學發展的主動選擇。巴蜀文學區系的發展歷史，也融合在了這五次運動之中，整體上與之一致。稍微不同的是，因爲巴蜀地理位置出於西南的緣故，呈現出由西而東、由南向北，逐漸走向世界、走向現代的特徵。

比如，三皇世系中的伏羲出生於閬中，據傳說葬於今河南周口；五帝世系中的玄囂、昌意、顓頊等均出生於蜀地，皆成就功業於中原；大禹爲北川人，治水成功之後，據傳在浙江會稽大會諸侯，在河南禹州稱王，最後歸葬於會稽，其子夏啓繼承夏部落王位與大禹部落聯盟首領位置，在河南建立夏朝——這些傑出的上古人物，都是在走出巴蜀之後，在各自時代的政治中心成就功業的。漢代司馬相如被尊爲"賦聖"，他的早期作品主要寫於做梁孝王門客時期，中晚期作品主要寫於爲漢武帝效命之時；王褒是蜀中奇才，他的辭賦與文章，得益於漢宣帝的賞識與宣帝太子的雅好；揚雄更不用說，一生不得志，但在漢代中央與新莽政權爲官時期，是他著作的主要階段；李尤銘賦，名動一時，主要是在東漢政府任職期間完成的；西晉陳壽，繼承巴人譙周之學，以宏大嚴謹的視野完成的《三國志》，寫成於在中央任職期間——漢晉最著名的文學大家，他們與上古名人一樣，仍然是在巴蜀之外的地方——主要是首都——完成自己的文學創作與政治生涯。唐代有主張"漢魏風骨"的大詩人陳子昂和盛唐"詩仙"李白；五代後蜀趙崇祚編成歷史上第一部詞集《花間集》；宋代有位居唐宋八大散文家之列的三蘇父子的文學群星，蘇軾被公認爲"千古第一文人"，是具有世界影響的大文豪；明代有文史哲奇才楊慎；清代產生了大學者張問陶、李調元；現代文學七大家中則有巴金、郭沫若——他們無一不是自西向東、從南到北，走出巴蜀，乃至走出國門，走向世界，從而成名成家、名垂青史的。他們的創作，主要不在首都，而逐漸體現出游歷四海、貶謫邊地、彙聚於東南文化中心的特點，這與先秦、漢晉時期有所不同。

從古至今，巴蜀人要走出巴蜀，才能成就一番大事業，文學如此，政治、軍事、經濟、藝術等方面同樣如此。僅以建立中華人民共和國初十大元帥之中，巴蜀十居其四。鄧小平同志在 16 歲時即離開四川，遠赴法國勤工儉學，歷史將他塑造成中華民族的一代偉人，與上古聖賢有相似的成就和聲譽。類似的例子不勝枚舉。"留在四川成隻蟲，走出夔門可成龍"，這確乎是巴蜀人、巴蜀文學家的一個隱性成才規律。

但這不是單方面的，巴蜀自古以來就有相容并包的地域文化特質，巴蜀文學區系之外的其他文人雅士，來到巴山蜀水，經過熏陶感染之後，成名成家者數不勝數。"自古詩人皆入蜀"，説的是巴蜀大地爲仙道之源，奇山异水、秀美富饒、民風淳厚、民俗自有特色，可以激發本區域文學範圍之外的著名文學家、詩人入蜀爲官、游歷、考察、著作。上古時期，黄帝即與西陵氏通婚，聯姻於巴蜀；其子昌意又與蜀山氏通婚，孕育出顓頊帝；漢、唐、宋、元、明、清以來，著名文學家鮮有不入蜀者，僅在《文心雕龍》之中，就多次提到政治家諸葛亮、文學家張載的名作；而左思《三都賦》中，有蜀都之作；詩聖杜甫，在巴蜀作詩數百首；宋代大詩人范成大、陸游在此建功立業，作詩數以千計。文學之外，因戰争、政治入蜀之各類人才代不乏例：秦滅巴蜀之後，移民萬户入蜀；秦滅六國之後，移民山東豪强數萬户入蜀；唐玄宗、唐僖宗兩次避亂入蜀；五代前後蜀時期，巴蜀是少戰亂的世外桃源；發展到抗戰時期，四川是全國軍民大後方，入蜀各階層、各領域名家薈萃——在五千年的中華文明史上，巴蜀文化區從來處於歷代文學發展的在場狀態。儘管其中有秦滅巴蜀、古巴蜀文明滅絶的歷史沉寂階段和元屠巴蜀、清初戰亂的毁滅性打擊階段，但移民入蜀以及從明初到清中葉持續數百年的"湖廣填四川"運動，使巴蜀地區很快恢復生機，而一旦恢復過來，秦漢以下，直到現當代，巴蜀地區迅速成爲國家經濟、文化、政治、人才培養的重要區域。

歷代以來，巴蜀文學區系爲中國文學貢獻了一批又一批著名的大作家，明代李贄在《續焚書》卷一中贊譽四川著名學者、文學家楊慎，有這樣的話："（楊）升庵先生固是才學卓越，人品俊偉，然得弟讀之，益光彩焕發，流光於百世也。岷江不出人則已，一出人則爲李謫仙、蘇坡仙、楊戍仙，爲唐代、宋代并我朝特出，可怪也哉！"李白、蘇軾、楊慎，是仙道之源四川産生的文學三"仙"！而在齊梁文論巨典《文心雕龍》成書的過程中，司馬相如、王褒、揚雄等傑出的文學大師、辭賦名家，成就豈在三"仙"之下。在《文心雕龍》的實際内容中，巴蜀政治家、思想家、文學家，閃耀着輝煌壯麗的文學之光、思想之光！

第二節　從伏羲到大禹：上古先聖的各類文學創作

在《文心雕龍》中，出自巴蜀文化區域的著名作家有漢代的司馬相如、王褒、揚雄、李尤，三國的諸葛亮，晋代的陳壽等人，但是，僅從以漢晋名家爲代表的作家文學入手是不够的，向上追溯，《文心雕龍》以儒家思想爲宗，其成書，離不開上古先聖的德政與美譽，離不開歷代著名的文學作品及其傳播與影響，劉勰對他們有着最崇高的謳歌與贊美，列出《徵聖》《宗經》等專門篇章，來樹立以先聖德政爲基礎、以周公和孔子爲代表的儒家聖人之豐碑，從而建立起全書的主旨依據和文學思想。

繼續上推。從原始蒙昧時期到三代奴隸社會，歷史萬年，偉人無數。《文心雕龍·原道》篇有一段話，是這樣説的：

> 人文之元，肇自太極，幽贊神明，易象惟先。庖犧畫其始，仲尼翼其終……若乃河圖孕乎八卦，洛書韞乎九疇，玉版金鏤之實，丹文緑牒之華，誰其屍之？亦神理而已。……自鳥迹代繩，文字始炳，炎皞遺事，紀在三墳……唐虞文章，則焕乎始盛。元首載歌，既發吟咏之志；益稷陳謨，亦垂敷奏之風。夏後氏興，業峻鴻績，九序惟歌，勳德彌縟。逮及商周……文王患憂……重以公旦多材……至夫子繼聖，獨秀前哲……爰自風姓，暨於孔氏，玄聖創典，素王述訓，莫不原道心以敷章，研神理而設教，取象乎河洛，問數乎蓍龜，觀天文以極變，察人文以成化。①

這一段話中，出現了中國古代最著名的部分政治家、思想家，包括上古傳説中的伏羲、炎帝、堯、舜、禹、伯益、后稷，以及確證有其人的周文王、周公旦、孔子，時間跨度從原始社會的舊石器時代、新石器時代到奴隸社會的夏、商、周三代。按照《文心雕龍》的説法：人文從原初之産生到後代之發展，主要是經過上述先聖的貢獻與積纍而成，始自伏羲，終於孔子。考察其思想皈依，是將上古最有作爲的著名人物及其言行、作品，統統歸於全書宗法的儒家思想體系之内。從寫作方式和體裁角度看，以上先賢創造有模仿自然的圖像文學、有言談得出的口語文學、有重大事件的叙事文學、有銘刻發布的政令文學、有詩歌音樂等審美文學，他們是中國文學從原始到成熟，上萬年演進歷史中最傑出的代表。

李建中教授以爲：《文心雕龍》充滿了史學意識，本篇即可看作一篇簡明的上古文明史②。筆者對此深以爲然。如果我們對上述傑出人物的地理籍貫稍作考察，即可發現如下情況：

伏羲，傳説生於今四川閬中，一説甘肅天水，或説山東泗水。

炎帝，傳説生於今陝西寶鷄。

堯帝，傳説生於今山西臨汾，黃帝長子玄囂後裔。

舜帝，傳説生於今河南範縣，黃帝次子昌意後裔。

大禹，傳説生於今四川北川，一説河南禹州，或説陝西，或説青海。

伯益，傳説爲秦人先祖，高陽帝顓頊苗裔，爲《山海經》撰述人之首。

后稷，傳説爲周人始祖，帝嚳嫡長子，葬於都廣之野。

周文王，起於今陝西寶鷄之岐山周原。

周公旦，同上。

---

① 楊明照：《增訂文心雕龍校注》，中華書局，2000年版，第1—2頁。

② 2017年8月初，中國《文心雕龍》學會第十四次年會在內蒙古師範大學舉行，在8月6日下午的大會報告中，李建中教授做了《龍學研究四通》的報告，其中提到了上述觀點。特作説明。

孔子，生於今山東曲阜。

上述名人中，伏羲至后稷等人的實際籍貫并無定論，實際上也不可能有定論，我們只能根據傳説、文獻記載和考古發現進行一個大體位置的概説。古文獻中，籍貫明確記載於巴蜀的有伏羲（今四川閬中）和大禹（今四川北川）。帝堯、帝舜均爲黄帝後裔，源出玄囂與昌意，而玄囂與昌意是黄帝與西陵氏女嫘祖聯姻後所生的長子與次子，分别降居江水（今四川岷江）與若水（今四川雅礱江），玄囂部落最有名的後代是帝嚳，爲堯帝之父，昌意部落最有名的後代是顓頊，爲舜帝六世祖，那麽，堯帝與舜帝，均有部分蜀人血統。傳説中伯益爲秦人始祖，爲高陽帝顓頊苗裔，他撰述的《山海經》以記述南方特别是古巴蜀文明、地理、傳説爲主，國家社科基金重大專案、四川省重大文化工程《巴蜀全書》編纂將其列爲首批規劃專案之首，稱爲巴蜀第一文獻。傳説中后稷爲周人始祖，帝嚳嫡長子，史籍稱：“蜀之先，帝嚳封其支庶於蜀，其後稱王。”帝嚳稱帝之後，派遣子孫返蜀，後爲王，后稷很有可能就是帝嚳稱帝後派回蜀地稱王的子弟之一，因爲他不僅是周人始祖，逝世後又葬於“都廣之野”，事見《山海經》等①，《山海經》注釋與《華陽國志》等古文獻認爲：都廣即廣都，在今成都平原雙流縣一帶，後爲古蜀國都城，古時蜀人以廣都、新都、成都爲三都。后稷部落因後代興起於岐山周原，最終建立周朝而最爲著名，周文王、周公歸屬於此，考察周原之地理位置，后稷在成都平原稱王、歸葬是可信的，因爲二者地理空間非常接近。那麽，從伏羲到周公，或多或少，都與古巴蜀這一地域空間有一定關聯。事實是否如此呢？

劉歆舉證的這些名人，貫穿了傳説中的原始社會舊石器時代的三皇時期與奴隸制社會的三代時期，也包括了新石器時代的五帝世系部分人物，其中的伏羲、炎帝早已不可按照今天的科學事實來進行個案考證，因爲他們很可能不是具體的個人，而是所在部落或部落聯盟的名稱，這些部落，也有通過多種方式（如戰爭、遷徙等因素）消長、融合爲一體才成爲部落的可能，其後的五帝世系也應作如是觀②。至於後來周人聚居於今陝西寶鷄岐山，周文王出，周公旦出，成爲有明確記載的具體個人，則是從部落聯盟之中剥離開來的個體首領。

如此，除了孔子，前述名人的地理籍貫有一個很重要的信息：自身或先祖，均出古梁州域内的秦嶺山水及其近鄰山水體系之中。在秦嶺這座著名的大山中，向北流出了洛水，這是傳説中大禹發現洛書的河流，洛水右折，在洛陽注入黄河，河洛之地位於中原腹地，是上古大部分名人如堯、舜、禹等建功立業的地方，北方文明核心區域；向南流出了嘉陵江，在匯

---

① 關於都廣之野，《山海經·海内經》曰：“西南黑水之間，有都廣之野，后稷葬焉。爰有膏菽、膏稻、膏黍、膏稷，百穀自生，冬夏播琴。鸞鳥自歌，鳳鳥自儛，靈壽實華，草木所聚。爰有百獸，相群爰處。此草也，冬夏不死。”目前，全國有多處地方在争論都廣之野，内蒙説、廣西説等都曾出現過。根據原文記載與注釋，筆者采用成都平原一説。這種説法不僅有文獻依據和地理學依據，更有成都平原富饒美麗的歷史依據。

② 傳説中伏羲的母親華胥、伏羲的妹妹女媧，是母系氏族社會向父系氏族社會過渡的部落代表，不應該看作是具體的人名，而是部落或部落聯盟之名。傳説中五帝世系的黄帝及其後代，雖然在時間上發展進步了幾千年，但大體上也類同於此。比如傳説黄帝部落曾戰勝炎帝部落，統治炎帝部落之後，再聯合其他部落擊敗蚩尤部落，逐漸成爲中原各部落聯盟首領。其後，有關於黄帝—少昊—蟜極—帝嚳—后稷的世系傳承，少昊即玄囂，降居江水（今四川岷江），娶蜀女，生蟜極，蟜極生帝嚳，帝嚳生后稷，是爲周人始祖，這些都是部落。

合源出甘肅天水的西漢水之後，成爲巴人的母親河，而《路史》等文獻記載伏羲生於嘉陵江中斷的閬中地區，被稱爲巴人始祖，或説出生於嘉陵江左源的天水成紀，那麼，伏羲早期的主要活動區域，是在這條大江的源頭與中段；向東流出了漢水，這是今天晚出的漢族人的母親河；秦嶺西南方向的岷山，源起今甘肅岷縣，主體部分於今四川蜿蜒南下，岷山向南流出了岷江，這是黃帝世系一再聯合、控制的蜀人的母親河，并且，在明代之前的歷史記載中，岷江一直被認爲是長江的上源，有江源之稱，《尚書·禹貢》即有"岷山導江"的記載。天水向東北，發源出了黃河最大的支流渭河，在寶雞附近，孕育出了炎帝、黃帝①、周文王、周公，是炎帝部落、黃帝部落和周人的母親河，而渭河上源鳥鼠山段有一個非常巴蜀化的名稱——禹河，《山海經》云："鳥鼠同穴之山，渭水出焉。"相傳大禹鑿通鳥鼠山，導渭水出山，這座鳥鼠山，即在天水定西。天水向東北流出了渭河，向東南流出了嘉陵江，中間夾着的，正是秦嶺。

山水體系之外，按照今天的行政省區來看，秦嶺向西是甘肅、青海，向南是四川、重慶，向北是陝西，向東是湖北、河南；在秦嶺和大巴山之間，還有一塊著名的土地——漢中，這裏不僅是戰國時期秦楚兩國反復爭奪的沃野，還是楚漢爭霸時期劉邦賴以起家的大本營，秦滅巴蜀，漢據巴蜀，都是以此作爲征伐天下的重要根據地，漢中還是漢王朝四百年基業的發源地。《原道》篇中尊崇的孔子，需要感謝漢王朝立國之後建立起來的儒家爲宗的思想政治體系，才能有影響兩千餘年的聖人之稱。

這樣，我們完全可以把中國南北方分界綫標志的秦嶺及其周邊山水體系作爲上古中華文明的搖籃看待。這樣説，不僅因爲有關於上述名人的神話傳説或民間傳説流傳至今，更因爲上古文獻的記載也如此。《山海經》被越來越多的學者認爲是有科學依據和事實依據的古文獻，《史記》《古本竹書紀年》《帝王世紀》《路史》等史傳文獻與儒家著名經典《尚書》《大戴禮記》等也有着很多這樣的記載。而不斷取得進展的考古發現，以出土實物爲雄辯明證，也爲這一説法增添越來越多的證據，比如"禹出西羌"等，今天已逐漸成爲定論。

《尚書·禹貢》曰："華陽、黑水惟梁州。岷、嶓既藝，沱、潛既道。"華陽，一説爲華山之陽，即華山南面。黑水，一説爲岷江上游支流黑水河，一説即雅礱江，古稱若水，彝族語音中，"若"指黑色。華陽、黑水之間的方位，大體上在今陝西華山南面到四川雅礱江之間的地理位置。其中的岷、嶓二山，即今岷山、嶓冢山②。《禹貢》記載，導山："導嶓冢至於荆山。"導水："嶓冢導漾，東流爲漢。"《山海經》記載説：大時山再向西三百二十里的地

---

① 關於黃帝的生地，目前至少有五種意見：一是甘肅天水，因爲黃帝是少典之子，伏羲之後，故有此説；二是陝西寶雞，傳説黃帝生於姬水，即今寶雞岐水，炎帝生於姜水，炎黃同源；三是陝西黃陵，因爲黃陵是黃帝歸葬之地；四是河南新鄭，因有"黃帝居於軒轅之丘"的記載，而軒轅之丘，一説即爲河南新鄭；五是山東曲阜，古稱壽丘，黃帝陵墓碑刻有此説。

② 一名嶓山。《尚書·禹貢》："嶓冢導漾，東流爲漢。"實際上，漾水乃今西漢水之上源，故班固《漢書·地理志》隴西郡西縣謂："《禹貢》嶓冢山，西漢所出。"唐杜佑《通典·州郡》遂認爲嶓冢山有二：（1）秦州上邽縣（今甘肅天水市），"嶓冢山，西漢水所出，今經嘉陵曰嘉陵江，經閬中曰閬江"。（2）漢中郡金牛縣（今陝西寧强縣東北），"嶓冢山，禹導漾水，至此爲漢水，亦曰沔水"。今寧强縣北之嶓冢山，土人名漢源山，當爲《禹貢》"嶓冢導漾"之嶓冢山。

方，叫作嶓冢山。漢水發源於此，向東南流入沔水。嚻水也發源於此，向北流入湯水。於是，我們可以推論嶓冢山即在今秦嶺山系的中心位置，或者即大秦嶺之古稱。

岷、嶓二山所在的古梁州，在古代沒有今天陝、甘、青、寧、川、渝、鄂、豫行政區劃的情況下，基本上是與巴蜀文化區在地理空間上重合或同義的。那麼，在這一廣義的巴蜀文化區地域範圍內，在劉勰的筆下，在《文心雕龍》最重要的開篇之作《原道》篇論述到的上古聖人之中，就有伏羲、炎帝、伯益、后稷、大禹、文王、周公直接生長於斯，傳承於斯，就有帝堯與帝舜之先祖發源於斯，降居於斯，只有孔子不是。所以説，上古文明史，是以這一區域中心位置建構起來的。

從地理位置上看，秦嶺隔斷了四川、重慶與陝南、甘南的空間聯繫，但這是可以克服的，而不是絕對阻礙古人交流與遷徙的。我們可以從巴蜀文化這一地理位置鮮明的名詞內涵來解釋這一現象。參見上一節內容。

在古巴蜀文化地理空間之前，蜀人大禹在歷史上第一次明確劃分了中國版圖的位置區域——九州[①]。九州是中國古代典籍中所記載的夏、商、周時代的地域區劃，後成爲中國的代稱。大禹治水成功之後，將全國劃分爲九個區域，即九州。根據《尚書·禹貢》的記載，九州分別是冀州、徐州、兗州、青州、揚州、荊州、梁州、雍州和豫州。《禹貢》雖然是戰國後期學者所作，但所記載的大禹劃定九州之事，是真實可信的。

《尚書·禹貢》曰："禹別九州，隨山浚川，任土作貢。"其中"華陽、黑水惟梁州"，華陽，指華山之陽；至於黑水，則有衆多歧説。唐杜佑《通典·古梁州·上》云："《禹貢》曰：'華陽黑水惟梁州。'孔安國以爲東據華山之南，西距黑水也。又曰：'導黑水，至於三危，入於南海。'孔安國注云：'黑水自北而南，經三危，過梁州，入南海。'鄭玄云：'按三危在鳥鼠之西，而南當岷山，又在積石之西，南當黑水祠，黑水出其南脅。'此云經三危，彼云其出，明其乖戾。又按《漢書·地理志》：'益州郡滇池有黑水祠，而不記山之所在，即今中國無之矣。'又按酈道元注《水經》，鋭意尋討，亦不能知黑水所經之處。顧野王撰《輿地志》，以爲至僰道入江，其言與《禹貢》不同，未爲實錄。至於孔、鄭通儒，莫知其所，或是年代久遠，遂至堙涸，無以詳焉。"[②] 也就是説，歷代都沒有將黑水位於何處搞清楚過。今四川黑水縣，因黑水得名，黑水爲岷江上游的支流之一，比較其方位，不太可能是梁州之黑水邊界。而四川的另一條大江雅礱江，古稱若水，當地彝族同胞呼"黑"爲"若"，從語音、地理位置以及黑水"自北而南，經三危，過梁州，入南海"的歸屬來看，或許"若水"雅礱江即古"黑水"，也未可知。

梁州向北是雍州，古時雍、梁二州又有合并爲一的情況。《通典》曰："自漢川已下諸郡，皆其封域。舜置十二牧，梁州其一也。以西方金剛，其氣强梁，故曰梁州。周禮以梁州

---

① 另一種説法説黃帝始定九州。

② （唐）杜佑撰，王文錦等點校：《通典》，中華書局，1988 年版，第 4574 頁。

并雍州。梁州當夏殷之閑爲蠻夷之國，所謂巴、賨、彭、濮之人也。"又曰："周末，秦惠王使司馬錯伐蜀，有其地，於天文兼參之宿，亦秦之分野，漢之巴、蜀、廣漢、犍爲、武都、牂柯、越巂等郡，今通川、瀘山、南平、涪陵、南川、瀘川、清化、始寧、咸安、符陽、巴川、南賓、南浦、閬中、南充、安岳、盛山、雲安、犍爲、陽安、仁壽、通義、和義、資陽、南溪、武都、河池、同穀、順政、陰平、江油、益昌、普安、巴西、梓潼、遂寧、蜀郡、德陽、濛陽、唐安、臨邛、盧山、通化、臨翼、越巂、雲南等郡皆是。漢之弘農郡西南境，今上洛郡。又得楚之交。漢之漢中，今漢中、洋川、安康、房陵等郡，并宜屬楚。秦平天下，置郡爲漢中、今漢中、洋川、安康、房陵等郡地也。"① 從這一詳細的地理位置界定、後代行政區域劃分與巴、賨、彭、濮等民族構成可知：古梁州即後來的巴蜀地區。再根據林向教授對巴蜀文化區域的界定反推，古巴蜀地區正在這一以梁州爲主、雍州爲輔的範圍之中，秦嶺及其周邊山水體系屬於古巴蜀文化區域②。

對這一問題，記載最爲詳細、歷史脉絡最爲清楚的是《華陽國志》，在《巴志》之開篇，作者常璩爲我們詳細梳理了巴蜀文化區的前世今生：

> 昔在唐堯，洪水滔天，鯀功無成。聖禹嗣興，導江疏河，百川蠲修，封殖天下，因古九圍，以置九州；仰稟參伐，俯壤華陽，黑水、江、漢爲梁州。厥土青黎，厥田惟下上，厥賦惟下中，厥貢璆、鐵、銀、鏤、砮、磬、熊、羆、狐、貍、織皮。於是四隩既宅，九州攸同，六府孔修，庶土交正，底慎財賦，成貢中國。蓋時雍之化東被西漸矣。歷夏、殷、周，九州牧伯率職。周文爲伯，西有九國。及武王克商，并徐合青，省梁合雍，而職方氏猶掌其地，辨其土壤，甄其貫利，迄於秦帝。漢興，高祖藉之成業，乃改雍曰涼，革梁曰益，故巴、漢、庸、蜀屬益州。至魏咸熙元年平蜀，始分益州巴漢七郡置梁州，治漢中。以相國參軍中山耿黼爲刺史。元康六年，廣漢還益州，更割雍州之武都、陰平、荊州之新城、上庸、魏興以屬焉。凡統郡一十二，縣五十八。③

本段文字詳細記述了上古大禹時代的梁州、雍州之別與雍州逐漸與梁州合并的史實。在漢高祖時，"改雍曰涼，革梁曰益，故巴、漢、庸、蜀屬益州。"三國歸魏之後，"分益州巴漢七郡置梁州，治漢中。"晋惠帝司馬衷元康六年時，"廣漢還益州，更割雍州之武都、陰平、荊州之新城、上庸、魏興以屬焉。"順着這個清晰的歷史地理脉絡，秦嶺山水屬於漢代益州、魏國梁州，於元康六年復歸益州。實際上，直到明代，今甘南、陝南等地均爲四川省之行政屬地。於是，這一區域屬於古巴蜀文化區，可成定論。

在《原道》篇中，劉勰認爲："《河圖》孕乎八卦，《洛書》韞乎九疇。"伏羲在黄河中根據河圖創立了"八卦"，這是人類圖像文學之始；大禹在洛水中根據洛書收穫了《洪範》，這

---

① （唐）杜佑撰，王文錦等點校：《通典》，中華書局，2016 年版，第 4574 頁。
② 四川大學歷史文化學院郭齊、王小紅等歷史文獻學、歷史地理學專家指導這一意見。
③ （晋）常璩撰，劉琳校注：《華陽國志新校注》，四川大學出版社，2015 年版，第 1—4 頁。

是國家有序治理之本——於是，從人類文學的起源到後代文學的巨大功能，從蒙昧的感悟體會到理性的政教指令，從仰觀俯察的創造形式到邏輯嚴整的政治制度，都產生并形成了，這是中華文明發展史上最重要的兩個標志性事件。而在中原河洛完成這兩大壯舉的伏羲和大禹，正是古巴蜀文化區奉獻出來的兩位巨人。

如果我們在劉勰的論述中補全以下三類部落及其首領人物，則可以收穫更多的信息。

一是三皇世系。三皇是没有準確定論的舊石器時代部落或部落聯盟首領，但無論怎樣變，其中有伏羲，則是肯定的。向上，傳説伏羲之母爲華胥，生伏羲、女媧，那麼，華胥作爲舊石器時代母系氏族社會階段著名的部落首領，女媧則有可能是其部落在過渡階段的繼任者，伏羲則是發展到父系氏族社會階段的重要代表人物。有關他們三人的傳説和相關的文獻記載，實際上是中華上古文明在舊石器時代發展的數千年歷史的縮影：華胥是公認的人文初母，伏羲則是公認的人文始祖，這不僅是漢民族的認識，更是中華多民族文明史的共識。華胥的出生地（或華胥部落的主要活動地），一説四川閬中，一説陝西藍田，一説山東泗水。而華胥誕生伏羲的地方，一説四川閬中，一説甘肅天水，一説山東泗水——筆者采用西部説，其中心區域，在今四川閬中，這是巴人都城之一。

二是五帝世系。黄帝部落發展於黄土高原，聯姻於蜀地西陵氏，領袖於中原各部，傳承於少昊、顓頊、帝嚳、帝堯、帝摯、帝舜等部落。五帝世系之淵源與發展，在《史記》《帝王世系》《路史》《華陽國志》等史書文獻與《尚書》《孟子》《大戴禮記》等儒家經典的記載中無不與前述之巴蜀文化區息息相關。而當代最新考古成果對此予以堅實之實證，表明古蜀文明不僅源遠流長，而且是早於中原文明的上古文明，黄帝世系與巴蜀文化有着非常密切的聯繫。

三是夏世系。傳説中大禹娶妻塗山氏女，名女嬌，生夏啓。啓滅伯益，建立夏朝，中華文明史正式從原始社會進入奴隸社會。大禹是西羌人，塗山氏一説居於今重慶市，夏啓大約出生於今重慶市奉節縣一代[1]，那麼，夏啓是蜀地羌人與巴人後裔無疑。不管他是巧取豪奪還是天下歸心，夏啓或是攻滅伯益，或是接受伯益之主動讓賢，自立爲王，建立夏朝，開闢了中華文明的歷史新階段。夏朝是巴蜀人領導建立的奴隸制王朝，也是可以得出的推論。

這樣，華胥、女媧、伏羲等舊石器時代的著名部落首領，其後的黄帝、顓頊帝、帝嚳、帝堯、帝舜、帝禹等著名的新石器時代部落聯盟首領，直到夏啓及其建立的第一個奴隸制國家夏朝——上述傑出的人物、部落或朝代，都是以上述秦嶺山水體系爲核心的巴蜀文化區爲地理依托的，或起源於此（伏羲、炎帝、顓頊、大禹、夏啓等），或聯姻於此（黄帝），或降居於此（少昊、昌意等），或成長於此（顓頊等），在這一區域發展、壯大起來之後，他們逐漸向中原、華北地區遷徙，并建功立業，名垂青史。那麼可以説：廣義的巴蜀文化區，是整個中華民族重要的文明起源地之一，而且是核心起源地之一。劉琳、彭邦本教授指出：這一

---

① 李誠：《古蜀神話傳説與中華文明建構》，《巴蜀文化研究》第 1 輯，巴蜀書社，2004 年版。

區域的主導民族是羌族，上古中華文明的主導民族，在很長的一段歷史中，也是羌族。

綜合上面的論述可知：

在歷代以來最著名的聖人中，上古三皇中的伏羲是《文心雕龍》論述的人文第一人，而有一種説法是伏羲及其母親華胥、妹妹女媧出自今四川閬中。華胥是上古時期母系氏族社會傑出的部落女首領，其生地有陝西藍田説、山東泗水説、四川閬中説；華胥生伏羲，完成了母系氏族社會向父系氏族社會的過渡，伏羲的生地，也有甘肅天水説、四川閬中、山東濟寧説等不同的説法。對於華胥與伏羲部落的發源地，如果暫不考慮遙遠東方的山東説，那麼，陝南、甘南、川北這一大塊以秦嶺、岷山、大巴山爲核心的三角形山水地帶，即巴蜀文化區，作爲上古聖人伏羲的生地，或伏羲部落的發祥地，是可資成立的。

往下發展，經考古證實早於黃帝部落的炎帝部落，炎帝魁隗氏發祥於秦嶺常羊山，興起於赤水（今貴州赤水市），建帝都於陳倉（今陝西寶雞），傳七帝而失政，被炎帝神農氏取而代之。炎帝神農氏，始生地在姜水（今陝西寶雞），據當代學者陽國勝研究：炎帝所出生的華陽之常羊山，其華陽指巴蜀地區，因爲不論是赤水還是寶雞，均在巴蜀文化區之內。如此，則炎帝部落源起於巴蜀文化區。

其後，五帝世系中的黃帝娶妻西陵氏之女嫘祖，生的兩個兒子青陽氏玄囂降居江水（今四川岷江），昌意降居若水（今四川雅礱江）；昌意娶蜀山氏之女倡僕（一作嫘僕）爲妻，生高陽氏，後來繼承黃帝帝位，是爲顓頊帝；帝嚳是玄囂的孫子，顓頊帝的侄兒，據《史記·三代世表》等歷史文獻記載，帝嚳在繼承顓頊帝位稱帝之後，派遣子孫返蜀，繼續掌控蜀地部落，其後建國，稱蠶叢[1]；帝嚳傳位於兒子帝摯，帝摯禪位於弟弟放勛，即帝堯[2]；帝堯傳帝舜，帝舜爲顓頊帝六世孫；帝舜傳帝禹，而帝禹爲黃帝嫡系子孫，出於西羌，生地在今四川省北川縣[3]；帝禹傳伯益，其後出生於塗山（今重慶奉節一代）的夏啓推翻伯益，終結了之前流傳有序的原始社會部落聯盟首領更迭的禪讓制度，建立起歷史上第一個奴隸制國家，中國歷史從原始社會進入到全新的奴隸制社會。

綜上所述，巴蜀文化區是古代中華文明的發源地之一，而且是核心發源地之一。這一推論早已有了幾十上百的論文、著作成果和當代嶄新的考古成果證實之，筆者不再贅述。在廣義的巴蜀文化區範圍內產生的伏羲、炎帝、五帝世系部分人物、大禹、伯益、夏啓、文王、周公等傑出的政治家、思想家，是《文心雕龍》在寫作時極力贊美、盡力褒揚、歌功頌德的

---

① 直到唐代，這一説法仍然被記錄在歷史著作之中，杜佑《通典·州郡典·州郡五》記載"古梁州"時説："或曰：蜀之先帝嚳封其支庶於蜀，其後稱王，長曰蠶叢，次曰伯雍，次曰魚鳧。"這是對古蜀歷史傳説的記載，如今早已被考古發現所證實。

② （晋）皇甫謐《帝王世紀·第二》曰："帝摯之母，於四人（按：指帝嚳四妃）之中其班最下，而摯年兄弟最長，故得登帝位。封异母弟放勛爲唐侯。摯在位九年，政軟弱，而唐侯德盛，諸侯歸之。摯服其義，乃率其群臣造唐朝，而致禪因委，至心願爲臣。唐侯於是知有天命，乃受帝禪，而封摯於高辛氏。事不經見，漢故議郎東海衛宏所傳云爾。"

③ （晋）皇甫謐《帝王世紀·第二》曰："伯益爲夏后氏，姒姓也，其先出顓頊。顓頊生鯀，堯封爲崇伯，納有莘氏女，曰修己，見流星貫昴，夢接意感，又吞神珠薏苡，胸坼而生禹於石紐。"石紐，即今四川省北川縣。同篇又説："（大禹）長於西羌，爲西夷人。"此即"禹出西羌"之義。

主要對象。上古傳説中的聖王，以其卓越的政治功績、偉大的發明創造、親民的教化事業、優秀的文學創造，爲《文心雕龍》的成書提供了評論對象、徵引源泉、道德高標和文本體裁。篳路藍縷的古代文化與寫作發展之路，經過數千年的歷史，在《文心雕龍》成書的齊梁時代，已經極大豐富、成熟起來，到了一個需要總結回顧歷史、開拓未來的關鍵點，史稱"文學自覺"。《文心雕龍》在這個關鍵的自覺時代完成，除了時代風氣確實推動了文學自覺，理論發展催生了文論總結，作者劉勰以宏觀的歷史視野，以貫通全書的雅麗文學思想爲準繩，衡量文學發展史，在源頭上取法上古聖人，爲全書的寫作奠定了堅實基礎。

本課題主張伏羲爲巴人祖先的説法，也就是説，將本書的研究對象，將巴蜀名人對《文心雕龍》成書的影響，在禹夏時代、五帝時代基礎上，上推到了伏羲時代。

從伏羲到大禹，他們各自爲中華文學史貢獻出了不同類型的寫作方式和文學作品：伏羲仰觀俯察，窺破自然之道，依據河圖，畫成八卦，這是典型的上古圖像文學形態，在此之前，存在的主要應該是口語文學形態；黄帝世系中與巴蜀文學區系相關的傑出人物，在"鳥迹代繩，文字始炳"的新載體助力之下，口語文學與文字文學綜合發展；大禹時代，已經産生了洛書、《洪範》，是規範的政教制度記録，屬於成熟的文字文學。上古巴蜀文學區系産生的上述偉人，儘管不是後代純文學意義上的作家，但在原始蒙昧階段、奴隸制早期階段，以不同的寫作方式和寫作載體，創制不同類型的文學作品，爲中國文學史、文明史做出了偉大的貢獻。

第三節　漢代三傑：巴蜀文學的著名代表

仔細閱讀《文心雕龍》在《序志》中劃定的五大部分内容可知：有許多巴蜀本土作家、思想家、政治家被作者劉勰寫進了《文心雕龍》，比如大禹、司馬相如、王褒、揚雄、李尤、陳壽等人，另有諸葛亮、張載等著名蜀中政治家、作家入選。上述傑出代表中，大禹是上古帝王之一，開創夏朝，是中華兒女得以稱爲"華夏兒女"的始祖之一，治水定天下，德政聲譽隆，開啓夏王朝數百年的基業，是中國歷史從原始部落向奴隸社會過渡并完成轉變的關鍵人物。司馬相如以其卓越的文學創作、政治貢獻、小學成就和辭賦理論，被稱爲"賦聖""辭宗"，在中國文學史、文明史、文化史上占據着重要的地位，是《文心雕龍》全書從前到後引以爲範例的最著名作家之一。王褒是西漢蜀中文學奇才，是漢代大賦向抒情小賦過渡的代表作家，他的散文創作也有很高的成就，是《文心雕龍》全書從前到後不斷徵引、點評，并樹立爲兩漢斷代文學高標的經典作家。揚雄不僅是漢代最負盛名的辭賦作家，還精通哲學，折衷儒道，是著名的大學者，是魏晉玄學在漢代的理論開啓人，被後人尊爲"漢代孔子""西道孔子"，《文心雕龍》不僅以之爲最著名的作家和理論家之一，還將其傑出的思想成果和文學理論引徵過來，作爲樹立雅麗文學思想的主要理論淵源之一①。李尤以其傑出的各體文學創作，多次被劉勰品評，是漢代文學的一位大師，特別在銘體和賦體文學創作上，是歷史上最著名的作家之一。巴人陳壽創作了著名的《三國志》，其書與注釋不僅是劉勰寫作《文心雕龍》的重要素材來源，還爲史傳文學樹立了一個高標，是千年史傳體裁的著名代表作家。入蜀著名政治家諸葛亮在政治治理之餘，寫出了許多流傳千古的佳作美文，是教體文章和章表體裁的傑出代表作家。張載《劍閣銘》是流傳天下的傑出銘文作品，被晉武帝下詔鎸刻於名山，流傳天下。

以上巴蜀英才和入蜀名家，爲《文心雕龍》的成書做出了重要貢獻，在樞紐論、文體論、創作論、批評論這幾個板塊中占據了至關重要的地位，是劉勰極力標舉的上古聖人、經典作家與文學理論家：司馬相如、王褒和揚雄是樞紐論部分重點推崇的最優秀作家代表。他們創作的各體作品是文體論部分的扛鼎之作，這些作品成爲所屬該體文章的基本標準，《文心雕龍》折衷詩歌和辭賦的文學理論及其審美標準，源於孔子，而以揚雄爲皈依。在創作論中，上述巴蜀作家是思維論、風格論、審美論、通變論、修辭技法、文字小學的典型代表，他們的成敗得失，是所有文學創作取法或揚棄的對象。在批評論部分，他們成爲文學史論、知音鑒賞、作家品評、學術道德的核心論述對象。以司馬相如"錦繡宮商"與揚雄"詩人之賦麗以則，辭人之賦麗以淫"爲代表的漢代辭賦創作理論，是《文心雕龍》追求的雅麗文學思想之半壁江山。揚雄豐富精彩的文藝思想，諸如"心聲心畫""自然之道""徵聖宗經""麗則麗淫"、名德思想等，成爲劉勰徵引吸收、建立《文心雕龍》理論體系的重要取材對象。

在上述人物中，司馬相如、王褒、揚雄是《文心雕龍》論述較多，且歷史影響很大的文學作家。三人之中，又以司馬相如文學成就最高，爲漢代辭賦四大家之首，是《史記》中專篇列傳論述的西漢唯一作家，是漢代文學作家當之無愧的最著名代表；以揚雄成就最爲全面，在文學創作、哲學思辨、文藝理論、文字小學等方面居於西漢最傑出代表之列，他們的貢獻，影響着《文心雕龍》成書的方方面面。蜀中三傑之所以在文學史上各占高標，主要是因爲他們在賦體文學發展史上的各開先河之功與所在領域最高的創作成就。無論是他們身前還是身後，無論是《文心雕龍》還是當代評價，都是如此。可以說，沒有蜀中三傑——尤其是揚、馬二人的創作成就、學術貢獻與理論推動，《文心雕龍》不僅將失去最值得依賴的徵引取材對象，而且提不出貫通全書樞紐論、文體論并指導創作與批評實踐的雅麗文學思想。因此，以蜀中三傑爲代表，占據了《文心雕龍》半壁江山的辭賦創作與辭賦理論，對《文心雕龍》的文學思想的提煉、產生有重大影響。

爲什麼在西漢三傑之前，《文心雕龍》書中看不到出自巴蜀的著名作家，畢竟傳說中的伏羲、大禹的主要身份并不是作家而是政治家，而中原文化、齊魯文化等主流文學區系，貢

---

① 參見王萬洪《〈文心雕龍〉雅麗思想研究》，四川師範大學博士學位論文，2012年。

獻出那麼多著名的大文豪。巴蜀文學直到西漢才突然爆發，狂飆突進地震驚文壇，這該怎麼解釋？

公元前 316 年，秦將司馬錯、張儀伐蜀，滅巴、蜀，遷徙萬户入蜀；秦滅六國之後，遷徙山東諸國豪强數萬户入蜀；秦相吕不韋事件之後，遷徙其門客故吏入蜀安置，以上大事件，改變了先秦巴蜀原住民的血脉氣質與文化基因，使得巴蜀在很早就成爲一個多民族融合雜居、中原文化占據主流的地方。其後，蜀守李冰率領百官、百姓艱苦治水，修建了都江堰等馳名世界、至今實用的著名水利工程，都江堰的修成，不僅解決了岷江泛濫成災的問題，而且還可以灌溉成都平原及周邊臨近山區的十幾個縣。從此，成都平原成爲沃野千里的富庶之地，獲得"天府之國"的美稱①。在漢代，成都平原在經濟上發展起來之後，文化教育也開始發展起來，最主要的宣導者是文翁。巴蜀因文翁興學之舉，逐漸在文化教育方面异軍突起。《漢書·循吏傳》説：

> 漢興之初，反秦之敝，與民休息，凡事簡易，禁罔疏闊，而相國蕭、曹以寬厚清静爲天下帥，民作"畫一"之歌。孝惠垂拱，高後女主，不出房闥，而天下晏然，民務稼穡，衣食滋殖。至於文、景，遂移風易俗。是時，循吏如河南守吴公、蜀守文翁之屬，皆謹身帥先，居以廉平，不至於嚴，而民從化。……文翁，廬江舒人也。少好學，通《春秋》，以郡縣吏察舉。景帝末，爲蜀郡守，仁愛好教化。見蜀地僻陋有蠻夷風，文翁欲誘進之，乃選郡縣小吏開敏有材者張叔等十餘人親自飭厲，遣詣京師，受業博士，或學律令。減省少府用度，買刀布蜀物，齎計吏以遺博士。數歲，蜀生皆成就還歸，文翁以爲右職，用次察舉，官有至郡守刺史者。又修起學官於成都市中，招下縣子弟以爲學官弟子，爲除更徭，高者以補郡縣吏，次爲孝弟力田。常選學官僮子，使在便坐受事。每出行縣，益從學官諸生明經飭行者與俱，使傳教令，出入閨閤。縣邑吏民見而榮之，數年，争欲爲學官弟子，富人至出錢以求之。由是大化，蜀地學於京師者比齊魯焉。至武帝時，乃令天下郡國皆立學校官，自文翁爲之始云。文翁終於蜀，吏民爲立祠堂，歲時祭祀不絶。至今巴蜀好文雅，文翁之化也。②

班固完成《漢書》時，上距文翁興學約 200 年。文翁的貢獻，不僅在於從教育入手，發展了四川的文化，而且他所創辦的官學有一套得力的措施，由於他辦官學成效卓著，到漢武帝時，中央政府推廣了文翁管理官學的經驗，下令全國各郡皆立學官，以發展教育。所以，文翁興學又開創了西漢一代的官學制度，這在中國教育史上是一個重要的事件。

一個國家的最終發展，靠的是教育和人才，有了人才，就有了一切建設與發展的軟實力基礎。一個地區的發展同樣如此：在文翁興學之前，巴蜀大地文教并不昌盛。這是有歷史原

---

① 2018 年 1 月 5 日，由四川省委宣傳部、四川省民政廳、四川省社科聯、四川省歷史學會、成都市都江堰市人民政府、都江堰市李冰研究學會共同發起，以筆者所在的西華大學爲牽頭單位，四川省李冰研究學會正式成立。

② （漢）班固撰：《漢書》（影印本），中華書局，1997 年版，第 3623－3627 頁。

因的：第一，秦滅巴蜀之戰，將巴蜀等國原住民基本殺光、趕走，巴蜀文化基本滅絕。第二，秦滅巴蜀之後，遷徙秦國豪族、地主、民眾萬户入巴蜀，秦滅六國之後，遷徙六國豪强與吕不韋勢力集團入蜀安置，巴蜀地域居民與文化屬性改變了，封閉、自大與叛逆的歷史基因形成了，所謂"天下未亂蜀先亂，天下已治蜀未治"就是這個道理。第三，秦始皇推進大一統的政治策略，書同文是其中之一，對巴蜀大地的推進是漸進式的①，文字的毀滅，將文明復興的基礎毀掉了。所以漢代初期的巴蜀居民實際上是一鍋大雜燴，這既有好處：安置移民，便於管理，改良巴蜀原住民習性；也有壞處：民族屬性不統一，難於治理，難於教化，不出人才。文翁就是在這樣的基礎上，抓住了治理蜀郡的關鍵——教育。在他的宣導下，蜀地學風日漸昌盛，慢慢培養出來一大批經學人才，蜀地小學人才與《易》學人才極多，這不是没有前提的，并逐漸誕生出一大批文學人才，以司馬相如爲代表的著名大文豪，開始登上歷史舞臺。

秦國移民、李冰治水、文翁興學，三件大事，使成都在經濟、物産、教育、人才培養等方面逐漸走到了全國的前列位置。比如，巴蜀大地礦産、物産豐富，不僅産生了卓王孫等巨富，也將本地區經濟地位大大提升了，蜀郡成都成爲漢代五大都會之一。《漢書·地理志下》記載：

> 巴、蜀、廣漢本南夷，秦并以爲郡，土地肥美，有江水沃野，山林竹木疏食果實之饒。南賈滇、僰僮，西近邛、莋馬旄牛。民食稻魚，亡凶年憂，俗不愁苦，而輕易淫泆，柔弱褊厄。景、武間，文翁爲蜀守，教民讀書法令，未能篤信道德，反以好文刺譏，貴慕權勢。及司馬相如游宦京師諸侯，以文辭顯於世。鄉黨慕循其迹。後有王褒、嚴遵，揚雄之徒，文章冠天下。繇文翁倡其教，相如爲之師，故孔子曰："有教亡類。"②

本段文字，實際上是兩漢時期巴蜀大地文教人才的大總結。人才的涌現，成爲物質基礎建設好之後的必然：在商業領域，有卓王孫等進入《史記》《漢書》中的天下首富③；在文教領域，有文翁化蜀涌現的司馬相如、揚雄、董均等最傑出的文學家、思想家、經學家。

對於班固"相如爲之師"的説法，筆者曾先後向多位漢代文學研究名家、巴蜀文化研究名家請教，大體一致的看法是：

第一，司馬相如以文辭顯名天下，"鄉黨慕循其迹。後有王褒、嚴遵，揚雄之徒，文章冠天下"，司馬相如在文學創作道路上開啓了巴蜀文人名揚天下的先河。在他之前，没有這

---

① 四川大學藝術學院侯開嘉教授講授書法史課程有一個觀點，秦國書同文政策的實施可以分爲兩種類型：一是激進式的，如秦縣六國之後的統一推進；二是漸進式的，占據一個地方就逐漸在該地區推進這一政策，如秦縣巴蜀之後的推進方式。

② （漢）班固撰：《漢書》（影印本），中華書局，1997年版，第1645頁。

③ 《史記·貨殖列傳》與《漢書·貨殖傳》，記述的第一人均爲蜀郡臨邛巨富卓王孫。後來，司馬相如琴挑卓王孫孀居獨女卓文君，最終在卓王孫分給財産的情況下返回成都，成爲富人，爲後續進京發展打下了基礎。

樣的人才出現過，在他之後，則有王褒、揚雄、李尤、李白、蘇軾、楊慎、張問陶、巴金、郭沫若等歷代名家，他們一旦拿出文學作品來，就是當時代的第一流大家。巴蜀盛產大文豪的歷史風氣，是由司馬相如開創的。

第二，在文學之外，更多的是指司馬相如所走的離開巴蜀、到達京城、以文顯名的發展模式與仕途模式，這一點，對後代巴蜀文人有着更爲深遠的影響①。揚雄的老師嚴君平，儘管"文章冠天下"，但他在《文心雕龍》中是沒有被提到過的。王褒受蜀郡太守的推薦，到京都後可以直接和漢宣帝、太子見面，或議論時政，或作文娛樂，寫出《聖主得賢臣頌》與《洞簫賦》等著名文章，死在受宣帝命令回蜀地訪尋金馬碧雞的路上。揚雄四十歲前生活在四川，少年時代仰慕司馬相如辭賦，《蜀都賦》作爲他的代表作，寫於三十七八歲的時候，但最終使他聞名天下的卻是模仿相如大賦所寫的"四大賦"。李尤從小就敬仰司馬相如等辭賦大師，寫了很多辭賦與銘文，後來到東都，拜爲蘭臺令史，是《漢紀》《東觀漢記》的主要編寫者之一，當時他的手下就有後來的大儒馬融。李白更不用説了，畢生想做官，畢生仰慕司馬相如。蘇軾以文學、書法名垂青史，但他實際上是一位失意的政治家。明代著述四百餘部的天下第一奇才楊升庵狀元②，得失成敗都因爲政治的變化。以上最著名的巴蜀大文豪，加上現代文學七大家中的巴老與郭老，哪一個不是走出夔門、去經濟文化政治中心之後才名揚天下的。困守蜀中的嚴君平等人，才華一點不在上述名家之下，但他最終因爲偏處一隅而名聲不顯，就是這個道理。

漢代巴蜀出人才，主要是在文翁與司馬相如之後。筆者曾經做過一個文獻梳理工作：在司馬相如、揚雄等著名文學家單獨有傳，及何武、王涣、楊孟文等著名官吏單獨有傳的情況下，在《史記·儒林傳》《漢書·儒林傳》之中，巴蜀學者一個也沒有，而到了范曄《後漢書》的《儒林傳》與《文苑傳》，則涌現出一大批著名學者與文豪來。

《後漢書·儒林列傳上》：

> 任安字定祖，廣漢綿竹人也。少游太學，受《孟氏易》，兼通數經。又從同郡楊厚學圖讖，究極其術。時人稱曰："欲知仲桓問任安。"又曰："居今行古任定祖。"學終，還家教授，諸生自遠而至。初仕州郡。後太尉再辟，除博士，公車征，皆稱疾不就。州牧劉焉表薦之，時王塗隔塞，詔命竟不至。年七十九，建安七年，卒於家。③

《後漢書·儒林列傳下》：

> 任末字叔本，蜀郡繁人也。少習《齊詩》，游京師，教授十餘年。友人董奉德於洛陽病亡，末乃躬推鹿車，載奉德喪致其墓所，由是知名。爲郡功曹，辭以病免。後奔師

---

① 對此，四川師範大學熊良智教授、西華大學潘殊閑教授給予了較爲詳細地解釋。
② 《明史》記錄爲一百餘種，其他文獻則有一百九十餘種、二百餘種、四百餘種等不同記載。
③ （南朝·宋）范曄撰：《後漢書》（影印本），中華書局，1997年版，第2551頁。

喪，於道物故。臨命，敕兄子造曰："必致我屍於師門，使死而有知，魂靈不慚；如其無知，得土而已。"造從之。……景鸞字漢伯，廣漢梓潼人也。少隨師學經，涉七州之地。能理《齊詩》《施氏易》，兼受《河》《洛》圖緯，作《易說》及《詩解》，文句兼取《河》《洛》，以類相從，名爲《交集》。又撰《禮內外記》，號曰《禮略》。又抄風角雜書，列其占驗，作《興道》一篇。及作《月令章句》。凡所著述五十餘萬言。數上書陳救災變之術。州郡辟命不就，以壽終。……杜撫字叔和，犍爲武陽人也。少有高才。受業於薛漢，定《韓詩章句》。後歸鄉里教授。沈靜樂道，舉動必以禮。弟子千餘人。後爲驃騎將軍東平王蒼所辟，及蒼就國，掾史悉補王官屬，未滿歲，皆自劾歸。時，撫爲大夫，不忍去，蒼聞，賜車馬財物遣之。辟太尉府。建初中，爲公車令，數月卒官。其所作《詩題約義通》，學者傳之，曰《杜君法》云。……楊仁字文義，巴郡閬中人也。建武中，詣師學習《韓詩》，數年歸，靜居教授。仕郡爲功曹，舉孝廉，除郎。太常上仁經中博士，仁自以年未五十，不應舊科，上府讓選。顯宗特詔補北宮衛士令，引見，問當世政迹。仁對以寬和任賢，抑黜驕戚爲先。又上便宜十二事，皆當世急務。帝嘉之，賜以縑錢。及帝崩，時諸馬貴盛，各爭欲入宮，仁被甲持戟，嚴勒門衛，莫敢輕進者。肅宗既立，諸馬共譖仁刻峻，帝知其忠，愈善之，拜什邡令。寬惠爲政，勸課掾史弟子，悉令就學。其有通明經術者，顯之右署，或貢之朝，由是義學大興。墾田千餘頃。行兄喪去官。後辟司徒桓虞府。掾有宋章者，貪奢不法，仁終不與交言同席，時人畏其節。後爲閬中令，卒於官。……董鈞字文伯，犍爲資中人也。習《慶氏禮》。事大鴻臚王臨。元始中，舉明經，遷廩犧令。病去官。建武中，舉孝廉，辟司徒府。鈞博通古今，數言政事。永平初，爲博士。時草創五郊祭祀，及宗廟禮樂，威儀章服，輒令鈞參議，多見從用，當世稱爲通儒。纍遷五官中郎將，常教授門生百餘人。後坐事左轉騎都尉。年七十餘，卒於家。[①]

不僅如此，在本篇結束語中，范曄評論東漢儒林名家，徵引蜀地大儒揚雄《法言》之名言警句，作爲自己論證的理論論據，起到了很關鍵的作用。

論曰：自光武中年以後，干戈稍戢，專事經學，自是其風世篤焉。其服儒衣，稱先王，游庠序，聚橫塾者，蓋布之於邦域矣。若乃經生所處，不遠萬里之路，精廬暫建，贏糧動有千百，其耆名高義開門受徒者，編牒不下萬人，皆專相傳祖，莫或訛雜。至有分爭王庭，樹朋私裏，繁其章條，穿求崖穴，以合一家之說。故楊雄曰："今之學者，非獨爲之華藻，又從而繡其鞶帨。"夫書理無二，義歸有宗，而碩學之徒，莫之或徙，故通人鄙其固焉，又雄所謂"譊譊之學，各習其師"也。且觀成名高第，終能遠至者，蓋亦寡焉，而迂滯若是矣。然所談者仁義，所傳者聖法也。故人識君臣父子之綱，家知

① （南朝·宋）范曄撰：《後漢書》（影印本），中華書局，1997年版，第2572—2577頁。

違邪歸正之路。①

揚雄作爲西漢大儒、大學者、大文豪，《漢書》中分上下兩卷列出了篇幅最長的傳記。他的思想著作《法言》深入人心，爲他贏得了西道孔子（桓譚語）、漢代孔子的美譽，其思想學説影響之深遠，爲歷代巴蜀學者中之第一人。

相比儒林學者，文學大家入傳的人數就不多了。《後漢書·文苑列傳上》：

> 李尤字伯仁，廣漢雒人也。少以文章顯。和帝時，侍中賈逵薦尤有相如、楊雄之風，召詣東觀，受詔作賦，拜蘭臺令史。稍遷，安帝時爲諫議大夫，受詔與謁者僕射劉珍等俱撰《漢記》。後帝廢太子爲濟陰王，尤上書諫争。順帝立，遷樂安相。年八十三卒。所著詩、賦、銘、誄、頌、《七嘆》《哀典》，凡二十八篇。
>
> 尤同郡李勝，亦有文才，爲東觀郎，著賦、誄、頌、論數十篇。②

在《後漢書》中，一下子記載了出自巴蜀的六個大儒，有的還是經學博士，他們分布在廣漢綿竹、蜀郡繁縣、廣漢梓潼、犍爲武陽、巴郡閬中、犍爲資中，這是東漢時期巴蜀儒學迅速發展、整體發展、高水準發展的直接寫照。反過來看，《史記》《漢書》中長篇大論地列出了當時最著名的文學家司馬相如、王褒、揚雄，而在《後漢書》的《文苑列傳》中，只有李尤、李勝，而且傳記極其短小，與西漢三傑根本没有可比性。這表明：蜀地教化日隆，慢慢與中原文化、儒家文化同化了，天縱奇才般的文學大家不能够再出現了，而學術的發展慢慢與中原儒家文化一致了。

綜上，漢代巴蜀物産豐饒、人才鼎盛，開疆拓土、聯通南北的戰略位置和經濟位置十分重要，成爲國家重點建設與外交發展的重點區域，司馬相如奉命開通西南夷，奠定了歷史上巴蜀地區的主要地理格局。

有了這樣的經濟基礎、政治基礎、教育基礎、學術基礎，有了李冰、文翁、司馬相如這樣的標志性人物的特殊貢獻，巴蜀地區各類人才才會大量涌現。人才，只有儲備了人才，巴蜀學術、巴蜀文學才會興盛發展。從整個巴蜀文學史的角度來看，司馬相如的出現不僅是填補文學大家空白的大事，更是影響歷代、垂範千年的標志。從此，以他爲代表的漢代三傑，在《文心雕龍》書中占據了重要的地位，在中國文學史占據了重要的地位。

（作者單位：西華大學文學與新聞傳播學院）

---

① （南朝·宋）范曄撰：《後漢書》（影印本），中華書局，1997 年版，第 2588—2589 頁。
② （南朝·宋）范曄撰：《後漢書》（影印本），中華書局，1997 年版，第 2616 頁。筆者按：李尤各體作品今存八十六篇，而不是二十八篇，以銘文與賦文爲主。

稿　　約

　　《蜀學》是西華大學、四川省人民政府文史研究館蜀學研究中心創辦的學術刊物，由西華大學、四川省人民政府文史研究館聯合主辦，西華大學蜀學院協辦，一年兩輯，由巴蜀書社出版，誠邀海內外學者賜稿。

　　一、徵稿選題

　　關於蜀學理論、蜀學思想、蜀學史、蜀中學者以及蜀學文獻等方面的研究。

　　二、文稿要求

　　1. 遵守學術道德，文責自負。

　　2. 未曾公開發表，具有一定的學術原創性。

　　3. 本刊統一使用規範的繁體漢字。

　　4. 來稿需提供內容提要和關鍵詞（不需英文翻譯），可加課題項目名稱，注釋一律采用當頁腳注，每頁單獨編號。腳注用小五號宋體，包括文獻作者、文獻題名、卷數或期刊名、出版單位及出版年或期刊的年（卷、期）、起止頁碼，用帶圓圈的阿拉伯數字序號標注。例：

　　①孫硯方：《都江堰水利詞典》，科學出版社，2004 年版，第 54—55 頁。

　　②馮廣宏：《創立一門新蜀學——都江堰學》，《西華大學學報》（哲學社會科學版）2005年第 4 期，第 15—19 頁。

　　5、來稿字數以 8000～30000 字為宜，學術價值高者不受篇幅限制。

　　6、來稿請務必詳細注明作者的姓名、單位、職稱、學歷和聯繫方式（電話、電子信箱、通訊地址等）。大作一經刊出，即酌付稿酬，并寄樣刊兩本。

　　三、本刊對來稿有刪改權，若不同意刪改者請於來稿上注明。

　　四、投稿方式**紙質稿件郵寄地址**：四川省成都市郫都區紅光大道 9999 號西華大學四川省人民政府文史研究館蜀學研究中心　李文嫻（收），郵編 610039。

　　　　電子郵件：xhdxshuxue@126.com　　191615760@qq.com

1214745829@qq.com

聯繫電話：（028）87723062　　13308000975（李文嫻）

西華大學、四川省人民政府文史研究館蜀學研究中心
《蜀學》編輯部

著作權使用聲明

　　本刊已許可中國知網以數字化方式複製、彙編、發行、信息網絡傳播本刊全文。本刊支付的稿酬已包含中國知網著作權使用費，所有署名作者向本刊提交文章發表之行爲視爲同意上述聲明。如有异議，請在投稿時説明，本刊將按作者説明處理。

圖書在版編目（CIP）數據

蜀學. 第二十二輯／西華大學、四川省人民政府文史研究館蜀學研究中心編. — 成都：巴蜀書社，2023.12

ISBN 978-7-5531-2178-9

Ⅰ. ①蜀⋯ Ⅱ. ①西⋯ Ⅲ. ①文化史－四川－文集 ②巴蜀文化－文集 Ⅳ. ①K297.1-53 ②K872.71-53

中國國家版本館 CIP 數據核字（2024）第 025560 號

SHU XUE
蜀 學 （第二十二輯）

西　華　大　學
四川省人民政府文史研究館　蜀學研究中心　編

責任編輯	馬　蘭	
責任印製	田東洋　谷雨婷	
封面設計	張　科	
出　　版	巴蜀書社	
	成都市錦江區三色路 238 號新華之星 A 座 36 層	
	邮編：610023	
	總編室電話：(028)86361843	
網　　址	www.bsbook.com	
發　　行	巴蜀書社	
	發行科電話：(028)86361852	
經　　銷	新華書店	
照　　排	四川勝翔數碼印務設計有限公司	
印　　刷	成都東江印務有限公司　　(028)82601551	
版　　次	2024 年 8 月第 1 版	
印　　次	2024 年 8 月第 1 次印刷	
成品尺寸	185mm×260mm	
印　　張	25.25	
字　　數	560 千	
書　　號	ISBN 978-7-5531-2178-9	
定　　價	98.00 圓